穿越历史时空看长征

王新生◎著

中共党史出版社

图书在版编目（CIP）数据

穿越历史时空看长征 / 王新生著 . -- 北京：中共党史出版社，2016.8（2025.2 重印）

ISBN 978-7-5098-3835-8

Ⅰ . ①穿… Ⅱ . ①王… Ⅲ . ①中国工农红军长征 – 通俗读物 Ⅳ . ① K264.409

中国版本图书馆 CIP 数据核字（2016）第 201003 号

书　　名：穿越历史时空看长征
作　　者：王新生

出版发行：中共党史出版社
责任编辑：姚建萍
责任校对：龚秀华
责任印制：谷智宇
社　　址：北京市海淀区芙蓉里南街 6 号院 1 号楼　邮编：100080
网　　址：www.dscbs.com
经　　销：新华书店
印　　刷：北京汇林印务有限公司
开　　本：710mm × 1000mm　1/16
字　　数：485 千字
印　　张：33.25
版　　次：2016 年 8 月第 1 版
印　　次：2025 年 2 月第 15 次印刷
书　　号：ISBN 978-7-5098-3835-8
定　　价：56.00 元

目录

引言：长征——永远不能忘却的历史

中国工农红军长征胜利已经80周年了。长征在中华民族历史上树起了一座巍巍丰碑，向世界展示了中华民族战胜一切艰难困苦、战胜一切敌人，赢得光明未来的决心和英雄气概。中国共产党和红军领导人毛泽东在谈到中央红军（即红一方面军）长征的意义时曾说："长征是历史记录上的第一次，长征是宣言书，长征是宣传队，长征是播种机。自从盘古开天地，三皇五帝到于今，历史上曾经有过我们这样的长征吗？十二个月光阴中间，天上每日几十架飞机侦察轰炸，地下几十万大军围追堵截，路上遇着了说不尽的艰难险阻，我们却开动了每人的两只脚，长驱二万余里，纵横十一个省。请问历史上曾有过我们这样的长征吗？没有，从来没有的。长征又是宣言书。它向全世界宣告，红军是英雄好汉，帝国主义者和他们的走狗蒋介石等辈则是完全无用的。长征宣告了帝国主义和蒋介石围追堵截的破产。长征又是宣传队。它向十一个省内大约两万万人民宣布，只有红军的道路，才是解放他们的道路。不因此一举，那么广大的民众怎会如此迅速地知道世界上还有红军这样一篇大道理呢？长征又是播种机。它散布了许多种子在十一个省内，发芽、长叶、开花、结果，将来是会有收获的。总而言之，长征是以我们胜利、敌人失败的结果而告结束。"①毛泽东这段话，是在经历惊涛骇浪，率领中央红军从绝境中走向胜利后的真情流露，充满

① 毛泽东：《论反对日本帝国主义的策略》（1935年12月27日），《毛泽东选集》第一卷，人民出版社1991年版，第149—150页。

着伟大无产阶级革命家的万丈豪情。尽管这时红二、红四方面军仍在长征路上，但这一段精辟的语言仍是可以用作对全部红军长征意义的评价。

中央红军长征胜利的消息传出之后，立刻吸引了一位在北平燕京大学新闻系教书的美国青年教师的注意。为了探寻红军长征胜利之谜，他冲破国民党当局的阻挠，想方设法进入西北苏区。1936年6月至10月，这位名叫埃德加·斯诺的美国人如探险家一般来到陕北保安，成功地直接采访了中共领袖和一些著名的红军将领。为了让外界、让世界了解长征，毛泽东等倡导编写《长征记》，不久收到的文章字数达30万字，斯诺有幸先读为快，并且被深深地吸引。“冒险、探索、发现、勇气和胆怯、胜利和狂喜、艰难困苦、英勇牺牲、忠心耿耿，这些千千万万青年人的经久不衰的热情，始终如一的希望，令人惊诧的革命乐观情绪，象一把烈焰，贯彻着这一切，他们不论在人力面前，或者在大自然面前，在上帝面前，死亡面前都绝不承认失败——所有这一切以及还有更多的东西，都体现在现代史上无与伦比的一次远征的历史中了。”①这是西方文化乳汁养大的斯诺通过阅读这些未加多少雕琢的质朴文字后，对发生在古老的东方大国中共产党和红军的壮举发出的惊叹。语句充分体现出西方特点，在我们看来不甚通顺，读起来拗口，但从中仍可看出，斯诺对红军长征体现出的精神表现出由衷的钦佩。

受斯诺的影响，美国记者哈里森·索尔兹伯里对长征也产生了浓厚的兴趣。1984年4月到6月，索尔兹伯里沿着红军长征的路线采访，写了一本《长征——前所未闻的故事》。他在该书的中文版自序中说：“它（指长征——引者注）将成为人类坚定无畏的丰碑，永远流传于世。阅读长征的故事将使人们再次认识到，人类的精神一旦唤起，其威力是无穷无尽的。”②在《〈长征〉及其由来》中，索尔兹伯里又说：“长征是举世无双的。它所表现的英雄主义精神激励着一个有十一亿人口的民族，使中国朝

① （美）埃德加·斯诺著、董乐山译：《西行漫记》，生活·读书·新知三联书店 1979 年版，第 164 页。

② （美）哈里森·索尔兹伯里著、过家鼎、程镇球、张援远等译：《长征——前所未闻的故事》，解放军出版社 1986 年版，第 4 页。

着一个无人能够预言的未来前进。”①

1949年3月，即民主革命即将在全国胜利前夕，在河北平山县西柏坡召开的中共七届二中全会上，毛泽东就提醒全党：“夺取全国胜利，这只是万里长征走完了第一步。如果这一步也值得骄傲，那是比较渺小的，更值得骄傲的还在后头。”“中国的革命是伟大的，但革命以后的路程更长，工作更伟大，更艰苦。”②对长征的历史价值有着超远认识的毛泽东，在中国革命转折关头，用“万里长征”来比喻中国革命和社会主义建设的艰辛路程，既形象又准确。新中国成立后，中国共产党对社会主义道路的探索确如毛泽东在中共七届二中全会所说那样艰苦，既取得了辉煌成就，又遭受过严重挫折；既有宝贵经验，又有惨痛的教训。

经历了曲折中发展之后，以1978年12月召开的中共十一届三中全会为标志，中国共产党从严重的历史挫折中重新奋起，团结带领中国人民开始了改革开放、建设中国特色社会主义的新时期。这个新的历史时期被称为“新长征”。由此，党和国家对长征的历史意义和价值更加重视，每到长征胜利逢十周年之时，都部署了隆重的纪念活动，并三次在人民大会堂召开纪念大会，对长征的意义给予了新的评价。

1986年10月22日，中共中央在人民大会堂召开纪念红军长征胜利50周年大会。这是新中国成立后党和国家首次以中央层面召开纪念长征胜利大会，说明党对红军长征纪念活动的高度重视。时任中共中央政治局委员、中央军委常务副主席的杨尚昆在纪念大会上发表了讲话。杨尚昆指出：“以毛泽东同志为代表的中国共产党人和红军将士们所完成的这一举世无双、惊心动魄的远征，在中国人民中所产生的精神力量是无穷无尽的。长征所表现出的不畏千难万险的革命英雄主义，已经突破了时代和国度的界限，在人类活动史上树立了一座无与伦比的丰碑。长征是中国共产党人的骄傲，是中国工农红军的骄傲，是中华民族的骄傲。”杨尚昆首次提出“长征精神”，概括为“对革命理想和革命事业无比忠诚、坚定不移的信

① （美）哈里森·索尔兹伯里著，过家鼎、程镇球、张援远等译：《长征——前所未闻的故事》，第5页。

② 毛泽东：《在中国共产党第七届中央委员会第二次全体会议上的报告》（1949年3月5日），《毛泽东选集》第四卷，人民出版社1991年版，第1438页。

念；就是不怕牺牲，敢于胜利，充满乐观，一往无前的英雄气概；就是顾全大局，严守纪律，亲密团结的高尚品德；就是联系群众，艰苦奋斗，全心全意为人民服务的崇高思想。”并认为：“在建设高度文明、高度民主的社会主义现代化国家的新长征中，我们仍然需要继承和发扬长征精神。”①

1996年10月22日，中共中央、中央军委在人民大会堂召开纪念红军长征胜利60周年大会，时任中共中央总书记、国家主席、中央军委主席的江泽民发表重要讲话。江泽民在讲话中对红军长征给予了高度评价，指出：“长征，是历史上无与伦比的革命壮举，是中国共产党及其领导的工农红军创造的人间奇迹，是中华民族一部惊天动地的英雄史诗。长征将永远铭刻在中国革命的丰碑上。”江泽民再次对长征精神进行了概括，指出：“伟大的长征给党和人民留下了伟大的长征精神。这种精神，就是把全国人民和中华民族的根本利益看得高于一切，坚定革命理想和信念，坚信正义事业必然胜利的精神；就是为了救国救民，不怕任何艰难险阻，不惜付出一切牺牲的精神；就是坚持独立自主、实事求是，一切从实际出发的精神；就是顾全大局、严守纪律、紧密团结的精神；就是紧紧依靠人民群众，同人民群众生死相依、患难与共，艰苦奋斗的精神。长征精神，是中华民族百折不挠、自强不息的民族精神的最高体现，是保证我们革命和建设事业从胜利走向胜利的强大精神力量。”他号召：“我们要把长征精神一代一代地传下去，激励和鼓舞全国人民奋发图强，开拓前进，在建设有中国特色社会主义的新长征道路上不断夺取新的胜利。”②

2006年10月22日，中共中央、中央军委在人民大会堂召开纪念红军长征胜利70周年大会，时任中共中央总书记、国家主席、中央军委主席的胡锦涛发表重要讲话。胡锦涛指出：“我们党领导红军以无与伦比的英雄气概进行的长征，创造了气吞山河的人间奇迹，谱写了中国革命的光辉篇章，在我们党、军队和中华民族的发展史上都具有十分重大而深远的意义。”胡锦涛重申了长征精神的意义，并指出：“自70年前我们党团结带领全国各

① 杨尚昆：《总结历史经验，继承和发扬长征精神，在改革开放和现代化建设中建功立业》，《人民日报》1986年10月23日。

② 江泽民：《在纪念红军长征胜利60周年大会上的讲话》（1996年10月22日），《人民日报》1996年10月23日。

族人民在革命、建设、改革的各个历史时期进行了一次又一次波澜壮阔的伟大长征，夺取了一个又一个举世瞩目的伟大胜利。今天，我们进行改革开放和社会主义现代化建设，全面建设小康社会，积极构建社会主义和谐社会，开创中国特色社会主义事业新局面，为把我国建设成为富强民主文明和谐的社会主义现代化国家、为实现中华民族的伟大复兴而奋斗，就是我们党团结带领全国各族人民进行的新的伟大长征。在新长征的征途上，我们一定要继承和发扬红军长征的光荣革命传统。”胡锦涛在讲话的最后指出：“今天，我们可以满怀豪情地说，红军长征向世界宣告的革命理想已经变为现实，红军长征播下的种子已经开花结果，并将继续开出更加鲜艳的花朵、结出更加丰硕的果实。”号召大家要“保持和发扬革命战争时期的那么一股劲、那么一股革命热情、那么一种拼命精神，沿着建设中国特色社会主义道路，继续把革命前辈开创的伟大事业推向前进，不断描绘中华民族伟大复兴的壮丽图景！”①

在三次隆重的纪念活动中，党和国家领导人的重要讲话表达这样几点：其一，长征是历史上无与伦比的英雄壮举，是中华民族的一部英雄史诗，在中国共产党、人民军队、中华民族发展史上有着重大而深远的意义；其二，长征铸造了伟大的长征精神，是保证中国革命和建设事业从胜利走向胜利的强大精神力量，是宝贵的财富，要一代一代传下去；其三，建设中国特色社会主义事业，实现中华民族的伟大复兴是新的伟大长征。一定要继承和发扬红军长征的光荣革命传统，继续把革命前辈开创的伟大事业推向前进，实现中华民族伟大复兴的宏伟目标。

历史的特性是离现代人渐行渐远。红军长征胜利已经80周年了。各路红军长征前后历时两年。长征开始时出生的孩子，已经82岁了。长征结束时生的孩子，也80岁了，都进入了耄耋之年。而当年亲历长征的老红军，已经所剩无几。对于20世纪90年代和新世纪出生的新一代来说，长征似乎离他们已经遥远。笔者曾听到这样一件事，某学校一位初中历史教师在课堂上讲长征时，学生曾说：“老师，长征是最好的旅游。”是呀，让这10多

① 胡锦涛：《在纪念红军长征胜利70周年大会上的讲话》（2006年10月22日），《人民日报》2006年10月22日。

岁、20来岁的青少年群体来真正理解长征、认识长征是有很大难度的。自从1978年党的十一届三中全会扬起改革开放的风帆，中国经济、社会、文化、科技得到了迅速发展，告别了饥饿，解决了温饱，步入小康，再进入全面建设小康社会，目前正在为全面建成小康社会而奋斗。高速发展中的中国，一座座现代化的城市横空出世，如深圳在改革开放前是一片渔村，被划为经济特区后，很快就成为一个现代化的大都市。在20世纪80年代，许多人还不知道高速公路为何物，在新世纪已经形成了纵横交错的网络。近些年高速铁路也在迅猛发展，成为人们出行的主要选择。高速公路、高铁的发展和航空业的发展，缩短了省与省、城市与城市、农村与城市的空间距离，也使世界变小了。20世纪70年代，六层楼已经是人们所说的“高楼大厦”了，10层以上的楼已属凤毛麟角。到80年代，10层左右的楼在大城市已经很普遍。但到了90年代，数十层的楼在城市甚至发达地区的乡镇，一座座拔地而起。10层左右的楼就成了“小矮人”了，就连住宅小区，也都是20多层以上了。进入新世纪，我国省城、计划单列市的新地标、“摩天大楼”高耸入云。原先因交通闭塞而藏在深山人未识的风景优美的地区，包括红军长征经过的一些地方，随着交通的发展逐渐开发出来，成为旅游名胜。近40年的改革开放，国家面貌已经发生了巨大变化。就是在乡村，人们的生产条件、居住环境、生活方式，多数也发生了很多变化。怀旧，能够寻找出过去的记忆，的确是一种奢望了。

现代化进程的提速，使“90后”、“00后”的孩子们尤其是出生在城市的孩子们，来到人世间即吃牛奶、面包、蛋糕；稍长后又吃麦当劳、肯德基、比萨饼；再后来就是吃天南地北说不清名字的美食。他们进入学校后，除了课堂学习外，要么就是上各种各样的班，如奥数、外语、器乐、声乐、舞蹈、绘画、体育等等，要么是玩手机和平板电脑游戏或者看电影，要么上网吧。他们也在假期随父母外出旅游，或坐飞机，或坐高铁，或是自驾车，住漂亮干净的宾馆，徜徉在碧水蓝天、红花绿树中，沐浴着阳光和香风，呼吸着大自然中的新鲜空气，当然是十分惬意、十分陶醉的。

当年革命前辈们抛头颅、洒热血为的就是要让后辈们过上幸福生活，而享受着现代文明的新一代们，却很难理解和认识当年革命者的艰难奋斗生活。在一些旅游景区的玻璃栈道上、玻璃大桥上，有些青年人望着脚下的绝壁和深渊，两腿战战兢兢，迈不开步，需要拉着别人才能过去，有的甚至是爬着过去的。他们当然很难理解飞夺泸定桥的廖大珠等22名红军勇士，是怎样在铁索桥上铺的木板被敌人拆除的情况下，全然不顾下面奔腾咆哮的大渡河、一失足即掉下被湍急的河水吞没的危险，冒着密集的子弹、攀着铁索过桥，消灭了对面桥头的敌人，控制了泸定桥的；穿着松软暖和的羽绒服的新一代们，是很难想象身着单薄的衣服、吃不饱肚子、身体虚弱的红军指战员，是怎样翻过那个海拔4000多米、有着“鸟儿飞不过，人不攀”的“神山”之称的大雪山——夹金山的；身着救生衣，在山间小溪坐竹筏漂流的人们，很难想象红军突击队用竹子扎成的简易竹筏、夜间偷渡贵州第一大江——乌江，从而为大部队突破乌江天险创造条件的。

长征是党和人民军队创造的辉煌历史，也是中华民族的宝贵财富。在实现中华民族伟大复兴的征程中，我们需要当年的革命传统，需要发扬红军长征精神。长征是永远不能忘却的历史，让我们穿越历史时空，了解和认识长征。

第一章 中央苏区，反“围剿”，战略转移

一、中央苏区，中国共产党人探索中国革命道路的硕果

井冈山的道路

长征，是指1934年10月至1936年10月，中国共产党领导的中国工农红军第一、第二、第四方面军和第二十五军陆续从长江南北各革命根据地向陕甘地区进行的战略大转移。

长征是首先从1934年10月中共中央、中革军委率领中央红军（即红一方面军）第一、三、五、八、九军团8.6万余人撤离中央苏区开始的。中央红军主力为什么进行长征？为了了解这个问题，先要弄清中央苏区的由来。

我们先把时间之轮倒转到1927年春夏。这时，蒋介石和汪精卫两个集团相继背叛革命后，国内政治局势陡然逆转，曾经轰轰烈烈的中国大革命运动中途夭折。原来生机勃勃的南半部中国陷入一片腥风血雨之中。在国民党反动派的白色恐怖之下，中国共产党的优秀干部，群众运动的领袖，成千上万的共产党员、共青团员，革命的工人、农民、知识分子以及党外革命人士倒在血泊之中。从1927年3月到1928年上半年，被杀害的共产党员和革命群众达31万多人，其中共产党员2.6万多人。著名共产党人萧楚女、熊

雄、陈延年、赵世炎、夏明翰、郭亮、罗亦农、向警予、陈乔年等相继为中国人民的解放事业而牺牲。

大革命失败的重要教训之一是中国共产党“放弃对于武装力量的领导权”①。毛泽东在党的八七会议上大声疾呼：“以后要非常注意军事。须知政权是由枪杆子中取得的。”②惨痛的教训使中国共产党明白了这个道理，必须以革命的武装对付反革命的武装，因此，八七会议表示：“纠正过去严重的错误，而找着新的道路”③，确定了实行土地革命和武装起义的方针。

在八七会议前后，党领导了南昌起义、秋收起义、广州起义以及湖北黄麻起义、广东海陆丰起义和琼崖起义、江西吉安东固及万安、泰和、永丰等起义、陕西清涧起义、直隶玉田起义、河南确山刘店起义。勇敢无畏的共产党人领导工农群众，向国民党反动派发起了一波又一波进攻。然而，用什么方式开展武装斗争，如何建立党领导下的军队，对中国共产党来说，是一个新问题。

翻开国际共产主义运动史，通过武装斗争夺取政权成功的例子无疑是俄国十月革命。在列宁的领导下，俄国布尔什维克党通过中心城市的工人、士兵起义，推翻了克伦斯基资产阶级临时政府，建立了世界上第一个社会主义国家。当中国共产党走上武装夺取政权的道路时，自然要把俄国革命经验作为自己的样板，以占领中心城市为目的。因此，南昌起义、秋收起义、广州起义以及其他起义，也都是以占领中心城市或县城为目的。但是，大革命失败，革命处于低潮，反动派的主要力量都集中在城市，从党当时掌握的武装力量看，与反动派的力量相差十分悬殊，以占领中心城市为目的的武装起义都遭到了失败。

毛泽东是一个最讲从实际出发的人。1927年9月9日，他领导的湘赣边

① 毛泽东：《目前形势和我们的任务》（1947年12月25日），《毛泽东选集》第四卷，人民出版社1991年版，第1257—1258页。

② 毛泽东：《在中央紧急会议上的发言》（1927年8月7日），《毛泽东军事文集》第一卷，军事科学出版社、中央文献出版社1993年版，第2页。

③ 《中国共产党中央执行委员会告全党党员书》，中央档案馆编：《中共中央文集选集》第3册，中共中央党校出版社1989年版，第290页。

界秋收起义，计划是进攻长沙。当起义军遭到远比自己强大的反革命军队抵抗，受到很多损失后，毛泽东即于9月14日在浏阳东乡上坪召开紧急会议，决定改变进攻长沙的计划，命令部队迅速到文家市集中。9月15日晚，中共湖南省委也停止了执行长沙武装起义的计划。9月19日，毛泽东在文家市召开中共前委会议，讨论下一步行动。工农革命军第一师师长余洒度（共产党员，后叛变投敌）坚持“取浏阳直攻长沙”的原定计划。余洒度的主张是符合中共中央的决定的，起义部队中也有不少人抱这种情绪。毛泽东处变不惊，冷静地分析当时的情况，认为单靠起义军这点力量不可能攻下反革命军队强固设防的省会城市长沙，省委原来的计划已无法实现。鉴于此，毛泽东主张把起义军转移到敌人统治力量薄弱的农村山区，寻找落脚点，以保存革命力量。毛泽东的意见得了起义军总指挥卢德铭等人的赞同。会议经过激烈的争论，通过了毛泽东的意见，决定起义军撤离湘东地区，向南转移。

在遭遇挫折后，及时转兵，表现出毛泽东实事求是、从实际出发的作风，也表现出毛泽东的过人智慧。

起义军南下途中处境十分困难，总指挥卢德铭在江西萍乡县芦溪遭敌伏击牺牲，战斗频繁，伤病员不断增多，缺乏弹药，没有给养，连续行军，十分疲劳，部队思想混乱，不少人不辞而别。毛泽东针对这些情况，开始思考如何将起义军建设成为党领导下的军队问题。9月29日，在起义军途经江西省永新县三湾村时，毛泽东根据起义部队不足千人的情况，决定对起义部队进行改编，将原来的一个师编缩编为一个团；建立党的各级组织和党代表制度，党的支部建在连上，班、排建立党小组，连以上设党代表，营、团以上设党委；在连以上建立各级士兵委员会，实行民主制度，在政治上官兵平等。

三湾改编的三项措施看起来平淡无奇，但对于确立党对军队的领导，改变起义军中旧式军队的作风和农民的自由散漫作风十分有效，迈出了建设无产阶级领导下的新型人民军队的第一步。

10月3日，秋收起义军在离开三湾出发前，毛泽东对部队全体指战员进行了动员。他说：敌人在我们后面放冷枪，没有什么了不起。大家都是娘生的，敌人有两只脚，我们也有两只脚。贺龙同志两把菜刀起家，现在当军长，带了一军人。我们现在不只两把菜刀，我们有两营人，七百多条枪，还怕干不起来吗？毛泽东这些话说得在理，对于稳定军心，鼓起全军指战员的勇气，坚持革命斗争，起到了重要作用。开国大将谭政在回忆当时的情况时曾说：“大家不住地点头微笑，显示出特别高兴的样子。当着队伍解散以后，只看到一群一群的在那里讲论着：‘毛泽东同志不怕，我们还怕什么？’‘贺龙同志两把菜刀能够起家，我们几百人还不能起家吗？’”①

10月初，秋收起义军到达江西宁冈县古城。毛泽东主持前委扩大会议，初步总结了湘赣边界秋收起义的经验教训，研究建立根据地和对井冈山地区的农民武装袁文才、王佐采取团结改造方针的问题。会后，毛泽东于10月6日在宁冈大仓村和袁文才接触并建立联系后，决定起义军主力在井冈山周围盘旋打游击。不久，应袁文才的要求，派游雪程、徐彦刚、陈伯钧等党员军事干部到袁部进行政治和军事训练。这样，袁文才、王佐不再有工农革命军吃掉他们的戒心，工农革命军和袁、王两部的关系逐渐亲密起来，为工农革命军落脚井冈山打下了良好的基础。

毛泽东率领秋收起义部队在酃县（今炎陵县）、遂川等地转战后，于10月27日抵达茨坪，11月初到达茅坪，开始了以创建宁冈为中心的井冈山农村革命根据地的艰苦斗争。

毛泽东为什么确定在井冈山建立根据地？是因为：党在这个地区的群众基础比较好，大革命时期各县曾建立过党的组织和农民协会，并有袁文才、王佐领导的地方农民武装在这里坚持斗争，他们愿意同工农革命军相结合；这里地势险要，易守难攻，周围各县有自给自足的农业经济，易于部队筹粮；由于地处两省边界，距离国民党统治的中心城市比较远，加之湘赣两省的军阀之间又存在矛盾，统治力量比较薄弱。这样，经过挫折后，毛泽东率领秋收起义部队走上了一条到农村建立根据地，以保存和发展革命力量的正确道路。这条道路，代表了1927年大革命失败后中国革命发展的方向。

与毛泽东同时，朱德和陈毅率领南昌起义军余部也在寻找保存和发展

---

① 谭政：《三湾改编》，《亲历井冈山革命根据地创建》，江西出版集团、江西人民出版社 2007 年版，第 50 页。

革命力量的路。

南昌起义后，起义军按照中共中央的决定，南下广东，以期恢复广东革命根据地，并占领出海口，然后重新进行北伐。起义军在向广东进军途中，由于党的领导和政治工作薄弱，加上天气炎热，士兵逃跑和病倒很多，部队减员严重，尽管打了一些胜仗，但本身伤亡也很大。10月初，南昌起义军在国民党军优势兵力的围攻下遭到严重失败。

根据中共中央前敌委员会的决定，朱德于1927年9月19日率领南昌起义军第十二军第二十五师和第九军教育团约4000人坚守广东大埔县三河坝。10月3日至6日，朱德指挥部队与强渡韩江的敌钱大钧部激战三昼夜，完成了掩护主力的任务。为了保存实力，朱德指挥第二十五师余部2000多人于6日撤出三河坝，南下追赶起义军主力。

茂芝，广东潮州东部饶平县城以北的一个小村子。历史将会铭记这个不起眼的小村子。当朱德率领从三河坝撤离的部队到达这里时，与从潮、汕地区退下来的一部分起义军约200来人相遇。得知主力失败的消息，部队许多人一下子心情沉重，脑子一片空白，下一步怎么办?

沧海横流，方显出英雄本色。10月7日，朱德在茂芝全德学校主持召开干部会议，介绍了起义军在潮、汕地区失利的情况。之后，他坚定地说：我是共产党员，我有责任把“八一”南昌起义的革命种子保留下来，有决心担起革命重担，有信心把这支革命队伍带出敌人包围圈，和同志们团结一起一直把革命干到底。朱德把经过大家讨论后的意见归纳为：第一，我们和上级的联系已断，要尽快找到上级党，以便取得上级指示；第二，要保存这支军队，作为革命种子，就要找到一块既隐蔽又有群众基础的立足点。湘粤赣边界地区敌人兵力薄弱的地方，是个三不管的地带，这一带农民运动搞得早，支援北伐最得力，我们应当以此为立足点；第三，据最新情况看，敌人已从南、西、北方面向我靠拢，我们要从东北方向穿插出去。现在敌强我弱，我军又是孤立无援，所存弹药不多，行动上要隐蔽，沿边界避敌穿插行进；第四，要继续对全军做艰苦的政治思想工作，要发挥党团员、干部的先锋模范作用，坚决扭转对革命失去信心的混乱思想，安定军心，更要防止一些失败主义者自由离队拖枪逃跑，甚至叛变投敌的严重事故发生。①

茂芝会议决定，部队隐蔽北上，穿山西进，直奔湘南。

10月16日，朱德率领部队经福建永定、峰市抵达武平。当部队按计划从武平向西北方向转移，准备进入湖南时，在闽赣边界的石径岭附近的隘口遭到反动民团的阻击。危急时刻，朱德显示出了他超人的胆略和智慧。开国大将粟裕回忆道："朱德同志突然出现在队前，他一面镇定地指挥部队疏散隐蔽，一面亲自带领几个警卫人员，从长满灌木的悬崖陡壁攀登而上，出其不意地在敌人侧后发起进攻，敌人惊恐万状，纷纷逃跑，给我们让开了一条前进的道路。当大家怀着胜利的喜悦，通过由朱德同志亲自杀开的血路时，只见他威武地站在一块断壁上，手里掂着驳壳枪，正指挥后续部队通过隘口。"南昌起义军余部并不是朱德带出来的部队，但朱德以身先士卒的精神赢得了这支部队的信任，成为了大家的主心骨。粟裕谈到这件事时说："这次战斗，我亲眼看到朱德同志攀陡壁、登悬崖的英姿，内心里油然产生了对他无限钦佩和信赖之情。""经过这次石径岭隘口的战斗，我才发觉，朱德同志不仅是一位宽宏大度、慈祥和蔼的长者，而且是一位英勇善战、身先士卒的勇将。"②

10月下旬，南昌起义军余部经筠门岭到达赣南安远县天心圩时，部队只剩下七八百人。由于一无供给，二无援兵，部队思想混乱。这时，第七十三团指导员陈毅是唯一留下来的政治工作干部，成为朱德带领部队坚持斗争的得力助手。

朱德在天心圩召开全体人员大会，宣布这支部队今后由他和陈毅来领导。接着，坚定地说：虽然大革命是失败了，我们的起义军也失败了，但是，我们还要革命的。要革命的跟我走！不愿继续奋斗的可以回家！不勉强！只要有十支八支枪，我还是要革命的！针对部队存在的低沉情绪，朱德指出：大家要把革命的前途看清楚。1927年的中国革命，好比1905年的俄国革命。俄国在1905年革命失败后，是黑暗的，但黑暗是暂时的。到了1917年，

① 中共中央文献研究室编：《朱德年谱》（新编本）（上），中央文献出版社 2006 年版，第 91 页。

② 粟裕：《激流归大海——回忆朱德同志和陈毅同志》，南昌八一纪念馆编：《南昌起义》，中共党史资料出版社 1987 年版，第 479 页。

革命终于成功了。中国也会有个“1917年”的。只要保存实力，革命就有办法。你们要相信这一点。①

朱德还十分有远见地指出：“蒋桂战争一定要爆发的，蒋冯战争也是一定要爆发的。军阀不争地盘是不可能的，要争地盘就要打仗，现在新军阀也不可能不打。他们一打，那个时候我们就可以发展了。”②

朱德讲话之后，陈毅接着讲：“南昌起义是失败了，南昌起义的失败不等于中国革命的失败。中国革命还是要成功的。我们大家要经得起失败局面的考验，在胜利发展的情况下，做英雄是容易的，在失败退却的局面下，做英雄就困难多了。只有经过失败考验的英雄，才是真正的英雄。我们要做失败时的英雄。”③

朱德、陈毅的讲话，点燃了大家心中的火焰，鼓起了坚持革命斗争的勇气。天心圩大会后，部队的情绪开始好转，思想混乱的现象得到遏制。

10月底，朱德、陈毅率领起义军经信丰到大庾（今大余）。在这里，利用粤桂新军阀混战、无暇追击起义军的时机，朱德、陈毅对部队进行了整编。陈毅负责主持整顿党、团组织，重新登记党员、团员，成立党支部，把一部分党员、团员分配到连队中去，加强党在基层的工作。鉴于原先的军、师已成为空架子，把部队编成一个纵队，下辖七个步兵连和一个迫击炮连、一个重机枪连。

11月上旬，朱德、陈毅率部到湘粤赣三省交界的赣南崇义上堡、文英、古亭一带山区，对部队进行整训。这次整训首先是整顿纪律，规定募款和缴获要全部归公。其次是进行军事训练，每隔一两天上一次大课，小课天天上。第三是开始向游击战争的方向转变，提出新战术，从打大仗转变为打小仗，从打硬仗转变为打有把握之仗，无把握之仗不打。在战斗队形方面，由一线式改为“人”字形。

在这期间，朱德、陈毅还率领部队赶走了盘踞在上堡、文英、古亭一带

① 中共中央文献研究室编：《朱德年谱》（新编本）（上），第92页。
② 粟裕：《激流归大海——回忆朱德同志和陈毅同志》，南昌八一纪念馆编：《南昌起义》，第483页。
③ 粟裕：《激流归大海——回忆朱德同志和陈毅同志》，南昌八一纪念馆编：《南昌起义》，第483—484页。

山区的土匪何其朗，并以连、排为单位分散活动，帮助群众劳动，宣传革命道理。

可以看得出，朱德、陈毅率领的南昌起义军余部转移到湘粤赣交界地区，与毛泽东率领秋收起义部队上井冈山，有异曲同工之妙。都是整顿起义失败后的部队思想混乱状况，建立部队中的党组织，加强党对部队的领导，才稳定住了部队，然后寻找敌人统治力量薄弱的农村山区保存和发展部队。

其他地区的武装起义的情况怎么样呢？1927年11月中共黄麻特委领导的黄安（今红安）、麻城起义，曾占领黄安县城，成立了黄安农民政府和工农革命军鄂东军。随后，在国民党军队的进攻下，转移到黄陂县木兰山地区，开展游击战争。其他如广东海陆丰、琼崖起义，江西东龙暴动、弋横起义，革命武装都是在优势反革命武装的围攻下，撤到农村和山区，将革命火种保存下来，为此后开展游击战争、建立红军和根据地打下了基础。

中国半殖民地半封建的社会性质，反动统治力量在城市中十分强大，无产阶级力量非常薄弱，中国共产党要进行武装斗争，革命武装要生存和发展，必须到农村和山区去。在经历了最初的武装起义的挫折后，只有转移到两省或数省交界处和偏僻的农村山区的武装，才得以保存下来。其中，毛泽东建立的井冈山革命根据地是一面旗帜。因此，井冈山的道路，是中国革命发展的正确道路。

斯大林强调：占领中心城市才是革命高涨

土地革命战争开始后，联共（布）、共产国际指导中国革命的方针是以城市为中心。八七会议前后中国共产党领导的夺取中心城市为目的的武装起义相继受挫后，联共（布）、共产国际领导人并没有认识到这个方针是脱离中国实际的。

由于国内的白色恐怖十分严重，国民党的军警、密探、特务疯狗一样寻找共产党的组织，找一个能够保证100多名代表安全的地方召开党的第六次全国代表大会异常困难，中共中央报请共产国际批准，中共六大在莫斯科召开。这是中国共产党唯一一次在国外召开的党的全国代表大会。从1928年春开始，国内的中共六大代表先后从上海等地出发，经大连、哈尔滨，分别从绥芬河、满洲里进入苏联境内，再聚集到莫斯科近郊一座乡间三层别墅里。这座乡间别墅在沙皇时代是一个地主的庄园，十月革命后改称“五一村”。由于别墅在阳光下闪耀着银色光辉，因而叫“银色别墅”。

中国共产党的六大之前，发生了“左”倾盲动错误，党内对革命的性质问题也认识不一，思想混乱。中共六大能否解决这些问题，联共（布）、共产国际领导人十分关心。1928年6月9日，中共六大召开之前，斯大林召集中国共产党领导人瞿秋白、周恩来、李立三、苏兆征、向忠发等人谈中国革命的有关问题。斯大林批评了中国共产党在土地革命战争开始后出现的“左”倾盲动错误，指出：“现实我们不能说中国革命已高涨了。诚然，有些城市工作已起来，有些地方农民暴动已高涨，而统治阶级不能稳定，人民不满意资产阶级的统治。但这不能说，革命已高涨了。”并认为“农民游击战争是农民革命行动的宣传。过去有的，将来也是有的。是不是它们可以取得一省政权？不可能的。不过只是革命准备时期。如一壶开水在未开前，亦有波动，海潮亦起伏，但不是高潮。”他表示：“城市不能暴动。”①

斯大林上述关于中国革命形势的判断基本上是正确的，对于中国共产党纠正“左”倾盲动错误，制定正确的革命斗争路线起到了重要作用。但什么是革命高潮呢？斯大林的看法是这样的：“革命高涨：反革命退步（却），革命进攻胜利。”“大城市都在反革命手里”，“假使我们（掌）握住主要城市，此时才可说高涨”。“农民的游击战争如没有得到重要城市的援助，决没有改变社会制度的性质。即使有（取得）胜利也不能巩固。”②由此看来，斯大林眼中，掌握大城市还是最重要的，中国共产党的中心工

① 《周恩来对斯大林同瞿秋白和中共其他领导人会见情况的记录》（1928年6月9日于莫斯科），中共中央党史研究室第一研究部译：《共产国际、联共（布）与中国革命档案资料丛书·联共（布）、共产国际与中国苏维埃运动》（1927—1931）第7卷，中央文献出版社2002年版，第477、479页。

② 《周恩来对斯大林同瞿秋白和中共其他领导人会见情况的记录》（1928年6月9日于莫斯科），中共中央党史研究室第一研究部译：《共产国际、联共（布）与中国革命档案资料丛书·联共（布）、共产国际与中国苏维埃运动》（1927—1931）第7卷，第480、481页。

作，还是要放在夺取中心城市上。

年幼的中国共产党，没有自己的成熟领导集体，也没有形成自己的理论，自然把斯大林的观点视为金科玉律。中共六大《政治决议案》虽然提出要“赞助农民的游击战争”，“建立工农革命军”，“创立苏维埃政权和实现土地革命”，并认为“这一任务的成效，可以成为新的革命高潮生长的一个动力，决定新的高潮之一种主要动力之一。”①但这只是把农村武装斗争作为进行中心城市武装暴动的配合力量。

中共六大以后，中国共产党把主要精力放在城市，尤其是在产业工人比较集中的大城市开展工人运动。由于中心城市是反动统治力量最强的地方，国民党当局以严重白色恐怖破坏党领导下的工人运动，因此，城市工人运动成就与预期目标相差甚远。

1929年8月1日前夕，共产国际指示中国共产党开展“八一国际红色日”，希望在全国范围，“首先应该在像哈尔滨、武汉、奉天、北京、天津、香港和广州这些工业中心区域进行。”然而，令在中国直接指导中共中央的共产国际执行委员会远东局失望的是：“党在这些地方（上海除外）很少做工作，8月1日几乎是在劳苦群众中无声无息的情况下度过的。整个党的工作仅限于散发党的传单。无论中央还是我们都没有得到关于在这些地方（上海除外）要举行集会、群众大会、示威游行或罢工的消息。”远东局认为“出现这种情况，完全是党的过错”。“八一运动的这个主要不足，不能用警察和技术条件来作解释。这里暴露出了那个可悲的情况，即中共在中国还没有牢固的有工作能力的中心。”②

那么上海举行了罢工行动，情况怎样呢？7月14日，上海有5000多名工人群众进行了游行示威行动。然而，从7月14日起，上海国民党当局加紧了防范行动，“上海逐渐变成了军营。警察徒步和骑马巡逻队不断地在城里

① 《政治决议案》（1928年7月9日），中央档案馆编：《中共中央文件选集》第4册，中共中央党校出版社1989年版，第322页。

② 《共产国际执行委员会远东局关于中国开展八一国际红色日情况的决议》（1929年8月于上海），中共中央党史研究室第一研究部译：《共产国际、联共（布）与中国革命档案丛书·联共（布）、共产国际与中国苏维埃运动》（1927—1931）第8卷，中央文献出版社2002年版，第151页。

转来转去，工人区以至一些工厂还有专门的巡逻队。开始进行大逮捕和搜查。”就是在这样严重的白色恐怖下，党组织又在7月26日在英日领事馆外领导1000多人进行示威活动。示威活动遭到了当局的残酷镇压，逮捕了500多人，其中有50名党员。共产国际远东局对参加示威活动的人数少非常不满意，认为“出现了个别的机会主义，”“在铁路员工、自来水工人那里，在兵工厂和电车工人那里表现非常明显，在这些最重要的中心区域，我们的同志以各种借口（会开枪射击，会指责我们搞破坏活动，群众不愿意，等等）拒绝率领群众上街，回避号召群众举行罢工。”上海罢工、示威活动不理想，远东局不认为是严重的白色恐怖的结果，仍然认为重要的原因是“我们党同广大工人群众联系不够，省委和中央未能扩大工厂支部网，未能对工厂里的党员进行教育”。①

1930年的五一国际劳动节，党又领导了各大城市的罢工示威活动，遭到国民党反动当局的残酷镇压，情况比1929年搞的“八一国际红色日”更糟糕。1930年5月18日，共产国际远东局给共产国际执行委员会东方书记处的信中充满失望：“5月1日前几天，正当反动派策划的反革命行动猖獗一时之际，上海总罢工委员会召开代表会议，几百名代表（约700人）前往租界的一座大楼，但由于出现错误，来到这座大楼的只有一部分代表（约120人），他们当场全部被捕。遗憾的是，被捕者中正好有沪西38家工厂的代表。5月1日前夕上海被捕的积极分子和同情者约400人，而沪西企业中我们的积极分子有四分之三被捕。全国工人联合会的印刷厂被暴露，被捕者在狱中惨遭毒刑拷打。”“我们在5月1日只组织了几个规模不大的示威游行，这些游行队伍立即就被警察驱散了。”其他中心城市的五一行动损失更惨重。远东局在信中说：“武汉代表会议100名代表均遭逮捕，北京80名代表被捕。天津、青岛、哈尔滨等地的情况也大致如此。据全国大致统计，光是各城市五一行动中被捕者约1000人，主要是积极分子。湖北省委书记惨遭杀害，四川省委全体成员均遭逮捕，3人遭处决，新组建的满

---

① 《共产国际执行委员会远东局关于中国开展八一国际红色日情况的决议》（1929年8月于上海），中共中央党史研究室第一研究部译：《共产国际、联共（布）与中国革命档案丛书·联共（布）、共产国际与中国苏维埃运动》（1927—1931）第8卷，中央文献出版社2002年版，第154、155页。

洲省委也遭逮捕，据说有几名已被处决。福建省委被破坏。”在“左”倾方针的指导下，这种逢节日必组织游行、罢工，无疑自动把辛辛苦苦培养的骨干送到敌人手中，是非常愚蠢的行动。对此，远东局也承认，这些地方的党组织“没有充分估计到敌人的力量，我们可以说是不断地把代表送到警察的手里。”①

城市工人运动屡屡受挫的情况表明，以城市为中心的方针是完全脱离中国革命实际的。

革命根据地风景这边独好

与党在城市工作的低沉情况相比，革命根据地的情况却是风景这边独好。

1928年1月，朱德、陈毅率领南昌起义军余部转移到湘南，在中共湘南特委和农军的配合下，发动湘南起义。起义军占领宜章后，成立工农革命军第一师，朱德任师长，陈毅任党代表。起义军与当地农民相结合，打垮了马日事变的制造者、屠杀长沙共产党员和革命群众100多人的刽子手——时任国民党军独立第三师师长许克祥部的进攻。宜章、郴州、耒阳、资兴、永兴等县，均在武装起义的基础上先后成立苏维埃政府。起义军占领湘南十多个县，广泛发动群众，建立革命政权，提出“打土豪，分田地”的口号，工农革命军很快发展到1万余人。由于中共湖南省委、湘南特委执行“左”倾的烧杀政策，严重脱离群众。同年三四月间，在湖南、广东两省国民党军的联合进攻下，起义部队不得不撤离湘南地区，向井冈山转移。

毛泽东得知朱德、陈毅率领湘南起义军正向井冈山转移的消息后，立刻派袁文才、何长工率领第二团西进资兴，接应从郴县撤出的湘南农军；并亲率第一团在桂东、汝城方向阻击国民党追击部队。4月20日，毛泽东同团长张子清指挥第一团又占领酃县县城，并在城西阻击追敌，掩护朱德部

① 《共产国际执行委员会远东局给共产国际执行委员会东方书记处的信》（1930 年 5 月 18 日于上海），中共中央党史研究室第一研究部译：《共产国际、联共（布）与中国革命丛书·联共（布）、共产国际与中国苏维埃运动》（1927—1931）第 9 卷，中央文献出版社 2002 年版，第 148、149 页。

队撤退。

井冈山北麓的莽莽丛林之中，有一个山清水秀的小镇，属当时的宁冈县管辖。1928年4月下旬，毛泽东率领的秋收起义部队，朱德、陈毅率领的南昌起义军余部和湘南起义农军在这里隆重会师。这便是中国现代史、革命史、党史、军史都必须记上一笔的“井冈山会师”。毛泽东、朱德这两个各率起义军艰苦转战的人民军队领导者在这里握手，从此，朱德、毛泽东开始了长达48年亲密合作的生涯。朱德、毛泽东被简化为“朱毛”，许多不知道的人还以为“朱毛”是一个人。“朱毛”成为中国革命的一个特殊符号。

两军会师以后，成立工农革命军第四军（1928年6月按中共中央规定，改称红军第四军），朱德任军长，毛泽东任党代表，王尔琢任参谋长，下辖第十、第十一、第十二师（不久改编为四个团）。从此，朱德、毛泽东领导的红军便被称为“朱毛红军”，这是一支令国民党军队闻风丧胆的部队，也是令蒋介石寝食难安的部队。

毛泽东和朱德率领的部队会师，增强了井冈山地区工农武装的力量，为进一步扩大革命根据地创造了条件。

红四军成立后，由于南方各省国民党新军阀的统治处于暂时稳定时期，国民党军队连续向井冈山根据地“进剿”。毛泽东、朱德把红军和赤卫队的作战经验概括为“敌进我退，敌驻我扰，敌疲我打，敌退我追”的游击战十六字诀。十六字诀是适应当时情况的带着朴素性质的游击战争基本原则。它是从敌强我弱这一特点出发，趋利避害，避实就虚，灵活机动，达到保存自己、消灭敌人的目的，从而改变敌我双方力量对比。人民军队的后来战略战术，就是从十六字诀发展而来的。

井冈山会师后，红四军在毛泽东、朱德指挥下，先后打破了国民党军对井冈山根据地的第二、第三、第四次“进剿”和湘赣两省国民党军队第一、第二次“会剿”。1928年12月11日，彭德怀、滕代远等率领平江起义后组成的红五军700多人，从湘鄂赣边的平江、浏阳地区到达井冈山，与红四军会师。这两支红军的会师，进一步增强了井冈山地区工农武装的力量。

粉碎国民党军队二次“会剿”后，引起国民党当局的极大恐慌。1928年12月，湘赣两省国民党军队在朱培德、何键、金汉鼎的指挥下，以六个旅3万人的兵力，分五路对井冈山根据地发动第三次“会剿”。为了打破敌人的

“会剿”，1929年1月4日，前委书记毛泽东在江西宁冈县柏露村召开由中共红四军前委、湘赣边界特委、红四军和红五军军委以及各县县委负责人参加的联席会议。会议决定采取“攻势的防御”方针，由彭德怀、滕代远指挥红五军主力和红四军第三十二团留守井冈山，由毛泽东、朱德、陈毅率红四军主力向赣南出击，以便解决由于敌人的军事“会剿”和经济封锁造成的困难，以内线和外线相互配合的办法打破敌军的“会剿”，保卫和发展根据地。

1月14日，毛泽东、朱德、陈毅等率红四军主力3600多人离开井冈山根据地，踏上转战赣南的艰难行程。由于脱离根据地作战，一时没有地方党组织的接应和群众的配合，红四军在大庾、平顶坳、崇仙圩、圳下、瑞金接连失利。这时，正值隆冬，天寒地冻，后有追兵，险象环生，红四军似乎面临着成立以来的绝境。然而，机会来了。这个转瞬即失的机会被毛泽东、朱德等抓住了。

2月9日，红四军来到瑞金县城以北60里的大柏地。大柏地东西两边峰岭相接，山高林密，中间是一个凹形狭长地带，只有一条小路通往外面。这天，正是农历除夕，当地群众不了解红军，都躲到山上去了，紧紧围追红四军的赣军刘士毅旅两个团，因为红军之前接连失利，已经难以坚持了，因此孤军冒进，穷追不舍，想立大功。毛泽东主持召开前委扩大会议，认为可以在大柏地打伏击，决定布置成长形“口袋阵”，以主要兵力埋伏在瑞金通往宁都的道路两侧的密林中，以一部分兵力引诱敌人进入伏击圈。

2月10日下午，红四军一部把刘士毅部两个团诱进“口袋阵”底部，东、西两伏兵向后迂回，扎住“口袋”。这是关系到红四军主力下山后生死存亡的关键一仗，紧急关头朱德亲自带队冲在前头，连平时不摸枪的毛泽东，也提枪带警卫排向敌军阵地冲锋。在朱、毛带领下，全军将士奋勇作战。由于弹药缺乏，红军用刺刀、枪托同敌人搏斗，甚至连树枝石块都用上了。战至第二天下午，红军全歼被围敌军，俘虏正副团长以下800余人，缴枪800余支，机关枪6挺，刘士毅率残部退往赣州。

大柏地一战，红四军一改原先的被动局面，取得了作战的主动权。1929年9月1日，陈毅在给中共中央的《关于朱毛军的历史及其状况的报告》中谈到大柏地之战时说：“是役我军以屡败之余作最后一掷击破强敌，官兵在弹尽援绝之时，用树枝石块，空枪与敌在血泊中挣扎始获最后胜利，为红军成立以来最有荣誉之战争。”①

红四军在大柏地取得胜利，指战员们一改此前的沉闷情绪，痛痛快快过了一个春节。4年之后，毛泽东经过大柏地时，写下了《菩萨蛮·大柏地》：

赤橙黄绿青蓝紫，谁持彩练当空舞？

雨后复斜阳，关山阵阵苍。

当年鏖战急，弹洞前村壁。

装点此关山，今朝更好看。②

这首词充分体现了大柏地之战在毛泽东心中的位置和深深的印记，也能透过词意看到当年他率领红四军在经历了一连串的失利后，大柏地之战胜利一扫精神上的压抑带来的喜悦。

2月13日，红四军占领宁都县城；2月17日，抵达吉安东固根据地，同李文林、段月泉等领导的江西红军独立第二团、第四团会合。

在东固，毛泽东、朱德、陈毅得知井冈山根据地丢失的消息，原定的内外线配合打破敌人“会剿”的计划已无法实现。鉴于这种情况，毛泽东、朱德、陈毅遂于2月下旬经广昌、石城向闽赣边界挺进。3月11日，红四军进入闽西长汀境内。14日，在地方党组织的配合下，红四军分三路向长岭寨的敌郭凤鸣旅发起攻击。经过半天的激烈战斗，红四军歼敌2000余人，缴枪500多支，击毙敌旅长郭凤鸣，乘胜占领长汀城，揭开了创建闽西革命根据地的序幕。

3月20日，毛泽东在长汀“辛耕别墅”主持召开前委扩大会议。这时，红四军的领导者毛泽东等已经从报纸上看到蒋介石和新桂系军阀李宗仁、白崇禧将要打起来的消息。会议决定：“四军、五军及江西红军第二第四两团之行动，在国民党混战的初期，以赣南闽西二十余县为范围，从游击战术，从发动群众以至于公开苏维埃政权割据，由此割据区域以与湘赣边界

① 《陈毅关于朱毛军的历史及其状况的报告（一）》（1929年9月1日），中央档案馆编：《中共中央文件选集》第5册，中共中央党校出版社1990年版，第755页。

② 《毛泽东诗词选》，人民文学出版社1986年版，第40页。

之割据区域相连接。”①这是一个富有远见的战略决策。这个战略决策的实施，为此后中央革命根据地的创建奠定了基础。

4月初，红四军由长汀回师赣南，先后进占瑞金、雩都（今于都）、宁都、兴国等县城，积极发动群众，开展土地革命，初步打开了局面。4月5日，毛泽东在瑞金主持召开前委会议，讨论4月3日收到的中共中央“二月来信”。

这封来信是根据共产国际领导人的意见写的，对工农割据的意义估计不足，对形势的估计比较悲观。中共中央在信中要求“将红军的武装力量分成小部队的组织散入湘赣边境各乡村中进行和深入土地革命”，认为这样才能“避免敌人目标的集中”；并要求朱德、毛泽东“离开部队来中央”，以免“徒惹敌人更多的注意”②。

中央的指示显然是脱离实际的。这时，正是红四军蓬勃发展之际，分散行动，无疑将使红四军作为赣南、闽西的拳头力量消于无形。况且朱德、毛泽东二人是红四军的灵魂和核心，二人离开，必将使红四军失去灵魂和核心。失去了灵魂和核心的红四军，将会岌岌可危。没有当时战斗力、政治素质最强的红四军，中国革命将会怎样？不堪设想！显然，机械执行中央指示，将铸成大错！

毛泽东就是毛泽东，敢于从实际出发，敢于担当，敢于说真话。4月5日，毛泽东代表前委给中共中央复信，指出：“中央此信对客观形势及主观力量的估量都太悲观了。三次进攻井冈山表示了反革命的高潮。然至此为止，往后便是反革命高潮逐渐低落，革命高潮逐渐生长。我党的战斗力组织力虽然弱到如中央所言，但在反革命潮流逐渐低落形势之下，恢复一定很快，党内干部分子的消极态度也会迅速的消灭。群众是一定倾向我们的。”并认为，“我们感觉党在从前犯了盲动主义极大的错误，现时却在一些地方颇有取消主义的倾向了。”

针对中共中央把领导城市工人运动、建立产业工人支部作为主要工

① 《红军第四军前委给中央的信》（1929年3月20日），《毛泽东军事文集》第1卷，军事科学出版社、中央文献出版社1993年版，第54页。

② 《中央给润之、玉阶两同志并转湘赣边特委信——关于目前国际国内形势和党的军事策略》（1929年2月7日），中央档案馆编：《中共中央文件选集》第5册，第35、37页。

作，忽视农村游击战争的观点，毛泽东指出：“农村斗争的发展，小区域苏维埃之建立，红军之创造与扩大，亦是帮助城市斗争、促成革命潮流高涨的条件。”“抛弃城市斗争沉溺于农村游击主义是最大的错误，但畏惧农民势力发展，以为将超过工人的领导而不利于革命，如果党员中有这种意见，我们以为也是错误的。因为半殖民地中国的革命，只有农民斗争不得工人的领导而失败，没有农民斗争发展超过工人势力而不利于革命本身的。”

对于中共中央要求红四军分兵的问题，毛泽东据理而争，认为：过去多次实行分兵“都是失败的”，“五军在平、浏，四军在边界在湘南，因分兵而被敌人击破者共有五次之多。”“愈是恶劣环境，部队愈须集中，领导者愈须坚强奋斗，方能应付敌人。”“此次离开井冈山向赣南闽西，因为我们部队是集中的，领导机关（前委）和负责人（朱、毛）的态度是坚决奋斗的，所以不但敌人无奈我何，而且敌人的损失大于他们的胜利，我们的胜利则大于我们的损失。”

毛泽东也不同意中央要求他和朱德离开红四军，但他婉转地说：“中央若因别项需要朱毛二人改换工作，望即派遣得力人来。我们的意见，刘伯承同志可以任军事，恽代英同志可以任党及政治，两人如能派来，那是胜过我们的。”①

不久，蒋桂战争爆发，中共中央改变了“二月来信”中所提出的一些意见。

1929年5月至10月，红四军乘封建军阀到广东参加粤桂战争造成的闽西空虚的有利时机，先后两次进入闽西，歼灭当地军阀陈国辉旅和卢新铭旅。这时赣西南地区的革命武装力量也有很大发展。11月，罗炳辉（共产党员）率领国民党吉安靖卫大队起义，改编为红军。到1930年春，包括兴国、雩都、宁都、瑞金、赣县、安远、寻邬（今寻乌）、信丰、南康等县的赣南根据地和包括龙岩、永定、上杭、武平、长汀、连城等县的闽西根据地初步形成。1930年3月，赣西南苏维埃政府和闽西苏维埃政府相继成立，曾山、邓子恢分别担任主席。

---

① 《红军第四军前委给中央的信》（1929 年 4 月 5 日），《毛泽东军事文选》第 1 卷，第 59、60、61、62 页。

赣南、闽西根据地的形成和发展，为后来中央革命根据地的建立奠定了基础，并对各地区红军游击战争的发展和根据地的建设起了鼓舞和示范作用。

在创建赣南、闽西根据地的过程中，毛泽东还注意解决农村游击战争环境中如何建设一个强大的无产阶级政党和一支新型人民军队的问题。1929年12月下旬在福建上杭古田召开中共红四军第九次代表大会，通过了毛泽东根据中央“九月来信”精神和红四军建立以来的经验起草的决议案，初步回答了在党员以农民为主要成分的情况下，如何从加强党的思想建设着手，保持党的无产阶级先锋队性质的问题；初步回答了在农村进行革命战争的环境中，如何将以农民为主要成分的军队，建设成为无产阶级领导的人民军队的问题。古田会议决议是中国共产党和红军建设的纲领性文献，产生了深远的影响。

1930年1月，毛泽东在给红四军第一纵队司令员林彪的信①中，阐明了中国革命只能走与资本主义国家不同的道路，提出了把党的工作重心由城市转移到农村，在农村地区开展游击战争，深入进行土地革命，建立和发展红色政权，待条件成熟时再夺取全国政权的思想。当时，党内盛行把马克思主义教条化、把共产国际决议和俄国革命经验神圣化的倾向。以毛泽东为代表的中国共产党人冲破教条主义的束缚，提出农村包围城市、武装夺取政权道路的思想，从而为复兴中国革命和争取中国的胜利指明了唯一的道路。

除了赣南、闽西根据地外，党领导创建的根据地还有湘赣、湘鄂赣、湘鄂西、鄂豫皖、赣东北、左右江、东江、琼崖等。另外，在川东、浙南、苏中等地，还建立了一些游击区。这样，到1930年夏，全国已建立大小十几块根据地，红军发展到约7万人，连同地方革命武装，共约10万人，分布在湖南、湖北、江西、福建、广东、广西、河南、安徽、江苏、浙江、四川等十多个省的边界地区和远离中心城市的偏僻山区。红军战争已成为中国革命斗争的主要形式，农村根据地已成为积蓄和壮大人民革命力量的主要战略基地。

① 即《毛泽东选集》第一卷中《星星之火，可以燎原》一文。

共产国际改变了指导中国革命的方针

事实胜于雄辩。城市斗争不尽人意，农村革命斗争却蓬勃发展，这一点，共产国际也逐渐认识到了。1930年2月，驻上海的共产国际远东局在给共产国际执行委员会的报告中，谈到中共党内的状况时说：“最近在华南和华北游击队取得了辉煌的战绩”，“特别是在华南，党已深入农民群众”，“农村党组织在苏区日益壮大”。相比之下，党在“白色恐怖笼罩的地区组织发展十分缓慢”。①4月15日，马马耶夫在共产国际东方书记处处务委员会扩大会议上的报告中，虽然认为“1929年，不仅在上海，而且在中国所有的工业中心城市罢工斗争都加强了”，“经济斗争迅速发展成政治斗争”。但他把话锋一转，认为“与农民运动相比，工人运动的发展速度还是缓慢的”。②

面对中国农村革命根据地的建立、发展，并在革命斗争中日渐重要的事实，共产国际也开始改变指导方针。1930年1月，鉴于农村革命根据地的扩大，共产国际远东局向中共中央建议召开各苏区代表大会，以便“从组织上统一各个苏区”③。7月上旬，共产国际执行委员会致电中共中央，指示：“在苏区成立有权威的中央局，采取一切措施最大限度地加强红军。现在就必须最大限度地集中和保证党对红军的领导。”④7月29日，共产国际

① 《共产国际执行委员会远东局给共产国际执行委员会的报告》（1930年2月于上海），中共中央党史研究室第一研究部译：《共产国际、联共（布）与中国革命资料丛书·联共（布）、共产国际与中国苏维埃运动》（1927—1931）第9卷，第63、67页。

② 《马马耶夫在共产国际执行委员会东方书记处处务委员会扩大会议上的报告》（1930年4月5日于莫斯科），中共中央党史研究室第一研究部译：《共产国际、联共（布）与中国革命资料丛书·联共（布）、共产国际与中国苏维埃运动》（1927—1931）第9卷，第103页。

③ 《共产国际执行委员会远东局给共产国际执行委员会东方书记处的信》（1930年1月30日于上海），中共中央党史研究室第一研究部译：《共产国际、联共（布）与中国革命档案资料丛书·联共（布）、共产国际与中国苏维埃运动》（1927—1931）第9卷，第40页。

④ 《共产国际执行委员会给中共中央的电报》（早于1930年7月10日于莫斯科），中共中央党史研究室第一研究部译：《共产国际、联共（布）与中国革命档案资料丛书·联共（布）、共产国际与中国苏维埃运动》（1927—1931）第9卷，第216页。

执行委员会就红军建设和游击运动问题给中共中央发出指示信，指出：要“牢牢占领并保持具有巩固和进一步扩大苏维埃政权的足够政治经济前提的根据地。”“越是迅速地具有这样的根据地，越是迅速地把武装斗争从各种独特的游击战形式转变为正规军作战形式，我们就越能迅速地保证从组织上掌握农民革命运动，就越能迅速地保证无产阶级对农民的领导，从而保证革命的胜利。”①8月8日，共产国际执行委员会致电中共中央政治局，更明确地指示：“建立一支坚强的、组织严密的、政治上坚定的、有充分供应保障的红军，是中共工作中目前的中心环节。”为此，共产国际提出：“必须选择和开辟能保证组建和加强这种军队的根据地。对根据地的基本要求是：相当程度的农民运动，从容组建的可能性，获得武器的前景和保证今后能夺取一个有足够工人居民的大的行政政治中心的发展前景。目前显然赣南、闽南、粤东北地区首先能够成为这样的根据地。”②

从上述共产国际的连续指示看，中心内容是：建立苏区中央局，统一红军指挥，加强红军和农村根据地建设，尤其是毛泽东、朱德所创建的赣南、闽西根据地的建设。这表明，共产国际指导中国革命的方针已开始由以城市为中心转向以农村为中心。

这时，正是李立三“左”倾冒险错误统治全党之时。雄心勃勃的李立三提出“会师武汉”、“饮马长江”的豪言壮语，要求各根据地红军集中，攻打中心城市，幻想很快实现全国革命胜利，把共产国际的指示当成了耳旁风，没有得到贯彻落实。

李立三的行为使共产国际十分恼火，派周恩来和瞿秋白回国，传达共产国际的指示，纠正“立三路线”。8月中旬末和下旬，周恩来和瞿秋白相继从苏联回到上海。9月24日至28日，在瞿秋白、周恩来的主持下召开的中共六届三中全会通过了《关于政治状况和党的总任务决议案》。这个决

① 《共产国际执行委员会就红军建设和游击问题给中共中央的指示信》（1930年7月29日于莫斯科），中共中央党史研究室第一研究部译：《共产国际、联共（布）与中国革命档案资料丛书·联共（布）、共产国际与中国苏维埃运动》（1927—1931）第9卷，第241—242页。

② 《共产国际执行委员会给中共中央政治局的电报》（1930年8月8日），中共中央党史研究室第一研究部译：《共产国际、联共（布）与中国革命档案资料丛书·联共（布）、共产国际与中国苏维埃运动》（1927—1931）第9卷，第278页。

议案是接受共产国际执行委员会政治秘书处7月关于中国问题决议案的决议。决议案将共产国际关于中国共产党目前任务归纳为两点：“（一）巩固和发展各苏维埃区，集中农民斗争的力量，加强无产阶级对于工农红军的直接领导，建立苏维埃根据地的临时中央政府，去组织革命的战争——争取一省几省的首先胜利。（二）同时，积极的扩大中心城市工人群众的鼓动和组织工作，发动并领导全国反动统治区域里面各种方式的群众革命斗争，争取极广大的劳动群众来积极准备武装暴动，以加强并巩固无产阶级对于农民战争的领导权；——这样去坚决的为着全国苏维埃政权的胜利而斗争。”①据此，决议案确定：“当前第一等重要的任务是——建立巩固的阵地，就是建立集中统一的真正和工农群众密切联系的苏维埃临时中央政府，在最有保障的地域——苏维埃的根据地，创造并且巩固真正坚强的，政治上军事上有充分无产阶级领导的红军，以便依照军事政治的环境，进而占领一个或者几个工业政治中心——这种形势，现在是湘鄂赣区域最为成熟。”②根据共产国际的指示，三中全会通过的《组织问题决议案》决定：“立即在苏维埃区域建立中央局”，“以统一各苏区之党的领导。”并规定：“当着苏维埃临时中央政权建立起来后，苏区中央局应经过党团在政权中起领导作用。苏区各特委凡能与苏区中央局发生直接关系的地方，都应隶属其指挥。”③

中共中央制定革命根据地和红军发展新战略

党的六届三中全会开罢，红军和根据地的建设与发展问题即提上议事日程。周恩来长期在中国共产党的军事领导岗位工作，对各地红军和根据

① 《关于政治状况和党的总任务议决案》（1930年9月，接受共产国际执行委员会政治秘书处1930年7月的中国问题议决案的决议），中央档案馆编：《中共中央文件选集》第6册，中央党校出版社1989年版，第286页。

② 《关于政治状况和党的总任务议决案》（1930年9月，接受共产国际执行委员会政治秘书处1930年7月的中国问题议决案的决议），《中共中央文件选集》第6册，第286页。

③ 《组织问题决议案》（1930年9月28日扩大的三中全会通过），《中共中央文件选集》第6册，第314页。

地的发展状况了如指掌，共产国际派他回国来负责这项工作，无疑是正确的选择。

9月30日，在周恩来主持下，召开了中共中央军委扩大会议。会上，周恩来作了《目前红军的中心任务及其几个根本问题》的报告和结论。周恩来在报告中回顾了自南昌起义、秋收起义、广州起义以来红军成长的历史，将全国苏维埃区域分为六大块：第一块是“北从通城南达赣州，包围到湘鄂赣三省边界及赣西南的一个广大区域”；第二块是鄂西与湘西；第三块是鄂豫皖边界；第四块是赣东北；第五块是闽粤赣；第六块是广西。在这六大苏维埃区域中，周恩来最重视第一块，认为是“最主要的红军区域”，红一军团“党的领导强，战斗力也好”①。关于六大苏维埃区域之间的关系，周恩来认为：“除了广西外，都能联系起来，一致地向着武汉发展。譬如人身，以鄂东北为首，武汉成为咽喉，湘鄂赣及赣西南为身躯，左手在鄂西湘西，右手在赣东北，右腿在闽粤赣，左腿在广西，总之如一人的身体全副脉络都要打通起来，这样才能有巩固的发展。”他要求：“在目前，必须坚决执行这一策略，把现有的苏区联系而巩固起来，以武汉为中心的目标，向着这些省的中心城市交通要道发展，而且要有巩固的后方。”②很明显，周恩来认为，湘鄂赣和赣西南根据地在全国根据地中处于中心和重要的位置。

周恩来不愧为伟大的军事家，不像教条主义者那样，对共产国际指示只是机械式地照搬，而是结合实际，从历史和现实的具体实际出发，从全局的高度，科学分析全国根据地的布局，描绘了中国革命根据地和红军如何发展的蓝图。

10月24日，中共中央依据周恩来的报告，讨论通过了《关于苏维埃区域目前工作计划》，确定：“湘鄂赣联接到赣西南为一大区域，要巩固和发展它成为苏区的中央根据地。”③这是中共中央文件中第一次出现“中央根

① 《目前红军的中心任务及其几个根本问题》(1930年9月30日)，《周恩来军事文选》第一卷，人民出版社1997年版，第116—119页。

② 《目前红军的中心任务及其几个根本问题》(1930年9月30日)，《周恩来军事文选》第一卷，第122—123页。

③ 《中央政治局关于苏维埃区域目前工作计划》(1930年10月24日)，中央档案馆编：《中共中央文件选集》第6册，第429页。

据地”。后来，人们亦称中央根据地为中央苏区。中共中央设立中央苏区，是以其为中心点，周围其他苏区都向这里发展，最终和中央苏区连成一片，从而取得湘鄂赣三省的首先胜利。

还在8月下旬的时候，彭德怀、滕代远领导的湘鄂赣根据地红军第三军团已和毛泽东、朱德领导的红一军团在湖南浏阳永和市会师，合编为红一方面军，朱德任总司令，毛泽东任总前委书记兼总政治委员。根据中共中央命令，红一方面军9月再攻长沙，历时16天，仍未奏效，于是撤围。部队到达袁州（今宜春）后，毛泽东说服前来传达回攻长沙的中共中央长江局负责人周以栗，决定既不回攻长沙，也不打南昌，而是攻打周围都是革命根据地的孤城吉安。10月4日，红一方面军攻占吉安，后又占领附近许多县城，使赣江两岸的根据地连成一片。一时间，赣西南红色区域达30余县，红一方面军达4万余人。虽然，后来由于国民党军发动了大规模的军事“围剿”，中共中央设想的湘鄂赣和赣西南连成一片的计划没有实现，但两个根据地的主力红军——红一军团、红三军团却是在毛泽东、朱德的统一指挥下并肩战斗。两个军团为主体组成的红一方面军进行反“围剿”斗争，所控制的区域，即成为后来党史、军史所指的中央苏区。

中央苏区，是大革命失败后，以毛泽东为代表的共产党人不畏国民党反动派的白色恐怖，坚定革命信念，历经艰辛坚持武装斗争结出的硕果。

中央苏区，是毛泽东、周恩来、朱德等坚持从中国的国情出发，努力探索中国革命道路结出的硕果。

中央苏区，承载着中国革命发展和胜利的希望，注定在中国近现代历史上产生了无可替代的影响。

二、毛泽东反“围剿”胜利的秘诀

米夫首次提出了红一方面军进行战略转移

就在中共中央谋划革命根据地和红军发展新战略时，蒋介石也在策划对毛泽东、朱德领导的红一方面军发动大规模的军事“围剿”。

蒋介石怎么也想不到，当年国共合作时，他为黄埔军校校长、掌握着军事大权，而留着一头长发、穿着朴素长衫的毛泽东为国民党中央宣传部代理部长，主办《政治周报》，明明是一介书生，怎么一搞军事，竟成为自己的最强劲对手。

对于朱毛红军，蒋介石早已如芒在背、如鲠在喉，欲拔之而后快。然而，让蒋介石闹心的是国民党新军阀内部纷争不断，他腾不出手来。

1929年3月至4月的蒋桂战争，蒋介石打败了当时对他威胁最大的李宗仁、白崇禧新桂系。此事刚完，蒋介石又和结拜兄弟冯玉祥的矛盾尖锐起来。蒋介石靠收买冯玉祥手下大将韩复榘、石友三、刘镇华、杨虎城、马鸿宾等投靠自己，逼迫冯玉祥5月27日通电下野。冯玉祥不甘缚手就降，暗中和阎锡山达成共同反蒋协议，指示手下大将宋哲元于10月兵出陕西潼关讨伐蒋介石。从10月下旬至11月，蒋、冯两军战于河南洛阳东南的临汝、登封、黑石关一带。蒋、冯鏖战之际，原先答应和冯玉祥联合反蒋的阎锡山却没有信守诺言，按兵不动，坐山观虎斗，致使冯军孤军作战。11月底，蒋介石打败了冯军。

蒋介石刚打败一个劲敌，广东的张发奎就联合桂系，称“护党救国军”，向蒋介石叫板。蒋介石急调何应钦入粤与陈济棠联合，击退张、桂“护党救国军”，使其退回广西。此即“第二次蒋桂战争”。

张发奎和桂系发难时，驻郑州的唐生智和浦口的石友三也来凑热闹，参加“护党救国军”，反蒋拥护汪精卫。蒋介石调心腹大将刘峙北上攻打唐生智，并施展手段，收买阎锡山、韩复榘参加反唐阵营。不久，唐生智失败，通电下野，石友三重新投靠蒋介石。

兔死狐悲，阎锡山看到桂系、冯系军阀相继被蒋介石打败后，认识到下一个目标必然是自己。想到这些，阎锡山脊背一阵阵发凉，于是后悔蒋冯战争时自己采取“坐山观虎斗”的策略。好在亡羊补牢，重新与冯玉祥和好，共同反蒋，还来得及。于是，阎锡山坚定反蒋决心，亲到冯玉祥处达成谅解，表示愿意真诚合作，共同反蒋。阎锡山还派人联络败退广西的李宗仁、张发奎等，建立反蒋联盟。这时，国民党内一些反蒋派系如改组派、西山会议派等，也纷纷聚集到阎锡山的旗帜之下，形成了军事、政治反蒋大联合。1930年3月中旬，阎、冯、桂三个国民党新军阀集团的将领鹿钟麟、商震、黄绍竑等57人，由鹿钟麟领衔发出反蒋通电，共推阎锡山为“中华民国陆海空军总司令”，冯玉祥、李宗仁、张学良为副总司令。4月初，反蒋联军共70万大军，分别在津浦路、陇海路与鲁西南、平汉路、湖南四个战场同时进军，准备一举推翻蒋介石南京政府。

这是蒋介石自建立南京政权面临的最大的挑战。4月5日，蒋介石下令，免去阎锡山本兼各职，予以通缉。5月1日，蒋介石在南京举行誓师典礼；11日，调兵遣将，发动了对阎、冯军的攻击。中国近现代史上规模最大的军阀混战“中原大战”爆发了。6月上旬，李宗仁、张发奎为配合阎、冯反蒋，进军湖南，占领衡阳等地。

大战爆发后，蒋介石腹背受敌，处于不利状态，苦苦支撑。东北军张学良则对战争双方的胜负有举足轻重的作用。蒋介石故伎重演，一方面给张学良1500万元巨款；另一方面许诺平津地区为东北军的地盘。张学良东北军分三路于9月入关，先后占领平津。由于张学良倒向蒋介石，胜利的天平很快向蒋介石倾斜。至10月，冯玉祥的军队完全瓦解，阎锡山的军队退回山西，桂系军队退回广西。自此，蒋介石在国民党内独大，没有其他能够和蒋介石抗衡的力量。

蒋、阎、冯中原大战和湘粤桂边战争，双方投入的兵力达100多万，总耗资达5亿元，给人民群众带来深重灾难。

中原大战和湘粤桂边战争之后，蒋介石终于从走马灯似的新军阀混战中走出来，有机会腾出手对付共产党和红军了。当然，首先就是要消灭越来越发展壮大的毛泽东、朱德的红一方面军。10月20日前后，蒋介石将其第七十七师、新编第五师、第五十师和第六路军的第二十四师、第八师分别由湖南、河南调入江西境内，连同原驻江西的第十八师、新编第十三师、独立第十四旅，共集中了七个师又一个旅，兵力达10万之众。另外，蒋介石又令在武汉休整的第十九路军（辖第六十师、第六十一师）准备进入江西。他以国民党江西省政府主席、第九路军总指挥鲁涤平指挥以上各部，向红一方面军扑来，想一口将红军吞下去。

由于与以往一省或数省对红军的“进剿”、“会剿”不同，这次是蒋介石统一调动全国的反革命军事力量对红军进行“围剿”，十万大军来势汹汹，大有“黑云压城城欲摧”之势，红一方面军面临着前所未有的严峻考验。这时奉共产国际之命来华接任远东局书记的米夫，对毛泽东、朱德领导的红一方面军能否打破国民党军的“围剿”缺乏信心。他在12月2日给共产国际执行委员会的信中，一方面认为红军取得反“围剿”胜利“并不是没有希望”；另一方面又说“也不排除这样的可能，即在敌人优势兵力的压力下，我们将暂时撤离这个地区。”至于“是保卫苏区直到最后一个红军战士”，还是撤离根据地，米夫认为，“比较合适的做法，当然是后者。”很明显，米夫认为红一方面军撤离根据地是上策。他要共产国际考虑：“我们撤退什么地方为好，在这种情况下，选择什么样的地区作为新的根据地，并继续解决组建红军的问题。”他提出的意见是：“老的地区位于三省交界处，朱德和毛泽东已在那里坚持了两年多，这个地区未必适合……以前朱德和毛泽东率领一支不大的队伍能够在这个山区作战，而现在，当谈到要形成一个有力的红军拳头的时候，该地区以前的优势就会成为完成这项任务的障碍。另一方面，远离发达的群众运动的地区也是不合适的。”①然而，究竟哪里建立新根据地合适，米夫也没有拿出个意见来。

应该说，米夫创下了一个“第一”，即他是提出红一方面军撤离中央苏区进行战略转移的第一人。米夫在此后不久主持召开中共六届四中全会，扶持王明上台，从此开始了“左”倾教条主义错误在中共中央长达四年的统治。米夫被国民党军十万大军大规模“围剿”中央苏区所吓倒，表明教条主义者能把马克思、恩格斯、列宁、斯大林对革命的论断倒背如流，把革命理论说得头头是道，但真正遇到困难和严峻的形势，就束手无策，什么管用的办法都没有，现出了空谈家的原形。

毛泽东力主“诱敌深入”方针

以毛泽东为书记的红一方面军总前委是怎样应对敌人的“围剿”呢？1930年10月22日，红一方面军总部到达清江县的太平圩时，得到了国民

① 《米夫给共产国际执行委员会的信》（1930 年 12 月 2 日于上海），中共中央党史研究室第一研究部译：《共产国际、联共（布）与中国革命档案资料丛书·联共（布）、共产国际与中国苏维埃运动》（1927—1931）第 9 卷，第 501、502 页。

党军谭道源师已全部开到南昌，许克祥部及第五师熊式辉部先头部队在10月19日相继开抵九江；金汉鼎、毛炳文两部也准备入赣的消息。第二天，毛泽东在太平圩主持召开总前委会议，讨论如何应敌问题。会议根据大批国民党军入赣和敌公秉藩驻守南昌，张辉瓒师驻樟树、丰城一线，邓英师在抚州，湘敌罗霖部驻袁州的情况，决定：“先在袁水与瑞州河之间布置工作，以主力沿袁水配制，发动这一带的群众筹措给养，竭力准备与敌决战的条件，暂以7天为期”①。25日，毛泽东、朱德率领红一方面总部转移到新余县罗坊镇陈家闹。在一家染布店中，毛泽东主持召开红一方面军总前委和中共江西省行动委员会联席会议。此即关系到中央苏区反“围剿”成败的“罗坊会议”。

由于当时红一方面军和中共中央没有电讯联系，中共六届三中全会纠正李立三“左”倾冒险错误的指示精神尚未传达这里，会议就如何应敌问题产生了激烈的争论。在历史的关键时刻，毛泽东从容、淡定，坚持从实际出发，科学分析敌我态势，作出正确判断和对策，表现出一个伟大军事家、战略家的高超智慧。

李立三“左”倾冒险错误统治中共中央时，曾让红一方面军攻打南昌、九江，会师武汉。对此，毛泽东在会上提出：“在强大的敌人进攻面前，红军决不能去冒险攻打南昌，南昌是敌人重兵驻守的地方，红军还没有足够的力量去攻打城市，红军必须采取‘诱敌深入’的作战方针，退却到根据地，选择好战场，创造有利条件，充分依靠人民群众，实行人民战争，把敌人放进来，才能集中力量消灭敌人。”②

中共江西省行委书记李文林不同意毛泽东提出的“诱敌深入”作战方针，仍主张打南昌、九江，会师武汉。李文林上纲上线地说：“不打南昌、会师武汉，就是违背中央精神，就会断送中国革命。”③他认为毛泽东的“诱敌深入”是保守主义，把敌人引入根据地，人民要遭受很大损失。

红三军团还有些人提出“夹江而阵”，即红三军团在赣江西岸，红一军

① 《红一方面军在袁水与瑞州河之间工作待机的命令》（1930年10月24日），赵泉钧等编著：《罗坊会议》，浙江大学出版社1993年版，第278页。

② 《陈正人回忆罗坊会议》，赵泉钧等编著：《罗坊会议》，第375页。

③ 《陈正人回忆罗坊会议》，赵泉钧等编著：《罗坊会议》，第375页。

团在赣江东岸，分头对付敌人的“围剿”。认为这样“既可以集中消灭敌大部队，也可以团为单位分散于湘赣边、湘鄂赣边、鄂东南区进行游击战，对将来夺取湘鄂赣三省政权都有利。”①

为了说服大家，毛泽东明确地指出：“此次蒋介石调取兵力要大举进攻革命，敌人利在速战，使红军深入白色区域，然后包围袭击。我们就是利用敌人的弱点，看明敌人毒计，站在主动地位来定战略。我们所采取的大规模决战，诱敌深入赤色区域，配合群众，这是实际消灭敌人，实际进攻南昌、九江，争取革命胜利的唯一正确策略。”②

参加会议的多数人如朱德、周以栗、罗荣桓、曾山、陈正人等支持毛泽东的主张。由于李文林和红三军团部分同志仍坚持反对“诱敌深入”方针，特别是红三军团政治部主任袁国平态度尤其坚决，联席会议没有就“诱敌深入”方针达成一致意见。但是会议对打不打南昌、九江问题基本上形成了共识。第二天，联席会议一致通过了《目前政治形势与方面军及江西党的任务》的决议，确定红一方面军的军事战略为“在吉安、南昌之间一带地区发动广大的人民群众，筹措给养，同时加紧后方的群众调动与给养筹措，准备与敌人作大规模的决战，消灭敌人主力，实现全省胜利。”③

10月30日，红一方面军总部得到情报，国民党各路军队已经出动，向红军和根据地推进。事不宜迟，作战方针必须得定！毛泽东立即召开总前委会议，确定了“诱敌深入”的作战方针④。并决定整个方面军东渡赣江，由原来在湘江、赣江之间转移到回旋和发展余地都大得多的赣江以东广大区域活动，寻机打破国民党军的“围剿”。

然而，在红一方面军东渡赣江时，遇到了问题。红三军团的一些干部不愿东渡赣江。原因是红三军团是湘鄂赣根据地产生出来的主力红军，其中第五军和第十六军大多数是平江、浏阳人，第八军大多数是阳新、大冶人。有狭隘地方主义观念的一些人利用这一点，在总前委决定东渡赣江后

① 《彭德怀自传》，解放军文艺出版社 2002 年版，第 164 页。

② 《何长工回忆罗坊会议前后的几个问题》，赵泉钧等编著:《罗坊会议》，第 368 页。

③ 《目前政治形势与一方面军及江西党的任务》（1930 年 10 月 26 日），赵泉钧等编著:《罗坊会议》，第 291—292 页。

④ 《毛泽东农村调查文集》，人民出版社 1982 年版，第 254 页。

仍坚持红三军团留在赣江以西活动。这时候，红三军团总指挥彭德怀的态度就显得异常重要。

彭德怀出席了总前委会议，认为：“总前委改变在湘江、赣江之间机动作战的计划，要在赣江以东、大海以西的广大地区创建根据地，采取诱敌深入的战略方针，谨慎地争取粉碎敌军的第一次‘围剿’，准备长期斗争。从战略全局着眼，这一意见比前者更全面、更准确。”①因此，彭德怀毫不犹豫地拥护总前委的决定。他认为，虽然那些不愿东渡赣江的同志的主张是有一定道理的，但是，为了消灭敌人，必须反对地方主义，集中统一红军。因为红一、红三军团在战斗中一次要各消灭敌人一个有六团建制的师是很勉强的，而两个军团合起来消灭敌人一个师就比较轻松。彭德怀这个认识是科学的，也是有远见的。集中优势兵力消灭敌人，是人民军队的最重要战略战术原则之一，在实际作战中是一加一绝对大于二的。

彭德怀对红三军团的同志耐心地做思想工作，指出一、三军团分开，对于目前准备粉碎蒋介石的大举进攻不利。针对不少同志担心红三军团过江之后，湘、赣两江之间没人坚持，苏区这几年白搞了的顾虑，彭德怀说：湘鄂赣边区可扩大红十六军；鄂东南已有五个小团，准备成立红九军；湘赣边区已有独立师，可以再加扩大。经过彭德怀的说服，不愿东渡赣江的同志的顾虑减少了。周以栗以中央代表名义到红三军团传达总前委的指示后，仍有几个团级干部不同意到赣江以东去。彭德怀对他们说：“要集中兵力，大量消灭当前蒋介石进攻之敌，有意见到江东去讨论吧，我是一定要过江的，总前委这个决定是正确的。红军要打遍全中国，不要地方主义。”②彭德怀在红三军团有很高的威望，一言九鼎，此话一出，持一、三军团分家的人也就不再说什么了。这样，关于东渡赣江的风波平息了。

我们应该庆幸中国革命有毛泽东这样的领袖、统帅的英明领导和高超的军事指挥艺术，同时，我们也应该庆幸有彭德怀这样的以革命的事业为重，舍小利益为大利益，顾全大局的领导骨干和高级将领。以后中央苏区反“围剿”斗争的事实说明，红一、三军团是毛泽东、朱德手中的两把利剑，

① 《彭德怀自传》，第164页。
② 《彭德怀自传》，第166页。

双剑合璧，多次歼灭敌人一个整师的兵力，为取得反“围剿”胜利立下了不朽功绩。在历史的关键时刻，彭德怀拥护毛泽东、朱德的领导，坚持红一、三军团统一行动，也是立下大功之人。

再看一下中共中央对国民党军向中央苏区发动第一次“围剿”的态度。

1930年10月29日，六届三中全会后的中共中央就对付敌人“围剿”的策略问题给红一方面军前委发出指示。中共中央在指示中告知中央制定了苏维埃区域工作计划①和各种具体条例与红军改编计划，以及苏维埃政府的选举法与各种法令，要前委接到后与各特委及地方党组织进行讨论。并说组建中共苏区中央局，由中央派的项英前往主持。由于中共中央得到了红一、三军团在攻长沙攻南昌的争论而发生分兵的误传，在指示信中说：“如果你们现在确因争论而分兵，确以反攻为守，或采取暂时休息的计划，则你们便犯着极严重的错误。”认为“分散以游击”，“这一退守策略，必然要遭受严重失败，而为敌人各个击破。”指示红一、三军团要采取“进攻的策略”。具体为“在军事上是集中一切武装力量并统一它的指挥”，“利用敌人的弱点，尽力的给敌人以各个击破的打击”。“坚决地向外发展，集中一三集团军的力量，击破敌人的一方，以压迫湘赣两方的敌人，使之反攻为守，这样来击破敌人的包围”。指示信指出，国民党军的这次“围剿”不限于红一、三军团所在的地域，但“一三集团是敌人进攻的最主要的目标”，各地要“进行自己适当的配合”。苏区中央局在项英未到达之前，“可先行成立，暂以毛泽东同志代书记。”“军事指挥必须统一，依中央上次通知，仍以朱德同志为一三两集团军总司令，当其他部队与中央区②发生作战联系时，亦归一三集团军总司令指挥。”③

中共中央给各地的指示是通过地下交通站转送的，一个指示发出，要经过多个交通站转送，几经周折，才能送达目的地。从指示发出到收件人收到，往往颇费时日。前面所提到过的毛泽东1930年4月初在瑞金收到中共中央在2月发出的来信，时间已经过去两个月了。这说明，在没有直接电

① 即中共中央设定中央苏区那份文件。

② 在当时中共中央文件中，也称中央苏区为“中区”、“中央区”。

③ 《中央关于对付敌人“围剿”的策略问题给一、三两集团军前委诸同志的指示》(1930年10月29日)，薛泉钧等编著：《罗坊会议》，第293、294、295、296、297页。

讯联系的情况下，中共中央的指示到时，往往已经时过境迁，成为“马后炮”了。中共中央给一、三军团发出反“围剿”的命令之时，红一方面军总前委已经决定了“诱敌深入”方针，并在11月1日发出“诱敌深入赤色区域，待其疲惫而歼灭之”①的命令，红军主力转移到赣江东岸，为反“围剿”斗争准备条件。尽管中共中央的指示传到红一方面军时，反“围剿”作战已经开始了，但仍是有积极意义的：其一，中共中央要求红一、三军团集中统一行动，不要分开。这恰好证明，红一方面军总前委的决定和中央是一致的。其二，中共中央要求利用敌人弱点、各个击破敌军，与红一方面军总前委的“诱敌深入”，寻机歼灭敌人，打破敌人“围剿”的策略基本是一致的。其三，中共中央的指示明确了中央苏区的反“围剿”由毛泽东、朱德来领导和指挥，说明了对他们非常信任和肯定，为中央苏区反“围剿”的胜利提供了非常重要的保证。这些积极意义表明，瞿秋白、周恩来主导的中共六届三中全会后的中央在红军面临国民党军大规模军事“围剿”时，提出的策略、作出的决策还是比较符合实际的，与共产国际远东局书记米夫惊慌失措的态度形成鲜明的对比。

“诱敌深入”方针确定后，毛泽东、朱德率领红一方面军主力渐次向根据地中部的东固、龙冈一带山区转移。11月15日，国民党军队开始向袁水流域推进，扑空后又向赣江东岸逼进。这时红军主力几经转移，已在黄陂、小布地区隐蔽待机。12月6日，国民党军队向根据地中心地区进攻，至28日，进至富田、东固一带。国民党军像蒙着眼睛的蛮牛一样，横冲直撞，却找不到红军主力的踪影。根据国民党军队部署在西起江西万安、泰和，东至福建建宁，形成相距800里的阵势，毛泽东、朱德确定实行“中间突破”的战术，先打敌主力谭道源师或张辉瓒师，将敌分割为远距离的两群，以便各个击破。

12月28日，鲁涤平命令所属各师向红军发起总攻击，第十八师师长张辉瓒率领师部和第五十二旅、第五十三旅，在第二十八师一个旅的配合下，旁若无人地向龙岗推进。龙岗接近红军主力集中的地方，群山环抱，中间

---

①《红一方面军移师赣江东岸分散工作筹款的命令》（1930年11月1日午后2时于新余罗坊之园前村），薛泉钧等编著：《罗坊会议》，第300页。

是狭长的盆地，当地群众又能帮助封锁消息，是红军伏击敌人的好场所。29日，按照方面军司令部的命令，红军各部进入埋伏阵地。12月30日，细雨蒙蒙，张辉瓒率部由龙冈进入五门岭红军布下的大网，遭到埋伏在这里的红军的猛烈攻击。战斗从上午10时开始，激战至下午6时，红军歼敌近1万人，并活捉张辉瓒。1931年1月3日，红军进抵东韶附近，向谭道源第五十师发起进攻，歼灭该师3000多人，其他各路国民党军队仓皇退走。五天之内红一方面军连续打了两个胜仗，歼敌1. 3万人，胜利地打破了国民党军的第一次"围剿"。

这是红军自建立以来同国民党军队作战取得的空前的大胜利，在全国引起强烈震动。中共中央政治局1931年2月通过的《给中国红军及各级党部训令》高度赞扬这个胜利，认为："红军一三集团军与江西劳动群众，在苏维埃政权之下的一致行动，得到了出人意外的结果，他们在伟大的中国革命发展史上，已经写上了新的光荣的一页。"①

中央苏区第一次反"围剿"胜利，不仅使六届四中全会后的中共中央感到"出人意外"，而且也使共产国际远东局委员、中共中央军事顾问组负责人盖利斯兴奋异常。1931年2月10日，盖利斯在给共产国际执行委员会东方书记处军事委员会主席别尔津的信中报告："朱德、毛泽东、彭德怀几乎收复了自己原有的阵地"，"粉碎了对我们的第一次大规模进攻，这是无可争辩的事实。蒋介石关于消灭苏维埃运动的种种期限都已成为泡影。"他还神采飞扬地说，"第一次围剿的结果，我们的部队大大增强了……上海的情绪也高涨了。""第一、三军团大大改善了自己的物质状况。"②

当然，毛泽东也非常高兴，写下了《渔家傲·反第一次大"围剿"》：

万木霜天红烂漫，天兵怒气冲霄汉。

雾满龙冈千嶂暗，齐声唤，前头捉了张辉瓒。

---

① 《给中国红军及各级党部训令》(1931年2月中央政治局通过)，中央档案馆编:《中共中央文件选集》第7册，中共中央党校出版社1991年版，第143页。

② 《盖利斯给别尔津的信》(1931年2月10日于上海)，中共中央党史研究室第一研究部译:《共产国际、联共(布)与中国革命档案资料丛书·联共(布)、共产国际与中国苏维埃运动》(1927—1931)第10卷，中央文献出版社2002年版，第56、57、58页。

二十万军重入赣，风烟滚滚来天半。

唤起工农千百万，同心干，不周山下红旗乱。①

横扫千军如卷席

毛泽东写《渔家傲·反第一次大“围剿”》时，蒋介石又以军政部长何应钦为陆海空军总司令南昌行营主任，调集约20万兵力，对中央苏区发动第二次“围剿”。

在同其他新军阀混战中，每次蒋介石都是胜利者。当他真正和毛泽东、朱德领导的红军对垒时，原本认为以两倍半的兵力一举可以对方消灭，没想到却遭到惨败。这使蒋介石的脑袋上遭到了重重的一击。赌徒的心理是，越赌越红眼，下得赌注越多。在第一次“围剿”失败后不久，蒋介石就准备了第二次“围剿”，兵力比上次增加了一倍。

面对国民党军比上一次“围剿”多出一倍兵力的新“围剿”，毛泽东正如在他写的《渔家傲·反第一次大“围剿”》中下半阙表示的那样，充满胜利的自信。但在这时，苏区领导机构发生了变化。1931年1月15日，项英来到了中央苏区。根据中共中央的决定，在宁都小布成立中共苏区中央局，项英任代理书记，毛泽东、朱德、曾山为委员。同时成立以项英为主席的中央革命军事委员会，朱德、毛泽东担任副主席，毛泽东兼任政治部主任。原先的中共红一方面军总前委被撤销。由于项英刚从上海来不久，虽然担任革命军事委员会主席，但他不大懂得军事，缺乏对敌作战经验，因此，毛泽东在军事指挥上仍然起主要作用。

3月18日，项英主持召开中共苏区中央局第一次扩大会议。会议主题是讨论第二次反“围剿”战略方针问题。这次“围剿”，国民党军兵力达20万，真有“烽烟滚滚来天半”的味道。红一方面军兵力此时略有减少，共有3万余人。从双方兵力对比上看，大约是六比　。兵力如此悬殊，红军面临的形势更为严峻。对此，有人对取得反“围剿”胜利没有信心，主张红一方面军撤离根据地，另寻出路。这是第二次提出红一方面军撤出中央苏区战略转

① 《毛泽东诗词选》，第30页。

移的主张。毛泽东坚决反对这种主张，认为凭借根据地内的有利条件，一定能够打破国民党军的“围剿”。由于两种意见相持不下，讨论没有取得结果，未能就反“围剿”的战略方针作出决定。

还在1931年1月7日，中共六届四中全会在上海召开。会议在米夫的主导下，指责六届三中全会继续“立三路线”，瞿秋白、周恩来受到带有宗派情绪的批评。会议补选了中央委员和改选了政治局。原先什么都不是的王明，由于是米夫在莫斯科中山大学任校长时赏识的“高足”，一跃而成为政治局委员。六届四中全会以后，中共中央的领导权实际上由得到米夫全力支持的王明所操纵。从此，以王明为主要代表的“左”倾教条主义错误在中共中央占统治地位。

4月上旬，任弼时、王稼祥、顾作霖组成的六届四中全会后的中央代表团到达中央苏区，参加苏区中央局的工作。4月17日，苏区中央局第一次扩大会议在宁都青塘继续举行，中央代表团传达了中共六届四中全会精神，同时也肯定了毛泽东、朱德等人以前的工作。

这时，国民党军大兵压境，最迫切的问题还是要确定反“围剿”的战略方针问题。然而，与会人员就此问题分歧比上一次开会时更严重。为什么会出现更严重的分歧？根子在中央代表团带来的1931年3月2日《中央给一三集团军总前委，第二集团军前委，各军前委，各特区军委，各集团军与各军的军长政治委员的公函——关于第二次反“围剿”的补充指示》。这个指示一方面说：“在战略上，当着敌人力量尚未集中的时候，我们必须利用敌人的弱点，击溃敌人的一方。如能诱敌深入，聚而歼灭他，这也是可采用的战略。”另一方面又说：“我们最主要的任务是在任何情形之下，不要使红军的基本力量受着摧残，必须非常慎重的应付决定胜负的战斗”。“若遇环境不利，不能作殊死战的时候，为着阻止敌人的猛攻，应一面继续战斗，以掩护基本部队的撤退（基本军，师，团），以便建立新的苏维埃运动根据地。”指示认为，在此情形之下，江西红军“可退至湘南，粤桂北，及贵州东南。”[1]这个指示与第一次反“围剿”时米夫给共产国际执行委员会的信如

---

① 《中央给一三集团军总前委，第二集团军前委，各军前委，各特区军委，各集团军与各军的军长政治委员的公函——关于第二次反“围剿”的补充指示》（1931年3月2日），中央档案馆编：《中共中央文件选集》第7册，第157、158页。

出一辙，对中央苏区第二次反“围剿”胜利缺乏信心。只不过与米夫给共产国际的信不同的是，这个指示明确提出了红一方面军撤出根据地后所要转移的地区。中共六届四中全会后的中央在王明的操纵下，完全听命于米夫，这个指示实际上反映了米夫的意见。

项英等不少人认为敌我力量悬殊，敌军的严密包围难以打破，中共中央的指示让项英等人找到依据，主张将红军主力转移到根据地以外去。担任会议记录的苏区中央局秘书长欧阳钦在回忆中说：“当时有些人受了第三国际布哈林的影响（第三国际挂帅的是斯大林，但做实际工作的是布哈林等人），主张退出中央苏区，到四川去，说斯大林都讲过四川是最好的根据地。”①还有一些人主张“分兵退敌”，采取“削萝卜”战术。即红军分散行动，不在根据地打，碰到一小股敌人，就打一下，认为这样做“一则可以使敌人包围落空，一则目标转移，可以退敌”。毛泽东主张继续依托根据地的有利条件，就地诱敌深入。红军钻到敌人中间去，寻找敌人弱点，打击敌人。同时，毛泽东也反对分兵，认为集中兵力才能各个击破敌军，指出分兵不但不能退敌，反而会给红军带来更大的困难。毛泽东的意见被主张“削萝卜”的人讥讽为“钻牛角”。②会上，赞同毛泽东的意见只有朱德、谭震林等人，处于少数地位。

战略方针正确与否实在太重要了，决定着中央苏区反“围剿”的胜败和红一方面军的前途，实际上也决定着中国革命的前途，毛泽东提议扩大会议的参加者范围，得到苏区中央局同意。

会议参加者除中央局成员外，扩大到了各军军长、政治委员，有时参谋长、政治部主任也参加会议。毛泽东在发言中分析了敌我形势，指出红军打破国民党军的这次“围剿”的条件比上一次反“围剿”还要好，胜利的可能性更大。与会许多红军高级指挥员支持毛泽东、朱德的意见，主张坚决在根据地内打破敌人的“围剿”。原先主张分兵的人也同意先打一仗后视情况再分兵。

---

① 欧阳钦：《回忆苏区中央局“青塘会议”》，陈毅、萧华等著：《回忆中央苏区》，江西人民出版社 1981 年版，第 160 页。

② 毛泽东：《关于第七届候补中央委员选举问题》（1945 年 6 月 1 日），《毛泽东在七大的报告和讲话集》，中央文献出版社 1995 年版，第 230 页。

打的问题初步解决之后，会议转入讨论打哪一路敌人的问题。林彪等人主张先打蒋光鼐、蔡廷锴的第十九路军，得手后可以伸开两手到湖南和赣南。林彪等人的主张可以简单概括为“啃硬骨头”。毛泽东认为各路敌人中，南路的十九路军最强，先打南路，没有绝对胜利的把握，且红军主力从东往西打，西面限于赣江，回旋余地小。不如避强打弱，把红军主力向西拉到富田、东固一带，诱敌深入苏区腹地，然后自西往东先打弱敌王金钰、孙连仲部，向东横扫过去，在闽赣交界的建宁、黎川、泰宁一带，扩大根据地，征集资财，不但可以粉碎敌人的“围剿”，也为以后的战争创造条件。毛泽东的主张，简单概括为“柿子拣软的捏”。为什么先打弱敌？毛泽东会后同总部参谋处长郭化若的闲谈中道出“天机”：“先打弱敌的道理，是古已有之的。《管子》中说：‘故凡用兵者，攻坚则韧，乘瑕则神。攻坚则瑕者坚，乘瑕则坚者瑕。’（《管子·制分》）。不是古人早已讲过了吗？”①

由于毛泽东讲得合理，分析细致，终于说服了大家，会议采纳了毛泽东提出的先打弱敌的作战方针。

4月19日，朱德、毛泽东即发出首先歼灭敌王金钰部的命令。红军各部队在龙冈一带集中完毕后，又向西推进20公里，在群众条件和地形都十分好的东固地区隐蔽待机。

鉴于一些同志仍主张“打一仗再分兵”，4月30日中共苏区中央局根据毛泽东的提议在东固又一次开会讨论反“围剿”的问题。后来，苏区中央局秘书长欧阳钦根据任弼时的指示赴上海向中共中央汇报中央苏区情况，他在《中央苏维埃区域报告》中谈到这次会议时写道：“由泽东同志先报告，这一次讨论的精神则完全转变了，认为目前全国革命是高涨的，我们应该采取积极进攻策略，敌人包围我们的军事力量虽多，但有许多弱点，如在包围的军阀与军阀不一致，指挥不统一，他们军官与士兵中间不一致，兵士是不愿意打红军，没有群众条件，地势不熟，给养运输非常困难。我们在军事力量的对比上，虽然很小但我们有几个优点：第一红军好，此时士兵群众斗争情绪非常之高，干部非常热烈，红军上下一致的团结力非常坚强，大家都是摩拳擦掌的要打；第二群众好，群众得到了土地革命的利益，又被敌人

① 《郭化若回忆录》，军事科学出版社1995年版，第64页。

所摧残，斗争情绪当然好，对红军是极端拥护；第三是地势好，我们对于这带地势都非常熟悉，我们可以占领优越的地势以进攻敌人。现在敌人有这多弱点，我们有这多优点，我们是可以以少胜众的，在历史上以少胜众的事实很多，革命的军队要能以少胜众，所以当时最后决定的策略是‘坚决的进攻，艰苦的奋斗，长期的作战，以消灭敌人’。并且承认过去的‘分兵’的策略是机会主义”①。

至此，中央苏区第二次反“围剿”的策略方针终于定下来了。任弼时、王稼祥等组成的中央代表团在这场争论中，经过反复听取各方意见，最终支持了毛泽东、朱德等人的主张。后来，毛泽东在谈到这场争论时说：“当时，我们感觉如果没有代表团，特别是任弼时、王稼祥同志赞助我们，反对‘削萝卜’的主张就不会那样顺利。”“如果没有代表团，特别是王稼祥同志，赞助我们、信任我们——我和总司令，那是相当困难的。”②

机会是留给有正确准备的红军的。5月中旬，国民党军王金钰部公秉藩第二十八师和第四十七师一个旅脱离富田巩固阵地，向东固进犯。红一方面军抓住战机，于5月15日开始行动，经过16日一天激战，歼敌大部。接着，红军按预定计划，就势向东横扫，直到福建建宁。从5月15日至31日，红军接连打了五个胜仗，自西至东横扫700里，歼敌3万余人，缴枪2万余支，痛快淋漓地打破了国民党军的第二次“围剿”，并进一步扩大了中央苏区。

胜利来之不易，在第二次反“围剿”胜利后毛泽东又写了一首《渔家傲·反第二次大“围剿”》：

白云山头云欲立，白云山下呼声急，枯木朽株齐努力。
枪林逼，飞将军自重霄入。
七百里驱十五日，赣水苍茫闽山碧，横扫千军如卷席。
有人泣，为营步步嗟何及！③

---

① 欧阳钦：《中央苏维埃区域报告》（1931年9月3日），中共江西省委党史研究室等编：《中央革命根据地历史资料文库·党的系统》（3），中央文献出版社、江西人民出版社2011年版，第1753—1754页。

② 毛泽东：《关于第七届候补中央委员选举问题》（1945年6月10日），《毛泽东在七大的报告和讲话集》，第230页。

③《毛泽东诗词选》，第36页。

历史已经远去，试想没有毛泽东坚持正确的作战策略、耐心的说服，朱德等人的鼎力支持，恐怕红一方面军在1931年4月就要实施战略转移了！而那时红一方面军才3万多人，没有什么思想上和物质上的准备，广大干部战士还没有对“左”倾教条主义错误有更深刻的认识，一旦撤离根据地长途行军至粤桂北或贵州东南或四川，要冲破国民党军的重重封锁，后果是不堪设想的。由此可见远在中国最大都市上海的共产国际远东局、六届四中全会后的中央，坐在洋房里只知道照搬联共（布）、共产国际的指示，哪里知道创建根据地和开展反“围剿”实际斗争?!

连续两次“围剿”中央苏区失败后，蒋介石为了不给红一方面军喘息的机会，立即发动了第三次“围剿”。这一次，蒋介石亲自披挂上阵，任“围剿”军总司令，以何应钦为前线总司令，并聘请英、日、德等国的军事顾问，调集30万兵力，于1931年7月1日开始向中央苏区发起进攻。蒋介石依仗十倍于红军的优势兵力，采取“长驱直入”的方针，企图把红军压缩到赣江东岸加以击破，然后分路“围剿”，完全摧毁中央苏区和红一方面军。

这时，红一方面军主力正分散在建宁一带，远离根据地的中心区，且苦战后未得到休息和补充，总兵力只有3万人左右。还在第二次反“围剿”进行之中的时候，由于苏区中央局不便长期随军行动，为统一领导红一方面军作战和战区的地方工作，于5月下旬初重新成立中共红一方面军临时总前委，以毛泽东为书记，朱德、彭德怀、林彪、黄公略、谭震林、周以栗为委员。这样第三次反“围剿”是在红一方面军临时总前委领导下进行。毛泽东、朱德决定仍采取“诱敌深入”的方针，“避敌主力，打其虚弱”。他们率领红军主力从建宁出发，千里回师赣南兴国集中。在地方武装和根据地人民群众的配合下，红一方面军如鱼得水，灵活机动地穿插于敌人重兵集团之间，从8月7日至9月15日，先后进行了莲塘、良村、黄陂、老营盘、高兴圩、方石岭六次战斗，歼灭国民党军3万余人，缴枪1.4万余支。这样，蒋介石亲自任“围剿”总司令，并放言“三个月消灭共产党”的第三次“围剿”，又被毛泽东、朱德指挥的红一方面军所粉碎。

探寻毛泽东领导红军连续三次反“围剿”胜利的秘诀

蒋介石连续对中央苏区发动三次大规模军事“围剿”，兵力一次比一次多，由10万，增加到20万、30万；红一方面军兵力逐渐下降，由4万，下降到3万多、3万左右，双方兵力对比由2.5∶1发展到10∶1。双方兵力如此悬殊，那么毛泽东为什么能够领导红一方面军取得胜利，秘诀何在呢？答案是在于条件的转换。

决定战争胜负的是综合因素，毛泽东曾指出：“战争的胜负，主要地决定于作战双方的军事、政治、经济、自然诸条件，这是没有问题的。然而不仅仅如此，还决定于作战双方主观指导的能力。军事家不能超物质条件许可的范围外企图战争的胜利，然而军事家可以而且必须在物质条件许可的范围内争取战争的胜利。军事家活动的舞台建筑在客观物质条件的上面，然而军事家凭着这个舞台，却可以导演出许多有声有色威武雄壮的活剧来。因此，我们红军的指导者，在既定的客观物质基础即军事、政治、经济、自然诸条件之上，就必须发挥我们的威力，提挈全军，去打倒那些民族的和阶级的敌人，改变这个不好的世界。”①

从国民党军的情况看，优势表现在：一是掌握着全国政权，可以动用国家财力支持对红军的“围剿”；二是兵力多和武器装备好。从红一方面军的情况看，劣势是：中央苏区还不巩固，经济上落后，财力条件同国民党无法比；红军不但数量上同国民党军相比十分悬殊，而且武器装备也比对方差很多，甚至有的战士还没有枪，只有梭镖和大刀。

那么，红一方面军的优势是什么？其一，它是先进的无产阶级政党领导下的军队，是为劳苦人民解放而奋斗的军队。它进行的反“围剿”战争是正义的战争，因此，得到广大人民群众的衷心拥护。其二，红军官兵一致，内部团结，指挥统一。其三，红军战士作战目的明确，知道为谁打仗，政治素质好，作战勇敢。其四，红军对根据地的自然地理环境熟悉，若在根据地内

---

① 毛泽东：《中国革命战争的战略问题》，《毛泽东选集》第一卷，人民出版社1991年版，第182页。

作战，能够利用自然地理环境为自己制胜创造条件。国民党军的劣势是：其一，它是为大地主大资产阶级统治服务的军队，是维护剥削阶级利益的军队。它“围剿”红军是非正义的战争，遭到广大人民群众的反对，其二，它实际上仍是军阀部队，军官克扣军饷，打骂士兵，与士兵矛盾十分尖锐；同时，国民党军又有蒋介石的嫡系中央军和地方军阀的杂牌军之分，矛盾重重，指挥不统一。其三，它的士兵只是当兵吃粮，作战目的不明确，贪生怕死居多，战斗力不强。其四，不熟悉地理环境，在根据地内作战，没有人民群众的支持，便成了瞎子、聋子。

毛泽东提出的“诱敌深入”方针，就是根据当时敌我力量和态势，将敌人诱入根据地深处，实现敌我优劣势的转化。国民党军进入根据地，其两项重要优势消失于无形。根据地山高、林密、路险，国民党军给养、弹药供给困难。它的兵力虽众，但在红军的调动下，战线拉长，疲于奔命，士气低落，难以发挥重兵的优势，战斗力大为减弱，脱离重兵集团那一部分，就成为红军歼灭的对象。它的短板和劣势就更加明显突出。而红军依托根据地，原先的劣势就化为优势。红军在根据地内作战，虽然总兵力与敌悬殊，武器装备也不如敌人，但通过运动战调动敌人，形成局部的优势兵力；再得到人民群众的支援，如运送伤员、粮食、弹药，等等。这样，红军已由原先的劣势转化为优势。同时，红军的指挥统一、士兵政治素质高、地理环境熟悉等方面的优势则更能发挥作用。综合各种有利因素，红军可以打歼灭战，迅速消灭一部弱敌，掌握战场主动权，实现由弱到强的转化，从而打破国民党军的“围剿”，创造以弱胜强，以少胜多的战争奇迹。

三、李德来到中央苏区

“左”倾教条主义者脑子发烫了

中央苏区第三次反“围剿”胜利后，消息传到上海，中共临时中央[①]欣喜若狂，于1931年9月20日作出决议案，认为：“江西工农红军冲破了敌人第三次‘围剿’与其他苏区红军的胜利”，为中国苏维埃革命运动“无疑的开展了更广大的发展前途”。并判断“目前中国政治形势的中心，是反革命与革命的决死斗争。这一斗争现在正在更激烈的，更广大的向前开展着”。号召“党更加十倍百倍地努力去领导苏维埃运动与工农红军及千百万劳苦群众去更热烈地更英勇地取得国内战争的胜利”。要求各苏区“尽可能的把零碎的分散的苏区打成一片”，“立刻扩大与巩固红军”，“要扩大苏区至中心城市”[②]。

决议案中带口号性的语言说明，中共临时中央的脑袋发烫了、膨胀了。临时中央总负责人博古时年24岁，在莫斯科中山大学学习时，也是校长米夫的“高足”。一年前的5月，博古从苏联回国，担任中华全国总工会宣传干事，参与编辑《劳动报》。由于和王明一起进行反对中共六届三中全会后的中央的活动“有功”，于1931年4月被中共六届四中全会后的中央任命为共青团中央书记；9月下半月，又成为中共临时中央负总责者。博古在中共的历史上创下了一个还无人超越的“纪录”，即仅在一年零四个月的时间，从一个普通的宣传干事升为党的最高领导人。从博古的经历看，22岁前是学生，参加过学生运动。只是从苏联回国后才参加些实际工作，时间很短。戴着一副深度近视眼镜，身材高瘦，显得很文弱的博古，初出茅庐，没有多少革命斗争历练，挑起中共中央最高领导者的重担，自然是力不从心。

博古太年轻了。年轻，就容易冲动、急躁，容易把什么事情都理想化，

---

① 1931年4月、6月，中共中央政治局候补委员顾顺章、中共中央政治局常务委员会主席向忠发先后被捕叛变，给中共中央机关和领导人的安全造成极大威胁。在周恩来等人的领导下，迅速将中共中央机关和中央主要领导干部转移到安全地带或撤离上海。王明于10月前往莫斯科，就任中共驻共产国际代表团团长。周恩来于12月底到达中央苏区瑞金，就任中共苏区中央局书记。在他们离开上海前的9月下半月，由于在上海的中共中央委员和政治局委员都已不到半数，根据共产国际远东局的提议，在上海成立临时中央政治局，由博古、张闻天、康生、陈云、卢福坦（后叛变）、李竹声（后叛变）组成，博古、张闻天、卢福坦任中央常委，博古负总的责任。此即中共临时中央。

② 《由于工农红军冲破第三次“围剿”及革命危机逐渐成熟而产生的党的紧急任务》（1931年9月20日中央决议案），中央档案馆编：《中共中央文件选集》第7册，第401、406、409、410、411页。

爱把经过长期艰苦努力才能实现的目标认为现在就很容易完成。他缺乏革命斗争的实践经验，自然就把斯大林、共产国际的理论、指示奉为至高无上，以为只要照搬他们的理论、指示，革命就会很快胜利了。他很难理解毛泽东等人创建根据地和红军的艰辛。打破国民党军队对中央苏区的第三次军事“围剿”，是毛泽东等从敌我态势出发，科学分析双方优劣条件，制定正确的作战方针，以高超的军事指挥艺术，指挥红军浴血奋战，并得到根据地人民群众的大力支援，得到的结果。而博古为首的临时中央，却将之归于“中央关于敌人第三次‘围剿’的训令的估计与指示，以及共产国际主席团最近对中国的决议”。由此，博古得出的结论是：第三次反“围剿”的“伟大胜利，更明白地告诉我们，只有澈底实行国际与中央所指出的正确路线”，“我们才能取得中国革命的胜利”①。

恰在这时，发生了日本侵略中国的九一八事变，博古等人虽然正确地判断：“东三省的占据，象电火一样燃烧了千百万工农群众的以至小资产阶级的反帝热情，使他们为了中国民族的自由与独立而斗争。”但过高估计形势，认为苏区反“围剿”胜利，国民党统治区人民抗日救亡运动兴起，“国民党的统治的崩溃，正在加速进行着。”②中国革命危机逐渐成熟，革命浪潮的高涨“必然要根本推翻外国帝国主义及中国豪绅地主资本家国民党的反动统治，建立工农兵苏维埃政权。”③在对形势的这种乐观的估量下，中共临时中央的政策必然向更“左”的方向发展。

中央苏区连续三次反“围剿”胜利，让共产国际刮目相看。1931年11月15日，在米夫的主持下，共产国际执行委员会东方书记处召开扩大会议，由不久前到莫斯科任中共驻共产国际代表团团长的王明报告中国局势。

王明的报告主要分三部分：1.中央苏区粉碎蒋介石的第三次“围剿”和

---

① 《由于工农红军冲破第三次“围剿”及革命危机逐渐成熟而产生的党的紧急任务》（1931年9月20日中央决议案），中央档案馆编：《中共中央文件选集》第7册，第402页。

② 《由于工农红军冲破第三次“围剿”及革命危机逐渐成熟而产生的党的紧急任务》（1931年9月20日中央决议案），中央档案馆编：《中共中央文件选集》第7册，第405、406页。

③ 《中国共产党为日本帝国主义强暴占领东三省事件宣言》（1931年9月20日），《中共中央文件选集》第7册，第397页。

成立中华苏维埃共和国；2.中国的水灾和饥民斗争；3.九一八事变后中国的抗日救亡运动。王明认为，他的报告“最主要的是第一点，即红军取得的胜利和中央苏维埃政府的成立。”并称：“目前，党向苏区提出一项任务，要他们竭尽全力争取一省或数省内首先取得胜利，先是江西。”他在报告中提出了占领中心城市问题，主张红军“在军事方面训练城市作战行动”。认为红军“不是永远在农村作战”，“红军应该学习巷战”。王明报告的最后，是他最拿手、也是共产国际最爱听的语言：“以中央为首的我们党，在共产国际的领导下，在斯大林同志的领导下，近来已取得一些巨大的胜利。我们坚信，在列宁主义的旗帜下我们必将在全中国取得胜利。”①

王明的报告，令米夫感到十分兴奋和鼓舞。11月20日，米夫给斯大林写信，认为联共（布）和共产国际过去曾指示“中国红军在开始时期不要占领大城市”，但现在形势不同了，中央苏区连续三次取得反“围剿”的胜利，“给红军提供了扩大苏区，展开攻势，不停留于占领相应中心城市的可能性，而依我看还有必要性。”那么，占领中心城市的必要性表现在哪里呢？米夫列举出以下几点：

（1）击退敌人精心准备的第三次进攻（这意味着粉碎了南京对中国苏区所能投入的主要力量）以后，我们不能就此停留，而应该从防御转入进攻，乘胜追击，以便巩固我们的胜利，这就要求占领一些中心城市（现在可能谈得上的是吉安、南昌，而将来则是汉口和长沙）。

（2）把零星的苏区联结起来，把分散作战的红军军团集结起来，以及成立中央苏维埃政府和广泛开展它的活动，也要求我们占领中心城市。

（3）苏区内部的情况，特别是经济方面的困难、日益增长的“剪刀差”（农产品价格和城市产品价格的差别），越来越突显出，有必要把苏维埃运动扩大到中心城市去。

（4）红军现在占领一两个中心城市，将会促进全中国土地革命和反帝革命的进一步高涨。这将大大加强苏维埃的阵地，提高与背叛民族和使民

---

①《共产国际执行委员会东方书记处扩大会议速记记录》（1931年11月15日于莫斯科），中共中央党史研究室第一研究部译：《共产国际、联共（布）与中国革命档案资料丛书·联共（布）、共产国际与中国苏维埃运动》（1931—1937）第13卷，中共党史出版社2007年版，第69、70、71、72页。

族蒙受耻辱的国民党政府相对抗的中央苏维埃政府的威望。并且在目前条件下，反帝斗争和各地群众性反帝运动的高涨将会比过去在更多程度上使帝国主义者在中国的活动变得更加困难。无论如何，帝国主义者在中国的公开武装侵略行动现在必然比过去更加引起大规模的反帝运动。

（5）国民党现时的垮台、内外政策的彻底破产、最近的失策和军阀部队的重新调整，在红军大大发展的情况下（光是在毛泽东第1军和第3军、贺龙的第2军和红军第4军中现在就超过了12万人），为夺取并保住中心城市开辟了良好的前景（无论如何可以保住比较长的一段时间），在这种条件下，可以认为夺取中心城市是合适的行动。

鉴于以上理由，米夫向斯大林建议通过以下决议：

（1）中国共产党人不应该把过去关于中国红军不宜过早夺取大城市的方针看作是教条。这个问题应该根据一般政治形势和具体的军事战略形势来加以解决，中国共产党应仔细考虑形势的一切变化。

（2）同时，国民党对苏区第三次进攻的被粉碎，把一些苏区和红军部队连结起来的必要性，为成立中央苏维埃政府设立行政中心的必要性，以及苏维埃运动进一步发展的要求，且目前已把夺取中心城市的任务提上了日程，只要有可能保住它们，至少能保住比较长的时间，那么夺取中心城市就是适宜的。最后一点要求首先夺取那些帝国主义势力最不集中和它直接武装干预最困难的中心城市。①

无论是米夫，还是王明、博古，谈起中央苏区第三反“围剿”胜利时，一个个都底气十足，表现得神气活现，说得头头是道。他们将中央苏区反“围剿”的胜利归之于斯大林、共产国际的领导，归之于中共六届四中全会后的中央指示，实际上是在标榜他们自己的“功劳”。他们大概忘记了国民党军向中央苏区发动第一、第二次“围剿”时，在国民党军一次比一次多的大兵压境的面前所表现出惊慌失措的心态，所表露出的悲观情绪。那时他们对红一方面军反“围剿”能够取胜的信心在哪里？他们大概忘记了由于发出的模棱两可的指示，即一方面说诱敌深入是可以采取的战略；另一

① 《米夫给斯大林的信》（1931 年 11 月 20 日于莫斯科），中共中央党史研究室第一研究部译：《共产国际、联共（布）与中国革命档案资料丛书·联共（布）、共产国际与中国苏维埃运动》（1931—1937）第 13 卷，第 78—81 页。

方面又主张红军从根据地撤离，给红一方面军确定反“围剿”战略方针制造了多大争论！他们永远也不会认识到，中央苏区连续三次反“围剿”的胜利，正是毛泽东等抵制他们的教条主义方针，从实际出发制定正确的战略方针，并采取正确的战术，指挥红军勇敢作战的结果。

米夫、王明、博古头脑发热、膨胀，越来越“左”，并开始向各根据地贯彻“左”倾教条主义方针，为三次反“围剿”胜利作出大贡献的毛泽东，由于一贯从实际出发、实事求是，日子越来越不好过了。

毛泽东受到错误批评并离开红军指挥岗位

1931年11月1日至5日，根据中共临时中央的指示，在中央代表团的主持下，中央苏区党组织第一次代表大会（即赣南会议）在江西瑞金叶坪村召开。毛泽东以苏区中央局代理书记的身份出席了会议。这次会议，对根据地问题、军事问题、土地革命路线问题展开了争论。毛泽东坚持认为，中央苏区从实践中形成的一整套路线和方针是正确的，是符合苏区的实际情况的。与会的几个中心县委书记也举出大量事实来支持毛泽东的看法。

中央代表团根据中共中央8月30日的来信中说中央苏区犯有“缺乏明确的阶级路线与充分的群众工作”①的严重错误，对中央苏区的工作进行多方面的批评和指责。在会议通过的《政治决议案》等文件中，“狭隘的经验论”、“富农路线”、“游击主义”等一顶顶大帽子向毛泽东飞来。会议根据临时中央的指示，设立中央革命军事委员会，取消红一方面军总司令和总政治委员、总前委书记名义。毛泽东的苏区中央局代理书记也被解除，由项英任代理书记。

赣南会议表明“左”倾教条主义方针开始在中央苏区得到进一步贯彻，中央苏区开始走上艰难行进的道路。

11月7日至20日，在瑞金召开了中华苏维埃第一次全国代表大会，宣告成立中华苏维埃共和国临时中央政府。由于毛泽东在中央苏区的巨大威

① 《中央给苏区中央局并红军总前委的指示信——关于中央苏区存在的问题及今后的中心任务》（1931 年 8 月 30 日），中央档案馆编：《中共中央文件选集》第 7 册，第 357 页。

望，27日举行的中央执行委员会第一次会议，选举毛泽东为中央执行委员会主席、人民委员会主席。

“一苏大”结束不久，中共临时中央就于1932年1月9日作出了《中央关于争取革命在一省与数省首先胜利的决议》。决议提出：“目前的任务，为扩大苏区为将几个苏区联系成整个一片的苏区而争斗，为占领几个中心城市以开始革命在一省数省首先胜利而争斗。”认为“过去正确的不占领大城市的策略，现在是不同了”，要求中央苏区红军“占取南昌，抚州，吉安等中心城市，来结合目前分散的苏维埃根据地，开始湘鄂赣各省的首先胜利”①。临时中央这个决议是王明在共产国际执行委员会东方书记处扩大会议的报告和米夫给斯大林的信活脱脱的翻版。

这时中央苏区红军发展到6万余人，武器装备也有所改善，但同国民党军比起来，无论从人数上还是从武器弹药上仍然有很大的差距，还不能攻打敌人重兵防守、工事坚固的中心城市。苏区中央局以临时中央的决议为指导，主张苏区向北发展，攻打中心城市，先打赣州，后是要求打抚州。毛泽东不同意攻打赣州。红军打赣州失利后，毛泽东曾批评攻打赣州城的行动是“李立三路线的继续”。主张应在“东北方向扩大苏区”，再次建议“在福建、江西、浙江和安徽的边界地区建立大片苏区”。毛泽东认为“今年年内不可能占领大城市，必须向其他的农村推进”。毛泽东的主张和关于苏区发展方向的建议被批评为“百分之百的右倾机会主义”政治路线，“低估了目前的形势，完全背离了共产国际和[中共]中央的指示”②。毛泽东与苏区中央局在苏区发展方向上存在严重的分歧，多次发生争论，为苏区中央局所不容。1932年10月上旬，苏区中央局全体会议在宁都召开。这次会议以中共临时中央的历次指示精神为依据，对红军自打赣州以来毛泽东的主张进行指责。会后，毛泽东到后方主持临时中央政府工作，其红一方面

① 《中央关于争取革命在一省与数省的首先胜利的决议》（1932年1月9日），中央档案馆编:《中共中央文件选集》第8册,中央党校出版社1991年版,第36、42—43页。

② 《周恩来、王稼祥、任弼时和朱德给中共中央的电报》（1932年5月3日于瑞金），中共中央党史研究室第一研究部译：《共产国际、联共（布）与中国革命资料丛书·联共（布）、共产国际与中国苏维埃运动》（1931—1937）第13卷，第147页。

军总政治委员一职，由苏区中央局书记周恩来①兼任。指挥红一方面军连续三次取得反“围剿”胜利的毛泽东离开红军指挥岗位，为中央苏区第五次反“围剿”失败埋下伏笔。

1932年底至1933年3月下旬初，红一方面军在周恩来、朱德的指挥下，运用和发展以往反“围剿”作战的成功经验，采取大兵团伏击歼敌的战法，取得了中央苏区第四次反“围剿”的胜利。这时，红一方面军发展到10万人，缴获了大批新式武器，装备得到较大改善。中央苏区的面积也得到扩大，达到全盛时期。

就在第四次反“围剿”正在进行之时，中共临时中央在上海待不下去了，脱下西装革履，迁到了中央苏区。临时中央的到来，使“左”倾教条主义错误方针在中央苏区全面得到贯彻。不懂军事的博古，一进入中央苏区就抓军权。1933年5月8日，根据临时中央的提议，将中革军委②同红军总司令部分开，在前方组织中国工农红军总部，任命朱德为红军总司令兼红一方面军总司令，周恩来为红军总政治委员兼红一方面军总政治委员；把原来随军在前方的中革军委转移到瑞金，增加博古、项英为委员，并规定：当中革军委主席在前方时，由项英代理中革军委主席。这样，自宁都会议毛泽东被排挤出红军指挥岗位后，更是雪上加霜，周恩来、朱德对红军行动方针的决策参与权也受到很大削弱，中央苏区的军事行动方针就完全由临时中央决定。如果说在临时中央未到中央苏区前，毛泽东、周恩来、朱德还能根据实际情况，在具体行动中纠正苏区中央局的“左”倾教条主义错误决策，使红军在对敌作战中取得胜利，而随着临时中央的到来，已经很难做到了。

把懂军事、有实际作战经验的人或排挤出红军指挥岗位或削弱其参与行动方针决策权，让不懂军事的人去掌握军事决策权，中共临时中央的做法真是愚蠢，令人痛心。

---

① 1931年底，周恩来由上海到达瑞金，就任苏区中央局书记。

② 1931年11月25日，中华苏维埃共和国临时中央政府发布通令，成立以朱德为主席，王稼祥、彭德怀为副主席的中央革命军事委员会（简称中革军委）。

蒋介石策划第五次“围剿”

国民党军对中央苏区第四次“围剿”失败后，蒋介石急急忙忙于1933年4月4日在南京乘“楚有舰”驶向江西，4月5日晚到九江，换乘火车连夜赶往南昌，于6日凌晨1时到达。接着，他又马不停蹄，于中午赶往抚州，听取参与“围剿”的将领们的汇报。听完后，蒋介石认为以后“围剿”的战术、编制与组织“应有所改正，以期奏效”。看来，在连续四次对中央苏区的“围剿”失败后，蒋介石开始反思，是不是自己的战术出了问题，开始求变。

4月下旬，蒋介石召集有关人员，研究“剿共”的战略问题。经过一番研究，蒋介石似乎有些心得。4月30日，蒋介石把心腹大将陈诚召来，面授“剿共”战略战术原则机宜。完了，蒋介石总结性地说：“剿匪兵不在多，期于简练；歼渠非专恃勇，藉于善谋。”要陈诚多动动脑子。5月初，蒋介石连续几天废寝忘食，审定《剿匪要旨》。5月4日，蒋介石将《剿匪要旨》审定完毕，在当日的日记中写道：“自觉必能生效也。”此后，蒋介石便紧锣密鼓地研究对中央苏区的第五次“围剿”部署，撤销了赣粤闽边区“剿共”总司令部，设立“军事委员会委员长南昌行营”，全权处理赣粤闽湘鄂五省军政事宜。5月14日，蒋介石初步计划的“围剿”部署是：以第四、第七、第八十、第八十九师，集中江西为一路；第六、第二十一、第七十九师，集中闽北为一路；第九、第十一、第十四、第五十九、第九十师，又为一路；第五师与独立第三十二旅又为一路；而以独立第三十三旅、三十六旅为预备队。5月30日，蒋介石在庐山与德国原国防军总司令赛克特商讨“围剿”中央苏区军事方略，定下：第一注重训练，教导旅，而于高级将领教育，尤应注重实际；第二注重兵器，独立制造；第三注重长江防备。

蒋介石马不停蹄，于6月7日返回南昌。次日，召开各军、师参谋长会议。会上，蒋介石先后五次讲话，滔滔不绝，也不觉累。然而，连日劳顿，蒋介石累病了，6月12日早晨起床拉肚子，下午又发起高烧。蒋介石把“剿共”放在第一位，强支撑着病体，出席参谋长会议闭幕式，并致长达四小时之久的闭幕词。由此可见，蒋介石一提“剿共”就来劲。

在前几次“围剿”中，国民党军采用“长驱直入”、“分进合击”、“稳扎稳打、步步为营”等作战方针，都惨遭失败，这使蒋介石认识到再采用这些作战方针，结局将还是失败。在南昌召开各军、师参谋长会议期间，蒋介石的南昌行营第一厅第六课少将课长柳维桓提出“围剿”红军采取“构筑碉堡，侧重据点战”的建议。此建议引起蒋介石的注意。6月20日，蒋介石跑到抚州前线，与将领们研讨作战方针问题。经过一番讨论、思考，6月23日，蒋介石确定，“围剿”红军“以筑碉防守为本”。

6月下旬，蒋介石把办军官训练团提到了议事日程。6月27日，蒋介石同陈诚商讨了训练中下级军官的计划；29日，与有关人员研究了在庐山办军官训练团的问题。事后，蒋介石在日记中写道：“颇费思索也。”7月18日，庐山军官训练团第一期在海会寺开学，蒋介石亲临并训话，对学员洗脑、打气，表示：“欲使我军人，人人视死如归，为国牺牲，余惟尽心力而教之而已。”

庐山军官训练团以陈诚为团长，聘请赛克特为首，由德、意、美等国的军事教官组成军事顾问团，专门讲授“围剿”红军的战术和技术。从7月18日至9月17日，庐山军官训练团连续办了三期，受训者达7500多人。第三期毕业的当天，蒋介石在日记中满有底气地写道：“自信此后，必于剿匪建国，有一进步。”

除了作各种军事上准备外，蒋介石还在政治上、经济上作了准备。政治上，在根据地周围地区实行保甲制度和“连坐法”，训练民团，建立保安队、壮丁队、“铲共义勇队”，强化各级反动政治机构，让各地的土豪劣绅回乡主持地方行政，直接协助国民党正规军的“围剿”行动。经济上，对根据地实行严密封锁，切断苏区同外界的一切联系，严禁苏区的粮食、钨砂等输出，严禁国民党统治区的食盐、布匹等日用必需品输入，禁止商人同苏区人民进行贸易。

为了筹措“围剿”经费，蒋介石派财政部长、也是他的大舅子宋子文周游欧美，以出卖中国的权利为条件，取得了美国5000万美元的棉麦借款，以及4000万美元的航空借款。根据航空借款协定，美国计划卖给国民党军850架飞机，在第五次“围剿”开始时，已有150架飞机运到中国。此外，蒋介石还得到英国500万英镑军械借款，法国1000万元借款，德国2000万元借款。这样，蒋介石原先干瘪的腰包现在鼓囊囊了。他用这些借款购买军火，增加部队新式装备。

经过半年精心的策划、准备，蒋介石调集100万军队，自任总司令，决定首先以50万兵力，数路“围剿”中央苏区。其中，北路军共33个师另3个旅，担任主攻；另有南路军、西路军和第十九路军，分头担任阻止红一方面军向外发展的任务。

9月25日，国民党北路军第三路军第八纵队周浑元部第五、第六、第九十六师由南城出发，经硝石进攻闽赣边界的黎川——这是蒋介石9月初定的目标，拉开对中央苏区第五次“围剿”的帷幕。

李德任中央苏区军事顾问的由来

国民党军发动了空前规模的“围剿”时，一个金发碧眼的德国人来到中央苏区。这个德国人叫奥托·布劳恩，中国名字李德，发表文章时用笔名华夫，是经共产国际批准由远东局派到中央苏区的军事顾问。这时，毛泽东已被排挤出红军指挥岗位，仍在红军指挥岗位的周恩来、朱德却在决策上没有多少发言权，不懂军事的博古，就把红军指挥大权完全交给了李德。

李德，1900年生于慕尼黑。青年时参加过巴伐利亚苏维埃共和国和德国中部的工人起义。1926年被捕，1928年越狱成功，逃往苏联。到苏联后，李德参加了红军，由于他有一些作战经验，晋升很快，曾任骑兵师的参谋长。后来，李德被选调到莫斯科伏龙芝军事学院学习。1932年春，李德从伏龙芝军事学院毕业后，被派往中国。

李德最初到中国时，并非共产国际远东局的成员，而是苏联红军参谋部第四局的人员。当时，李德的任务是给苏联情报人员佐尔格送巨款，以贿赂国民党政府官员营救被捕的鲁格（也译作鲁埃格）。由于李德来华时是苏联情报机关人员，一些老同志的回忆和研究文章据此否认李德的共产国际军事顾问的身份。实际上，苏联红军参谋部第四局既是情报机关，又参与联共（布）、共产国际指导中国共产党的军事工作。早在土地革命战争初期，苏联红军参谋部第四局就承担了向联共（布）中央政治局和共产国际执行委员会提供中国共产党领导的武装斗争情况及中国政治、经济、军事等方面情况的任务，并且提出报告和建议。它对中国的工作性质和共产国际有着密不可分的关系。

1928年3月22日，为了加强对中国共产党的军事指导，共产国际执行委员会东方书记处决定成立军事委员会，选举苏联红军参谋部第四局局长别尔津为该委员会主席。别尔津负责起草了《关于中共中央军事工作的决议草案》。这意味着苏联红军参谋部第四局开始直接介入共产国际执行委员会东方书记处的工作，其主要任务是指导中国共产党的军事工作。此后，凡涉及中国共产党的军事工作，时任东方书记处副主任的米夫，都征求别尔津的意见。中共六大在莫斯科召开时，苏联红军参谋部第四局的别尔津、盖利斯、马马耶夫都参加了军事决议案的起草。

1929年5月，共产国际远东局在上海重设的时候，没有军事方面的成员。到了1930年7月，共产国际执行委员会改组远东局，以米夫为书记，同时增加盖利斯为远东局委员。盖利斯不仅是远东局委员，而且还是中共中央军事顾问组的负责人。1930年9月，盖利斯到达上海，和他同时到达的还有军事顾问组成员马雷舍夫、费尔德曼。其中，马雷舍夫原为苏联红军参谋部第四局第四处处长助理。

其实，苏联红军参谋部第四局在华有两种性质不同的人员：一种是作为中共中央的军事顾问，其负责人同时也是远东局成员，其工作属于共产国际系统；另一种是情报组织，如著名的“佐尔格小组”，其任务主要是搜集各种情报，不属共产国际系统。李德到上海后，应该属于情报组织人员。但情报组织有时也利用便利条件为共产国际远东局、国际联络部驻上海工作站和中共党组织做一些诸如联络、转交经费和营救被捕人员一类的工作。同时，它们也把获得的对中国共产党有用的军事、政治情报转交给中共中央和苏区。由于苏联红军参谋部第四局在中国工作的性质以及它同共产国际的密切关系，李德后来被派到共产国际远东局工作，并担任中共中央的军事顾问，是顺理成章的事。

那么，李德是什么契机成为中共中央的军事顾问的呢？事情是这样的。1931年3月30日，鉴于上海的白色恐怖非常严重，远东局致电共产国际执行委员会，表示：“你们关于要更谨慎地安排工作的建议不能保证盖利斯（军事工作人员）和米夫（前东方书记处副主任）不被逮捕。我们面临出现新的叛变的危险。盖利斯和米夫继续逗留是非常危险的。请允许让他们动身。由于技术方面的原因动身日期不应晚于4月20日。”电报还提请共产国际执行委员会注意，盖利斯和米夫走后，“这里只剩下远东局两名成员了。必须赶紧来接替者。”①

米夫和盖利斯离去后，1931年12月，中共临时中央请求共产国际再派一个代表到中国来。12月27日，共产国际执行委员会政治书记处政治委员会会议听取了中共临时中央的请求后，决定责成库西宁、皮亚特尼茨基和米夫物色一个非苏联籍人去中国。1932年3月4日，共产国际执行委员会政治书记处政治委员会会议根据皮亚特尼茨基和库西宁的建议，决定派东方书记处副主任、前德共中央委员埃韦特任共产国际执行委员会驻华代表、远东局书记。

共产国际派了新任驻华代表，但未派人接替盖利斯，远东局仍缺军事人员。1932年6月20日，中共临时中央致电共产国际执行委员会，告知中共临时中央已经和中央苏区建立起无线电联系，可以用上海的电台指导中央苏区的军事行动，请求共产国际派一名军事专家帮助中共中央对中央苏区的指导。12月，远东局书记埃韦特致共产国际执行委员会主席团委员、政治书记处委员皮亚特尼茨基的第二号报告中说：“给我们派来一位邻居。”“他那个局把他置于我们的管辖之下，财务方面也由我们管。”②埃韦特说的“邻居”和“他那个局”，俄罗斯方面在编辑档案资料时分别注明“指O. 布劳恩”和“工农红军参谋部第四局”。苏联红军参谋部第四局把李德派到远东局工作，无疑是满足中共临时中央关于派军事专家帮助工作的请求。李德到远东局工作后，就成为中共临时中央的共产国际军事顾问组成员。李德后来在回忆中说：“在中央委员会秘密办事处，尤尔特③同志和我同中央委员会书记博古（秦邦宪）、洛甫（张闻天）所谈论的，都是一

---

① 《共产国际执行委员会远东局给共产国际执行委员会的电报》（1931年3月30日于上海），中共中央党史研究室第一研究部译：《共产国际、联共（布）与中国革命档案资料丛书·联共（布）、共产国际与中国苏维埃运动》（1927—1931）第10卷，中央文献出版社2002年版，第210页。

② 《埃韦特给皮亚特尼茨基的第2号报告》（1932年12月初于上海），中共中央党史研究室第一研究部译：《共产国际、联共（布）与中国革命档案资料丛书·联共（布）、共产国际与中国苏维埃运动》（1931—1937）第13卷，第264页。

③ 即埃韦特。

些紧急的政治问题和军事问题。”从这时起，李德和博古、张闻天应该是比较熟悉了。

李德到远东局后，最初的任务是花三个月的时间，整理出一份关于苏区和红军军事状况的报告，以便联共（布）、共产国际对中国工农红军的军事行动实行统一、系统的指导。王明在共产国际执行委员会第十二次会议上曾报告：“目前我们已拥有26个军、15个独立师及一些其他部队，根据地的面积扩大了许多倍，在军事技术方面，如果不计空军和重炮部队，可以说我军与国民党军相差无几了。”《国际新闻通讯》第106、108期刊登的署名齐华的文章，说：“在华北（保定地区）建立了一些稳固的苏区，第4军（应为红四方面军——引者）有兵力3.5万人，已胜利推进到陕西省。江西中央军团（红21、3、5军）及红10军有兵力15万人，占领了许多城市，其中包括乐安、宜黄、龙南、邵武。”纽约的《工人日报》甚至认为中国苏区已“占中国四分之一的土地，有人口1亿”。李德在给共产国际的报告中认为这些数字是过分夸大的，并批评道：“甚至在这里的中共中央政治局委员们，不核实具体情况，也持这种观点”。他认为“需要根据翔实的材料对其加以驳斥”①。李德根据苏区党组织和红军部队代表给中共中央报告的数字，制定了一个“目前苏区土地面积（人口及军队人数）”表，统计出苏区面积有11.28万平方公里，人口700万，红军最少时为5.7万人，最多时8万人。他认为“这些数字基本上是准确的。如果算上苏区之外50%暂时处于我们影响之下或我们影响还不够稳定的地区，即我军暂时占领的地区或游击战地区及其相应的人口，则总面积将达到17万平方公里，人口将达1000万。与拥有400万平方公里领土和4亿人口的18个内陆省份相比，以上面积仅占1/24.，人口只占1/40。”

李德在报告中还分析了敌我力量的对比，认为“上述红军部队总起来说抵抗敌军不少于60个师……敌军总数约为60万到70万人，目前闽赣两省就占其中的一半，即35万人，而且是经德国教官进行一些改编的最精锐的部队”。“敌我双方的绝对对比都是在1∶6至1∶10之间，而实际兵力对比，

① 《布劳恩关于中央苏区军事形势的书面报告》（1933年5月于上海），中共中央党史研究室第一研究部译：《共产国际、联共（布）与中国革命档案资料丛书·联共（布）、共产国际与中国苏维埃运动》（1931—1937）第13卷，第330—332页。

因不计算不参与作战行动的敌军（守备部队和讨伐军），则可确定为这些比数的一半。”关于武器装备，李德在报告中说：“红军实际上只有步枪和有限的机枪，弹药数量也很少，即使在决定性的战斗中，每支步枪分到子弹也很少超过10到15发。实际上，我们根本没有火炮，即便是轻型火炮也没有。缴获的野战炮，由于没有炮弹和缺乏经验，未能派上用场……可见，红军不得不依然使用冷兵器与敌人作战，这就加大了攻克敌人防御工事的难度。”而敌人方面，“武器装备的质量在不断提高，其机枪和火炮的配备程度已接近现代军队的水平（1个营有1个机枪连；1个师有1个炮兵营；1个军即由几个师组成的兵团，有1个炮兵旅）。”在分析了敌人之间存在的问题，中国共产党和红军在政治等方面的有利因素后，李德认为：“尽管在力量对比上不太有利，但毫无疑问，这些因素足以使我们在实行适当的战术情况下取得巨大的胜利。”①

李德这个报告成文的时间，是中央苏区第四次反“围剿”正在进行之中。蒋介石用于对中央苏区第四次“围剿”的兵力约是40万。李德估计的35万是比较接近。同时，他对红军武器装备的了解，是基本符合实际情况的。因此，同王明在共产国际夸大中国红军的人数、苏区的面积及人口相比，李德还是比较实事求是的。这也从另外一方面证明，李德到共产国际远东局工作，和王明没有什么关系。

除了整理出上述关于中国苏区和军事状况的报告外，李德还协助远东局书记埃韦特指导各苏区的军事斗争。由于远东局这时已与中央苏区、红四方面军②、鄂豫皖苏区建立起电讯联系，从1932年11月下旬开始，远东局通过电报直接给中央苏区、红四方面军、鄂豫皖苏区发出军事指令和指示，指导他们的军事行动。李德是起草这些军事指令和指示的参与者。

从李德来中国前的军事经历和到远东局的情况看，让他当一个红军的师团长或高级参谋人员，还是能够胜任的。把中央苏区的军事指挥大权完

① 《布劳恩关于中央苏区军事形势的书面报告》（1933年3月5日于上海），中共中央党史研究室第一研究部译《共产国际、联共（布）与中国革命档案资料丛书·联共（布）、共产国际与中国苏维埃运动》（1931—1937）第13卷，第336、341页。

② 由于张国焘的轻敌，红四方面军在第四次反“围剿”中失利，主力2万多人于1932年10月中旬撤离鄂豫皖根据地。

全交给他，让他指挥好几个军团、几万人马和国民党军作战，实在是“小马拉大车”。李德瞎指挥，造成红军在反“围剿”斗争多次坐失良机，损失严重，博古用人不当，应负主要责任。延安整风期间，博古在1943年9月的中央政治局扩大会议上检讨自己的“左”倾错误时说：“李德在中央苏区越权，我放纵其越权，这是严重错误，应受党的处分。”①

李德到中央苏区来的缘由又是什么呢？事情还得从设苏区中央局说起。

1930年9月28日，瞿秋白、周恩来主持召开的中共六届三中全会通过了《组织问题决议案》，决定：“立即在苏维埃区域建立中央局”，“以统一各苏区之党的领导”②。此后，共产国际远东局同中共六届三中全会后的中央商定了苏区中央局的组成人选问题。10月20日，共产国际远东局在给共产国际执行委员会的信中，报告了苏区中央局的人选问题。信中说：“关于在苏区建立中央局的问题我们与政治局一起预先作出了以下决定：该局应该由项英、少先队员③、毛泽东、工会和青年代表组成，再加上几位外国同志。但是至今还没有找到出路，哪怕有10%的把握把几位非中国同志送到那里去。”④这封信透出这样一个信息：在决定成立苏区中央局时，远东局就计划向苏区派顾问，并且还不止一个，只不过是当时没有建立可靠的交通线，进不去。

同时10月20日，盖利斯在给别尔津的信中，也谈了派军事顾问去苏区的问题。盖利斯说：“我们去苏区的问题——这是我们局以及我们同中国人的会议的议事日程上不断提出的一个问题。”“可是，直到现在这个问题还没有解决。考虑过各种可能的方案，但毫无结果。一个外国人现在进入苏区要比中国人困难。我们向中国人提供1000美元作为这项工作的费用，

---

① 博古：《我要说明的十个问题》（1943年9月），黎辛、朱鸿召主编：《博古，39岁的辉煌与悲壮》，学林出版社2005年版，第161页。

② 《组织问题决议案》（1930年9月28日扩大的三中全会通过），中央档案馆编：《中共中央文件选集》第6册，中共中央党校出版社1989年版，第314页。

③ 指关向应。

④ 《共产国际执行委员会远东局给共产国际执行委员会的信》（1930年10月20日于上海），中共中央党史研究室第一研究部译：《共产国际、联共（布）与中国革命档案资料丛书·联共（布）、共产国际与中国苏维埃运动》（1927—1931）第9卷，第396页。

并指出，我们准备步行几百俄里，不要求任何舒适的条件，还提出了各种方案，等等，即使只有20%—30%的成功机会也准备行动。但毫无结果。这个问题使我感到极为不安。”盖利斯告知别尔津：“现在中国人已派侦察人员去探听进入苏区的可能性，但这需要时间。正在采取某些措施，组织通过汉口和厦门的路线。”盖利斯还认为：苏区“极其需要领导”，“在那里只要有稍微正确一点的军事领导，就可以有所作为。苏区在很大程度上需要有财经政策和执行土地政策等方面的政治领导。即使中央局和我在那里，也需要有一些熟悉这些问题的人。”他建议“如果在弄清前往苏区可能性的问题之后，共产国际执委会决定再往那里派去一位在政治上经过很好培训的同志，那就最好不过了。可以从我们局（即远东局——引者）派一个人去。”①

盖利斯给别尔津的信说明，他一到上海，就开始着手去苏区的准备；远东局准备派到苏区去的顾问，不仅有军事的，而且还有政治、财经的；他们轻视中国共产党人的军事斗争能力，认为自己高明。我们由此可以看到李德为什么到中央苏区后听不得别人的正确意见，主要还是瞧不起中国党的军事指挥能力。

远东局一直为盖利斯等人到中央苏区而努力，但遇到很多困难。12月2日，新任的共产国际代表、远东局书记米夫在给共产国际执行委员会的信中报告：“军事三人小组（即盖利斯、马雷舍夫、费尔德曼——引者）直到现在还呆在这里，因为没有任何机会把他们派出去。现在中国人正在建（联络）站，所以可能要过两周或三周他们才能动身。”②

中共六届四中全会后，中共中央开始向各地派代表团或中央代表。任弼时、王稼祥、顾作霖作为中央代表团被派赴中央苏区。经过远东局与中共中央协商，在任弼时、王稼祥等赴中央苏区时，盖利斯和马雷舍夫同行，

① 《盖利斯给别尔津的信》（1930年10月20日于上海），中共中央党史研究室第一研究部译：《共产国际、联共（布）与中国革命档案资料丛书·联共（布）、共产国际与中国苏维埃运动》（1927—1931）第9卷，第418页。

② 《米夫给共产国际执行委员会的信》（1930年12月2日于上海），中共中央党史研究室第一研究部译：《共产国际、联共（布）与中国革命档案资料丛书·联共（布）、共产国际与中国苏维埃运动》（1927—1931）第9卷，509页。

乘船从海路前往中央苏区。然而，盖利斯和马雷舍夫上船后遇到了麻烦。船长带着十几个日本人（其中一个自称是日本使馆的工作人员）对他俩进行了盘查。他们详细询问了盖利斯和马雷舍夫是什么人，护送他们的朋友是什么人，他俩在上海是干什么的，打算到什么地方去。由于事前做好了准备工作，盖利斯和马雷舍夫的回答没有什么破绽。盖利斯、马雷舍夫这次是以某个社团的代表身份出行的。但船长和日本人出示了该社团秘书的证明，这位秘书说他根本不认识盖利斯和马雷舍夫。盖利斯和马雷舍夫辩解说，秘书不了解情况，请他们询问社团的老板，他了解情况。即便如此，船长仍拒绝他们乘船。后来，他们被转送到一艘小汽艇上，回到了岸上。

前往中央苏区未能成功，盖利斯于1931年2月28日向别尔津报告了他们此行的情况，并说：“我试图安排新的旅行，但我不抱幻想。”他还抱怨道：“我同伴的情况很不妙：他说英语带有很重的俄语口音，而且说得很蹩脚（他学语言进展很慢）。他一个人无论如何不能进行这种旅行，同我一起去也很困难，因为我们操不同的语言。”并告知：“我们还要在这里的局里讨论旅行问题，我将把结果专门向您通报。”①令盖利斯沮丧的是，他这次不仅去中央苏区未成，而且护照也被收走了，连出门都成问题，希望别尔津给他寄一个适合于记者身份或旅游者身份的新护照，给马雷舍夫寄一个加拿大或美国的护照。

盖利斯和马雷舍夫未能成行，对中央苏区来说是一件幸事。试想，如果他们随任弼时、王稼祥到了中央苏区，当时中央苏区领导层关于第二次反“围剿”的战略方针的分歧本来就十分严重，再加上两个自视高明的共产国际军事顾问，反“围剿”的仗该怎么打，就很难说了。

盖利斯等去中央苏区的行动受阻后，远东局又向共产国际执行委员会请示从远东局成员中再派人去。共产国际执行委员会政治书记处政治委员会在1931年3月18日决定：“尽快答复远东局关于远东局成员中谁应前往中国苏区的询问。答复可以口头协商，不召开会议。期限两天。责成库西宁同

① 《盖利斯给别尔津的信》（1931年2月28日），中共中央党史研究室第一研究部译：《共产国际、联共（布）与中国革命档案资料丛书·联共（布）、共产国际与中国苏维埃运动》（1927—1931）第10卷，中央文献出版社2002年版，第151页。

志准备答复意见。”①至于库西宁是怎么答复的，尚未见到有关材料。但远东局把向苏区派代表仍作为一项工作内容。3月28日，远东局在给共产国际执行委员会的信中，提出要派三名代表到苏区去，其中一名到中央苏区，一名到鄂豫皖苏区，一名到湘鄂西苏区。

由于米夫和盖利斯因安全问题于4月份离开中国，远东局一时没有了书记和负责军事的成员，派顾问到苏区的计划暂时搁置。

博古对共产国际军事顾问太迷信了，觉得没有就无法指导各苏区的军事行动，于1932年6月20日致电共产国际执行委员会，不仅要求派军事专家帮助中共临时中央，而且还表示："我们可以把外国人护送到苏区，希望你们尽快派专家来。"②由于中共临时中央的请求，李德到远东局工作后，埃韦特曾在1932年12月初给皮亚特尼茨基的报告中说："他暂时在这里按自己独特的题目加工材料。可能稍后我们要把他派到苏区去。"③这封信说明，李德一到远东局工作，埃韦特就有派他到中央苏区的意向。12月31日，皮亚特尼茨基致电负责管理经费的共产国际执行委员会国际联络部驻上海站代表格柏特，明确指示："瓦格纳（即李德——引者）应去苏区。行前发给他每月200元的薪金和去苏区的旅费。在那儿他应从当地的朋友们那里领取薪金。请在你们的报告中告诉我发给他的确切数目。"④

得到皮亚特尼茨基批准后，远东局却没有马上让李德到中央苏区去。事情是这样的：这时正是中央苏区第四次反"围剿"开始和红四方面军

① 《共产国际执行委员会政治书记处政治委员会会议第128号记录》（1931年3月18日于莫斯科），中共中央党史研究室第一研究部译：《共产国际、联共（布）与中国革命档案资料丛书·联共（布）、共产国际与中国苏维埃运动》（1927—1931）第10册，第173页。

② 《中共中央给共产国际执行委员会的电报》，（1932年6月于上海），中共中央党史研究室第一研究部译:《共产国际、联共（布）与中国革命档案资料丛书·联共（布）、共产国际与中国苏维埃运动》（1927—1931）第13卷，第177页。

③ 《埃韦特给皮亚特尼茨基的第2号报告》（1932年12月初于上海），中共中央党史研究室第一研究部译：《共产国际、联共（布）与中国革命档案资料丛书·联共（布）、共产国际与中国苏维埃运动》（1931—1937）第13卷，第264页。

④ 《皮亚特尼茨基给格伯特的电报》（1932年12月31日于莫斯科），中共中央党史研究室第一研究部译:《共产国际、联共（布）与中国革命档案资料丛书·联共（布）、共产国际与中国苏维埃运动》（1931—1937）第13卷，第288页。

主力到达川陕准备开辟通（江）、南（江）、巴（中）根据地的时候，联共（布）、共产国际和远东局为了加强对中国红军作战的指导，而被任命为军事代表、中共中央军事总顾问的曼弗雷德·施特恩①还远在大洋彼岸的美国，尚未到任，远东局缺乏军事人员，所以留李德协助指导中国各苏区的作战。等到1933年3月下旬中央苏区第四次反“围剿”胜利后，5月下旬又发生了冯玉祥在张家口成立察哈尔抗日同盟军，远东局和中共上海中央局②在讨论了局势后，决定指示中共北方党组织动员群众支持冯玉祥。李德奉远东局之命前往北平，计划与中共北方党组织取得联系，然后一同到张家口拜会冯玉祥，“以便依据共产国际执行委员会的指示签署具体协定”③。由于准备与之接头的人被捕，李德无功而返。北平之行，使李德又耽搁了一些赴中央苏区的时间。

曼弗雷德·施特恩是在1933年4月下旬或5月上旬到达上海的。由于军事总顾问已经到任，李德从北平回到上海后，经过一些准备，并出席了远东局一次会议，于9月底赴中央苏区。

从1930年10月开始，远东局就计划向苏区派出军事顾问，到1934年10月李德到中央苏区，四年时间，李德是唯一进入苏区的军事顾问。正是这个“唯一”，给中央苏区第五次反“围剿”带来了灾难性的失败。

李德的到来，自然使博古欢欣鼓舞。在上海时，博古为首的临时中央就过分迷信共产国际军事顾问，总是向共产国际要军事顾问。临时中央迁到中央苏区后，盼星星，盼月亮，总算是把李德盼来了。

李德不懂中文，先后在莫斯科中山大学和步兵学校学习过的伍修权被中共临时中央调去做他的翻译。伍修权在回忆中说：

1933年10月，我在红军学校第五期任团政委。正当这一期快毕业时，军委参谋长刘伯承同志通知红军学校，说要调动我的工作。这次调动的地方是秘密的，去了以后还不能与外界有任何接触。那时干部的流动性大，组织性纪律性都很强，调什么工作就干什么工作，不问职务高低，说走就

---

① 在中国化名为弗雷德。

② 中共临时中央在1933年1月迁入中央苏区前，在上海成立中央局，作为中共临时中央在国民党统治区的派出机构。

③ （德）奥托·布劳恩：《中国纪事》，东方出版社2004年版，第29页。

走，几乎听不到讲价钱的事。我得到调动的通知后，二话没说，马上就把背包一打，几件衬衣一夹，反正一个人简单得很，很快到军委找刘伯承同志报了到。

刘总参谋长告诉我，共产国际派到我党中央的军事顾问李德，已经到了瑞金。中央决定，调我去为他作翻译。刘总参谋长鼓励说我的俄文比较好，完全可以胜任这项工作。他对工作又作了具体的交代，在保密问题上当时说得很严格，其实以后要求并没有那么严。当地军民群众都知道李德，我们也可以和别人接触。刘伯承同志向我交代后，又亲自领我和李德见了面，为我作了引见和介绍。这时李德已换上了我们红军服装，样子很严肃。当时我们认为他是共产国际派来的顾问，帮助我们革命，可能是个了不起的人物，因此开始对他还是很尊敬的。①

伍修权到李德处工作不久，中共临时中央又调王智涛作李德军事训练方面的翻译。凡是李德为红军干部讲军事课的时候，由王智涛担任翻译。伍修权负责作战方面和李德出席中央各个会议时的翻译。李德对伍修权的翻译水平相当满意，曾在回忆中说："在我所参加的政治局和常委会以及革命军事委员会的会议上，都是他为我翻译，我认为他翻译得完全正确。"②

尽管由于国民党军的严密封锁，中央苏区各方面都非常困难，但中共临时中央对李德礼遇有加，对他生活上非常照顾，专门为他修建了一处单独的房子。因此，"独立房子"就成为李德住处的代号。"独立房子"周围都是稻田，一条小路通往外边，位于中革军委驻地沙洲坝附近两华里处，前门对着红军总政治部的小村子，离中共中央、团中央驻地也不远。这是一座三间的房子，中间是堂屋，作为会议室，墙上挂满地图。东边一间是李德的卧室，西边一间是翻译伍修权、王智涛的宿舍。为了照顾李德起居还给李德配备了警卫员、炊事员、马夫等。

苏区当时十分缺粮，党政机关工作人员的供应标准很低，伍修权、王智涛每人每天只有十两粮食（那时十六两为一市斤），分成两顿吃，根本吃

① 伍修权：《我的历程》（1908—1949），解放军出版社1984年版，第66—67页。

② （德）奥托·布劳恩：《中国纪事》，第38页。

不饱。而李德则不同了，苏区产的鸡鱼肉蛋源源不断地供他享用，作战缴获和从白区弄来的香烟、咖啡优先供应给他。就这，他还不满足，常到军委总参管理局局长宋裕和那里去要东西。

李德推行的反“围剿”作战理念与战法

李德来了，第五次反“围剿”的仗该怎么打？前面已经提到，李德到远东局后，最初的三个月是整理出一份关于苏区和红军军事状况的报告，提供联共（布）、共产国际高层参考。这样，李德有机会翻阅各苏区给中共临时中央的各种报告，对中国红军的基本情况和战术有所了解。国民党军在对中央苏区进行第四次“围剿”时，已在苏区的外围地区及部分苏区内部的重要交通线修筑堡垒；另外，还在其所占据的城市的城外构筑水泥碉堡并铺设铁丝网，李德认识到这种情况“会给红军造成新的困难局面”。对于红军过去的战术李德颇有微词，认为：“即便在组成了正规部队并以老苏区为根据地的地区，红军也还未能摆脱游击战的思想和作战方法。这就使得红军能够轻而易举地夺取一些新的地区和防御较差的城市，但也很容易很快失守。他们回避决定性的战斗，不去强攻设防的据点。在这方面已有明显的转变，但还远远不够。”他还认为：“每一种战术方针肯定都有自己优势的一面，但各种不同战术方针的冲突实际上会导致这样一种状况：即使红军取得许多局部胜利，但迄今为止它们很少能取得决定性的战略优势。”①

李德表达了这样的理念；其一，红军要从游击战向正规战转变；其二，红军占领了城市要守住；其三，红军强攻敌人设防的据点，进行决定性战斗，取得战略优势。

李德刚到，博古就告诉了他黎川失守的消息。黎川位于闽赣边界，东连福建光泽、邵武，南达福建建宁、泰宁，西通江西南丰、南城，北出江西金溪、贵溪，战略地位十分重要，由中央苏区的闽赣军区部队防守。第五次反

① 《布劳恩关于中央苏区军事形势的书面报告》（1932 年 3 月 5 日于上海），中共中央党史研究室第一研究部译：《共产国际、联共（布）与中国革命档案资料丛书·联共（布）、共产国际与中国苏维埃运动》（1931—1937）第 13 卷，第 340 页。

"围剿"开始前，闽赣军区司令员兼政治委员萧劲光曾建议红军主力集结于黎川东北的光泽、资溪一带，从翼侧打击进攻黎川之敌，而不死守黎川。毛泽东也认为应该放弃黎川，诱敌深入到建宁、泰宁地区，集中红军主力，在运动加以歼灭。然而，博古等人却要部队死守黎川，不能丧失苏区的一寸土地。敌人三个师来攻，闽赣军区的部队几乎都调去配合东方军作战，防守黎川的兵力只有一个70多人的教导队和一些地方游击队，而这时红一方面军的东方军正在围攻将乐、顺昌，中央军正在永丰、乐安作战，无法赶来。萧劲光没有办法，只得将部队撤出黎川，避开敌人的攻势。此举让博古极为震怒，认为这是"过时了的游击战方法的回潮"，"在苏区业已巩固、敌人进行堡垒战的新条件下，这种过时的方法必然会导致战略重点、甚至大片地区无法挽救的损失。"①

博古对黎川失守的看法，同李德的战术理念是一致的，这是他重用李德的重要原因。

9月29日，共产国际执行委员会政治书记处政治委员会致电中共中央并埃韦特，指示："中央苏区的主力不应参与阵地战，它们应该进行运动战，从两翼实行夹击。中央苏区要有预备力量，以对付任何突然袭击。考虑到蒋介石后方防御薄弱，你们必须把自己的行动与红军部队的行动结合起来，尽可能广泛地开展积极的游击运动，组织破坏活动，破坏敌人后方工作，干扰敌人有步骤地准备实施打击和其前线部队实行佯攻。"同时，电报强调："我们关于军事问题的建议不是具有约束力的指示，如何决定由[中共]中央和[中国工农红军]革命军事委员会负责，我们只是提出我们的想法供你们决定。"②

共产国际提出的红军应进行运动战、不应进行阵地战的作战方法和破坏敌人后方的工作建议基本上是正确的。

国民党军占领黎川后，加速构筑工事，巩固黎川与资溪桥、硝石之间

① （德）奥托·布劳恩：《中国纪事》，第40页。

② 《共产国际执行委员会政治书记处政治委员会给中共中央的电报》（1933年9月29日于莫斯科），中共中央党史研究室第一研究部译：《共产国际、联共（布）与中国革命档案资料丛书·联共（布）、共产国际与中国苏维埃运动》（1931—1937）第13卷，第509—510页。

的联络，以全力完成其由吉水到黎川的全线封锁。针对这种情况，周恩来、朱德致电中革军委和中共临时中央，认为红军“必须以极大机动性处置当前战斗，正面迎敌或强攻黎川都处不利。”建议待东方军集中后，一部佯攻黎川，吸引该敌；主力突击飞鸢敌之侧背，“并以二十师突入金溪、浒湾之间，以调动敌于运动中以各个消灭。”①

博古、李德不顾共产国际的指示和周恩来、朱德的建议，急于收复黎川，令红三军团、红五军团北上应敌。红军主力在洵口与敌遭遇，打了一个胜仗。于是，博古、李德又贸然命令红军向敌军已修筑坚固阵地的硝石、资溪桥等地进攻，结果使红军消耗很大，连战不利。

共产国际远东局对中央苏区最初的反“围剿”行动感到不满意，于10月14日致电中央苏区，一方面说“在10月3日和5日之间以及7日和8日的最近十天里，敌人几个师的先遣队被我军牵制住了，出现了比较有利的条件”；另一方面批评“我们未能打击周浑元第3纵队或罗卓英第5纵队的主力部队，这些条件未能加以利用，结果严重的局势一个接一个地出现了。现在，当樊嵩甫的第2纵队和赵观涛的第1纵队的部分部队能够打击我们的右翼和后方，而陈诚的第4和第6兵团向东南推进的时候，这个机会又错过了。”远东局认为：“我们应该再次积极尝试打破敌人的计划。”为此，远东局提出如下计划：

目的：

（1）创造新局面，恢复自由行动。

（2）改变敌人主攻方向，把敌军从中央苏区引开。

（3）实行运动战，以赢得时间。

（4）突破进攻者内线，击溃赵观涛或樊嵩甫纵队。

（5）争取同我赣东北军队实行积极配合。这些行动是计划的第一部分。时间约两周。兵力是东方军的主力部队。

计划的第二部分：完成计划第一部分最后阶段的东方军和10军团的联合力量，急转西进，迅速向抚河推进，总的方向是在南昌和抚州之间，将

① 中国工农红军第一方面军史编审委员会：《中国工农红军第一方面军史》，解放军出版社1993年版，第412页。

根据11月初出现的形势行事。所有其他部队的行动是对东方军战役第一部分的补充，它们应该是：

(6) 1军团在抚河东岸移动，同19师和20师一起作为一个兵团采取行动，完成这里的任务。

(7) 在乌江的中心地区建立一个新的军团，那里的14师作为所有向抚河以西活动的独立团的骨干力量。

(8) 加快建立广昌军团。

(9) 只要有可能的地方，都要建立游击队。

在(6)、(7)、(8)、(9)点中指出的行动，是与计划第一部分同时实施的，虽然是防御性的，但其主要目的是赢得时间和积蓄补充力量。尽管如此，这些行动应该积极实施，但要避免过早的冒险。

如果我们受到情势所迫，需要付出代价，那么在我们实施整个计划的第二部分之前，也只有领土应该是我们付出的代价。

……

如果提出的所有措施同时付诸实施，那么即使最近几天局势可能有很大变化，即使晚些时候1军团的部队同它右翼的19师和20师，以及它左翼的3师和5师一起利用以下几周时间进行运动战，以避免同敌人强大部队发生战斗，并离开它们向东北方向运动，即使这将意味着暂时丢掉一些领土，我们最终还是能够靠联合力量大量地挽回损失。那时我们还能够回到最初的六月战役计划中所拟定的第三阶段任务上来。①

远东局这封电报有纸上谈兵和脱离实际的地方，如提出在乌江的中心地区建立一个新的军团，加快建立广昌军团，等等。但其思考问题的方法和战术原则还是可取的有价值的，如灵活应敌；实行运动战，避开敌人主力；可以暂时放弃苏区的一些地方，等等。

收到远东局电报后，中革军委于18日进行了讨论。10月20日，博古致电远东局：

收到你们[10月]14日电报后，军事委员会在[10月]18日进行了讨论，并提

① 《共产国际执行委员会远东局给中央苏区电报》(1933年10月14日于上海)，中共中央党史研究室第一研究部译：《共产国际、联共(布)与中国革命档案资料丛书·联共(布)、共产国际与中国苏维埃运动》(1931—1937)第13卷，第546、547—548页。

出以下总的意见：

1. 我们同意计划中的主要建议，即全力以赴向北进攻的打算和[想法]；但由于计划是建立在放弃内线作战和绕过敌人侧翼向前推进的基础之上的，军事委员会不能同意这个计划。我们军事委员会认为，现在在保存我们有生力量的情况下，我们的主要任务是全力保卫我们的主要地区。因此我们认为，将我们85%的有生力量绕过敌人侧翼推进和放弃内线作战，这种战术是极其危险的。

2. 对于你们计划中的各种建议，军事委员会基本上得出了以下看法：（1）如果实行这个计划，那么我们85%的有生力量必将被敌人切断同中央地区一些县的联系；现在敌人已在将乐和邵武构筑工事，目的是要切断我们向内或向外的通道。（2）我们的主要县都将无法设防。（3）黎川、广昌以南的一些县、对我们有重要意义的泰宁和建宁将会丧失。现在敌人采取构筑工事步步推进的战术，将很难收复它们。（4）把所有独立团合并为一个师，明显会削弱赣江和抚河之间的游击行动。这是不对的，这明显违背共产国际的指示。（5）在两周内组建广昌军团是不可能的，因为第29师和工人师是南部战线唯一强大的力量；如果我们把这两个师撤走，南部战线将完全没有设防；至于第34师，如果它留在闽北牵制敌人，那么我们可以根据政治形势的变化决定是否把它撤走。在所有这些师中，每个师都约有1000支步枪；实际上要组建一个新的军团，这些力量是不够的。如果我们动员军校学员，这会导致培养指挥干部的工作完全停止，并且在目前会对我们的军队产生严重的消极影响。（6）如果我们想连续向北推进到敌人侧翼，然后歼灭他的整个左翼，那就必须拿下像金溪、贵溪等这样严密设防的地区。

3. 军事委员会全体成员同意上述意见。瓦格纳（即李德——引者）同志只是解释了你们的电报，但没有积极坚持执行这个电报。

4. 军事委员会的具体决定是：既然暂时不存在敌人直接进攻的危险，而周、薛纵队在行军中和在资溪桥地区修筑工事，我们应该全力歼灭它们。军事委员会10月18日命令中包含的具体措施，我们单独作了通报。第19师和第20师还在北面活动。①

博古的电报，通篇只有客气地同意远东局的向北进攻一句外，其他则毫不客气地提出了反对意见。这反映了博古、李德与远东局完全不同的作战理念。远东局要红军运动战，避免同强大的敌人硬拼；可以暂时放弃苏区的一些区域，不要死守某一个地区；把战争引向外线。博古、李德要进行阵地战，强攻敌人设防地区；不能放弃苏区的土地，放弃后敌人修筑工事就很难收复了；战争只能在内线进行，离开内线红军有生力量就有可能被敌人切断。

博古的电报说是军事委员会全体成员的意见，实际是李德和他的意见。李德是共产国际派来的军事顾问，刚到中央苏区，大家都很尊重他。这时他的军事教条主义在实战中的错误虽然已造成了损失，但一时尚未被大家所认识。再加上国民党军这次“围剿”实行的堡垒主义战术，部队每推进一步，马上就构筑堡垒驻守，然后在炮火的掩护下再往前推进三五公里，再停下来构筑堡垒。这样龟步前进的战术，逐步消耗红军的力量，不像过去那样长驱直入苏区，直接找红军主力作战，使中央苏区领导层一时还难以认识到这种战术对苏区产生的严重威胁性。故而，李德照搬他在苏联伏龙芝军事学院学来那一套，大家也不好说什么。

10月30日，共产国际执行委员会远东局致电中央苏区：“我们研究了你们据以不接受我们10月14日电报中所提出的建议的理由。我们得出的结论：面对不可避免的一仗，你们将再次作出尝试改善我们的处境，这之前，你们还想冒险在黎川以北打一场大仗。”接下来，远东局对10月14日电报提出的计划中的一些问题进行了解释，并认为：“总的战略形势要求我们，不要寻求过早地进行决战。我们需要马上做什么呢？这就是取得部分胜利，歼灭敌人两三个师。这会促进敌人营垒内部的瓦解并使我们做好迎接更大战斗的准备。”那么，打大仗的准备包括哪些方面呢？远东局提出以下几点：“（1）突破敌人外部侧翼；（2）建立广昌军团；（3）把10军团的兵力重新

① 《秦邦宪给共产国际执行委员会远东局的电报》（1933年10月20日于中央苏区），中共中央党史研究室第一研究部译：《共产国际、联共（布）与中国革命档案资料丛书·联共（布）、共产国际与中国苏维埃运动》（1931—1937）第13卷，第555—557页。

部署在靠西的地方；（4）14师支援的中心地区的游击行动，积极向东和东北方向运动；（5）雩都的军团转移到吉安对面的地区，作为控制这里可能出现的局势的力量；（6）赣西的部队向南昌至九江铁路线推进；（7）争取更多地瓦解敌军，在反日斗争方面提出新的建议等。”远东局基本上坚持了10月14日电报提出的计划。但远东局同时说：“我们的建议不意味着干涉革命军事委员会共同一致的决定。形势不允许长时间的讨论和拖延。你们在当地，应该根据你们的判断行事，并要考虑我们的建议。”①

无论是共产国际、还是远东局，对于中央苏区第五次反“围剿”的作战原则都强调红军要进行运动战，但又强调只是建议，没有约束力，怎么打，由中共临时中央自己定。因此，从10月到12月底，红军按照博古、李德的作战计划作战，结果怎么样呢？红军不仅没有歼灭敌人的有生力量，反而因辗转于敌人重兵与堡垒之间，疲惫和消耗了自己的兵力。对于这一阶段的作战，李德的回忆是这样的：

中央红军根据革命军事委员会的决议，在战争的第一阶段，也就是说从1933年10月到12月底，在北线，主要是在东北一线作战。……

10月底，我第一、第三军团与陈诚的三至五个师展开了大规模的遭遇战。敌人虽然遭到重创，但未被歼灭，因为它们依仗着在此期间构筑了堡垒的黎川城，立即掘壕自卫，转为防御，使其优势火力充分发挥了作用。在这个地区后来又有两次遭遇战，战斗开始时我军取得了胜利，但结果不分胜负。

11月份，第一、第三军团把作战重心从敌人有计划地构筑堡垒的东北部移到盱江两岸，以便在那里先发制人，进攻从南丰向广昌挺进的国民党主攻部队。那里发生了一系列战役，在这些战役中，我们虽然取得了战术上的胜利，但没能取得决定性的胜利。每当我们进攻时，敌人就退到碉堡里，以火力掩护自己。不久，来增援主攻部队的陈诚主力，也是尽量回避任何决战。这几次战斗一般被称为浒湾战役（以盱江而得名，盱江又称浒

① 《共产国际执行委员会远东局给中央苏区的电报》（1933年10月30日于上海），中共中央党史研究室第一研究部译：《共产国际、联共（布）与中国革命档案资料丛书·联共（布）、共产国际与中国苏维埃运动》（1931—1937）第13卷，第576、578页。

江），它持续了一月之久，实际上成了我们这方面的分散的短促突击。

12月，当陈诚在东北部又试图从黎川向建宁推进时，我们经历了同样的情形。我第三、第五军团向陈发起进攻，但也只能把它打回去。

因此在这三个月中，中央红军只得满足于取得一系列战术上的胜利，至于在大规模的包围战和开阔地野战中歼灭敌人，这个主要目的则没有达到。红军的攻势只好停下来，但是敌人也没有达到其目的，它未能攻下广昌和建宁，然而却把堡垒体系从黎川一直延伸到闽西北的邵武。①

李德的回忆只字不提自己战术指导思想和指挥错误的问题，但也不得不承认这一阶段的作战是一场消耗战，红军没有取得大规模歼敌的决定性胜利。

中央苏区第五次反“围剿”第一段作战的结果表明，李德所持的红军要进行正规战，强攻敌人设防的据点，举行决定性战斗，以取得战略优势的理念破产。

为了推卸自己瞎指挥的责任，李德拿萧劲光作替罪羊。黎川失守后，博古、李德为了让萧劲光“戴罪立功”，任命他为1933年10月28日新成立的红七军团政治委员。红七军团奉命参加浒湾战斗，在八角亭地区遭到由浒湾和金溪、琅琚出击的国民党军第四师、第八十五师和第三十六师一部夹击，最后因阵地被敌突破而撤出战斗。李德以黎川失守和浒湾失利之事，在瑞金对萧劲光进行公审，称之为“罗明路线在军队中的代表”，判处他五年徒刑，开除党籍、军籍。在公审前，李德主张杀掉萧劲光。征求意见时，毛泽东坚决不同意，说黎川失守这件事不能全部归罪于萧劲光。王稼祥也不同意对萧劲光处以极刑。公审判决后，萧劲光被关押起来，毛泽东派贺子珍前往探视，让她转告萧劲光，黎川失守是整个指挥部署的问题，你应该撤，做得对。经毛泽东、王稼祥的干预，萧劲光被关了一个月后，安置到红军大学当战术教员。

面对敌人的堡垒战术，如何才能破敌呢？李德为什么不用过去红军行之有效的反“围剿”作战方法呢？李德也承认：“中央苏区的红军，在过去战胜国民党的军队中曾取得了许多伟大的胜利。这些胜利是由于在运动战

① （德）奥托·布劳恩：《中国纪事》，第52—53页。

中攻击运动中之敌并与在敌人后方发展游击战争有艺术的配合，这明白地表示出革命军队的基本优点：高度的机动性、机断专行以及勇敢的突击。”但他认为，敌人在吃了苦头之后，在战略上“放弃了过去坚决的突击”，采取“堡垒主义”的战术，在此情况下，“用我们过去简单游击战争的方式已经是不够了，为要在敌人新战术的条件下，取得决定的胜利，红军必须研究并应用现代的军事战术。除了保持我们原来的主要优点以外，并充实以新的战斗方式。”那么，李德的“现代的军事战术”是什么呢？他提出了以下三个原则：

（甲）为进行游击动作，派出不大的部队配合地方部队在敌人的后方侧翼有时甚至于在正面，进行游击战争，钳制削弱并瓦解敌人，在居民的帮助下，在一切的战斗动作中表示充分的自动性、灵活性和坚决性，才能执行其所担负的重大任务。进行游击战争时，包含有破坏道路、拆毁工事及坚壁清野的任务。

（乙）在最主要的方向部署防御以行直接保卫苏区，要以最少数的兵力和资材（弹药亦然）钳制敌人大的兵力，才是真正的防御。因此构筑支撑点或堡垒地域，以便确实的能抵抗敌人的飞机和大炮，或是在山地地区进行连续的运动防御战。

在各种情况下，应估量到我们军队的特性，特别是他奋勇的威力。防御时应布置积极的防御，以少数的兵力及火器守备堡垒，而主力则用来实行短促的突击及袭击，以便于堡垒前瓦解敌人，消极的防御一定是失败的。

（丙）在某一方向集中主力以坚决的突击并在堡垒外消灭敌人的有生兵力。游击战争和防御虽是革命战争必须的方式，但是辅助的方式，主力的机动和突击是有决定意义的。只有这样才能争取五次“围剿”中及敌人以后进攻中的胜利，而重新转到战略上的进攻。

但是在这一方面战术的方式也是变动了，照正规说来，敌人往往不是离开其堡垒一二十里以上（往往是少些），诱敌深入已是达不到目的的，而要去寻求敌人，自己要隐蔽，当敌人出击时，则有计划的或诱致敌而猛扑之。主要是从侧面突击敌人的后续部队，或是突击其先头部队，但总要切断敌人与其基本堡垒的联络，以便确实的消灭其有生兵力及夺取其物质资材。作战时应使用全力以便一举而迅速的解决战斗。

李德还要求："全体的指挥员都应该了解我们战术的这三个原则。"①

李德的这三个战术原则简单概括就是"以堡垒对堡垒"、"短促突击"。此后，李德又撰写了《论红军在堡垒主义下的战术》，专门对红军堡垒的作用和"短促突击"作了更详细的说明。李德认为：堡垒的作用在于"确实的钳制（削弱、阻止及部分的消灭）敌人"。因此，"这些堡垒，不仅要能抵御机关枪火[力]，而且要能抵御迫击炮兵的炮弹和飞机的炸弹；应有很好的伪装以避免地下和室中的观察，并且应有周围的防御，破坏敌人的道路及设置障碍物（地雷亦在内）。"②那么，"短促突击"如何进行呢？具体为：

A. 向敌人运动中的部队进行短促的侧击。当敌人稍向前进时，则突击其先头部队，当敌人较大胆前进到十里以外时，主要的则是突击其后梯队；但是我们总应使敌人于基本堡垒有效的火力援助范围以外，并且要切断敌人被突击的部队，与其后续梯队及堡垒间的联系。

B. 在敌人后续梯队或堡垒内来的增援队未到达前，迅速解决战斗，这样使敌人无法补助堡垒及进行防御战。因此进攻和冲锋主要的是带突然袭击的性质，同时要最坚决的使用最高度的兵力作战，以便确实的避免延长战斗。

C. 迅速转变自己的突击方向，主要的是利用敌人诸纵队的内翼侧，在其诸纵队间执行机动。这样可以避免敌人于一个方向钳制我们的主力，而在另一个方向前进。为保证在新的方向实施突击，出敌意表（外），要有各方面的侦察和最高的敏捷性。

D. 为要预防敌人使用技术的影响起见，应注意下述动作：

1. 利用夜间及昏暗的条件（雨天雾罩森林等），进行机动及局部战斗。

2. 采取积极和消极的防空方法。

---

① 李德：《革命战争的迫切问题》，中共中央党史研究室第一研究部编：《共产国际、联共（布）与中国革命档案资料丛书·共产国际、联共（布）与中国革命文献资料选辑》第16卷，中共党史出版社2007年版，第603、604页。

② 李德：《论红军在堡垒主义下的战术》，中共中央党史研究室第一研究部编：《共产国际、联共（布）与中国革命档案资料丛书·共产国际、联共（布）与中国革命文献资料选辑》第16卷，第623页。

3. 隐蔽的接敌，火器主要的是用来直接（按时间和地形）的协助近距离的战斗，但最主要的是进行白刃战斗。①

李德把“以堡垒对堡垒”和“短促突击”作为击破国民党军“堡垒主义”的法宝，在实战中效果如何呢？时任红一军团政治委员的聂荣臻在回忆中是这样说的：“在福建事变期间，我们一军团被西调至中央根据地北线的永丰地区作战，企图在那里突破敌人的堡垒封锁线。在战术上，李德强调要以堡垒对堡垒，实行‘短促突击’，为此，军委于11月下旬专门下达了命令，要部队用这种战术作战。这个战术，就是敌人修碉堡，我们也修碉堡，待敌人进至距我碉堡二三百米，我们即用短促突击去消灭敌人。采用这种战术，我军消耗很大，又打不出什么结果。1933年12月25日开始在永丰南面打的丁毛山战斗，就是和宋子文的两个美械装备的税警团及唐云山的第九十三师打。面对着他们修筑的堡垒线，我们也修筑堡垒与之对抗，打了一个多星期，结果完全是得不偿失的消耗战。敌人又有飞机，又有大炮。国民党军队从德国买了几门普伏式山炮、野炮，还有几门一〇二口径的重迫击炮，数量并不多，但调动很灵活，侦察到我主力到了哪里，他们就把它调来了。我们部队打得很英勇，但伤亡很大。当时一军团同敌人对阵的主要是红一师，师长李聚奎同志，政委谭政同志。二师则负责向永丰、江口警戒。此外还有警卫师和独立十二团参加，统一归林彪和我指挥。一师由东北向南进攻敌人的堡垒线。有的得而复失，失而复得。我当时也到了阵地上，只见阵地上硝烟弥漫。三团共有九个连队，却阵亡了十三名连级干部。当时就有人听到三团一个当排长的瑞金老表发牢骚说：‘不知捣啥鬼呵！我们一夜不困觉做了一个堡垒，人家一炮就打翻了；而人家的堡垒，我们只有用牙齿去咬！我们没有重火器，天天同人家比堡垒，搞什么鬼呵！’”②

由于李德搞“以堡垒对堡垒”和“短促突击”，从1934年1月下旬到3月底，红军所进行的一系列战役、战斗，其结果，不是打成对峙，就是中途撤

① 李德：《论红军在堡垒主义下的战术》，中共中央党史研究室第一研究部编：《共产国际、联共（布）与中国革命档案资料丛书·共产国际、联共（布）与中国革命文献资料选辑》第16卷，第622、623页。

② 《聂荣臻回忆录》，解放军出版社2007年版，第153—154页。

退。2月10日，红一军团军团长林彪和政治委员聂荣臻向中革军委提交了一项“关于用运动战消灭敌人建议”，陈述了红一军团在建宁西北的守备阵地，纵横有数十里，防线太宽，兵力薄弱，弹药缺乏，工事不坚固；处处设防，处处薄弱，突破之后，工事往往反被敌人利用。建议以后不要处处修工事，力求在运动战中消灭敌人。如修工事，也只是在预定的战线上，有重点地修。中革军委复电林、聂二人，认为建议在原则上是对的，同时要他们坚决服从军委命令。

李德在文章中对“以堡垒对堡垒”和“短促突击”战术讲得头头是道，为什么在实战中不管用，问题出在哪里呢？说到底，是脱离红军对敌作战实际。李德在制定这些战术时，只考虑红军政治素质高的优势，国民党军这方面的劣势，而对国民党军兵力、武器、物资、财力等的绝对优势、红军在这几个方面的劣势却很少考虑或不予考虑。

先看一下“以堡垒对堡垒”战术。国民党军修堡垒，可以用坚固的建筑材料，而红军修堡垒，只能用苏区的木材，上面再盖些土；国民党军对付红军的堡垒，用大炮和迫击炮可以摧毁；红军没有炮，火器不行，对国民党军的堡垒无可奈何。这说明，李德设计“以堡垒对堡垒”战术时，没有考虑到红军与国民党物资、武器之间的优劣因素，没有认识到同样是堡垒，发挥的作用是不一样的。

再看一下“短促突击”战术。按照李德的设计，短促突击是在敌人离开碉堡十里后，隐蔽埋伏我方碉堡两翼红军兵力突然袭击敌人的后方梯队，发挥勇敢善战的特点，用白刃格斗的办法，迅速消灭敌人。这完全是个一厢情愿的战术设计，它是寄托于敌人根本不打或不经打，一打就投降的基础上的。李德要求担任短促突击任务的红军占红军兵力的三分之二或三分之二以上的兵力。这对于红军来说，是用了主要的兵力。但对于国民党军来说，就不一定了。国民党军在第五次“围剿”中，兵力是红军的五倍。它每次发动攻击的兵力就算不是全力出动，每次攻击分为几个梯队，每个梯队兵力同红军短促突击的兵力相比，不一定是劣势，且多数是优势。国民党军每次攻击，后面都有拿枪逼着的督战队，所以前面梯队的士兵也是不敢在红军的突击袭击的情况下轻易后退的。红军依靠勇敢同国民党军进行白刃格斗，就算取胜的情况下，也是“杀敌一万，自损三千”；如果胜负各半的情况下，自己伤亡就很大了；如果失败的情况下，自己伤亡就很惨重了。国民党掌握着全国政权，兵员消耗后可以得到源源不断的补充；中央苏区人民群众踊跃参加红军，但同国民党比，苏区的兵力资源还是有限的。在国民党军采取持久战的战略情况下，红军兵员消耗严重，久而久之，兵力资源就会枯竭。

事实证明，“以堡垒对堡垒”和“短促突击”战术，在红军武器装备、物质基础、人力资源、财力都处于绝对劣势的情况下，是无法取得反“围剿”胜利的。红军只能一步步退却，最后丢失苏区。

“以堡垒对堡垒”和“短促突击”在实战中碰壁，但李德不认为是自己军事教条主义的结果，而是认为别人没有按照他说的去做，撰写《反对曲解我们的战术》《再论战术原则》《短促突击的战例》等文，继续推销他的“短促突击”战术，把中央苏区第五次反“围剿”斗争引向失败的道路。

四、中共中央的两个方案传到了共产国际

一次非常有利的机遇失去了

就在李德让武器装备很差的红军与蒋介石用美、英等国的贷款购买的新式武器装备武装起来的国民党军打正规战、阵地战、堡垒战，同敌人拼消耗的时候，一个打破敌人“围剿”的机遇来临了。

奉蒋介石之命，在对中央苏区第五次“围剿”中担任扼守闽西、闽西北地区，阻止红军向东发展的第十九路军将领宣布抗日反蒋，在东方战线掉转枪口发动了福建事变。

第十九路军是在北伐战争时期国民革命军第四军一部的基础上发展起来的，先后参加过蒋介石同阎锡山、冯玉祥之间的中原大战和对中央苏区的第二次、第三次“围剿”，为蒋介石卖过命，是国民党杂牌军中战斗力比较强的一支队伍。但是，日本帝国主义发动九一八事变后，第十九路军的将领蒋光鼐、蔡廷锴对蒋介石竭力推行“攘外必先安内”的政策表示不满，要求停止内战，枪口对外。1932年日军发动了一二八事变，当时驻防在上海的第十九路军英勇抵抗一个多月，取得重大战果，迫使日本侵略军三

易主帅，数度增兵，结果是损伤1万余人却无法实现速战速决的迷梦。蒋介石、汪精卫联合掌权的国民党政府与日本签订《淞沪停战协定》后，将第十九路军调防到福建“剿共”。

蔡廷锴十分清楚蒋介石将第十九路军调到福建“剿共”的意图是一箭双雕，即第十九路和红军相互拼杀而两败俱伤。因此，蔡廷锴实行保存实力、消极执行进攻苏区的计划。蔡廷锴后来在回忆中表明了当时的心迹：“1932年6月甫抵闽不及一月，南昌行营即来电要派兵住龙岩、永定、闽西等属，所幸红军主力已由闽西转向江西作战，在长汀、龙岩、新泉以西，在闽北邵武、将乐以西地区，只有一部守备苏区部队，没有进攻企图，前线虽接触频仍，但没有大战斗。从1932年8月迄1933年春是相安无事。我们对蒋介石的对策只有谎报敌情与虚报战果来应付。南昌行营当时派督战官蔡棨驻在总部监视。这些特务耳目却增加我不少麻烦。约在1933年四、五月间，南昌行营一再来电要十九路军派兵八个团进占连城、朋口、芷溪之线，限期到达具报。我无法阳奉阴违，于是命令七十八师区寿年部由南靖、永安西进连城，并以长汀的保安团马鸿兴部拨归该师指挥。”①

1933年7月红一方面军的东方军入闽作战后，给第十九路军沉重打击，使蒋光鼐、蔡廷锴痛切地感到，继续同红军作战没有出路，决心联合国民党内反蒋势力李济深、陈铭枢以及中国国民党临时行动委员会（即第三党）的黄琪翔等，共同走上抗日反蒋的道路。

9月中旬，蔡廷锴派陈公培前往驻延平王台的东方军司令部谈判。彭德怀回忆说：“八月②，红军进到离闽侯不到二百里处，蒋光鼐和蔡廷锴派代表陈××（名字记不起来了），前来试探。我们在闽西行动时，对他们是有争取也有批评。说他们抗日是对的；来闽‘剿共’是错误的，也是蒋介石的阴谋——即‘剿共’和消灭蒋光鼐、蔡廷锴，对蒋介石都有利。把这些意思和‘八一宣言’中的三条③向陈谈了。陈说：他们要反蒋抗日，不反蒋就不能

① 蔡廷锴：《回忆十九路军在闽反将失败经过》，中共三明市委党史研究室、中共泰宁县委党史研究室编：《东方军研究》，第289页。

② 彭德怀这里应该说的是农历。

③ 指1933年1月17日发表的《中华苏维埃临时中央政府、工农红军革命军事委员会宣言——为反对日本帝国主义侵入华北愿在三条件下与全国各军队共同抗日》。

抗日。我说，对！抗日必须反蒋，因为蒋执行的是‘攘外必先安内’的卖国政策。只有抗日才能停止内战。”①彭德怀在同陈公培谈判前请示了周恩来。据陈公培回忆：“大概等了一两天，彭德怀同志即和我会见，说曾将我的到来电问后方负责同志，周恩来回电说，有其人，所以和我面谈。我也将前面三点理由（即到苏区的理由）说明，并希望即和福州十九路军电台取得联络。”②由于电台叫号总是不通，彭德怀“给蒋光鼐、蔡廷锴写了信，告以反蒋抗日大计，请他们派代表到瑞金，同我们中央进行谈判。”③

9月23日，彭德怀、滕代远、袁国平致电项英、朱德、周恩来，报告了谈判的情况，认为十九路军“与红军进行妥协，此完全是因处境困难，陈铭枢所主持、蒋蔡同意，并召集高级军官师旅长，因畏红军之英勇，都同意。”“蒋蔡对陈公培的谈话，是停止进攻苏区，释放共产党，取消经济封锁，红军退出洋口，以泰宁将乐建宁、清流、连城为国口，保守条约内容的秘密。”“我们提出的意见，是照中央局来电，陈公培无意见”④。据彭德怀回忆：“中央当即回电，说我们对此事还不够重视，招待也不周。”⑤9月25日，中共苏区中央局电告朱德、周恩来、彭德怀、滕代远《关于对谈判之指示》：“应将谈判看成重要之政治举动，而非简单之玩把戏”；“在反日反蒋方面，我们不仅应说，不妨碍并予便利，应声明在[蒋介石军队]进扰福建区域时，红军准备实力援助十九路军之作战，……作军事之合作。”⑥

陈公培回到福州后，向蔡廷锴等人转交了彭德怀的信。蔡廷锴、蒋光鼐和陈铭枢经过商议，决定遵照彭德怀的建议，再派十九路军秘书长徐名鸿为全权代表，由陈公培陪同赴瑞金，同中共中央进行谈判。10月26日，潘健行（潘汉年）以中华苏维埃共和国临时中央政府及工农红军代表身份，同徐名鸿签订了《反日反蒋的初步协定》。11月20日，第十九路军决心走上反日反蒋道路，在福州召开“中国全国人民临时代表大会”，福建事变爆

① 《彭德怀自传》，第189页。
② 陈公培：《我在闽变中所作的主要工作——两到苏区》，《东方军研究》，第301页。
③ 《彭德怀自传》，第189页。
④ 《东方军研究》，第157页。
⑤ 《彭德怀自传》，第189页。
⑥ 《东方军研究》，第53页。

发。22日，福建人民革命政府成立，李济深任主席。27日，中华苏维埃共和国临时中央政府代表张云逸与福建人民革命政府闽西善后处代表陈小航在长汀签订《闽西边界及交通条约》。第十九路军是国民党军中响应中华苏维埃共和国临时中央政府1933年1月17日宣言，接受三个条件，同红军实行停战抗日的第一支部队。

福建事变发生后，周恩来于11月24日致电博古、项英、李德，指出蒋介石目前正推延进攻中央苏区，抽调兵力入闽，镇压福建人民政府，红三、红五军团应侧击蒋介石入闽部队。张闻天认为，应在军事上与第十九路军采取配合行动。毛泽东向中共临时中央建议：以红军主力突破敌之人围攻线，突进到以浙江为中心的苏浙皖赣地区去，纵横驰骋与杭州、苏州、南京、芜湖、南昌、福州之间，将战略防御转变为战略进攻，威胁敌之根本重地，向广大无堡垒地带寻求作战。用这种方法，就能迫使进攻江西南部福建西部地区之敌回援其根本重地，粉碎其向江西根据地的进攻，并援助福建人民政府。彭德怀也通过周恩来向博古建议："留五军团保卫中央苏区；集中一、三军团和七、九两个军团，向闽浙赣边区进军，依方志敏、邵式平根据地威胁南京、上海、杭州，支援十九路军的福建事变，推动抗日运动，破坏蒋介石的第五次'围剿'计划。"这个建议受到博古的批评，认为"是脱离中央苏区根据地的冒险主义"①。

李德反对支援第十九路军，对博古说：蔡廷锴的福建人民政府是最危险的敌人，比蒋介石还危险，有更大的欺骗性。蔡廷锴反对蒋介石是小军阀反对大军阀，红军决不能支援蔡廷锴。②

博古害怕红军向敌人后方出击后丢失根据地，没有采纳周恩来、张闻天、毛泽东、彭德怀等人的正确意见，要红军继续在苏区内部作战。

福建事变发生后，蒋介石也非常担心红军和福建人民政府的联合问题。11月29日，蒋介石专门研究了这个问题，结论是："闽逆欲与赤匪联合，以制中央，然赤匪未必急助闽逆也；赤匪知粤军不敢外出，故亦必不南移防粤，其将在闽北赣东间，以阻我对闽行动，而以消极助闽逆乎？故我军主

① 《彭德怀自传》，第191页。
② 伍修权：《我的历程》（1908—1949），第73页。

力，当在光泽、邵武、资溪间也。”显而易见，蒋介石从博古等过去对中间派别的方针判断出了中共对福建事变的基本态度。

然而，蒋介石还是不放心，于12月7日到抚州，发出“匪部向北迫进，其欲我军东移，或敢来攻共乎”的疑问。看来，蒋介石还是怕兵力派出镇压福建人民政府后，红军乘虚从其他地方发起进攻，支援第十九路军。

第十九路军当时有33个团，共7万人。另外，还有4万多人的地方武装，也归第十九路军指挥。如果红军能够出兵支援第十九路军，将使与国民党军对抗的力量倍增，不但可以消灭国民党军一部有生力量，迫使其停止“围剿”中央苏区的行动，而且可以推动全国抗日救亡运动的发展。由于第十九路没有得到红军的支援，蒋介石放心大胆地派重兵进兵福建。在蒋介石军事“讨伐”和政治分化之下，再加上领导者本身失误等原因，第十九路军很快被蒋介石的军队击败，福建人民政府于1934年1月宣告解体。

当历史机遇出现时，必须抓住。机不可失，失不再来。以博古为首的中共临时中央，在转瞬即逝的历史机遇关头，死抱着关门主义的方针，没有在军事上给予第十九路军的反蒋斗争以直接有力的配合，错失与国民党内抗日反蒋派结成联盟的机会，也就错失借助这次事变粉碎第五次“围剿”的良机。对此，朱德后来在回忆中仍然痛心不已，说：

当蔡廷锴暴动的时候，应该用全力去打击闽浙赣边。敌如果一来，就会陷死在里面，有进无出，饿也会饿死。当时在闽浙赣边的中央军相当空虚，他们又焦急，如果去打，可以消灭他几个师，而且牵掣了敌人，可以使福建至少能支持半年。结果只以一个七军团去打，力量少小，当然没有牵掣得着。李德当了军委会顾问，一切我们都没法反对他。我们当那时，却想休息[解除]疲乏，就没有进行。就是同十九路军挨近些打也好些。就是失败了，也不会让十九路军被缴了枪。在五次反“围剿”中最大的关键就在这里，实在太可惜了。①

广昌保卫战失利

1934年1月中旬，在博古主持下，中共六届五中全会在瑞金召开。博古

① 中共中央文献研究室编：《朱德传》（修订本），中央文献出版社2006年版，第376—377页。

在会上作了《目前的形势与党的任务》的报告，把“左”倾教条主义错误发展到了顶点。由于周恩来、朱德在前方作战中总是对博古、李德的瞎指挥提出质疑，要求给他们在相当范围内的“部署与命令全权，免致误事失机”①，触怒李德，全会根据李德的建议，取消中国工农红军总司令部和红一方面军的名义和组织，将原“前方总部”撤回后方，并入中革军委机关，所属部队再次改称中央红军，由中革军委直接指挥。2月3日，中革军委进行局部调整，朱德仍任主席，周恩来、王稼祥任副主席。实际上指挥权在博古、李德手中。更确切地说，是取消军委的集体领导，由李德包办，周恩来、朱德甭说参与决策了，连指挥权也没有了。

蒋介石在镇压了第十九路军后，即重新集中兵力从东、西、北三面向中央苏区中心区逐步推进，同时命令粤军在南面对红军实行防堵。从此，中央苏区第五次反“围剿”进入最困难时期，红军作战接连失利，根据地日益缩小。

1934年3月下旬，蒋介石开始谋划向广昌发动进攻。26日，蒋介石在日记中写道：“匪谋于下月初，仍回伏广昌附近乎？”次日，蒋介石决定：“赣西剿匪部队，应重新部署。”30日，蒋介石表示：“本月份剿匪，只达到泰宁、白舍、善和与龙岩之大池，而未能如预计，占领广昌、建宁、兴国、汀州，下月应继续努力，预于五月中旬，能完成此预定工作。”

4月初，蒋介石命令北路军、东路军协力进攻广昌、建宁；南路军攻取筠门岭，向会昌推进。北路军总司令顾祝同按照蒋介石的命令，集中11个师的兵力，由陈诚统一指挥，首先向广昌发起进攻。

广昌位于盱江西岸，是中央苏区的北部门户，属于博古、李德死保的地方。为守住广昌不能丢，中革军委煞费苦心，早在1933年10月即命令红九军团第三师第七团在该地区构筑防御工事；11月23日，又命令红九军团第十四师移至白舍圩地区，整顿完成广昌工事第三阶段的任务，并令江西独立营移至广昌，构筑第四阶段的工事。12月13日，中革军委再次要求加强广昌地区的防御工事，准备在该地区同敌人进行“决战”。1934年4月上旬，中革军委命令红一、红三军团和红五军团第十二师，从福建建宁地区迅速回师江西，会同新从龙冈地区调来的红二十三师、原在广昌地区的红

① 中共中央文献研究室编:《朱德年谱》(上),中央文献出版社2006年版,第361页。

九军团，达到了九个师的兵力，进行广昌保卫战。同时，为了加强指挥，成立了临时司令部，朱德兼任司令员，博古亲自兼任政治委员。

广昌保卫战，是集中体现李德作战理念的一战，采取集中对集中、堡垒对堡垒、阵地对阵地和“短促突击”的所谓“正规战争”，期望此战能够取得决定性胜利。据李德回忆：“军事委员会的一个领导小组出发到广昌，小组成员有朱德、博古、政治部的副主任和我。我们此行的目的，是使我军在战役的最后阶段能够更好地协同作战。”①这说明，李德是这场战役的指挥者。

4月10日，国民党军队开始向广昌发动进攻。参加保卫战的红一、红三、红九军团和红五军团第十三师及红二十三师英勇作战，坚守阵地，付出了很大牺牲。4月27日，国民党军队集中10个师的兵力，在飞机、大炮的支援下会攻广昌。红军各部队依托阵地，打退敌军多次进攻，并实施“短促突击”战术，但未能摆脱被动局面。博古、李德被迫放弃坚守广昌的计划，命令红军撤离广昌。4月28日，红军退出广昌。

广昌保卫战是红军历史上最典型的阵地战、消耗战，使红军遭受重大伤亡。在历时18天的战斗中，红军毙伤俘敌2600余人，而自身伤亡高达5000余人，约占参战人数的五分之一。其中，红三军团伤亡2700余人，约占全军团总人数的四分之一。这对以后红军的作战，造成了极为不利的影响。

广昌保卫战的结果如此糟糕，是李德作战理念的彻底破产。那么李德是怎么辩解的呢？他的理由有二：一是参加作战的红军各军团不协同，总是让红三军团单独作战；二是没有按照他过去下的指示去做，红军构筑的防御工事太马虎，“既不能抵御飞机轰炸，也不能抵御大炮射击”②。

李德的辩解是苍白无力的，广昌保卫战，是在一个不利于坚守的地方采取了错误的坚守策略和错误的战术，打的一场错误的战役，不惨败才怪呢！

在广昌战役中损失最严重的红三军团的总指挥彭德怀在回忆中谈到此战时，仍然充满对“左”倾教条主义者博古、李德的愤怒之情：

① （德）奥托·布劳恩：《中国纪事》，第84页。
② （德）奥托·布劳恩：《中国纪事》，第85页。

三四月间，敌集中大量兵力进攻广昌。方面军前方司令部撤回瑞金，另组临时司令部。博古为政委，实际上是李德为总司令，亲上前线，指挥坚守广昌。我再三说广昌是不能固守的，必须估计敌军技术装备。他们不相信，而相信他们自己构筑的永久工事。我说，在自己没有飞机大炮轰击的情况下，就算是比较坚固的野战工事，在今天敌军的装备下，是不起作用的。如果固守广昌，少则两天，多则三天，三军团一万二千人，将全部毁灭，广昌也就失守了。广昌没有城墙，他们要派一个团做半永久工事。我说，采取机动防御，派一个加强连约二百人进占工事，吸引敌军进攻；我主力控制于城西南十里之山地，隐蔽集结，待敌进攻我守备阵地时，则相机突击敌外侧一点，求得消灭敌之一部。绘了配备图，做了作战计划，总算得到了这位外国顾问同意了。

进攻广昌之敌七个师，一个炮兵旅轰击，每天约三四十架次飞机配合，拖着乌龟壳（堡垒）步步为营前进。前进一次只一千至二千米；在其火力完全控制之下，站稳了脚跟，先做好了野战工事，配备好火力，再进第二步；每次六七架飞机轮番轰炸。从上午八九时开始至下午四时许，所谓永久工事被轰平了。激战一天，我军突击几次均未成功，伤亡近千人。在李德所谓永久工事里担任守备的营，全部壮烈牺牲，一个也未出来。……过去我们作战，就是突然袭击，坚决勇敢，灵活机动。丢掉自己的长处，现在来死拼硬打，当然吃亏。

当日约八时以后，战斗停止时，博古来电话，说李德、博古约我和杨尚昆去谈谈，他们明天回瑞金去。见面时李德还是谈他那一套，如何进行短促突击，如何组织火力。我说，怎样去组织火力点？根本没有子弹！在敌碉堡密布下，进行短促突击，十次就有十次失败。几乎没有一次是成功的。我尽情地、毫无保留地讲了自己的意见，大胆地准备个人的不幸，说，你们的作战指挥从开始就是错误的。讲了四次“围剿”被我军粉碎以后，就没有打过一次好仗……如果不是红军高度自觉，一、三军团早就被你送掉了。我还说，这次广昌战斗你们看到了吧！这种主观主义，是图上作业的战术家。中央苏区从一九二七年开创到现在快八年了，一、三军团活动到现在，也是六年了，可见创建根据地之不易。“崽卖爷田心不痛”，被送掉。

这段话是伍修权同志翻译的，李德没有发火。我知道没有全翻，如果全翻了，哪有不发火的道理呢？我请杨尚昆同志重翻了。这时李德咆哮起来：“封建！封建！”他跳我高兴。他继续骂我，说是因为撤掉我的革命军事委员会副主席不满意（撤职是事实，但不知为什么）。我说，根本没想那些事，现在是究竟怎样才能战胜敌人，这是主要的。我骂了他下流无耻，鄙视了他。那次，我把那套旧军衣背在包里，准备随他到瑞金去，受公审，开除党籍，杀头，都准备了，无所顾虑了。①

读着这几段文字，能深深地感觉到，作为中央苏区的重要创建者之一，彭德怀看到在李德瞎指挥下，红军连连受挫，苏区日益缩小，心里忍受许久的怒火，终于在广昌保卫战失利后，不顾一切地喷发出来了。他把李德比作卖掉祖辈田产的“败家子”，那是再形象不过了。

那么，李德为什么没有像对萧劲光那样，来一个公审、判刑、关押呢？恐怕彭德怀杰出的军事才能是重要原因。李德曾这样说过：“在军团总指挥中，最有特色的是彭德怀。他自从1928年带着他的部队参加红军以来，一直支持毛，把毛看成是革命军队的当然领导人。但这并不是说，事事他都同意。他在政治上和军事上同样都很积极，只要他认为必须批评的，就总是直言不讳。他爽直、严厉，既反对损失浩大的阵地战，也反对分散的游击行动。惟独他的军团由三个师组成，人数上是最强大的军团，正规战训练方面也是最好的军团，因此他通常总是被派去承担最艰苦的任务。他曾多次陷入险境，但又一次次化险为夷，突破难关。”②

其实，应该还有一个原因，那就是李德亲自指挥的广昌保卫战失利了，理屈，彭德怀骂了他，他也找不出理由惩处彭德怀，忍忍算了。

酝酿红军主力进行战略转移

广昌保卫战，表明李德的招数使尽了，面对国民党军新的进攻怎么办？中共中央和中革军委于5月开会，就广昌战役对第五次反“围剿”中的战略战术重新作了检验。毛泽东尖锐地批评了博古、李德，称广昌战役是个

① 《彭德怀自传》，第196—198页。

② （德）奥托·布劳恩：《中国纪事》，第73页。

“灾难”，毫无战绩，指出他们的军事指挥错误在于消极防御、分散兵力、采取堡垒主义的战术、没有胜利把握就轻率作出作战决定。就连支持过“左”倾错误主张的张闻天，也对博古、李德的指挥产生了怀疑。张闻天批评“广昌战斗同敌人死拼，遭受不应有的损失，是不对的。”博古反唇相讥，说张闻天是“普列汉诺夫反对一九〇五年俄国工人武装暴动的机会主义思想。”[①]这是张闻天同博古发生的第一次公开的激烈的冲突。从这时起，张闻天同博古的矛盾加深了。张闻天在这次会上还批评博古过于重用李德，指出我们中国的事情，不能完全依靠李德，我们自己要有点主意。会议休息期间，张闻天又对伍修权说，李德的打法不可能取得胜利。会后，李德还曾通过博古给张闻天带话，说你们都是从莫斯科回来的，中国的事情还是由莫斯科回来的同志办，你们之间应该消除前嫌，很好地合作[②]。

李德在回忆中说，他在会上表示：“在敌人坚持堡垒战的条件下，要在苏区内取得决定性胜利是没有希望的；因此，我们必须采取以主力部队突围的方针，以便重新获得广阔的作战区域并为此作好一切必要的准备。同时我们应该在中央苏区以外，例如由第六军团在湖南、由第七军团在福建开辟新的战线，在敌人后方通过威胁敌人与后方的联络来牵制和引开敌人。最后我建议，我们甚至可以丢掉一部分土地，让向前推进的敌人有‘更大的空隙’，使我军能较为灵活地给敌人以突然打击。独立部队和地方部队根据主力撤离的程度，必须在敌人主要战线上牵制和骚扰敌人，也可以采取这个方针。”[③]

李德的这段回忆，是在历史尘埃已经落定数十年后写的，其中掩饰自己错误的成分肯定是有的。但有两点是真实的：其一，第五次反“围剿”是没有胜利的希望了，红军主力要进行战略转移。伍修权曾在回忆中说：“一九三四年春，李德就曾同博古说，要准备作一次战略大转移。”[④]可以说，李德是第三次提出红军撤出中央苏区，进行战略转移的始作俑者。其

① 吴德坤主编：《遵义会议资料汇编》，中央文献出版社 2009 年版，第 87 页。

② 张培森主编：《张闻天年谱》（1900—1941）（上卷），中共党史出版社 2000 年版，第 160 页。

③ （德）奥托·布劳恩：《中国纪事》，第 86 页。

④ 伍修权：《我的历程》（1908—1949），第 75 页。

二，派红七军团到福建和派红六军团到湖南中部，开辟新的战线。

中共中央将会议讨论的结果经远东局报告共产国际。1934年6月2日，远东局书记埃韦特向共产国际执行委员会政治书记处书记、主席团委员皮亚特尼茨基报告：

中央苏区的危险形势。军事形势和与此相联系的所有其他问题，在最近几个月大大尖锐化了，没有希望在最近争取到有利于我们的根本改变。此外，还存在这样的危险：秋天敌人会全力从四面猛攻我们已经大大缩小了的中央苏区，放弃以前的缓慢推进、挖通道和修碉堡的战术。换句话说，将开始进行集中而迅速的打击。

关于事态发展，您已经收到大量关于军事问题的电报，其中最重要和最近的电报，我再次附上。我也附上[中共]中央的防御计划，这个计划已通过另外一个渠道电告了您。[中共]中央最近的电报将在6月初寄给您，在这份电报的结尾，他们征询您的建议和决定。我不想在这里重复，而只对中央提出的两种可能性作一些评论。

1. 从起草[中共]中央报告时起，形势又发生了对我们更加不利的变化，特别是由于广昌和建宁的失陷以及敌主要兵团的进一步推进。此外，由于不间断的战斗和不充足的战利品，我们的弹药储备大大减少了。我们的损失巨大。开小差现象在增加。

2. 敌军的大量集中和不断挖通道和防御工事（如果敌人在同我们的斗争中将继续取得成绩的话），使中央一号建议难以实施。中央一号建议是：“留在中央苏区，转入游击战，将其作为我们斗争的最重要方法。”当然，把我们的基本力量分成小的游击小组，可以在许多据点、许多地方长时间给敌人制造麻烦，但仅仅这样做决不能有效地保卫中央苏区。

3. [中共]中央说：“否则我们只有保卫中央苏区到最后，同时准备将我们的主力撤到另一个战场……”

4. 我个人认为，不应把[中共]中央指出的两种可能性截然对立起来。4军团（应为红四方面军——引者）1932年在预先未作计划的情况下向四川采取的远征行动表明，除了游击兵团，我们主力的一部分，应该留在老的地区，以防止敌人在我方没有任何抵抗的情况下全面而神速地占领这些地区。这一部分军队不应人数很多，否则我们没有足够的力量在[中共]中央电报中规定的方向顺利进行突破。在这个方向上，我们的基本力量，只有在实行保卫的各种可能性都用尽之后并且在保存着我们大部分有生力量的情况下才应使用。

虽然敌人从4军团1932年的远征时期学会了许多东西，虽然他们有比1932年更加强大的、我们必须克服的防线（赣江、湘赣边界和湖南湘江一线），虽然敌人在采取行动之初会拥有比1932年多得多的军队来组织追击，但对于我们的进一步推进来说反正都一样，恐怕我们也没有别的选择。如果我们成功地进行了突破，那长江还会长时间成为我们同4军团建立有效联系的很大障碍，而同正在转移的贺龙2军团取得联系，进而建立新的苏区，将是完全能够实现的。①

这个报告说明，中共中央当时向共产国际提供两个方案：一是红军留在中央苏区，坚持打游击；二是将红军主力撤离中央苏区，进行战略转移。埃韦特倾向于第二个方案，并认为转移到湘西北同红二军团取得联系，建立新苏区，是比较可行的。

在远东局内部，对于中央红军主力是否需要转移问题意见是不一致的。远东局委员赖安虽然也认为："中央红军蒙受的一系列惨重的军事挫折和损失，以及因此中央苏区根据地的缩小，可以推测，如果中国其他地区的军政形势以及国际因素不会导致发生'出人预料的'重大冲突，以后几个月在阶级力量对比和政治重新组合方面也不会导致发生重要变化的话，那么在最近的将来，可能是秋天，中央苏区红军的主要力量将不得不放弃江西、寻找出路和在湘川方向寻找发展苏维埃运动的新的地区。"但他把中央苏区军事上出现一系列挫折的情况归结于埃韦特等人"从去年12月起，一方面阐发了关于本阶段在中央苏区不可避免地要决战的失败主义'理论'，而另一方面与此相联系，仍在考虑红军能否'坚持'到春季或夏季，而现在是到秋季的问题。"认为这种观点是"失败主义和投降主义"，导致了"国统区在开展保卫和积极支援红军和中央苏区及争取苏维埃革命

① 《埃韦特给皮亚特尼茨基的报告》（1934年6月2日于上海），中共中央党史研究室第一研究部译：《共产国际、联共（布）与中国革命档案资料丛书·联共（布）、共产国际与中国苏维埃运动》（1931—1937）第14卷，中共党史出版社2007年版，第127—129页。

在一省或几省取得发展和胜利的群众性革命运动”的“组织和领导工作的削弱”。①因此，赖安的主导思想不是中央红军主力作战略转移准备问题，而是中共应该竭尽全力做好国民党统治区的群众支援红军的工作，力求使政治形势发生变化，为中央红军反“围剿”斗争提供有利的外部条件。

赖安的意见忽视了博古、李德的军事指挥错误，过分强调了白区人民群众的斗争对中央苏区反“围剿”的支援作用，无疑是脱离实际的。

6月16日，共产国际执行委员会政治书记处政治委员会给埃韦特和中共中央回电：

1. 我们完全赞成你们目前根据对形势的正确评价而实行的计划。争取中央苏区的前途，是与外部地区、在交通线上和在靠近敌人设防地区的后方广泛开展游击战密切联系在一起的。不这样大规模地开展游击运动，在苏区内，机动能力非常有限的军队的处境，到今年秋季敌人发动新的攻势，作出最后努力来突破苏区的防线时，就会发生危机。但是在夏季，红军若竭尽全力，是能够采取主动把业已形成的不利形势改变为有利的。为此，必须完成两项任务：（1）为防备部队不得不离开，要规定加强在赣江西岸的基地，同这些地区建立固定的作战联系，成立运粮队和为红军建立粮食储备等；（2）现在就用自己的一部分部队经福建向东北方向发起战役，以期最后这些部队成为将来闽浙皖赣边区苏区的骨干力量。现在四省边境地区就有可观的游击行动和第10军的核心力量。这次战役，威胁蒋介石的主要基地和交通线，对保存中央苏区和便于其余部队向湖南方向撤离（如果我们不得不这样做的话），都具有很大的意义。因此，扩大从福鼎到鄱阳湖的游击区，是在中央苏区军队面前可能出现的任何选择中的最重要任务。

2. [即使]考虑到目前的战线防御有暂时被削弱的风险，我们还是建议随第7军之后再投入三个师，它们绕开敌人战线行进，如沿着经过尤溪的中心线前进，然后向北，以便深入敌后以果断的行动切断现在从沙县、建宁扇形地区进攻中央苏区的敌集团军的交通线。在7、8月间，这个军团独立

① 《赖安给哈迪的信》（1934年6月4日于上海），中共中央党史研究室第一研究部译：《共产国际、联共（布）与中国革命档案资料丛书·联共（布）、共产国际与中国苏维埃运动》（1931—1937）第14卷，第132、134、135页。

作战时，不要去占领敌人的堡垒，可以同第10军和北面的游击队一起给敌人的整个战线造成这样的威胁，使敌人不先尝试消除这个新的威胁，就不能下决心投放力量进攻中央苏区。

3. 归根到底，即使秋季战斗结局不利，我们在中国东南部还有三个主力作战集团：（1）由7、3、10军团组成的、在目前的中央地区东北活动的集团军；（2）留在中央苏区进行游击战的集团军；（3）在湘赣边境上的西部集团军，这个集团军将包括撤到那里的中央苏区部队，还有6军团等。

4. 动员新的补充人员的过程证明，中央苏区的资源还没有枯竭。红军作战部队的抵抗能力、后方的情绪等，还没有引起人们的担心。如果说主力部队可能需要暂时撤离中央苏区，为其作准备是适宜的，那么这样做也只是为了撤出有生力量，使之免受打击。①

共产国际这个指示，虽然同意中共中央、远东局关于国民党军队秋季会对中央苏区发动总攻击的判断，但总的倾向是认为中央苏区还存在打破国民党军“围剿”的希望，即红军在夏季采取新的举措，放手一搏，还是能够扭转局势的。这个新举措就是不仅派红七军团由福建北上，而且还要派红三军团北上，与闽浙赣的红十军一起，在毗邻中央苏区东北部的地区开辟作战区域，迫使国民党军调集部队首先对付他们，从而减轻中央苏区的军事压力。在采取新举措时，从最坏的结果打算，可以做一些战略转移的准备，如储备粮食等。不过，共产国际这个指示中，中央红军战略转移的目的地应该是湘赣苏区，而不是埃韦特提出的到湘西北地区。共产国际设想的是，这样做，就算中央苏区第五次反“围剿”失利了，中央红军主力转移到湘赣苏区后，中国的东南部还存在东、中、西三大主力作战集团，前景还不是很差的。

应该说，共产国际的指示在思路上还是有可取之处。然而，博古、李德有自己的想法，没有完全去照共产国际这个指示去做，当然也不可能出现共产国际设想那样的结果。

---

① 《共产国际执行委员会政治书记处政治委员会给埃韦特和中共中央的电报》（1934年6月16日），中共中央党史研究室第一研究部译：《共产国际、联共（布）与中国革命档案资料丛书·联共（布）、共产国际与中国苏维埃运动》（1931—1937）第14卷，第143—144页。

五、战略转移前的准备和布局

红七军团北上与红六军团西征

1934年6月下旬，中共中央政治局在瑞金召开扩大会议，根据共产国际的指示电，讨论中央红军的作战新方针问题。毛泽东在会上提出，在内线作战陷于不利的状况下，中央红军应该转移到外线作战。关于向外线转移的方向，毛泽东提出中央红军已不宜向东，可以往西。①毛泽东这个主张没有被会议接受。会议决定派红七军团以抗日先遣队北上，派红六军团撤离湘赣根据地到湖南中部。这显然是接受了李德的主张。

为贯彻中央政治局扩大会议精神，中共中央、中华苏维埃共和国中央政府、中革军委于1934年7月初发布《关于派红七军团以抗日先遣队名义向闽浙挺进的作战训令》。《训令》指出：“中央及中革军委决定派七军团长期的到福建、浙江去行动”，任务是：“甲、最高度的在福建、浙江发展游击战争，创造游击区域，一直到在福建、浙江、江西、安徽诸地界建立新的苏维埃的根据地。乙、最高度的开展福建、浙江的反日运动。丙、消灭敌人后方的单个部队，特别是在福建及浙赣边境上的单个部队。丁、深入到敌人远后方去，经过闽江流域，一直到杭江铁路及安徽的南部，以吸引蒋敌将其兵力从中央苏区调回一部到其后方去。”②

7月5日，中共中央又发布了《关于开辟浙皖闽赣边新苏区给红七军团的政治训令》，明确指出：“党中央与军委决定派遣七军团到敌人的深远后方，进行广大的游击活动，与在敌人最受威胁的地区，建立新的苏维埃根据地。七军团应在中国工农红军抗日先遣队的旗帜之下，经过福建而到浙

① 中共中央文献研究室编：《毛泽东传》（1893—1949）（上），中央文献出版社1996年版，第327页。

② 《中共中央、中央政府、中革军委关于派红七军团以抗日先遣队名义向闽浙挺进的作战训令》（1934年7月），中国人民解放军历史资料丛书编审委员会：《红军长征·文献》，解放军出版社1995年版，第4页。

皖赣边行动”。认为“蒋介石在福建腹地的兵力是极端的薄弱，并且在这里曾经有过几次小的士兵的背叛与骚动，浙江及浙皖赣边是敌人兵力分布的薄弱部并且是他在战略上最受威胁的部分之一。红军主力部队之一部在福建与浙江的长期的行动，将推动这些区域中的民族革命斗争及土地革命更趋尖锐与更迅速更广大的发展，而在浙皖赣闽边创立大块的巩固的苏区，则对于中国苏维埃运动今后的发展有着极重大的战略上的意义。”《政治训令》表示：“派遣七军团长期的到福建、浙江去的行动，无疑的，暂时的会减弱我们直接捍卫苏区的力量，但是七军团在那里的积极行动，闽浙的反日民族解放运动及土地革命的发展，敌人在该地区单个部队之消灭，以及浙皖闽赣边新苏区之建立，将给敌人的后方以最大的威胁，不能不促[使]敌人进行战略与作战上部署的变更，这种变更将有利于我们捍卫中央苏区的斗争，并给整个苏维埃运动将来的发展定下良好的基础。”①

从两个训令给红七军团所要达到的目标和任务看，与6月16日共产国际的指示是相符合的。但是，中共中央、中革军委在派出主力部队问题上打了折扣，即没有派出战斗力最强的红三军团从福建北上。

红七军团出征时，只辖第十九师、第二十师，原兵力仅4000余人，突击补充2000名新战士，兵力才达6000余人，主要是原闽浙赣苏区红十一军和闽北独立师、邵光独立团等地方武装编成。全军团仅有长短枪1200余支，一部分轻重机枪和六门迫击炮，许多战士仍然背着大刀，扛着梭镖。领导成员为：中共中央代表曾洪易，军团长寻淮洲，政治委员乐少华，参谋长粟裕，政治部主任刘英。随红七军团行动的中央代表曾洪易，负有“领导党的工作、反日运动和游击战争”②的责任。此人在1931年7月被六届四中全会后的中央派到闽浙赣苏区任中央代表，忠实执行“左”倾教条主义方针，排斥方志敏等的正确领导，致使红十军未能打破国民党军队的“围剿”，苏区大部分被敌人占领。他还搞“肃反”扩大化，杀害苏区一大批党政军骨干，

---

① 《中共中央关于开辟浙皖闽赣边新苏区给红七军团的政治训令》（1934 年 7 月 5 日），中国人民解放军历史资料丛书编审委员会：《红军长征·文献》，第 6、7 页。

② 《中共中央、中央政府、中革军委关于派红七军团以抗日先遣队名义向闽浙挺进的作战训令》（1934 年 7 月），中国人民解放军历史资料丛书编审委员会：《红军长征·文献》，第 5 页。

造成了严重的危害。1932年12月兼任闽浙赣省军区政治委员，1933年春任中共闽浙赣省委书记。1934年调任中共福建省委书记。在红七军团北上途中，曾洪易听不进不同意见，又无作战决心，对部队采取不负责任的态度，甚至到处宣布悲观失望论调，致使红七军团在北上行动中损失严重。

红三军团在1933年5月，也就是第四反“围剿”胜利后不久，下辖第四、第五、第六师，兵力达23896人。此后虽连续苦战，兵员大减，这时尚有1.5万人左右。领导成员为：总指挥彭德怀，政治委员杨尚昆，参谋长邓萍，政治部主任袁国平。比较起来，无论是领导班子、师团级干部还是兵力，红三军团都胜过红七军团甚远。

由于博古、李德在执行共产国际新指示时打了很大折扣，共产国际设计的红七、红三军团和红十军形成中央苏区东北部作战集团的计划就落了空，因而也就无法牵制更多敌人，达到减轻中央苏区的军事压力的战略目的。

红七军团派出不久，7月23日，中共中央、中革军委又发出《关于红六军团向湖南中部转移给红六军团及湘赣军区的训令》，指令：“六军团离开现在的湘赣苏区转移到湖南中部区发展广大游击战争，及创立新的苏区。”①

中共中央、中革军委认为，湖南是中央苏区和川陕苏区将来发展的联系的枢纽，虽有发展的良好条件，但是红军的力量薄弱，游击战争没有广泛地开展起来，需要加强力量；同时，作为中央苏区反“围剿”辅助方向的湘赣苏区，虽然在牵制和吸引敌人方面起了一定作用，但本身也很困难，红六军团继续留在这里，将有被敌人层层封锁和紧缩包围的危险。基于这样的考虑，中共中央、中革军委派红六军团到湖南中部去。

中共中央、中革军委派红六军团到湖南中部去的战略设想有三层：其一是通过积极的行动，消灭敌人单个的部队，广泛开展游击战争与土地革命，直至创立新苏区，给湖南国民党军以致命的威胁，迫使其不得不在战略上及作战上调整部署，从而起到打破湘敌紧缩湘赣苏区的计划和辅助中央苏区反“围剿”斗争的作用；其二是在上述斗争中迅速扩大红六军团

① 《中共中央、中革军委关于红六军团向湖南中部转移给红六军团及湘赣军区的训令》（1934年7月23日），中国人民解放军历史资料丛书编审委员会：《红军长征·文献》，第13页。

的有生力量；其三是进一步组织和发展湖南群众革命斗争，建立新的大片苏区，确立与红二军团的可靠联系，为将来中央苏区和川陕苏区的联结创造条件。①

共产国际是希望中央红军主力在反“围剿”失利的情况下，转移到湘赣苏区与红六军团一起，形成一个西部作战集团。中共中央、中革军委把派红六军团到湘中举措，使共产国际新指示的又一重要设想落空。

鉴于中共中央派红七军团北上和红六军团西征，出发点都是为了创造新的苏区，调动“围剿”中央苏区的国民党军队，迫使其重新部署，减轻中央苏区反“围剿”的军事压力，共产国际没有表示不同意见。

共产国际不仅对中央苏区采取新的反“围剿”方针抱有很大希望，而且还试图通过一些途径向中央苏区提供弹药和药品，以提高红军的战斗力。继1934年6月16日共产国际发出指示电后，又于第二天电告中共中央，表示：“在最近的电报中，我们建议发动福建战役，将其作为预防和吸引开敌人，进而便于保存苏区或从那里撤离（如果不可避免这样做的话）的措施。随着部分部队返回东部，我们也考虑通过中国东南部和通过长江同红军保持联系的问题。一方面可以通福鼎，也可以通过湖口、彭泽（鄱阳湖北面的港口）以隐蔽的方式从外面提供弹药和药品。”要求“从苏区和从上海经意大利公司和其他外国公司或者军阀代表处寻找联络途径，以便通过最经济和最可靠的途径购买和提供弹药。”询问“你们能否为此建立自己的隐蔽的中介公司？请尝试通过这些公司出售四川红军有的商品，为中央苏区换取武器。”②在共产国际看来，一部分红军主力派到福建之后，突破了国民党军的封锁，通过某些港口向红军提供弹药和药品变成为可能。这种想法是很好的，但能否成为现实，还要符合实际。

8月29日，共产国际执行委员会政治书记处政治委员会在作出的关于

① 《中共中央、中革军委关于红六军团向湖南中部转移给红六军团及湘赣军区的训令》（1934年7月23日），中国人民解放军历史资料丛书编审委员会：《红军长征·文献》，第13页。

② 《共产国际执行委员会政治书记处政治委员会给中共中央的电报》（1934年6月17日于莫斯科），中共中央党史研究室第一研究部译：《共产国际、联共（布）与中国革命档案资料丛书·联共（布）、共产国际与中国苏维埃运动》（1931—1937）第14卷，第146页。

中国工作的决议中，向中央苏区提供武器弹药和药品成为头号内容。决议“建议中共中央在华南的一个港口建立一个不大的，但有工作能力的采购和向苏区运送武器、弹药和药品的机构。”①并决定物色一位合适的外国人协助这项工作，责成王明、弗雷德、皮亚特尼茨基考察有关人选。9月4日，共产国际执行委员会政治书记处政治委员会致电中共中央，通知8月29日决议的内容，要求中共中央告诉“在什么地方和如何组织这项工作最合适。”②9月19日，中共中央复电共产国际：“最合适的港口是香港或澳门，我们将派两位同志到那里建立机构。”③

这时，中央苏区已开始紧锣密鼓地准备战略转移，在香港或澳门建立采购和向中央苏区运送武器弹药的机构也就那么一说，没有下文了。

红七军团和红六军团相继派出之后，共产国际密切注视着中央苏区反“围剿”局势的发展。9月3日，赖安在给共产国际执行委员会东方书记处的信中，对中央苏区反“围剿”斗争的形势作了乐观的估计。赖安在信中说：“与大约在1934年月初敌人的大规模进攻战役基本上停止和暂时受到限制时的局势相比，现在的局势对中央苏区和红军更为有利。”“顺利保卫中央苏区和坚决粉碎第七次进攻（这里是指国民党军队对中央苏区第五次“围剿”的最后阶段——引者），以及夺回第六次‘围剿’中失去的部分苏维埃土地，扩大苏区和建立新的苏维埃根据地的可能性还是非常大的，而且这种可能性还会增大。”对红七军团和红六军团出征后的情况，赖安也作了不实的报告。赖安说：“红军有效地突破了敌人在中央苏区东南部和

① 《共产国际执行委员会政治书记处政治委员会关于中国工作的决议》（1934 年 8 月 29 日），中共中央党史研究室第一研究部译：《共产国际、联共（布）与中国革命档案资料丛书·联共（布）、共产国际与中国苏维埃运动》（1931—1937）第 14 卷，第 206 页。

② 《共产国际执行委员会政治书记处政治委员会给中共中央的电报》（1934 年 9 月 4 日），中共中央党史研究室第一研究部译：《共产国际、联共（布）与中国革命档案资料丛书·联共（布）、共产国际与中国苏维埃运动》（1931—1937）第 14 卷，第 234 页。

③ 《中共中央致共产国际执行委员会政治书记处政治委员会的电报》（1934 年 9 月 19 日于中央苏区），中共中央党史研究室第一研究部译：《共产国际、联共（布）与中国革命档案资料丛书·联共（布）、共产国际与中国苏维埃运动》（1931—1937）第 14 卷，第 252 页。

西部战线的包围，同时巩固和加强了自己的阵地，现在红军迫使敌人分散[自己的兵力]，并在一定程度上改变其在江西南部、湖南东南部、福建西部和北部的军事部署。当前红七军在浙江南部和红六军在湖南东南部顺利实施的战役，还要带来某种附加的战术上和阵地上的优势，这种优势在最近几个月内可能具有更大的意义，更不要说在浙江西南部、湖南东北部和中部可以建立新的苏区以及这个因素的意义了。”①

这时，红七军团尚在闽北苏区，正准备向浙西推进。红六军团在广西灌阳文市，准备抢渡湘江。两支红军部队出征后虽然打了一些胜仗，但吸引敌人兵力有限，中央苏区更加困难。9月上旬，各路国民党军加紧向中央苏区中心区发动进攻，苏区面积进一步缩小，苏区内人力、物力资源已经很匮乏，中央红军已无通过最后一搏扭转战局的可能，中共中央已开始加紧中央红军的战略转移的准备工作。赖安的不实报告，影响了共产国际对中央苏区形势的正确判断和对中央红军战略转移的果断决策。

仓促进行战略转移准备

早在广昌战役之后，中共中央和中革军委在提出两个方案报共产国际的同时，已经开始进行战略转移的准备了。李德在回忆中说：“突围的准备工作从1934年5月开始，此后一直是按计划进行的。”②

既然突围的准备工作从1934年5月就开始了，为什么战略转移的准备工作做得不充分呢？以笔者之见，是共产国际6月16日指示的原因。作为共产国际的支部，共产国际的指示中共中央不得不去执行。但是，反“围剿”的仗打下去，由于李德的战术已被证明是不行的，无法取胜。这一点，博古、李德也认识到，没有胜利的自信。因此，他们在执行共产国际的新指示时打了折扣，有很大的调整，是一种抱着试试看的态度，有投石问路的感觉。即把红七军团和红六军团派出后，看看情况怎么样。如果形势好转，就在

---

① 《赖安给共产国际执行委员会东方书记处的信》（1934年9月3日于上海），中共中央党史研究室第一研究部译：《共产国际、联共（布）与中国革命档案资料丛书·联共（布）、共产国际与中国苏维埃运动》（1931—1937）第14卷，第225、226页。

② （德）奥托·布劳恩：《中国纪事》，第89页。

中央苏区继续打下去。如果还是不行，那就加紧准备战略转移。因此，在此后的7月份至9月初，博古、李德对于战略转移是处于犹豫彷徨状态。针对国民党军的六路进攻，他们采取的是“分兵把口”、“处处设防”战术，形成“六路分兵”，节节抵抗的阵地战，期待红七军团和红六军团在东西两路取得较大战果，吸引国民党军的兵力转移，从而减轻中央苏区军事压力，扭转局面。因此，中央红军主力战略转移的准备进展缓慢。

进入9月上旬后，博古、李德看到派出两支部队后，中央苏区形势不但没有好转，反而日渐恶化，仓促准备战略转移，成立了最高“三人团”，成员是博古、李德、周恩来，分工是：博古政治上作主，李德军事上作主；周恩来负责督促军事准备计划。中央红军主力战略转移之前，“三人团”只开过两次会议，一次是在李德的“独立房子”，一次是在中央局。

实行战略转移，确定谁走谁留是必须的。时任中央组织局主任的李维汉回忆说：

一九三四年七、八月间，博古把我找去，指着地图说：现在中央红军要转移了，到湘西洪江建立新的根据地。你到江西省委、粤赣省委去传达这个精神，让省委作好转移的准备，提出带走和留下的干部名单，报中央组织局。……

长征前，干部的去留问题，不是由组织局决定的属于省委管的干部，由省委决定报中央；党中央机关、政府、部队、共青团、总工会等，由各单位的党团负责人和行政领导决定报中央。决定走的人再由组织局编队。中央政府党团书记是洛甫，总工会委员长是刘少奇、党团书记是陈云，这些单位的留人名单，是分别由他们决定的。部队留人由总政治部决定，如邓小平随军长征就是总政治部决定的。我负责管的是苏区中央局的人。中央局有组织局、秘书处、宣传部。组织局还管妇女工作。中央局的秘书长是王首道，当时机要工作是邓颖超管的，李坚真也搞机要工作，他们三人都是随军长征的。①

关于中华苏维埃共和国中央政府人员的去留问题，张闻天是这样说的：“他们（指‘三人团’——引者）规定了中央政府可以携带的中级干部

① 李维汉：《回忆与研究》（上），中共党史资料出版社1986年版，第343、345—346页。

数目字，我就提出了名单交他们批准。至于高级干部，则一律由最高‘三人团’决定。瞿秋白同志向我要求同走，我表示同情，曾向博古提出，博古反对。”[①]博古在六届三中全会后与王明积极反对“调和主义”，矛头是指向瞿秋白的，当然不喜欢他，不会带他一起走的。博古不仅不带瞿秋白走，最初也不想带毛泽东走。据伍修权回忆：“最初他们还打算连毛泽东同志也不带走，当时已将他排斥出中央领导核心，被弄到雩都去搞调查研究。后来，因为他是中华苏维埃执行委员会主席，在军队中享有很高威望，才被允许一起长征。”[②]

董必武、何叔衡、徐特立、谢觉哉、林伯渠是中央苏区年龄比较大的五个人，被称为“五老”。董必武和何叔衡都是中共一大代表，参与党的创立。俩人同在一个机关工作，听到中央红军主力准备转移的消息后，何叔衡问董必武是随军转移还是留在根据地工作，董必武表示：“如有可能，我愿意从军去。”何叔衡担心地问：“红军跑起路来飞快，你跑得么？”董必武答：“一天跑六十里毫无问题，八十里也勉强，跑一百里有点困难，这是我进根据地来时所经验过了的。”何叔衡告诉董必武：“我跑路要比你强一点，我准备了两双结实的草鞋，你有点准备没有呢？”董必武说：“你跑路当然比我强，我只准备了一双新草鞋，脚上著的一双有半新。”[③]结果是，能跑路的何叔衡被留了下来坚持斗争，后被敌人抓住，英勇牺牲。不能跑路的董必武，同徐特立、谢觉哉、林伯渠一起参加长征，经过千山万水，吃尽千辛万苦，走完了两万五千里，终于到达了陕北。长征结束后，董必武非常怀念何叔衡这位好同志、好战友、好朋友，称赞他情操高尚，“不怕任何困难，任何牺牲，准备为共产主义的事业而奋斗到底，准备随时在党的号召之下无条件地去工作”。“他的精神不死，现在有几十万几百万的人踏着他的血迹前进而纪念着他。他个人死了，他在千万人的心坎上活着。”[④]

为了统一领导留下的红二十四师及地方武装1.6万余人坚持斗争，中共中央决定成立中共苏区中央分局，成员有项英、瞿秋白、陈毅、陈潭秋、贺昌

---

① 吴德坤：《遵义会议资料汇编》，第 88 页。

② 伍修权：《我的历程》（1908—1949），第 77 页。

③ 董必武：《出发前》，《红军长征记》，解放军文艺出版社 2006 年版，第 1—2 页。

④ 董必武：《出发前》，《红军长征记》，第 2 页。

等，项英任书记。同时成立中央军区和中华苏维埃共和国中央政府办事处，项英为中央军区司令员兼政治委员，陈毅为办事处主任，梁柏台为副主任。

周恩来的高明布局

陈毅在中央苏区第五次反“围剿”中任西方军总指挥兼政治委员。8月下旬，在老营盘视察阵地时身负重伤，坐骨断了，体内有许多碎骨，痛得不能下床，住在红军医院里，又无法开刀。10月9日，陈毅给周恩来写信，谈了自己的现状。周恩来立刻下令卫生部长贺诚打开已经装箱的X光机和手术器械，派两个医生为陈毅做了手术。手术后的第二天，周恩来到医院看望陈毅。周恩来对他这位老战友说：我们就要出发转移了，中央决定你留下来坚持斗争。你有革命斗争的丰富经验，既有政治斗争经验，又有军事斗争经验。更可贵的是你有井冈山斗争的经验，有中央根据地几次反“围剿”的斗争经验。相信你一定能依靠群众，依靠党的领导，坚持到胜利。

陈毅此后伤好，无疑与周恩来的关心有很大关系。项英一到中央苏区就身居高位，缺乏游击战争的经验，而陈毅这方面却是长处。无论是井冈山根据地，还是赣南、闽西根据地，陈毅都是主要创建者之一，并是中央苏区反“围剿”独当一面的红军高级将领。他经过手术伤势逐渐好转后，对于辅助项英转变斗争方式，坚持游击战争产生了重要作用。

周恩来的大智慧和目光深远，在中央红军战略转移布局上，还表现在另一件事。还在广昌保卫战正在进行的时候，博古、李德上前线去了，周恩来负责留守瑞金。中共鄂豫皖省委派成仿吾到中央汇报工作，要求派军事干部到那里去。周恩来决定派正在红军大学学习的红二十二师师长程子华去。5月的一天，周恩来召见程子华，就鄂豫皖苏区形势和红军行动问题作了指示。程子华后来回忆道：

周副主席说：当前在鄂豫皖地区，敌占绝对优势。敌人用碉堡、封锁线，把我根据地不断压缩并分割成几小块。敌人有驻“剿”和追“剿”部队，对我交替攻击、堵击、追击。我们的根据地缩小了。红军不断伤亡，难以得到补充，也变小了。根据地发生了人力、物力的严重困难。他指出：这样的情况发展下去，如果红军得不到人力、物力的补充，继续削弱，以至被消灭，那么根据地也就没有了。出路是什么呢？他说：中央决定了，红军主力要作战略转移，去建立新根据地。这样，部队就能得到发展，同时也就能把敌军主力吸引走，减轻鄂豫皖根据地的压力。根据地的敌军减少了，留下的部分武装就能长期坚持，也就能够保存老根据地。

……他说：根据地要选择在敌人力量较为薄弱的地方；我党在群众中有较大的革命影响，或者是那里的群众容易争取；要具备便于我军作战、防御的地形和较丰足的粮食及其他物质条件。①

在周恩来召见后，程子华稍事准备，在交通员的带领下，取道福建上杭县的才溪、古田，昼伏夜行，进入广东境内。8月初，由汕头乘船到上海，再由中共鄂豫皖省委交通员石健民带领，经武汉乘火车到河南信阳柳林，在一个群众家里住了一个星期，然后步行去中共鄂东北道委驻地、河南罗山县境的卡房。8月下旬，程子华于卡房见到了中共鄂东北道委书记郑位三，以及在道委机关工作的程坦、刘华清。程子华到鄂豫皖苏区，加快了红二十五军进行战略转移的步伐。

程子华从5月出发，8月下旬到达鄂豫皖苏区腹地，期间辗转数月。而这时，中央苏区主力红军的战略转移正在加紧进行。不能不佩服，周恩来作为中国共产党的军事家、战略家，抓住了博古、李德不在瑞金的短暂时间，布下了高明的一招棋——红二十五军战略转移。这步棋在整个红军长征的棋局发挥了极其重要的作用。

共产国际批准红军主力战略转移

在仓促进行人力物力准备之后，博古于1934年9月17日致电共产国际执行委员会，报告："[中共]中央和革命军事委员会根据我们的总计划决定从10月初集中力量在江西的西南部对广东的力量实施进攻战役。最终目的是向湖南南部和湘桂两省的边境地区撤退。全部准备将于10月1日前完成，我们的力量将在这之前转移并部署在计划实施战役的地方。我们期待……

① 程子华：《为党掌握武装而斗争——回忆在周总理教诲下走过的胜利历程》，《红旗》1978年第6期。

这里不晚于9月底作出最后决定。”①

由于当时中央苏区正同广东军阀陈济棠谈判，博古的电报说要对广东国民党军实施进攻战役，这使中共驻共产国际代表团搞不清是什么意图，9月28日，王明和康生致电中共中央，说：“我们不明白，你们为什么准备以主力对广州部队实施打击。”“请说明你们决定的理由。”②

共产国际执行委员会明白了中共中央是要进行战略转移，于9月30日致电中共中央，表示：“考虑到这样一个情况，即今后只在江西进行防御战是不可能取得对南京军队的决定性胜利的，我们同意你们将主力调往湖南的计划。”但是，共产国际认为中央红军是把湖南作为战略转移的目的地，因而指示：

对南京的决定性行动只能在前面的湖南机动作战结束后采取，这意味着，首先歼灭何键的军队，这样我们的力量才能进一步壮大和巩固。但是在湖南作战的时候，应该同时完成其他一些任务：第一，为了在尽可能长的时间内对驻扎在那里的南京军队实施强有力的骚扰性打击，留在江西的部队要开展持久的[军事]行动，目的是干扰他们在湖南的行动；第二，组建独立的东方军，由第7、第10军团和来自中央苏区的另一个军团组成，目的是在东部四省交界处建立和发展一个强大的根据地，给蒋介石的军队在湖南方向上的集中造成困难，还可以隐蔽我们在湖南的主要计划；第三，我们认为把目前在汀州——连城地区活动的部队留在福建而不调往湖南是比较适宜的。这个军团应该组成独立的南方军，其任务是在厦门方向或者在东北方向进行机动作战，也是为了在闽赣边界地区建立自己的根据地。③

---

① 《秦邦宪给共产国际执行委员会的电报》（1934年9月17日于瑞金），中共中央党史研究室第一研究部译：《共产国际、联共（布）与中国革命档案资料丛书·联共（布）、共产国际与中国苏维埃运动》（1931—1937）第14卷，第251页。

② 《王明和康生给中共中央的电报》（1934年9月28日于莫斯科），中共中央党史研究室第一研究部译：《共产国际、联共（布）与中国革命档案资料丛书·联共（布）、共产国际与中国苏维埃运动》（1931—1937）第14卷，第255页。

③ 《共产国际执行委员会政治书记处政治委员会给中共中央的电报》（1934年9月30日于莫斯科），中共中央党史研究室第一研究部译：《共产国际、联共（布）与中国革命档案资料丛书·联共（布）、共产国际与中国苏维埃运动》（1931—1937）第14卷，第256—257页。

共产国际这个指示，基本上是6月16日电报指示的翻版，稍微变化是原计划的东、中、西三个作战集团变成了东、南、中、西四个作战集团。各作战集团也作了微调，即原计划在闽浙皖赣边界活动的三个军团，变成红七军团、红十军和另外一个军团，不再有红三军团；活动在福建汀州地区的红九军团变成了南方军，不在战略转移之列。当时，中央苏区共有五个军团，即红一、三、五、八、九军团，按照这个指示，战略转移到湖南的主力红军只能有三个军团。然而，中共中央是将中央红军的五个军团全部进行战略转移。尽管共产国际的指示和中央红军主力战略转移的实施是不一致的，但这是明确同意中央红军主力可以进行战略转移的指示，中共中央可以名正言顺地拉开战略转移的帷幕。

一个人类历史上威武雄壮的活剧即将上演！

一个人类历史上的奇迹即将发生！

一个中华民族历史上的红色远征即将启程！

第二章　粤北湘南，湘江之战，转兵贵州

一、红军连续突破封锁线

依依惜别于都河

1934年10月10日17时，中共中央、中革军委率领第一、第二野战纵队，分别由瑞金田心圩、梅坑地区出发，向集结地域开进。由此，中央红军主力开始了战略转移。第一野战纵队代号为“红星”，叶剑英任司令员兼政治委员，钟剑伟任参谋长，王首道任政治部主任。博古、李德、周恩来、朱德等随该纵队行动。第二野战纵队代号为“红章”，李维汉任司令员兼政治委员，邓发任副司令员兼副政治委员，张宗逊任参谋长。毛泽东、张闻天、王稼祥等随该纵队行动。参加转移的中央红军第一、第三、第五、第八、第九军团也分别向中革军委指定地域集结。所有参加战略转移的人员共约8.6万余人。这么多兵力集中在一起，在红军的历史上是空前的，是非常壮观的。

10月16日，中央红军各部队在于都河以北地区集结完毕。17日，按照中革军委颁布的《野战军渡河计划》，分别从于都城东门、花桥等十个渡口南渡于都河。

于都是中央苏区的核心区之一，红军大部队集中渡河离去，于都的老百姓也知道红军主力要走了，纷纷到各个渡口，送别自己的子弟兵。曾任中共江西省委宣传部部长、时任红一军团某师宣传科长的彭加伦在回忆中是这样描写临别的情景：

是一个晴天的下午，太阳斜挂在西边的天空，人们都在田里劳作，为了他们自己分得的土地，弯着腰在努力地耕种，不断的唱出快乐的山歌，妇女们三三两两地坐在门前做慰劳红军的鞋和其他针线。孩子们一群群地很活泼地在游戏。乡政府门前的红旗随风飘荡，在阳光的映射下，现出特别鲜艳的颜色。

号音响了，尖锐的声音激动着每个战士的心弦。吹号本是军队中平常的事，可是今日的号音却带了特别的意味。好像在这声音中含了很浓厚的刺激的感觉。谁知道它就是长征进行曲，谁知道它就是故乡离别之歌？！

队伍出发了，红色战士一队一队的由各个村庄上涌现出来，一线一线不断地继续向着雩都河畔进发，马声、担子声、刺刀磨擦声、步伐声、歌声，互相错杂着。

渡口中站满了红色的英雄，船夫不断地摇着他的木橹，一船一船地渡过去了。一个个战士都轻捷地一跃登岸，他们一跳上岸就飞跑地跟上队伍去，动作是那样的迅速。

……

红军家属和儿童团的小弟弟们，一堆堆站路旁欢送。他们手里有的拿着草鞋，有的拿着食物，有的拿着银钱，候他的儿子、丈夫、哥哥、弟弟经过时作临别的礼物。当他们的子弟经过时，有很多的叮嘱。

“到外面要谨慎，要听负责同志的指挥。回来的时候，有适用的东西带点回来！”

红军家属是这样关心着他的子弟，集体送别，每次出发都是很多的，这是革命根据地特有的现象。①

离开中央苏区，在这里战斗多年的广大红军干部、战士是非常难舍难分的。聂荣臻在回忆中说：“过于都河，正当夕阳西下，我像许多红军指战

① 彭加伦：《别》，《红军长征记》，第10—11页。

员一样，心情非常激动，不断回头，凝望中央根据地的山山水水，告别在河边送别的战友和乡亲们。这是我战斗了两年十个月的地方，亲眼看到中央根据地人民为中国革命作出了重大的牺牲和贡献，他们向红军输送了大批优秀儿女，红军战士大多来自江西和福建，根据地人民给了红军最大限度的物质上和精神上的鼓励和支持。想到这些，我不胜留恋。主力红军离开了，根据地人民和留下来的同志，一定会遭受敌人残酷的镇压和蹂躏，我又为他们的前途担忧。依依惜别，使我放慢了脚步，但'紧跟上！紧跟上！'由前面传来的这些低声呼唤，又使我迅速地走上新的征程。"①

中央苏区的主要创建者毛泽东是在10月18日这天渡过于都河的。时为毛泽东的警卫员吴吉清回忆说：

那是黄昏的时候，毛主席带领我们，阔步走出于都的西门，来到河边浮桥。我们看到于都河边数以万计的男女老少在为红军送行。老表们舍不得红军走啊！他们从四面八方拥集到渡口来，有的给部队送来茶水；有的抢着帮助部队挑担子，背背包；有不少妇女和老大娘穿行在等候过河的队伍中间，送草鞋，送布鞋，送斗笠，送雨伞，还往战士们怀里塞吃的东西。有的站在河边深情地唱着：

送红军到江边，
江上穿呀穿梭忙。
千军万马渡江去，
十万百姓泪汪汪。
恩情似海不能忘，
红军啊，红军！
革命成功早回乡。

有的老表喊着："同志们，你们可千万要回来啊！"喊着，喊着，眼泪扑簌簌地掉下来了。

毛主席看着这个情景非常感动，放慢脚步问我们听见没有。我们说："听见啦，我们一定会回来的！"

"是啊！我们一定会回来的！"主席攥着拳头，斩钉截铁地说。

① 《聂荣臻回忆录》，第171页。

河水奔腾咆哮。过了浮桥，我们跟着行军的队伍沿着河岸，向西南挺进。主席身穿单军装，左臂上搭着夹大衣，他虽重病刚好，身体还很虚弱，但步子还是迈得那样稳重矫健。马夫老余同志牵着那匹黄骠马，跟在主席后边。马上驮的是主席的全部行装，马褡子里装着两条毯子，一条薄棉被，一条布床单，一块油布；红油纸伞、挎包和主席的干粮袋系在一起。挑夫挑着主席的文件箱。①

可以想象到毛泽东离开中央苏区时的心情。这块红色热土是他历尽艰辛创建起来的。从1929年1月下井冈山算起，至1934年10月中旬离开，已经五年十个月的时间。这期间发生了多少事情，既有指挥红军开辟根据地、取得反“围剿”胜利的喜悦，又有受到“左”倾教条主义者的打击、排挤的苦闷。如今，曾经蓬勃发展的中央苏区，葬送在“左”倾教条主义错误之手，他既痛惜又愤怒。但他坚信，真理一定能够战胜谬误，对未来充满自信，化成一句话：“我们一定会回来的！”

顺利突破三道封锁线的秘密

中央红军主力渡过于都河后，于1934年10月19日、20日先后到达国民党军南路军阵地前的仁凤圩（街）、双芫（园）、牛岭、长洛、桂林江等地区，完成突围准备。

国民党军南路军为配合北路军、东路军对中央苏区的“围剿”，在赣州以东，沿桃江（即信丰河）向南，经大埠、王母渡，折向东南，经韩坊、新田等地，构筑了第一道封锁线，阻止中央红军进入广东。粤军第四师驻赣州、南康，第二师驻信丰、王母渡，第一师主力驻古陂、新田、重石、版石等地，独立第三师驻韶关、乐昌、连县、南雄等地，第二独立旅驻安远。

根据敌情，中革军委决定红军由王母渡、韩坊、金鸡、新田地段突破粤军封锁线，向湘南前进。10月21日，红军各军团开始突围，起初战斗十分激烈，后来粤军得到陈济棠的命令后，稍事抵抗，从重石、新田、古陂、韩坊全线撤退，向安远、信丰、南康集中，让出中间大道，红军主力随即向信丰

① 吴吉清：《在毛主席身边的日子里》，江西人民出版社1983年版，第169—170页。

东南地域前进。24日晚，红军各路先头部队开始西渡桃江，抢占河西要点，掩护主力渡河。25日，军委第一纵队、第二纵队和红军其他部队从信丰南北先后渡过桃江，突破第一道封锁线，继续向西挺进。突破第一道封锁线时，红三军团第四师师长洪超中流弹牺牲，张宗逊继任师长。

洪超是湖北黄梅人，1926年参加革命，1927年参加过广州起义，曾任过朱德的警卫员。1932年任红军师长时才22岁。在中央苏区第五次反“围剿”中参加过多次打硬仗，获得中革军委颁发的二等“红星奖章”，是一名年轻的红军战将。他是长征开始后牺牲的第一个红军师级干部。

10月25日，中革军委决定乘国民党军尚未弄清红军意图之际，命令中央红军沿赣粤和湘粤边界，迅速向湖南汝城和广东边境的城口方向前进。11月5日至8日，中央红军分三路纵队，通过国民党军第二道封锁线。尔后继续西进，于13日至15日，从郴县、良田、宜章、乐昌之间通过了第三道封锁线。

中央红军连续顺利通过国民党军三道封锁线，秘密何在？这涉及中央红军、陈济棠粤军、蒋介石三者之间的微妙关系。

“南天王”陈济棠，广东防城（今广西防城港）人，出身农家，先后就读广东陆军小学堂和陆军速成学校，毕业后先后在粤军陈铭枢、李济深部中任职。国共第一次合作后，任李济深第四军第十一师师长。大革命失败后，陈济棠积极反共，参与对南下广东潮汕地区的南昌起义军的镇压。在此后的新军阀混战中，陈济棠左右逢源，逐渐取得李济深信任，掌握了广东的军政大权。

成了“南天王”，陈济棠的麻烦也来了。在国民党南京政府中地位日渐巩固的蒋介石要逐步削弱地方军阀势力，陈济棠自然也在其中之列。于是乎，以前拥蒋的陈济棠开始加入反蒋行列。在对待红军的态度上，陈济棠不愿意自己拼命与红军厮杀而使蒋介石渔翁得利。他要考虑的问题是如何保住自己的广东地盘。

那么，红军如何对待陈济棠，也有一个发展过程。

大革命时期，广东东江农民运动开展得比较好。大革命失败前后，东江连续爆发三次武装起义。南昌起义后，起义军南下广东，首先就是到东江，同东江革命武装结合，占领东江，进而占领整个广东。南昌起义军失败后，一小部分转入海丰、陆丰地区，与当地农军结合。东江是土地革命战争时期最早建立苏维埃政权的地区之一，群众基础比较好，但地理环境不是很理想，山不太大，东临平原背靠海，自身回旋余地很小，不是建立大块苏区的理想地区。然而，中共中央却对东江有着情结，希望红军占领这一区域。陈济棠掌握广东军政大权后，其在东江的军事力量比赣南、闽西的国民党力量强大很多。1929年9月下旬，广西省政府主席俞作柏同陈济棠开战。10月中旬，朱德根据中共福建省委转达的中共中央指示，率领红四军三个纵队进入粤东。10月25日，红四军一度攻下梅县。第二天，粤军三个团猛烈反扑，红四军被迫撤到丰顺边界。10月31日，红四军再攻梅县，激战七个小时，仍未攻破梅县城。但这时两广战争已经结束，东江地区原来就留有蒋光鼐部两个旅，陈济棠又把蔡廷锴从梧州调到东江，力量对比红四军非常不利。红四军这次冒进东江，攻打梅县，损失兵员一千多人，占全部兵力的三分之一，是继井冈山时期的“八月失败”后又一次重大损失。

红四军进攻梅县失利表明，以当时红军的力量向着陈济棠有很强军事力量的东江地区发展，是不现实的。

军阀视地盘如命，如果谁想占他的地盘，他就会和谁拼命。陈济棠同蒋介石有矛盾，对于他的心态，毛泽东看出得最早。

中央苏区第二次反“围剿”胜利后，国民党军退到赣州、泰和、吉安、吉水、永丰、乐安、宜黄、南丰一线。这时发生了粤军陈济棠、桂军李宗仁同蒋介石集团争斗，北方的冯玉祥、阎锡山等部也伺机南进。中共红一方面军总前委决定利用这个时机转入攻势作战。红一方面军各部队立即进入指定地区，开展工作。6月下旬，毛泽东等发现蒋介石有对北方军阀妥协，对两广的陈济棠、李宗仁取守势，准备调兵对中央革命根据地发动第三次“围剿”的迹象。为了充分利用蒋介石同陈济棠、李宗仁的矛盾，发展苏区，毛泽东给时任红一方面军政治部主任、中共闽赣边工作委员会书记周以栗和红十二军政治委员谭震林等写信，指出：过去红军向粤赣边发展的计划，“不但客观上帮助蒋介石打击两广，为蒋介石所大愿，并且要很快引起两广的对共行动”，“我们不应如此蠢”①。毛泽东对陈济棠采取的方针是非常正确的。

① 《毛泽东军事文集》第一卷，第235页。

蒋介石发动对中央苏区的第五次“围剿”后，陈济棠被蒋封为南路军总司令。蒋介石的如意算盘是这样打的，他的嫡系部队从北面和东面向西南推进，将中央红军赶入广东境内。如果陈济棠不想让红军进入广东境内，就要拼命抵抗，造成红军和陈济棠两败俱伤。如果陈济棠抵挡不住红军，那么蒋的部队乘机可以进入到广东境内，把势力深入广东。在蒋看来，无论怎样，结果对他都是有利的。

蒋介石这点伎俩，陈济棠当然能够识破。他明白，正是有红军的存在，蒋介石把注意力主要集中在消灭红军上，没能腾出手来对付他，他才能偏安广东。因此，陈济棠对进攻赣南红军处于消极态度。但他又不能明目张胆违抗蒋介石的命令，第五次“围剿”开始后，除勉强派余汉谋第一军由粤北进入赣南，独立第一师黄任寰一部进入闽西参加“围剿”外，就以亟须对付广东境内的红军游击队为由，不肯再派部队参加对中央苏区的“围剿”了。

陈济棠与蒋介石之间的矛盾关系被共产国际远东局的军事代表曼弗雷德·施特恩也看到了。他在给共产国际关于中国军事政治形势的报告中说：“广州怕蒋介石取得胜利”，他们“根据自己的经验知道战胜红军是如何之困难。即使他们清楚，蒋介石有可能最后取得胜利，但不管怎样他们知道，战胜红军者将会在军事方面丧失作战能力和被大大削弱。因此他们的基本任务是自己不和红军作战，至少在最初不和红军交手。晚些时候会出现更有利的机会。参加决战和以后同丧失战斗力的战胜者作战。”曼弗雷德·施特恩还认为：“在[1933年]10月中旬就很清楚，广州方面至少现在对红军没有构成任何严重的威胁。以后的情况将取决于斗争进程对红军是否有利。”“因此认为广州集团中的陈济棠试图为蒋介石实行蒋介石的方针，那是不对的。陈斗争不认真，因为他本身想成为远在广东范围之外的蒋介石。他爱护自己，回避角逐。因此在广州，蒋介石没有盟友。广州在散布自己战胜了红军的谎言”①。

应该说，曼弗雷德·施特恩对陈济棠态度的分析是合乎实际的。

就在蔡廷锴的第十九路军宣布反蒋抗日、发动福建事变时，陈济棠也

---

① 《施特恩关于中国军事政治形势的报告》（不早于1933年11月8日于上海），中共中央党史研究室第一研究部译：《共产国际、联共（布）与中国革命档案资料丛书·联共（布）、共产国际与中国苏维埃运动》（1931—1937）第13卷，第598—599页。

派代表同中央苏区进行停战谈判。对此，在共产国际远东局内意见不一致。埃韦特的意见是："友好地协商解决（粤军）从赣南撤退问题、暂时停止作战行动问题，不涉及封锁问题。"曼弗雷德·施特恩"反对讨论（粤军）从赣南撤退问题"①。1933年11月22日，埃韦特把问题交给皮亚特尼茨基，请他来决定。

共产国际作了快速反应，11月23日，共产国际执行委员会政治书记处政治委员会致电埃韦特：

从您的电报中还看不清楚，广州人是否准备在实际上而不只是口头上进行反对日本人和蒋介石军队的武装斗争，或者仅仅指取消封锁和恢复贸易关系。也看不清楚，他们是否想抽出力量用于可能同19路军进行的斗争。应该让19路军司令部知道同广州人的谈判，并力求通过它弄清楚促使广州人同我们谈判的动因。如果广州人意在反对19路军，那我们就不应该同他们谈判，以期不削弱19路军的反日反蒋的立场。若是这种担心没有必要，那我们应提出暂时停战的以下条件：停止作战行动，取消封锁和从赣南撤出粤军。如果最后一项要求有造成谈判破裂的危险，作为非常措施，我们可以同意粤军撤到广东边界，并在广州人现在在江西所占领的地区建立中立区，但不能占苏区土地。为了不致因同军阀的妥协而损害我们在群众面前的威信，苏维埃政府应该以红军斗争和改善苏区居民经济状况的需要来全面解释自己参加谈判的做法。②

电报表明，共产国际对陈济棠与中央苏区谈判的真实意图没有弄清。前面已经提到，11月8日曼弗雷德·施特恩对陈济棠态度的分析是合乎实际的，由于他发的是信件，通过信使传到共产国际是需要一定时日的，共产国际执行委员会的负责人还没有看到这个信件，影响了共产国际对中央苏区与陈济棠之间的谈判实质问题的判断。因此，共产国际要求让第十九路军

① 《埃韦特给皮亚特尼茨基的电报》（1933年11月22日于上海），中共中央党史研究室第一研究部译：《共产国际、联共（布）与中国革命档案资料丛书·联共（布）、共产国际与中国苏维埃运动》（1931—1937）第13卷，625页。

② 《共产国际执行委员会政治书记处政治委员会给埃韦特的电报》（1933年11月23日于莫斯科），中共中央党史研究室第一研究部译：《共产国际、联共（布）与中国革命档案资料丛书·联共（布）、共产国际与中国苏维埃运动》（1931—1937）第13卷，第626页。

知道中央苏区在同陈济棠谈判和提出让陈济棠粤军撤出赣南和设立中立区的条件，是不现实的，也是陈济棠所不能接受的。

比较麻烦的是，远东局内部埃韦特和曼弗雷德·施特恩两人之间矛盾重重，在中央苏区同陈济棠的谈判问题上也意见相左。1934年2月1日，曼弗雷德·施特恩绕过埃韦特，通过苏联红军参谋部第四局在中国的情报系统给共产国际发出了同陈济棠谈判的有关情况、并请求指示的电报。2月5日，共产国际执行委员会政治书记处政治委员会给曼弗雷德·施特恩回电，答复如下："从军事上考虑，我们认为同广州人谈判在以下条件下签订临时协议是可行的，也是所期望的；取消封锁，我方不作任何领土让步，并在签订任何协议的情况下保持高度的警惕性，以避免发生意想不到的事情和广州人方面的欺骗，保证我们实际上的行动自由。这是对你们报告的条件的补充。"①

由于共产国际执行委员会政治书记处政治委员会给曼弗雷德·施特恩的电报同时标明抄送埃韦特一份，埃韦特得知曼弗雷德·施特恩越过他直接给共产国际执行委员会发电报非常不高兴，在2月13日给皮亚特尼茨基的信中牢骚满腹地说："作为您的代表（指埃韦特本人——引者），我要求为了工作允许我制止这种做法。弗雷德有权给您发电报，但至少在此事涉及政治问题和指示时我应该知道这件事。"埃韦特还报告了中央苏区同陈济棠谈判的情况，说："如今开始进行不直接的谈判的建议完全悬而未决，至少暂时是这样。您可以相信，在这方面我们将会利用任何可能性。目前只存在为鼓动目的利用南京和广东之间矛盾的可能性，但必须把这种利用同揭露陈济棠的政策结合起来。晚些时候能做什么呢？晚些时候也只能等着瞧。不应抱着虚假的希望。"在信中，埃韦特针对曼弗雷德·施特恩所拟给中共中央的指示中的"暂停对广州的进一步行动，以便为根据我们的三项条件②在反对南京和日本人的行动中采取相互谅解的政策扫清道路"一

① 《共产国际执行委员会政治书记处政治委员会给施特恩的电报》（1934年2月5日于莫斯科），中共中央党史研究室第一研究部译：《共产国际、联共（布）与中国革命档案资料丛书·联共（布）、共产国际与中国苏维埃运动》（1931—1937）第14卷，第73页。

② 指1933年1月17日《中华苏维埃临时中央政府、工农红军革命军事委员会宣言——为反对日本帝国主义侵入华北愿在三个条件下与全国各军队共同抗日》。

句表示不同意，说："这个提法后来进行了修改，因为在我看来，没有任何理由同广东'在行动中相互谅解'。"①

看得出来，虽然无论是共产国际，还是远东局，都认为可以利用陈济棠同蒋介石的矛盾。但由于坚持粤军退出赣南的条件，同时对陈济棠保持有高度的戒心，谈判没有实际进展。而埃韦特对同陈济棠的谈判也是抱着一种走一步看一步的态度，没有寄很大希望。相比较而言，曼弗雷德·施特恩对陈济棠的心态比较了解，主张以中华苏维埃临时中央政府、工农红军革命军事委员会1933年1月17日发表的宣言中提出的三个条件为基础同陈济棠谈判，还是有可取性的。

这时，蒋介石镇压了第十九路军反蒋的福建事变，其嫡系部队李玉堂等部陈兵闽西南地区，对广东作军事上威胁，陈济棠大为震惊，不得不对蒋介石变得恭顺起来。蒋介石为了集中力量进攻中央苏区，一面军事上给予威胁，一面给陈济棠提供军费，要其服从"中央"，进攻中央苏区。

面对此种情况，中共中央对以三项条件为基础同陈济棠谈判缺乏信心。2月6日，中共中央在给中共上海中央局的电报中说："根据我们的估计，同广东在我们三项条件基础上的谈判不会取得成果；在最近的将来将会是这样。"②

此时，曼弗雷德·施特恩也因蒋介石对第十九路军的迅速胜利而对中央苏区同陈济棠的谈判不寄多大希望。2月15日，他在给中央苏区的电报草稿中这样写道："迅速消灭了福建的起义，这对南京来说是个大的胜利，是在政治上要比军事上更重要的胜利。这意味着，如今南京政府可以在以后几个月派遣20个新的师团来对付我们，同时还可以准备和推迟同广州不可避免的冲突。在南京和西南之间的军阀战争还没有采取现实的方式之前，我们应该只依靠自己的力量，不要过于考虑我们地区周围各军阀之间的矛

① 《埃韦特给皮亚特尼茨基的信》（1934年2月13日于上海），中共中央党史研究室第一研究部译：《共产国际、联共（布）与中国革命档案资料丛书·联共（布）、共产国际与中国苏维埃运动》（1931—1937）第14卷，第83页。

② 《中共中央给中共上海中央局的电报》（1934年2月6日于中央苏区），中共中央党史研究室第一研究部译：《共产国际、联共（布）与中国革命档案资料丛书·联共（布）、共产国际与中国苏维埃运动》（1931—1937）第14卷，第74页。

盾和它们的地区利益。”①

2月22日，中共上海中央局致电中共中央，表示：“我们同意你们的意见，认为目前在广州和我们之间没有谈判的基础。”但上海中央局认为，蒋介石在福建的胜利加深了南京和广州之间的矛盾。蒋介石选择的策略是先消灭或削弱中央苏区，同时对陈济棠开展政治攻势，离间两广之间的关系。陈济棠的政策“是旨在延缓不可避免的斗争，希望南京出现新的困难，希望英国在日英美在华南的矛盾日益加深的基础上给予（广东）更积极的支持。”“我们应该考虑到，尽管有帝国主义的种种花招和有利于妥协的种种因素，公开的冲突和斗争是不可避免的。我们最关心的是，以对我们最有利的形式利用目前日益加强的对抗和即将到来的斗争。”在以上认识的基础上，上海中央局提出了如下策略：

1. 在广东的群众和士兵中开展广泛的鼓动工作，指出南京在日本的支持下在准备反对广东人的战争；反对陈济棠这个广东人的敌人的政策；号召士兵停止反对红军和苏维埃的斗争，因为红军和苏维埃准备在三项条件基础上共同——南京和日本作斗争。

2. 利用一切迂回的途径接近粤军士兵和指挥官，告诉他们，如果他们将同南京作斗争，我们就不打算进攻粤军。要散布消息说，南京的进攻将在近期开始，南京决定解除粤军的武装并用南京军队和北方军队取代它们，等等。出于这种考虑，我们应该广为宣传共同斗争的建议和我们的三项条件，并要求把粤军撤出赣南，以便同南京作斗争。

无论有什么立竿见影的效果，这样的鼓动工作都会促进士兵和一些军官的分化瓦解，加强南京和陈济棠的反对派，为我们利用即将到来的斗争从政治上准备有利的条件。

我们应该立即着手做这项工作，并在以后还要给予加强。这项工作决不会影响我们现在和将来对广东采取的军事步骤。我们的直接目的应该是，同广东那些真正反对南京和对陈济棠不满的部队建立一些联系，并为

① 《施特恩给中央苏区的电报草稿》（1934年2月15日于上海），中共中央党史研究室第一研究部译：《共产国际、联共（布）与中国革命档案资料丛书·联共（布）、共产国际与中国苏维埃运动》（1931—1937）第14卷，第84页。

我们创造更加有利的局面。①

中共上海中央局对福建事变后的局势、对蒋介石与陈济棠之间的矛盾分析，基本上是正确的，不乏亮点；提出要利用他们之间的矛盾也是不错的。但其提出的策略却有问题，即把争取的基点放在粤军的士兵和部分军官上，甚至放在加强陈济棠反对派上，而不是放在加剧陈济棠同蒋介石的矛盾上，从而使中央苏区的南线稳定和打破经济封锁，为红军反“围剿”创造有利条件。提出这种错误策略的原因，是中共上海中央局无法突破“要兵不要官”的下层统一战线策略思想的藩篱。因而，这种策略也就不可能取得“立竿见影的效果”。

在蒋介石的督促下，陈济棠不得不于4月派出南路军的两个纵队，计六个师，一个航空大队，一个重炮团的兵力，向中央苏区寻乌、安远、重石、清溪、筠门岭等地区配合进攻。在这一带，中央苏区粤赣军区红二十二师是作战的主力部队，对于粤军的进攻，在澄江、岔口、盘古隘连续进行了英勇而顽强的抵抗，给敌以很大的杀伤。但因众寡悬殊，筠门岭终被粤军占领。

陈济棠看到，赣南粤北红军的存在是隔断蒋介石中央军从江西进攻广东最好的力量，既惧怕蒋介石的中央军入粤，又怕红军乘虚反击。所以在占领筠门岭之后，就采取了“外打内通”，“明打暗和”的策略：一面表示要和红军打仗，另一方面又秘密地派高级参谋杨幼敏赴筠门岭向红军作试探性的不再互犯的谈判。杨幼敏亲自将3万发子弹从筠门岭送往驻会昌的红军部队。陈济棠还找到罗炳辉在广东做生意的小舅子，通过他给罗炳辉写信，给周恩来传话。为了遏止粤军进犯，红军对陈济棠的和缓姿态作出了积极响应，在军事上主动地、有计划地打了一些小仗，既不吃掉陈济棠的主力，也使陈济棠认识到红军并非好惹。

1934年9月中旬，陈济棠派了一个姓李的密使到瑞金，携带着他给朱德、周恩来的亲笔信，说他准备派杨幼敏为谈判总代表，红军最好派粤赣军区司令何长工为总代表，进行停战谈判。朱德、周恩来很快接见了陈济棠的密使。通过和密使的交谈和阅读陈济棠的密信，朱德和周恩来判断陈

① 《中共上海中央局给中共中央的电报》（1934年2月22日于上海），中共中央党史研究室第一研究部译:《共产国际、联共（布）与中国革命档案资料丛书·联共（布）、共产国际与中国苏维埃运动》（1931—1937）第14卷，第92、93—94页。

济棠要求谈判是有诚意的。这时，中央红军正在加紧准备战略转移，陈济棠派人来和谈，真是天赐良机，决定立即派人同陈济棠谈判，力争达成停战协议，为红军主力战略转移顺利通过粤境创造有利条件。

接见之后，朱德给陈济棠写了一封信，交给密使带回。朱德在信中写道：

伯南先生大鉴：

……为求事之速成，德本两年前政府宣言之宗旨，敢向足下为如下之提议：

一、双方停止作战行动，而以赣州沿江至信丰而龙南、安远、寻乌、武平为分界线。上列诸城市及其附郭十里之处统归贵方管辖，线外贵军，尚祈令其移师反蒋。

二、立即恢复双方贸易之自由。

三、贵军目前及将来所辖境内，实现出版、言论、集会、结社之自由，释放反日及一切革命政治犯，切实实行武装民众。

四、即刻开始反蒋贼卖国及法西斯阴谋之政治运动，并切实作反日反蒋各项军事准备。

五、请代购军火，并经门岭迅速运输。

如蒙同意，尚希一面着手实行，一面派负责代表来瑞共同协商作战计划。日内德当派员至门岭黄师长处就近商谈。为顺畅通讯起见，务望约定专门密码、无线电呼号波长，且可接通会昌、门岭之电话。匆促陈辞，不尽一一。尚祈裁夺，伫候回示。①

朱德的这封信，以三项条件为基础，说明了双方合作抗日反蒋的必要性，不再提粤军撤出赣南问题，而是提划清双方的分界线，这是陈济棠易于接受的谈判方案。

9月14日，博古电告共产国际执行委员会："广东的代表仅作为建立联系的信使[已经来到]，带来了具体的建议。我们让他给陈济棠带去了一封信，附有去年我们向第9军（原文如此，应为第十九路军——引者）提出的那些[协议]条件。在我们的策略中，广东提出的目标是，为了自己的私利，

① 朱德：《关于抗日反蒋问题给陈济棠的信》（1934年9月），《朱德选集》，人民出版社1983年版，第17—18页。

利用我们作为反对蒋介石的屏障。”①由此看来，博古还是认为陈济棠缺乏谈判的诚意。

9月23日，共产国际执行委员会政治书记处政治委员会给中共中央来电，认为向陈济棠提出“曾向19路军提出的那些条件，这是不现实的，也是不正确的，会使我们丧失利用广州人和南京人之间矛盾的机会”。电报提出了同陈济棠谈判条件是：“作为主要条件，请提出援助红军军事装备，其中包括子弹。装备运到之后[我们可以]用现金[支付]。他们可以在交货地点或上海收取货款。第二个条件是取消经济封锁和帮助开展贸易。第三个条件是广州军队从江西南部撤往广东边界，尤其是，从赣州、信丰和龙南等县撤出。”关于第三个条件，考虑到陈济棠可能不接受，共产国际要求中共中央向陈济棠说明“这样就会使红军获得机动作战和保卫中央苏区的可能性”。但共产国际也没有把此条作为硬性条件，表示“如果签订的协议能保证广州接受前两个条件，那就不应坚持第三个条件”。电报最后要求“请务必向我们通报关于与广州人谈判的进展情况”②。

共产国际电报的基点是利用陈济棠而不被陈济棠所利用，同陈济棠谈判，主要是强调获得武器装备和取消经济封锁、开展贸易，同时尽量使粤军撤出赣南。这三个条件都是对中央苏区有利，而陈济棠无所得或少得。当时陈济棠同中央苏区谈判的基础是双方停战，不使双方因作战而相互削弱，让蒋介石得利。朱德的信中以1933年1月17日中华苏维埃共和国临时中央政府宣言中提出三项条件为基础，正是为了这一点。但共产国际却认为这是不现实的、不正确的加以反对。共产国际这个指示是过去指示的延续，以此同陈济棠谈判，达成协议是很困难的。

10月初，周恩来在瑞金召见了何长工，向他交代了与时任中共中央宣传部副部长潘汉年一起去寻乌同陈济棠代表谈判的任务。何长工回忆说：

---

① 《秦邦宪给共产国际执行委员会的电报》（1934年9月14日于瑞金），中共中央党史研究室第一研究部译：《共产国际、联共（布）与中国革命档案资料丛书·联共（布）、共产国际与中国苏维埃运动》（1931—1937）第14卷，第236页。

② 《共产国际执行委员会政治书记处政治委员会给中共中央的电报》（1934年9月23日于莫斯科），中共中央党史研究室第一研究部译：《共产国际、联共（布）与中国革命档案资料丛书·联共（布）、共产国际与中国苏维埃运动》（1931—1937）第14卷，第253页。

"周恩来同志亲切而又郑重地对我说：长工同志，这是中央给你的重任，望你勇敢沉着，见机而作。他还向我交代了联络密语等项事宜。陪同接见的军委副参谋长叶剑英同志也嘱咐道：此去白区谈判，任务重大，谈成了，是很有益处的，要尽力而为；谈不成，也不要紧，关键是沉着灵活。"①

10月5日，潘汉年和何长工带着由朱德署名的介绍信出发了。

潘汉年、何长工来到红白交界处筠门岭羊角水附近，天色已晚。前来迎接他们的是陈济棠部独立第一师第二旅旅长严应鱼的心腹、特务连连长严直。严直率领特务连和严应鱼的四名轿夫抬的两顶轿子。

一见面，严直就悄悄对何长工讲：何先生，我听到了你们的宣传，看到了你们的宣传，是啊，我们与贵军都是炎黄子孙，真不愿意看到中国人打中国人！

为了保密，潘汉年和何长工坐进了两顶轿子里，捂得严严实实的，外面看不到轿子里坐的什么人。遇到路上哨兵盘问，严直就高声喊：这是司令请来的贵客！于是，哨兵乖乖放行。当晚，他们的轿子被抬到严应鱼的旅部驻地罗塘镇一个寂静的山村，安排在一座两层小洋楼下榻。潘汉年和何长工住楼上，陈济棠的代表住在楼下。

10月6日，双方在楼上的会议室里开始秘密谈判。由于双方有诚意，且事先有过接触，因而谈判比较顺利，很快达成了如下协议：

1.就地停战，取消敌对局面；

2.互通情报，用有线电通报；

3.解除封锁；

4.互相通商，必要时红军可在陈的防区设后方，建立医院；

5.必要时可以互相借道，我们有行动事先告诉陈，陈部撤离40华里。我军人员进入陈的防区用陈部护照。②

为保密起见，协议只写在双方代表的记事本上，未形成正式文件。这是继1933年11月中国共产党同第十九路军谈判达成停战协议后，签订的又

① 何长工：《回忆长征前红军对陈济棠的统战工作》，中国人民解放军历史资料丛书编审委员会编：《红军长征·回忆史料》(1)，解放军出版社1990年版，第45页。

② 何长工：《回忆长征前红军对陈济棠的统战工作》，中国人民解放军历史资料丛书编审委员会编：《红军长征·回忆史料》(1)，第45—46页。

一个停战协议。

从协议的内容看，是灵活的和非常讲究实际的。双方不再纠缠于领土和划界问题，而是着重于停战、合作，不再有敌对行动。最重要的是可以互相借道一条，对红军战略转移时顺利通过陈济棠的防区尤为重要。这是中国共产党统一战线策略的胜利，周恩来、朱德发挥了重要作用。

在和陈济棠代表谈判期间，何长工接到周恩来事先商定的密语电报："长工，你喂的鸽子飞了。"陈济棠的代表很敏感，问何长工："是否你们要远走高飞了？"何长工平静地回答："不是，这是说谈判成功了，和平鸽上天了。"但何长工心里明白，中央红军主力已决定实施战略转移了。

谈判结束后，潘汉年、何长工立即离开寻乌，返回会昌。这时中共中央、中革军委机关已经从瑞金转移到于都去了，周恩来给何长工留下了一封信，简略地说："长工同志，我在于都等你。"潘汉年和何长工立即赶到于都，向周恩来汇报了谈判情况。周恩来得知谈判成功，达成了五项协议，异常高兴，说：这对于我们红军、中央机关的突围转移，将起重大作用。①

10月8日，共产国际执行委员会政治书记处政治委员会委员以飞行表决的方式通过了给中共中央的电报，内容为："如果关于蒋介石在最近准备向广州人发起进攻的消息可靠，我们就应该力求与广州人签订军事协议。签订这个协议之后，我们不应该把它看成一个策略手段，而应该真正积极参加同广州人联合反对蒋介石这个主要敌人的行动。不要重犯在福建事变期间所犯的错误，当时我们没有积极地支持第19路军。"②

与以前的电报相比，这个电报有很大变化，要求同陈济棠签订军事协议，以实际行动联合反蒋，是正确的。但电报是于10月9日经共产国际执行委员会政治书记处政治委员会批准发出，中共中央收到时，应就要从瑞金向于都转移或已经转移了，属于"马后炮"。

---

① 何长工：《回忆长征前红军对陈济棠的统战工作》，中国人民解放军历史资料丛书编审委员会编：《红军长征·回忆史料》(1)，第46页。

②《共产国际执行委员会政治书记处政治委员会给中共中央的电报》(1934年10月8日)，中共中央党史研究室第一研究部译：《共产国际、联共（布）与中国革命档案资料丛书·联共（布）、共产国际与中国苏维埃运动》(1931—1937) 第14卷，第272页。

中央苏区同陈济棠谈判问题，从1933年11月开始酝酿，到1934年10月上旬签订协议，前后历经了差不多一年时间。共产国际、中共中央虽然都认识到陈济棠与蒋介石之间的矛盾，但过分看重领土问题，坚持要粤军撤出赣南，并认为陈济棠同中央苏区谈判带有欺骗性，是把红军存在作为他与蒋介石争斗的一个棋子，对陈怀有高度的戒心，因而采取了不适当的做法，致使相当长的一段时间谈判没有取得进展。然而，在中央红军战略转移的关键时刻，周恩来、朱德抓住时机，采取了灵活、务实的方针，派潘汉年、何长工同陈济棠的代表谈判，终于达成了协议。试想，中央红军长征时，带着大批物资，多达1000多副担子。十几门山炮拆卸开，一个炮筒就得四个人抬；还有各种机器、纸张等“坛坛罐罐”，十分累赘。为了躲避敌人的飞机，都是晚上行军。在崇山峻岭的羊肠小道上，走走停停，行动十分迟缓，有时一天只走10至15公里。这样的行军，如果没和陈济棠达成借道协议，红军不知道将付出多大牺牲，才能通过战斗力较强的粤军防守或参与防守的三道封锁线！

赣南粤北湘南群众与红军情谊深

中央红军主力突破敌人三道封锁线，主要是在中央苏区边缘和受过革命影响的粤北和湘南地区，得到人民群众的大力支援。

红九军团经过安远县极富圩时，中共安远县委在这一带发动群众欢迎红军，帮助过路红军烧茶送水卖食物，并在墙上贴满了署名安远县委的“打倒土豪劣绅！”的标语。粤湘赣边界的聂都圩，中共大余特委曾在这里建立了一支上千人的红军游击队，并创建了纵横200里的游击区。红九军团一到这里，就与游击队取得了联系，将80多名伤病员交给他们安排。中央红军司令部副参谋长张云逸曾写了《聂都游击队的记述》一文，称聂都游击队阶级意识非常坚强，“充满着艰苦奋斗的精神”，“值得我们万分表扬”①。

湖南汝城，曾是朱德、陈毅率领南昌起义军余部转移到这里，酝酿湘

① 张云逸：《聂都游击队的记述》，《红军长征记》，第23页。

南暴动的地方，党的革命思想在这里的群众中有着很深的影响。中央红军突破第二道封锁线经过汝城时，后卫部队在钩刀岭阻击国民党军的追击时，一个红军干部在战斗中负伤。第二天，被东山桥村一个叫罗秀林的青年砍柴时发现。罗秀林不顾反动武装“挨户团”的“窝藏红军者要杀尽灭绝”的叫嚣，冒着生命危险，天天给红军干部送饭、送药。经过几天的治疗，红军干部的脚伤逐渐好起来，能走路了，决定去追赶红军大部队，罗秀林又带着红军干部，沿着深山密林的小道，走了一天两夜，终于在宜章追赶上了红军大部队。

中央红军在突破第三道封锁线时，攻占九峰山战斗比较激烈，许多红军战士负伤，有的伤势还十分严重。当地农民群众便把受伤红军抬到偏僻处的田间小棚子里养伤。在红军养伤期间，群众不但煮饭送菜，还请乡村中医为他们治伤。在五山村，群众共收留了六名负伤红军战士。他们每天用竹笋壳包着饭偷偷给红军伤员送去，同时还送去了蓑衣、竹笠等生活用品。在群众帮助下，有些伤势较轻的，痊愈后追赶部队继续行军；伤势较重的，伤好后，在当地生活了很长一段时间。

斯顿在《占领宜章城》一文中这样写道：“红军到了，附近的劳苦工农群众都来了，热烈地帮助红军。热情高最积极的，要算城外三百余被何键军阀强迫来修筑道路的工人。掘的掘坑道，搬的搬树条，扎的扎梯子，配合着我们，紧张地进行攻城的准备。”“拂晓的时候，城门大开，城内的群众，男的、女的、老的、少的，成群结队的欢迎我们红军进城。他们说：‘……你们来得好！我们欢喜，我们得救了。’”①

陈云在《随军西行见闻录》中曾记述了中央红军长征经过湘南时得到人民群众支持的情况：

赤军之所以能突破重围，不仅在于有军事力量，而且在于深得民心。即如赤军入湘南时，资兴、郴州、宜章一带，为昔年朱毛久经活动之区域，居民受共党之宣传甚深，故见赤军此次复来，沿途烧茶送水，招待赤军。我在行军时每过一村一镇，男女老幼立于路旁，观者如堵。而且湘南各县在几年前，朱毛在此活动时，已有居民加入赤军者。故此次赤军路过时，

① 斯顿：《占领宜章城》，《红军长征记》，第50—51页。

此辈赤军之家属，闻风早在路口探其子侄还在赤军否。总卫生部之管理科长（如南京军之司务长）即为宜章之文明司人，当日路过文明司时，其老母在路边迎接。但队伍休息十五分钟即前进。管理科长向卫生部之主任参谋（当时卫生部为一梯队）告假两小时，回家一次。当日按时归队，又带了十一个农民来当赤军，两个伕子（一个伕子以后即与我挑行李），又携来家制极甜之白酒（以米制的，远优于江西所产）分给我等。①

突破敌人封锁线顺利，又得到当地人民群众的支援，因此红军行军时的心情是比较好的。李富春在《夜行军》一文中写道：

点火把夜行军，是很壮丽的，走平坦大道，真是可以光照十里。穿过森林时，一点一点，一线一线的火光，在树林中，时出时现，如火蛇钻洞，红光照天。

过山时，先头的已鱼贯到山顶，宛如一道长龙，金鳞闪闪，十弯十曲的蜿蜒舞蹈！从山顶回头下望，则山脚下火光万道，如波浪翻腾，一线一线一股一股的奔来，即在钱塘江观潮，泰山上观日，也无此奇迹。

……当着无敌情顾虑，月朗风清之夜，我们有时可以并肩而行，大扯乱谈，有时整连整队半夜高歌，声彻云霄。这种夜间的行军乐，可以“不知东方之既白”！这种行军乐趣中，在总政治部的行列中，以至组成了潘汉年、贾拓夫、邓小平、陆定一、李一氓诸同志再加上我的合股“牛皮公司”。同时也产生了所谓“徒步旅行家”，这就是说：大家一路行军一路谈，上下古今的乱谈，也忘记疲倦，也忘记骑马。总而言之，是“徒步吹牛皮”！②

然而，突破第三道封锁线后，中央红军开始进入缺乏或没有革命影响的白区，面临着艰难、凶险的征程。

红二十五军踏上战略转移的征程

就在中央红军主力突破国民党军的第三道封锁线时，在鄂豫皖苏区活动的红二十五军，从河南罗山县何家冲出发，开始长征。

① 陈云：《随军西行见闻录》，1935 年秋，《陈云文选》第一卷，人民出版社 1995 年版，第 46—47 页。

② 李富春：《夜行军》，《红军长征记》，第 18、19 页。

程子华于1934年8月下旬到达河南罗山县卡房后，这时，兼红二十五军党委的中共鄂豫皖省委，成员除郑位三外，其余一个月前随红二十五军转战到皖西去了。为了尽快贯彻周恩来的指示，郑位三当即写信，告诉省委中央派程子华来鄂豫皖的消息，建议省委率领红二十五军赶回鄂东北，研究下一步行动计划。

在等待中共鄂豫皖省委返回鄂东北的40多天里，程子华和郑位三及刘华清等经常在一起交谈。交谈的内容有时是互相交换情况，有时是研究下一步行动方针。郑位三通过交谈，知道了中央苏区的许多情况。关于下一步行动方针，程子华结合自己对周恩来指示的体会，谈了自己的想法。他说：敌人继续搞“竭泽而渔”，企图通过耗尽苏区的人力、物力，把我们搞垮。我们不能让敌人牵着鼻子走，困守在“鱼塘”里，看着敌人把水抽干抓“鱼”。

郑位三说：过去中央也有指示，要红二十五军走出去创建新根据地。但是，我们不敢走远，没有脱离鄂豫皖的思想。这不完全是对老苏区感情上的原因，更主要的是觉得这里有一些极为难得的有利条件。群众对敌人斗争那么坚决，恢复根据地是有希望的。如果能在原地区恢复根据地，何必舍近求远呢？本着这样的想法，我们在根据地附近搞了几次，多数失败了，少数搞成了。搞成了两小块根据地，物资条件非常有限，补充不了多少兵员，活动余地不大。看来，在原地区坚持斗争是不行了。但是，走出去又没有把握。再说，我们对外面的情况一点也不了解，往哪儿走呢？

程子华、郑位三等对鄂豫皖苏区周围的形势逐一进行了分析，认为南、东、北三个方向都是平原、丘陵地区；南有长江天堑，又靠近国民党的统治中心南京和武汉，北有淮水阻隔，敌人在开封、郑州驻有重兵；东面靠近津浦铁路和安庆，很难立足。因此，向南、向东、向北都不行。

那么，向西是不是可以呢？程子华说：可以到伏牛山去。蒋介石和那里的军阀矛盾很深，当地的阶级矛盾尖锐，反动统治基础薄弱。那里又是山区，地理条件比较好。过去，我就听说土匪头子樊钟秀拉起队伍在那里盘踞多年，土匪能够站住脚，共产党领导的军队为什么不能在那里建立根据地？于是，几个人意见一致了，到伏牛山去！

不久，程子华、郑位三等从国民党的报纸上看到了中央红军主力长征到了粤湘边界的坪石、乐昌等地的消息，敏感地从整个南方革命形势认识到红军战略转移的必要性，坚定了撤离老苏区创建新根据地决心。

11月4日，中共鄂豫皖省委率领红二十五军向葛藤山地区行动中，收到郑位三的来信，当即决定率红二十五军赶赴鄂东北。6日晚，红二十五军从葛藤山地区出发，一天两夜急行军100多公里，突破敌人四道封锁线。8日，红二十五军在光山东南25公里的扶山寨同国民党军“追剿”部队展开激战，取得大胜，共毙伤俘敌约4000人，缴获大批武器弹药，自身伤亡600多人。

扶山寨战斗的胜利，打破了国民党军的追堵计划，为红二十五军的下一步战略行动创造了有利条件。

扶山寨战斗后，红二十五军继续西进，在光山西南部的花山寨与中共鄂东北道委会合。这时，中共鄂豫皖省委还收到了中共中央7月26日《关于组织抗日先遣队的通知》、7月29日《致鄂豫皖省委的训令》等文件。

11月11日，中共鄂豫皖省委在花山寨召开常委会议。郑位三在会上传达了程子华（因他不是省委委员，没有参加会议）带的中革军委副主席周恩来的指示。会议决定：省委率领红二十五军实施战略转移，到桐柏山或伏牛山一带创建新根据地；留下高敬亭和一部分武装重新组建红二十八军，在鄂豫皖边区坚持革命斗争。会议还讨论了与战略转移有关的问题。在军事方面，针对红二十五军人数少，行动灵活，部队敢打硬仗、打恶仗等特点和长处，确定实行高度机动、但又不消极避战的方针。在政治方面，根据前不久收到的中共中央《关于组织抗日先遣队的通知》，将红二十五军命名为“中国工农红军北上抗日第二先遣队”，并确定沿途大力宣传党的抗日救国政治主张，规定途中不打土豪，不分土地，不进地主围寨，所需要粮草一律购买，等等。会议还讨论了部队整编和红二十五军领导人员的变动及省委委员的补充、工作安排问题。红二十五军军长徐海东得知程子华在中央苏区当过师长，又在黄埔军校武汉分校学习过，参加过广州起义，便主动提出让程子华担任军长，自己改任副军长。省委讨论后，同意了他的意见，决定由程子华任红二十五军军长，徐海东任副军长，吴焕先仍任军政治委员。

花山寨会议后，中共鄂豫皖省委率领红二十五军转移到河南罗山县殷家湾、何家冲一带，作战略转移前的准备工作。部队进行了“打远游击，创建新苏区”的政治动员；实行轻装，减少不必要的辎重挑担；安置不能随军行动的伤病员；每人准备三天干粮、两双草鞋。由于红二十五军在向鄂东北转移的过程中，沿途连续作战，特别是扶山寨战斗伤亡较大，因而抽调鄂东北地方部队和道委机关干部补充部队。整编后的红二十五军，取消师一级建制，除军直属队外，辖第二二三团、第二二四团、第二二五团和手枪团，共2980余人。

11月16日，红二十五军在中共鄂豫皖省委书记徐宝珊、军长程子华、政治委员吴焕先、副军长徐海东的率领下，由何家冲出发西进，开始了长征。

红二十五军出发时，对外发布了《中国工农红军北上抗日第二先遣队出发宣言》，号召：一切不愿意做亡国奴的中国人，不分政治倾向，共同参加反日斗争。表示：“欢迎广大的群众武装起来，或者参加本军，或者参加组织抗日义勇军、抗日游击队，同我们一路去打日本帝国主义。”“国民党任何部队执行三个条件——停止进攻苏区和红军，武装群众抗日，群众言论结社之自由——欢迎与我们订立抗日作战的协定，和我们一路去打日本。”①

随着红二十五军出发长征，在中国大地上，一南一北已经有遥相呼应的两支红军队伍在进行战略转移。同博古、李德的错误方针相比，红二十五军战略转移一开始就制定了正确的方针。虽然红二十五军战略转移的准备时间不长，只有半个月的时间，但是目标明确，讲究实效，表现在进行了明确的政治动员，广大干部战士了解转移的目的是创建新的苏区；明确把抗日救国与战略转移结合起来；部队进行了轻装，确定既高度机动作战，又不消极避战方针。

红二十五军虽然人数不多，由于有一个坚强的领导集体，制定了正确的战略转移方针，在此后的整个红军长征中发挥了越来越重要的作用。红二十五军的长征和中央红军长征虽然空间距离很远，但又有着密切的联系。随着红军长征的进行，这种表现越来越明显。

---

① 《中国工农红军北上抗日第二先遣队出发宣言》(1934年11月16日)，中国人民解放军历史资料丛书编审委员会：《红军长征·文献》，第402页。

二、蒋介石弄清了中央红军的意图

蒋介石最初有些发懵

1934年9月底，中央苏区仅存瑞金、会昌、于都、兴国、宁都、石城、宁化、长汀等县的狭小区域时，蒋介石认为消灭中央红军已经指日可待，有些飘飘然了。他在同幕僚们谈起红军历次提出的北上抗日和合作抗日时，总是说："他们有什么力量抗日，无非是诱使我军放松包围。"而且信心满满地强调："不消灭共产党就不能抗日，因此我们更应对共军加紧包围，聚而歼之，不使漏网。"①

10月中旬，蒋介石接到其南昌行营传来的情报，得知中央红军主力有突围迹象后，立即召集智囊杨永泰、熊式辉、林蔚、贺国光和晏道刚等商议对策。据晏道刚回忆，当时对红军行动方向作了如下判断：

（一）由赣南信丰入广东。蒋认为：红军利在乘虚，如进入粤境，逼得粤军不得不拼命抵抗，倘被前后夹击，是难于立足的，那是他们的不利之路，去了亦无足虑。

（二）从赣南经粤湘边进入湘南，重建苏区。蒋认为赣粤湘边区是政治上的薄弱点所造成的军事薄弱点，且中央红军入湘后有与贺龙部会合之利，应加重视。

（三）进入湖南后出鄂皖苏区再北进。蒋认为这是当年太平天国北进路线，政治上威胁较大，可以考虑。

（四）经湘西入黔、川再北进。杨永泰以为还要考虑红军尔后渡长江上游金沙江入川西的可能性。蒋说这是石达开走的死路。他们走死路干什么？如走此路，消灭他们就更容易了。②

但不论出现哪种可能性，蒋介石都充满自信，对智囊们说："不问共军

① 晏道刚：《蒋介石追堵长征红军的部署及失败》，中共桂林地委《红军长征过广西》编写组编著：《红军长征过广西》，广西人民出版社1986年版，第435页。

② 晏道刚：《蒋介石追堵长征红军的部署及失败》，中共桂林地委《红军长征过广西》编写组编著：《红军长征过广西》，第436页。

南下或西行、北进，只要他们离开江西，就除去我心腹之虑。”又说：“共军不论走哪一条路，久困之师经不起长途消耗，只要我们追堵及时，将士用命，政治配合得好，消灭共军的时机已到，大家要好好策划。”

然而，蒋介石自己心里清楚，国民党内并不是铁板一块，两广实力派陈济棠、李宗仁就和他时分时合。蒋介石最不放心的是陈济棠这边。陈济棠与红军接触，他也有所风闻，有点半信半疑。10月17日，蒋介石到甘肃兰州视察黄河，心里想的还是这件事，在当天的日记中写道：“陈济棠联匪已成乎？应制止之！”

蒋介石的嫡系部队主要集中在北部，负责西部和南部防堵的是何键的湘军与陈济棠的粤军，蒋介石深恐中央红军从这两个方向突围，命令何键和陈济棠加紧布置，严密防堵。10月19日，国民党西路军总司令何键发出防止中央红军突围电报，称：“石城、兴国先后收复，日暮途穷，势难再度挣扎。据报，该匪至万不得已时，即决心弃老巢西窜入川，企图苟延残喘，倘一但[旦]实现，则我西路军适当要冲，其责任之重，当更十倍于前。”何键根据蒋介石的手令，颁布五项措施，要求各部遵照实施，“如逾期不能分别办到，致碍全局成功，则国有常刑，决不宽贷。”①

10月21日，蒋介石综合各方来电报告，判断：“匪之企图西窜将实现。我军方针，首在巩固赣、信、安、寻第一纵线，务期聚歼该匪于此线以东地区。”为此，他通过何键命令：“（一）南路军应迅将第一纵队线工事，尤以信、安间为重点，迭电所述连点成线，充分储备粮弹。俟罗霖师接良口、储潭防后，即将此部兵力增防信、安间。（二）李军长生达所部速提前赶接李云杰师及罗霖师一部防务，俾罗师一部移接良口至储潭及李师第一步集结遂川以南地区。（三）西路军应将湘南碉堡线提前完成，迅将十五、十六两师集结赣江西岸、遂川以南，并设法抽第十八、第五十两师中之一师，或另抽队接第五十三师防，俾该师亦集结遂川以南地区。（四）所有赣、信、安、寻、南、大、上、崇、犹、南雄及湘南各县之城镇交通要点，均须赶筑据点，

① 《何键关于防止中央红军突围电》（1934年10月19日），中国人民解放军历史资料丛书编审委员会：《红军长征·参考资料》，解放军出版社1992年版，第75、76页。

掳集物质[资]，以便坚壁清野”①。

为执行蒋介石命令，何键于10月23日发出命令，“拟以主力协同粤桂军扼守赣江上游西岸及湘东南各碉堡线，以一部分守原有各防地，并协同东、北两路军对匪夹击，将其歼灭于赣江沿岸，或以西地区。”②

中央红军主力战略转移，蒋介石虽然之前已经有些预案，但真事到临头，不免有些慌乱。对于中央红军战略转移的真实意图，蒋介石一时还难以判断，有些发懵，一会儿考虑“该匪此次南犯，是否主力，或先以一部渡河？”③一会儿又考虑“匪徒此次南犯系全力他窜？抑仍折回老巢？或在赣南另图挣扎？”④举棋不定。为什么蒋介石会这样呢？应该是被中央红军过去的“诱敌深入”和运动战打怕了。第五次“围剿”，他推行堡垒主义，非常见效。但中央红军主力不再像以前那样，分兵把口，而是集中突围，一下子改变作战方法，蒋介石有点捉摸不透了，怕弄不好，让红军抓住时机，消灭自己的有生力量。因此，从以上考虑出发，蒋介石的南昌行营认为：“唯歼匪于第一线以东地区已不可能，自应歼匪于第二纵线及万、遂、汾横线中间地区之目的，另为机动之部署。”具体为：“（1）先电芸樵（即何键——引者）迅就上述纵、横两线加强工事，严密布防。（2）令李云杰集结遂川，援助罗霖，巩固赣州以北江防。（3）周纵队抽十六个团集结泰和；薛路抽集十二个团集结龙冈。（4）匪如他窜，即以薛、周会两李进剿。如回窜，即以周纵队会罗、李，由赣州东进。薛路仍原来任务。（5）东路及辞修应加速向长汀、宁都分进。”⑤

① 《何键转蒋介石关于消灭中央红军于赣信安寻封锁线以东地区给刘膺古电》（1934年10月21日），中国人民解放军历史资料丛书编审委员会：《红军长征·参考资料》，第77页。

② 《何键关于扼守赣江上游西岸及湘东南各碉堡线的命令》（1934年10月23日），中国人民解放军历史资料丛书编审委员会：《红军长征·参考资料》，第81页。

③ 《顾祝同转发蒋介石关于北西两路军守护遂汾横线和第二纵线电》（1934年10月24日），中国人民解放军历史资料丛书编审委员会：《红军长征·参考资料》，第85页。

④ 《南昌行营关于围堵中央红军的部署》（1934年10月25日），中国人民解放军历史资料丛书编审委员会：《红军长征·参考资料》，第86页。

⑤ 《南昌行营关于围堵中央红军的部署》（1934年10月25日），中国人民解放军历史资料丛书编审委员会：《红军长征·参考资料》，第86页。

10月30日，蒋介石又认为："由赣南西窜之匪，尚徘徊与大瘐[庾]东北地区，有向西北逃窜之模样。判断匪将以全力经赣南西窜，或以一部北犯遂川，企图牵制。"据此，蒋介石的"追剿方针"为："应侧重堵截其西窜。冀可于万安、遂川、大汾以南，桂东、汝城、仁化、曲江以东地区，及其以南至湘、桂水[之]间，及纵横碉堡线之中间地区，消灭匪之窜力。"具体部署为："北路周纵队限江日以前集中遂川、大汾线上；薛路即速分由现地出发，经龙冈、吉安、安福、莲花、茶陵、安仁、耒阳、常宁，向永州附近集中，限下月（即十一月）敬（二十四日）以前完全达到。所遗防地，由顾总司令派队星夜填驻。""西路应先巩固汾、汝、广纵线，及万、遂、汾横线。两线之守备部队应即日各就指定之位置。其余衡、郴、永、黄与茶、安、耒各纵横线上部队，暂以保安团队守备。其主力陆军，均先控置于相当地点，以资机动。尔后适应情况，再就守备位置。""南路军速就汝、仁、曲线上，努力堵截，以迟滞匪之行动，并以大部追击之。""桂军应控于全、兴间，并速巩固黄、全、兴、桂碉堡线。"①

这些部署说明，蒋介石对中央红军西进的意图还未完全判明，一方面在湘南部署兵力，一方面又在赣西部署兵力，企图两头兼顾。同时，将战斗力较强的周浑元纵队和薛岳第六路军调往湘南，实在有远水难解近渴的味道。

这时，中央红军主力已顺利通过第一道封锁线，蒋介石对陈济棠非常不满，于10月30日致电蒋伯诚转斥陈济棠："纵匪祸国，何以见后世与天下？"蒋介石不满归不满，还需要陈济棠粤军出力堵截红军，只好睁一只眼闭一只眼，寄希望在他督促下，粤在汝城、仁化、曲江一带设置第二道封锁线为其卖命。

蒋介石明白过来了

中央红军主力突破第二道封锁线时，蒋介石明白过来了，红军是沿红

① 《蒋介石关于"追剿"方针及北西南各路军行动的部署》（1934年10月30日），中国人民解放军历史资料丛书编审委员会：《红军长征·参考资料》，第88—89页。

六军团的路线去湘西的。11月6日，蒋介石给湘军何键发电报，称："综合本日情况，西窜匪部先头约千余，已返汝城，约八十里，继续向宜章方面逃窜，以一部在汝城城口与我军对战，掩护其侧翼，其主力向汝、仁间西窜。"因而判断："该匪必沿五岭山脉，循萧匪故道，经兴、全间窜，且其行动必速，不致北犯，既有亦不过以一部掩护其侧翼。"据此，蒋介石制定了"歼灭该匪于湘、漓两水以东地区"的计划，要求"各方部队均须速出郴、永以南，宜、道以北，分别堵剿与追击。"①为此，蒋介石调整了部署，命令薛岳第六路军从吉安出发，日夜兼程经茶陵赶赴永州；周浑元纵队由左安兼程赶向郴州迎击与截击；陈济棠的粤军速出宜章以北夹击，崇义、大余以南的粤军追击。因恐薛岳、周浑元两部不能按时到指定位置，蒋介石又令何键先抽出湘中部分部队，分别迅速出郴州、永州以南堵截，并且设法迟滞红军的行动。至于桂军，蒋介石指令除巩固湘、漓两水及龙虎关一带的碉堡外，要李宗仁、白崇禧抽调有力部队，速出道县以北，与永州部队协同"堵剿"。

在蒋介石围堵中央红军的部署中，有两支部队少不了，那就是薛岳的第六路军和周浑元纵队，尤其是薛岳的第六路军，摆放在重要位置。只是薛岳的部队当时属于北路军总司令顾祝同指挥，位在吉安地区，离湘南尚远，一时还难以到达。为了追击中央红军，蒋介石决定成立"追剿军"。在考虑谁任"追剿军"前敌总指挥时，蒋介石起初定的是北路军前敌总指挥陈诚。陈诚却竭力保荐薛岳，蒋介石同意了，决定抽出九个师的兵力归薛岳指挥。陈诚则被蒋介石任命为预备总指挥，集中亟待休整的嫡系部队作为机动兵团策应各方面的需要。

这薛岳为何许人也，受到蒋介石的青睐，担负"追剿军"前敌总指挥的重任？

薛岳，又名仰岳，字伯陵，绰号"老虎仔"，广东韶关乐昌九峰镇小石坪村人。早年先后入黄埔陆军小学、武昌陆军预备学校、保定陆军军官学校第六期。毕业后，在粤军第一师先后任连长、营长。1923年任粤军团长。

① 《蒋介石关于消灭中央红军于湘、漓水以东地区给何键电》（1934年11月6日），中国人民解放军历史资料丛书编审委员会：《红军长征·参考资料》，第93页。

翌年任少将副师长。是年冬参加国民革命军东征讨伐陈炯明。1926年参加北伐战争，年底升任第一师师长。1927年蒋介石发动四一二事变前夕，薛岳因镇压上海工人纠察队问题上与白崇禧意见相左，愤而辞职。随后回广东，被李济深委以新编第二师师长。但他在李济深同张发奎、黄琪翔的争斗中，叛李投张，其部被张发奎改编为汪系第四军教导第一师。不久，张发奎、黄琪翔在桂系的攻击下被迫下野离穗赴港，缪培南与薛岳分别担任第四军正副军长，将部队迅速撤往东江一带准备离开广东。在企岭、潭下，他们率领的第四军遭到陈铭枢和黄绍竑部的东西夹击，部队损失近半，转道进入赣南。1928年1月，缪培南、薛岳率部取道赣东北，北上投靠蒋介石。1928年9月中旬，第四军缩编为第四师，缪培南为师长，朱晖日为副师长，薛岳只好离开南下，到九龙闲居。因对蒋介石不满，不久，薛岳参加汪精卫、陈公博等国民党改组派的反蒋活动。

1929年年初，俞作柏因在蒋桂战争中倒桂有功，被蒋介石任命为国民党广西省政府主席。7月，薛岳因与俞作柏是武昌陆军预备学校和保定陆军军官学校同学，奉汪精卫、陈公博之命，前往南宁，劝俞作柏反蒋。10月1日，俞作柏在南宁通电反蒋，因部下吕焕炎叛变投蒋而失败。12月，张发奎南下广西，联合李宗仁反蒋。次年2月，张发奎部在花县讨蒋失败不久，薛岳和吴奇伟等在广东廉江归队，参加北流战斗。张发奎部与蒋光鼐、蔡廷锴部作战失败后，缩编为三个团，薛岳任第三十五团团长。1930年5月，蒋、阎、冯中原大战爆发，桂张联军在湘粤桂边配合冯、阎对蒋军作战。因在作战中与张发奎意见不一致，改投桂军。中原大战结束后，薛岳任柳州军校校长。1932年1月，薛岳看到国民党内派系纷争不断，便辞职回九龙闲居。

1933年5月，蒋介石谋划对中央苏区发动第五次“围剿”，薛岳被蒋介石任命为第五军军长。国民党军对中央苏区第五次“围剿”开始后，薛岳先后任北路军第三路军副总指挥兼第七纵队司令、第一路军总指挥兼第七纵队司令。1934年1月，任北路军第六路军总指挥。从4月开始，薛岳指挥第六路军先后占领了兴国、古龙冈、石城等地，成为蒋介石“围剿”中央红军的悍将。

从历史上看，薛岳曾多次参加反蒋活动，那么蒋介石为什么又任命薛岳为“追剿军”前敌总指挥呢？究其原因，他们在反共方面是一致的，薛岳在“围剿”红军时的确很卖力气。蒋介石重用薛岳，是为了消灭中央红军，除去心腹之患。

薛岳受命之初，心里没有那么高兴，曾对第四军的副军长陈芝馨私下里说，由于“追剿”红军任务艰巨，自己嫡系部队太少，难以胜任，表示要在适当的时机提出辞职问题。这说明，薛岳非蒋的嫡系出身，以前多次参与反蒋活动，自己指挥的部队，多系蒋之嫡系，而自己带出来的兵很少，怕指挥不动。为了消除薛岳的疑虑，陈诚告诉薛岳，蒋介石计划将中央红军逼入广东，这样既可以消灭红军，又能铲除陈济棠割据广东的局面。他是广东韶关人，率部追入广东人地相宜。陈诚给薛岳打包票，说入粤遇到棘手问题，有他留在后方，就好转圜并可全力支持。这么一说，薛岳放心了，怀着替代陈济棠的梦，更加卖命地“追剿”中央红军。

然而，中央红军主力连续突破三道封锁线，突破薛岳企图入粤取代陈济棠的梦碎。于是，薛岳非常失望，在湖南衡阳打电报给陈诚，表示自己不想干了。陈诚复电劝慰他，并亲自跑到衡阳，恳切挽留。薛岳反复思量，觉得自己从军以来也只有在蒋介石身边势力最大，说不定将来还有发展，于是重上前线，一度到祁阳部署部队。

不料，一波未平，一波又起。蒋介石为了实现消灭中央红军主力于湘、漓水以东地区的计划，必须借重于湖南军阀何键的力量，于11月12日任命何键为“追剿军”总司令，“所有北路入湘第六路军总指挥薛岳所部及周浑元所部统归指挥”①。

蒋介石在让晏道刚电告何键指明薛岳部入湘后归其统一指挥时，没有明确告诉薛岳，这样做使何键的部队调离湖南而使何键更容易受控制。因此，薛岳满肚子的郁闷，根本不买何键的账。

随着国民党军“追剿”中央红军的进行，其内部的勾心斗角也愈演愈烈。

① 《蒋介石委任何键为“追剿”总司令电》（1934 年 11 月 12 日），中国人民解放军历史资料丛书编审委员会：《红军长征 · 参考资料》，第 102 页。

三、蒋、桂、湘各怀鬼胎

中央红军突围长征后，蒋介石心里最害怕的是红军在湖南重建根据地。尤其是1934年10月24日任弼时、萧克、王震率领的红六军团在贵州印江县木黄与贺龙率领的红三军会师后，两军统一行动，决定挺进湘西北，创建湘鄂川黔根据地后，蒋介石更是害怕中央红军到那里去。因而，蒋介石企图将中央红军主力消灭于向湘西进军的途中。

中央红军进入郴州、耒阳、衡阳一线后，蒋介石认为红军已经“流徙千里，四面受制，下山猛虎，不难就擒”。充满自信的蒋介石在衡阳召开了有何键、薛岳参加的军事会议。据晏道刚回忆，会议以在湘江以东“围歼”中央红军为指导方针，作了如下部署：

（一）以二十八军刘建绪率章亮基、李觉、陶广、陈光中四个师，即开广西全州依湘江东岸布防，与灌阳夏威所率的第十五军切取联系，进行堵截。

（二）以吴奇伟率第四、第五两军主力韩汉英、欧震、梁华盛、唐云山、郭思演五个师（这五个师是归薛岳直辖的），沿湘桂公路进行侧击，保持机动，防止红军北上（是怕与红二方面军会合）。

（三）以三十六军周浑元率所辖谢溥福、萧致平、万耀煌师围追红军，取道宁远进占道县加以确保，防止红军南下进入桂北。

（四）以二十七军李云杰率王东原师及其所兼之二十三师取道桂阳、嘉禾、宁远，沿红军前进道路尾追。

（五）以十六军李韫珩所兼之五十三师，取道临武、蓝山，沿红军前进道路尾追。①

蒋介石定下这个计划时，确实费了一番心思。他认为何键与李宗仁、白崇禧有私交，以湘军入全州，彼此不会猜忌，必能合力封锁湘江，堵住中央红军去路。桂北设有民团，亦可给过境红军制造一些困难。李韫珩、李云

---

① 晏道刚：《蒋介石追堵长征红军的部署及失败》，中共桂林地委《红军长征过广西》编写组编著：《红军长征过广西》，第439页。

杰都是湘南人，所部多为嘉禾、宁远人，跟踪追击对当地地理条件熟悉，可收地利人和之便。以精锐周浑元军抢占道县，压迫红军西进；吴奇伟军沿永州西进，阻止红军北上。这样，逼使红军强渡湘江，形成几十万大军前堵后追、左右侧击之于湘江东岸进行决战的有利态势。若红军不渡湘江则只有转入粤北或桂北，陈济棠、李宗仁和白崇禧也会拼死抵抗。看来，中央红军确实面临险境。

蒋介石这个计划好像很周密，但美梦能否成真呢？未必！

国民党军内部各怀鬼胎，蒋介石的如意算盘是"一石三鸟"，即主要目的是消灭最大的敌人中央红军，但同时还希望借此剪除异己。他驱使湘、桂两省军队同中央红军作战，如两省军队挺卖力气，将中央红军消灭，这当然是他求之不得的事。但是，凭蒋介石数年来"剿共"的经验，他的"中央军"有美英等国提供的那么好的装备，也没有把红军消灭掉，更何况何键、李宗仁这些"杂牌军"呢？蒋介石认为，最大的可能，是桂、湘两省军队，都打得元气大伤，这时他再来收拾残局，消灭红军，同时占领桂、湘两省地盘。

以李宗仁、白崇禧为首领的新桂系军阀，是蒋介石的老对手。

李宗仁，字德邻，广西临桂人。1907年入广西陆军小学堂学习，后入广西陆军速成学校学习。1910年参加孙中山领导的同盟会。1913年任广西将校讲习教官。1916年入桂军，由排长升至营长。1922年任广西自治军第二路总司令。1923年年底加入中国国民党。1924年11月被孙中山任命为广西陆军第一军军长。1926年2月，控制了广西的李宗仁宣布接受广州国民政府的领导。3月其部改编为国民革命军第七军。7月率部参加北伐战争。

白崇禧，广西临桂人。回族。早年就读于广西初级陆军学校、广西法政学校。辛亥革命后，入武昌第二陆军预备学校。1916年毕业于保定陆军军官学校第三期。历任桂军第一师见习官、连长、营长、团长等职。1924年加入中国国民党。1926年3月任国民革命军第七军参谋长兼第二旅旅长。北伐战争开始后，任国民革命军总司令部参谋次长、北伐军参谋长、东路军总指挥。1927年3月进入上海后兼任淞沪警备司令。

1927年蒋介石发动四一二政变，实行"清党"，李宗仁、白崇禧是他有力的支持者。同年8月，控制南京政府的蒋介石受桂系排挤，一度"下野"。

1928年1月，蒋介石重新上台。2月，国民党二届四中全会召开，改组国民党中央机构和国民政府机构，谭延闿任国民政府主席，蒋介石担任国民革命军总司令兼军事委员会主席。会后，蒋介石、冯玉祥、阎锡山、李宗仁和白崇禧四大派系暂时达成妥协，于4月共同“北伐”奉系军阀张作霖。待到奉系退到山海关外，张作霖被日本人在皇姑屯炸死，张学良“改旗易帜”服从国民政府后，蒋介石与实力不断膨胀的桂系矛盾尖锐起来。1929年3月爆发的蒋介石与李宗仁、白崇禧桂系的战争，以桂系失败而告终。同年11月，桂系又与张发奎组织“护党救国军”，联合反蒋，失败后退回广西。1930年蒋、阎、冯中原大战，桂系站到了阎、冯一边，在湘粤桂边向蒋介石军队开战，失败后退回南宁。1931年5月，桂系又与汪精卫、孙科、陈济棠等在广州另成立“国民党中央”和“国民政府”，同南京的国民党中央和国民政府分庭抗礼。蒋介石面对巨大压力，于同年12月又一次“下野”，退居幕后操纵南京政府。1932年1月，汪精卫同蒋介石在杭州谈判，达成权力分配协议，蒋介石、汪精卫联合执掌国民党政府，蒋介石才又回到前台任国民党政府军事委员会委员长。

蒋介石与桂系合合分分，分分合合。分的时候使劲斗，兵戎相见。合的时候也互相猜忌，互相提防。无论是合还是分，蒋介石总是处于优势地位，桂系处于下风。但蒋介石总是吃不掉桂系，拿桂系无可奈何。桂系是以蒋介石的主要反对派之一而存在的，是蒋介石的一块心病，总想找机会除之。中央红军长征进入桂系的地盘，蒋介石便认为是机会。桂系会让他如愿吗?

早在蒋介石对中央苏区发动第五次“围剿”时，桂系曾派王赞斌率第四十四师两个团归余汉谋指挥，参加“围剿”。桂系出兵“剿共”，不是为蒋介石卖命，而是借此向蒋要军费。出发前，白崇禧对王赞斌说：“广西地瘠民贫，养不起兵，而老蒋又时时想解决我们，不能不多养一些兵，以图自存。现在派你们两个团去剿，必须换回四个团的经费补给来，同时你们也不能损伤一个兵、一支枪，这是主要原则。”①

后来，桂系参加对中央苏区第五次“围剿”的兵力由两个团增加到四

① 汤垚：《红军长征中白崇禧“开放”湘桂边境的内幕》，中共桂林地委《红军长征过广西》编写组编著：《红军长征过广西》，第445—446页。

个团，防守地区扩大到安远、龙南、虔南、定南一带。

1934年9月，白崇禧判断中央红军有突围意图，怕其四个团首当其冲受到损失，特到安远向王赞斌面授机宜，计划将部队开回广西兴安、灌阳一带。为了掩人耳目，白崇禧以治疗手伤为由，说是数月前骑马摔伤，先到广东治伤。伤好之后，顺便到安远，慰劳第四十四师“剿匪”部队。之后，白崇禧给蒋介石发电报，提出了一个很充分的理由：“如为阻挡共军通过湘桂边境，广西部队愿独任其事，但必须先令王赞斌师归还建制，否则兵力单薄，难以抵御。”不久，蒋介石复电同意，但规定必须在灌阳至全州间占领阵地，不使红军通过湘桂边境。蒋介石在电报中说：“共军将南窜桂黔，贵部如能尽全力在湘桂边境加以堵截，配合中央大军歼灭之于灌阳、全县之间，则功在党国，所需饷弹，中正不敢吝与。”①于是，蒋介石派飞机将两个军三个月的经费、堵剿计划、密电本等送给白崇禧。白崇禧乐呵呵地收下，复电“遵命办理”。

这时，一封来自上海的密电放在了白崇禧的桌上。发密电的人叫王建平，是白崇禧保定陆军军官学校的同期同学，与白私交甚厚，在蒋介石军中参与机要，不断为白崇禧搜集情报，经常住在上海。密电称：蒋介石采取政学系头目杨永泰一举除三害的毒计：即压迫红军由龙虎关两侧地区流窜平乐、昭平、苍梧，更以主力向东驱逐其进入广东新会、阳春地区，或者沿罗定、廉江逼入雷州半岛，预计两广不足应付，自不能抗拒“中央军”的大举进入，如此则一举而三害俱除，消灭了蒋的心腹大患。

为了对付蒋介石的毒计，桂系巨头李宗仁、白崇禧、黄绍竑以及高参刘斐在南宁商议对策。刘斐回忆说：

我们的估计是红军虽然失败了，但仍有一、二十万兵力。广西当时全部兵力只有两个军十六个团。廖磊的七军、夏威的十五军，总共只二万余人。如果我们以二万人去堵二十万人，肯定会被红军吃掉。古云：“哀兵必胜”，红军到了无路可走时，拼死战斗，我们肯定是会被吃掉的。

第二个估计是，红军的后边有蒋介石的追兵。蒋介石一再打电报要四

① 汤垚：《红军长征中白崇禧“开放”湘桂边境的内幕》，中共桂林地委《红军长征过广西》编写组编著：《红军长征过广西》，第446页。

集团军倾全力堵截红军，他还要湖南何键派兵到桂北协助堵击。我们估计蒋介石的阴谋是要叫广西军和红军两败俱伤，他好顺利地进入广西，"一箭双雕。"同时，我们估计何键是最滑头的，他表面可以答应协助堵击红军，到时他会避开。因此，何键是靠不住的。

根据以上的估计，我们研究了一个对付红军的总方针，就是想法不让红军进广西内地。如果进了广西内地，蒋介石就一定会跟进。因此，我们宁可让出一条走廊，让红军从北部经过，让红军到湖南和贵州去。我们把这一方针概括为两个字，就是"送客"。

根据这个方针，我们布置阵地也是侧阵地。即不正面堵，让出北边，部队布防于灌阳到兴安一线。

为了应付蒋介石，我们打电报给何键。叫他派人到全州县来，他们共同商量。果然他们也不想当面堵，怕吃亏，而同意用夹击的办法。……

会后，我们要陈恩元守全州，侦察红军情况。我们估计红军不会攻全州。我们把全州作为一个侦察红军的意图的一个标志。如果红军要占领广西，那就一定要攻全州，那我们就要好好对付了。如果红军不占全州，那就证明红军只是路过，我们就"欢送"。

因此，我们把一个军放在兴安，实际只两个师，在兴安占好地形。把廖磊的三个师放在灌阳。另外在龙虎关放了一个师。布置后，我和白崇禧还到恭城去视察过。

为什么要把主力放在灌阳？把预备队放在龙虎关？因为估计红军大队要走灌阳，龙虎关到灌阳也只一天的路程。因此，我们要把主力放在那里，不能让红军由恭城进入广西内部。

我们的作战方针是"打尾不打头"。打头，红军就要硬拼；打尾，就不会回头来救，我们不会吃亏。另外一个目的是打尾可以促使红军快走。①

另据桂系兵站部参谋长回忆，白崇禧当时还对他说过这样的话："老蒋恨我们比朱毛还更甚，……管他呢，有匪有我，无匪无我，我为什么顶着湿锅盖为他造机会？不如留着朱毛，我们还有发展的机会。如果夏煦荃

① 《刘斐谈话记录》(1978 年 8 月 15 日)，中共桂林地委《红军长征过广西》编写组编著:《红军长征过广西》，第 430—431 页。

（夏威别号）挡不住，就开放兴安、灌阳、全县，让他们过去，反正我不能叫任何人进入平乐、梧州，牺牲我全省的精华。”①

白崇禧的话清楚地说明，蒋桂矛盾极深，还能指望桂系拼死堵截红军过境吗？

何键的湘军有过红三军团占领长沙的教训，为了保存实力，也采取“送客”方式的防堵策略。他既怕红军在湖南境内停留，又怕红军渡湘江北上与红二、红六军团会师。他判断中央红军可能由黄沙河地段突围渡湘江。因此，只有中央红军在全州以南渡湘江时，他才敢让湘军南入广西境内与红军拼命。

11月16日，桂系军阀看到中央红军从广西过境已势不可免，遂按照既定方针，给红军在桂北让出一条路来。但这样一来，势必将红军引向湘西，必然使湘军何键难以容忍。于是，桂系向蒋介石玩了一个障眼法。11月20日，桂系以李宗仁的名义直接给蒋介石发电报，称：“据迭报匪主力由临武分经嘉禾蓝山西窜龙虎关富川贺县，同时吃紧，仁部原在龙虎关以北防堵，故拟将仁部主力，移赴恭城附近，策应富贺兴灌，但兴安灌阳以北，仅能留一部，诚恐力量单薄，拨请饬何总司令所部，向江华推进，以期周密。”②在发这封电报时，桂军即做好了南撤的准备。

桂系的要求似乎很合理，蒋介石于11月22日复电同意，同时要求何键部向江华、贺县推进。然而，何键也只顾看守自己的“一亩三分地”，不肯派兵向江华、贺县推进。11月23日，何键致电蒋介石，大诉其苦，痛陈利害关系：

刻奉养酉电，已准桂军移赴恭城附近，所有灌阳、兴安以北地区防务，责令职路军南移担任，闻命悚惧。缘职路军兵力，除已令周、李、李三路跟匪进剿，尚在宁、道间与匪主力对战外，薛路正向零陵集结，尚未完毕；刘路原以主力布置零陵以南、黄沙河之线，刻又令其伸延至全县与桂军衔接，实属再无余力继续南移，增任二三百里之正面防务，且两周以来，迭请刘司令膺古所部朱、岳两师西调，倾奉祃未电，仍未邀准，刻下新宁、城步、

① 汤垚：《红军长征中白崇禧“开放”湘桂边境的内幕》，中共桂林地委《红军长征过广西》编写组编著：《红军长征过广西》，第447页。

② 胡羽高：《共匪西窜记》，贵阳羽高书店1946年版，第161页。

绥宁及其以北等县无兵控置，若灌、兴、全间又准桂军移调，则不免门户洞开，任匪长扬而去；加之萧、贺两匪复乘机窜扰桑、永，逼近辰、沅，湘西全部陑[阢]陧不定。似此情势迫切，忽予变更计划，兵力、时机两不许可。合围之局既撤，追剿之师徒劳。职受钧座付托之重，虽明知粉身碎骨，难免一篑功亏，亦惟有勉策驽骀，不稍回顾，继续追剿。用敢历陈利害，幸乞钧座睿察详筹，指示机宜，俾资尽力，无任惶悚待命之至。①

何键不愿接防，在蒋介石面前同桂系玩起了“太极推手”。

这边桂系得到蒋介石的同意，管你何键是否派兵接防，即于11月22日下午将主力撤离湘江防线，南移至恭城、富川一线，驻扎在湘江防线的兵力，全州只留下第七十二团的两个营干训队，灌阳只留下一个团，兴安也只有一个团。这样，从全州至兴安长达60公里的湘江沿岸，实际上处于一个不设防的状态。蒋介石精心策划的湘江地域包围圈，由于国民党军内部勾心斗角，给中央红军开了一个大口子。

历史给中央红军顺利渡过湘江、突破国民党军的第四道封锁线一个很好的机遇。机遇，机遇，机不可失，时不再来！

四、血染湘江，红军将士愤怒大到极点

转移到何方？

中央红军实行战略转移，这关系到中国共产党和中央红军的命运，也关系到全体红军的命运，关系到中国革命的前途和命运。这个极其重大的问题，应该经过党和红军领导人的充分讨论，并做好政治动员。但是，战略转移的计划和准备工作只是在“三人团”领导下秘密进行的，没有在部队和地方党政领导人中进行必要的解释和动员工作，甚至在中央政治局会议上也没有讨论过。因此，不少党的领导人只影影绰绰知道要战略转移，但

① 《何键关于桂军主力不可南移给蒋介石电》（1934年11月23日），中国人民解放军历史资料丛书编审委员会：《红军长征·参考资料》，第125—126页。

不知其详。

李维汉在回忆中说：

长征的所有准备工作，不管中央的、地方的、军事的、非军事的都是秘密进行的，只有少数领导人知道，我只知道其中的个别环节，群众一般是不知道的。当时我虽然是中央组织局主任，但对红军转移的计划根本不了解。第五次反“围剿”的军事情况，他们也没有告诉过我。据我所知，长征前中央政治局对这个关系革命成败的重大战略问题没有提出讨论。中央红军为什么要退出中央苏区？当前任务是什么？要到何处去？始终没有在干部和广大指战员中进行解释。①

战略转移详细情况，为什么要保密到除了“三人团”才能知道呢？李德是这样说的：“突围成功的最重要因素是保守秘密。只有保守秘密，才能确保突然行动的成功，这是取得胜利的不可缺少的前提。”②

从这种考虑出发，博古、李德在最初时，将关于突围的传达范围只限于政治局委员和中革军委成员。而其他人，包括政治领导干部和部队高级干部，只知道他们职权范围内需要执行的必要措施。1934年的9月底10月初，各军团被调到待命地点后，博古、李德只对主要干部进行了相应的传达；而中层干部，不管是民政干部还是军队干部，直到最后还只知道一些暗示性的政治口号以及关于蒋介石对苏区即将总攻的情况；出发前的一个星期，这些干部才明白其中的含义。但红军究竟要转移到哪里？只有博古、李德等人知道。

时任红一军团政治委员的聂荣臻回忆录中提到了他和林彪接受战略转移任务时的情况：

长征之前，一军团打完了温坊战斗，奉命回到瑞金待命。我和林彪提前一天赶到瑞金。周恩来同志找我们单独谈话，说明中央决定红军要作战略转移，要我们秘密做好准备，但目前又不能向下透露，也没有说明转移方向。转移之前，要一军团先到兴国抗击和迟滞周浑元纵队的进攻，以便掩护各路红军到预定地域集结。当时保密纪律很严，所以我们也没有

① 李维汉：《回忆与研究》，第344页。

② （德）奥托·布劳恩：《中国纪事》，第96页。

多问。听说毛泽东同志这时候也从外地回到瑞金了，我提议去看看他，就和林彪一起去了。毛泽东同志见到我们很高兴，说："你们为什么到这里来呀！"我说："我们回来了，接受新任务来了。"毛泽东同志故意反问："什么任务？"我回答说："要转移。"……

……

毛泽东听我们说到转移，就说："你们知道了？"我说："我们接受任务了。"

我们这次去见毛泽东同志，本想打听一下转移去哪个方向，可是他就谈到这里，不往下谈了，却提议一同去看看瞿秋白同志办的一个图书馆。①

毛泽东是中共六届五中全会的政治局委员、中华苏维埃共和国中央执行委员会主席，从当时传达的范围看，他应该是知道战略转移决定的。但他当时处于被排斥的地位，不是不告诉林彪和聂荣臻转移去哪个方向，而是他可能也不知道红军要转移到哪儿。

师一级干部是出发前一天才知道要撤出中央苏区的。红一军团第一师师长李聚奎在回忆文章中说：1934年"10月15日，我师刚收拢集结于兴国县的东南地区，军团司令部即派机要参谋送来军团长林彪、政委聂荣臻交代我和政委亲收的绝密信及军委关于红军主力撤出中央苏区的命令和行军路线图。信中指定我们红一师（包括军团供给部、卫生部）为军团右翼队，于10月16日向信丰县属的新田、古陂方向前进。"②

对于军团领导这种异乎寻常的做法，李聚奎有些大惑不解。因为在中央苏区历次反"围剿"作战中，部队由一个区域作战转移到另一个区域作战，是常有的事，犹如家常便饭。但过去部队转移时，军团领导总要尽量争取时间、采取各种方式面授任务，讲明情况。遇到情况紧急时，军团领导也要给师的主管干部直接打个电话。这次部队转移却不同，军团司令部只是通知他们按行军路线图指定的方向前进。而且每天要到达的地点，是一天一通知，即第一天指定第二天的要到达的地点，第二天指定第三天要到达的地点。至于红军主力为什么要转移？转移到何处去？都没有说，弄得李聚

① 《聂荣臻回忆录》，第169—170页。

② 李聚奎：《突破敌人四道封锁线》，中国人民解放军历史资料丛书编审委员会：《红军长征·回忆史料》（1），解放军出版社1990年版，第111页。

奎一头雾水。后来，李聚奎才明白，是博古、李德强调军事保密，不仅他们这师一级干部蒙在鼓里，就连军团领导也不完全了解战略转移的意图。

师一级干部尚且如此，那么师以下的干部、战士更是什么都不知道了。

苦了教导师

1934年8月底成立的中央教导师，主要担负保卫党中央机关的任务。10月上旬，红军总参谋长刘伯承到教导师，向师长张经武、政治委员何长工交代了帮助中央机关撤退的任务。任务一下达，大家都惊呆了，紧张、忧虑、疑惑，一齐涌上心头，搅得心里像乱麻一团。经过动员之后，当晚教导师派出3000多人分赴中央机关及其直属的兵工厂、印刷厂、医院等单位帮助捆绑机器，做撤退的准备。

苏维埃国家政治保卫局派驻教导师的裴周玉在回忆中说：

到了那里一看，工厂的机器，医院的医疗设备大部都已拆卸下来，堆放在屋子里、院子里，还有他们已用木箱、铁皮箱或布包装好的一些小件物资，以及许多没有包装的桌椅板凳、锅碗瓢盆等等，里里外外，密密麻麻摆了一地，连个下脚的地方都没有，真像个彻底大搬家的样子。

望着这种情景，别说是战士们，就是带队的师团领导也感到无法下手，特别是见到那些修理枪炮的、印钞票的、印书印文件的，照“X”光的器械，一个个又大又笨重，更是叫人头疼。这么多坛坛罐罐，不要说教导师6000人搬不了，就是再来一个教导师也搬不完。加上又没有包装用品，一个晚上也没捆好几件东西。

经请示总部同意后，我们帮助机关选择重要的物资，按每人担负50斤左右一担（大件的需几个人抬的，每人为一担）整理出1000余担物资，经过两天两夜的紧张工作，终于完成了包装任务。

物资机器包装好了，部队的思想也“开锅”了。大家掐着手指计算着，每人自带的枪支子弹、手榴弹、行李和干粮有三四十斤，再挑上五六十斤的担子，一共100来斤。这么重的负担压在肩上，行军的任务怎么完成？遇到高山大河怎么办？遇到敌人堵截追击怎么办？遇上刮风下雨怎么办？……总之，人人都怀疑这样能否完成突围的任务。一些人思想上动摇着、忧虑着。苏区的群众见到这些，流着眼泪对战士们说：

“你们连机器都搬走了，就不要苏区了吗？”

“你们能搬走东西，我的房子、耕牛和孩子怎么搬走呢？”

“过去红军打仗是为了老百姓，现在要远走高飞，就不要老百姓了吗？”

“带着这么多东西，战士们都成了‘驮马’还怎么打仗呢？”

对群众的这些疑问，我们都无言以对，更不要说去做解释工作了。因为我们自己也知道敌人要打到瑞金来，红军要突围出去，至于突围到什么地方，谁也不了解。战士们回到自己住地，各种议论和不满情绪就更多了，部队开始出现了逃亡现象。各级领导干部心里也有疑问和疙瘩，所以尽管日夜奔忙在连队做说服动员工作，也无济于事，也说不出多少道理，只得硬着头皮反复地对大家说：“要相信党的领导，相信革命最后一定会胜利。”这些本来很能鼓舞人的道理，这时显得那么平庸无力。①

由于国民党军的严密经济封锁，中央苏区积攒的那点家当，如修理枪械的机器、印钞机、印刷机、“X”光机等，许多是从通过秘密交通线运进苏区的。购买和运送这些机器设备，在白区城市做地下工作的同志绞尽脑汁，甚至付出了生命的代价。在兵工厂、造币厂、印刷厂、红军医院工作的同志，把这些机器设备当作同敌人斗争的武器，当作“宝贝疙瘩”，视为自己的生命。当要进行突围时，他们首先考虑的是这些“宝贝疙瘩”来之不易，不能落入敌手。没有人告诉他们要到哪里，要走多少路，走什么样的路。他们或许认为，转移可能走不了多远路，到了新根据地，把兵工厂的机器架上，就可能造枪、造子弹或修理枪械，缺少武器弹药的战士们拿起他们制造或修好的枪，就能打“白狗子”；把印刷机器架上，就可以印刷报纸和其他宣传品，传播党的主张，在党和红军战士、人民群众中间架起一座桥梁，动员他们为推翻蒋介石国民党反动政权、建立工农兵劳苦大众当家作主的政权，动员他们为抗日救国而斗争；把印钞机架上，就能够活跃苏区经济，同国民党开展经济斗争；把“X”光机架上，许多负伤的战士就能够做手术，取出身上的子弹、弹片，重新走上同国民党反动军队作战的战场。

① 裴周玉：《踏上艰难的征程》，中国人民解放军历史资料丛书编审委员会：《红军长征·回忆史料》(1)，第121—122页。

如果告诉这些同志，要转移到几千里以外的地方，途中要经过许多崇山峻岭，道路异常难走；要渡过许多大大小小的河流，由于后面国民党大军追击，前面有地方军阀的堵截，红军只能迅速抢渡。他们会理解，会含泪毁掉或者秘密掩埋这些机器设备的。但是，“左”倾教条主义者没有告诉他们这些情况，并且也同意带上了这些家当，以致产生了严重的恶果。

中央红军主力开始战略转移后，红一军团和红九军团为左纵队，红三军团和红八军团为右纵队，中央纵队居中，红五军团殿后。教导师编在中央纵队第二梯队，他们抬着、扛着、挑着600多件大小不等的担子，迈着沉重的步子，艰难地、缓缓地向前行进着。

裴周玉回忆当时行军情况时说：“这些担子，有用稻草捆绑的机器部件，小件的二五个人抬着，大件的要十来个人才能抬得动；有用青的、蓝的、灰的、黑的、绿的各色破布包扎捆绑的大包裹，战士们用肩扛或用扁担挑着走；有用铁皮、木板或竹片制作的各式箱子，两个人一前一后抬着走。这些东西夹在队伍中，弄得队不成队，行不成行，拖拖沓沓，全师拉了足有十几里长。”“由于上路仓促，准备不足，没有进行深入的思想动员，行军的意图严格保密，许多基层干部不了解上级精神，只是盲目地跟着大部队走，所以，从一开始部队的思想就比较混乱，存在着各种各样的怀疑和谣言，逃亡现象几乎每天都在发生，增加了部队行军的困难。”①

为了带着这些“坛坛罐罐”行军，教导师付出的代价是惊人的。出发仅一个月，没有参加过什么大的战斗，逃亡、掉队、伤残病等非战斗减员已达三分之一。

平路还好些，山路就更难走了。裴周玉说：

部队进入江西、广东交界的崇山峻岭后，每天行程70到80里，我师上午6时出发，晚上10时以后才能赶到军委指定的宿营地。……

山路本来就不好走，老天还不断地下雨，雨夜行军，道路泥泞，山坡陡滑，很多火把又点不着，这可苦了我们挑担子抬机器的战士了。天是黑洞洞的天，山是黑洞洞的山，雨点噼噼啪啪打在脸上，连眼都睁不开，衣服背包

① 裴周玉：《踏上艰难的征程》，中国人民解放军历史资料丛书编审委员会：《红军长征·回忆史料》(1)，第122页。

都湿透了。本来就很重的负担又加进了几斤雨水，好像背的不是包袱，而是整个大庾山压在肩上，让人喘不过气来，最讨厌的是路不好走，又陡又滑，好不容易迈出去一步，脚下一滑又退回去两步。一个人不小心滑倒了，就会碰倒一串，“哗啦啦”一声，一个个四脚朝天倒在地上一大片。身上的水和地上的泥粘在一起，人刚爬起来了，担子往肩上一放，脚下一滑就又摔倒在地，爬一个山坡不知要摔倒多少次。

俗话说：上山容易下山难，上山靠力气，下山靠胆量。的确不假，雨天负重爬山，下山就更难了，一脚没踩稳就连人带担子滚下几十米，这一个还没有爬起来，那一个就又滚下来，好像坐“滑梯”一样一个接着一个。然而这个滑梯可不是好玩的，人担着担子滚下来，不是人碰到了箱子上，就是箱子撞到人身上，或者是人和箱子一块儿撞到石头上，碰得人身上脸上青一块紫一块的，只好一瘸一拐地往前挪，一两个小时也走不出一二里路。

到了险要地段，大家都格外小心，手拉着手小心翼翼地走着。前面走着的几个战士因为脚踩空了或踩在虚石块上跌到悬崖下丧生了。每走一段悬崖都有这样牺牲的同志。幸存下来的同志一边流着眼泪，一边咒骂该死的老天爷，咒骂这该死的没完没了的大山，咒骂那该死的害人的担子，要不是这些鬼东西，好端端的壮小伙子怎么会掉下去呢？

在山里行军，教导师的速度更慢了，但又不能掉队，必须完成每天的行军任务才不至于与纵队隔断。只得白天黑夜都赶路，有时一天只有三四个小时的休息，尤其是雨夜行军，伸手不见五指，山坡又陡又滑，不小心就会滚到山涧里去，我们已经有不少同志打瞌睡滚下去牺牲了，所以我们大家都极力提醒自己千万别瞌睡，有的同志因怕睡觉边走边咬手指头，开始只要你稍一疏忽，瞌睡虫就又不知不觉地爬到你身上作祟。因此我们都怕黑夜来临。①

“左”倾教条主义者的错误决策，不但使担任开路红军受到损失，也使抬着笨重的物资设备行军的红军苦不堪言！

中央红军突破国民党军第二道封锁线后，据李聚奎回忆：“军委大

① 裴周玉：《踏上艰难的征程》，中国人民解放军历史资料丛书编审委员会：《红军长征·回忆史料》（1），第122—123页。

概鉴于红军主力转移已无密可保，才正式通知我们说，中央红军这次进行转移，是为了到湘西去同红二、六军团会合，在那里建立新的革命根据地。”①

既然已无密可保，那么博古、李德就应该知道，蒋介石不会听任中央红军这么大摇大摆地同红二、红六军团会师，必然会重新调动力量，企图将红军歼灭于行军途中的。同时，他们也应该了解中央红军出发以来的行军速度了吧。这么缓慢的行军速度，不正是给蒋介石以调动兵力的充分时间了吗？丢掉那些笨重的物资、设备，轻装前进，抢在敌人的重兵到达之前通过预定地点，是明智的选择。然而，博古、李德舍不得丢掉已经严重拖累部队行军的物资、设备，仍然在慢吞吞地行军！

血战湘江，终于突破第四道封锁线

由于中央红军突破前三道封锁线比较顺利，行军缓慢的危险性还没有充分暴露出来。那么第四道封锁线呢？极大的危险在等待着他们。

由于国民党桂军、湘军互相争斗，从11月22日起，湘江防线出现了一个大口子，中央红军若能利用桂军撤防，湘军一时还没有过来的有利时机，迅速渡过湘江，那么，历史将会用另外一种方式出现。但是，掌握着红军指挥大权的博古、李德并不知情，大队红军还是按照以前那样，采取甬道式的行军队形，缓慢向湘江移动。

11月25日17时，中革军委下达关于红军向全州、兴安西北之黄山地域进军的命令，以红一军团主力及红三、红八军团为进攻部队，“连续的应迅速的占领营山山脉之各关口隘路，并于全州、兴安之间渡过湘河。在此种决心下，应迅速、坚决消灭敌之第一、第二路军及与我接触之桂军部队。”以红一军团一个师及红五、红九军团为掩护部队，“应连续于潇水及营山诸隘口，阻止敌第三、第四、第五路军前进，当其急进时，则应坚决消灭其先

① 李聚奎：《突破敌人四道封锁线》，中国人民解放军历史资料丛书编审委员会：《红军长征·回忆史料》（1），第111—112页。

头部队。”①具体部署是：以红一军团主力为第一纵队，沿道州、蒋家岭、文市向全州以南前进；红一军团一个师、军委第一纵队和红五军团（欠一个师）为第二纵队，经雷口关或永安关及文市以南前进，尔后则依侦察结果决定前进路线；红三军团、军委第二纵队及红五军团一个师为第三纵队，经小坪、邓家源向灌阳前进，相机占领该城，以后则向兴安前进；红八、红九军团为第四纵队，经永明（如不能占领永明，则从北绕之）、三峰山向灌阳、兴安前进。

中共中央知道红军突破第四道封锁线面临的严峻局面，于25日和红军总政治部发布《关于野战军进行突破敌人第四道封锁线战役渡过湘江的政治命令》：

（致一、三、五、八、九军团，二纵队）

各兵团首长：

一、我野战军即将进行新的最复杂的战役，要在敌人优势兵力及其部份的完成阻我西渡的部署条件下，来突破敌人之第四道封锁线并渡过湘江。此战役须经过粮食较缺乏的两个山脉，并要克服二条[河]道与开阔地带，及部份的敌人堡垒。野战军应粉碎前进路上敌人之抵抗与击溃向我翼侧进攻及尾追之敌，任务是复杂与艰巨的。但由于敌我部队质量之悬殊，我工农红军之顽强坚决，忍苦耐劳，可断言胜利是属于我们的。

二、为着胜利的进行这次战役，要求野战军全部人员最英勇坚决而不顾一切的行动。进攻部队应最坚决果断的粉碎前进路上之一切抵抗，并征服一切天然的和敌人设置的障碍，掩护部队应不顾一切阻止及部份的扑灭尾追之敌。各兵团应不断的注意自己翼侧之安全，如敌人向我翼侧进攻时，应机断专行的坚决击溃之。同时，不应离开、放弃完成自己的前进道路。

三、对每一个指挥员要求明确的执行放在前面的战斗任务，与友军确实的协同动作，不间断的进行各种侦察、警戒，并应遵守一切战术规定，以避免不必要之损伤。指挥员应牢记争取战斗的胜利，不仅依靠个人的勇敢，而首先是在正确的指挥部队。

---

① 《朱德关于我军向全州、兴安西北之黄山地域进军的作战命令》（1934年11月25日），中国人民解放军历史资料丛书编审委员会：《红军长征·文献》，第148页。

四、政治工作人员应不疲倦的政治宣传与鼓动及个人的模范，克服战斗员中的疲劳、落伍与各种动摇，应与指挥员一起征服为完成战斗任务上的一切客观困难，并最高限度的提高全体红色军人的战斗精神、顽强抗战及其坚定性。我野战军的基本口号应该是：不仅要安全的不受敌人损害的通过封锁线，且须击溃及消灭所遇之敌军。

五、当前战役的胜利完成，是将决定着我们突破敌人最后的封锁线，创造新的大块苏区，协同其他红军部队（二、六军团，四方面军）一致进行全线的总反攻，与澈底粉碎敌人五次“围剿”。

六、本政治命令随军委二十五日十七时作战命令同时下达至团、至梯队首长为止。军团、师、团政治部（处）应据此进行加强的政治工作，但不应下达提出作战任务。

党中央及总政治部

二十五日①

11月26日，中央红军主力从永安关和雷口关进入广西，并形成红一军团为右翼，红三军团为左翼，向湘江前进的态势，但红八、红九军团仍在湖南江华和永明，落在后边，和前锋的距离相差150多里。

11月27日，红一军团前锋第二师占领了从屏山渡至界首的湘江所有渡河点，并架设了浮桥。中革军委原令红二师相机先敌占领全州，以取得阻击湘军南下的有利地形。由于湘军刘建绪部先于红军到达全州，红二师遂在桂（林）、黄（沙河）公路上之脚山铺一带占领阵地，准备阻击湘敌。与此同时，红三军团前锋第四师也前出至湘江，占领了界首以南的光华铺，向南警戒兴安县城的桂系部队；第五师占领新圩和马桥渡，阻击从灌阳方向北上的桂敌。

这样，在桂系军队撤防五日之后，中央红军才占领了湘江渡口，形成了全军从永安关、雷口关直达湘江的态势。这时的形势已经比前几天要差多了，国民党“中央军”周浑元部于26日占领了道县。桂系看到周浑元部已占

① 《中共中央及总政治部关于野战军进行突破敌人第四道封锁线战役渡过湘江的政治命令》（1934年11月27日），中国人民解放军历史资料丛书编审委员会：《红军长征·文献》，第146—147页。

领道县，为防止“中央军”尾追红军进入广西，遂令第十五军从恭城返回灌阳，在新圩以南展开，随时有截击红军后卫部队的可能。湘军力图封锁湘江渡口，其第一路军刘建绪部于11月27日进占全州。从总体形势上看，国民党军已形成南北两方，一头一尾夹击红军的态势。尽管如此，红军若能轻装前进，仍然可以利用最后的有利时机，以较小的代价渡过湘江。

这时，蒋介石从已进占全州的刘建绪那里得知湘江几乎无兵防守的情况，对桂系自保策略大为恼火，直骂“娘希匹”，即于11月28日致电何键、白崇禧，训斥：“迭电固守河流，阻匪窜渡，何以全州沿至咸水之线并无守兵，任匪从容渡河，殊为失策。窜渡以后，又不闻我追堵部队有何处置，仍谓集结部队，待机截剿。匪已渡河，尚不当机立断痛予夹击，不知所待何机？”指令“为今之计，惟有一面对渡河之匪，速照恢先（即刘建绪——引者）、健生（即白崇禧——引者）所商夹击办法，痛予歼除；一面仍击匪半渡，务使后续股匪不得渡河，并照芸樵（即何键——引者）预定之计划，速以大军压迫。匪不可测，以迟滞匪之行动，使我追军得以追击及兜剿。总之，窜匪一部漏网，已为失策，亡羊补牢，仍期各军之努力，歼匪主力以漓水以东、四关（指清水关、高木关、永安关、雷口关——引者）以西地区也。前颁湘水以西地区剿匪计划，已有一部之匪西窜，并望即按计划次第实行，勿任长驱西或北窜为要。”①

蒋介石电报的企图在于消灭没有渡过湘江的红军部队，从另一个方面说明，这时红军轻装快速前进的重要性。

红军如果顺利渡过湘江，湘军受到的威胁最大。因此，何键对执行蒋介石的军事计划最卖力，即令刚占领全州尚未歇口气的刘建绪率领三个师南下，妄图封锁从全州至咸水的沿江渡口，并要求桂军负责从咸水至灌阳（包括咸水以南经界首至兴安的湘江）的防务。

舍命帮助湘军而自己无所得，白崇禧不干这买卖，不理会蒋介石、何键的意旨，只以一个师驰援兴安，以防红军杀“回马枪”，而令已从恭城返回灌阳新圩的夏威所部，全力向红军后续部队发起攻击。

① 《蒋介石关于红军先头部队从容渡河给何键、白崇禧电》（1934年11月28日），中国人民解放军历史资料丛书编审委员会：《红军长征·参考资料》，第134页。

11月28日，朱德总司令致电红军各军团首长，指出："我们估计湘敌第一路军之两个师，明二十九日晨有可能由全州沿湘江向我进攻，其主要突击方向是沿全、桂汽车道。桂军于灌阳、兴安间约有一个师至二个师，企图从南阻止我军沿灌阳至界首大道西进，并由南进行辅助突击。周敌将企图占领蒋家岭诸关口，并进行猛追。"为此，朱德命令："我军应自二十八日起至三十日止全部渡过湘水，并坚决击溃敌人各方的进攻。"①

朱德电报对敌情的分析判断和作出的决定是正确的。

28日当天，红三军团第五师第十四团、第十五团和临时配属的军委炮兵营，在师长李天佑、政治委员钟赤兵的率领下，奉命到新圩负责阻击桂军的进攻。他们的任务是"不惜一切代价，全力坚持三天到四天"，以掩护军委两个纵队过江。

下午4点多钟，红五师两个团和军委炮兵营赶到了预定地点。这里离湘江约有七八十里路，一条通往灌阳的公路正从阵地前面通过。这是桂军进逼湘江岸边的必经之地。公路两侧是一片连绵的丘陵地带，紧紧地扼住公路的道口。已是深秋季节，公路两侧稻田里的庄稼已经收割，但树叶还没有落，满山的松树和一簇簇灌木丛，刚好成了隐蔽部队的好场所。李天佑将红十五团放左翼，红十四团放在右翼，师指挥所设在离阵地前沿的二三里路的地方。

阵地刚刚布置好，侦察员就送来报告，桂军第七军两个师已经离这里不远。红军赶快构筑阻击工事。一切准备就绪，敌人就赶到了。

李天佑回忆说："战斗一开始，就十分激烈。敌人在猛烈的炮火机枪掩护下，向我们的前沿阵地猛扑。我走出指挥所，站在一个山头上向前沿阵地观察。指挥所离前沿不过三里路，在望远镜里一切都清清楚楚：敌人的排炮向我们前沿猛击。一时，卧在临时工事里的战士们全被烟尘遮住，看不见了。敌人整营整连暴露地向前沿冲击，越走越近。但是我们的前沿还是沉寂着，仿佛部队都被敌人的炮火杀伤完了。但是，当敌人前进到离我们只有几十米，突然腾起了一阵烟雾——我们成排的手榴弹在敌群中爆

① 《朱德为至三十日止全部渡过湘江对我军二十九日行动的部署》（1934年11月28日），中国人民解放军历史资料丛书编审委员会：《红军长征·文献》，第156页。

炸了。战士们像从土里钻出来似的，追着溃退下去的敌人的屁股射击。'红星'炮兵营的炮弹也在敌群中炸开了。敌人的冲击垮下去了。这个情景使我想到不久前我们师所进行的高虎脑战斗。那时，我们的战士们也是这样杀伤敌人的。从敌人溃退的情况看，我们给敌人的杀伤是不小的。但是，因为我们没有工事，在敌人的炮火和机枪的扫射下，我们也付出了相当的代价。"①

桂军正面进攻受阻后，遂以一部兵力从侧翼迂回，红十四团、十五团腹背受敌，被迫退至第二道防线。

29日，桂军增加了进攻兵力，第二十四师及第七军独立团前来参战，并有飞机的支援，战斗空前激烈。在战斗中，红十四团、十五团同敌人展开白刃战，一个山头一个山头争夺，伤亡十分严重。

当红军战士们用鲜血保护渡口时，庞大的军委纵队由于辎重压身，行动非常迟缓。28日，军委纵队离湘江只有55公里。然而，在军情如火的情况下，军委纵队却每天走27. 5公里。这时，前方战士每分钟都在流血牺牲的情况下，李天佑是心急如火的。他在回忆中说：

这时，军团的电报不断传来后面的情况：

"红星"纵队正在向江边前进。

"红星"纵队已接近江边。

"红星"纵队先头已开始渡江。

几乎每一份电报都要求我们"继续坚持"。我知道，我们的任务是繁重的，稍一不慎，让敌人进到新墟，那后果就不堪设想了。但我也深深地感到，我们的后方机关是太庞大了，从第2[五]次反"围剿"防御失败以后，仓促地转入长征，又不好好地精简组织，坛坛罐罐什么都带上了，使得我们的行动迟缓，有些能够摆脱的形势也摆脱不了，不能主动歼敌不说，现在还不得不付出更大的代价来掩护这庞大的机构转移。我不由得暗自希望中央纵队走快一些——他们走快一步，这里就减少一点伤亡。②

---

① 李天佑：《把敌人挡在湘水前面》，中国人民解放军历史资料丛书编审委员会：《红军长征·回忆史料》(1)，第146页。

② 李天佑：《把敌人挡在湘水前面》，中国人民解放军历史资料丛书编审委员会：《红军长征·回忆史料》(1)，第147页。

红五师第十四、十五团在新圩一直坚持到11月30日下午4时多，才接到军团电报，告知军委两个纵队已渡过湘江，他们的阻击任务完成，才将防务移交给红六师，迅速渡过湘江。

在新圩阻击战中，红五师两个团伤亡两千多人，师参谋长胡震、红十四团团长黄冕昌以及副团长、参谋长、政治处主任都英勇牺牲，政治委员身负重伤；红十五团团长、政治委员负重伤，营以下干部大部分牺牲。

11月29日，红三军团第四师第十团在界首南的光华铺阻击敌人。光华铺离界首只有几里路，是一片开阔地，对红军防守非常不利。但是，为了阻击由全州、灌阳出击之敌，保证后续部队安全过江，红十团只有背水作战。红三军团总指挥彭德怀亲自指挥光华铺阻击战，把军团指挥部设在离湘江渡口只有几十米的一座名叫“三官堂”庙里。

30日清晨，国民党军对光华铺的正面进攻被红十团顽强顶住之后，便沿湘江两岸向界首逼近，对红十团进行迂回进攻。红十团团长沈述清指挥发起反击，不幸中弹壮烈牺牲。彭德怀立即命令红四师参谋长杜中美接任红十团团长。当日，杜中美也壮烈牺牲。

杜中美是陕西兴平人，早年参加国民军，曾任新编第一师连指导员。1929年秘密加入中国共产党，同年12月在湖北大冶起义中参加红军。1930年后，历任红三军团第八军第三纵队第二大队大队长、第四师团长、师参谋长。跟随彭德怀进入中央苏区，参加历次反“围剿”作战。他的牺牲使彭德怀痛失一员战将。

红一军团第二师在脚山铺一带阻击湘军的进攻。脚山铺是一个20多户人家的小村子，桂黄公路正好穿过这里。在公路的两侧，夹峙着两列两公里多长的小山岭，各有数个小山头，以东边的黄帝岭和西边的怀中抱子岭最高，标高有300多米，其余200多米。山岭上长满小松树，前面有一片开阔地。这是一个比较理想的阻击阵地。

林彪和聂荣臻召集有关干部看了地形，决定先将红二师重点部署在桂黄公路两侧，加紧构筑工事，待红一师赶到后，再将红一师部署公路两侧。

湘军刘建绪为不使红军入湘，即于11月29日以四个师从全州倾巢出动，向红二师脚山铺阵地进攻，被红二师英勇打退。30日凌晨，红一师师长李聚奎、代理政治委员赖传珠率领部队赶到脚山铺。由于部队急行军，非常疲劳，刚一停下来，有些战士就站在那里睡着了。但军情紧急，立即紧急动员，仓促调整部署，进入阵地。

30日，红一军团同湘军展开大战。红一师的第二团、第三团阻击，第一团作为预备队；红二师的第四团、第五团阻击，第六团作为预备队。湘军前锋为第十六师和第十九师。拂晓时，湘军发起了第一次冲锋，很快被红军击退，在尖峰岭和美女梳头岭留下了几十具尸体。

湘军不甘心，又组织了第二次冲锋。后来，随着冲锋次数的增多，投入的兵力越来越多，在十几架飞机的掩护下，攻击也越来越猛。阵地上硝烟弥漫。红一军团利用有利地形杀伤敌人，阵地上敌人的尸体越积越多。战至下午，湘军以优势兵力，猛烈的炮火，突破了红一师米花山防线，威胁红一军团美女梳头岭等阵地。最后，红一师只剩下一个怀中抱子岭。入夜，湘军又利用夜幕迂回进攻。红一师为了避免被包围，退往西南方向水头、夏壁田一带。

湘军占领米花山和美女梳头岭后，对红二师前沿阵地尖峰岭产生很大威胁。敌人从三面向红军尖峰岭阵地进攻。红二师第五团在尖峰岭只有两个连，兵力薄弱，阵地失守。红五团政治委员易荡平身负重伤，为了不当俘虏，要求警卫员打他一枪。警卫员不忍心对他下手，他就夺过警卫员的枪，朝自己开了一枪，英勇牺牲。

红五团阵地失守后，红二师主力只得退守黄帝岭。湘敌紧跟着向黄帝岭进攻，于是，双方在黄帝岭展开一场血战。湘军付出沉重代价，仍未攻下黄帝岭。入夜，鉴于红一师撤出后，红二师孤军突出，为了避免被敌人包围，主动撤到珠兰铺、白沙一带，与红一师的夏壁田、水头一起，构成第二道阻击线。

当天晚上，红一军团领导冷静分析战场形势，给朱德发出一封电报，实事求是地反映情况：

朱主席：

我军向城步前进，则必须经大埠头，此去大埠头，经白沙铺或经咸水圩。由脚山到白沙铺只二十里，沿途为宽广起伏之树林，敌能展开大的兵力，颇易接近我们，我火力难发扬，正面又太宽，如敌明日以优势猛进，我军在目前训练装备状况下，难有占领固守的绝对把握。军委须将湘水以东各军，星夜兼程过河。一、二师明天继续抗敌。①

为守住湘江渡口，阻击部队面临强大的压力，12月1日将是中央红军自长征以来最关键的一日。凌晨一时半，中革军委以朱德总司令的名义向全军下达了紧急作战命令，令红军主力消灭由兴安、全州向界首进攻之敌，钳制桂军及由东面尾追而来的周浑元部，保证后续部队于2日早晨通过湘江。

实现中革军委命令所规定的任务，红一、红三军团是关键。12月1日三时半，中共中央局、中革军委、总政治部致电红一、红三军团：

林、聂、彭、杨：

一日战斗，关系我野战军全部西进，胜利可开辟今后的发展前途，退则我野战军将被敌层层切断。我一、三军团首长及其政治部，应连夜派遣政工人员分入到各连队去进行战斗鼓动，要动员全体指战员认识到今日作战的意义。我们不为胜利者，即为战败者，胜负关系全局。人人要奋起作战的最高勇气，不顾一切牺牲，克服疲惫现象，以坚决的突击执行进攻与消灭敌人的任务，保证军委一号一时半作战命令全部实现。打退敌人占领的地方，消灭敌人进攻的部队，开辟西进的道路，保证我野战军全部突过封锁线，应是今日作战的基本口号。望高举着胜利的旗帜向着火线上去！

中央局

军委

总政

十二月一日三时半②

形势非常严峻，情况非常揪心，沉甸甸的任务压在了红一、红三军团身上！从11月30日夜到12月1日晨，两军团担负阻击任务的全体指战员的精神都处于紧绷绷的状态。聂荣臻在回忆中说："11月30日晚上，到12月1日清晨，无论是红色指挥员、政工人员、参谋人员以及各类战勤人员和连队的党团积极分子，都是一个最紧张的通宵达旦的不眠之夜啊！为了党中央的安全，为了红军的生存，都是熬红了眼在为第二天战斗准备。生死存亡在此

① 《聂荣臻回忆录》，第181页。

② 《中共中央局、中革军委、总政治部关于保证军委一号一时半作战命令全部实现致红一、三军团电》（1934年12月1日），中国人民解放军历史资料丛书编审委员会：《红军长征·文献》，第161页。

一战啊！”①

这时，除军委两个纵队已过江外，全军12个师，过江的只有四个师，及红一军团的第一师、第二师；红三军团的第四师、第五师。尚未过江的还有八个师，除红一军团的第十五师、红三军团的第六师外，红五、红八、红九军团的全部（六个师）都没有过江。从全州南下的湘军四个师力图封锁湘江渡口；从新圩北上的桂军两个师又一个团，已在临近红军重要交通枢纽的古岭头一带展开；光华铺的桂军一个师又一个团向西塘一带推进，企图配合新圩之敌，会攻红军后续部队，中央红军后卫第三十四师和第六师第十八团面临被敌切断的危险。

12月1日，中央红军同国民党军的一场大战在湘江两岸展开。凌晨，湘军在飞机的配合下，更加嚣张地向红一军团的阵地进犯。红军总参谋部命令红一军团阻击部队在12时以前要保证决不让敌人突破白沙河，使总部和全体红军能够顺利渡过湘江封锁线。在“一切为了苏维埃新中国”的口号下，红一军团第一、第二师在20多里地的战场上，以惊天地、泣鬼神的英雄气概，同敌人展开了生死存亡的拼杀。

开始，敌人猛攻红三团阵地，遭到顽强抵抗，并被红三团连续打了几个反冲锋。于是，敌人转攻红一师与红二师的结合部。红二师因连续经过四个晚上未眠，一天多的时间没有吃饭，体力严重透支，未向敌人出击。红一师阵地周围数十里都是茂密的树林，看不到敌人的行踪，右翼阵地的枪声越来越近，而正面的敌人却不见动静，于是判断敌人从右翼向红军阵地迂回过来了。担任正面阻击的红一师第三团的两个营陷于敌人的包围，一个营急忙从左边冲出，与红一、红二团会合，幸而脱险。另一个营从右边冲出，恰与敌人撞个正着，队形突然混乱起来。正在大家没有主意时，营长在人群中大声喊道：“同志们不要着急，我有把握，政治委员告诉我，如有紧急情况，要我们向左边大山靠。”各连按照营长的指示行动，冲出了敌人的包围。

红一军团指挥所也遭到了迂回敌人袭击，上演了令人惊魂的一幕。当时，军团领导们正在研究下一步行动计划，敌人端着刺刀冲到了指挥所的

① 《聂荣臻回忆录》，第182页。

门口。起初，聂荣臻没有发觉，警卫员邱文熙很机警，看到了，告诉他。聂荣臻有点不相信，说：恐怕是我们的部队上来了，你没看错吧？邱文熙说：没有看错。聂荣臻到前面一看，果然是敌人。红一军团参谋长左权还在吃饭，聂荣臻对他说，敌人上来了，赶紧走！于是，聂荣臻一面组织警卫部队赶紧撤收电台，向一个山隘口转移，命一部分同志就地抗击敌人；一面命令警卫排长刘辉山赶紧去山坡下通知红二师的政治部，让他们向预定方向紧急转移。刘辉山往下走的时候，一抬脚，被敌人的一颗子弹离奇地打穿脚板心。但他忍痛完成了传达任务。由于及时采取了适当措施，红一军团指挥部有惊无险地脱离了敌人。

接近正午时分，红一军团指挥部得知军委纵队已经越过桂黄公路，这才松了一口气，命令红一师和红二师交替掩护，边打边撤。红一师经木皮口、鹞子江口，红二师经庙山、梅子岭、大湾，分别从这两个山隘口退入资源的越城岭山区。

湘江战役中，红五军团第三十四师在文市、水车一线阻击，掩护红八军团渡过湘江。

11月30日，在红三十四师阻击阵地上，战斗空前激烈。追敌是蒋介石的嫡系周浑元指挥的第三路军四个师。该部敌人自恃兵力雄厚，美式装备，气势汹汹，想一口吃掉红三十四师。敌人在猛烈的炮火和飞机轰炸的配合下，轮番向红三十四师的阵地进攻。英勇的红三十四师顽强抵抗，大量杀伤敌人，打退了敌人一次又一次进攻。

是日晚，敌人经过调整部署后，向红三十四师阵地发起了更疯狂的进攻。整个阵地上空，信号弹、照明弹、各种炮弹的火花交织在一起。守卫前沿阵地的红三十四师第一〇〇团第二营营长侯德奎响亮地提出：“誓与阵地共存亡，坚决打退敌人的进攻，保证中央机关和兄弟部队抢渡湘江。”在侯德奎的指挥下，全营干部、战士与敌人进行殊死搏斗。弹药打光了，他们就用刺刀、枪托与冲上来的敌人拼杀。第一营的一位福建籍的连长，在战斗中身负重伤，肠子被敌人的炮弹炸断了，仍然带领全连继续战斗。阵地上弹片乱飞，前沿工事被摧毁，山上的松树烧得只剩下枝干。部队伤亡越来越大，但红军官兵们仍英勇坚守阵地，继续顽强战斗着。

与此同时，红三十四师第一〇一团、第一〇二团的阵地上，也在激烈战斗，许多战士负伤不下火线，顶住了数倍于己的敌人的疯狂进攻，为中共中央、中革军委和兄弟部队渡过湘江赢得了宝贵的时间。但红三十四师也付出了沉重的代价，师政治委员程翠林和大批干部、战士献出了宝贵的生命。

完成阻击任务后，红三十四师被敌人阻隔在湘江以东，西去的道路被敌人切断，部队处于湘军、桂军、“中央军”三路包围之中，形势极为严重，指战员心情万分焦急。

面对渡江已经不可能的情况，红三十四师师长陈树湘当机立断，率领部队东返，准备沿原道转至湘南打游击。部队进至青龙山附近，与一部分敌人遭遇。红三十四师迎头痛击，打垮了该敌。12月2日下午，红三十四师又在新圩与追敌激战三个小时，虽然歼敌一部，自己也损失不小。这时，敌人调整部署，对红三十四师实施四面包围，企图一举歼灭。陈树湘召集师团干部会议，作出两条决定：第一，寻找敌人兵力单薄的地方突围，到湘南发展游击战争；第二，万一突围不成，誓为苏维埃新中国流尽最后一滴血。

就在红三十四师准备突围之际，桂军首先发起进攻。红三十四师集中火力，勇猛反击，一下子把敌人打得晕头转向，摸不清红军有多少人，害怕吃亏，急忙后撤。第一〇〇团团长韩伟认为，部队处在桂军统治区，兵力、粮食、弹药都得不到补充，又是孤军作战，既无兄弟部队配合，又没有群众支援，且敌人失败后，肯定重新纠集重兵再来，因而向陈树湘建议：“乘胜立即突围，不能错过时机。”大家都赞成这个建议，陈树湘当即决定：由韩伟指挥第一〇〇团掩护，他和师参谋长王光道率领师直机关及第一〇一团、第一〇二团余部约四五百人迅即向东突围。

为了掩护部队突围，韩伟和第二营营长侯德奎将全团不足一个营的兵力集合起来，编成三个连，重新任命了连、排干部，并作了简短的政治动员。突围开始后，部队刚刚通过猫儿园附近，正准备向长塘前进时，敌人突然扑了上来。韩伟率领新组成的三个连，迎头反击敌人。大家只有一个念头：“坚决打退敌人的进攻，保证师部和兄弟部队胜利突围。”扑上来的敌人被打退了，韩伟指挥的三个连只剩下30来个人，并且和师的余部失散了。为了保存革命种子，韩伟宣布：立即分散潜入群众之中，尔后设法找党组织，找部队。

陈树湘率领的师直机关和另外两个团余部突围后，在湖南江永县左子江遭到敌袭击。陈树湘身负重伤，战士们用担架抬着他继续指挥战斗，不幸在道县落入敌手。敌保安司令何汉听说抓到了一个红军师长，高兴得发了狂，命令他的喽啰抬着陈树湘去向主子邀功领赏。陈树湘乘敌不备，用手从腹部伤口处绞断了肠子，壮烈牺牲，时年仅29岁，实现了他“为苏维埃新中国流尽最后一滴血”的誓言。敌人残忍地割下陈树湘的头颅，送回他的原籍长沙悬挂在小吴门的城墙上。红三十四师其余100多人，也因弹尽粮绝，大部英勇牺牲。

陈树湘，曾用名陈树春，湖南长沙人。1927年9月参加湘赣边界秋收起义，不久加入中国共产党。曾任红四军第三十一团连长、第三纵队大队长。参加开辟井冈山和赣南、闽西根据地的斗争。1930年后，任红一方面军司令部特务队队长，红十二军某团团长，红十九军第五十六师师长，红五军团第三十四师第一〇一团团长，第三十四师师长。参加了中央苏区历次反“围剿”战争。

陈树湘率领的红三十四师，是在毛泽东、朱德亲自关怀和谭震林、罗瑞卿、萧劲光等具体帮助下，由闽西红军逐步改编、组建起来的第三个红三十四师，正式成立于1933年春。师团干部大多数是原红四军调来的骨干和红军学校毕业的，作战经验丰富，指挥能力较强。广大指战员出身贫苦，阶级觉悟高，整个部队士气旺盛，战斗力很强。在成立后的一年多的时间里，红三十四师的隶属关系虽几经变更，但始终服从命令听指挥，在中央苏区第四次、第五次反“围剿”作战中，屡建战功。

由于“左”倾教条主义错误，一个从人民军队开始创建时期成长起来的年轻将星过早地陨落了，一支屡建功勋的英雄部队从红军的行列中悲壮地消失了。

被阻隔在湘江东岸的还有红三军团第六师第十八团。红十八团是掩护大部队过江的最后的后卫部队，主要任务是掩护红八军团过江。完成任务后，红十八团在由新圩向湘江岸边撤退中，被桂军分割包围。最后，红十八团在陈家背与数十倍于己的敌人战至粮尽弹绝，大部分壮烈牺牲。

湘江之战，是中央红军长征以来最惨烈、最惊心动魄的一战。中央红军突破了蒋介石精心布置的第四道封锁线，粉碎了其围歼中央红军于湘江以东的企图，但付出了沉重的代价。渡过湘江后，中央红军只剩下3万多人了。

红军血染湘江，是博古、李德瞎指挥的恶果，激起了中央红军广大干部、战士对“左”倾教条主义错误的极大愤怒。刘伯承在回忆文章中说：“广大干部眼看反第五次‘围剿’以来，迭遭失利，现在又几乎濒于绝境，与反第四次‘围剿’以前的情况对比之下，逐渐觉悟到这是排斥了以毛泽东同志为代表的正确路线、贯彻执行了错误的路线所致，部队中明显地滋长了怀疑不满和积极要求改变领导的情绪。这种情绪，随着我军的失利，日益显著，湘江战役，达到了顶点。”①

李维汉在回忆录中说：“湘江一仗打得很艰苦，红军损失惨重。长征出发时，中央红军和其他人员共有八万多，到这一仗下来，只剩下三万多人。这就引起人们的深思，为什么一、二、三、四次反‘围剿’都胜利了，而第五次反‘围剿’却失败得那么惨呢？”②

带着“坛坛罐罐”的教导师拖累了抢渡湘江，心里更是窝着火。裴周玉在《踏上艰难的征途》一文中写道：“渡湘江的巨大损失使越来越多的人认识到错误路线再不纠正，辛辛苦苦建立起来的工农红军这点革命的武装力量非被折腾光了不可。”“那么多的战友没死在敌人枪炮下，却为搬运这些破烂而丧生，怎能不叫人心痛呢？就是这些破烂拖累得我们这个有6000多人的教导师只剩下2000人了，而为掩护我们和这些破烂而牺牲的两翼部队的战友们，更是不计其数了。”“我们把一腔怒火集中在铁锤上，向着这些该死的东西狠狠砸去，砸得稀烂，放火把它们烧成灰烬还不解心头之恨。”③

伟大的事业，从来不是一帆风顺的。湘江之战，是中央苏区第五次反“围剿”以来的最低谷。但是，肩负着实现中华民族独立与复兴的中国共产党和中国工农红军，是中国最先进、最大公无私的政党和军队，充满朝气和智慧，不会为严重的挫折所吓倒。它们会纠正自身存在错误，调整方向，走上胜利之途。

---

① 刘伯承：《回顾长征》，《人民日报》1975年10月19日。

② 李维汉：《回忆与研究》，第349页。

③ 裴周玉：《踏上艰难的征途》，中国人民解放军历史资料丛书编审委员会：《红军长征·回忆史料》(1)，第128、129页。

第三章　转兵贵州，实现历史性转折

一、继续投向罗网，还是另辟蹊径

翻越老山界

中央红军渡过湘江后，向越城岭及其以西的西延地域（今资源县境）前进。由于抢渡湘江，部队损失严重，序列不整，中革军委决定部队在西延地域停留一天，整理部队。然后，再按照预定计划从大埠头出湖南城步，再去与红二、红六军团会合。

1934年12月4日，中革军委判断：敌十六师占领大埠头后，“湘敌主力将出城步、通道向我截击和堵击，其一部将随我右纵队后尾追。而桂敌则将由大溶江口、龙胜有袭击我军左侧之可能。”决定“我野战军以继续西进至通道以南及拨扬所、长安堡地域”①。于是，中央红军于4日以一部阻击追敌，主力分左右两路，沿湘桂边界继续西进，翻越老山界。

老山界，是越城岭山脉中段分支，南北长约21公里，东西宽约6公里，主峰猫儿山，海拔2000多米，是越城岭最高峰。这座山，是中央红军长征后遇到的

① 《朱德关于我军向通道以南西进致各军团、纵队电》（1934年12月4日），中国人民解放军历史资料丛书编审委员会：《红军长征·文献》，第165页。

第一座高山。陈云在《随军西行见闻录》中叙述了翻越老山界的艰难过程：

西延山脉之高峰老山界，确为我十几年来第一次上过的高山。千家寺是在老山界的山脚下。我记得是一天的下午，总卫生部才抵千家寺，当时休息吃饭后，即上山。上了二十里，到一小村子，只七八家人户。此时太阳西下，伕子、马伕、均忙于找火把。过一下天黑了，队伍还是前进。开始因为队伍中有些人没有找到火把（因为人家少，找不到火把的材料），在黑夜里黑摸，走得很慢。我在第六连的先头走，简直是走一步停一步，走一步停一下。天气又冷，风又大，山又高，山下的泉水的流声如万马奔腾。人又疲倦，可是不敢合眼，因为路太狭了，只有一海关尺阔的路。有一个看护生在行军时，因为天黑未找到火把，再加上睡眼朦胧地走着，忽然一失足滚入水沟里去了。当时就命传令兵执了火把，慢慢地拉住树根攀到水沟里，可是那个看护生已经跌得不只满身泥水，而且不能言语了。这就警惕各人小心翼翼地慢慢地走着。因为走得慢，即使下午预备了火把的人，也已经把两三个火把烧光了，以后简直前后看不见火把了，只有稀稀地看见几个马灯的灯光在走动。队伍越走越慢了。走几步，停五分十分钟，既不像走路，也不像休息。时间已经是次晨两点钟了，前面顺次序地传下了司令员的口头命令："各连队随地靠路旁露营。各连伙伕到前面煮饭。"同时大家又顺次序地喊："向后传……"实在太疲倦了，不管地下是湿是干的，大家就横七竖八地倒在地下把被单往身上一盖就睡。人生再没有比这个时候、这个地方睡得舒服的，不要两分钟已经鼻息呼呼地入睡乡了。

次晨天尚未明，吹号，起身，吃饭，并且各人还带了午饭。据当地居民说，此地到唐庄六十里，而上山还有四十里。

山实在太耸了，因此队伍走不快。的确空身上山还要脚酸气喘，而那些伕子还要挑上三五十斤的担子，真是不容易。

……

老山界这个山高得非常使人发急，到了一个山顶，见前面只有一个高峰了，不料上了那个高峰，前面还有一个高峰，……这样走了共有十二个高峰，才到山顶。①

① 陈云：《随军西行见闻录》，《陈云文选》第一卷，第51—52、53页。

雷公岩，是老山界最险的一段，与地面几乎是九十度直角，上面只有一尺宽的石阶作为通道。由于湘江之战中许多战士受伤，被抬在担架上。而雷公岩抬着担架是上不去的。没有办法，伤员们只好从担架上下来，在别人的帮助下，缓慢而又痛苦地往上爬。一次只能上一个人，有些是被推上去的，有些是被用绳子拉上去的。陆定一在回忆中特别称赞红军医院的医护人员，说："医院这一部分真是辛苦，因为山陡，病员伤员都要下担架走，旁边有人搀扶着。医院中工作的女同志们，英勇得很，她们还是处处在慰问和帮助病员，一点也没有疲倦。"①

牵着马上雷公岩就更困难了。有的人用尽力量，也没有把马牵上去。有些马连同马夫一道跌下山崖。

翻越老山界后，中央红军进入龙胜县境。这里居民多是苗族、瑶族和侗族，经济、文化落后。红军来到这里时，由于民族隔阂和国民党特务的造谣，当地群众许多都逃到山里，给红军增加了困难。国民党为了制造红军与当地人民群众的矛盾，派人烧毁群众的房屋、粮食，然后散布"共匪杀人放火"的谣言，企图嫁祸于红军。朱德总司令对这一情况十分重视，发出命令："连日桂敌派出大批密探，在我各兵团驻地，纵火焚烧民房，企图疲劳及嫁祸于我军，破坏红军在群众中的信仰。各兵团首长及政治部，应于到达宿营地后，及离开宿营地以前，严密巡查，并规定各连值班。一遇火警，凡我红色军人，务必设法扑灭，及救济被难群众。纵火奸细，一经捕获，应即经群众公审后枪决。"②

陈云在《随军西行见闻录》中有这样的记载：

赤军在西延山脉周围遭遇到极多困难。最重要困难之一，就是赤军每到一处，全村全镇房屋、粮食统统烧了。究竟是谁烧的呢？开始老百姓传说是赤军烧的，但是事实上我不能完全相信，因为许多镇市在赤军未到前已在火烧了，这样难道是赤军自造困难吗？把房屋、粮食统统烧光，岂非使赤军自己无处住无处吃吗？后来这个事情水落石出了。当赤军驻广南寨（广西龙胜县之西北）时，我们总卫生部次晨集合于广南寨镇外田野间而快将

① 陆定一：《老山界》，《红军长征记》，第99页。

② 中共中央文献研究室编：《朱德传》（修订本），中央文献出版社2006年版，第395页。

出发时，忽见镇内三处房屋同时起火，显系有人放火。总卫生部司令员贺诚即下令警备连回镇搜索，忽然捉到七八个穿赤军军装的放火人来。一问他们，都是广西口音，就供出他们是龙胜县政府所派，专烧民房，每日得大洋两元，作用在一方使赤军无处住，不得食，一方则引起居民对于赤军之怀恨。一询其何处得来军衣，均说县政府捉赤军之掉队落伍兵佚，杀之而剥去其军服，即由所派之放火人穿上赤军军服，冒充赤军。放火之后，使居民愤恨赤军。这几个人放火烧了几个镇市了。他们穿上赤军军衣，冒充有病而掉伍者，天天随在赤军队伍后面走，或者冒充赤军之侦察队，在赤军将来时，先放火烧屋。

总卫生部长贺诚当然不是一个笨人。他听了他们如此说后，即传令部队大家去救火。救熄后，召集全镇居民来开会，当场要这放火的冒充赤军的七八人在居民面前自供。结果，几百居民立刻动手，把这七八人一顿拳足，打得那几个人气都快没有了。贺诚忽然又劝止说："这是广西军阀官僚一方面诬蔑红军，一方面是残酷地使你们年终的时候，弄得无家可归。红军是帮助百姓的，我们帮助你们救火。现在你们太可怜了，哪家房子被烧的，红军愿把没收土豪的洋钱救济你们。大家到那边去领。这几个放火的人，大家愿意怎样办呢？"一经贺诚的演说，数百居民众口一声要求枪毙这七八个人。结果把这七八个人拖到镇外去了，大家跟着去，一会儿又回来在一个空场角上的桌子上领洋钱。忽一会就有五六十个年轻力壮男子到贺诚面前说："我们要当红军。"结果就有一百多人连续地写上名字当红军了。①

通过陈云这两段生动的文字，可以清楚地知道，什么是人民的军队，什么是反动统治者。反动统治者自以为聪明，却弄巧成拙，搬起石头砸自己的脚。而只有代表人民群众的利益，才能被人民群众所拥护，才能拥有顽强的生命力。红军虽然遭到暂时的挫折，被迫离开根据地长征。但它是人民军队，以自己的模范行动得到了沿途人民群众的支持，不断有贫苦群众加入到它的队伍，使它充满新鲜血液，增添力量，并最终能取得长征的胜利。

12月11日，红军先头部队第一军团第二师占领通道县城。12日，红一军

① 陈云：《随军西行见闻录》，《陈云文选》第一卷，第53—54页。

团主力和红九军团集结通道及其附近地域；红三军团主力进到长安堡地域；红五军团、红八军团由流源、辰口、麻隆塘之线西移；野战军司令部、军委纵队到达芙蓉镇。

蒋介石的阴险新计划

在湘江战役进行之前的1934年11月17日，蒋介石考虑，如果在湘江以东不能全歼中央红军，下一步就在湘江以西将红军消灭。为此，蒋介石拟定了“湘水以西地区剿匪计划大纲”，以防止中央红军进入贵州，与红四方面军及红二、红六军团会合，企图消灭中央红军于“黎平、锦屏、黔阳以东，黔阳、武冈、宝庆以南，永州、桂林以西，龙胜、洪州以北地区”。这个计划要求湘、黔、桂军阀在中央红军未渡湘、漓水以前，“于永、宝、武、黔、锦、黎、胜、桂线上，赶筑工事，先择定重要城镇，构成据点，然后逐渐加强、增密”。为此，指令湘军“以黄沙河以北沿湘江经永州至宝庆，沿资江上游经武冈至黔阳，沿清江河至瓮洞，为其守备区域”，“应先完善冷水滩、郦家坪、宝庆、塘家口、桃花坪、黄桥铺、武冈、峡口（高沙西北三十里）、安江、黔阳各处据点工事。”“匪如窜过湘、漓水以后，应防其回窜及北窜，并追击之”；指令黔军“以瓮洞沿清江河上游至黎平，经中潮至洪州，为其守备区”，“应先完成瓮洞、远口、锦屏、黎平中潮、洪州各据点工事”。“应于锦屏、黎平两地控置部队，俟匪西窜时，相机堵击，阻其入境”；指令桂军“沿黄沙河、漓水上游至桂林，经义宁、龙胜、古宜至洪州（不含），为其守备区域”，“除巩固湘、漓水上游原防外，须完善义宁、龙胜、古宜各据点工事”。“匪如窜过湘、漓水以西，除防其回窜外，应协黔军拒止其入黔，并截击之。”①

这是一个阴险、毒辣的计划！

由于中央红军与红二、红六军团会合对何键在湖南的统治威胁最大，因而，他对蒋介石这个“剿匪计划大纲”执行的积极性最高。还在湘江战

① 《蒋介石关于湘水以西地区“会剿”中央红军的计划大纲》（1934年11月17日），中国人民解放军历史资料丛书编审委员会：《红军长征·参考资料》，第115、116页。

役之前，何键即在湘西南一带广征民工，构筑了四道碉堡封锁线。

第一道碉堡线：自新宁县城经崀山、七星桥、窑上、豆子坪、寨子背、上南容、唐家园、五里湾、城步县城、江渡、丹口、大圳岩、岩砦、木路口、石壁、临口、菁抚洲、通道县岩门铺、地伏屯、靖县飞山、太平界、烟敦界、龙孔坳、广坪、酿口、安顺溪、东城场、牛埠、托口、牛角界至芷江。

第二道碉堡线：自新宁县江口桥、飞仙桥、马头桥、龙潭桥、高桥、石狮子、迪咸水、李家渡、黄皮坳、浆坪、横江子、五里湾、铜鼓岭、城步县城、江渡、科头塘、田头、梅口、柳塘、江口塘、岩脚田、枫木坪、寨坡、十里铺、绥宁城、文昌阁、黄土桥经天堂界、乐安铺、烟敦界、杨柳塘、寨牙、磨石、城墙界、靖县飞山、太平界、烟敦界、龙孔坳、广坪、酿口、安顺溪、东城场、牛埠、托口、牛角界至芷江县。

第三道碉堡线：自新宁县江口桥、飞仙桥、龙潭桥、石门司、半山、江口、石山背、西岩市、山口、高坪、茶溪、梅口、柳塘、江口塘、长铺子、余家滩、竹舟、江河口、麻塘、长寨溪、若水、洪江至黔阳。

第四道碉堡线：自新宁经安心观、武冈田心铺、花园、瓦屋塘、雪峰界、西坡、袁马、洪江至黔阳。

很明显，这四道封锁线以新宁为中心，点线相连，相互交叉，构成了一个网状。何键为了消灭中央红军，真是不惜血本！

中央红军渡过湘江后，何键于12月1日急令各路国民党军“迅速向新宁、城步、遂宁、靖县方面转移”，以湘军刘建绪“指挥所部，除以第一路之一部（李、章所部）跟匪追剿外，其第一路主力即由现在地经新宁、城步、遂宁第二道封锁线，节节截剿；第四路着王东原师先出洪江，李云杰师继后，暂位置于梅口、长铺子附近第三道封锁线；第五路着位置于武冈、花园、瓦屋塘第四道封锁线。”并令薛岳“指挥所部，由现在地先向武冈前进。”①

12月3日，何键调整部署，企图将中央红军歼灭于湘黔边境，命令刘建绪指挥第一兵团，“以一部尾匪追剿，主力经新宁、城步间觅匪，节节予以截击”；薛岳指挥第二兵团，“先以大部由武冈经长铺子、竹江舟，迳开会

① 《何键关于速向湘桂边区转移给刘建绪、薛岳的命令》（1934年12月1日），中国人民解放军历史资料丛书编审委员会：《红军长征·参考资料》，第147页。

同，并与洪江王东原师连络，截击西窜之匪，并堵匪北窜；以一部策应第一兵团，逐次推进，扼要堵剿。”①

12月8日，何键再次改变部署，计划将中央红军“围剿于湘、黔、桂边境而歼灭之”，命令：“第一兵团应以一部位置于城步附近堵剿北窜残匪，以主力集结于遂宁附近，向南觅匪截击，并堵[增]修所任内地区之碉堡线”；“第二兵团着经由洪江迅速进出会同、靖县，向通道方面觅匪截击，并督修所任地区内之碉堡线”；“金屋塘、王家塘、寨牙、通道之线为第一、第二两兵团作战地境线，[线]上属第一兵团。”②

这时，无论是薛岳也好，刘建绪也好，认为中央红军虽由于桂系“放水”而渡过湘江，但受到重创，这次前面有何键预先修好的封锁线，后面又有他们的重兵追击，难逃覆灭的厄运。因而，薛岳于12月6日、10日，刘建绪与12月11日，分别给自己的部队发出命令，向何键给他们指定的位置前进。

蒋介石为了督促湘、桂、黔军阀加紧修筑碉堡线，于12月12日发出电报，重申他11月17日制定的“湘水以西地区‘会剿’计划大纲”，要求“各军守备区域，按照筱电规定地点，迅速完成碉堡，严守之。”③

蒋介石调兵遣将，督促加紧修筑碉堡，编织了一张大网，等待中央红军入网。

通道会议，毛泽东提出转兵贵州

湘江之战，中央红军受到惨重损失，博古知道自己作为中共中央的总负责人、“三人团”中位列第一位的成员，难辞其咎。聂荣臻回忆说：“红军由江西出发时的八万六千多人，经过一路上各种减员，过了湘江，已不足四万人。博古同志感到责任重大，可是又一筹莫展，痛心疾首，在行军路

① 《何键关于消灭中央红军于湘黔边境给刘建绪、薛岳的命令》(1934年12月3日)，中国人民解放军历史资料丛书编审委员会:《红军长征·参考资料》，第149页。

② 《何键关于防堵中央红军与红二、六军团会合给刘建绪、薛岳的命令》(1934年12月8日)，中国人民解放军历史资料丛书编审委员会:《红军长征·参考资料》，第151页。

③ 《蒋介石重申湘水以西地区“会剿”计划大纲电》(1934年12月12日)，中国人民解放军历史资料丛书编审委员会:《红军长征·参考资料》，第158页。

上，他拿着一支手枪朝自己瞎比划。我说，你冷静一点，别开玩笑，防止走火。这不是瞎闹着玩的！越在困难的时候，作为领导人越要冷静，要敢于负责。”①

如果说博古还能自责的话，而另一位对中央红军在湘江之战受到惨重损失负有主要责任者李德，不但不感到自责，反而为自己涂脂抹粉。李德在《中国纪事》中这样写道：“尽管突围的最后阶段损失这般严重，但中央红军仍在1934年12月中旬——出发两个月之后，顺利地冲过了在德国军事专家看来是不可攻破的国民党层层封锁。长征队伍这段时期在极其艰难的地区行程达五百公里，历经数十次小仗和三次大仗，终于夺取了广阔的区域。蒋介石企图把红军消灭在堡垒区的计划失败了。我军主力仍然保持着旺盛的战斗力，在笨重的后勤纵队和临时组成的部队把自己的累赘大部分甩掉以后，主力部队在质量上甚至还有所提高了。这些无可辩驳的事实的确为中央红军在长征中和长征以后的最后胜利创造了条件。”②

遭受挫折、失败并不可怕。失败是成功之母。失败之后，认真总结经验教训，吸取教训，纠正错误，就会取得胜利。可怕的是遭受挫折和失败之后，不认账、不吸取教训，一条道走到黑，就会彻底失败。像李德这样的，不认错、不吸取教训，反而还评功摆好，只能把中央红军引上覆灭的道路。

11月25日，中共中央及红军总政治部的政治命令中，把渡过湘江作为突破敌人的最后一道封锁线，认为渡过湘江之后即可“创造新的大块苏区”，并协同红二、红六军团和红四方面军进行全线的反攻，以澈底的粉碎敌人五次“围剿”。很明显，博古、李德乐观地估计了过湘江以后的形势。

中央红军过湘江后，只是暂时摆脱了险境。实际上，更危险的情况还在后面。而李德却认为：“中央红军按照计划继续向西前进，然而在战术上有了一个很小的变化、但很重要的变化，这就是：中央红军避开广西的区域而采取了一条大致向北的、朝着湘黔交界方向的路线。这样中央红军就从丛山峻岭、人烟稀少的少数民族居住地进入了好客的汉人地区。此外，粤军和桂军也停止了追击，因为他们感到自己的地盘不再受到危害了。我军

① 《聂荣臻回忆录》，第185页。

② （德）奥托·布劳恩：《中国纪事》，第111页。

暴露了的南翼，以前常常受到威胁，如今消除了，而我们沿途遭遇到的地方保安队和民团对我们也无可奈何。相反，周将军却继续在我军行军路线的北边平行方向进行追击，但他暂时并不进攻我们。显然，只要没有国民党中央军大量增援部队的援助，他在堡垒区以外就会感到力量不足。”①

这就是“左”倾教条主义者的思维，总是乐观估计形势，低估敌人能力，在思考问题时采取形而上学的方法，对事物是以不变的方式来看待。李德不会想到，没有碉堡，蒋介石可以修碉堡。四道碉堡线在等待着红军，硬朝既定方向进军，红军的损失将要比湘江之战要严重得多，甚至是全军覆灭！

这时，同蒋介石打了十年交道的毛泽东忧心如焚。他对蒋介石了解甚深，知道蒋介石在湘江之战没有达到消灭红军的图谋之后，肯定不会善罢甘休。由于中央红军要与红二、红六军团在湘西北会合的目的已经很明确，毛泽东判断，蒋介石一定会在红军前进方向上设置更多封锁线，而且情报已经说明，蒋介石已经调动了五倍于红军的强大兵力，形成了一个大口袋，如果再坚持与红二、红六军团会合，无疑就是将红军往虎口里送。

那么，红军要向哪里进军好呢？毛泽东把目光投向了贵州。

这时，发生了桂系军阀联合广东军阀同蒋介石争夺贵州的斗争。桂系军阀看到蒋介石的嫡系部队集结于武冈至洪江一线，湘军以重兵置于城步、遂宁、靖县之线，黔东南地区极为空虚。蒋介石限制桂军入黔，规定洪州以南为桂军的守备区域。这就使桂系军阀明显地看出，湘军意在自保，蒋介石意在图黔。当时，桂、粤、黔三省，在鸦片种植和运销方面，有着共同的利害关系。贵州若落入蒋介石之手，不仅使桂系失去主要财源，而且军事上也对桂系产生直接威胁。于是，桂系军阀和广东军阀经过密谋，在12月11日致电蒋介石，表示：“粤、桂两省军旅”，“拟即抽劲旅，先组编追剿部队，由宗仁统率，会同各路友军，继续穷追，以竟全功。”②

蒋介石同李宗仁、白崇禧和陈济棠斗了那么久，能不知道他们那点心

① （德）奥托·布劳恩：《中国纪事》，第112页。

② 《陈济棠、李宗仁、白崇禧关于请命出兵“追剿”中央红军给国民党中央及南京政府电》（1934年12月11日），中国人民解放军历史资料丛书编审委员会：《红军长征·参考资料》，第156页。

眼吗？立即命令嫡系薛岳部兼程进入贵州，捷足先登，使两广军阀干瞪眼，无可奈何。

不仅蒋介石与两广军阀在争夺贵州上斗心眼，黔军内部也矛盾重重。黔军四大派系王家烈、侯之担、犹国才、蒋在珍各据一方，你争我夺。同时，黔军军事素质很差，战斗力低下。中央红军若转兵贵州，一方面可以打乱国民党军围歼红军于进军湘西途中的计划，另一方面可以各个击破战斗力弱的黔军，与红四方面军和红二、红六军团形成三足鼎立之势，有利于以后的战略发展。鉴于此，毛泽东提出放弃同红二、红六军团会合的计划，改向敌人兵力薄弱的贵州进军的主张。毛泽东的主张得到了张闻天、王稼祥、周恩来、朱德的赞同。

12月12日，中共中央负责人在通道城恭城书院举行临时紧急会议，参加人有博古、周恩来、张闻天、朱德①、王稼祥和李德等。这次会议，李德在《中国纪事》中称为“飞行会议”，即是一次非正式的会议。

李德在会议上坚持与红二、红六军团会合的原定计划。他在《中国纪事》中谈到这次会议时说：“在谈到原来的计划时，我提请大家考虑：是否可以让那些在平行线上追击我们的或向西面战略要地急赶的周部和其他敌军超过我们，我们自己在他们背后转向北方，与二军团建立联系。我们依靠二军团的根据地，再加上贺龙和肖克的部队，就可以在广阔的区域向敌人进攻，并在湘黔川三省交界的三角地带创建一大片苏区。”②

李德的想法是如此荒唐和可笑。以他看来，你国民党军不是在平行线上追击我吗，我来一个急刹车，让你惯性地向前冲，然后就可以轻松到湘西北与红二、红六军团会合了。李德没有把国民党军队当成有着意识的人的集合体，而是当成了无意识的在重力推动下急速前进的物体。靠这样思

① 中共中央文献研究室编的《毛泽东传》（1893—1949）、《周恩来传》（1898—1949）（中），在参加通道会议的名单中均没有朱德的名字。在中共中央文献研究室编的《朱德年谱》（新编本）中，朱德参加了通道会议。笔者认为，当时朱德是中共中央政治局委员、中革军委主席、红军总司令，长征时又随军委第一纵队行军，军事指挥命令多数是以他的名义或有他联署的名义发出的。在红军处于危急关头，讨论红军战略方向这样重大问题的会议，朱德应该是参加者之一。所以，采取此说。

② （德）奥托·布劳恩：《中国纪事》，第113页。

维的人能不打败仗吗！

李德的主张遭到了毛泽东的严厉批驳。按照李德的话说是毛泽东“粗暴地拒绝了这个建议”。由于事关红军的生死存亡问题，毛泽东当然不能对李德客气。毛泽东指出，红军主力现时北上湘西，将会陷入敌军重围，后果不堪设想。他根据军委二局破译敌方电台的资料，说国民党军队正以五六倍于红军的兵力构筑起四道碉堡线，张网以待，“请君入瓮”！因此，他建议红军主力继续西进，到敌人力量薄弱的贵州去。

李德到中央苏区以来的瞎指挥，这时大家已完全看得明明白白。毛泽东讲完之后，朱德首先表示同意毛泽东的意见。接着，周恩来、王稼祥、张闻天等与会多数也表示赞成毛泽东的意见。看到大家都同意毛泽东的意见，博古也就不再固执己见。朱德还在会上提出让刘伯承从红五军团参谋长任上调回军委，恢复军委总参谋长的职务，得到与会者的同意。

李德看到自己孤立，借故自己患有严重的热带疟疾，早早地离开会场。会议根据大多数人的意见，通过了西进贵州的决定。当日19时半，中革军委发出“万万火急”电报，指出：“湘敌与[以]陶广一路军主力向通道进逼，其他各路军仍续向洪江、靖县前进，企图阻我北进，并准备入黔。”命令“我军明十三号继续西进”。

通道会议虽是一次临时紧急会议，但这一次会议的作用是明显的。这是毛泽东自宁都会议被排挤出红军领导岗位后，第一次在讨论军事问题的会议上有发言权，也是他的主张第一次得到大多数同志的赞同。这次会议表明，在中央领导层内，正能量开始成为主导，负能量开始下降，李德的最高军事指挥权已受到严重的挑战，党和红军的命运悄然开始出现转机。

二、迈出了关键的一步

黎平会议，改变战略方向

通道会议后，周恩来将中革军委的命令通知李德。李德要周恩来给他详细进行解释。对于李德这种坚持错误己见的态度，尽管周恩来心里十分窝火，但还是强压住，平静地给他解释：中央红军需要休整，很可能在贵州进行，因为那里的敌人兵力比较薄弱。①

但是，李德仍然坚持要北出湘西、同红二、红六军团会合的原定计划。博古对军事本来就是个外行，湘江战役后只知道唉声叹气，没有什么主见。李德这么一坚持，博古觉得可以先到贵州，然后再一直向北，这样可能遇到敌军很小的抵抗，而达到与红二、红六军团会合的目的。为了贯彻博古这个意图，中革军委于13日21时半急电红一、三、五、九军团及军委纵队首长："我军以迅速脱离桂敌，西入贵州，寻求机动，以便转入北上"②。14日，中革军委又在给贺龙、任弼时、萧克、王震的电报中指出："我西方军现已西入黔境，在继续西进中寻求机动，以便转入北上。"命令红二、红六军团"以发展湘西北苏区并配合西方军行动之目的，主力仍应继续向沅江上流行动，以便相当调动或箝制黔阳、芷江、洪江的敌人"③。

12月13日，中央红军按照中革军委的命令，从通道地区出发，继续西进。

贵州在当时是有名的穷省，陈云在《随军西行见闻录》中说："一入贵州，除见居民之贫困而外，尚有三事，为长江流域所未见者，即是：一为鸦片遍地；一为天天下一丝丝的毛毛雨；一为处处是高山峻岭，找不到湘赣两省之平地，更说不上江浙之平原矣。所以地图上有形容贵州地方情形之言曰：'天无三日晴，地无三里平，人无三分银。'确符事实。"④

"人无三分银"是指老百姓穷，没有家产财物。穷苦百姓被称为"干人"，终日劳动，连一件像样的衣服都没有。干人家的小孩在隆冬季节，没有衣服穿，赤身裸体。由于封建剥削十分严重，干人们交了封建地租后，所剩无几。贵州贫富分化严重，又是和种植鸦片、贩卖鸦片、抽鸦片税、吸食鸦片联系在一起的。不仅富人吸食鸦片，穷人也吸食鸦片。富人靠鸦片发财，穷人抽鸦片倾家荡产，甚至卖老婆。黔军抽鸦片也是一大特色。军阀王

① 见（德）奥托·布劳恩：《中国纪事》，第114页。

② 中共中央文献研究室编：《朱德年谱》（新编本）（上），第439页。

③ 《朱德关于红二、六军团发展湘西北苏区并配合西方军行动致贺龙等电》（1934年12月14日），中国人民解放军历史资料丛书编审委员会：《红军长征·文献》，第177页。

④ 陈云：《随军西行见闻录》，《陈云文选》第一卷，第57页。

家烈的部队，几乎都是“双枪兵”，即一杆步枪再加鸦片枪。由大烟鬼组成的部队，手执的是赤水兵工厂制造的武器，在英勇善战的红军面前，自然是不经打的。12月14日，红一军团第六团和第三团进攻黎平。黎平有守敌王家烈一个团。红军一开始进攻，敌人便弃城而逃。随后，红一军团以一个师兵力驻守黎平，同时驱逐城外黔敌。15日，红军占领老锦屏。16日，红一军团前出至柳霁地域，准备渡过清水江，沿湘黔边界北上，同红二、红六军团会合。17日，军委纵队进驻黎平。

就在中央红军西入贵州时，中革军委根据部队的实际情况，决定充实作战部队，于12月13日发布了两个命令：一是以朱德、周恩来、王稼祥的名义致电董振堂、李卓然、周昆、黄甦：“军委决定八军团并入五军团”，“八军团全部人员除营以上干部外应编入十三师各团，为其作战部队”；“十三师师部取消，五军团司令部直辖十三师三个团”；“刘伯承调回军委，陈伯钧为五军团参谋长，周、黄待改编完后即回军委，罗荣桓为五军团政治部主任”。[①]并规定所有改编工作限定在18日前完成。另一个是关于取消军委第二纵队，合编第一、第二纵队的命令，决定：“军委纵队以刘伯承为司令员，叶剑英为副司令员，陈云为政委，钟伟剑为参谋长，纵队司令员、政委、参谋长均兼第一梯队司令员、政委、参谋长，第二梯队以何长工为司令员兼政委，第三梯队以罗迈为司令员兼政委。”规定：“分编第二纵队限十五日进行完毕，并即于十五日起以军委纵队名义直接指挥所属部队。”[②]

红八军团成立于1934年9月21日，是由红二十一师和红二十三师合编而成。红二十一师师长周昆、政治委员黄甦分任红八军团军团长、政治委员，参谋长为唐溶（后为张云逸），政治部主任罗荣桓。改编后，周昆、黄甦仍兼任红二十一师的师长和政治委员；红二十三师长孙超群、政治委员李干辉仍任原职。长征开始时，原为9022人的红八军团补充了1900人，达到

① 《朱德、周恩来、王稼祥关于红八军团并入红五军团的决定及其办法致董振堂等电》（1934年12月13日），中国人民解放军历史资料丛书编审委员会：《红军长征·文献》，第173、174页。

② 《中革军委关于取消第二纵队，合编第一、二纵队的命令》（1934年12月13号于野战司令部），中国人民解放军历史资料丛书编审委员会：《红军长征·文献》，第176页。

10922人，枪3292支。[①]在参加长征的中央红军五个军团中，红八军团人枪最少，战斗力也最弱。在过湘江时，红八军团因故走在最后，损失很严重。过江后各种人员加起来也仅剩一千余人。红八军团由于成立晚，不仅没有发挥作用，反而成为主力部队的累赘。聂荣臻在回忆中说："这次过湘江，我们不仅要掩护中央机关，而且要掩护几个新成立的部队。那时候，教条宗派集团不注意主力兵团的充实建设，却成立了一些缺乏基础的新部队。我们主力兵团又缺乏兵员补充，是打掉一个少一个，而新成立的部队战斗力不强，我们既要完成主要任务，有时还要掩护他们。"[②]

军委纵队也一样，两个纵队，人员庞杂，行动迟缓，严重地拖累了战斗部队。

中革军委撤销红八军团建制和合编军委纵队，对于部队适应进入贵州后的战斗环境是有积极意义的。特别是合编军委纵队，为此后召开中央政治局会议，毛泽东、张闻天、王稼祥参加中央决策提供了有利的条件。

黎平位于黔、桂、湘三省交界处，地形复杂，交通不便，有利于红军隐蔽集结，不利于敌军的重兵运动。由于三省军阀之间的矛盾和三省军阀与蒋介石之间的矛盾，黎平周围敌军的力量十分薄弱。

中央红军占领黎平及其周围地域，又站在战略进军方向的岔路口。前面已经提到，博古在通道会议上勉强同意红军西入贵州境内，是认为可以先暂时到贵州，以避开敌人重兵的围堵，然后再向北折入黔东，去湘西与红二、红六军团会合。随着中央红军占领黎平，在博古看来，这个目的已经初步达到，于是和李德的意见又一致了。

博古和李德为什么念念不忘与红二、红六军团会合呢？究其原因，应该是对在一个过去没有基础的地方创建根据地心中没底、没信心。博古一到中央苏区，就是最高领导人。李德一到中央苏区，就掌握最高军事指挥权。他们没有创造根据地的艰苦经历，也没有建设根据地的经验。别人经过千辛万苦创建了根据地，他们一到就坐享其成，发号施令，对根据地的创建者指手画脚，横挑鼻子竖挑眼，这也不对，那也是错。他们把中央苏区

① 《野战军人员武器弹药供给统计表》（1934年10月8日），中国人民解放军历史资料丛书编审委员会：《红军长征·文献》，第82页。

② 《聂荣臻回忆录》，第184页。

给丢了，中央红军主力不得不进行战略转移，却从不想创建一个新的根据地，而总是想到一个现成的根据地去。以便到了以后，他们就又可以指手画脚了。

博古、李德的心态被蒋介石看准了，所以调集重兵千方百计不让中央红军与红二、红六军团会师。中央红军西进贵州时，蒋介石虽然急令贵州军阀王家烈部退向施秉、镇远、台拱（今台江）地区以堵红军进入贵州，但他的两侧，尤其是北侧的部队并没有向贵州迅速移动，而是将重兵仍部署在湘西，以阻断中央红军与红二、红六军团会合的前进道路。这时，中央红军如果继续北上与湘西北的红二、红六军团会师，仍然会陷入蒋介石的重兵包围圈。

蒋介石看透了博古、李德的心思，毛泽东却看透了蒋介石的意图：你不是认为中央红军必定和红二、红六军团会师吗？我们偏不，要另辟蹊径，让你的阴谋落空。

12月18日，中共中央政治局在黎平召开会议，讨论中央红军的今后的战略方向问题。会议由周恩来主持，出席会议的有博古、毛泽东、张闻天、朱德、王稼祥等。李德因病没有出席会议，托人把他的意见带到会上。毛泽东主张继续向贵州西北进军，在川黔边敌军力量薄弱的地区建立新根据地。王稼祥、张闻天、朱德支持毛泽东的主张。博古则坚持红军去黔东北，然后与红二、红六军团会合的原定计划。这既是他的意见，也代表未出席会议的李德的意见。

会上争论激烈，主持会议的周恩来根据与会多数同志的意见，决定采纳毛泽东的主张。周恩来后来说："从老山界到黎平，在黎平争论尤其激烈。这时李德主张折入黔东。这也是非常错误的，是要陷入蒋介石的罗网。毛主席主张到川黔边建立川黔根据地。我决定采取毛主席的意见，循二方面军原路西进渡乌江北上。李德因争论失败大怒。"①

黎平会议通过了《中共中央政治局关于战略方针之决定》：

一、鉴于目前所形成之情况，政治局认为过去在湘西创立新的苏维埃

① 周恩来：《在延安中央政治局会议上的发言（节录）》（1943年11月27日），中共中央党史资料征集委员会、中央档案馆编：《遵义会议文献》，人民出版社1985年版，第64页。

根据地的决定在目前已经是不可能的，并且是不适宜的。

二、根据于：甲、使我野战军于今后能取得与四方面军及二、六军团之密切的协同动作。乙、在政治的经济的及居民群众的各种条件上，求得有顺利的环境，便利于澈底的粉碎五次“围剿”及今后苏维埃运动及红军之发展。

政治局认为新的根据地区应该是川黔边区地区，在最初应以遵义为中心之地区，在不利的条件下应该转移至遵义西北地区，但政治局认为深入黔西、黔西南及云南地区对我们是不利的。我们必须用全力争取实现自己的战略决定，阻止敌驱迫我至前述地区之西南或更西。

三、在向遵义方向前进时，野战军之动作应坚决消灭阻拦我之黔敌部队。对蒋湘桂诸敌应力争避免大的战斗，但在前进路线上与上述诸敌部队遭遇时则应打击之，以保证我向指定地区前进。

四、政治局认为，为着保证这个战略决定之执行，必须反对对于自己力量估计不足之悲观失望的失败情绪及增长着的游击主义的危险，这在目前成为主要危险倾向。

五、责成军委依据本决定按各阶段制定军事行动计划，而书记处应会同总政治部进行加强的政治工作，以保证本决定及军事作战部署之实现。①

会后，周恩来把黎平会议决定的译文给李德送去。李德看后大发雷霆，用英语和周恩来吵了起来。向来温和的周恩来，这一次无论如何也压不住心中的火气，同李德拍了桌子。由于用力很大，搁在桌子上的小马灯都被震得跳了起来，倒在桌子上，熄灭了。警卫员范金标赶紧又把马灯点着。

黎平会议，是中央红军开始长征后第一次召开的中共中央政治局会议。这次会议表明中央红军长征后的领导体制已开始发生变化。过去是最高“三人团”决定一切，凌驾于政治局之上。关于中央红军长征的重大决策都由“三人团”来决定的，根本不通过政治局。从黎平会议开始，中共中央政治局开始决定重大问题了，党内的政治生活，由不正常开始正常，由博古、李德的专断开始走向中央政治局集体领导。这就为此后召开遵义会议

① 《中共中央政治局关于战略方针之决定》（1934 年 12 月 18 日），中国人民解放军历史资料丛书编审委员会：《红军长征·文献》，第 181—182 页。

打下了组织基础。

黎平会议放弃到湘西北与红二、红六军团会合的计划，决定在川黔边地区建立新根据地，打乱了蒋介石的部署，将十几万国民党军甩在了湘西，从而避免了中共中央、中革军委机关、数万名红军干部、战士覆灭的命运，为此后革命大发展保存了党和红军的精英和骨干力量。

在历史的紧要关头，黎平会议改变中央红军战略进军方向，迈出了走向长征胜利的关键一步，也为遵义会议的召开迈出了坚实一步。

进入苗族聚居区

黎平会议之后，朱德、周恩来于12月19日发出《关于军委执行中央政治局十二月十八日决议之决议电》，命令："一、九军团为右纵队，有占领剑河的任务，以后则沿清水江南岸向上游前进。""三军团、军委纵队及五军团为左纵队，应经岭松、革东到台拱及其以西的地域。在前进中如遇黔敌应消灭之，如遇尾追之敌应击退之，在不利条件下则应迟滞之。"并规定"野战军到达上述指定地域后，于十二月底右纵队有占领施秉地域、左纵队有占领黄平地域的任务。为此，应坚决进攻和消灭在上述地域的黔军部队，并箝制黄平以南之黔军，及由东面可能来追之湘敌及其中央军"。为了给敌人造成中央红军仍要去湘西与红二、红六军团会合的错觉，电报要求各部红军"在前出到施秉、黄平地域以前，可用正常行军前进，最后则应迅速的占领施秉、黄平两城。"为了使红二、六军团和红四方面军配合中央红军的行动，电报命令："二、六军团目前应在常德地域积极活动，以便调动湘敌。当湘敌所抽调之部队已北援时，二、六军团应重向永顺西进，以后则向黔境行动，以便箝制在铜仁之薛岳部队及在印江、思南之黔敌部队。""四方面军应重新准备进攻，以便野战军继续向西北前进时，四方面军能箝制四川全部的军队。"①

按照中革军委命令，各军团向指定地域行动，势如破竹。12月20日，中

① 《朱德、周恩来关于军委执行中央政治局十二月十八日决议之决议电》（1934年12月19日），中国人民解放军历史资料丛书编审委员会：《红军长征·文献》，第184—185页。

央红军右纵队红一军团从柳霁、南家堡地区出发，经剑河西进，于25日占领镇远、26日占领施秉。红九军团从老锦屏出发，随红一军团后跟进，由剑河北渡清水江，配合红一军团夺取镇远，并警戒红军右翼。左纵队红三军团由黎平西北地区出发，经南加、南哨地区，于24日进占台拱以南地区。军委纵队由黎平出发，24日进到剑河。红五军团随军委纵队之后，于24日到达南哨。

中央红军西入贵州，出乎蒋介石的意外，原定在湘西消灭红军的计划落空。蒋介石有些纳闷了，为什么红军不到湘西来了呢？失落之余，蒋介石又觉得这是他吃掉黔军王家烈的好机会，于是调整部署，命令“追剿军”第一兵团主力，由湘西经剑河向施秉方向尾追，28日进驻锦屏；“追剿军”第二兵团主力由芷江、洪江地区，经晃县（今新晃）、玉屏，向施秉、凯里方向追击，27日该部吴奇伟纵队向镇远进攻；黔军王家烈部集中六个团于施秉、黄平地区布防，阻止红军西进贵阳。

12月28日，红一军团第一师第一团占领余庆，第二师进占老黄平（今旧州镇）。左纵队红三军团占领黄平，军委纵队进到施秉、黄平之间地区，红五军团进到台拱。

中央红军进入贵州后，连战连捷，部队精神面貌一扫从湘南到过湘江后的低沉状态，焕然一新。陈云在《随军西行见闻录》写道：“赤军由湖南转入贵州，此时确缴获不少。侯之担部至少一个师人被缴械，并连失黎平、黄平、镇远三府城，尤其镇远为通湘西之商业重镇，赤军将各城市所存布匹购买一空。连战连进，此时赤军士气极旺，服装整洁。部队中都穿上了新军装。在湘南之疲劳状态，已一扫而空矣。”①

贵州是苗族聚居的地方，由于过去历代统治者实行大汉族主义，欺压苗族群众，造成苗汉之间民族矛盾，相互械斗。中央红军进入贵州后，十分强调民族纪律问题。12月24日，红军总政治部代主任李富春向各军团政治部主任发出指示：

最近我军经过之地，地瘠民贫，苗民甚多，各部队更应向战士详细解释，严格督促：

① 陈云：《随军西行见闻录》，《陈云文选》第一卷，第55页。

（一）明确传达与执行本部对苗民指示，不打苗民土豪，不杀苗民有信仰的甲长、乡长。

（二）山田牛少，居民视牛如命，绝不应杀牛。土豪牛要发给群众，严厉处罚乱杀牛者。

（三）加强纪律检查队、收容队工作，在宿营地分段检查纪律，开展斗争，立即克服一切侵害群众、脱离群众行为。①

中央红军在贵州苗族区严格执行总政治部的指示，尽力在苗族群众中开展宣传活动。红军以民族平等、苗汉一家反对贵州军阀压迫苗族人民等进行宣传，深得苗族人民的拥护。红军还动员苗族群众、穷苦汉族群众到当地平时压迫苗、汉穷人的区公所长等家里，分掉财物、谷子。红军还把缴获的反动民团的枪支，发给苗民，武装苗民。红军为了不与苗族发生冲突，处处给苗族利益，号召每个士兵都要准备一件礼物送给苗家。戴镜元回忆说："黎平绝大部分是苗人，总政治部号召，每个同志送一件物品给苗族兄弟，作为我们第一次到贵州送给苗族兄弟的礼物。大家都争先恐后地拿出自己穿用的衣服、毛巾等物送给他们。他们得到了这些礼物时，眼睛里都放射出感激的光芒。有的苗族兄弟拿到这些东西，紧紧地握着我们的手，含着泪花，很久很久说不出话来。"②

毛泽东等领导人带头遵守民族纪律，为红军部队作出了表率。军委纵队经过剑河县附近一个村子时，见路边有一位老妇人和一个小孩子身穿薄薄的单衣，倒在路边，气息奄奄。经过询问，得知老妇交完地租后，没有粮食吃，靠在路边讨饭为生。由于气温骤降，得知老妇并且早晨又没吃饭，所以晕倒在路旁。毛泽东听了老妇的情况后，当即从身上脱下毛线衣，并从行李中拿出一条被单，送给老妇。他还命人送给老妇白米一斗。老妇千恩万谢，目送毛泽东等走了很远很远。

由于中央红军严格遵守民族纪律，深得苗族人民群众的欢迎和拥护。陈云在《随军西行见闻录》中说："朱毛赤军一至，汉苗人民非但不逃，且有大批加入赤军者，并有时询赤军何时'安民'者。赤军因有汉苗人民之

① 《李富春关于我军沿途注意与苗民关系加强纪律检查的指示》（1934 年 12 月 24 日），中国人民解放军历史资料丛书编审委员会：《红军长征·文献》，第 186 页。

② 戴镜元：《长征回忆》，北京出版社 1960 年版，第 29 页。

助，故在此贫瘠之区未受饥饿。”①时任红九军团作战参谋的林伟曾在1934年12月21日这天的日记中记有：“今天我军团在这个贵州苗族人民众多的剑河县城休息一日。军团政治部进行扩兵工作，经过宣传，就有苗家青年160人参加红军，编成了一个新兵连。”②

三、突破乌江天险

黎平会议后，中央红军各部按照中革军委命令向黔北进军。

12月28日，左纵队先头部队红三军团第四师第十团攻占瓮安县城屏障朵丁关，进逼县城。29日清晨，红十团借大雾天隐蔽接近瓮安县城。经过一个小时战斗，守敌黔军第五团和第六团仓皇败走，红十团占领县城。同一天，红十二团渡过乌江支流龙安河，进至乌江西岸之茶山关。29日，右纵队红一军团分两路进逼乌江，红二师30日进占猴场（今草塘）、陈家寨，31日进至木老平及其东北地区；红一师由余庆出发，30日到达龙溪。

12月31日15时，野战军司令部到达猴场。当天22时，朱德发出中央红军北渡乌江行动的部署。

各部红军按照朱德总司令的命令，准备渡江行动，开展战前政治动员。12月31日，是阳历年的除夕，因此，部队的政治动员别开生面。红二师政治委员刘亚楼曾在《渡乌江》一文中回忆道：“年底最后一天部队照例是要开盛大的同乐会，庆祝一年来所获的胜利，检讨一年来的战斗和工作，组织游艺会餐。这次过年是在长征途中，与往年不同。会餐游艺都在比较小的单位简单进行，而且不是主要内容。最主要的精神是集中当前的战斗，部队内呈现着另外一种紧张的气象和愉快的心情。连队的晚会，都是报告和讨论当前战略方针，宣传鼓动乌江之战斗。‘突破乌江’、‘拿下遵桐’、‘完成先头师的战斗任务’、‘到遵桐去庆祝新年……’是当时的战斗口号。部队经过党的支部会议、军人大会的动员后，紧张愉快，信心百倍。‘四道封

① 陈云：《随军西行见闻录》，《陈云文选》第一卷，第57页。
② 林伟：《一位老红军的长征日记》，中共党史出版社2006年版，第78页。

锁线都一连突破'，'乌江虽险，又怎能拦住红军的飞渡'，是当时每个指战员共有的胜利信念。"①

就在红军士气正旺，准备渡江时，李德、博古再生事端，反对北渡乌江。他们主张"完全可以在乌江南岸建立一个临时根据地，再徐图进军湘西，与红二、六军团会合。"②因此，关于中央红军的战略进军方向问题又一次在党和红军领导层内产生争论。

1934年12月31日夜至1935年1月1日凌晨，中共中央政治局在猴场召开会议。这是中央红军长征中跨年度召开的中共中央政治局会议。中共中央领导人是用这种别开生面的方式辞旧迎新的。新年新气象，1935年，将是中国共产党历史、人民军队历史发生重大变化的一年。

毛泽东在猴场会议上重申红军应在川黔边地区先以遵义地区为中心建立新的根据地的主张。多数与会者赞同这个意见，再次否定李德、博古的错误主张，决定红军立刻抢渡乌江、攻占遵义。

猴场会议通过了《中共中央政治局关于渡江后新的行动方针的决定》，指出：中央红军渡过乌江后，"立刻准备在川黔边广大地区内转入反攻。主要的是和蒋介石的主力部队（如薛岳的第二兵团或其他部队）作战，首先消灭他的一部，来澈底粉碎五次'围剿'，建立川黔边新苏区根据地。首先以遵义为中心的黔北地区，然后向川南发展，是目前最中心的任务。""必须在全体红色指战员中间进行广大的深入的宣传鼓动，最大限度的提高他们的战斗情绪，坚强他们作战的意志与胜利的信心。并且指出新苏区根据地只有在艰苦的残酷的胜利的战斗中才能创立起来，反对一切逃跑的倾向与偷安休息的情绪。""抓住反攻的有利时机，并不失时机的求得在运动战中各个击破敌人，来有把握的取得胜利。关于作战方针，以及作战时间与地点的选择，军委必须在政治局会议上做报告。"并"号召全党同志为坚决实现这一决定而斗争。"③

猴场会议最终确定了中央红军的战略方向问题。从通道会议开始，到

① 刘亚楼：《渡乌江》，《红军长征记》，第109页。

② 中共中央文献研究室编：《毛泽东传》（1893—1949）（上），第339页。

③ 《中共中央政治局关于渡江后新的行动方针的决定》（1935年1月1日），中国人民解放军历史资料丛书编审委员会：《红军长征·文献》，第193、194页。

猴场会议止，中央最高领导层关于中央红军战略方向问题的争论画上了一个句号。不仅如此，猴场会议的贡献还在于：其一，调整了红军的军事指挥体制。会议决议虽然没有明确取消“三人团”，但明确把军事指挥权置于中央政治局的领导之下，这就实际上解除了李德的最高指挥权。其二，重新确定在运动战中各个击破敌人的作战方针，为遵义会议系统批评李德、博古的军事指挥错误作了最好的铺垫。其三，要求在红军广大指战员中进行关于新的行动方针的宣传，坚定胜利信心；提出反对逃跑倾向和偷安休息的情绪，实际上批评了博古、李德的逃跑主义、怕做创建根据地艰苦工作、坐享其成的思想。

猴场会议所作出的决定，为此后的遵义会议召开创造了有利条件，是遵义会议的重要基石。

这时，尾追中央红军的蒋介石嫡系薛岳部吴奇伟纵队四个师已进占施秉，周浑元纵队四个师已进占施洞口，正向新老黄平逼近。中革军委为执行猴场会议决定，决心在敌军未完成合围之前抢渡乌江，向黔北挺进，创建川黔边新苏区。

贵州军阀王家烈，虽为国民党省政府主席兼第二十五军军长，名义上侯之担、犹国才、蒋在珍都是他的部属，而实际上他们并不听王家烈的指挥，都有自己的地盘。其中，第二十五军副军长侯之担兼教导师师长，下辖八个团，割据赤水、仁怀、习水、绥阳等县；蒋在珍师，下辖四个团，盘踞黔东北正安、沿河一带各县；犹国才师，下辖六个团，盘踞黔西南盘江八属。王家烈为了防堵红军，将乌江以北的防务交侯之担负责，乌江以南的防务由他和犹国才负责，他本人担任贵州东南路的指挥作战。

乌江又名黔江，是贵州第一大江，由西南向东北斜贯全省，把贵州划为南北两部。江两岸均为高山绝壁，好像利剑直插青天。江面波涛汹涌，最大水流速度达每秒钟两米左右。碧绿的江水，黑黑的石山，自古就有天险之称。整个乌江防线，自茶山关起，包括孙家渡、江界河、袁家渡、回龙场等大小渡口十余处，全长100多公里。

1935年1月1日，红一军团第二师前卫第四团根据朱德的命令到达江界河渡口侦察。团长耿飚、政治委员杨成武亲自化装到江边侦察。为了搞清敌人的火力配置，红四团对敌人进行了火力侦察，引逗敌人不断朝南岸射击。经过侦察，发现黔军在渡口配有连哨，渡口上游约500米处有一条羊肠小路，与渡口大道相通，勉强可以走人；两岸沙滩极少，登岸很难，敌人在此配有排哨；在离江水百余米的岸上，敌人筑有工事；离江边两华里处的一个庙里，敌人配备有团预备队；敌人的总预备队约一个团，在离江边五华里的半山上。

红二师师长陈光、政治委员刘亚楼和耿飚、杨成武经过实地察看后，认为渡口大道是敌人防御的重点，工事较强，兵力较多；渡口上游500米处羊肠小道，勉强能够攀登，而且敌人对此处没有多大的注意力，应是敌人防守的盲点；其余各处都是无法通过的悬崖绝壁。师、团首长经过研究，决定佯攻渡口大道，主攻渡口上游的羊肠小道。

为了给敌人造成攻对岸渡口的假象，红四团开始搬运架浮桥的器材，表示要在此处架浮桥，吸引敌人的注意力。敌人果然上当，在对岸渡口处赶修工事，并不断向红军射击。

为了做强渡和架桥的准备，红四团挑选了善于游泳的指战员18个人，准备泅渡过江，驱逐对岸江边敌人的警戒，掩护后续部队强渡。18个勇士，在师政治部的政治动员下，斗志昂扬，表示："为突破乌江，完成作战任务，冷风冰水，是不能战胜我们的战斗热血的！"

1月2日上午，天空阴云密布，下着毛毛细雨，空气湿冷湿冷。9时，红四团开始强渡。在机枪和迫击炮的掩护下，红军八个勇士跳入冰冷的江中，奋力向对岸游去。十几分钟过后，他们无一伤亡游到对岸，隐蔽在敌人警戒线的石崖之下。八勇士虽然过江了，但遗憾的是，交由他们泅渡时拉过去准备架浮桥的一条粗绳子却因水宽流急以及他们体能消耗很大，无法拉过江去。

于是，红四团决心用竹筏强渡。第一个竹筏撑到江中，受敌人火力射击翻在水中了。竹筏强渡没有成功。对岸虽游过去了八个同志，但对于架桥无济于事，只得召这八个人再回来。在游回南岸的途中，一位同志因体能耗尽，被水冲走而牺牲。这样，白天的强渡受挫。

红四团经过研究情况和吸取教训后，决定实行晚间偷渡，以避免敌人的射击，减少伤亡。于是，工兵赶制四个双层竹筏，用于晚上偷渡。偷渡任务由第一营承担。黄昏之后，参加偷渡人员集结江边。第一个竹筏出发了，上面有五个战士。按照约定，他们登岸后，用手电筒向南岸闪光，以示到达。等第二个竹筏到达后，兵力达到一排人，再向敌人前哨阵地发起袭击。接着，第二个竹筏也出发了，上面是第三连连长毛振华、通讯员和三个机枪手，带着一挺机枪。敌人并没有发现红军偷渡，然而，二十多分钟过去了，仍没见对岸有手电筒光。由于前面两个竹筏情况不明，原定的第三、第四个竹筏暂不出发。一个钟头过去之后，第一个竹筏的五个战士回来了。原来他们的竹筏划到江中时，因水流太急，被冲到下游二里多，又冲回到南岸。他们弃筏沿岸摸索着回来。在这种情况下，毛振华等情况如何，不好判断。尽管如此，红一营觉得还应再试一次。第三个竹筏出发了，划到中流，也无法前进，不得不折回。这时，毛连长他们仍未有音讯，偷渡不得不停止。

2月3日天刚拂晓，中革军委副参谋长张云逸赶到红四团。他告诉耿飚、杨成武，后面追击的薛岳部队，已经离这里不远了，督促红四团迅速完成渡江任务。否则，红军有背水作战的危险。张云逸带来了军委直属的一个工兵连，协助完成渡江任务。红四团指战员听到这个消息，群情激昂，纷纷向团部请战。红四团党委也立即召开紧急会议，认为晚上偷渡，敌人虽不容易发现，但自己的火力也发挥不了作用；同时，晚上竹筏也不容易辨别方向。于是决定白天强渡。白天有利于发挥火力掩护，也便于划筏的辨别方向。

上午9时，红四团仍以小部队对大渡口佯攻，而担任突击的第一营对上游500米的羊肠小道进行强渡。在密集的火力掩护下，第一批三个竹筏载着17个红军战士似箭离弦，快速向对岸射去。敌人拼命朝着竹筏射击。由于红军的掩护火力猛烈，敌人很慌乱，射击没有准头，三个竹筏划过中流后战士们毫发无损。竹筏离岸已经不远了，敌人极其惊恐，加强了对竹筏上的红军的射击。这时，一个意想不到的事情发生了。敌人阵地下面的石崖里，一阵清脆的轻机枪声响起。子弹不是朝着红军的三个竹筏，而是飞向了石崖上方的敌人。敌人的注意力全集中在江面的三个竹筏上，做梦也没有想到脚底下竟然有红军的伏兵。敌人一下子乱了阵脚。石崖下的红军战士冲过来，把他们打得落花流水，占领了前沿阵地，并接应三个竹筏上的红军迅速登岸。这样，过江的队伍壮大了。在南岸观察战斗情况的陈光、刘亚楼和耿飚、杨成武高兴了。他们知道，这几个人肯定是毛连长他们。

的确，这几个人是毛振华等五人。原来，前一天晚上毛振华他们乘的竹筏不知怎么竟到了对岸。登岸后，他们左盼右盼，却总没有后续竹筏过来。因当时登岸的地点离敌人前沿阵地很近，他们为了不暴露自己，没敢打手电筒向对岸发信号，而是点的一根火柴，南岸的红军指战员没有看见火柴光。毛振华等在石崖下面“老虎洞”里，可以清清楚楚地听到修工事的敌人相互说话：“快做呀！今天晚上无论如何要做好！共匪明天必定要强渡的！”“要做厚一点！共匪炮火太厉害了！”敌人一个排长过来查哨，对修工事的敌人说：“三班长，工事做好了吗？要注意呀，怕共匪的水马①晚上弄过来啊！”

由于才过来了五个人，毛振华决定等有机会时再向敌人发起攻击。这时是隆冬季节，一个战士冷得受不了了，对毛振华说：“连长，我们去打垮上面这一班人吧，有把握！”毛振华阻止说：“我们几个人同敌人打，固然可以把这一班人打垮，但并不能解决问题，特别会泄露秘密，暴露意图，反而对整个行动有害！”他招呼四个战士紧紧挤在一起，相互用体温取暖，以抵抗寒冷的冬夜。过了一会儿，一名机枪手突然不在了，其余几个人到处摸索都找不着。漆黑的夜，不辨咫尺，又不能大声呼唤。毛振华想，这个机枪手是不久前才从白军俘虏过来的新战士，会不会投敌告密？从最坏处着想，毛振华急忙告诉其他三名战士：“万一敌人发现我们，等敌人靠近了用手榴弹对付，炸死他们。敌人人多，我们人少。我们实在打不过他们，就一齐投江。我们是红色战士，宁死不投降，投江而死是光荣，投敌而生是耻辱。”过了一会儿，那个新战士回来了，说：“我到那边拉屎去了。”毛振华说：“拉屎就在这里拉不好？走出去不怕敌人发觉！”他回答：“连长，在这里拉屎会臭着大家。”毛振华笑了笑说：“怕臭，是对的，但可以用泥盖着么。”虚惊一场后，五个抱成一团，在乌江边石崖度过了寒冷的一夜。但这一夜他们过得值！

再说毛振华他们和三个竹筏上的17个战士会合后，立即消灭了石崖上的敌人一个班，占领了前沿阵地，接着便向敌人的排哨阵地仰攻。他们接

① 贵州称竹筏为水马。

连甩了数十颗手榴弹后，在轻机枪的掩护下，冲进敌人的阵地，同敌人拼刺刀。敌人一个排死伤过半，往上退去。正当毛连长率领十几人前进到那条羊肠小道时，敌人的增援部队一个营上来了。敌人人多势众，眼看毛连长他们要顶不住时，坐镇团指挥所的陈光，亲自指挥军团的炮兵连进行火力支援。炮兵连连长、神炮手赵章成用迫击炮连打三发炮弹，发发落在敌人中间，把敌人炸死炸伤一大片。敌人后退了。这时，后续强渡的红军过来了，达到了一个连的兵力。不久，红军夺取了敌人的主要抵抗阵地。

黔军看到红军作战勇敢，被红军的气势压住了，由江边败退，向通向遵义大道的猪场溃逃。红四团先头过江一个连立即追击，把敌人三个团赶得鸡飞狗跳，满路丢的都是烟枪。猪场离乌江40里路，是敌人江防司令部所在地，敌江防司令林秀生从江边逃回后，连司令部的文件电稿都没有收拾带走，带着三个团没命地逃往遵义。红四团先头连当即于下午5时占领猪场。

红四团在前面强渡乌江，工兵连在张云逸的指挥下，加紧扎竹筏架浮桥。浮桥架起之后，军委纵队和红五军团于1月3日下午顺利通过浮桥。毛泽东走上浮桥时连声赞叹：“真了不起，我们工兵就地取材，用竹排架成这样的桥，世界上都没有。”①

红一军团第一师第一团奉命从回龙场渡口强渡乌江。1月2日，红一团由团长杨得志、政治委员黎林率领从余庆赶到回龙场。江对岸有侯之担的一个团防守，企图据险阻挡红军过江，等待国民党“中央军”到来，形成合围红军之势。红一团前卫营一到乌江边浅滩，敌人就开火射击。为了加强渡江火力，军团为红一团配了几门“三七”小炮。红一团为了侦察敌人火器和兵力配备情况，一面组织火力压制敌人，一面用“三七”小炮轰击敌人山顶的制高点。黔军哪见过这阵势，挨了几发炮弹便躲到后山去了。

黔军战斗力不强，但红军渡江是需要船的。杨得志和黎林到附近村庄一调查，发现敌人早有准备，逃跑前对村庄进行了严重破坏，别说没有船，就连一支桨，甚至一块像样的木板也没给红军留下。船渡显然是不可能的。架桥呢？不要说没有架桥的器材，就是有，乌江水流很急，敌人居高临

① 王耀南：《乌江天险架竹排》，《遵义会议放光芒》，解放军出版社1984年版，第69页。

下，也是不行的。凫水呢？湍急、汹涌的波涛将毫不费力地把人吞没。杨得志和黎林商量后，立即命令部队组织力量，分别到附近的村庄继续寻找船只、木料，一面走访当地群众，请教渡江办法。

谁知，一问当地群众，反而增加他们的忧虑。当地群众说，渡乌江需要三个条件：大木船，大晴天，熟悉水性、了解乌江特点的好船夫。这三个条件红一团一个都不具备，何况对岸还有敌人的防守。“怎么办？”杨得志心里焦急起来。

就在一筹莫展之时，杨得志忽然看见江中漂浮一节很粗的竹竿，无论风浪怎么冲击它、淹没它，它都顽强地浮出水面。杨得志灵机一动，决定扎竹排强渡。

乌江边上的竹子很多，红一团的指战员一齐动手，经过三个小时左右，扎成了一个一丈多宽、两丈多长的竹排。杨得志和黎林从前卫营中挑选了八名熟悉水性的战士，先行试渡。竹排出发了，到江心时突然斜立起来，八个战士落入水中，被汹涌的浪涛卷进了旋涡，再也没有露出水面。

第一次偷渡失利后，大家心里都很沉重，但是，并没有被吓倒，表示：“一定要渡过去！”杨得志把继续渡江的任务交给了第一营营长孙继先。

这一次，红一团又挑选了十几名战士，他们的渡河工具和装备都与前一次一样，不同的是竹排上增加了几个扶手，便于渡河红军战士手抓着，不容易因浪涛颠簸而掉下江去。渡江点也换到了下游几十米处水流比较平缓的地方。

天黑得像锅底，竹排载着十几名战士离开浅滩出发了。起初，还能听到竹片划水的声音。后来，声音越来越小，渐渐地什么也听不到了。

等待是非常心焦的，杨得志回忆说：

大约过了半小时，前面仍然没有一点动静。我感到肩上像压着千斤重担似的，内心十分焦急。时间呀，时间不等人。如果这只竹排再出了问题，天亮了，一切都暴露在敌人的眼下，那……

“乓”一声枪响，把我从沉思中惊醒。抬头望去，只见火光是从对岸山顶上飞出来的。很明显，这是敌人放的冷枪，而不是我盼望的联络信号。我摇着头，深深地吸了一口气。

“乓！乓！”

是两枪。

黎林同志急步走到了我的身边，但是没有讲话。

“乓！乓！”又是两枪！

“老杨，两枪，是山下响的！”黎林同志立刻惊叫起来，他是很少这样激动的。

“啊！是我们的！”我简直无法控制内心的喜悦。“是的，是我们的。开‘船’！”我兴奋地一面继续望着对岸的山头，一面向孙营长下达命令。早已整装待发的另一只竹排，弦上飞箭似地出动了。几乎同时，我们的机枪、步枪、“三七”小炮一齐开火。竹排在密集的炮火掩护下破浪启程了！

不多久，只见对面山顶上红光闪闪，红光中夹杂着“通通”的音响，听声音我知道那是手榴弹在敌堡中爆炸了。也就是说，我们的勇士已经登上了敌人的山顶。接着，我们又听到步枪、机枪吼叫起来，爆炸声，喊杀声混成了一片。

“老黎，成功了！”我兴奋地拍着政委的肩膀。手掌拍在黎林同志的棉衣上，溅起了点点水花。“噢，你身上全湿了。”我说。

“你不是也一样吗！”

黑暗中我听到黎林同志在笑。我抓住他的手，激动地说：“走，坐排子过去！”

我们借着江岸闪动的红光，顶着风，冒着雪，披着雪粒和浪花，行进在烈马般的乌江江面上！

天险乌江终究被我们突破了。①

读着杨得志这段数十年后的回忆，能够深深地体会到这个共和国开国上将当时的心情。将军戎马一生，身经百战，率部突破乌江，在将军的一生中，恐怕是留下最深记忆的一战。在面临后有追兵，前有堵截，一条天险大江横于眼前，肩负红军开路先锋重任，可想压力有多大！突破乌江天险，从重压到释压，胜利的喜悦跃然纸上！

1月3日上午11时，红一团全团胜利渡过乌江。浮桥这时也架成功了。聂荣

① 杨得志：《冲破乌江天险》，中国人民解放军历史资料丛书编审委员会：《红军长征·回忆史料》(1)，第180—181页。

臻随红一师渡过乌江，向湄潭进发。湄潭城外是开阔地，没有敌军防守，红一师顺利占领湄潭。至1月4日，红一军军团主力和红九军团顺利渡过乌江。

左纵队的红三军团第五师前卫第十三团于1934年12月30日由瓮安出发，31日傍晚到达渡江地点孙家渡岩坑。部队草草吃了晚饭后，立即分头准备渡江器材。当地群众听说红军要过江攻打遵义，消灭王家烈的“双枪兵”，十分高兴，热烈支援。有的送来了木材，卸下了门板，给红军扎木筏；有的带领战士上山砍竹子，帮助扎竹排；有的还到附近江岸弄了十多条小木船。一些熟悉水情的群众主动提出给红军当向导。人民大力支持，更增强了红十三团渡江的信心和力量。

1935年1月1日凌晨四时，红十三团开始偷渡。师部集中了各团的侦察排，分三个点首先下水。第一营随后出发，会游泳的泅渡过去；不会游泳的则乘小船和木排、竹筏。泅渡者初下水时，冰冷的江水像万枚冰刺直插骨髓，浑身发抖，牙齿直打架。但一想到对岸有敌人的火力在威胁，在江中多耽误一分钟就多一分钟的危险，就会多付出一分钟血的代价，于是奋力划水，急速向对岸游去。

就在红军到达江心时，敌人发觉了，射来一排排子弹。为了掩护战友们过江，架设在南岸的红十三团的迫击炮阵地怒吼了。十多门迫击炮同时开炮，一发发炮弹像长了眼睛一样呼啸着飞向敌人的工事。同时，红军的轻重机枪也一齐向敌人阵地进行压制性射击。震耳欲聋的枪炮声让敌人魂飞魄散，也鼓励着渡江红军奋勇往前。只见江上红军个个似水中蛟龙，翻江倒海。只用了十多分钟，渡江红军就泅渡到了对岸。前后半个小时，红十三团全团人马顺利过江。

上岸后，红十三团顾不上衣服湿冷，立即从四面八方包围敌人，猛攻上山。敌人眼见江防已破，极度恐慌，溃逃四散。红军一阵猛冲猛打，一整连守敌大部分被歼，小部分逃逸。无名高地即为红军所占领。接着，敌东西两侧各约一连兵力赶来增援，红军不动声色，静候敌人送死。当敌人爬至半山腰时，红军居高临下，手榴弹、机枪、步枪一齐打响。敌人无法抵挡，败退下去。红军立即发起追击，打得敌人抱头逃窜。

红四团整个渡江战斗只用了一个多小时，共歼敌100多人，缴枪100余支，弹药一批。自身伤亡十多人，以较小的代价换取了渡江的胜利。

占领了孙家渡后，红军工兵很快架起了浮桥，红三军团主力浩浩荡荡从桥上通过，登上北岸，疾速前进。

红三军团第四师的任务是控制茶山关渡口，架设浮桥。茶山关明代称河渡关，位于遵义县城东南40公里的乌江北岸。关口高出江面300余米，与开阳隔江相望。关下渡口名为茶山渡，为遵义至开阳要津。

红四师先头第十团到达乌江边时，天色已晚，没有看见敌人一个士兵，只剩下一些敌人的工事。在江对面的高山上，他们发现许多火光，估计是扼守渡口的敌人。这时，红军的后续部队也赶来了，与敌人隔江对峙。

红四团调集迫击炮、机关枪，对着对岸的火光，进行轰击和扫射。同时，派出一部分队伍下山迫近江岸，准备第二天拂晓强渡。

出乎意料，到第二天拂晓时，红四团紧张准备强渡时，江对岸的敌人却不见踪影了。原来，防守茶山关的敌人接到红军已经在江界河突破的消息，奉命放弃阵地，撤到遵义。红四团在当地群众的帮助下，架起了浮桥。红四师在茶山关渡口顺利渡过乌江。

1月6日，红三军团全部渡过乌江，并向遵义及老君关前进。

中央红军全部渡过乌江后，蒋介石企图围歼中央红军于乌江南岸的计划化为泡影。

中央红军强渡乌江后，中革军委发布命令奖励强渡乌江的英雄们，名单如下：

△三连连长毛正华①得红星奖章

△其余每人均奖军衣一套

领导此次战斗的主要干部：

一营长罗有保、三连长毛正华、机[枪]连长林玉、二连指导员王海云、二连青干钟锦友、二连二班长汪大标、二连长杨尚坤等八同志。

涉水及撑排的：

西市机枪连孙明　山西王家福　西城王友才、林玉、西城三连五班长唐占钦、西市赖采份等五同志。②

① 即毛振华。

② 本处提到的“西市”、“山西”、“西城”均为部队代号。

英勇冲锋顽强抗战：

战斗员：曾传林、刘昌洪、钟家通、朱光宣、林文来（新战士）、刘福炳、罗家平、丁胜心等九同志。①

强渡乌江战斗与一个多月前的湘江之战形成了鲜明对照。湘江之战时，由于蒋、桂、湘军阀之间的矛盾，湘江一度没有设防，中央红军先头过江占领渡口时没有遇到什么战斗，惨重损失主要发生在掩护军委纵队和后续部队过江的战斗中。乌江江面宽、水流急，两岸都是高山绝壁，号称天险，对岸又有敌军防守，红军渡江的难度要比湘江大得多。为什么中央红军抢渡乌江反而比抢渡湘江付出的代价要小得多呢？

其一是中共中央的战略行动方针在广大红军指战员中进行了广泛深入的宣传，最大限度地提高了他们的战斗情绪。陈云在共产国际的报告中曾提到，这时，"红军战士已经清楚了西征的前途和目的。我们告诉他们说，我们要打到贵州去，'活捉王家烈'。这成了我们战士奋斗的目标。"②在强渡乌江战斗打响前，各部队都召开了不同形式的大大小小政治动员会，广大干部、战士对于突破乌江、占领遵义、创建根据地的重要性有了充分的认识。因而，各级指挥员、战斗员的积极性都调动起来了，在渡江战斗中不仅勇敢，而且机智灵活，红军的战斗作风发挥得淋漓尽致，很快取得了胜利。

其二是渡江各个环节相互衔接紧凑，没有脱节现象。前面红军先头部队强渡成功，夺取对岸渡口之后，紧接着工兵及岸边部队就把浮桥较快地架起来了。浮桥刚一架好，军委纵队和后续部队就快速跟进过江。整个强渡乌江行动，如行云流水，一气呵成。不像抢渡湘江，前面先头早早占领渡口，后续部队却慢吞吞地行军，前后脱节。

强渡乌江，是中央红军进入贵州后，遇到的第一个严峻的考验。这个考验以漂亮的成绩得到通过，预示着中国共产党伟大的历史性转折即将到来。

---

① 《军委奖励乌江战斗中的英雄》，中国人民解放军历史资料丛书编审委员会：《红军长征·文献》，第196页。

② 陈云：《关于红军长征和遵义会议情况的报告》（1935年10月15日），《陈云文集》第一卷，中央文献出版社2005年版，第7页。

四、历史刻下了遵义的名字

智取黔北重镇遵义城

中央红军发起强渡乌江战斗时，黔军内部一片混乱。1935年1月4日，黔军第二十五军教导师副师长、江防指挥侯汉佑仓皇逃回遵义时，他的顶头上司，负责乌江全线防务的第二十五军副军长兼教导师师长侯之担收拾细软，已上汽车，准备逃往重庆。侯之担一面命令侯汉佑“赶快收容部队到仁怀茅台集中待命”，一面将遵义城防任务交给川南边防军第二旅旅长兼城防司令侯之玺。交待完毕，侯之担的汽车便一溜烟开走了。

侯之玺仓促把一个团配置在深溪水一带前哨阵地，两个团分别担任遵义新、老城防，并幻想川军能够迅速增援，守住遵义城。

为执行黎平会议、猴场会议的决定中规定的基本任务，1月5日，朱德、周恩来、王稼祥致电各军团、军委纵队，决定：“我野战军仍分三路前进，坚决并迅速消灭阻我前进之黔敌，并实行追击。”其中，中央纵队以第二师及干部团主力担任攻占遵义，消灭黔敌。

红二师领受攻占遵义的任务后，交给第六团承担。红六团团长朱水秋、政治委员王集成接受任务后，高兴坏了，渡过乌江后，即率领全团向遵义前进。朱水秋骑在马上，就打开了皮挎包，拿出5万分之一的地图，摊在马脖子上，开始了“鞍上办公”。在长征路上，朱水秋总是“鞍上办公”，大家都习以为常了。

朱水秋与王集成商议后，决定以第一、第二营为突击营，从遵义东、南两面突进去，第三营为预备队。

当晚，红六团在离遵义90里的团溪镇宿营。1月6日天刚拂晓，朱水秋和王集成就起了床。警卫员前来报告，说军委纵队刘伯承司令员来了。朱水秋匆匆洗了把脸，就去集合部队。王集成离开到刘伯承那里。

攻打遵义事关重大，刘伯承非常重视，连夜从总部赶到团溪镇，一见到王集成便问：“你们打遵义有把握么？”

王集成充满信心地说："我们已经研究好了，没有问题。王家烈的部队我们领教过，一定能够拿下来！"接着，他把红六团的战斗方案向刘伯承作了汇报。刘伯承听了思考了一阵，点头同意了，但又叮嘱道："我们的日子是比较艰难的，要求仗打得好，还要伤亡少，又要节省子弹，这就需要多用点智慧啰！"

红六团在前进到距遵义30里的深溪水镇时，发现这里驻有一个营的兵力。刘伯承指示朱水秋、王集成：要全歼这里的敌人，不使一人漏网。否则，走漏了风声，就会影响打遵义。

红六团立刻把部队分成两路，以迅雷不及掩耳之势，包围了深溪水镇。下午三点多，红四团发起了攻击。这时，天下大雨，战士们都成了落汤鸡。但下雨也帮助了红军。守敌迷信乌江天险，又认为大雨天更太平。当他们听到红军攻击的枪声时，个个都傻了，仓皇迎战。

红六团很快就攻进了镇子里。敌营长企图逃窜，带着一股残兵像没头苍蝇一样乱撞，被红军击毙，其他人乖乖地做了俘虏。

解决了深溪水镇的敌人后，朱水秋和王集成从俘虏中找了一个连长、一个排长和十几个士兵审问遵义城防情况。开始，这些俘虏们很害怕，说话结结巴巴。王集成见他们害怕，先向他们讲了红军的俘虏政策，说明红军是打倒军阀、地主，为了穷人翻身解放的队伍。并告诉他们，红军今天就要打遵义，谁了解遵义的情况，应当详细告诉红军，红军给予奖励。

经王集成这么一说，俘虏们心里踏实了。黔军连长把遵义的工事、守敌实力都一一讲了，还画了一幅地图。

摸清了遵义的城防情况，王集成给黔军俘虏们每人发了三块银元。俘虏们捧着银元感激地说："我们当官的说你们红鼻子、绿眼珠，杀人放火，抓着我们挖眼剖腹，我们真害怕，没想到你们竟是最好的人，是我们的救命恩人！"

怎么打遵义城，朱水秋和王集成经过研究，决定部队化装成敌人，利用俘虏去智取遵义。他们把这个大胆的想法向刘伯承作了汇报，得到赞同。刘伯承高兴地说："很好，这就是智慧。"并嘱咐说："装敌人一定要装得像，千万不能叫敌人看出破绽来。"

由谁来扮演这出戏的主角？朱水秋和王集成决定由第一营营长曾宝堂

担任。曾宝堂带领第三连和侦察排及全团的二三十个司号员，都装扮成黔军。另外，那十几个俘虏经过教育，也跟他们一起去。其余部队跟在后面，准备智取不成，就强攻上去。

兵贵神速，趁着遵义守敌还不知道红军的情况，曾宝堂率领部队于晚9点钟冒着大雨出发了。夜很黑，伸手不见五指，路又滑，不断有人摔跤。摔在地上，爬起来，变成了泥人。更要命的是，道路泥泞，战士们穿的草鞋被烂泥粘掉，拣起来再穿，往往影响行军速度。于是，很多人干脆赤着脚，踩着碎石、荆棘，继续前进！

部队经过两个多小时的急行军，大雨停了，透过夜幕可以看见吊在半空的一点灯光。俘虏告诉红军："到了，这是遵义城上岗楼的灯光。"于是，曾宝堂率领部队装成败退下来的样子，慌慌张张地跑向城根下。

"干什么的？"见城下有人，城楼上哨兵发出一声喝问，枪栓也拉得"哗啦啦"响。

"自己人。"俘虏用贵州话回答。

"哪一部分的？"城楼上敌人又问。

被俘的黔军连长按照红军给他事先安排好的话回答："我们是驻守深溪水镇的，今天叫'赤匪'给包围了。镇子让'赤匪'占了，营长被打死了。我是连长，领着一部分弟兄拼命逃出来了。现在'赤匪'还在后面追，快把城门打开，救救我们，让我们进去。"

黔军连长回答得很从容，没漏出什么破绽。城楼上沉默了一阵，没有声音，看样子是商议黔军连长的话是不是可信。

为了不给守城敌人细致思考的时间，城下红军开始乱嘈嘈地喊："快开门哪！""'赤匪'马上就要追来啦！"

这时，一个军官模样的朝城下大喝一声："吵吵什么！"为了不使敌人起疑心，红军装得很胆小，都不吭声了。于是，敌人拿着手电筒往城下照了照。看到穿的都是黔军服装，确认是"自己人"，说："等着，别吵，这就给你们开门。"

又高又厚的城门打开了。开门的敌人惊慌地问红六团侦察排的同志："怎么'赤匪'已经过乌江啦？来得好快呀！"

"是啊，现在已经进了遵义城了！"侦察排的几个战士把枪口指着开城门的两个敌人的太阳穴，严厉地说："告诉你们，我们就是中国工农红军！”两个敌士兵一听，马上吓得瘫在地上了。

红军大队人马一下子涌进城内，先消灭城楼上的敌人，割断敌人同指挥部联系电话线。接着，二三十个司号员一齐吹起了冲锋号。这时，后续部队迅速向大街上冲去。霎时间，整个遵义城热闹起来，激昂嘹亮的军号声夹杂着爆豆般的枪声，红军英勇无畏的喊杀声混合着敌人的哭爹叫娘声。由于是黑夜，守城黔军也不知道来了多少红军，还没有穿好衣服就稀里糊涂当了俘虏。少数敌人只恨爹娘给他少生了两条腿，没命地从北门狼狈不堪地逃走了。

1月7日早晨，红六团宣告占领遵义城。随后，红六团一部分乘胜追击逃窜的敌人，一部分在城内做群众工作，打土豪，查封军阀、地主财产。

夺取天险娄山关

红六团于1935年1月7日占领遵义后，刘伯承立即将占领遵义的经过报告中革军委。当晚9时10分，中革军委给各军团、军委纵队下达了第二天的部署，其中规定：1月8日“一军团第二师的追击部队，应继续侦察敌情及其退窜方向，并准备占领桐梓。”①1月8日，朱德又致电各军团、军委纵队，部署1月9日行动，其中要求“我二师先头团明日应向娄山关侦察前进，驱除和消灭该地敌人，并相机占领桐梓。”②

这时，红二师第四团完成了突破乌江天险的任务后，刚进入遵义北城休息。军委纵队司令员兼遵义警备司令刘伯承来到红四团团部，红四团团长耿飚和政治委员杨成武立即迎上去。刘伯承对他俩说：“你们四团立即出发，追歼北逃敌人。”

耿飚和杨成武不约而同相望一眼。刘伯承知道，红四团强渡乌江，连续三天三夜都没有合眼，很辛苦，便说：“想休息一两天吗？不行！现在还不行，必须趁敌人在桐梓和娄山关还没有站稳脚跟的时候，给他一个猛打

① 《中革军委关于我红二师已袭占遵义及野战军八日行动部署致各军团、军委纵队电》（1935年1月7日），中国人民解放军历史资料丛书编审委员会：《红军长征·文献》，第202页。

② 《朱德关于九日行动部署致各军团、军委纵队电》（1935年1月8日），中国人民解放军历史资料丛书编审委员会：《红军长征·文献》，第204页。

穷追，扩大我军的前进基地。你们的任务是：坚决夺取娄山关，相机向西北发展，占领桐梓县城，粉碎敌人的反扑，巩固遵义。”接着，刘伯承向耿飚和杨成武介绍了娄山关的敌情，并指出在进攻中应注意的事项。最后，刘伯承叮嘱道：“要告诉指战员同志们再忍受些疲劳，你们强渡乌江打得很好，相信你们能够继续完成这一新任务，不仅要完成这个新任务，还会有好多更加艰巨的任务在等待着我们去完成。要注意战士的休息，你们也要休息呀！”耿飚、杨成武当即表示：“好！立即出发，坚决完成任务！”

刘伯承走后，耿飚、杨成武立即召集连以上干部会议，传达刘伯承交代的任务。经过简短的动员后，部队就出发了。

从遵义到娄山关有120里路，大约走了80多里，到达板桥镇附近，前卫连派人向耿飚报告：“前方约五百公尺处发现敌人一个排，已向敌人发起进攻。”耿飚立即命令部队跑步前进，以迅雷不及掩耳之势投入战斗。大约只用了20多分钟，红四团就结束了这场战斗，俘虏了十几个敌人。

敌人那么不经打，原来是他们早就集中在板桥镇西北面准备逃跑，发现红军到来，马上就向娄山关溜走了。天已经接近黄昏，娄山关有敌人把守，追击无益，师部命令红四团在板桥镇休息一夜，准备次日向娄山关发起进攻。

板桥镇不大，约有数百户人家。红四团入驻后，立即抓紧时间，开展群众工作，宣传共产党的主张和红军的任务，揭露国民党蒋介石和军阀地主豪绅的欺骗和剥削，说明人民的贫穷和痛苦是由何而来的。群众听完这些道理后，纷纷诉苦，要求红军为他们申冤报仇。红四团根据群众的要求，当即抓了一些地主恶霸，没收了他们的粮食和财物，分发给贫苦群众。

红四团的群众工作立刻见效，许多青年要求参加红军。听说红军是要打娄山关和桐梓县城的，几个老人向耿飚详细地讲述了娄山关和桐梓县城的地形情况。老人们说的一个重要情况引起了耿飚的注意，即娄山关东面有条小道，可以绕到桐梓县城。但这条路要绕远十多里，很不好走，都是乱石头，自从修了公路后就多年没人走了。这个情况对攻打娄山关非常有用。

第二天，红四团接到师部命令，原地休息一天。吃过午饭后，耿飚带领团侦察队前往娄山关进行实地侦察。

娄山关是黔北娄山山脉的最高峰，位于遵义和桐梓之间，系两地要冲，遵义的北大门。关的四周山峰环立，地势陡峻，中间两座山峰相连，形成一道狭窄的隘口。这就是兵家必争的“一夫当关，万夫莫开”的娄山关。川黔公路由南向北蜿蜒而上，穿过娄山关，再蜿蜒而下。站在娄山关上，俯视川黔公路，犹如一条摇头摆尾的巨龙。

担任防守娄山关的敌人为侯之担部的三个团，王家烈命令他们死守娄山关，不得后退一步，红军若不及时占领娄山关，下一步行动将受到极大限制。

娄山关守敌原本是红四团强渡乌江时的手下败将，见到红军已是魂飞魄散，如惊弓之鸟。如果不是地形的原因，红四团对付他们，那是小菜一碟。但是，娄山关左面是悬崖峭壁，右面是高山峻岭，要夺取的话，必须从正面沿着公路进行仰攻，地形对红军太不利了。为了贯彻刘伯承司令员的“夺关快、伤亡要少”的要求，耿飚和杨成武商议后，认为在作战部署上要十分周密，既要从正面强攻，又要设法从侧面包抄袭击才能奏效。左面的悬崖峭壁是无法过去的，但右面的高山或者可以攀登，如果从这里找到一条可行的小道，迂回到敌人侧背最为理想。他俩把这些情况告诉了连队的干部，要大家晚上研究一下，看如何才能完成任务。为了保证战斗顺利进行，红四团确定了各级指挥员的代理者，以备万一在战斗中遭到伤亡，不致指挥中断。

侦察完毕，回到板桥镇，耿飚当晚和参谋长李英华又找来十几个群众，询问由娄山关通往桐梓的小道的情况。在调查清楚之后，耿飚立即命令侦察队和工程排星夜搜集竹竿、绳索和铁钩等，以备登山之用。

次日拂晓，红四团从板桥镇出发，向娄山关前进。8时许，部队到达娄山关山脚下。耿飚以第一营为前队，担任正面主攻，营长季光顺率领全营沿公路向娄山关以梯队队形展开前进。第二营为第二梯队，集结在山脚下待命。侦察队长潘梓年带领侦察队和工兵排隐蔽向右侧山峰运动，觅路攀登娄山关右面的高山，向敌后前进。山上敌人看到了红军，为给自己壮胆，离两千米远就开始射击。

这时，通信班把通往遵义的电话线架好了。说来也巧，耿飚拿起话机，正要向师部汇报战斗开始情况，不料听到话筒里有人在讲话。耿飚感到非常奇怪，就给杨成武摆摆手，让他过来一起听。只听话筒里有人十分惊慌地说："红军来了好几个团，正向我猛攻，我们快吃不住了，要马上派兵来增援，要快！"接着，另一方以命令的口吻说："军座交代，已派有一个师向松坎前进，你们无论如何要坚守，不准后撤一步。要注意警戒东边的小道，提防赤匪通过你们侧后袭击桐梓城。"

耿飚有些纳闷，明明红四团已将通往敌方的电话线剪断了，为什么敌方的电话还能够听得见呢？于是，他派通信班仔细检查一下，才找出原因。原来红四团通往遵义师部的电话线，是利用敌人原来由遵义通往娄山关的电话线，虽然将通往娄山关方向的电话线剪断了，但由于被剪的那一端落在地面上，经过雨后地面积水的传导，话路又接通了，因此敌人的通话就传到了红四团的电话机上了。真是天助红军！耿飚心中一阵高兴。这真是一个意外的收获，想不到真有这条小路，而且是敌人最担心和最空虚的缺口。有这条小路，红四团的侧翼迂回部队就能够迂回到敌人背后，使攻击部队减少伤亡，当然不能放过这一良机。于是，耿飚立即派人将这一情况告诉侦察队长潘梓年，令他虚张声势向桐梓前进，截断娄山关敌人的后路，并袭扰桐梓城。耿飚还指定专人继续监听敌人的电话，以便及时掌握娄山关和桐梓敌人的动态。

为了一举夺取娄山关，耿飚命令正在攻击部队暂缓攻击，布置好压倒优势的强大火力，待命总攻。

一个钟头过去了，耿飚把一切总攻的布置都已安排妥当。就在这时，敌人一方的电话又开始通话了。监听人员兴奋地给耿飚打手势，耿飚大步过去，接过电话筒。杨成武也走了过来。他们听到还是刚才那个家伙，在用一种紧张得几乎发抖的声音在喊："喂！侯师长吗？在你们的侧后已发现大量赤匪在向桐梓运动，军座要你们立即撤退，要快，不然就会被截断后路！我们先走了，听到了没有？"接听的另一方以惊慌的声调说："听到了，我、我马上撤，你们得掩护一下。"这几句话说完后，就再也听不到敌人的通话了。

敌人要跑！耿飚马上命令部队发起总攻击。于是，全团所有的军号一齐吹响嘹亮的冲锋号，所有的轻重机关枪随着号声一齐向山上的敌人开火，红军广大指战员勇猛地冲向山顶。

敌人作垂死挣扎，躲在石头掩体后面，坚守着狭窄的关口，并以机关枪、手榴弹、石头向红军射击或投掷。整个娄山关笼罩在枪炮声、喊杀声之中。经过一个小时的激战后，枪声逐渐稀疏下来，敌人从关口溃退下去，红四团占领了娄山关，并跟踪追击敌人。在沿公路向桐梓跑步追击的途中，到处都能看见敌人丢下的步枪、子弹、烟枪、军服、棉被。

红四团一口气追了三十来里。当耿飚、杨成武到达桐梓城边时，先头第一营已经占领桐梓城，俘虏敌人数百名。桐梓城是王家烈的老巢，传说中的夜郎自大的夜郎国最早建都这里。城内街道宽敞整齐，市面繁荣。虽四面环山，却还有当时十分少见的电灯，并且有几家小工厂。贵州许多军阀、官僚、富商都要在桐梓建一栋别墅，一是为了炫耀自己富有，二是为了金屋藏娇，养姨太太，过骄奢淫逸的生活。

下午四点钟，红二师师部赶到桐梓。由于桐梓城的达官贵人早已逃走，他们的别墅就成为了红军的营地，每排分驻一座别墅。红军指战员们在参加革命前几乎全是贫苦农民，在乡间哪里见过洋楼和电灯。住进了别墅后，大家个个兴高采烈，对什么都感到新奇。有的同志还抽空到电灯公司看发电机，想亲眼目睹一下这个能使许多电灯亮起来的家伙是个什么样子。

师首长一见到耿飚、杨成武，就表扬红四团这一仗打得漂亮，并命令红四团马上出发，向牛栏关、松坎前进。

1月12日，红一军团主力已赶到桐梓集结。15日，红二师主力在新站与川军廖泽、黔军侯之担部展开激战，侯之担本人逃到重庆，其余部向温水方向溃退，川军退守綦江。红四团于当日占领松坎。

这时，按照中革军委的命令，红三军团在遵义城以南的刀靶水、尚稽场、懒板凳（今南白镇），控制遵义通往贵阳的公路，扼守乌江北岸；红九军团在遵义东北的湄潭；红五军团在遵义东南的球场；干部团在遵义城担任警卫工作。

至此，经过十多天的征战，中央红军控制了以遵义为中心的黔北广大地区，黎平会议、猴场会议提出的战略目标第一步得到了实现。这样，自出发长征以来一直在行军作战、十分疲劳的中央红军，争取到难得的十余天的休整时间。这对于因“左”倾教条主义错误而受到严重挫折的中国共产党和工农红军来说，显得是多么重要！中国共产党的领导者们，终于可以安稳地坐下来几天，认真讨论过去出现错误的原因，找出解决的办法，继续前进，迎来崭新的明天了。

遵义沸腾了

遵义，是贵州第二大城市，是黔北政治、经济、文化中心，也是贵州军阀赖以发迹的地方。这里是黔北各种土特产的集散地，是汉、苗、黎各族商旅云集之所，市面十分繁华，既有新城，又有老城，一条河流从中间穿过。这是中央红军长征以来所经过的第一座较大的城市。正是中央红军占领了这座城市，也使这座城市在中国近现代历史上、中国革命史上、中共党史上留下了光辉灿烂的一页。

遵义是我国西南地区接受新文化新思想比较早的城市，辛亥革命后，一批早期在北京、天津求学的进步青年，不断给家乡有志青年传递革命信息。1919年北京发生五四爱国运动后，激起全国各地的爱国浪潮。消息传到遵义，青年学生积极行动起来，组织了“学生救国会”，提出了“惩办卖国贼”的口号，发表《拒用日货宣言》，在大西南地区也激起爱国的朵朵浪花。

1925年的五卅运动把国共合作的大革命推向高潮。1926年五卅运动一周年时，遵义学生联合会发起开展纪念活动，愤怒声讨帝国主义屠杀中国工人的行径，传播了国民革命思想。同年秋，进步教育家黄齐生出任设在遵义的贵州省立第三中学学监，聘请留法的刘松生等进步教师，在学生中宣传民主思想，介绍共产党的主张。1927年四川军阀刘湘在重庆制造屠杀共产党人的三三一惨案后，黄齐生支持学生成立“三三一惨案援救会”，通电全国，声讨刘湘的反共罪行。因此，黄齐生被反动当局迫害，离开贵州省立三中。

1931年九一八事变发生后，蒋介石采取对日退让妥协方针，致使东北大片国土很快沦陷。遵义中小学师生3000多人举行抗日救亡示威游行。爱国学生还演出《可怜关山月》《一片爱国心》等话剧，鞭挞蒋介石推行“攘外必先安内”的卖国政策。

1933年，共产党员林青、余正邦、周守如①、曾慕琴、周司和等来到遵

---

① 又名周济。

义，从事地下革命活动，首先以省立三中和女中两校学生自治会为基础，加以社会上进步青年，成立“反日反帝大同盟”。1934年12月，中央红军从湖南向贵州进军的消息传来，周司和决定将“反日反帝大同盟”改为“红军之友协会”，做迎接红军的准备。

1935年1月7日，红六团占领遵义后，周司和带着“红军之友协会”的几个负责人找到了中华苏维埃国家政治保卫局局长邓发，汇报了他来遵义的活动情况。邓发指示他们把“红军之友协会”改名为“红军之友社”，让他们找个地方挂牌子公开活动。

“红军之友社”社址选在新城中营沟杜家公馆，门口挂上了大牌子，里面各个房间上分别挂上了宣传组、组织组、武装组、文娱组等牌子。社里弄了一架当时尚不多见的洋乐器风琴，还搞了一些民族乐器箫、笛子等。他们在这里排练从红军部队那里学来的新歌《送郎当红军》《决战在今朝》等，以便向群众宣传。

1月9日，是军委纵队进入遵义城的日子。当天上午，周司和、周守如等率领“红军之友社”成员和一些学生、群众，到丰乐桥接官厅，准备迎接军委纵队。不料，接官厅早已被遵义的开明人士占据。开明人士在接官厅挂起了彩帐，摆起香案，敲锣打鼓，以隆重的仪式迎接军委纵队入城。见到此情，周司和、周守如把他们带领的迎接队伍带到了丰乐桥上。周守如在自己的回忆中记下了那个难忘的时刻：

下午，毛主席、朱总司令、周恩来副主席等中央领导骑着马由南门关来到桥上，这时欢迎的群众立刻沸腾起来，一齐拥向中央首长的面前，欢呼声震天，锣鼓声、鞭炮声齐鸣。毛主席、朱总司令见到欢迎的人群后喜笑颜开，由潘汉年同志上前一一介绍我们。毛主席、朱总司令跳下马来和我们亲切握手。当时中央首长很多，除了毛主席和朱总司令外，给我印象最深的是一个留着白胡子，一个满脸黑胡子。以后我才知道白胡子是林伯渠同志，大黑胡子是周恩来同志。由于我过去见到天主堂的神父是大黑胡子，所以当时还把周恩来同志认为是法国人。中央首长的队伍是经过新城到老城的，所经过的街道都有人民群众沿街夹道欢迎。

潘汉年同志告诉我们，毛主席要讲话，要我们发动听毛主席讲话。我们边走边喊：“大家去听毛主席、朱总司令讲话！”夹道欢迎红军的人群，愈来愈多，像潮水般涌向红军队伍，把我们都挤掉了队。我们只好从大悲阁、龙井沟、中营沟走小巷跑步到万寿桥（即现在的新华桥），才追上中央首长的队伍。队伍经过小十字、大十字、轿子街到了府衙门停下来。可是府衙门这地方太小，容纳不了来听毛主席讲话的群众，许多群众只得站在两头墙门的外面，有的甚至爬在两边的墙头上，真是盛况空前。

在府衙门（现军分区）前，摆了一张方桌作台子，朱总司令上台先讲话，他讲了军事问题，接着毛主席上台讲话。毛主席那时身材瘦高，穿一件灰色军大衣，里面是一件羊羔皮短袄，毛从袖口里露出来，一口长沙口音，我们不太听得懂，他讲话时，不断地打着有力的手势，号召工农团结起来，打土豪、分田地，建立苏维埃革命政权。因为贵州的少数民族多，毛主席在讲话中还问我们遵义有没有“苗子”？我们听不懂长沙口音，把“苗子”误听为“庙子”，就齐声回答：“有”！其实遵义地区苗族很少，他们都住在偏僻的山区，遵义城内没有苗族。毛主席讲完，大家热烈鼓掌和呼喊口号。①

毛泽东讲话结束后，群众还迟迟不愿离去。他告诉大家，以后见面的机会还很多。经过红军干部的说服，群众才逐渐散去。

遵义人民群众欢迎红军的活动，是长征以来最热烈的场面。

在红军总政治部地方工作部的帮助下，1月12日下午，遵义县革命委员会正式成立。成立大会在老三中的操场上进行，参加会议的群众人山人海，像过节一样兴高采烈，从四面八方涌向会场。虽然正是严冬季节，但参加大会群众，心里热乎乎的，因为将要成立的政权，破天荒地是他们自己的政权。由于人实在太多了，不仅整个操场挤满了，而且还盛不下。进不了操场的人们，就站在操场东面的屋顶上，有的爬上操场南面的墙头上。场内场外，红旗飘扬，气氛十分热烈。

大会主席台是竹子和木板搭成的，上方横幅标语是：“庆祝中国工农红军的伟大胜利”。台下正前面安放了一排板凳。在会场中间，用两张方桌摆在一起，一个红军干部手持喇叭筒维持会场秩序。会场上空，悬挂着各种颜色的三角小旗。会议开始前，参加会议的红军队伍高唱《炮火连天响》

① 周济：《建立遵义县革命委员会的回忆》，中共遵义市党史资料征集研究办公室编：《长征火种——一九三五年遵义县革命委员会》，1987 年内部发行，第 57—58 页。

《共产党领导真正确》《当兵就要当红军》等歌曲。这是一次遵义从来没有过的群众大会，这也是一次中央红军自离开中央苏区长征以来召开的空前盛会，后来大家都把这次大会称为“万人大会”。

当毛泽东、朱德、博古、李富春等登上主席台时，会场上的群众沸腾起来，热烈的鼓掌声和响亮的口号声交织在一起。遵义县革命委员会的主要成员以及“红军之友社”的周司和、李小侠等，也都登上了主席台。

1935年1月15日的《红星》报对遵义县革命委员会成立大会作了这样的报导：

十二日的下午，约莫一点钟的光景，无数的人们，挤满了第三中学的操场，到处挥着各工会各团体的旗号。钟鸣两下，会议正式开幕了。在推举主席团之后，首先由筹备处代表报告筹备之经过，接着便是朱总司令、毛主席、李主任的演说，他们都以最清楚而通俗的言词，阐明了苏维埃红军的主张，揭露了反革命的罪恶与欺骗，他们的每一句话都深印在大众的心坎，愉快的笑容浮在他们的脸上，感动了他们，使他们认识了“只有苏维埃才能救中国”、“红军是工农自己的军队”的真理。

……

朱毛李三同志的演说后，还有本地一个木匠和一个妇女同志的演说，最后演说者是一个遵义籍的红军小同志，他过去是一个贫苦无靠的儿童，当红军不过两年的工夫，现在他已经能够写墙报与报纸了。特别是他在演说时，口齿的清白，语句的沉着，内容的丰富，使听众更加认识了红军，红军不但是工农利益的保卫者，而且是工农的学校。①

大会主席团提名蒙合和（织工）、邓云山（木工）、罗玉顺（铁工）、罗梓铭（工人）、李金生（学徒）、陈云洲（工人）、毛泽民（知识分子）、葛瑞先（女工）、张玲玉（女工）、吴玉堃（帽工）、周兴（学生）、周布之（农民）、邱本立（农民）、王淑贤（贫民女）、赵红光（农女）、朱开铨（红军）、贺伸徒（红军）、丁伯霖（红军）、任移（学生）、李顺和（苦力）、谢浩臣（农民）、李小侠（女学）、周司和（学生）、周守如（店员）、何绮波（学

① 《〈红星报〉一九三五年一月十五日报导：遵义全县群众大会成立革命委员会》，中共遵义市党史资料征集研究办公室编：《长征火种——一九三五年遵义革命委员会》，第37页。

生）等25人为革命委员会委员，经全体到会群众举手通过，宣布遵义县革命委员会成立。

散会后，红军篮球队和三中篮球队举行了一场篮球友谊赛。当时，国民党反动当局欺骗宣传说：“红军杀知识分子”。这场球赛，是对国民党的无耻谣言的最好揭露。

遵义县革命委员会主席为罗梓铭，副主席为邓云山；下设六个工作委员会：财政人民委员会，毛泽民为主任委员；人民武装委员会，丁伯霖为主任委员；人民肃反委员会，周兴为主任委员；土地人民委员会，朱开铨为主任委员；劳动人民委员会，陈云洲为主任委员；文化人民委员会，周守如为主任委员。

对中共党史比较了解的读者朋友从这个名单中，一下子会看出几个熟悉的名字来。毛泽民，毛泽东的大弟弟，1921年2月随毛泽东离开韶山到长沙，从此走上革命道路。1922年参加中国共产党，在党内长期从事经济工作。到中央苏区后，任中华苏维埃国家银行第一任行长，兼任钨矿公司总经理。毛泽民善于搞经济工作，是著名的“红色经济专家”。周兴，曾任中央苏区江西省苏维埃政治保卫局执行部长、中华苏维埃国家政治保卫局巡视员，长征开始后任红一军团保卫局副局长、干部团特派员。长征到陕北后，先后担任西北政治保卫局局长、陕甘宁边区保卫处处长。周兴长期从事保卫工作，是敌特闻风丧胆的人物。朱开铨，曾任中央苏区首府瑞金云集区苏维埃政府主席。1933年6月，在中央苏区八县查田运动大会上受到毛泽东的表扬。因工作出色，先后又任长胜县苏维埃主席、中央政府土地人民委员会委员、中央政府巡视员，在毛泽东身边工作。1934年4月，调任粤赣省苏维埃政府土地部部长。另外，罗梓铭、陈伯霖在中央苏区也都是骨干力量。这说明，中共中央、中革军委对成立遵义县革命委员会是非常重视的，派出了精干人员充实其领导力量。

遵义县革命委员会积极贯彻中华苏维埃共和国中央政府的土地政策、经济政策和劳动法等，积极开展土地革命，广泛发动群众，组织起有七八百人参加的游击队和有100多人参加的革命先锋队；并且经常帮助红军筹粮、筹款、制作服装、印刷文告，动员青年参加红军。这些工作为一个关乎中国共产党命运的会议创造了良好的环境。

后来，陈云在向共产国际报告关于红军长征的情况时，对遵义革命委员会给予高度评价，指出："在革命委员会领导之下，建立了地方武装游击队。我们发动群众没收地主豪绅、军阀的财产，并把没收的财产分给了群众。我们的这些做法使当地老百姓拥护红军的热情高涨。""我们认为，在遵义城成立革命委员会、建立地方革命政权是我们取得的第三个胜利。"①

实现伟大转折的遵义会议

历史将永远铭记这三天：1935年1月15日至17日。就在这三天，中共中央政治局在遵义召开了扩大会议。这就是闪耀着永恒光芒的遵义会议。

遵义会议的召开，经历过一段酝酿过程。在这一过程中，毛泽东始终是主导者、决定者。

李德在《中国纪事》有关遵义会议的章节中，曾提到一个毛泽东派别的"中央三人小组"，说这个"中央三人小组"为遵义会议召开作了"事先的准备工作"②。李德说的这个"中央三人小组"并不是什么组织，而是长征出发时随代号为"红章"的第二野战纵队行军的毛泽东、张闻天、王稼祥，由于对博古、李德错误的军事指挥看法一致，才被李德这么称谓的。

当时，分在第二野战纵队行军的都是机关人员和伤病、老弱、妇女人员。毛泽东是被博古以有病为由分到第二野战纵队的。如前所述，自中央苏区第五次反"围剿"准备阶段开始，毛泽东就不同意博古、李德的军事指挥方针，不断提出自己的意见，但屡被拒绝采纳。毛泽东在中央苏区毕竟是一个有影响的领导人，博古将他视为推行"左"倾方针的障碍，总想用一个什么理由将他送出中央苏区。1934年3月下旬，博古通过上海中央局转报共产国际负责人皮亚特尼茨基，称："毛泽东已长时间患病，请求派他去莫斯科。他已停止工作。"建议派毛泽东为出席共产国际第七次代表大会的代表。但共产国际驻华代表、远东局书记埃韦特和上海中央局认为，毛泽

① 陈云：《关于红军长征和遵义会议情况的报告》（1935年10月15日），《陈云文集》第一卷，第8页。

② （德）奥托·布劳恩：《中国纪事》，第126、128页。

东去莫斯科之行“安全难以保证。此外，应该考虑政治后果。”①4月3日，共产国际执行委员会政治书记处政治委员会听取了中共中央关于毛泽东因病是否适宜去苏联的电报，决定：毛泽东“不宜来莫斯科。必须尽一切努力在中国苏区将他治好。只有在中国苏区绝对不能医治时，他才可以来苏联。”②4月9日，共产国际执行委员会政治书记处政治委员会致电埃韦特：“[我们]反对毛泽东出行，因为我们不认为能够使他在旅途中免遭危险。即使需要大笔开支，也绝对需要在苏区组织对他的治疗。只有在完全不可能在当地医治和有病死危险的情况下，我们才同意他来莫斯科。”③这样，毛泽东才没有被送到苏联去。

长征出发前，毛泽东的病经红军医院院长傅连暲的精心治疗，已经好多了，博古让毛泽东参加长征是迫不得已，但又不想让他在自己身边碍手碍脚，就把他分在军委第二野战纵队，离自己远些，省得他总是提建议，落得自己耳朵根子干净。

王稼祥在中央苏区第四次反“围剿”结束时腹部受了重伤，长征开始时，伤口还没有痊愈，只好坐担架随军委第二野战纵队行军。张闻天则不同，他是中央常务委员，原定是把他分到军团去行军，在毛泽东的坚持下，也随军委第二野战纵队行军。

毛泽东、张闻天、王稼祥一起随军委第二野战纵队行军，就有了共同讨论中央苏区第五次反“围剿”以来博古、李德军事指挥错误的机会。他们眼看着由于博古、李德的瞎指挥，中央红军没有取得第五次反“围剿”的胜利，不得不撤离根据地实行战略大转移；战略转移后又迭遭失利，几乎濒

① 《李竹声给皮亚特尼茨基的电报》（1934年3月27日于上海），中共中央党史研究室第一研究部译：《共产国际、联共（布）与中国革命档案资料丛书·联共（布）、共产国际与中国苏维埃运动》（1931—1937）第14卷，第101页。

② 《共产国际执行委员会政治书记处政治委员会会议第367（Б）号记录》（1934年4月3日于莫斯科），中共中央党史研究室第一研究部译：《共产国际、联共（布）与中国革命档案资料丛书·联共（布）、共产国际与中国苏维埃运动》（1931—1937）第14卷，第102—103页。

③ 《共产国际执行委员会政治书记处政治委员会给埃韦特的电报》（1934年4月9日于莫斯科），中共中央党史研究室第一研究部译：《共产国际、联共（布）与中国革命档案资料丛书·联共（布）、共产国际与中国苏维埃运动》（1931—1937）第14卷，第104页。

于绝境。对中国革命事业高度责任感使他们认识到，不能再让博古、李德这样指挥下去了！这是他们有共同语言的基础。

张闻天、王稼祥也都犯过“左”倾教条主义错误，那么，他们是怎样转变过来呢？

先看一下张闻天吧。

张闻天是1931年9月下半月王明前往莫斯科之前成立的中共临时中央常委之一。在上海白区工作期间，张闻天一方面执行了“左”倾教条主义方针，发表过一些宣传“左”教条主义错误方面的文章，另一方面也注意到了“左”倾关门主义的危害，如在1932年11月3日发表于《斗争》第30期上的《文艺战线上的关门主义》一文，批评了当时左翼文艺批评家在“文艺自由辩论”和“文艺大众化”讨论中存在的“左”倾关门主义，认为小资产阶级文学家是左翼文化的同盟者，对他们要进行说服和争取，要执行“广泛的革命的统一战线。”同年11月18日发表于《斗争》第31期的《论我们的宣传鼓动工作》，揭露了“党八股式的宣传鼓动”的主要特征，提出了从“左”的错误中实行转变的办法。20世纪30年代曾担任过中共中央秘书长的黄玠然在回忆中说：“那时闻天同志也是执行王明‘左’倾路线的重要成员。但他是一个尊重实际、思想敏感的政治家、理论家。他在执行‘左’的错误中，能敏锐地发现问题，对一些具体问题上‘左’的做法，他能较快察觉，提出批评。据我所知，他当时曾反对王明、博古对工人运动所作的过高估计；反对过宣传鼓动工作中的一套党八股的‘左’倾论调；也反对过脱离群众的命令主义、关门主义等等错误。”①

到中央苏区后，张闻天和博古的分歧越来越多。对于1933年1月17日以中华苏维埃临时中央政府和中国工农红军革命军事委员会名义发表的《为反对日本帝国主义侵入华北愿在三个条件下与全国各军队共同抗日宣言》如何理解，博古认为“三个条件只是宣传的号召，只对下层士兵与广大工农群众讲的”。张闻天认为“三个条件是宣传的，也是行动的号召，也是对

① 张闻天选集传记组编：《200位老人回忆张闻天》，人民出版社2013年版，第51—52页。

上层军官说的”[1]。如前所述，在对福建事变后是否支持第十九路军问题上、讨论广昌战役的会上，张闻天同博古发生了严重的分歧。这些矛盾的发展，博古与张闻天的关系开始越来越远。中共六届五中全会后，博古让张闻天当中华苏维埃共和国中央政府人民委员会主席，就是为了将他从政治局的日常工作中排挤出去。杨尚昆曾说：“叫他（指张闻天——引者）当政府人民委员会主席。我想当时博古有两个目的，一个目的是把毛主席架空，你虽然是苏维埃执行委员会主席，但是按实际的职务来说，具体的工作是在人民委员会，也就是总理那里。……第二你张闻天在政府那边工作，你就少管中央的事情。”“他去政府工作，这就恰恰给他提供了一个单独考虑中国革命实际道路的机会，特别是同毛主席接近了。”[2]

博古把张闻天排挤到政府去工作，然而，事情并没有结束。不久，他又派张闻天到闽赣省做巡视工作，而实际上项英刚从闽赣省巡视回来。张闻天不在苏维埃中央政府期间，博古等公开批评中央政府的文牍主义。博古的这些做法让张闻天非常反感。在长征出发前一天，毛泽东和张闻天闲谈时，张闻天把对博古的看法同毛泽东谈了。两人有了共同的语言，开始接近起来。张闻天后来曾说：“我同毛泽东同志所以能够在长征出发前即合作起来的原因，除了我前面所说的种种原因外，我对他历来无仇恨之心。我一进中央苏区，不重视毛泽东同志是事实，但并无特别仇视或有意打击他的心思，也是事实。”[3]

长征出发后，毛泽东开始给张闻天分析中央苏区第五次反“围剿”失败的原因，指出博古、李德军事指挥上的错误。张闻天很快接受了毛泽东的意见。张闻天是中共中央政治局委员、书记处书记（即中央常委），党内地位重要，争取到他，壮大了对“左”倾教条主义错误斗争的力量，对结束“左”倾教条主义错误在中央的统治有重要作用。

再看一下王稼祥。

---

① 张闻天：《从福建事变到遵义会议》（1943年12月16日），中共中央党史资料征集委员会、中央档案馆编：《遵义会议文献》，人民出版社1985年版，第76页。

② 张闻天选集传记组编：《200位老人回忆张闻天》，第39页。

③ 张闻天：《从福建事变到遵义会议》（1943年12月16日），中共中央党史资料征集委员会、中央档案馆编：《遵义会议文献》，第79页。

前面已经述及，中央苏区第二次反“围剿”时，王稼祥在作战方针上给毛泽东很大支持。但自赣南会议后，在关于中央苏区发展方向问题上，王稼祥拥护中共临时中央的“左”倾教条主义策略，主张向国民党重兵驻守的北部发展，占领大城市，而毛泽东则主张向国民党军力量薄弱的东南方向发展。为此，王稼祥在有关会议上曾严厉指责毛泽东“这是规避占领大城市”，提出“我们应该同过分害怕攻占大城市的右倾机会主义作斗争”①。

尽管在中央苏区发展方向上存在严重分歧，王稼祥对毛泽东的军事指挥还是很钦佩的。中央苏区第五次反“围剿”中，王稼祥曾为作战指挥问题同李德发生过多次争论。王稼祥认为，“御敌于国门之外”、“短促突击”是打不破敌人“围剿”的，还是要采取诱敌深入、隐蔽部队、突然袭击、先打弱敌、后打强敌、各个击破的战法。但李德听不进王稼祥的这些意见。中央红军反“围剿”作战接连失利，不得不进行战略转移，王稼祥对局势十分焦虑，想来想去，只有向毛泽东表示自己的看法。与毛泽东同在军委第二野战纵队行军，恰好为王稼祥提供了这样的机会。王稼祥在回忆中说：

长征前他（指毛泽东——引者）正在养病，长征时也乘担架同行，我们在休息和宿营时经常一起交谈对当前局势的看法。我向毛泽东表示：目前形势已非常危急，如果再让李德这样瞎指挥下去，红军就不行了！要挽救这种局面，必须纠正军事指挥上的错误，采取果断措施，把博古和李德“轰”下台。毛泽东同志听后十分赞同。他考虑了当时情况，又耽心地说：“你看能行吗？支持我们看法的人有多少？”

我说：“必须在最近时间召开一次中央会议，讨论和总结当前军事路线问题，把李德等人‘轰’下台去。”毛泽东同志高兴地说：“好啊，我很赞成。”并要我多找几位同志商量商量。②

王稼祥先找张闻天，谈了召开中央会议的意见，张闻天表示赞同。接

① 《周恩来、王稼祥、任弼时和朱德给中共中央的电报》（1932年5月3日于瑞金），中共中央党史研究室第一研究部译：《共产国际、联共（布）与中国革命档案资料丛书·联共（布）、共产国际与中国苏维埃运动》（1931—1937）第13卷，第146页。

② 吴德坤主编:《遵义会议资料汇编》，中央文献出版社2009年版，第126—127页。

着，王稼祥又找了周恩来，周恩来一向支持毛泽东的正确意见，赞成王稼祥的召开中央会议的建议。朱德也支持这个建议。随后，王稼祥还找了几位军队的负责同志，谈了他的看法。正好，红一军团政治委员聂荣臻因腿伤感染化脓也坐担架随军委纵队行动，王稼祥便把自己的看法给聂荣臻谈了，得到聂荣臻的支持和赞同。于是，召开会议的条件成熟了。1月13日，周恩来通知有关人员赴遵义参加会议。

李德在《中国纪事》中涉及遵义会议时这样写道：

毛泽东……利用这次休整时间，强迫中央委员会政治局召开了所谓扩大会议。他之所以能够毫不迟疑地这样去做，是因为他知道大多数在遵义的政治局委员是支持他的，……但是他仍不满意，还邀请了临时革命政府委员、总参谋部的工作人员，以及军团和师的指挥员、政委等来参加1935年1月7—8日①举行的会议。这些人形成了多数……

……

毛泽东在遵义有何目的呢？非常明显，他是要对1928年"六大"对他的批判，以及他在1932年8月宁都中央政治局会议②上和1934年1月瑞金中央全会上的失败进行报复。在宁都，他在中央苏区政治和军事领导中的独裁统治被打破了，主要是因为他不顾领土丢失，不顾百姓利益，顽固坚持向山区退却的战略。现在，他通过利用组织上和战术上的个别错误进行煽动，特别是通过臆造和诽谤陷害等手段，有可能实现他多年来派性斗争的目标了，这就是贬低党的领导，消除总书记博古的影响，完全恢复自己的名誉，并把军队重新"抓在手中"，从而使党服从他的意志。

为什么他敢于在遵义这么干呢？……突破封锁线以后，整个政治生活和党的工作实际上只是在军队中进行；而这支军队，正如我以前多次提到过的，几乎完全是农民组成并受职业军人的指挥。毛在部队指挥员和部分政治工作者中，由于多年共同战斗，有许多追随者。中央苏区的转移，在他们中间引起了一些不满的情绪和不稳定的感觉，这是他有计划煽动起来的。……在党的最高领导人中有一些比较年轻的干部，如王明、博古、洛

① 遵义会议召开的时间为1935年1月15日至17日。

② 这里指的应为1932年10月在宁都小源召开的中共苏区中央局会议，即宁都会议。

甫（即张闻天——引者）和周恩来，他们当中只有周恩来在军队中有支持者。……

特别是1934—1935年，党的领导完全同外界隔绝，此事造成的后果尤其严重。他们从国际共产主义工人运动那里，具体地说就是从共产国际方面，既不能得到忠告，也不能得到帮助。所以，以毛泽东为代表的小资产阶级农民的、地方性的和民族主义的情绪，就能够不顾马列主义干部的反对而畅行无阻，甚至这些干部本身也部分地和暂时地为这种情绪所左右。①

李德的这几段文字充满了对毛泽东攻击的语言，但经过细读和辨析之后，能从中得到以下事实：(1) 中央红军长征到达遵义时，大多数中央政治局委员是支持毛泽东的，拥护毛泽东出来领导红军。(2) 长征开始后中央红军接连受到挫折，特别湘江之战的惨重损失，引起了广大红军干部、战士的严重不满情绪。(3) 在创建中央苏区和领导中央苏区反对国民党军的“围剿”中，毛泽东的正确策略方针深受苏区党和红军的各级干部的拥护。(4)“左”倾教条主义者没有创建根据地和红军的实践经验，只会夸夸其谈，在红军中没有多少支持者。(5) 中央红军长征开始后，由于同共产国际中断了电讯联系，这反而能使中国共产党独立自主地解决中国革命重大问题。没有了共产国际的干预，毛泽东的正确主张反而更能被党所接受。

遵义老城黔军第二十五军第二师师长柏辉章公馆。这是一座当时遵义城最为豪华的建筑，从外面看去，高墙壁立，朱门厚重，巍峨气派。从临街大门进去，穿越过厅，迎面是一座砖砌的照壁，前面用五彩瓷片镶嵌“慰庐”，背面则是“慎笃”。照壁后面是一个小天井，天井以青石铺路，南面有小门，通往四合院，北面则是主楼，楼东走道有一小客厅，可容纳20余人。里面有红木地板和门窗，天花板上吊着一盏煤油灯，中间放着一张长方形的桌子，20把椅子摆成了一个半圆形。1月15日晚，中共中央政治局扩大会议就在这个小客厅举行。这个小客厅后来就成为后来人们到中国革命圣地遵义参观、学习、净化思想灵魂必去的地方。

出席会议的政治局委员有毛泽东、张闻天、周恩来、朱德、陈云、博古，候补委员有王稼祥、刘少奇、邓发、何克全（凯丰），还有红军总部和各军

---

① （德）奥托·布劳恩：《中国纪事》，第117、118、119页。

团负责人刘伯承、李富春、林彪、聂荣臻、彭德怀、杨尚昆、李卓然，以及中央秘书长邓小平。李德及担任翻译工作的伍修权也列席了会议。

红九军团军团长罗炳辉、政治委员蔡树藩因在湄潭一带执行警戒任务，未能出席会议；红五军团军团长董振堂因在党内没有领导职务，也未能出席会议。

会议由博古主持，中心议题是："（一）决定和审查黎平会议所决定的暂时以黔北为中心，建立苏区根据地问题。（二）检阅在反对五次'围剿'中与西征中军事指挥上的经验与教训。"①

会议首先讨论黔北地区是否适合建立根据地的问题。会上，刘伯承和聂荣臻建议，红军要打过长江去，到川西北去建立根据地。为什么提出这个建议，聂荣臻在回忆中说："从到贵州看到的情况，这里人烟稀少，少数民族又多，我们原来在贵州又毫无工作基础，要想在这里建立根据地实在是太困难了。而到四川，一来有四方面军的川陕根据地可以接应我们；二来四川是西南首富，人烟稠密，四川军阀横征暴敛，搞得民不聊生，只要我们能发动群众，站稳脚跟，就可以大有作为；三来四川对外交通不便，当地军阀又长期有排外思想，蒋介石想在四川大量调兵不容易。"②

会议经过讨论，接受了刘伯承和聂荣臻的建议，"一致决定改变黎平会议以黔北为中心来创造苏区根据地的决议，一致决定红军渡过长江在成都之西南或西北建立苏区根据地。"③

接下来，会议进入下一个议题，讨论总结第五次反"围剿"以来的经验教训。先由中共中央总负责人博古作关于反对第五次"围剿"的主体报告。博古在报告中，把第五次反"围剿"失败的主要原因归于帝国主义、国民党反动力量的强大。并把党对于白区广大工农群众反帝反国民党与日常斗争的领导没有显著的进步，游击战争的发展与瓦解白军士兵工作依然薄弱，各苏区红军在统一战略意志之下的相互呼应配合不够，作为第五次反"围

① 陈云:《遵义政治局扩大会议传达提纲》（1935 年 2 月或 3 月），《陈云文选》第一卷，第 36 页。

② 《聂荣臻回忆录》，第 197 页。

③ 陈云:《遵义政治局扩大会议传达提纲》（1935 年 2 月或 3 月），《陈云文选》第一卷，第 36 页。

剿”失败的重要原因。另外，博古还认为中央苏区的后方工作、物资供应没有做好，影响了第五次反“围剿”斗争。

博古绕来绕去，说了一大堆客观原因，就是不说军事指挥是不是出了问题。

博古报告之后，由中革军委副主席、红军总政治委员周恩来作副报告。他指出第五次反“围剿”失利的主要原因是军事领导的战略战术错误，并主动承担责任，作了自我批评，同时也批评了博古、李德的错误。

周恩来的报告与博古的报告形成鲜明的对比，我们从中可以看到他无私坦荡宽阔的胸怀。在生死攸关的历史关头，为了挽救党和红军，勇于解剖自己，敢于承担责任，我们不能不为他这种伟大精神而感到由衷的钦佩。他不愧是一个伟大的无产阶级革命家、军事家，遵义会议能够开得成功，周恩来功不可没！

博古、周恩来报告之后，张闻天作“反报告”。他列举大量事实，说明第五次反“围剿”失败及中央红军战略转移后遭到的严重损失的主要原因是博古、李德在军事上犯了一系列严重错误，违反了过去红军长期作战中形成的基本原则。张闻天充分发挥了理论性、条理性比较强的优势，“反报告”作得系统、说服力强，为彻底否定博古、李德的单纯防御路线定了基调。出席会议的杨尚昆回忆说：

我当时是三军团政委，与军团长彭德怀同志一起列席了这次具有历史意义的会议。我清楚地记得，遵义会议上反对“左”倾军事路线的报告（通称“反报告”）是闻天同志作的。他作报告时手里有一个提纲，基本上是照着提纲讲的。这个提纲实际上是毛泽东、张闻天、王稼祥三位同志的集体创作而以毛泽东同志的思想为主导的。①

接着，毛泽东作了重要发言。他讲了大约一个小时，集中批评“左”倾军事路线错误和各方面的表现，指出导致第五次反“围剿”失败和战略大转移严重损失的原因，主要是军事上的单纯防御路线，表现为进攻时的冒险主义，防御时的保守主义，突围时的逃跑主义。他说：指挥者只知道纸上谈兵，不考虑战士要走路，也要吃饭，也要睡觉，也不问走的是山地、平

① 杨尚昆：《坚持真理，竭忠尽智——缅怀张闻天同志》，《人民日报》1985年8月9日。

原还是河流，只知道在地图上一划，限定时间打，当然打不好。针对博古强调第五次反“围剿”失败的客观原因，他用中央苏区第一、二、三、四次反“围剿”胜利的事实，批驳了博古的观点。毛泽东的观点反映了大家的共同想法和正确意见，受到与会绝大多数同志的热烈拥护。

紧接毛泽东之后发言的是王稼祥。他表示完全赞同毛泽东的意见，严厉批评了博古和李德军事指挥上的错误，提议请毛泽东出来指挥红军部队。

朱德在王稼祥发言后，明确表示支持毛泽东的意见。他与毛泽东一起指挥取得了中央苏区前三次反“围剿”的胜利，又和周恩来一起指挥取得了中央苏区第四次反“围剿”的胜利。红一方面军（中央红军）取得前四次反“围剿”的胜利，靠的是什么，朱德应该是最清楚的。第五次反“围剿”为什么失败，他比别人有着更直接的了解。因此，朱德在发言时很激动。伍修权在回忆遵义会议的文章中说：“朱德同志历来谦逊稳重，这次发言时，却声色俱厉地追究临时中央领导的错误，谴责他们排斥了毛泽东同志，依靠外国人李德弄得丢掉根据地，牺牲了多少人命！他说：‘如果继续这样的领导，我们就不能再跟着走下去！’”①

周恩来在发言中也支持毛泽东对“左”倾军事指挥错误的批评，全力推举毛泽东来领导党和红军。他指出，只有改变错误的领导，红军才有希望，革命才能成功。他的发言和倡议得到了与会绝大多数的同志的积极支持。

刘伯承、李富春、聂荣臻、李卓然都相继发言，对“左”倾军事指挥错误进行了严厉批评，表示赞同毛泽东的发言和张闻天的“反报告”。林彪在会上没有发言。

对于大家的尖锐批评，“博古同志没有完全彻底的承认自己的错误，凯丰同志不同意毛张王的意见”②。凯丰甚至对毛泽东说：“你懂得什么马列主义？你顶多是知道了些《孙子兵法》！”毛泽东在20世纪60年代谈到此事时说：“遵义会议时，凯丰说我打仗的方法并不高明，是照着两本书去打的，一本是《三国演义》，另一本是《孙子兵法》。其实，打仗的事，怎么

① 伍修权：《生死攸关的历史转折——回忆遵义会议的前前后后》，中国人民解放军历史资料丛书编审委员会：《红军长征·回忆史料》（1），第236页。

② 陈云：《遵义政治局扩大会议传达提纲》（1935年2月或3月），《陈云文选》第一卷，第43页。

照书本去打？那时，这两本书，我只看过一本——《三国演义》。另一本《孙子兵法》，当时我并没有看过，那个同志硬说我看过。我问他《孙子兵法》共有几篇？第一篇的题目叫什么？他答不上来。其实他也没有看过。从那以后，倒是逼使我翻了翻《孙子兵法》。”①

会后，凯丰带着情绪回到单位后，李维汉问他会议情况，凯丰没好气地说：“谁正确，谁错误，走着瞧吧！”②

遵义会议上，处境最尴尬、最狼狈的是李德。别人都是围着桌子坐的，他却坐在靠近门口的地方，完全是处于被告席上的受审者。当时他的翻译伍修权在回忆中说：

我坐在他旁边，别人发言时，我把发言的内容一一翻译给他听，他一边听一边不断地抽烟，一支接一支地抽，垂头丧气，神情十分沮丧。由于每次会议的时间都很长，前半段会议我的精神还好，发言的内容就翻译得详细些，后半段会议时精力不济了，时间也紧迫，翻译就简短些。会议过程中李德也曾为自己和王明等人的军事上的“左”倾教条主义错误辩护，说自己本来只是作为顾问提提建议，是中国同志自己搞坏了。他把责任推到临时中央及别人身上，不承认自己的错误，但毕竟是理不直，气不壮，没有说出什么东西。③

根据档案资料，李德当时坚决不接受批评。那么，李德后来如何看待遵义会议上大家对他的批评呢？

1939年8月下旬，周恩来由于右臂骨折赴苏联疗伤，李德同机返回共产国际，并受共产国际监察委员会审查。

9月22日，李德给共产国际执行委员会递交了《关于我在华工作中的错误的书面报告》。在报告中，关于工作方面，李德说他犯了两种错误：“(1)我是根据[中共]中央的要求来到[苏区]的，由于在上海时我与博古同志有工作关系，所以我单方面地同他保持联系，实际上我掌握了红军行动的决定权。这大大超出了我的工作范围，在客观上篡夺了红军在这一年的期间的指挥权。表面上看，我没有摆出大人物的样子。我不只一次地强调说，我

① 中共中央文献研究室编：《毛泽东传》(1893—1949)(上)，第342页。

② 李维汉：《回忆与研究》(上)，第352页。

③ 伍修权：《我的历程》(1908—1949)，第85页。

作为顾问没有任何权力或全权。”“我认为自己是听从中共中央指挥的，而实际上我对每个涉及红军的问题都提出了建议，并且直到红军进入贵州省之前我的所有建议均被采纳。除此之外，一些建议只由几个同志进行了讨论，主要是博古同志和周恩来同志，因此造成了对集体领导原则的部分违反。最终我直接干预了指挥部和司令部的工作，我自己起草了作战文件。我的做法是完全错误的，更何况当时我本人在东方工作的经验很少。我没有为做这种工作做好准备（不懂语言，不了解决定中国红军斗争特点的特殊条件，等等），更正确的做法是，应该学习而不是领导。”“(2) 为维护自己的观点，我表现出过于顽固和强硬，结果，确实在中共中央总书记博古同志支持下，其他意见受到压制，前线指挥官的提议常常不予考虑。特别是当毛泽东同志和洛甫同志（在1933年底浒湾战役和1934年广昌战役失利后）提出尖锐批评时，我完全不作自我批评地捍卫自己的意见，而且认为，在五次‘围剿’的新形势下已经不能利用红军以前的丰富经验。这样一来，工作方式方法大部分都是错误的。”

对于战略战术方面，李德承认对过去红军“诱敌深入”、灵活机动、集中力量打歼灭战的“宝贵经验”“根本未予重视”，他主张的“通过小的胜利取得战略胜利的理论”、“短促突击”理论和采取的“堡垒主义”、“分散兵力”的战略战术原则“实际上都是完全错误的”。

关于在长征中犯的错误，李德认为主要有以下几个方面：“(1) 自1934年夏提出以后的行动问题，革命军事委员会在我的影响下立即提出两个方针：一个是竭尽全力保卫苏区；另一个是疏散。这对那些在为业已提出目标继续战斗并且没有得到足够休息的军队产生了消极的影响。”“(2) 准许携带大量的辎重。我本人虽然反对最初的计划，极力减少。但还是做得不够。这里反映出对远征的错误概念，认为这是一般的转移，没有充分考虑到军队在国民党地区即将面临的变化了的条件。”“(3) 由于有庞大的后勤部队，又低估了敌人的行动，作战部队在很大程度上变成了非作战部队的掩护部队。它们行动缓慢，调动困难，因而造成了纵队不止一次地受到敌人部队的进攻，有掉队的，失去联系的，损失惨重。”“(4) 远征的最终目的不明确，在完全越过敌人的防线（即到达贵州之前），我极力避开决战，因此放过了同敌人的有利作战机会（在湘桂黔边区）。”①

李德的这份说明，在数年之后，尽管扭扭捏捏，基本上还是承认了遵义会议上大家对他在第五次反“围剿”到长征进入贵州这一段军事指挥错误的批评。然而，到20世纪70年代，李德在写《中国纪事》时又不承认了，对于遵义会议批评他“包办了军事委员会的一切工作”、“把军委的集体领导完全取消”、在军事问题上对不同意见“不但完全忽视，而且采取各种压制的方法”视为“诋毁”和“激烈攻击”，辩解说：“一个外国顾问既没有下达指示的权力，又不懂中文，和外界又没有联系，怎么才能做到这些呢？”对于毛泽东批评他和博古“以单纯防御路线（或专门防御）代替决战防御”，“以阵地战堡垒战代替了运动”，试图“阻止敌人的进攻”而不是“把敌人消灭在全胜的最后决战中”，李德认为“所有这些指责都是牵强附会的”，“我们中间没有一个人曾经是消极防御或阵地战的信奉者。”②一个不对历史负责出尔反尔的李德！

遵义会议历时三天，最后作出了如下决定：

1. 选举毛泽东为中央政治局常委。

2. 指定张闻天起草会议决议，委托中央政治局常委审查后，发到支部讨论。

3. 政治局常委再进行适当的分工。

4. 取消“三人团”，仍由最高军事首长朱德、周恩来为军事指挥者。委托周恩来为党内对于指挥军事上下最后决心的负责者。

遵义会议后，中央常委即进行了分工，“以泽东同志为恩来同志的军事指挥上的帮助者。”③20世纪90年代，杨尚昆在一次回忆中这样说过：“在遵义会议上，形成比较一致的意见是洛甫（即张闻天——引者）代替博古担任总书记。但闻天同志非常谦虚，再三推辞。毛泽东同志也说自己参加军

---

① 《布劳恩给共产国际执行委员会的书面报告》（1939年9月22日于莫斯科），中共中央党史研究室第一研究部译：《共产国际、联共（布）与中国革命档案资料丛书·联共（布）、共产国际与中国苏维埃运动》（1931—1937）第15卷，中共党史出版社2007年版，第344—345、348—349页。

② （德）奥托·布劳恩：《中国纪事》，第122、125页。

③ 陈云:《遵义政治局扩大会议传达提纲》（1935年2月或3月），《陈云文选》第一卷，第43页。

事指挥较好。于是这个问题就搁置起来。”①

遵义会议是在紧张的战争形势下进行的，没有全面地讨论政治路线方面的问题。以短短的几天时间，对多年来党的工作中所有重大问题的是非展开讨论，是不可能的。1944年陆定一在延安中央党校给学员作报告时指出：“中央红军正在长征。遵义会议就是在行军中开的，当时是很紧张的，敌人包围天天打仗，开会只是利用少有的休息的机会，不是象今天在延安，有安定的环境，可以坐下开它几个礼拜甚至几个月的会都没关系。”“当时两万五千里的长征才走了一半，军事是首要的问题。政治路线没有讨论，当时也不可能讨论，因为正在打仗。白区搞光了，苏区脱离了，当时剩下的只有军队。党也好，群众也好，都在军队里。决定我们死活的问题是军队。所以军事问题的讨论是放在第一位。但会议的本质是反对机会主义的开始。”②

李维汉在《回忆与研究》中认为：“为什么遵义会议的决议没有指出‘左’倾领导者在政治路线上的错误，而且还认为‘军事领导上的错误’对‘整个路线说来不过是部分的错误’呢？我认为这有两方面的原因：一是党内思想还不一致，条件还不成熟，多数同志还没有认识到其政治路线也是错误的；再就是鉴于紧迫的战争环境，因此，毛泽东等同志没有提出这个问题。这样做是非常正确的，因为当时是处在没有根据地，敌人前堵后追的战争环境中，战争的胜负是关系到革命成败的主要问题。这时，如果提出王明等人的政治路线问题也是错误的，会使党内受到过分的震动，引起大的争论，对打仗非常不利。政治路线问题可以留待以后讨论，这样做对于保持党的团结和统一，争取长征的胜利，有重大意义。”③

在遵义会议上，也曾有人提出讨论政治路线问题。伍修权回忆说：“毛泽东同志机智地制止了这种做法。正是这样，才团结了更多的同志，全力以赴地解决了当时最为紧迫的军事问题。会后，曾有同志问毛泽东同志，你早就看到了王明那一套是错误的，也早在反对他，为什么当时不竖起旗帜

---

① 张闻天选集传记组编：《200位老人回忆张闻天》，第48页。

② 吴德坤主编：《遵义会议资料汇编》，第161页。

③ 李维汉：《回忆与研究》（上），第355页。

同他们干，反而让王明的‘左’倾错误统治了4年之久呢？毛泽东同志说，那时王明的危害尚未充分暴露，又打着共产国际的旗号，使人一时不易识破他们，在这种情况下，过早地发动斗争，就会造成党和军队的分裂，……只有等到瓜熟蒂落，水到渠成时，才能提出和解决这个问题。”“在遵义会议上，他只集中批判博古和李德，对别的同志，则采取耐心的说服帮助，争取他们转变立场。毛泽东同志这种对党内斗争的正确态度和处理方法，也是促成遵义会议成功的重要原因。”伍修权认为：“遵义会议的成功，表现出了毛泽东同志杰出的领导才能与智慧。”①

遵义会议充分体现了“无私、求是、智慧、团结、胜利”的精神，这是中国先进的无产阶级政党所特有的精神。

遵义会议在中国共产党的历史上有着极其重要的地位，中共中央党史研究室著《中国共产党历史》（第一卷）的评价是这样的：

遵义会议明确地回答了红军的战略战术方面的是非问题，指出博古、李德军事指挥上的错误，同时改变中央的领导特别是军事领导，解决了党内所面临的最迫切的组织问题和军事问题，结束了“左”倾教条主义错误在中央的统治，确立了毛泽东在中共中央和红军的领导地位。而这些成果，又是在中国共产党同共产国际中断联系的情况下独立自主地取得的。这次会议，在极端危急的历史关头，挽救了党，挽救了红军，挽救了中国革命。从此，中国共产党能够在以毛泽东为代表的马克思主义正确路线领导下，克服重重困难，一步步地引导中国革命走向胜利。遵义会议是党的历史上一个生死攸关的转折点，它标志着中国共产党在政治上开始走向成熟。②

遵义会议，作为实现中国共产党伟大历史转折的会议永载史册。而作为这一伟大事件的发生地遵义，也在历史上刻下了永恒的名字。过去人们很少知道的中国西部城市，成为家喻户晓的中国革命历史名城。

---

① 伍修权：《生死攸关的历史转折——回忆遵义会议的前前后后》，中国人民解放军历史资料丛书编审委员会：《红军长征·回忆史料》（1），第238页。

② 中共中央党史研究室著：《中国共产党历史》（第一卷）上册，中共党史出版社2011年版，第388页。

五、红军斗争出现了新转机

土城之役，出师不利

中央红军占领黔北遵义、桐梓进迫川黔边时，蒋介石又开始处心积虑地筹划围歼中央红军的新计划，一面命令贺国光率领委员长行营参谋团入川，令四川军阀刘湘抽调兵力布防川南堵截；一面命令云南军阀龙云抽调兵力由滇东进入黔西，归薛岳指挥布防堵截，并令黔军王家烈归薛岳指挥，配合国民党"中央军"入黔各军进行追击。蒋介石还任命刘建绪为第一路军前敌总指挥，率部布防封锁；任命徐源泉为鄂湘川边总司令，派兵进占秀水、彭水，在川、鄂边界布防封锁；飞调上官云相率领第九军由豫西兼程赶往川南，作为预备队。

这时，蒋介石判断，中央红军行动的方向可能有两个，一是北渡长江与红四方面军会师，二是东出湘西与红二、红六军团会师。1935年1月19日，蒋介石制定了在长江南岸"围剿"中央红军的计划，企图以"追剿军"紧追红军不舍，压迫红军于"川江南岸地区，与扼守川南行动部队及各要点之防堵部队，合剿而聚歼之"①。具体部署是：以薛岳兵团周浑元、吴奇伟两个纵队共八个师，尾追中央红军进入贵州，在控制贵阳、息烽、清镇等地后，继续北上。黔军王家烈部两个师向刀靶水、懒板凳进攻，一个师向湄潭进攻。川军以潘文华为总指挥，调集十多个旅组成"四川南岸剿匪军"，分路布防，阻止中央红军进入川南。川军教导师第一旅开赴赤水协助黔军布防；第二旅开赴叙永布防；第三旅和第四旅由江津、白沙直趋黔北温水，与到达松坎北面的模范师第三旅呼应；第五师开赴合江待命。湘军刘建绪四个师进至黔东石阡、印江、思南、沿河一带，沿乌江东岸布防。鄂军一个师另一个旅沿乌江下游布防，防止红军东返。滇军孙渡部三个旅和一个团向昭通、毕节地区开进，防堵红军西进。桂军廖磊部两个师进到贵州独山、都匀一带，以图策应。上官云相部从河南向川东开进，经重庆向綦江地区推

① 《蒋介石关于在长江南岸"围剿"中央红军的计划》(1935年1月19日)，中国人民解放军历史资料丛书编审委员会：《红军长征·参考资料》，第257页。

进，以阻止红军北进。国民党军总兵力共约40万，是3.7万人的中央红军十倍以上。中央红军周围的局势又严峻起来。

按照遵义会议的决定，中央红军于1月19日由南北地区开始北上，计划迅速渡过长江，向川西或川西北挺进。1月20日，中革军委下达了《关于渡江的作战计划》，指出："我野战军目前基本方针，由黔北地域经川南渡江后转入新的地域，协同四方面军，由四川西北方面实行总的反攻。而以二、六军团在川、黔、湘、鄂之交活动，来钳制四川东南'会剿'之敌，配合此反攻，以粉碎敌人新的围攻，并争取四川赤化。"①

遵照中革军委的命令，中央红军分三路纵队向赤水方向急进，于1月27日全部推进到赤水河以东地区。1月28日，经毛泽东提议，红军总部决定，以红三、五军团为作战主力，打响了土城战斗。然而，由于情报有误，土城敌人不是四个团6000多人，而是六个团1万多人，而增援部队还在不断涌来。川军武器和战斗力，都比黔军要强得多，这也是此前没有估计到的。战局发展对红军越来越不利。川军倚仗优势兵力，突破红五军团的阵地，一步步向土城镇压来。如果不顶住川军，后面就是赤水河，红军将面临背水作战的险境。

形势危急，朱德坐不住了，决定亲自到前线直接指挥作战。他可是红军总司令呀，这样做太危险了。毛泽东使劲抽烟，一支接一支，下不了这个决心。朱德着急了，把帽子一甩，说："得啰，老伙计，不要光考虑我个人的安全。只要红军胜利，区区一个朱德又何惜！敌人的枪是打不中朱德的！"②毛泽东终于点头了。朱德和刘伯承亲上前沿阵地，红军指战员倍受鼓舞，终于把川军的冲锋给顶回去了。毛泽东决定，通知奔袭赤水县的红一军团急速返回增援，并命陈赓、宋任穷率领干部团急赴前线，发起反冲锋。朱德到干部团指挥他们抢占有利地形，终于打退了川军的进攻，巩固了阵地。

聂荣臻在回忆土城战斗时说：

一开始打得还是不错的。三军团、五军团和干部团先投入战斗。敌"模范师"被我击溃一部。干部团攻击很猛，硬是攻到了郭勋祺部附近。

① 《中革军委关于渡江的作战计划》（1935年1月20日于总部），中国人民解放军历史资料丛书编审委员会：《红军长征·文献》，第240—241页。

② 中共中央文献研究室编：《朱德传》（修订本），第401页。

敌人已感到弹药匮乏了，突然三个旅增援上来了，由于得到了子弹、手榴弹的补充，才把我干部团压了下来，反而转守为攻。一军团二师被指定为预备队，是后来参加这一战斗的。到我们一军团上去时，敌人已占领了有利地形。我二师的部队曾经陷在一个葫芦谷形的隘口中，来回冲杀，部队无法展开，伤亡较大，五团政委赵云龙牺牲，部队处境十分危险。我们与郭勋祺激战了一整天，虽然给了他以重大杀伤，但未能消灭敌人，自己却损失不小。①

毛泽东的过人之处是，能敏锐发现问题，及时刹车，而不是碰得头破血流也要走到底。当天晚上，毛泽东提议召集中央政治局几位领导人开会，会议根据国民党各路军队正向土城地域急进围堵红军的新情况，判明原定的在这里渡江的计划不能实现，决定迅速撤出战斗，渡赤水河西进。

1月29日凌晨，中央红军除少数部队阻击敌人外，主力分三路纵队西渡赤水河。渡过赤水河后，右纵队改向叙永、古蔺间的两河镇方向前进，中央纵队、左纵队经古蔺以南向川滇黔三省边界的扎西（即威信）地区前进。2月2日，右纵队红二师进攻叙永不克，即撤出战斗，继续西进，于4日同中央纵队、左纵队会合。

土城战斗失利，中央红军渡江入川目的没有能够实现，在成都西南或西北建立新根据地的计划自然落空。遵义会议后中央红军出师不利，原因何在？陈云指出："这个决议只在一些比较抽象的条件上来决定根据地，没有具体的了解与估计敌情与可能，没有讲求达到这个目的的具体步骤。而且个别同志对于四川敌人的兵力是过低的估计的。"②

遵义会议批评了博古、李德的军事指挥错误，改变了军事领导，作出在成都西南或西北建立新根据地的决定。然而，新的军事领导在第一仗就失利，无法实现会议决定的建立新根据地的计划，这使本来就强调第五次反"围剿"失利的客观原因、勉勉强强承认军事指挥有错误的博古有了新的理由，说：看起来，狭隘经验论者指挥也不成。③

① 《聂荣臻回忆录》，第199页。

② 陈云：《遵义政治局扩大会议传达提纲》（1935年2月或3月），《陈云文选》第一卷，第37页。

③ 中共中央文献研究室编：《毛泽东传》（1893—1949）（上），第346页。

中央红军此后的战略进军方向应该向哪里？仗应该怎么打？能否打胜仗摆脱困境？这是遵义会议后的党中央面临的亟待解决的问题，极其严峻的考验摆在了眼前！

扎西会议

遵义会议后中央政治局常委分工时，由于张闻天的谦逊，中共中央总负责人的更替问题被暂时搁置起来了。土城会议博古的表现使张闻天觉得不能再让他担任中央总负责人了，再这样下去必然会影响遵义会议作出的决定执行，于是向毛泽东提出了变更中央领导的问题。毛泽东找到周恩来商议，周恩来建议由毛泽东担任党的总负责人。毛泽东认为，应该让张闻天做一个时期总负责人。

2月5日，军委纵队行军到川滇黔三省交界的一个叫“鸡鸣三省”①的村子时，中央政治局常委再一次分工，根据毛泽东的提议，决定由张闻天代替博古负中央总的责任（习惯上也称之为总书记），博古任总政治部代理主任。此即“博洛交接”。

当时，有人曾在背后鼓动博古不交权。张闻天夫人刘英回忆说：“所谓‘交权’，就是把几副装有中央重要文件、记录、印章的挑子交出来。博古没有听，他说，应该服从集体的决定。这样他就把权交给了闻天，那几副挑子，就跟闻天走了。”②

2月6日至9日，在张闻天主持下，中共中央政治局先后在扎西地域的石坎子、大河滩、扎西镇连续召开会议，讨论面临的急迫问题。史学界把这几次会议统称为扎西会议。

扎西会议作出的重要决议和决策主要有：

1. 通过《中共中央关于反对敌人五次“围剿”的总结的决议》。

党的一次重要会议，最主要的成果应该是会议的决议。遵义会议由于

① 关于“鸡鸣三省”村子的地址目前有三种说法，一说是四川省叙永县的石厢子村，一说为云南省威信县水田寨，一说为贵州省毕节市林口镇鸡鸣三省村（迎丰村）。

② 刘英：《难忘的三百六十九天》（1986年9月），《刘英纪念集》，中共党史出版社2005年版，第24页。

时间紧迫，没有形成决议，而是委托会后张闻天起草决议，再由中央政治局常委审查通过，然后发到支部讨论。因此，在遵义会议正式决议文件通过之前，知道会议精神的只限于参加会议的党中央、红军领导层和各军团负责人。而向各军团干部传达，必须要有一个正式的文件。当时无论是从长征中的中央红军面临的严峻情况看，还是从各苏区的环境情况看，都面临着国民党军的重兵围攻，迫切需要党中央的最新指示精神。形成遵义会议决议，成为亟待解决的问题。从中央红军撤离遵义开始，军委纵队几乎都是在行军中度过的。张闻天、毛泽东、周恩来、朱德等，时间对于他们来说，是无比珍贵的，既要指挥红军作战，又要在住宿和简短的休息时间中起草或讨论决议的问题。经过20来天的努力，终于拿出了一个可供政治局讨论的稿子。2月8日，在扎西地域的院子街，中共中央政治局通过了《中共中央关于反对敌人五次“围剿”的总结的决议》。同日还通过了由张闻天按照决议精神起草、以中央书记处的名义发布的《中央政治局扩大会议总结五次反“围剿”战争中经验教训决议大纲》。遵义会议决议全面、系统反映了会上批评博古、李德的军事指挥错误的成果，同时还反映了会后中央红军执行渡江入川建立新根据地计划的新实践，以及所掌握的红四方面军和红二、红六军团以及中央苏区的新情况，可以说是遵义会议的完成和新发展。这个决议，集中了反映当时党和红军的智慧，站在全局的高度，对遭受严重损失后的革命如何坚持、如何恢复和发展、如何打开革命新局面，进行了顶层的、总体的设计。这个决议是遵义会议后新的党中央领导集体首次公开发表的宣言，是党的光辉历史文献，不仅在长征期间是党和红军的纲领性文件，而且产生了深远而重大的影响。

2. 确定中央红军新的战略进军方向。

遵义会议决议中决定在云贵川建立根据地，这时中央红军各部队集中在扎西地域，把进军方向选在哪里？2月9日，中共中央政治局在扎西老街江西会馆讨论红军下一步进军方向时，毛泽东提出了回师东进，再渡赤水、重占遵义的方针。会议接受了毛泽东的主张。这是遵义会议后毛泽东重新走上军事领导岗位下的一着非常精妙的棋。由于蒋介石判断中央红军要强行渡江，因此在川黔边界集结了重兵。如果红军从这里一直往西，一定会遭受严重损失。而这时黔北地区敌人兵力比较空虚，红军回师黔北，必然出乎蒋介石预料，给王家烈黔军以及薛岳部以沉重打击，则可扭转被动局面。

3. 确定了红军作战方法，作出精简部队的决定。

面对国民党军的新围追红军计划，云贵川多山的地理环境，红军如何才能扬我之长，克敌之短，求得消灭敌人的胜利？毛泽东在2月9日扎西镇江西会馆举行的政治局会议上提出，要发挥红军集中优势兵力进行运动战的特长，主动地消灭敌人。为此，毛泽东提出部队要轻装，精简机构，充实连队。会议接受毛泽东的主张，于2月10日以朱德、周恩来、王稼祥的名义发布各军团缩编命令，中央红军在扎西地区整编。其中，红一军团保留两个师，第一师辖第一、二、三团，第二师辖第四、五、六团；红三军团撤销第四、第五师师部，改编为军团直辖第十、十一、十二、十三共四个团；红五军团保留三个团，即军团直辖第三十七、三十八、三十九团；红九军团保留三个团，即军团直辖第七、八、九团。由于除红一军团外，其他军团的师都改为了团，于是，师长改任团长，师政委或政治部主任改任团政治委员，都依次降一级任职。有的连、排长，在整编后甚至到班里当了战士。如红三军团第五师师长彭雪枫，部队整编为第十三团，任团长。红三军团第四师政治部主任、整编后任第十一团政治委员的张爱萍在回忆中说：“到达扎西后，虽时值严冬，夜间降雪，仍继续紧张地完成了整编工作。军团机关及直属队彻底实行了精简，全军团部队由第四、第五、第六三个师，整编为四个充实的团——第十、十一、十二和十三团。各师师部撤销，从师长、政治委员到连、排、班长层层下放。整编的结果，精简了机关，加强了战斗部队，加强了各级指挥，大大增强了部队的机动灵活性。同时遵义会议后由于军事行动的方向明确，政治工作的加强，全军士气高涨，斗志奋发，充满了‘不怕打，不怕走，不怕饿、不怕累’的战斗精神。”①

4. 决定成立川南游击纵队。

中革军委在2月10日发布的中央红军缩编命令中，规定各军团部按照命令规定的新编制改编时，“其一部经过宣传与选拔，可成立游击队，在地

---

① 张爱萍：《从遵义到大渡河》，中国人民解放军历史资料丛书编审委员会：《红军长征·回忆史料》(1)，第266页。

方活动。”[①]据此，中革军委抽调了一部分干部成立中共川南特委，由红三军团第六师政治委员徐策任书记，并抽调200余名红军干部、战士，与地方游击队合并，成立红军川南游击纵队。川南游击纵队坚持了近两年，活动于云贵川20多个县区，有力地配合了中央红军长征以及后来的红二、红六军团长征，扩大了党的影响，播下了革命火种，作出了重要贡献。

5. 确定南方各苏区要转变斗争方式，以广泛发展游击战争为中心任务。

中央红军长征后，以项英为书记的中共苏区中央分局领导留下来的部队坚持斗争。但项英没有能够根据变化了的形势迅速实行战略转变，开展游击战争，而是继续打阵地战，致使许多地区的党组织和红军游击队受到严重损失，形势非常困难。1935年1月中旬，项英致电朱德、周恩来，在报告了留下来的红军坚持斗争及困难情况后，提出：“我们[的]行动方针与总的行动方针应如何，请你们详细指示。”[②]在随后的一封致博古、朱德、周恩来的电报中，项英再次要求“关于我们的行动与方针请电示。”[③]项英这两封电报正值遵义会议召开期间和中央红军北上执行渡江入川计划，中央虽曾在1月22日给项英回了一个电报[④]，但对于中央分局的行动方针没有明确指示。原因是中央正在遵义召开政治局扩大会议，会后又部署和实施渡江入川计划，军情紧急，况此时尚未形成会议正式文件，所以无法给项英复电指示行动方针。然而，中央苏区情况十分紧急，项英接到中央的回电后，又于1月27日致电中共中央和中革军委，要求“中央及军委速给我们指示”[⑤]。而恰在这时，中央红军正在进行土城战斗。土城战斗失利后，红军又西渡赤水河，向川滇黔三省交界地域挺进。中共中央和中革军委忙

① 《中革军委关于各军团缩编的命令》（1935年2月10日），中共中央文献研究室、中央档案馆编：《建党以来重要文献选编》（1921—1949）第12册，中央文献出版社2011年版，第78页。

② 《项英致朱德、周恩来电》，中共中央党史资料征集委员会编：《中共党史资料》第22辑，中共党史资料出版社1987年出版，第4页。

③ 《项英致博古、朱德、周恩来电》，中共中央党史资料征集委员会编：《中共党史资料》第22辑，第5页。

④ 目前在公开出版的有关资料中尚未见到此电报，因而无法知道具体内容。

⑤ 《项英关于中央苏区情况的综合报告》，中共中央党史资料征集委员会编：《中共党史资料》第22辑，第10页。

于军情，没有顾得上给项英回电。项英于2月4日凌晨一时给中共中央和中革军委发去电报，怒气冲冲地指责：“中央与军委自出动以来无指示，无回电，也不对全国布置总方针。”要求“中央及军委立即讨论，并盼于即日答复。”①还未等到中共中央和中革军委复电，以项英为书记的中央分局就于次日再电中共中央，报告了中央分局分散行动计划，并认为“对各苏区的领导，以后成大问题，如何解决”，要求中央立即答复，“迟则情况太紧张，则愈难”②。

鉴于中央苏区情势紧迫，2月5日，中共中央书记处致电项英转中央分局，指示：“分局应在中央苏区及其邻近苏区坚持游击战争”，“对这一基本原则不许可任何动摇”。“要立即改变你们的组织方式与斗争方式，使与游击战争的环境相适合，而目前许多庞大的后方机关部队组织及许多老的斗争方式是不适合的。”电报最后说：“先此电达，决议详情续告。”③进入扎西地域后，中央政治局非常重视南方各苏区的斗争方式转变问题，进行讨论、研究，并将讨论的结果写进遵义会议决议，指出红军主力战略转移后的南方各苏区“广泛的发展游击战争是党目前最中心的任务之一。在中央苏区，湘赣，湘鄂赣苏区与闽浙赣苏区，党必须坚持对游击战争的领导，转变过去的工作方式来适合于新的环境。”④这就为南方各苏区改变斗争方式，开展游击战争指明了方向。

扎西会议，是遵义会议后新的党中央领导成员开始合作共事解决党和红军重大问题的会议。从会议的结果及决策实施的情况看，这个新的党中央领导集体经受住了各种紧迫问题交织、敌情十分严重的考验，向党和

① 《项英致中央、军委电》，中共中央党史资料征集委员会编:《中共党史资料》第22辑，第10—11页。

② 《中央分局致中央电》，中共中央党史资料征集委员会编:《中共党史资料》第22辑，第11页。

③ 《中共中央书记处关于中央苏区及邻近苏区坚持游击战争给项英等的指示》（1935年2月5日），中共中央文献研究室、中央档案馆编：《建党以来重要文献选编》（1921—1949）第12册，第46页。

④ 《中共中央关于反对敌人五次“围剿”的总结的决议》，1935年2月8日中央政治局会议通过，中共中央党史资料征集委员会、中央档案馆编：《遵义会议文献》，第24页。

红军交出了一份满意的答卷。

扎西会议的事实证明，新的党中央是一个分工优化、各尽所长的领导集体。在这个领导集体中，张闻天负总责，主持日常工作，起草遵义会议决议，发挥政治理论方面的优势。毛泽东、周恩来、朱德负责军事。当时党的主要工作是军事斗争，毛泽东、周恩来、朱德长期从事军事工作，曾领导中央苏区连续取得四次反“围剿”战争的胜利，有丰富的军事斗争经验和杰出的指挥才能。让博古做红军政治工作，也是发挥他过去做过团中央宣传部长，擅长做宣传工作，团结他一道工作。陈云长期做白区工作，在中央苏区担任过中央白区工作部部长。遵义会议后中共中央加强了白区工作，陈云任中共中央组织部部长，也是发挥其特长。这也是陈云后来被派到上海恢复白区党组织的原因。

从职务上看，毛泽东当时在党内、军内都不是一把手。张闻天负中央总的责任，他作风民主，能够听进正确的主张。周恩来是党内委托军事上下最后决心者，他向来尊重毛泽东的意见。毛泽东是新的党中央领导集体实际上的核心领导者，大主意都是由他来拿。在扎西会议通过的决议和决策中，都体现了毛泽东的主张和建议。陈云在《遵义政治局扩大会议传达提纲》中指出：“军事指挥是党的总的政治路线的一个主要的部分”①。毛泽东、周恩来、朱德三个负责军事的领导人，在党和红军中深孚众望，构成了新的党中央领导集体的基础。

扎西会议的成果表明，新的党中央领导集体之间的工作是相互配合的，也是顺利的。陈云指出：遵义会议“撤换了‘靠铅笔指挥的战略家’，推选毛泽东同志担任领导”，“建立了坚强的领导班子来取代过去的领导人。党对军队的领导加强了”②。“党与军委的威信更加提高”③。他在莫斯科向共产国际汇报红军长征和遵义会议情况时强调指出：“毛泽东、朱德等

① 陈云:《遵义政治局扩大会议传达提纲》(1935 年 2 月或 3 月),《陈云文选》第一卷，第 37—38 页。

② 陈云:《关于红军长征和遵义会议情况的报告》(1935 年 10 月 15 日),《陈云文集》第一卷，第 9 页。

③ 陈云:《遵义政治局扩大会议传达提纲》(1935 年 2 月或 3 月),《陈云文选》第一卷，第 42 页。

军事领导人已经成熟起来”，“我们党真正成熟起来了”，“我们党能够而且善于灵活、正确领导国内战争”①。这表明，从遵义会议到扎西会议，以毛泽东为核心的党中央领导集体初步形成。这是红军长征胜利的坚强的组织保证。

扎西会议巩固和发展了遵义会议的成果，是遵义会议后非常重要的会议。历史也将永远铭记这个崇山峻岭的地域——扎西。

回师黔北，遵义大捷

“群龙得首自腾翔，路线精通走一行。左右高低能纠正，天空无限任飞扬。”②这是1961年6月30日朱德为纪念遵义会议写的一首诗，准确描述了遵义会议精神在红军中传达后发生的巨大变化。

扎西会议通过了遵义会议决议后，并决定由毛泽东、张闻天、陈云分别到各军团干部会议上传达。

遵义会议决议的传达贯彻首先从扎西开始。2月10日，张闻天在扎西向军委纵队营、科以上干部会议上传达了会议决议。刘英回忆道：

会场临时搭了个木板台子，连标语之类的布置都没有。参加会议的营以上干部随便坐在长凳子上，聚精会神地听传达。

闻天告诉大家，上月攻克遵义以后在那里召开了中央政治局扩大会议，对反对敌人五次“围剿”及西征作了总结。他说，我们不能粉碎“围剿”的主要原因不是客观的而是主观的，我们在军事领导、作战指挥方面犯了错误……

……10月开始西征的时候，我们思想上又没有明确转移是为了打仗，不是避难搬家。结果来了个大搬家，坛坛罐罐全带上，后方机关庞大，战斗部队只能变成掩护队。

……

闻天做传达时，会场上不时引起议论。大家深受“左”倾路线之苦，本

① 陈云：《关于红军长征和遵义会议情况的报告》（1935年10月15日），《陈云文选》第一卷，第34页。
② 胡国强主编：《朱德诗词赏析》，中央文献出版社2006年版，第187页。

来就有不少不满和牢骚，现在中央的决定讲出了大家的心里话，好像拨开了乌云，看到了晴朗的蓝天。①

张闻天传达结束后，下面是自由发言。凯丰是中共中央地方工作部副部长，在地方工作部里总是宣传博古领导中央苏区第五次反“围剿”是如何如何正确。他在遵义会议上又最顽固，强调客观困难，总是说第五次反“围剿”是蒋介石亲自指挥，又有德国顾问，又有百万大军，强调反“围剿”的失败不是战略方针和军事指挥错误。刘英在发言中指名道姓地批评了凯丰的这些错误。

刘英发言后，凯丰接着上台发言，诚恳地表示：“刘英同志批评正确，我接受。我用那样的思想去影响同志，是不对的。”②

凯丰能够承认错误，转变态度，是可赞的。

遵义会议决议传达之后，军委纵队干部会议作出决议案，表示：“一致拥护中央政治局决议”，坚信“在党中央政治局扩大会的正确领导下，一定能最大的提高全体党员与红军战士的积极性，取得战争与创造新苏区的胜利。”③

2月18日，毛泽东在马坝向红一军团直属队排以上的干部会议上传达了遵义会议决议精神。中央红军二占遵义后，3月4日，张闻天在天主教堂召开的团以上干部会议上传达了遵义会议精神。此后，毛泽东又在红三军团连以上干部会议上传达了遵义会议决议精神。中央红军各部队通过各种方式，向基层干部传达了遵义会议决议精神。

中央红军各部队迅速传达了遵义会议决议，极大地鼓舞了广大干部、战士的革命斗志，丢掉了悲观情绪，坚定了革命胜利的信心。他们普遍“感到红军有了希望，感到革命有了希望”④。中央红军“士气之高昂，信心之坚定，是前所未有的”⑤。

与此同时，扎西会议决定的战略进军方向、作战方法也开始在红军中

---

① 刘英：《难忘的三百六十九天》，《刘英纪念集》，第23、24页。

② 刘英：《难忘的三百六十九天》，《刘英纪念集》，第26页。

③ 《军委纵队党的干部会议决议案》，《红星》第10期，1935年2月19日出版。

④ 《张震回忆录》，解放军出版社2003年版，第89页。

⑤ 《宋任穷回忆录》，解放军出版社2007年版，第53页。

得到贯彻。2月16日，中共中央、中革军委发出告全体指战员书，指出：“由于川滇军阀集中全力利用长江天险在长江布防，拦阻我们，更由于党与中革军委不愿因为地区问题牺牲我们红军的有生力量，所以决计停止向川北发展，而最后决定在云贵川地区中创立根据地。”“只有消灭贵州四川云南以及蒋介石的‘追剿’部队，我们才能在云贵川地域内创造新的苏区根据地。”为了此目的，“我们必须寻求有利的时机与地区去消灭敌人，在不利的条件下，我们应该拒绝那种冒险的没有胜利把握的战斗。因此红军必须经常的转移作战地区，有时向东，有时向西，有时走大路，有时走老路，有时走新路，而唯一的目的是为了在有利条件下，求得作战的胜利。”并强调“充实连队与加强连队的战斗力，是我们目前的迫切任务。缩编我们的战斗单位，也正是为了达到这一目的。”①

遵义会议决议和战略进军方向、作战方法在中央红军中传达、贯彻、执行，使红军各部队如虎添翼。2月18日至21日，中央红军由太平渡和二郎滩等渡口二渡赤水河。在过赤水河时，红军为了轻装，增加部队的机动，甚至把一些累赘的火炮和辎重也都沉到赤水河里去了。24日，红一军团部队再占桐梓城。

中央红军二渡赤水，会师黔北，让敌军一下子懵了，乱了阵脚。川军三个旅慌忙由扎西地域向东追击，但是，已落在红军后面三四天的路程。黔军王家烈见红军杀“回马枪”，占桐梓城，更是恐惧万分，急忙搜罗所有部队调往娄山关一带布防。吴奇伟第一纵队第五十九、第九十三师也由黔西、贵阳地区向遵义开进，企图阻止并围歼红军与娄山关或遵义以北地区。上官云相部由重庆进至綦江、松坎一线，阻止红军北上。鉴于敌情，中革军委命令部队迅速击破黔军的阻拦，占领娄山关及其以南地区，再占遵义，以争取主动。

2月25日，中央红军以红五、红九军团在桐梓西北地区迟滞川军，集中主力南取娄山关。当日拂晓，红三军团先头第十三团在著名战将彭雪枫的率领下，由北向南对娄山关之黔敌发起进攻。红十三团第一营首先夺取了

① 《中共中央、中革军委告全体指战员书》（1935年2月16日），中共中央文献研究室、中央档案馆编：《建党以来重要文献选编》（1921—1949）第12册，第92、93页。

娄山关制高点金山。接着，彭雪枫又组织力量和火力，夺取敌人关口阵地。但敌人进行反扑，兵力增加到六个团，双方处于对峙状态。面对此情，红三军团军团长彭德怀决定，不仅要夺取娄山关，打通去遵义的道路，而且要把守关敌人歼灭，为乘胜占领遵义创造条件。于是命令红十二团接替红十三团从正面攻，红十三团、红十团从敌人左右侧翼包围娄山关之敌，红十一团从娄山关左翼远出迂回板桥敌人，并切断其退路。在红三军团三个团的强大攻势下，娄山关终于被第二次占领了。

迂回的红十一团一路急行军，经杨柳湾一线，翻过层层大山，于26日拂晓赶到了板桥附近。红军如“飞将军从天而降”，敌人魂飞魄散。红十一团抢占了板桥镇外的一个山头，趁势向镇里冲击。敌人哪还有心抵抗，向南逃去。至此，通向遵义的大道畅通无阻。

红军占领娄山关后，毛泽东即兴填词《忆秦娥·娄山关》：

西风烈，长空雁叫霜晨月。

霜晨月，马蹄声碎，喇叭声咽。

雄关漫道真如铁，而今迈步从头越。

从头越，苍山如海，残阳如血。①

占领娄山关后，红三军团和红一军团乘胜向遵义方向追击。2月26日，红三军团在董公寺、高坪、大桥等地击溃黔军第六、第十五、第九团的拦阻。接着，于27日在遵义城西北的石子铺（今十字铺）等地，又将黔敌第一、第五、第八团击溃，进到遵义城下。

为了迅速拿下遵义老城，红三军团参谋长邓萍亲到阵地前沿观察敌情，不幸中弹牺牲。时任红十一团政治委员的张爱萍在回忆中说：“我们冒着敌人的枪弹匍匐前进，迫进到城下河滩边，隐蔽在一个小土墩的草丛中，正用望远镜观察地形及敌人守城部署时，军团参谋长邓萍同志也来到前沿和我一起观察敌情，并对我说：‘你们先牵制守城之敌，待军团主力到达后，今夜发起总攻，一定要在明天拂晓前拿下遵义，情况紧急。明天增援遵义的敌人薛岳部就可能赶到……’突然，他的头栽到我手臂上，我还没弄清怎么一回事，他那为革命事业英勇献身的殷红的热血已染满我的衣

① 《毛泽东诗词选》，第48页。

襟。邓萍同志不幸中弹，没有来得及说完要说的话就悲壮地牺牲了。”①

邓萍，原名邓少章，1908年生于四川富顺。1927年考入武汉中央军事政治学校。同年加入中国共产党。1928年7月与彭德怀、滕代远领导平江起义，任红五军参谋长。1930年6月任红三军团参谋长兼红五军军长。红三军团与红一军团合编为红一方面军后，曾任红一方面军西路军参谋长，东方军参谋长，红军中央军事政治学校副政治委员兼教育长等职，参加过历次反“围剿”作战，是彭德怀的得力助手。他是红军长征以来牺牲的第一位军级干部，红军损失了一名杰出将领。

痛失亲密战友，彭德怀当即下令：“拿下遵义城，为参谋长邓萍报仇！”当晚，红三军团怀着为邓萍复仇的怒火，向遵义老城发起猛攻。至28日晨，红三军团再占遵义城，并控制了城南的红花岗、老鸦山一线高地。

薛岳得知红军再占遵义的消息，即命吴奇伟率领第五十九师、第九十三师赶赴遵义，进行反扑。第五十九师前卫，于2月28日晨到达遵义东门外，即在公路南红花岗以北地区进行攻击部署，为左翼攻击部队；第九十三师在公路以北占领阵地，为右翼攻击部队。

吴奇伟先以一个团攻击红花岗红军阵地受挫后，将主力转攻老鸦山红军阵地。

张爱萍在回忆中说：

下午，敌人把主攻方向转向老鸦山的第十团，攻势一次比一次猛。一次攻不上，又来第二次；侧面攻不动，又转到正面攻。敌人死伤累累，我们也付出了极大代价。十团参谋长钟伟剑同志，亲自在老鸦山主峰向进攻敌人投手榴弹，壮烈牺牲了。战斗越来越激烈，敌人出动了飞机狂轰滥炸。激战到下午三点多钟，敌人凭借优势火力、兵力占了老鸦山主峰。这样，不但居高临下威胁着我们，更严重的是直接威胁了遵义城的安全。彭军团长发出命令要我团一面固守阵地，一面组织兵力坚决夺回老鸦山。我们当即组织三营猛攻两次，均因地形险恶，未能成功。三营黄营长负了伤，连长、指导员、排长也伤亡不少。最后我们又增调第一营一个连，正准备组织第三次猛

① 张爱萍：《从遵义到大渡河》，中国人民解放军历史资料丛书编审委员会：《红军长征·回忆史料》(1)，第269页。

攻，电话中传来彭军团长的声音，为迅速夺回老鸦山主峰，军委命令：干部团从北向南进攻，十一团配合干部团从左侧仰攻。

经过一场激烈的争夺战，干部团首先登上了老鸦山主峰。山顶上又飘扬起我军的红旗。就在这时，十三团、十二团和迫击炮营，也从遵义通贵阳的公路以西在我十一团左侧，向正面之敌实施猛烈突击。一军团的方向，也远远传来炮声、枪声。①

吴奇伟孤军冒进，而黔军屡受红军打击，哆哆嗦嗦不敢前进，尾追的川军被阻在桐梓以北地区，一个消灭吴奇伟部的有利时机出现了。中革军委命令红一军团主力从水师坝突破黔军阵地直插忠庄铺吴奇伟指挥部，求歼该敌。红军这一出敌意外的行动，使王家烈吓破了胆，哪敢恋战，狼狈不堪地逃往打鼓新场。吴奇伟仓促率残部约一个团向懒板凳方向逃窜。红一军团当即派第二师奋力追击。戴镜元在回忆中生动地描述了敌人当时的狼狈相：

我军抓住这个战机，猛追下去，先头部队一直向前冲击，把溃散的敌人甩在后边。沿途都是打散了的敌人，有的溃兵迷失了方向，也盲目地跟在我们队伍里跑。他们还问我们的战士："你是哪一部分的？"我们的战士回答："工农红军。"敌人一听，有的吓跑了，有的就跪下来缴枪。到处都是溃兵，我们个个都下手抓俘虏，炊事员、司务长甚至伤病员都抓俘虏，俘虏实在是太多，抓也抓不完。我军有的部队一直追到敌人烧水造饭的地方，抓他们的伙夫，这班伙夫还以为开玩笑，把手一撇，说："还开什么玩笑，饭还没有做好呢，你们还吃不吃饭！"转过头来，一看是红军，吓得脸如土色，连忙跪下，大叫饶命。我们就这样一直把吴奇伟追到乌江边，吴奇伟只带着几个人渡过了乌江。跟吴奇伟突围出去的一千多人正要渡江，吴奇伟看到红军快要追到，就立即砍断了浮桥的保险索，桥被激流冲断，剩下的一千多人也就在江北全部作了俘虏，敌人的武器装备全部被缴获。②

遵义战役，中央红军取得了歼敌两个师又八个团、俘敌3000余人的胜利。这是中央红军自长征以来打得最痛快、取得的最大的一次胜利，沉重

① 张爱萍：《从遵义到大渡河》，中国人民解放军历史资料丛书编审委员会：《红军长征·回忆史料》(1)，第271页。

② 戴镜元：《四渡赤水》，《回顾长征》，人民出版社1985年版，第167页。

地打击了国民党军的气焰，极大地鼓舞了红军的士气。3月4日，《红星》报的社论《准备连续作战，消灭周纵队和四川军阀》高度评价了遵义战役，指出："这是我中央红军从反攻以来空前的大胜利。""这一胜利是在党中央政治局扩大会议反对了华夫（即李德——引者）同志的单纯防御路线，采取了正确的军事领导之后的胜利。"并号召红军"在党中央和中革军委战略战术正确领导之下最高度发扬运动战的特长，让敌人尝一尝我们铁拳的滋味！"①陈云在向共产国际报告中央红军长征情况时，曾特意称赞红军回师黔北是"一次漂亮的机动战"。遵义战役的"胜利大大鼓舞了红军的士气，提高了红军在湘、川、滇、黔四省老百姓心目中的威望。"②

项英、陈毅组织九路突围，实施战略转变

项英接到中共中央2月5日电报后，如久旱逢甘霖，立即召集中央分局会议传达，并同陈毅等一起讨论、研究精简机关、部队和改变斗争方式的部署，确定中央分局只留项英、陈毅、贺昌三人，其他分局成员立即分散转移各地领导斗争。

项英、陈毅等在准备突围时，2000多名重伤员安置成为一个难题。陈毅的腿伤这时还没好，拄着拐杖亲自向重伤员们讲当前的严重形势，动员他们立即疏散安置。他知道同志们舍不得离开部队，心里感觉沉甸甸的。但他又了解这些同志，只要讲明道理，他们是会理解的。陈毅告诉大家：中央苏区暂时失败了，红军主力非转移不可，但中国革命肯定会胜利的，革命的火种是扑不灭的，新的革命高潮还会到来，我们现在的处境很艰难，敌人已经临近，同志们必须迅速转移，回到自己家里或群众家里去养伤。大家将来伤好了，种田也好，打游击也好，愿意回来的也可以重返部队。陈毅还诚恳地对当地群众说："你们把这些负伤的同志抬回去，做儿子也好，做女婿也好，他们伤好了，多一个劳动力，多一个报仇人！"

在陈毅的动员下，群众把伤员当亲人，抬的抬，背的背，很快把重伤员

① 《准备继续作战，消灭周纵队和四川军阀》，《红星》第11期，1935年3月4日出版。

② 陈云：《关于红军长征和遵义会议情况的报告》（1935年10月15日），《陈云文集》第一卷，第9、10页。

疏散安置了。

这时，中共中央也十分惦记中央苏区。2月8日，遵义会议决议通过后，中共中央于2月13日致电中共苏区中央分局，以决议的主要精神结合中央苏区的情况，对其行动方针作出具体指示：

其一，指出中央苏区坚持游击战争“对于全国仍然有极大的意义”。“各地红军胜利，全国群众斗争与中区的斗争配合起来，将必然恢复苏区，粉碎敌人的堡垒主义与‘围剿’。”

其二，在简要介绍了遵义会议决议关于全国革命形势的分析后，批评“中区党内存在着对时局与当前环境的悲观认识是不对的，震骇于一时的困难是不应该的”。认为“对游击战争的坚持性不足是最大危险”。要求中央分局“必须首先把这一斗争胜利前途的坚信放在你们及全体同志心目中，并向广大群众解释明白。”

其三，要求组织小游击队，以“短小精干”为目前的原则，“一连人左右的游击队，应该是基干队的普通方式”。

其四，再次强调要“彻底改变斗争方式”，“由苏区方式转变为游击区方式。”指出“要加强秘密工作，使与游击战争联系起来，占领山地，灵活机动，伏击袭击，出奇制胜是游击战争的基本原则。”并根据中央苏区过去的教训，指出“蛮打硬干，过分损伤自己是错误的。分兵抵御是没有结果的。突击运动及勉强使用纸币目前都不适宜了。”

其五，要求切实进行瓦解敌军工作，“把这一工作放在支部及游击队工作的头等地位。”

其六，要求派干部到白区开展工作，“汕头、厦门、香港、上海及其他地方的工作”，中央局“都应设法去建立”①。

中共中央这个指示电批评了项英过去存在的错误，同时明确指出了在中央苏区坚持游击战争的原则、方法，既简明扼要，又有很强的可操作性，对项英的触动很大。2月19日，项英给博古、朱德、周恩来回电，表示：

① 《中共中央关于坚持游击战争给中央苏区分局的电报》（1935年2月13日），中共中央文献研究室、中央档案馆编：《建党以来重要文献选编》（1921—1949）第12册，第85、86、87页。

"我们已执行中央指示并彻底检查了工作与错误。"①并报告了组织部队突围的计划。2月21日，项英再次致电朱德、张闻天，就突围前的各项工作作了综合报告，表示"一二日后要行动"②。两日后，中共中央书记处给项英及中央分局发出指示电，特别强调在部队突围前，"必须将行动的任务及目前的形势在干部中、在指战员中进行充分的解释与动员。""所有出发游击的部队，必须绝对轻装，任何笨重的东西都不应拿，以便利于迅速行动。"③很明显，这是中央书记处根据中央红军长征初期遭受严重损失的教训提醒项英等人，突围时要轻装前进。

2月28日，项英接到了中共中央书记处传达遵义会议决议的电报，表示坚决拥护。他除了请陈毅、贺昌阅看外，指示机要部门立即转发给当时还保持电台联系的中共赣南省委等单位。

遵义会议精神在中央苏区传达起到了积极作用，从2月下旬开始，在项英、陈毅统一部署下，被围困在于都南部的各突围部队分头突围。由于突围时间过迟和国民党军包围圈越缩越紧，敌我力量对比悬殊，部队在突围时受到重大损失，许多领导骨干和战士牺牲，但从此实现了大兵团正规作战向群众性游击战争的转变，保存了一部分革命力量和重要领导骨干，加强了各游击区的领导，为坚持南方游击战争打下了基础。

红二、红六军团取得反"围剿"的胜利

任弼时、萧克、王震率领西征的红六军团于1934年10月24日与贺龙率领的红三军在贵州印江县木黄会师。会师后，红三军奉命恢复红二军团番号，两军团在任弼时、贺龙领导下统一行动，挺进湘西。经过两个月的湘西

① 《项英关于部队主要分布于赣南闽西给秦邦宪等的电报》（1935年2月19日），中共中央文献研究室、中央档案馆编：《建党以来重要文献选编》（1921—1949）第12册，第101页。

② 《项英关于当前工作情况给朱德、张闻天的综合报告》（1935年2月21日），中共江西省委党史研究室等编：《中央革命根据地历史资料文库·党的系统》第5册，中央文献出版社、江西人民出版社2011年版，第3561页。

③ 《中央书记处给项英及中央分局的指示》（1935年2月23日），中共江西省委党史研究室等编：《中央革命根据地历史资料文库·党的系统》第5册，第3563页。

攻势，红二、六军团创建了湘鄂川黔根据地。1935年1月，湘鄂川黔根据地区域从大庸的溪口到永顺的洗车河，东西200余公里；从桑植北到永顺石堤溪，南北120公里，人口约50万，共建立了9个县级政权，51个区级政权，230个乡级政权。

那边中央红军西入贵州之后，国民党“追剿军”屡屡失利，这边又建立了湘鄂川黔根据地，蒋介石如坐针毡，急忙纠集湘鄂两省兵力，向湘鄂川黔根据地发动“围剿”。1935年1月23日，何键与徐源泉经过一番讨价还价之后，制定出“协剿”计划，集中11个师又4个旅，合计共81团约11万人的兵力，并配有两队飞机，分六路向湘鄂川黔根据地分进合击。国民党军这次“围剿”的战略目的，在西线要阻止红二、红六军团与中央红军会合，东南线是防止红军入湘中攻其长沙地区，北面是防堵红军渡过长江，总的企图是彻底摧毁刚刚建立的革命根据地。

在蒋介石与湘、鄂军阀吵吵嚷嚷调兵遣将准备“围剿”湘鄂川黔根据地时，红二、红六军团就通过电台破译了国民党军的“围剿”计划。任弼时非常重视破译敌人的电报工作，在湘赣苏区时，就布置电台工作人员，抄收敌人电台的电报，进行破译，从中得到军事情报。他有时还亲自参与破译敌人的密电。与红二军团会师后，电台增加了，他布置了专门的侦查电台，称“小电台”，日夜监听破译敌人电报。“小电台”由他直接领导，是红二、红六军团的“顺风耳”。

从1月11日至31日内，任弼时先后六次通过电报向中革军委详细报告国民党军的“围剿”情况。面对来势汹汹的国民党军，任弼时、贺龙等制定了作战部署，在1月11日致电中革军委，请示：“我们认为要在击溃敌两路去消灭敌主力六团至八团有生力量条件下，才能击破敌人现有力量之围困”，“现集中二六军团主力于庸、永之间待机”，以便首先侧击从南面沅陵地区来犯的陶广、章亮基部队，“若能在永、庸、沅地区迅速顺利击灭敌人陶、章部队，则转移地区，争取侧击西进敌是最有利的局势。否则庸、桑、永城市均有被占领可能，我主力将被迫转移至永、桑、龙较小地区进行战斗。”①

① 中共中央文献研究室编：《任弼时传》（新编本），中央文献出版社2004年版，第378页。

这个部署要求正面迎敌，没有坚决采取转移到敌人的侧翼后方，寻求打击消灭敌人的方针，反映了消极防御的思想。

遵义会议决议通过后，中共中央、中革军委即于2月11日按照决议精神给中共湘鄂川黔边临时省委发出关于反“围剿”方针指示电。指示电一方面指出敌人对红二、红六军团的“围剿”是用了湖南何键的全部兵力及湖北徐源泉郭汝栋等部，“情形是严重的”；另一方面又认为“在你们正确与灵活的领导下是能够打破的”。要求红二、红六军团领导人任弼时、贺龙等“应利用湘鄂敌人指挥上的不统一与何键部队的疲惫，于敌人离开堡垒前进时，集结红军主力，选择敌人弱点，不失时机，在运动战中各个击破之，总的方针是决战防御而不是单纯防御，是运动战而不是阵地战”。并指示“为建立军事上的集体领导，应组织革命军事委员会的分会，以贺、任、关、夏、萧、王为委员，贺为主席，讨论战略战术的原则问题及红军行动的方针”①。

由于这个指示电所体现的指导思想和过去大不一样，红二、红六军团领导人一时还难以吃透。因此，2月18日，中共湘鄂川黔边临时省委书记任弼时致电中共中央，要求“对粉碎五次‘围剿’战争和目前政治形势的估计与分析，及最近重要决议盼电告”②。2月28日，中共中央书记处给红二、红六军团发来长电——《中央政治局扩大会议总结五次“围剿”战争经验教训决议大纲》。恰在这时，敌人四个纵队向湘鄂川黔根据地进攻，军情紧急，红二、红六军团领导人没有及时学习贯彻遵义会议决议大纲。由于红二、红六军团作战仍未摆脱消极防御思想，因而三次战斗都未取得理想战果，根据地处境非常困难。因此，3月22日任弼时致电中共中央和中革军委：“万一二、六军团被逼转移，就目前情况只有渡长江到（南）漳、兴（山）、远（安）边为便利”③，请中央给予指示。4月5日，中共中央书记处给任弼

① 《中共中央、中革军委为粉碎湘鄂敌人“围剿”给湘鄂川黔省委及红二、六军团的指示》（1935年2月11日），中共中央文献研究室、中央档案馆编：《建党以来重要文献选编》（1921—1949）第12册，第80、81页。

② 中共中央文献研究室编：《任弼时传》（修订本），中央文献出版社2004年版，第380页。

③ 中共中央文献研究室编：《任弼时传》（修订本），第382页。

时来电指示："目前，你们那里胜利的可能还是存在着的，仍应尽力在原有地区争取胜利。"对于任弼时提出的渡江转移问题，书记处的指示电表示同意，但指出："这只是你们认为在原有地区不利于作战，且红军主力非转移地区不足以保存有生力量时，才可实行。"①中央书记处的电报意图很明显，要求红二、红六军团在根据地内打破敌人的"围剿"，转移只是在无法打破敌人"围剿"时采取的为保存红军实力而采取的办法。

接到中央书记处的电报后，任弼时、贺龙决定放弃根据地的核心区，集中主力转移到外线，采取积极防御的运动战、游击战的战术，开展新的胜利局面。接着，任弼时向红二、红六军团团以上干部传达了遵义会议决议精神和省委、军分会的决定。由于贯彻了遵义会议决议精神，制定了正确的作战方针，红二、红六军团先后取得了陈家河、桃子溪、忠堡、招头寨、板栗园、芭蕉坨战斗的胜利，于8月上旬粉碎了敌人的"围剿"。之后，红二、红六军团又进行反攻，不但扩大了根据地，而且红二、红六军团也由1.7万人发展到2.1万人。

遵义会议决议精神在中央红军各部队、中共苏区中央分局和红二、红六军团传达贯彻后，中央红军取得遵义大捷，中央苏区实行战略转变、开展游击战争，红二、红六军团取得湘鄂川黔根据地反"围剿"胜利，中国革命形势下滑的势头被遏制住了，各地红军斗争出现了新的转机。

走过了1934年的寒秋和严冬，中国共产党和红军迎来了1935年明媚的春天。尽管长征路上的中央红军仍遭受着国民党数十万大军的围追堵截，尽管各苏区的红军仍在遭受国民党军重兵的围攻，但中国共产党医好了自己的病体，自身又重新强壮起来了，开始焕发出新的生机。

---

① 《中央书记处对二、六军团是否应该北渡长江的问题给任弼时同志的指示》（1935年4月5日）。

第四章　会师、北上、分离

一、毛泽东的神来之笔

蒋介石似乎看到了“剿灭”红军的希望

中央红军回师黔北，再占遵义，歼灭吴奇伟部两个师又八个团，蒋介石闻知后捶胸顿足，在给薛岳的电报中大骂，认为这是“国军追击以来的奇耻大辱”①。对于中央红军的行动，蒋介石判断：“必向东图，与萧、贺联络。”命令“五师、十三师、九十六师应于微日，在仁怀与桐梓间地区之三元场、楠木场一带，或潭[谭]厂一带集中后，再向[遵]义进取。吴纵队以一部在新场[站]、刀把水一带，对遵义方[面]监视匪部行动，其余主力仍照前电沿乌江南岸向水口急进”②。

然而，蒋介石还是不放心，于1935年3月2日飞往重庆，同行的有陈诚、晏道刚等人。蒋介石对薛岳怒气未消，当日在日记写道：“赤匪又陷遵义，

---

① 晏道刚：《追堵长征红军的部署及其失败》，《围追堵截红军长征亲历记——原国民党将领的回忆》（上册），中国文史出版社 1990 年版，第 13 页。

② 《蒋介石关于堵截中央红军与红二、红六军团会合给周浑元、吴奇伟的电令》（1935 年 3 月 2 日），中国人民解放军历史资料丛书编审委员会：《红军长征·参考资料》，第 326 页。

薛岳处置不当，调顾祝同长黔乎？”但陈诚是薛岳的老上司，又极力向蒋介石保举薛岳为“追剿军”前敌总指挥，竭力为薛岳开脱。

蒋介石这时不仅因遵义失利而恼火，也为何应钦迟迟不回北平而闹心。日军这时在华北步步进逼，要“建立一个新的华北政权”，不断制造事端，于1935年1月制造察东事件，迫使国民党军第二十九军撤出察哈尔东部。主政国民党军事委员会北平分会的何应钦，因受到国人的指责，赖在南京不敢回北平。蒋介石大发脾气，责骂何应钦“怕死就不要穿军服”。晏道刚委婉地建议蒋介石作出一些举动，稳定一下华北的局面。蒋介石生气地说：“拿什么处置？抽部队去？你看抽什么部队到华北去和日本顶？共军把我们的人力物力财力都消耗了。拿什么打日本？”蒋介石这些话一语道破他对内“剿共”，对外妥协退让的天机。

蒋介石焦头烂额，正在用人之际，见陈诚护着薛岳，也就不再议撤换薛岳之事。这样，对于王家烈迭失桐梓、仁怀、遵义等地，蒋介石也一时不便追究。然针对各部“堵剿”红军不力，蒋介石3月3日发出命令：“本委员长已进驻重庆。凡我驻川、黔各军，概由本委员长统一指挥；如无本委员长命令，不得擅自进退，务期共同一致完我使命。仰各通令所属遵照。”①

2月份时，薛岳从被俘红军的一个干部所写的材料中得知遵义会议的情况，立即上报蒋介石。蒋介石听说毛泽东已回到红军领导岗位，心里暗暗叫苦，于是给薛岳手书：“毛既已当权，今后对共军作战，务加谨慎从事，处处立于不败之地；勤修碉堡、稳扎稳打，以对付飘忽无定的流寇，至为重要。”②蒋介石也是聪明一时，糊涂一时，堡垒主义法宝乱用，对付“左”倾教条主义者可以，对付毛泽东，行吗？况贵州地形，修碉堡也是个难事。

对于红军的败军之将吴奇伟，蒋介石也写了一封长信，要其“雪遵义失败之耻”，指示对飘忽无定作战的红军作战要极谨慎。此信交给贺国光、晏道刚，要他们速派飞机空投给吴奇伟。

为了对付蒋介石的新围攻，加强指挥作战，中革军委于3月4日决定组

① 《蒋介石关于统一指挥驻川黔各军的手令》（1935 年 3 月 3 日），中国人民解放军历史资料丛书编审委员会：《红军长征·参考资料》，第 327 页。

② 李以劻：《薛岳率军追堵红军经过》，《围追堵截红军长征亲历记——原国民党将领的回忆》（上册），第 57 页。

织前敌司令部，以朱德任司令员，毛泽东为政治委员。3月5日，中革军委致电各军团，决定中央红军主力在由遵义至仁怀的西进路上，寻歼国民党"追剿军"周浑元部，要求各军团一到集中地即受前敌司令部指挥。3月6日，中央红军主力向长干山、白腊坎前进。

3月5日，蒋介石通过飞机侦察得知红军向鸭溪口西南方向移动的情况后，判断中央红军行动为："甲、放弃遵义，仍向西窜，求达其原来目的；乙、先求与我周纵队决战，然后再对贵阳压迫。"为此，蒋介石作出部署："吴纵队明日仍在乌江南岸，暂秘其行动，一俟匪情明瞭，如匪果向西窜，则吴纵队主力用最快行动，星夜兼程，即向黔西西南地区挺进，不得延误片刻；若匪果与我周纵队在枫香园附近接触或对峙时，我吴纵队亦用最速方法，渡江北岸猛进，寻匪侧背围剿之。""周纵队明日决在长干山附近集中，并构筑强固工事，暂取攻势防御。如匪不敢向我进攻，仍在枫香园附近停止，则我军可逐步前进，先诱其来攻，然后双方夹击之。否则，匪如向黔西窜去，则周纵队亦应取最速行动，向黔西之西北地区兜剿。"①

周浑元按照蒋介石的指示，不敢向前冒进，于是，中央红军在西安寨、泮水地区活动，准备歼灭王家烈残部，调动周浑元驰援，寻机歼其一部，但没有达到目的。

中央红军在遵义西南地区活动一周，让蒋介石捉摸不定。3月7日，根据飞机侦察报告，蒋介石在日记中写道："匪向黔西西窜，尚有其他作用否？"8日，他在日记中写道："为匪西窜焦虑非常，及知其仍伏于鸭溪枫香一带，心始少安。"9日，又在日记中写道："匪盘踞遵义城，将与我军决战乎？"这说明，中央红军的行动，让蒋介石心如乱麻一团，理不出个头绪。

心神不宁的蒋介石，召集晏道刚等一帮幕僚讨论红军动向。晏道刚回忆，经讨论，蒋介石认为："红军战力未减，不可轻视；贵州西北地瘠民贫，大军行动不仅米粮困难，就是柴草也不易得，红军徘徊于此绝地，乃系大方针未定的表现。"②于是，蒋介石来劲了，给薛岳部连以上军官发出训

① 《蒋介石关于暂取攻势防御给薛岳、周浑元电》（1935年3月5日），中国人民解放军历史资料丛书编审委员会：《红军长征·参考资料》，第337页。

② 晏道刚：《追堵长征红军的部署及其失败》，《围追堵截红军长征亲历记——原国民党将领的回忆》（上册），第14页。

令，认为“残匪西窜，是我军围剿惟一良机”，要求“各级将士努力奋勇，灭此朝食以赴之”①。

3月11日，川军潘文华部三个旅占领遵义；周浑元纵队主力集结鲁班场地区；吴奇伟纵队一部已北渡乌江，向鸭溪、遵义推进。蒋介石踌躇满志，于3月12日作出在乌江以西、赤水河以东消灭中央红军的部署：“由赤水县起，太平渡河、沙滩场、毛坝场、三重堰、打鼓新场至黔西为第一线；江门、叙永、站底、营盘山、赤水镇至毕节为第二线；横江、滩头、普洱渡、盐津、昭通为第三线；屏山、灵渡至金沙江上游为第四线。”并要求“各线均应严密构筑碉堡工事”②。

3月14日，蒋介石听说中央红军仍在赤水河以东地区，高兴地在日记中写道：“是则犹在我围剿之中，如上帝赐我中华以解放，尚可一网打尽也。”他似乎看到了“剿灭”红军的希望，得意忘形，溢于言表。然而，毛泽东等指挥下的红军，能让他如愿吗？

苟坝风波

中央红军寻歼周浑元纵队未果，3月9日3时，朱德致电红一、三、五军团首长并抄干部团陈赓、宋任穷，又作出红军主力迂回攻击长干山周浑元部的部署。3月10日1时，红一军团军团长林彪、政治委员聂荣臻以万急电方式向朱德建议，红军主力应向打鼓新场（今贵州金沙县城）、三重堰前进，消灭西安寨、打鼓新场、三重堰之敌。

朱德收到电报后，认为这个建议有道理，遂将电报交给张闻天、周恩来、毛泽东等传阅。主持中央工作的张闻天鉴于过去博古、李德独断专行，给党和红军造成严重损失的沉痛教训，决定在苟坝召集中共中央政治局扩大会议，讨论林彪、聂荣臻的建议。

不料，会议在打不打打鼓新场问题上，发生了激烈的争论。与会多数

① 《蒋介石给薛岳部连以上军官的训令》（1935年3月），中国人民解放军历史资料丛书编审委员会：《红军长征·参考资料》，第350、351页。

② 《蒋介石关于在乌江以西、赤水河以东消灭中央红军的部署》（1935年3月12日），中国人民解放军历史资料丛书编审委员会：《红军长征·参考资料》，第352页。

人赞同林彪、聂荣臻的建议，主张攻打打鼓新场，歼灭守军。毛泽东则坚决反对打打鼓新场。毛泽东的理由是：驻守打鼓新场的黔军虽然只有一个师，但地形易守难攻，对红军进攻不利。同时，在打鼓新场周围，不仅有国民党的“中央军”周浑元、吴奇伟两个纵队，而且还有滇军孙渡纵队。如果红军攻打打鼓新场，红军面临的就不仅仅是驻守在那里的黔军一个师，而是国民党军在黔的全部军队和滇军四个旅。这样，红军攻打打鼓新场的战斗势必成为攻坚战，对于红军极为不利。毛泽东主张放弃这个计划，应该充分发挥红军运动战的特长，采取灵活机动的战略战术，不断给国民党军造成错觉，进而调动国民党军在运动中加以各个歼灭。

毛泽东的正确意见没有被大家所接受，于是就生气地以不当前敌司令部政治委员职务力争。没想这一气话引起与会人员不满，有人就说：“少数应服从多数，不干就不干。”主持会议的张闻天看见大家争得不可开交，也不表态，就来了一个简单的民主表决。结果，会议通过了攻打打鼓新场的决定，并作出了取消毛泽东前敌司令部政治委员职务的决定。

毛泽东也没有想到事情会有这样的结果，回到住处之后，辗转反侧，难以入睡。想到这是一个事关重大的决策，尽管已经作出了决议，毛泽东还是坚定地认为不能打打鼓新场。想到这里，毛泽东提着马灯去找周恩来。周恩来是党内委托对军事指挥上下最后决心的负责者，毛泽东说服了周恩来，事情就能有挽回的可能。

毛泽东来时，周恩来已得到军委电台侦察到的敌情，黔军一个旅，滇军三个旅，以及国民党“中央军”周浑元纵队正向打鼓新场开进。于是，毛泽东首先将周恩来说服，接着又说服朱德，暂缓发出攻打打鼓新场的命令。

3月11日一早，周恩来即召集中央负责人会议，再次讨论攻打打鼓新场问题。周恩来和朱德积极支持毛泽东的主张，说服了与会人员，放弃了攻打打鼓新场计划。当日，中革军委下达《关于我军不进攻新场的指令》：指出：“滇军鲁旅已到黔西，十二号可到新场。安、龚两旅则跟进。依此，我主力进攻新场，已失时机。因为我军十二日才能到新场，不但将为黔滇两敌所吸引，且周川两敌亦将出我侧背，如此转移更难，所以军委已于昨十号二十一时发出集中平家寨、枫香坝、花苗田地域之电令，以便寻求新的机动。”①

一次可能因为攻坚而陷中央红军于被动的战斗避免了。毛泽东从这件事中得出一个教训，作战不能再像过去那么多人来集体讨论，还是成立一个几个人的小组。经毛泽东提议，中共中央决定成立毛泽东、周恩来、王稼祥组成的新三人团，全权指挥作战，以周恩来为团长。②在当时战争环境中，这是中共中央最重要的领导机构。

成立新三人团，也与张闻天反思自己在苟坝会议上处理问题失当有关。刘英回忆说：“闻天也认识到这件事处理失当，由此更觉得军事领导要改变办法。战场情况瞬息万变，必须临机决断，靠开中央会议来决定会贻误战机，而且他自己对打仗也不熟悉，自认为是外行，觉得过多地参与军事指挥不合适，所以接受了毛主席的建议，决定成立军事三人小组统一指挥。”③

苟坝会议，是遵义会议后中共中央发生的最激烈的一次争论，以至于33年之后，周恩来仍然记忆犹新：

遵义会议开了以后，要继续前进。这个时候争论又起来了，打仗如何打法也引起争论。……从遵义一出发，遇到敌人一个师守在打鼓新场那个地方，大家开会都说要打，硬要去攻那个堡垒。只毛主席一个人说不能打，打又是啃硬的，损失了更不应该，我们应该在运动战中去消灭敌人嘛。但别人一致通过要打，毛主席那样高的威信还是不听，他也只好服从。但毛主席回去一想，还是不放心，觉得这样不对，半夜里提马灯又到我那里来，叫我把命令暂时晚一点发，还是想一想。我接受了毛主席的意见，一早再开会议，把大家说服了。这样，毛主席才说，既然如此，不能像过去那么多人集体指挥，还是成立一个几人的小组，由毛主席、稼祥和我，三人小组指挥作战。④

眺望着历史的背影，我们不禁为第一代中国共产党领导人的智慧和高

---

① 转引自军事科学院军事历史研究所编著：《中国工农红军长征全史——中央红军征战记》（一），军事科学出版社 2006 年版，第 98—99 页。

② 转引自中共中央文献研究室编：《毛泽东传》（1893—1949）（上），第 349 页。

③ 刘英：《难忘的三百六十九天》，《刘英纪念集》，第 32 页。

④ 周恩来：《党的历史教训》（1972 年 6 月 10 日），中共中央党史资料征集委员会、中央档案馆编：《遵义会议文献》，第 68—69 页。

尚品格所折服。毛泽东坚持正确的主张，终不放弃；周恩来不专权，善于听从别人的意见，从谏如流；张闻天有自知之明，用人以长。他们可能有不同意见，甚至发生严重争论，但事后能够冷静反思，找出最佳解决方案。他们可能个性不同，却能短长互补，形成一个和谐的领导集体。为什么能够如此？是他们有一个共同点，心中只有党的事业、革命事业，没有自我私欲。

三渡赤水，再进川南

1935年3月12日，中共中央离开苟坝，到达青坑。根据敌情变化，中共中央政治局决定："我野战军战略方针仍应以黔北为主要活动地区，并应控制赤水河上游，以作为转移枢纽，以消灭薛岳兵团及王家烈部队为主要作战目标。对川、滇敌人须在有利而又急需的条件下，才应与之作战，求得消灭其一部。"①次日，中革军委将这一决定正式通知各军团，并指出："军委依此方针决定我野战军应向西南转移，求得在转移中与在消灭王家烈部队的战斗中，调动周、吴纵队，实行机动，并迅速略去与控制赤水河上游的渡河点，以利作战。"要求"在这一战役中，各兵团后方统应向西。"②

3月13日晚，红三军团于平桥、泮水地区，击溃黔军第三旅犹禹九部，残敌向打鼓新场溃退。15日，中央红军按照中革军委的命令，以一部兵力监视枫香坝东南地区的吴奇伟纵队，集中主力向鲁班场、三元洞地带之周浑元纵队发动进攻。敌人在鲁班场构筑了坚固的工事，每隔50米，就有一个碉堡。红一、红五军团正面进攻，红三军团为预备队，红九军团在西侧阵地担任掩护。由于周浑元部三个师猬集一团，红军攻击数小时未能奏效，且敌第十三师由鲁班场北出，企图侧击红军攻击部队，吴奇伟纵队已进到枫香坝，川军郭勋祺部也由东面的两河口向谭厂、鲁班场转进，企图夹击红军。鉴于敌我态势，中革军委决定放弃对鲁班场的进攻，转兵西进，以调动

① 《朱德关于我军为贯彻党中央战略方针决定向西南转移致各军团电》（1935年3月13日），中国人民解放军历史资料丛书编审委员会:《红军长征·文献》，第283页。
② 《朱德关于我军为贯彻党中央战略方针决定向西南转移致各军团电》（1935年3月13日），中国人民解放军历史资料丛书编审委员会:《红军长征·文献》，第283页。

敌人，寻求新的机动。16日18时，朱德发出中央红军三渡赤水的命令，要求各部队于16日当晚和17日12时以前，由茅台附近全部渡过赤水河西岸，寻求新的机动。具体部署为：

1. 干部团应于今日十七时在茅台渡河地段布好阵地，掩护渡河。但须以一个营渡河西，候军委到时掩护其行动。陈、宋并为全军渡河司令员及政委。该团应于五军团到时将渡河指挥及掩护任务交五军团，并于明四时至五时渡完，渡河后即向西走二十里隐蔽休息，向西警戒。

2. 一军团应从今十八时起至二十二时止渡完，渡后即向西北通核桃坝方向走三十里隐蔽休息，向西北及二郎滩警戒。

3. 军委应从今二十二时起至二十四时止渡完，渡后即向西走十五里隐蔽休息，即以干部团之一营向西警戒。

4. 三军团应从今二十四时起至明四时止渡完，渡后即向西南走三十里隐蔽休息，向西南警戒。

5. 五军团应从明五时至七时止渡完，当开往茅台渡河时须留一个营及侦察连在两路口、盐津河附近，对观音场方面警戒，候九军团通过两路口后跟进归还建制，该军团并于明四时前接任干部团掩护渡河的任务，候九军团全部渡完后即破坏诸渡河点渡河器材，扼守西岸。

6. 第九军团应从明九时至十一时止渡完，渡后即向西走十里隐蔽休息。①

中央红军三渡赤水，一个必经的地方就是中外驰名的茅台镇。该镇产的茅台酒，不仅是中国第一大名酒，而且享誉世界。

茅台镇位于川、黔交界地区，紧靠赤水河东岸，镇上有几百户人家。赤水河上原来有一座浮桥，浮桥用铁索贯穿固定在河的两岸。在红军赶到茅台镇以前，敌人派飞机把浮桥中间的几只船炸坏了，浮桥不能通行，但固定浮桥的铁索还是好好的。经过先头部队的政治宣传，镇上的老百姓对红军的认识比较好。军委工兵连到镇上的时候，好些人出来欢迎。听说先头部队刚来时，还有不少群众举着小旗，放鞭炮、放铳欢迎的。镇上到处贴有标

① 《朱德关于我军三渡赤水河的行动部署》（1935年3月16日），中国人民解放军历史资料丛书编审委员会：《红军长征·文献》，第287—288页。

语，有的标语写着："气死滇军，吓死黔军，拖死中央军"，"打土豪，分田地"。群众听说红军要修铁索浮桥，就主动把盐船送给红军。红军仍然采用二渡赤水时用过的办法，对征集的盐船每只预付赔偿费三十块大洋。由于材料征集快，没费多长时间就修好了浮桥。与此同时，在离茅台渡口不远的朱砂堡和观音寺渡口，也在积极筹集材料架设浮桥。

浮桥修好后，军委纵队通过时，毛泽东称赞说："工兵连有办法。"并对身旁的朱德、周恩来等人说："好，我们三渡赤水，把滇军调出来就是胜利。"刘伯承接着插话说："这一次工兵干得好，立功首先要给工兵连立一功。"朱德也接上话茬说："成立工兵连时我就讲了，工兵很重要，一千年以前就有了。工兵逢山开路，遇水架桥，这个任务很光荣，也很艰巨。"听了军委首长们的议论，工兵连连长王耀南心里热乎乎的。

毛泽东等人过河后，进到一个小树林子里休息。王耀南正往回走，毛泽东的警卫员陈昌奉和周恩来的警卫员魏国禄来到王耀南面前，小声地说："王连长，能不能弄点酒擦擦脚？"王耀南在长征开始前就认识他俩，心想，弄酒擦脚只是找个题目罢了，实际上是想喝两口。但转念一想，茅台是驰名中外的茅台酒的产地，好不容易来到这个地方，不该尝一尝吗！何况1月下旬从遵义出发到现在已快两个月，一路上作战行军，真是脚不停步，累得腰酸腿软，买点酒擦擦腿脚，对驱赶疲劳和恢复体力都有好处哩！当时，工兵连就住在靠河滩的一个酒厂旁边，听说酒的价钱也不很贵。于是，王耀南领着他俩一起来到酒厂买酒。酒没有容器装，他们就找了两段碗口粗、半人来长的竹子，用烧红的铁条把中间的竹节捅开，只留最下面一个竹节，然后在竹筒里满满灌上酒，上面再用玉米瓤子紧紧塞住。当王耀南按时价把四块白花花的银元递给酒厂老板时，他激动得不知如何是好，一股劲儿地说："军队吗，这么点酒还给钱。我活了四十来岁，还是第一次见到啰！"

王耀南他们三人把竹筒扛回小树林的时候，毛泽东等正围在一棵大樟树下研究部队下一步的行动，地上还摊着一张大比例尺军用地图。毛泽东见他们走来，问："你们扛的么子？"陈昌奉回答说："王连长弄了点酒，给擦擦腿脚，驱赶疲劳。"毛泽东笑了笑，说："茅台是出名酒的地方。不过，都擦脚太可惜了。"接着又问王耀南："桥架得怎样了？"王耀南回答："为了防止敌人飞机炸坏铁索桥，影响部队行动，正组织力量在朱砂堡和观音寺两个渡口架桥，都快架好了。”毛泽东听了后，点了点头，说：“好！要争取时间。敌人飞机要再来，叫防空连打几发子弹，吓唬吓唬也好。”

当时，干部团奉命在茅台镇渡口掩护大部队渡河，时任干部团上级干部队队长的萧劲光回忆说：“茅台镇很小，茅台酒却驰名中外。我们在茅台驻扎了三天，我和一些同志去参观了一家酒厂。有很大的酒池，还有一排排的酒桶。我们品尝了这种名酒，芬香甘甜，沁人心肺，真是一种莫大的享受。有些同志还买了些用水壶装着，留着在路上擦脚解乏。有的同志打趣说，要不是长征来到这里，这辈子哪能喝上茅台酒呢！如果单凭这点，还得好好‘谢谢’蒋介石呢！”①

红军用茅台酒擦脚解乏，后来被国民党造谣为在茅台酒池中洗脚。国民党这种拙劣的宣传，自然不被人们所信。1943年，沈钧儒的次子沈叔羊为父亲画了一幅画，上面是一把酒壶，酒壶上写有“茅台”二字，壶边几只杯子。沈叔羊请黄炎培为画题诗。当时正值国民党顽固派发动第三次反共高潮，黄炎培想起国民党制造的红军在茅台酒池洗脚的谣言，于是在画上题了一首七绝：

喧传有客过茅台，酿酒池中洗脚来；

是假是真我不管，天寒且饮二三杯。②

诗与画配，竟然成为讽刺国民党顽固派的绝妙艺术品，后来挂在延安杨家岭毛泽东的会客厅里。

1952年冬，黄炎培到南京，时任华东军区司令员的陈毅以茅台酒招待他。席间，陈毅说：“当年在延安，读任之先生《茅台》一诗时，十分感动。在那个艰难的年代能为共产党说话的，空谷足音，能有几人？”陈毅当场步原韵和诗二首，以答谢黄炎培：

金陵重逢饮茅台，万里长征洗脚来；

得谢诗笔传韵事，需在江南饮一杯。

① 《萧劲光回忆录》，解放军出版社 1987 年版，第 163 页。

② 尚丁：《黄炎培》，人民出版社 1986 年版，第 104 页。

金陵重逢饮茅台，为有佳宾白雪来；

服务人民数十载，共祝胜利饮一杯。①

历史是威严的，任何人在历史面前都很渺小，都要敬畏历史。因此，任何人在历史面前都要老老实实做事，不得弄虚作假。如果不老老实实做事，弄虚作假，必然会受到历史的嘲弄。国民党造谣红军在茅台酒池中洗脚，无非是想把红军的形象在人民中弄臭。但适得其反，这种无耻的做派，只能是搬起石头砸自己的脚。黄炎培，一位著名的民主人士，因国民党造谣红军在茅台酒池中洗脚，而成为中国共产党的朋友，留下了一段历史佳话，就是最好的证明！

3月16日至17日仅一天半时间，中央红军由茅台三渡赤水河，向古蔺、叙永方向前进。

3月18日，军委纵队在行军时，来了三架敌机，尽管利用山路两旁树林进行隐蔽，还是被敌机发现了。敌机盘旋了一阵后开始轰炸，掩护的部队出现了伤亡。军委纵队高射机枪连接到命令：迅速占领阵地，痛击敌机，掩护军委纵队前进。

接到命令后，机枪连连长叶荫庭观察了一下敌机的盘旋航线，将四挺代用高射机枪布置成一个防空阵地。待敌机进入射击范围后，叶荫庭一声令下："给我狠狠地打！"只见一道火网撒向敌机。瞬间，天空中发出一声刺耳的怪叫，一架敌机冒出滚滚浓烟，一头栽向茅台方向去了。不久，只听"轰"的一声，敌机灰飞烟灭。

"打落了！""报销了！""敌机见鬼去了！"山林中一片欢呼声。

另外两架敌机看到同伴一命呜呼，拼命挣脱红军高射机枪的火网，逃走了。

第二天，红军总政治部主任王稼祥亲自到机枪连祝贺，说："你们打敌人的飞机打得好，打掉了敌机的威风。现在，不再是我们怕敌机了，而是敌机怕我们了。你们在红军中开创了打敌机的先例，要好好总结经验，向其他部队推广。"②

---

① 尚丁：《黄炎培》，第104页。

② 叶荫庭：《我军第一支防空部队的建立》，《贵州社会科学》编辑部、贵州省博物馆：《红军长征在贵州史料选辑》，第208页。

3月19日，中央红军攻占镇龙山，击溃川军一个团的拦阻，进到大村、铁厂、两河口地区，摆脱了敌人。

四渡赤水，南渡乌江

蒋介石在3月15日得知周浑元放弃谭场、仁怀，固守鲁班场时，认为“是乃失算”，但又幻想“匪若窜向东北，或能将错就错，转祸为福乎？”16日，蒋介石急令薛岳，要吴奇伟纵队攻击前进，与周浑元部夹击红军。并令滇军孙渡纵队、黔军王家烈部固守原地，防止红军西进。然而坏消息不断给蒋介石传来，中央红军先头已占领仁怀、茅台，一千余人已经渡赤水河西进，并且主力也有渡赤水河西进迹象。恼怒不已的蒋介石在当日日记中写道：“此周浑元之不足教也，网中之匪，纵之西窜，痛心极矣！”于是，急调各部，计划将中央红军聚歼于古蔺地区。

3月18日，国民党飞机侦察中央红军已渡过赤水河，蒋介石遂又作出在江门、叙永、赤水河以东，及沿赤水河流以西地区聚歼中央红军计划，具体为：黔军侯汉佑部担任赤水至土城之线防御，主力置于土城；魏金荣部并指挥蒋德铭旅，担任土城、茅台、小河口之线防御，主力置于茅台；王家烈部担任小河口、大渡口、仙家渡、赤水河镇南岸之线防御。以上两线河防，均由王家烈指挥，均先扼要各渡河点星夜赶筑据点碉堡工事。川军陈万仞部仍于江门、叙永、赤水河镇之线上，筑碉防守。该部任务重在防堵。滇军孙渡部仍集结于毕节以北，但须速派一部防守瓢儿井，并与川军取得联络，严密联防。“中央军”周浑元纵队会合吴奇伟纵队，暂在鄢家渡、瓢儿井间，随时准备率部拦击或腰击红军，或击红军于半渡。川军郭勋祺部仍向古蔺方向尾追。①

3月20日，当蒋介石发现中央红军渡过赤水河后，再次进军到古蔺东南地区时，判断红军要北渡长江，心中暗喜，立即发出在古蔺东南地区消灭中央红军的电令，调集川军各部在天堂、叙永、站底、赤水河镇防堵于西；“中央军”周浑元、吴奇伟以及黔军侯汉佑沿赤水河流防堵于东与南；黔军

① 见《蒋介石关于在赤水以西消灭中央红军的部署》（1935年3月18日），中国人民解放军历史资料丛书编审委员会：《红军长征·参考资料》，第371—372页。

向此线接防，腾出周、吴两部担任“追剿”任务；滇军孙渡纵队亦向赤水河镇“堵剿”；川军郭勋祺由茅台渡河追击。蒋介石认为：“以如许大兵包围该匪于狭小地区，此乃聚歼匪之良机。”“剿匪成功，在此一举。”[①]蒋介石颇有几分得意，似乎已经胜券在握。但他忘记了，对手是毛泽东！

正当国民党各路部队忙乎着赶向川南之际，毛泽东根据敌情当机立断，毅然决定红军回师东渡，夺取战略主动权。3月20日，中革军委主席朱德发出红军四渡赤水的命令：

（一）估计尾追我军之郭敌，将配合叙、蔺之川敌及毕节、赤水镇之滇敌等的截击，这使我西进不利。

（二）我野战军决秘密、迅速、坚决出敌不备折而东向，限二十一日夜由二郎滩至林滩地段渡过赤水东岸，寻求机动。

（三）为此各军团今（二十号）明两天行动应如下：

1. 第五军团应以迟滞并吸引郭敌向古蔺前进争取渡河时间为目的，以两河口、大村、鱼洞沟、太平渡为后方交通线，明二十一日拒敌于大村以东至二十一日晚，即速往鱼洞沟转移到太平渡，于二十二日上午继续渡河。以下各军团采取道路及渡河点如次。

2. 九军团经核桃坝大路渡二郎滩。

3. 军委纵队经鱼洞沟渡九溪口。

4. 三军团经鱼岔、石夹口、走马坝渡太平渡。

5. 一军团经石夹口、走马坝渡林滩，在三军团未到前则以一部渡太平渡。

（四）2项以下各军团于得令时即派遣部队带全部工兵、电台各赴到渡河点，各以其主力过河东岸向可能来敌方向警戒，并限于明二十一日十二时至十八时架好桥，各军团主力则限于明晚全部渡过东岸，但一军团主力运动时须加快速度，勿阻三军团，其在太平渡之先遣团，俟三军团先遣团到后即协同动作。

（五）为迷惑川、滇敌人起见，一军团主力在镇龙山应留一个团，并派队逼近古蔺方向之敌游击，伪装我军主力西进，该团遂行此任务后于明日

---

① 《蒋介石关于在古蔺东南地区消灭中央红军的电令》（1935年3月20日），中国人民解放军历史资料丛书编审委员会：《红军长征·参考资料》，第376页。

午前跟主力进路，限于明晚渡过太平渡。

（六）各军团渡完后各负责破毁桥梁，但太平渡须候交五军团使用和破毁。

（七）我率军委于今晚移鱼洞沟，明午抵九溪口。①

中央红军三渡赤水才四天时间，又四渡赤水，这是个大胆的完全出乎蒋介石预料的作战计划，因此保密显得极为重要。在朱德给中央红军各军团下达四渡赤水命令的同一天，中共中央和红军总政治部给各军团发出指示："这次东渡，事前不得下达，以保秘密。"②

遵照中革军委的命令，红一军团以一个团伪装主力，由铁厂、两河口地区大张旗鼓地向古蔺前进，诱敌西进。红军主力由镇龙山以东地区，突然折向东北，于3月21日晚至22日分别经二郎滩、九溪口、太平渡东渡赤水河。接着，经临江场、楠木坝、花苗田等地挥师南下。

3月22日，蒋介石得侯汉佑、潘文华报告，中央红军已由太平渡、二郎滩一带渡赤水河东进，判断红军有可能再攻遵义，手忙脚乱，急令上官云相"在现驻遵、桐、松坎各地，就地严阵固守"。第五十三师"先行集结遵义，协[助]四十七师防堵"。"周、吴两纵队应星夜集结仁怀、茅台、谭厂一带，但沿赤水河一带河防，在王司令家烈所部尚未到达接防以前，对各渡口仍应酌留约一连防守为要。""周纵队着尽先头之两团或三团，兼程分往鸭溪、白腊坎、枫香坝各地固守，限漾日到达。"③他还令何键加强乌江守备，防止红军东进，企图在遵义地区聚歼红军。

3月23日，蒋介石闻知上官云相放弃桐梓，以为中央红军真的要进攻桐梓，于是在当天的日记中写道："匪似向桐梓或仁怀窜来乎？"但第二天飞机侦察，桐梓不仅没有国民党军，而且没有红军踪影，只有一些当地群众向遵义逃跑，蒋介石怒气冲冲给上官云相手书命令，指责："此种不遵命令，

① 《朱德关于我军四渡赤水河的行动部署》（1935年3月20日），中国人民解放军历史资料丛书编审委员会：《红军长征·文献》，第289—290页。

② 《中共中央、总政治部给各军团电》（1935年3月20日），转移自中共中央文献研究室编：《毛泽东传》（1893—1949）（上），第349页。

③ 《蒋介石关于在赤水以东地区围堵中央红军给薛岳电》（1935年3月22日），中国人民解放军历史资料丛书编审委员会：《红军长征·参考资料》，第380—381页。

放弃县城，只图自保生命，殊为军人最大之耻辱。如果以兵单不能两守，则盍不放弃松坎而守县城？不应弃重就轻，乃竟放弃桐梓，此非怕死而何？中自治兵以来，未有见如此之奇耻，痛心盍极！限令裴师速于明日恢复桐梓城，并希松坎亦派部队前往桐梓。否则照‘连坐法’处治不贷！”①为了督促各部作战，蒋介石在3月24日由重庆飞往贵阳。

根据敌情，中革军委于3月24日23时致电红一、三、五、九军团首长：敌人企图连接遵、仁封锁线，阻我在其以北地区。要求“我野战军以遭遇敌人姿势赶快通过遵、仁之线，向南寻求新的机动。”②27日，中央红军以红九军团在马鬃岭地区，伪装主力，向长干山、枫香坝佯攻，以吸引敌人北上，主力乘机向南急进。28日，红军主力由鸭溪、白腊坎之间突破敌人封锁线，冒着狂风暴雨，进入乌江北岸的沙土、安底地区，并于31日在江口、大塘、梯子岩等处南渡乌江，歼灭守敌和援敌一个营，进至息烽西北地区，巧妙地跳出了敌人的包围圈，把敌人重兵甩在乌江以北地区。这样，蒋介石在乌江以北大定、黔西、金沙、仁怀、遵义、桐梓沿线日夜赶修的碉堡线——重新祭起的“消灭共军的可靠法宝”③失灵了，成为自我欣赏的摆设。

红九军团完成掩护任务后，转移到沙土附近，准备南渡乌江时，敌人已控制了渡口，被阻于乌江北岸，开始独立活动。

四渡赤水之战，特别是后三渡赤水，是毛泽东军事生涯中的“得意之笔”。国民党军几十万重兵麇集，“中央军”负责“追剿”，黔、川、滇杂牌军负责防堵，天上有飞机侦察、轰炸，中央红军只有3万余人，时时刻刻都有陷入蒋介石布置的包围圈的危险，形势要比中央苏区第五次反“围剿”严峻得多。面对险象环生，一招不慎，就有全军覆没的危险，中央红军却能忽东忽西，在敌人重兵之间来去自如，化险为夷。

蒋介石兵多自不待言，这是他的资本，也是围追堵截红军的资本。他有飞机，可以侦察红军的行军动向。他有充足的经费和给养，武器弹药更是

① 《蒋介石关于限令恢复桐梓给上官云相的手令》（1935年3月24日），中国人民解放军历史资料丛书编审委员会：《红军长征·参考资料》，第383页。

② 转引自中共中央文献研究室编：《朱德年谱》（新编本）（上），第479页。

③ 晏道刚：《追堵长征红军的部署及其失败》，《围追堵截红军长征亲历记——原国民党将领的回忆》（上册），第15页。

不愁。那么，他失败了，败在哪里？

在蒋介石的思维定式里，中央红军无非两个去向，一个是与红二、红六军团会合，一个是与红四方面军会合。因此，蒋介石对中央红军的作战计划，都是以这两个去向制定的；在具体战术上，蒋介石仍然迷恋堡垒主义，把修筑碉堡线作为制胜法宝。蒋介石这套战略战术，用在博古、李德上管用、见效；用在毛泽东上，那就不管用，失灵。蒋介石失败的原因就是“死”，当改变了对手之后，他的思维却定格不变。

毛泽东胜，胜在哪里？中央红军有自己的“千里眼”、“顺风耳”——中革军委二局，能够破译敌人的密码电报，准确掌握敌人的军事情报。但仅仅掌握情报是不够的，还需要正确决断和正确的作战方针。毛泽东的智慧表现在善于把握蒋介石的作战思路和脉搏。蒋介石认为红军要向东，毛泽东偏偏指挥红军向西；蒋介石认为红军要向西，毛泽东就要指挥红军向东。毛泽东可以利用蒋介石的心理，给他造成错觉。你不是认为我要和红二、红六军团会合吗?我可以用少部兵力迷惑你，让你挺高兴地认为我确实是去和红二、红六军团会师去了，钻进了你给我设置的包围圈，而实际上我的主力却朝另一个方向去了；你不是认为我要渡江北上和红四方面军会合吗?你不严密设防，我就真过去了。你严密设防，我马上折回，朝你兵力空虚的地方打。待你调兵遣将，又布置好一个新的包围圈时，我又再进川南。当你又调重兵在黔川滇边界时，我又突然折向南。蒋介石的“法宝”是堡垒战，但堡垒是死的。毛泽东的法宝是运动战，人是活的，迂回穿插，让蒋介石的堡垒成为无用之物。毛泽东的取胜之道，在于“活”，一切从战场实际出发，制定作战方针和计划。

刘伯承曾在回忆中有一段对毛泽东在遵义会议后指挥红军作战的精彩评价：

遵义会议以后，我军一反以前的情况，好像忽然获得了新生命，迂回曲折，穿插于敌人之间，以为我向东却又向西，以为我渡江北上却又远途回击，处处主动，生龙活虎，左右敌人。我军一动，敌又须重摆阵势，因而我军得以从容休息，发动群众，扩大红军。待敌部署就绪，我们却又打到别处去了。弄得敌人扑朔迷离，处处挨打，疲于奔命。这些情况和“左”倾路线统治时期相对照，全军指战员更深刻地认识到，毛主席的正确的路线，和高度发展了的马克思主义的军事艺术，是使我军立于不败之地的唯一保证。①

蒋介石贵阳风声鹤唳

蒋介石飞抵贵阳时，同行的不但有宋美龄，还有顾问端纳以及陈诚、晏道刚。随后，何成浚、吴稚晖、陈布雷等一帮谋士接踵而至。当时，蒋介石认为在遵义地区聚歼中央红军已成竹在胸，一抵贵阳，就对党政军人员发表了一篇很乐观的训话，称："共军已是强弩之末，现令被迫逃入黔境，寻求渡江地点未定，前遭堵截，后受追击，浩浩长江俨如天堑，环山碉堡星罗棋布。"②在他看来，红军已到了"走投无路"的地步了。

当蒋介石还在乐观时，不妙的消息很快传来，薛岳转据周浑元来电，该部在仁怀以南的鲁班场、枫香坝防线被红军袭击，打鼓新场也发现红军。蒋介石郁闷了，在3月28日，为防止中央红军南进，蒋介石给各部的手令指示竟达万字以上。估计，他的手脖子都写痛了。当晚，心情沉闷的蒋介石在日记中写道："匪果由鸭溪西之四牙坝与倒流水，偷窜南进，而周浑元竟束手无策。呜呼！屡令不进，屡戒不悛，孺子诚不可教也，可叹！"29日，蒋介石在日记中又写道："隶焉不力，切教而又不会，可叹！"30日，得知中央红军南进到息烽附近，蒋介石感到一阵阵心痛，在日记中写道："薛岳等，竟至无所措手足，幼稚如此，可叹！""当匪在后山附近，乘夜偷渡时，而息烽守河之警戒部队，毫不察觉，且为匪所败，可痛！"31日，蒋介石得知中央红军已全部南渡乌江，于4月1日安慰自己的心，在日记中写道："对当面之匪，自觉运用之心，已至其极矣。"然而，自我安慰是没有用的，失败的心情是无法排解的，4月2日，蒋介石感到"本日气候不良，精神不佳，计划作战，时觉脑痛。呜呼！隶焉不力，殊为沉闷也！"

谁让蒋介石"可叹"、"可痛"、"脑痛"、"沉闷"呢？自然是毛泽东。然而，毛泽东让蒋介石羞于见人的事情还在后面呢！

---

① 刘伯承：《回顾长征》，人民出版社 1985 年版，第 7 页。

② 晏道刚：《追堵长征红军的部署及其失败》，《围追堵截红军长征亲历记——原国民党将领的回忆》（上册），第 15 页。

中央红军南渡乌江后，以一部佯攻息烽，主力进占扎佐等地，前锋逼近贵阳。这时，贵阳附近的国民党军只有郭思演部第九十九师四个团，兵力单薄。蒋介石大惊失色，调兵遣将，急令第二路“追剿军”各纵队火速增援贵阳，并令守城部队赶修工事和死守飞机场，还准备了轿子、马匹和向导，随时准备逃跑，以免做了红军俘虏。

晏道刚回忆说：“从得悉红军渡乌江之日起，蒋实际上就以战场指挥官自任，撇开了薛岳的贵州绥署和前敌指挥部，亲自打电话调动部队。薛岳变成了一个侍从参谋，等于一个高级传令军官。蒋有时还耳红面赤骂个不停。每一道调动指挥部队的电令，薛岳非经请示不敢做主。”①

当各路敌人按照蒋介石的命令向贵阳狂奔之际，毛泽东为造成蒋介石的错觉，于4月5日又以一部兵力东渡清水江，在江上架设浮桥，作主力即将东渡姿态。毛泽东在部署这次行动时说：“只要能将滇军调出来，就是胜利。”

蒋介石果然中计，召集陈诚、薛岳、何成浚、晏道刚等一帮大员讨论红军行动目的。众人判断红军行动一为乘虚袭击贵阳，二为仍图东进与湘西红军会师，两者之中以后者公算较大，但都威胁贵阳的安全，当前应以确保贵阳为急。于是，蒋介石随即作出决定，严令前线各部队衔尾疾追，调遵义李韫珩纵队迅速南移至息烽堵截，调李云杰纵队由黔东西进占领黄平、余庆地区堵截，调大定孙渡纵队限期东进集结贵阳；另外电湘军刘建绪、鄂军徐源泉部署东西防堵，桂军廖磊在南面布置防堵。

中央红军主力马不停蹄，人不歇步，星夜向贵阳疾进。贵阳附近土豪劣绅风声鹤唳，纷纷逃到贵阳城内以图“保险”。但躲在贵阳城内的蒋介石却不认为保险，竟步行出贵阳行辕查勘城区工事，申斥郭思演督责下属不力，玩忽职守。4月5日夜，贵阳外围风闻有红军游击队的活动，蒋介石的心揪起来了，询问黔灵山、东山、螺丝山、照壁山、图云关、大小关等处的工事及贵阳的城防守备兵力强度，特别关心清镇飞机场的情况。这一个不眠之夜，对蒋介石来说，是那样的长。

滇军孙渡纵队终于赶到了贵阳城。晏道刚回忆说：

① 晏道刚：《追堵长征红军的部署及其失败》，《围追堵截红军长征亲历记——原国民党将领的回忆》（上册），第15页。

约在4月6日(或7日)，滇军孙渡纵队先头急行军三四天走了400多里路终于照蒋的电令赶到贵阳，并确实固守飞机场。薛岳马上领着孙渡及陆续到达的各旅长去见蒋介石。当时这些所谓"勤王之师"、"救驾部队"的来到，蒋真是喜上眉梢笑在心头，嘉奖他们动作迅速，作战勇敢，对该纵队及各旅长均有犒赏。①

孙渡在贵阳待了不到一天，即按照蒋介石的命令向龙里前进，途经离贵阳30里的黄泥哨与红军便衣队接触，随进至观音山与红军先头遭遇，双方激战一天。蒋介石为此致电龙云，嘉奖孙渡纵队忠勇善战为龙云训练之功。

这时，蒋介石从空军那里得报，说红军在离贵阳三四十里外转向西南急进，把所有东追的国民党军甩在了龙里以东地区。至此，蒋介石算惊魂才定。为了遮羞，蒋介石大肆宣扬自己用兵如神，指挥若定。然而，这点小把戏连自己的部属都不信。晏道刚在陆军大学时的同学、追击红军的师长万耀煌在贵阳悄悄地对他说："共军转个弯，我们跑断腿。"一语道破实情。

龙云献地图

滇军孙渡纵队成了"救驾功臣"，云南却空虚了。4月7日，中革军委抓住这一有利战机，决定向云南进军，并命令在乌江以北的红九军团速向贵州毕节、大定方向前进。4月8日，中央红军主力分左、右两纵队，由贵阳、龙里之间突破敌人防线，越过黔滇公路，以每天120里的速度，分两路经青岩、广顺、鸡场、定番（今惠水）、长寨（今长顺县城）、紫云等地，向云南方向急进。

蒋介石发现红军西进云南后，慌忙调整部署，急令周浑元、吴奇伟两纵队和第五十三师掉头西进，沿黔滇公路在右侧追击，孙渡纵队尾追红军。

国民党军各路部队被中央红军调动得来回奔跑，疲惫不堪，行动十分缓慢。中央红军乘此机会，迈开铁脚板，大步流星，于4月18日在白层、者坪渡过北盘江，随后相继占领贞丰、安龙、兴仁、兴义等城镇。这时，红九军

① 晏道刚：《追堵长征红军的部署及其失败》，《围追堵截红军长征亲历记——原国民党将领的回忆》(上册)，第16—17页。

团进到黔西的水城地区，同红军主力南北呼应。

中央红军主力占领兴仁、兴义后，分三路西进：红三军团为右纵队向平彝（今富源）、沾益前进；红一军团为左纵队向曲靖前进；红五军团和军委纵队、中央纵队，向益肠营方向前进。4月24日，中央红军进入云南。

中央红军的行动使蒋介石产生错误的判断，认为红军主力必经平彝北进会合红九军团，然后再渡金沙江，或转赴毕节再入川南，北渡长江。于是，蒋介石连电龙云、薛岳，命令周浑元、吴奇伟两个纵队和第五十三师向宣威推进，企图围歼中央红军于宣威、威宁地区。黔军在黔西地区堵截红军北去，滇军孙渡纵队尾追红军，川军一个师集中毕节机动。

中央红军离开贵州境之后，“贵州王”王家烈就没有什么价值了。早就想搞掉王家烈的蒋介石开始“卸磨杀驴”，先是让王家烈在贵州省主席和第二十五军军长两个职务中二选一。经晏道刚劝说，王家烈辞去了贵州主席一职。4月26日，蒋介石任命吴忠信为贵州省主席。为了让王家烈体面下台，蒋介石给了他一个“第二路追剿军总指挥”的空衔。王家烈回到大定整编部队，因师长们早已被蒋介石收买，向王家烈闹军饷。王家烈向蒋介石要军饷，蒋则故意坚持部队未缩编，未经点验不能发饷。王家烈两头受气，知道自己无法再干下去了，遂回贵阳向蒋介石辞去“第二路追剿军总指挥”和第二十五军军长的职务。4月底，王家烈被蒋介石调为国民政府军事参议院参议。这是一个拿薪水、没有军权的闲职。不久，王家烈随张学良离开贵阳到武汉行营服务。

王家烈的下场使“云南王”龙云看到了自己面临的同样结局。因此，他对中央红军入滇和“中央军”尾追而来十分恐惧，既怕红军进攻昆明，推翻他的统治；又怕蒋介石故伎重演，将他搞掉。因此，龙云一面调动兵力，赶筑工事，加强昆明防守，并急电孙渡日夜兼程，回师昆明；一面婉拒“中央军”入滇。

为了进一步调动国民党军，中革军委命令红九军团由水城向滇东北的宣威地区发展，以吸引追敌向北，主力则迅速向西挺进。4月27日，中央红军占领马龙，接着进攻寻甸、嵩明，一部进至杨林，前锋威逼昆明。4月28日，红九军团占领宣威县城。至此，蒋介石围歼中央红军于宣威、威宁的计划破产。

中央红军在向马龙进军的途中，得到了意想不到的东西，陈云在《随军西行见闻录》中说得很详细：

赤军包围曲靖而向马龙前进时，截得由昆明来之薛岳副官所乘汽车一辆，内载军用地图并云南著名之白药（可医枪伤，极贵重）。据被俘之副官云，他系薛岳派入滇省谒龙云者。前日薛岳来电，因无云南军用地图，请龙云送去。龙云接电之后，本拟派飞机送去，但次日机师忽病，故改用汽车送去。但未知曲靖已被赤军包围，汽车路亦被截断。龙云并送薛大批白药、云南之宣威火腿及普洱名茶，共满载一车。车离曲靖二十里时正遇赤军。因此卫兵、副官均被缴枪，军用地图未交薛岳反而被赤军用以渡过金沙江，白药、火腿、茶叶均被赤军享受。故赤军兵士每谈至此，皆为捧腹。咸为三国时刘备入川系有张松献地图，此番红军入川，则有龙云献地图。[①]

龙云讨好薛岳，没想到当了中央红军的“后勤部长”，不仅成为世人趣谈，而且随着后来陈云的文章在巴黎出版的《全民月刊》上发表和在莫斯科出版单行本，成为国际趣谈。

金沙江边，国民党军捡到了几只烂草鞋

昆明空虚，龙云只顾保命要紧，把在曲靖以东的孙渡纵队调往昆明防守，滇北各地和金沙江南岸的防守力量极大削弱，中央红军抢渡金沙江、北上川西的有利条件出现了。当然，龙云也巴不得中央红军赶快离开云南。这样，蒋介石的“中央军”也没有理由待在云南了，他就更安心了。

机会来了，当然不能放过，4月29日，中革军委发出《关于野战军速渡金沙江转入川西建立苏区的指示》。

指示规定：红一军团为左纵队，经禄劝、武定、元谋直取龙街；红三军团为右纵队，经思力坝、马鹿塘等地，夺取洪门渡；军委纵队和红五军团为中央纵队，经山仓街、海龙塘、石板河夺取皎平渡。考虑到要经过少数民族区，指示要求行军中应争取少数民族，携带充足粮食。

这样，在经历了遵义会议后三个多月惊心动魄的机动作战后，中共中

① 陈云：《随军西行见闻录》，《陈云文选》第一卷，第68页。

央的战略方针又重新回到了原点上。为了使广大干部战士能够了解中共中央和中革军委之渡江转入川西的战略方针，红军总政治部于4月30日发出《关于渡金沙江转入川西的政治工作训令》，指出中央红军转入川西及川西北活动的政治及军事意义是：

甲、在政治上，在川西及西北地区创立苏区根据地，是首先就在使中国苏维埃运动及工农红军两大主力——野战军与四方面军更形接近，更能直接地互相配合作战，走向汇合，以实现赤化四川，而为苏维埃在全国的胜利定下确实的基础。这不仅是为澈底粉碎敌人各个击破我们的企图必须的步骤，而且在中国西部强大的苏区之创立，更能团聚、推进全中国的革命斗争。

乙、在军事上，渡江之后，敌人难于调遣兵力，使作战便利争取更大的胜利。两主力之接近地配合作战，能够使我们易于取得胜利，而且胜利亦更大。并且因为地理与政治的各种条件，使敌人无法包围我们，我们能够背靠西部而无后顾之忧。这对于野战军，能够使我们极大地缩短无后方的大规模游击战争，变为有后方依托的运动战。

丙、在群众及经济条件上，群众生活之痛苦及革命斗争之紧张的程度，四川不差于云、贵，而经济与物质方面，四川更好些。①

训令要求各级政治工作人员："明确的解释中央与军委之决心，并团结全体红色战士，为实现这个决心而斗争"②。

金沙江是长江上游，从海拔五六千米的昆仑山南麓、横断山脉东麓奔腾而下，一泻千里，水流湍急，无法徒涉，是中央红军北上一道难关。并且这时川军已早早把渡船都收集到对岸，控制了渡口，阻止中央红军渡江。

根据中革军委的命令，各部队迅速向金沙江边急进。5月2日，中革军委命令总参谋长刘伯承率领干部团一个营及工兵，带电台一部，于5月4日赶到皎平渡架桥。

皎平渡位于四川会理县与云南元谋县交界的地方，是金沙江的重要渡

① 《总政治部关于渡金沙江转入川西的政治工作训令》（1935年4月30日），中国人民解放军历史资料丛书编审委员会：《红军长征·文献》，第323页。

② 《总政治部关于渡金沙江转入川西的政治工作训令》（1935年4月30日），中国人民解放军历史资料丛书编审委员会：《红军长征·文献》，第325页。

口之一。干部团刚赶到禄劝县北部一个小山村时，中革军委副主席周恩来和总参谋长刘伯承就一起来到干部团，非常详细、具体部署抢渡皎平渡的计划。周恩来除了强调有利条件外，也指出了种种困难，甚至考虑到可能出现的最坏情况：假如在抢占渡口后，我军后续部队跟不上，渡口又被敌人占去，那么，渡过江去的先头部队就会被切断，那就要准备独立作战，打一段时间的游击，以后再设法取得联系。为了加强对抢渡金沙江战斗的领导，由刘伯承担任先遣司令，直接指挥干部团。

干部团团长陈赓、政治委员宋任穷知道，这一仗至关重要，是关系中央红军安危的一次战斗。两人商议，决定以第三营为先遣营，宋任穷同刘伯承一起随先遣营行动，任务是当天急行军160里，用一切办法抢占皎平渡渡口，消灭驻守敌人，迅速收集沿江船只，组织架桥，以便后续部队强渡。陈赓率领两个步兵营、一个特科营和上干队为后梯队，当天行军100里左右，即在中途宿营，保持体力，准备第二天渡江后继续前进。后梯队的任务是抢占渡口以北40里的通安州，消灭四川西昌、会理方向可能来犯之敌，掩护中央直属部队和红五军团渡江。

先遣营和后梯队同时出发。刘伯承和宋任穷率领下的先遣营用了智取遵义城的办法，即去掉红军的标记，装扮成国民党军队。傍晚，部队到达离江岸渡口五六十里路处稍作休息。由于路不熟，想找一个向导带路，先遣营佯称国民党军队，抓了一个大胖子。经询问，此人是区公所秘书，被靖卫团团总派到金沙江边送防备红军过江、烧掉一切渡船的命令。

这个情况很重要，先遣营马上派人把这个大胖子送到刘伯承和宋任穷那里。大胖子向刘伯承鞠了一个九十度的躬，毕恭毕敬地说："长官，从哪里来？我是区公所秘书。"刘伯承说："红军快来了，我们要赶到江那边去！"大胖子说："红军虽然离这里还远，为了防备红军在一带渡江，我刚接到上峰一纸命令，把我区沿江所有船只全部迅速烧掉，以免被红军利用。"刘伯承和宋任穷忙问："烧船的命令发下去没有？船烧掉了没有？"大胖子扬了扬手中拿的一张纸，说："没有。我正要去江边办理这件事，命令还在我手里。"刘伯承正色说："我们就是红军，现在就要船，要是渡口少了一只船，拿你是问！"大胖子一听，如晴天霹雳，马上面如土色，呆若木鸡。刘伯承和宋任穷命令部队押着他一起走。

当地群众对国民党的反动统治十分痛恨，先遣营稍作工作，群众便告诉了他们许多情况。从群众那里得知，渡口对岸没有国民党正规军队，只有一处收税的厘金局和一个保安队，有几十条枪。消灭他们，先遣营只需一个连就足够了。群众还告诉先遣营，皎平渡南岸渡口正停着两只木船。

得知这些情报，刘伯承和宋任穷即命令以萧应棠为连长的第五连为先遣连，立即轻装前进，猛扑江岸，不惜一切代价夺取船只，控制渡口，强行渡江。

先遣营政治委员罗贵波和副营长霍海源率领先遣连向江边急进，于当夜12点抢占渡口成功。随即，先遣连一个排利用停在江边的两只船渡江到北岸。

红军行动神速、隐蔽，敌人完全没有预料到红军会来得那么快，因而毫无准备。渡过江的一排红军到厘金局时，里面的敌人正在噼噼啪啪打麻将。带路的群众去叫门，说是来纳税的。里面敌人只顾玩得高兴，有人送钱也不想要了，只听有人吆喝道：深更半夜来纳税，明天再来！

群众平时就对厘金局十分痛恨，上去一脚把门踢开。红军一拥而进，缴了保安队的枪，没收了厘金局的全部税款，完全控制了渡口两岸。这样，先遣连干净利索地抢占了皎平渡渡口，无一伤亡。

天亮之后，先遣营全部到达皎平渡渡口。刘伯承、宋任穷除了向通安州派出前哨连执行警戒任务外，其他战士立即一面收集船只，一面准备架桥。经过实际勘察发现，金沙江江面虽不是很宽，但水深流急，既不能徒涉，又无法架桥，只能靠船渡江。问题来了，只有两只船，几万红军，怎么渡江？于是，先遣营把寻找渡船作为头等大事。经过发动群众，先遣营在二三十里的江岸边，又找到四只破船，大家高兴得就别说了。经过修理，连同原来渡口的两只船，共六只船。有了底气，刘伯承和宋任穷给朱德发去电报："皎平渡有船六只，每日夜能渡一万人。"后来，经过寻找，又找到一只船。

陈赓率领后梯队到了之后，为了迅速奔袭通安州，部队来不及休息，就立即分批渡江。由于金沙江的另外两个渡口龙街渡和洪门渡的船只都被敌人烧掉，江面虽宽，但有敌机轰炸，无法架桥，大部队无法迅速渡江，除留红十三团在洪门渡渡江外，主力改由皎平渡渡江。这样，夺取通安州，确保全军渡江就显得异常重要。

陈赓率领干部团主力一到通安州，便与刚从西昌、会理方向赶来的敌人相遇。敌人有一个旅，是由两个团和一个迫击炮连组成，红军只有一个团，敌我力量悬殊。双方都力图抢占通安州，在山顶小镇上打了一场极其激烈的遭遇战。前头部队战斗一打响，刘伯承估计形势严重，立即命令宋任穷带领先遣营火速赶到通安州。临走前，刘伯承向宋任穷强调说：这是一次关系重大的战斗，必须不惜一切牺牲，坚决消灭敌人，占领通安州，保证全军顺利渡江。

宋任穷在回忆中说：

任务重大、紧急，我们跑步，奋力前进，黄昏时分赶到那里，敌我双方正在激战，对峙着。陈赓、萧劲光、毕士悌同志都正在紧张指挥战斗。

毕士悌同志对我说：仗打得很大，刚才已打到街上去了，我们缴获了敌人的迫击炮。因敌我兵力悬殊，我们刚刚退了出来，敌人还没有消灭。

我传达了刘伯承同志的命令，陈赓同志和我再一次对干部团的同志们进行了政治动员。同志们斗志昂扬，纷纷表示死也要拿下通安州。由于敌人正面为开阔地，火力强，我们不便正面进攻。于是，我们决定二营在正面佯攻，把一、三营调到右翼包抄迂回，攻击敌人的侧面。全团上下行动迅速，坚决英勇，经过拼命争夺，我们占领了小高地，连续向敌冲锋，终于消灭了大部分敌人，生俘敌人官兵也相当多。敌人残部不支，向会理县城逃窜，入夜，我军占领了通安州。①

干部团占领通安州后，全团便驻守这里，保护全军渡江。由于在抢占皎平渡和通安州的战斗中打得漂亮，中革军委对干部团予以通令嘉奖。第二天，全团开了庆功大会。

为了依靠得到的仅有的几只船渡江，刘伯承在北岸山洞里设立了渡河司令部，制定了《渡河守则》。大部队到达后，立即由渡河司令部指挥渡河。担任渡河指挥部政治委员的陈云在《随军西行见闻录》对渡河情况有详细的描述：

赤军渡河时，不能架浮桥，只在交西渡（即皎平渡——引者）渡口及其附近搜集六只船，大者可渡三十人，小者可渡十一人。而且船已破烂，常有

① 《宋任穷回忆录》，第64页。

水自船底流入，每次来回，均须专人在船舱中将流入之水以木桶倒入江中，才能复渡，故危险异常。渡河速度因水流太急，故每小时只能来往三四次。而赤军全部人马，几乎都从此渡河，故除日间渡河而外，夜间则于江之两岸，燃烧木材，火光照耀江面，终夜渡河。

……赤军之渡河技术，有极好的组织。试想，如无较好的组织，则在渡河时，人马拥挤，一不小心，小船即可翻身，而船只稍有损失，即将延长渡河时间矣。故赤军在各方面之组织能力，确远优于南京及各省之军队。……赤军总司令部及共党中央委员会派有共党高级人员组织渡河司令部。一切渡河部队均须听命于这个渡河司令部。各部队按到达江边之先后，依次渡河，不得争先恐后。并在未到达江边前，沿途贴布渡河纪律。部队到江边时，必须停止，不能走近船旁。必须听号音前进。而且每一空船到渡口时，依船之能渡多少人，即令多少人到渡口沙滩上，预先指定先上那一只船，每船有号码。船内规定所载人数及担数，并标明座位次序。不得同时几人上船，只能一路纵队上船。每船除船夫外，尚有一船上司令员，船中秩序必须听命于这个司令员。而赤军之对于服从命令纪律之严，亦非国军所可及。即如赤军中军团长、师长渡河时，亦须按次上船，听命于渡河司令部，不稍违背。赤军之组织能力，除表现于组织秩序外，而同时极好地组织船夫。船夫第一天只有十八人，后闻增加至二十七人。工人之所以能增加者，由于赤军渡河司令部除派共党干部进行宣传工作外，并优给工资。闻每天日夜工资现洋五元……

赤军之人枪由船渡金沙江，而同时亦将全军马匹渡过金沙江。渡船上本不许载马匹，但渡河时赤军想出方法，命马夫弃马鞍，拉住马口索坐于船尾，使马立河边上，船离岸时，岸上派人执鞭驱马，马即跟于船尾游泳过江。故赤军自豪，渡过金沙江，未掉一人一马，诚趣事也。①

以七只小船日夜穿梭于江面，经六天六夜，将红一、红三、红五军团和军委纵队3万余将士全部渡过金沙江，虽不见硝烟，却胜似一次消灭数千敌军战斗的大胜利，堪称长征的又一奇迹。刘伯承不愧为中国共产党一代军事家，从抢占皎平渡渡口，到占领通安州，再到指挥中央红军各部队渡河，

① 陈云：《随军西行见闻录》，《陈云文选》第一卷，第73—75页。

环环相扣，无不体现出杰出的才能和超人的智慧。尤其是指挥3万余红军将士渡河，仅靠七只小船，依靠周密、细致、科学地计划和严格、有序地组织实施，把不可能变为可能。

5月9日，中央红军第一、第三、第五军团和军委纵队全部渡过金沙江。与此同时，红三军团第十三团在洪门渡过江，红一军团一个野战医院从鲁车渡渡江。单独行动的红九军团在会泽以西的树节、盐井坪地区渡过金沙江。

5月10日，蒋介石飞到昆明，得知中央红军已经全部渡过金沙江的消息，咬牙切齿地在日记中写道："赤匪窜力之速，更增吾人疾恶之心，非速灭此丑，则我民族无噍类矣！"这一夜，将又是蒋介石的不眠之夜。

5月11日，当薛岳部第十三师先头部队急急忙忙赶到金沙江边时，除了红军扔下的烂草鞋之外，什么也没有看到。这些累得气喘吁吁的国民党官兵，只能望着奔腾不息的江水发呆。

国民党军十分沮丧，红军乐了。渡过金沙江后，黄镇创作了名为《破草鞋》活报剧，绝妙地讽刺了国民党军追击千里，最后只捡到了红军丢下的几只破草鞋的可悲结局。红军指战员看了红五军团"猛进"剧团演出的这个活报剧后，个个笑得肚子疼。假如蒋介石看了这个活报剧，肯定会气晕过去。

中央红军渡过金沙江，摆脱了优势敌军的围追堵截，粉碎了蒋介石围歼红军于川、黔、滇边境的计划，取得了战略转移中具有决定意义的胜利。

从四渡赤水，到兵临贵阳，再到威逼昆明，最后巧渡金沙江，毛泽东的军事指挥艺术，真是达到了出神入化的地步！有了这样的指挥，何愁长征不能胜利？

二、雪山之下会亲人

会理会议，毛泽东严厉批评林彪

中央红军渡过金沙江后，中革军委决定以红三军团与干部团围攻会理城，其他部队在会理地区进行短期休整。

会理位于四川省西南部，金沙江北岸，为川滇交通要邑。国民党川康边防军第一旅刘元塘防守，守敌加民团共有3000多人。由于敌人据坚顽抗，从5月9日起，红三军团连续进攻数日，没能攻下。5月12日，红三军团采用坑道爆破法，对会理发动总攻，仍然未能攻下。同日，中革军委根据渡江后的有利条件，决定中央红军在会理及其附近停留五天，进行休息与补充。并要求："我各兵团应以备战姿势进行部队中尤其新战士的战术教育、队列整理，开干部会及连队会议传达战斗任务，检阅工作，加紧扩红、筹款及地方工作等。"①

在部队休整期间，中共中央在会理城附近的铁场召开了政治局扩大会议，即党史上所称的会理会议。

会理会议，中央主要讨论林彪给中革军委写的一封信。聂荣臻在回忆中说："四渡赤水以后到会理期间，在中央红军领导层中，泛起一股小小的风潮，算是遵义会议后一股小小的余波。遵义会议以后，教条宗派主义者们并不服气，暗中还有不少活动。忽然流传说毛泽东同志指挥也不行了，要求撤换领导。林彪就是起来带头倡议的一个。"②

那么究竟是怎么一回事呢？原来是，遵义会议以后，中央红军在毛泽东等的指挥下，一反过去的被动状态，采取高度机动的作战方针，为了调动敌人，声东击西，部队主要是行军，要比过去多跑不少路。特别是在敌变的情况下，我必须立即也变，部队刚到某地，接到命令，马上到另一地方，甚至是折回。在战场形势瞬息万变的情况下，就是最杰出的军事家，也不可能每战必胜，也不可能把一些具体问题考虑十分周全，一点失误都没有。特别是在云、贵、川边境的多山地区，没有五万分之一、十万分之一的作战地图、又不是熟悉的根据地的情况下，行军多跑了一些冤枉路是在所难免的，更重要的是看结果。结果胜利，就达到了目的。当然，多走路，部队必然很累、很疲惫。林彪对毛泽东这种战法不理解，私下里给聂荣臻讲，红军走的尽是"弓背路"，应该走弓弦，走捷径。林彪认为："这样会把部队拖垮的，像他这样领导指挥还行？！"聂荣臻对林彪说："我不同意你的看法。我们

---

① 《朱德关于我军在会理附近停留五天进行休整的部署致各军团电》，（1935年5月12日），中国人民解放军历史资料丛书编审委员会：《红军长征·文献》，第334页。

② 《聂荣臻回忆录》，第206页。

好比落在敌人的口袋里，如果不声东击西，高度机动，如何出来？！”

没有得到自己老搭档的支持，林彪决定寻求彭德怀的支持。为什么林彪会寻求彭德怀的支持？前面已经提到，红一、红三军团是红一方面军的两把利剑。双剑合璧，为中央苏区取得前四次反“围剿”作战胜利立下汗马功劳。而中央苏区第五次反“围剿”失利，博古、李德将红一、红三军团分开作战也是一个重要原因。长征开始，红一、三军团是左、右先锋，配合默契。彭德怀曾回忆说：“一、三军团在战斗中早就形成了这种关系：有时一军团指挥三军团，有时三军团指挥一军团，有时就自动配合。如第二次占领遵义的第二天，打吴奇伟的反攻，一、三军团完全就是自动配合把敌打败的。”①就是有着这种关系，林彪给彭德怀打电话，说：“现在的领导不成了，你出来指挥吧。再这样下去，就要失败。我们服从你领导，你下命令，我们跟你走。”林彪的提议当即被彭德怀拒绝。

林彪打电话时，聂荣臻在旁边，左权、罗瑞卿、朱瑞等也在旁边。要换中央军事指挥领导，这可是大事啊！林彪的做法实在太不应该了！聂荣臻严肃批评林彪：“你是什么地位？你怎么可以指定总司令，撤换统帅？我们的军队是党的军队，不是个人的军队。谁要造反，办不到！”他警告林彪：“如果你擅自下令部队行动，我也可以以政治委员的名义下指令给部队不执行。”

聂荣臻有资格批评林彪。聂荣臻比林彪大八岁。1925年2月，聂荣臻就在莫斯科苏联红军学校学习，和北伐名将叶挺是一个班。同年9月中旬，任黄埔军校政治部秘书兼政治教官。蒋介石制造中山舰事件，排挤黄埔军校中的共产党员，被迫离开黄埔军校。聂荣臻离开黄埔军校时，第三期已经毕业，第四期刚入学。林彪身为黄埔军校第四期学生，聂荣臻虽然没有教过他，但仍可为林彪的老师一辈。南昌起义时，聂荣臻是前敌委员会军委书记。林彪是第十一军军部特务连连长。南昌起义失败后，又在同年12月参与领导广州起义。后曾任中央军委参谋长。是中国共产党最早从事军事工作的人之一。1931年底进入中央苏区后，先任红军总政治部副主任，1932年3月，与林彪搭档，担任红一军团政治委员。在红军时代，政治委员有最后决定权，所以，聂荣臻批评林彪，说可以以政治委员的名义下指令给部队

① 《彭德怀自传》，第205页。

不执行林彪的命令，是有这个权力的。

林彪不听聂荣臻的劝阻和批评，写了一封信给中革军委，要求毛泽东、朱德、周恩来随军主持大计，请彭德怀任前敌指挥，迅速北进与红四方面军会合。信写好之后，林彪要求聂荣臻在信上签个名，但被聂荣臻严词拒绝。聂荣臻对林彪说：

革命到了这样紧急关头，你不要毛主席领导，谁来领导？你刚参加了遵义会议，现在又来反对遵义会议，你这个态度是不对的。先不讲别的，仅就这一点，你也是违犯纪律的。况且你跟毛主席最久。过去在中央根据地，在毛主席领导下，敌人几次"围剿"都粉碎了，打了很多胜仗。你过去保存了一个小本子又一个小本子，总是一说就把本上的统计数字翻出来，说你缴的枪最多了。现在，你应该相信毛主席，只有毛主席才能挽救危局。现在，你要我在你写的信上签字，我不仅不签，我还反对你签字上送。我今天没有把你说服了，你可以上送，但你自己负责。①

林彪还是没有听聂荣臻的话，自己单独签字把信上送了。

林彪此举引起了毛泽东十分不快，他没想到从井冈山到中央苏区，再到长征以来，一直跟着他打仗的林彪，竟然这么目光短浅，只看到遵义会议后部队多跑了一些路，没看打了那么多胜仗，摆脱了国民党军优势兵力的围追堵截，粉碎了蒋介石围歼红军与川、黔、滇边境的计划。毛泽东在会上对林彪的"走了弓背"说法进行了严厉批评，并说："你是个娃娃，你懂得什么?！"

由于林彪要推彭德怀指挥部队，毛泽东误认为林彪的信是彭德怀鼓动起来的；再加上中央红军佯攻贵阳时，被派到红三军团担任政治部主任的刘少奇和红三军团政治委员杨尚昆曾给中革军委发过一封电报，谈了他们对红军战略方针问题的一些看法，毛泽东对红三军团的三位负责人也进行了批评，认为"这都是对失去中央苏区不满的右倾情绪的反映"②。

那么，毛泽东为什么批评他们三人呢？事情还得从1935年2月底中央红军二占遵义说起。

① 《聂荣臻回忆录》，第206—207页。

② 《彭德怀自传》，第205—206页。

二占遵义，打败吴奇伟纵队后。红三军团集结在遵义城外西南十余里，打算休息三五天，深入传达和讨论遵义会议决议。当时，蒋介石的嫡系部队正在向贵阳集结；滇军向云、贵边的毕节、宣威一带集结；川军向川南集结。彭德怀当时认为，应摆脱滇军，专对蒋介石嫡系作战。只要寻机再歼灭蒋介石的嫡系部队三四个师，红军就可以站住脚，在湘、贵、川、鄂边——即思南、秀山、铜仁、溆浦、辰溪、沅陵地区反复作战，粉碎敌军进攻，争取与红二、红六军团靠拢，建立新的根据地，停止战略退却。但这时却接到中革军委命令，红三军团归红一军团林彪、聂荣臻指挥，进攻鲁班场守敌。敌人到鲁班场已经四天了，野战工事已筑好，红三军团攻击一天未奏效，黄昏时撤退，继续西进。在离习水不远的一个镇子，中革军委又决定打追击的川军潘文华师。该师九个团，是刘湘的主力。红三军团战斗一天，又未取胜，乘夜撤退，渡过赤水河继续西进。敌军继续堵击、侧击，形势比较紧张。彭德怀的主张和中革军委的战略方针不一致，再加上两战都没有取胜，于是产生了一些看法。中央红军南渡乌江、佯攻贵阳时，由于原政治部主任袁国平调军委另行分配工作，刘少奇被中革军委派来担任政治部主任。彭德怀把自己的一些想法告诉了他。彭德怀说："现在部队的普遍情绪，是不怕打仗阵亡，就怕负伤；不怕急行军、夜行军，就怕害病掉队，这是没有根据地作战的反映。""现在部队比较疲劳，特别是打娄山关那一天，很疲劳。王家烈所部，是上午八九时从遵义出发，想先占娄山关（该关离桐梓和遵义各四十五里[①]）。我们十一时许才接到军委告诉的上述情况和要我们相机袭占遵义的命令，即刻跑步前进。武装长途跑步，消耗体力很大，几天都没有恢复起来。"彭德怀还告诉刘少奇："蒋介石部队也很疲劳，目前滇军和川军还是生力军。我军应摆脱堵、侧、追四面环敌的形势，选择有利的战机打一两个胜仗，转入主动，……靠近二方面军[②]，创建新根据地，就好办了。"[③]两天后，刘少奇加上自己的意见和别人的意见，起草了一封给中革军委的电报，拿给彭德怀和杨尚昆签字。彭德怀觉得与自己的看法不同，没有签字。这封电报以刘少奇和杨尚昆的名义发给了中革军委。

① 彭德怀的回忆有误，遵义城离娄山关120里。遵义所属的板桥镇离娄山关40余里。

② 当时是红二、红六军团，还未成立红二方面军。

③《彭德怀自传》，第204页。

刘少奇和杨尚昆的电报对当时中革军委的战略方针、作战方法有不同意见，其中一些观点同林彪的观点是相近的。由于红一、红三军团是中央红军两把利剑、作战依靠，其军事首长和除聂荣臻外的政治首长对中革军委的战略方针、作战方法有看法，不能不引起毛泽东的高度重视，将他们联系起来，进行批评。

其实，后来彭德怀也改变了看法。彭德怀在回忆中说："在毛主席的英明指导下，我军采取穿插战术，从贵阳城之西北绕至城东，然后又从南向西进，摆脱敌四面包围的形势，把所有敌军抛在我军后面。我军胜利地渡过金沙江，进入会理地区，这是一个很大的胜利。我对这一段穿插、渡江是敬佩和高兴的。"①

被毛泽东误解，彭德怀心里有些委屈，但大敌当前，国民党追兵已迫近了金沙江，心想人的误解总是有的，认为林彪的信是出于好意，想把事情办好，自己既没有同林彪谈过话，且同刘少奇谈话的内容也是正当的，因此没有对这两件事进行申明，期待两个当事人将来自己把事情说清楚。

彭德怀在会上作了自我批评，说因鲁班场和习水两仗没有打好，自己心里有些烦闷，想要如何才能打好仗，才能摆脱被动局面。认为自己的烦闷就是右倾。他也批评了林彪的信，认为遵义会议才改变领导，这时又提出改变前敌指挥是不妥当的，特别是提出他任前敌指挥，则更是不适当的。

由于彭德怀在会理会议上抱着事久自然明的态度，而当事人林彪又没有说明他写的信与彭德怀无关，以致几十年后毛泽东在这件事上仍存在对彭德怀的误解，直到1959年的庐山会议上林彪说那封信与彭德怀无关，他写信彭德怀不知道，这个误解才得以澄清。

会议的主持者张闻天在报告中，也批评了要求更换军事指挥的错误。但张闻天的态度比较温和，认为"同当时干部中离心倾向及动摇情绪斗争是必要的"，但斗争方式过火，"因为这些同志的错误，实质上不过是个别的错误，只要加以适当的批评与解释，错误就会改正的，不必用机会主义大帽子压他们。"②

① 《彭德怀自传》，第205页。

② 中共中央党史研究室张闻天选集传记组编:《张闻天年谱》(1900—1941)(修订本)(上卷)，中共党史出版社2010年版，第176页。

这时，毛泽东对张闻天也是有些误解的。杨尚昆在回忆中说：

会理会议主要是批评林彪要毛主席下台，也牵连到几个军团。因为从遵义出来这一段部队就是走路，那个时候怨言很多。一天走来走去，打圈子，也没有说清楚究竟要搞什么，就是下命令。所以部队疲劳得不得了。走的中间你挤我，我挤你，谁的力量大谁就跑得快。一军团同三军团碰到路上谁都不让谁。

在这种打圈圈情况下，很多人就跟洛甫反映说，这样不打仗又死那么多人，是不行的。对这种打法洛甫也不了解。彭德怀也不了解，因此也跟他讲，其实毛主席对彭不了解是最不高兴的。这里还有王稼祥军事方面对毛主席有意见，他又不跟毛主席直接讲，就跟洛甫说，洛甫就跟毛主席讲，毛主席就发脾气。会理会议本来正式题目是批评林彪写给中央的信，信是要毛主席下台，要彭德怀出来指挥。但是会上有人却出来说是张闻天到了三军团司令部，同彭谈了多少多少。我就出来作证，我说我是政治委员，整天同彭德怀两个在一起，根本没有这个事。张闻天没有到过三军团。①

周恩来、朱德等严肃批评了林彪，支持毛泽东，称赞他在危急的情况下，采取兜大圈子、机动作战的方针，四渡赤水，佯攻贵阳，威逼昆明，北渡金沙江，才摆脱了敌人的重兵包围。

遵义会议后，危急复杂的形势，瞬息万变的军情，毛泽东的战略方针和作战艺术在付诸行动中由于出现某些不足，一时还不被党和军队的一些领导同志所理解，出现不同看法，也是难免的。会理会议批评了错误意见，统一了认识，维护了团结，巩固了毛泽东在红军和中共中央的领导地位。会议决定继续北上，同红四方面军会合。

经过会理这股小风波，中央红军又更加坚定地迈上了新的征途。

红军不是石达开

蒋介石不容中央红军在会理舒舒服服休整，1935年5月11日，令“追剿军”迅速渡过金沙江，在川康军的配合下，围歼红军于金沙江以北、大渡河

① 张闻天选集传记组编：《200位老人回忆张闻天》，第41页。

以南、雅砻江以东地区。

5月14日，中革军委为执行中共中央确定的在川西或川西北创建根据地的战略方针，决定放弃对会理城的围攻，主力沿会理至西昌大道北进，通过彝族区，抢渡大渡河，以粉碎蒋介石围歼红军于大渡河以南的企图。

5月15日，中央红军各部开始北进。红一军团第一师第一团于5月17日攻占德昌。接着，红一军团与红五军团一起向西昌进发。到西昌时，经过侦察，得知西昌城高三丈，而且很坚固，城内有川康边防军刘元璋部四个团和一部分彝族士兵防守，强攻得不偿失。中革军委接受红一军团首长建议，绕道通过西昌，20日进抵泸沽。

5月20日，中革军委致电各军团、军委纵队，指出："我野战军渡过金沙江，取得了北进消灭敌人的有利条件，使党中央赤化川西北建立新苏区根据地的决定有实现可能。因此，消灭敌人，渡过大渡河，进入到川西北地区，遂成为目前战略上的实际要求。但由于我军渡过金沙江的胜利及经会理北上，敌人已预知和预防我军北渡大渡河进入川西。现时敌人的布置，在利用大渡河的天险，大小桐[相]岭及梁[凉]山等的阻隔，夷民与红军的隔阂，企图以刘、蒋两部突击我军于大渡河南岸，另以刘文辉、杨森、郭勋祺所部在北岸层层扼阻，破我渡河计划。"要求"我野战军目前应以迅速北进，争取渡江先机，首先进到清溪、泸定桥、洪雅地区与川敌进行作战机动，争取赤化，为战略上基本方针。""各兵团以迅速、坚决、勇猛、果断的行动，消灭阻我前进的川敌各个部队。敌如固守工事据点，则绕过之。对追我之蒋敌中央军应尽力迟阻之，如逼我过紧，使我不便过河或迂回，则应坚决回击，以消灭其一部。"①

实现中革军委的战略目标，首先在于顺利通过彝族区。为此，红军总政治部颁发了《关于争取少数民族工作的训令》，红军总司令朱德颁布了《中国工农红军布告》，指出："中国工农红军，解放弱小民族；一切彝汉平民，都是兄弟骨肉。可恨四川军阀，压迫彝人太毒"；号召"赶快团结起来，共

① 《中革军委关于野战军目前战略方针和任务致各军团、军委纵队电》（1935年5月20日），中国人民解放军历史资料丛书编审委员会：《红军长征·文献》，第347—348页。

把军阀驱除。设立彝人政府，彝族管理彝族”①。中革军委还决定组成先遣队，指定刘伯承为司令员、聂荣臻为政治委员，率领红一军团第一师第一团、一个工兵连，外加萧华领导的一个工作队，携带一部电台，率先通过彝族区，将彝民的工作做好，保证中央红军安全顺利通过。

中革军委任命刘伯承为先遣队司令员是有考虑的。刘伯承是四川开县人，不仅是川中名将，军事阅历丰富，而且是个老西川，曾到过川西一带，对当地地理风俗人情比较熟悉，尤其对彝族的社会情况很了解。据聂荣臻讲，彝族是奴隶制社会，分为“白骨头”、“黑骨头”，是他从刘伯承那里才知道的。聂荣臻是四川江津（今重庆江津区）人，与刘伯承搭档，那是再好不过了。

领受任务后，刘伯承和聂荣臻率领先遣队于5月21日占领冕宁，5月22日开始进入大凉山彝族区。当部队走到离冕宁50里处的袁居海子（今彝海子）时，正碰到当地两大彝族部落沽基（鸡）家和罗洪族正在“打冤家”。听说红军来了，沽基家想要红军帮他们“打冤家”，所以对先遣队表示友好。罗洪族则与红军为敌，想袭击先遣队。先遣队不想伤害他们，打了几发信号弹，把他们吓跑了。

红军先遣队无意支持沽基家去打罗洪族，但为了通过彝族区，决定利用这个矛盾。刘伯承和聂荣臻让工作队的丁伯霖出面把沽基家的首领小叶丹请来，由刘伯承与他边喝酒边谈判。熟知彝族风俗的刘伯承很快和小叶丹谈得很投机。小叶丹提出，要与刘伯承结拜为兄弟。刘伯承同意了。结拜仪式很简单，抱一只公鸡在海子边宰了，将鸡血滴在两个盛满清清湖水的碗里。刘伯承和小叶丹分别捧一个碗大声发誓，然后把鸡血水一饮而尽。结拜之后，红军赠送了小叶丹一些武器、弹药，帮助他们建立自己的武装。刘伯承还代表红军授予小叶丹一面写着“中国彝民红军沽基支队”的旗帜，正式成立了中国红军彝民支队。从此之后，这支武装一直在彝族地区活动，坚持反对国民党统治的斗争。

5月23日，沽基家派人护送红军先遣队通过彝族区。聂荣臻回忆说：

---

① 《中国工农红军布告》（1935年5月），中国人民解放军历史资料丛书编审委员会：《红军长征·文献》，第346页。

“我们进到彝族区，有别的部落的彝民在山上，站在路两边伸手向我们要钱，都喊：要钱，拿钱来！这些彝民个子高大，样子挺怕人。我们早有准备，部队编队整齐，从容通过，没有理他们，也就过去了。由于有小叶丹的护送，我们比较顺利地通过了彝族区，当天天黑到达擦罗，这里离安顺场就不远了。”①

“彝海结盟”后来成为汉彝民族团结的佳话，刘伯承果然没有辜负中革军委的期望。

大渡河是岷江最大的支流，两岸崇山峻岭，河道陡峻，险滩密布，水流湍急，素称天险，大部队通过极其困难。1863年太平天国名将石达开同洪秀全分裂后，带领4万大军于5月由云南进入四川，抵达大渡河南岸，由于河水暴涨，北渡不成，陷入清军的重兵包围而全军覆灭。70多年之后，蒋介石幻想中央红军在大渡河会落得像石达开那样的下场。5月15日，蒋介石任命杨森为大渡河守备指挥，拨第二十一军、川康军一部约四个旅，归杨森指挥，“并以清代活捉石达开之川督骆秉章相勖勉”②。

蒋介石要红军做石达开，那么，中央红军是石达开吗？

5月24日，中央红军通过大凉山彝族区后，冒着大雨兼程北进。先遣队红一团首先赶到大渡河南岸安顺场，歼灭守敌两个连，缴获渡船一只，控制了渡口。

红一团政治委员黎林在接受强渡大渡河的任务时说：“我们不是石达开，我们是共产党和毛主席领导的工农红军！在我们的面前，没有战胜不了的敌人，没有突不破的天险。我们一定要在大渡河上，为中国革命史写下光辉的一页。”③聂荣臻对担任渡河任务的第一营营长说：“前几天看到敌人飞机扔下来的传单，说我们毛主席要成为石达开了。但是我们不是石达开，也不可能成为石达开。因为我们是中国共产党领导的工农红军，紧紧地和中国人民结合在一起，有坚强的政治工作，有超乎寻常的勇敢精神与

① 《聂荣臻回忆录》，第209页。

② 《蒋介石委任杨森为大渡河守备指挥并以骆秉章诱杀石达开相勖勉的新闻报道》（1935年5月1日），中国人民解放军历史资料丛书编审委员会：《红军长征·参考资料》，第518页。

③ 杨得志：《强渡大渡河》，《回顾长征》，第263页。

吃苦精神，这是石达开所没有的，我们也一定要渡过河去；渡过去，我们的行动就自由了。”①

不仅前方红军将士有这个决心，就连犯了“左”倾教条主义错误，一度情绪比较消沉的博古，这时也看到红军在毛泽东的指挥下接连取得胜利，对红军能够强渡大渡河充满信心。博古当时的警卫员陈彪在回忆中说：

1935年5月中旬，我们进到大凉山的冕宁县。不久，听说先头部队正在飞速挺进，准备抢渡大渡河。这时，红军的处境十分险恶。蒋介石吹嘘说，前有大渡河，后有金沙江，还有几十万大军追堵，共军只有做“石达开第二”。红军抢渡大渡河真能成功吗？很多人和我一样，心里忐忑不安。一天深夜十二点，博古还在看书，我想到他几天来行军劳累，就去催他休息。他放下书本，让我坐下后，问我：“听说有些同志对抢渡大渡河有不少议论，你是什么看法？”我一时不知怎么回答。他点燃一支烟，幽默地说：“怎么，还对我保密？”我扑哧一声笑了，说：“对您还有什么可保密的，不过我总有点担心，听说蒋介石想叫咱们做石达开第二呐！”博古收敛了笑容，说：“今天我来考考你，石达开是怎么在这里失败的，你知道吗？”这可把我问住了。他一面笑着用食指点了我几下，一面说：“看来你是只知其然，不知其所以然罗！这可不行，一个革命战士，应该知道中国的历史。”说罢，他给我讲了石达开在大渡河全军覆没的故事。他滔滔不绝地讲，我津津有味地听着。最后，他意味深长地说：“上下几千年，咱们中国爆发过多少次农民起义，都因阶级的局限性，要么没有夺取政权就失败了；要么得而复失，成了统治阶级改朝换代的工具。我们是无产阶级，不是石达开。我们不仅能够抢渡大渡河，而且还要夺取最后胜利。”②

博古有这样的认识、这样的自信，说明博古开始转变了。博古的转变说明中央领导层进一步团结了。这对中央红军此后的长征是有意义的。

5月25日拂晓，红军开始准备渡河。红一团团长杨得志命令炮兵连的三门八二迫击炮和数挺重机枪安放在有利阵地上，轻机枪和神枪手也进入了河岸阵地。

---

① 《聂荣臻回忆录》，第211页。

② 陈彪：《博古轶事》，成都军区党史资料征集委员会办公室编：《红军长征回忆与研究》，云南人民出版社1986年版，第83页。

掩护火力布置好了，剩下的问题是渡河。由于船小，除了划船的船工外，一次只能渡十几个红军。由于是强渡，必须组织一支强悍的渡河奋勇队，以便到河对岸后消灭敌人，顺利控制渡口。杨得志把挑选奋勇队队员的任务交给了第一营营长孙继先。

当战士们知道组织奋勇队的消息后，一下子围住了孙继先，争着要参加。“怎么办？”孙继先问杨得志。时间不允许再拖延下去，杨得志让孙继先从一个单位中挑选。

孙继先决定在二连中挑选。二连集合在屋子外的场地上，静听孙继先宣布名单：“连长熊尚林，二排长罗会明，三班长刘长发，副班长张表克，四班长郭世苍，副班长张成球，战士张桂成，萧汉尧……”16个人，站成一排，都是二连的优秀干部和战士。

突然，“哇”地一声，一个稚气未脱的娃娃战士从队伍里冲出来，哭喊着：“我也去！我一定要去！”这个战士是二连的通信员。孙继先朝着聂荣臻和杨得志望了望，期待他们的意见。他们俩都表示：“由你们营长最后下命令定吧。”看到两位首长默许，孙继先对小通信员说：“去吧！”小通信员破涕为笑，跑到奋勇队的队列里。

渡河奋勇队十七勇士，进行了最强的装备：每人一把大刀，一支冲锋枪，一支手枪，五六颗手榴弹。队长为熊尚林。

“打！”杨得志下达了命令。神炮手赵章成的炮口早已瞄准了对岸敌人的工事，“通通”几炮，敌人的碉堡飞上天空。轻重机枪一齐开火，子弹刮风似地射向对岸敌人。神枪手们也瞄准敌人的火力点，一枪报销一个敌人，弄得敌人不敢露头。

小船载着十七勇士，似箭离弦射向对岸。刘伯承、聂荣臻在岸边揪心地注视着小船渡河的进程。只见小船冒着敌人密集的火力，一会儿抛上浪尖，一会儿跌入低谷。终于，在惊涛骇浪中冲到对岸。十七勇士跃上岸去，一排手榴弹，一阵冲锋枪射击，打垮了冲下来的敌人，占领了渡口工事。看到这些情况，刘伯承、聂荣臻心里充满激动。

红军先遣队强渡大渡河成功，打开了中央红军北上的通路，但大渡河水流湍急，河面又宽，不能架浮桥，只能利用唯一的小船一船一船地渡。5月26日，红一师的第二、第三团也来到渡口。到当天夜里，总算把红一师的三个团都渡到了对岸。

这时，毛泽东来到了安顺场渡口，红一军团军团长林彪也到了。毛泽东召集刘伯承和林彪、聂荣臻开了一个小会。当他得知渡河的困难时，立即决定红一军团要迅速夺取泸定桥，否则大部队一时难以过河，而敌人李韫珩的第五十三师已经过金沙江，正向大渡河方向扑来，中央红军仍然面临着巨大危险。毛泽东确定的部署是：刘伯承、聂荣臻率领红一师和干部团，由大渡河东岸北上赶向泸定桥；由林彪率领红二师、红一军团军团部和红五军团，由大渡河西岸赶向泸定桥。安顺场离泸定桥320里，限两天半赶到。

5月27日拂晓，红二师先头第四团在团长王开湘、政治委员杨成武的率领下，由安顺场出发，中途击败川军多次拦阻，飞一般地赶往泸定桥。尤其是28日，他们日夜不停，行军240里，于29日早晨6时赶到了泸定桥，并占领了西岸及西桥头。红四团真是“飞毛腿”呀！是什么力量，让他们超出了体能的极限，创造了奇迹？是红军不做石达开的信念，是必胜的信念！

泸定桥位于今四川省泸定县，是中国著名的铁索桥之一，扼川康交通要道，坐落于群山环抱之中，横跨于大渡河上，桥长100多米，宽2.8米，由13根碗口粗的铁索组成。桥面九根铁链平行系于两岸，上铺木板；左右各有两根铁链，作为桥栏。人行于桥上，摇摇晃晃。胆小之人，过桥时，小心翼翼，扶着桥栏才能过桥。泸定桥的东桥头与泸定城相连，城内驻有川军第四旅第三十八团一部，旅部设在泸定城南的冷碛地区，另有两个旅正在向泸定城增援。在红军到达前，敌人已将铁索桥上的木板抽去，只剩下13根光光的铁链。

敌人以为这样就把自己装进了“保险箱”，狂妄地向红四团喊道：“你们飞过来吧！我们缴枪啦！”

红军真就飞过去了！红四团以第二连廖大珠22名共产党员和积极分子组成突击队，于29日下午4时发起夺桥战斗。全团所有的司号员集中一起吹起冲锋号，轻重武器一齐开火，廖大珠等22人冒着敌人密集的火力，攀登着悬空的铁索链，向对岸冲去。第三连指战员在王有才的率领下，每人扛着木板，跟随在突击队后面，一面铺桥，一面前进。当突击队员接近对岸桥头时，敌人在桥头突然燃烧起冲天大火，企图用火把红军挡在桥上，用火力消灭红军。当时与团长王开湘在桥头指挥作战的杨成武在回忆中说：

这正是千钧一发的时刻，二十二位英雄看到城门漫天大火，似乎愣了一下，站在我和团长身边的人一齐大喊道：“同志们！这是胜利的关键！冲进去呀！不怕火呀！迟疑不得！冲啊！敌人垮了。”这喊声给了英雄们勇气、决心和力量，在宏亮冲锋号声中，他们神速地向着火里冲去了。冲在前面的廖大珠的帽子着了火，他扔掉了帽子，光着头继续往前冲，其余的突击队员们也紧跟着廖连长穿过火焰一直冲进街去。巷战在街口开展了。敌人集中全力反扑过来，二十二位英雄的子弹、手榴弹都打光了，形势万分紧急，眼看支持不住了。正在这个严重关头，王有才连长带着三连冲进去了，接着团长和我率领着后续部队也迅速过桥进了城。经过两小时的激战，一个团的敌人被消灭大半，剩下的狼狈逃窜。黄昏，我全部占领泸定城，牢靠地控制了泸定桥。①

刘伯承和聂荣臻带着红三团冒雨从大渡河东岸赶到泸定城时，已是凌晨2时了。这时聂荣臻生病，正在发烧，为了查看泸定桥被敌人破坏的情况，看是否大部队还能从上面通过，便和刘伯承要杨成武带着一起去看泸定桥。杨成武提着马灯，带着他们在铺上木板的桥上走了一遭。在从桥西折回到桥中央时，刘伯承停住脚步，扶住桥栏，俯视着大渡河激流，心中无比激动，情不自禁地在桥上连跺三脚，边跺边说：“泸定桥呀，泸定桥！我们为你花了多少精力，费了多少心血，现在我们胜利了！”聂荣臻也激动地说：“我们胜利了！我们胜利了！”

夺取泸定桥后，中央红军各部队陆续从桥上过河。至6月2日，中央红军全部由泸定桥胜利通过大渡河。

事实证明，红军不是石达开！

6月3日，红一军团政治部办的《战士》报第186期刊登了《大渡河沿岸胜利的总结》一文，称十七勇士强渡大渡河“开始了渡河胜利的第一步”；廖大珠等22名英雄占领泸定桥，“取得了渡河全部胜利的保证”②。

历史记下了强渡大渡河的十七勇士的名字：

熊尚林、罗会明、刘长发、张表克、张桂成、萧汉尧、王华停、廖洪

① 杨成武：《飞夺泸定桥》，《回顾长征》，第298—299页。

② 《大渡河沿岸胜利的总结》（1935年6月3日），中国人民解放军历史资料丛书编审委员会：《红军长征·文献》，第366页。

山、赖发秋、曾先吉、郭世苍、张成球、萧桂兰、朱祥云、谢良明、丁流民、陈万清。

历史也不会忘记飞夺泸定桥的廖大珠等22名英雄①。

红四方面军西进松、理、茂

中共中央在遵义会议决议中曾提出："同二、六军团及四方面军必须取得更密切的联系并加强对于他们的领导，以求得全国红军的一致行动与互相配合。"②

遵义会议后，中革军委决定北上渡江，制定了渡江作战计划，其中要求："四方面军在我野战军渡江之先，应向重庆方向积极行动，吸引重庆川敌之主力于自己方面，以便野战军顺利渡江。在我野战军渡江后，则转向苍溪至南部之嘉陵江西岸反攻，密切配合我野战军与川敌实行决战，以打通横贯川西北的联系。"③不久，中共中央致电红四方面军，要求派一个师南下，接应中央红军北上。如何执行中央的指示，红四方面军总指挥徐向前在回忆中说：

我们立即开会，讨论如何策应的问题。派出去的部队多了，等于大搬家，放弃川陕根据地。少了，去一个师，等于拿肉包子打狗，有去无回。四川那种地形，敌人把山险隘路截断，你无处可走哇！还有，从敌人报纸上得悉，徐海东已率红二十五军抵陕南豫西，也需要我们接应。有的说先派一个团去吧，有的说我们又不是三头六臂，一个团哪能行呵！怎么办？讨论来讨论去，想不出好办法。最后，决定按清江渡会议制定的方针向川陕甘发展，先把广元、昭化拿下来，消灭胡宗南刚刚伸进四川的一部分力量。那里是嘉陵江上游，江面不宽，冬季水稳，容易渡过。如果拿下广元、昭化，我

① 除廖大珠外，其他人员名单没有见到文献记载。

② 《中共中央关于反对敌人五次"围剿"的总结的决议》（1935年2月8日中央政治局会议通过），中共中央党史资料征集委员会、中央档案馆编：《遵义会议文献》，第24页。

③ 《中革军委关于渡江的作战计划》（1935年1月20日于总部），中国人民解放军历史资料丛书编审委员会：《红军长征·文献》，第242页。

们就控制了嘉陵江两岸川陕交界的咽喉要地，进而可图川西平原、甘南、陕南，伺机接应中央红军和红二十五军。①

广昭战役于1935年1月22日打响。由于国民党军胡宗南部装备好，战斗力强，凭险固守，红四方面军缺乏火炮，未能攻下广元、昭化两城，继续下去，面临腹背受敌危险，遂撤出战斗。此战，未达预期目的。

广昭战役打响之后，红四方面军收到中共中央政治局、中革军委指示电。电文说："为选择优良条件，争取更大发展前途计，决定我野战军转入川西，拟从泸州上游渡江，若无障碍，约2月中旬即可渡江北上。"要求红四方面军"应以群众武装与独立师、团向东线积极活动，钳制刘敌，而集中红军全力向西线进攻"。电报分析了四川敌情之后，认为红四方面军"宜迅速集结部队完成进攻准备，于最近时期，实行向嘉陵江以西进攻。""若你们依战况发展，能进入西充、南充、逢溪地带，则与我军之配合最为有利。"②

中央的电报发出时，中央红军已离开遵义向川黔边的赤水方向前进。形势紧迫，红四方面军总部即在旺苍坝召开紧急会议，研究中央的电报。会议一致认为，迎接中央红军是当务之急，乃决定停止对胡宗南部的角逐，适当收缩东线部队，集中主力强渡嘉陵江。但嘉陵江昭化以南江面宽阔水深，又有敌人重兵防守，若无充分准备，难以实施渡江作战。昭化以北渡江较易，但渡江后又有剑门关之险，向南发展会遇到很大困难。据此，方面军总部以红三十一军和总部工兵营迅速搜集材料，隐蔽造船，积极进行渡江准备，并监视昭化、广元敌人，集中红四军六个团、红三十军四个团、红九军两个团，出兵陕南，以迷惑和调动敌人，创造在苍溪南北地区渡江的有利条件，并策应陕南商县一带的红二十五军。另以红九军第二十五师位于转斗铺地区，保障进攻部队左翼侧后安全。

2月初，红四方面军以12个团的兵力北出陕南。从2月3日开始，经过十多天战斗，红军占领宁羌、勉县和阳平关重镇。

---

① 《徐向前元帅回忆录》，解放军出版社 2005 年版，第 285 页。

② 《中共中央政治局、军委关于配合野战军转入川西给四方面军的指示电》（1935 年 1 月 22 日），中国工农红军第四方面军战史编辑委员会：《中国工农红军第四方面军战史资料选编》（川陕时期）（下），解放军出版社 1993 年版，第 379 页。

红四方面军进行陕南战役，意在虚晃一枪，吸引敌人的注意力。蒋介石果然中计，调动兵力向川陕边境增援。达到调动敌人目的之后，红四方面军遂在2月中旬停止进攻，回师川北，准备渡江西进，策应中央红军入川。

然而，情况发生变化，2月16日，中革军委致电红四方面军："我野战军原定渡过长江直接与红四方面军配合作战，赤化四川，及我野战军进入川黔边区继向西北前进时，川敌以十二个旅向我追击并沿江布防，曾于一月二十八日在土城附近与川敌郭、潘两旅作战未得手，滇敌集中主力亦在川滇边境防堵，使我野战军渡江计划不能实现。因此军委决定我野战军改在川滇黔边区广大地区活动，争取在这一广大地区创造新的苏区根据地，以与二、六军团及四方面军呼应作战。"①

中央红军作战计划有变，但红四方面军因受中央1月22日作战方针的牵动，已箭在弦上，不得不发。在东线，川军刘湘的主力占领万源后，正向通江、巴中推进；西线的苍溪、阆中、仪陇、南部亦为田颂尧、罗迺琼部分别占领。川陕根据地区域越来越小。红四方面军决定，仍以强渡嘉陵江，实现原定的川陕甘计划为主要目标，并密切注视中央红军的转战动向，伺机进行有力策应。

3月初，红四方面军挥师南进，连克仪陇、苍溪，歼灭川军田颂尧、罗泽州部五个团，俘敌3000余人，缴枪5000余支。红军忽南忽北，让敌人摸不清真正意图是什么。利用这一机会，红四方面军勘察地形，训练部队，隐蔽造船，加紧进行渡江作战的各项准备工作。

嘉陵江是巴蜀四大名川之一，发源于陕西省凤县的嘉陵谷，由北而南，自广元起，汇合白龙江，一泻千里，直下长江。两岸山峰耸立，水面宽阔，川中天堑。红四方面军经过充分准备，并制定了周密的渡江作战计划，于3月28日夜发起强渡嘉陵江战役，历经24天，于4月21日结束。红四方面军攻克阆中、南部、剑阁、昭化、梓潼、青川、平武、彰明、北川等九座县城，歼敌12个多团，1万余人。在强渡嘉陵江战役进行之中，局面十分有利时，张国

① 《朱德、周恩来、王稼祥为中央红军改变渡长江计划、争取创造川滇黔根据地致二、六军团及四方面军电》（1935年2月16日12时），中国工农红军第四方面军战史编辑委员会:《中国工农红军第四方面军战史资料选编》（川陕时期）（下），第389页。

焘在后方搞大搬家，放弃川陕根据地，致使进击甘南的战机丧失，未能达到战役的预期目的。

强渡嘉陵江战役，是红四方面军长征的开始。

强渡嘉陵江战役之后，红四方面军集中在涪江地区，就地补充，发动群众，筹粮扩红。这时，红四方面军全军共有8万余人，加上从川陕革命根据地撤出的党政机关工作人员和职工，总计达10万之众。

涪江流域的江油、中坝地区，紧邻川西平原，物产丰富，利于红军休养生息。但蒋介石不会坐视红四方面军在这里发展，他调遣兵力企图以江油、中坝为中心，对红四方面军实施东西堵截，南北夹击。国民党军的部署是：以刘湘主力王缵绪部13个旅为右纵队，由罗江地区出绵阳、魏城，沿涪江东岸向彰明、两河口、重华堰进击；以邓锡侯第二十八军和孙震第二十九军各一部为左纵队，由三台、绵阳出动，沿涪江西岸经香水坝、双合场向中坝、江油进攻；以胡宗南部南下青川、平武，配合左、右两纵队的夹击；广元以北的邓锡侯一部南下，向剑阁推进；唐式遵一部守备昭化至阆中一线，防红四方面军东返；邓锡侯另一部封锁土门及北川河谷，防红军西进；李家钰部防守阆中及其以西左壁垭、店子垭一线，阻止红军南下。

既要打破蒋介石的合围部署，又要策应中央红军北上，下一步如何办？红四方面军在江油附近召开了高级干部会议。会上，张国焘解释，放弃川陕根据地，是为了迎接中央红军北上。两军会合后，要在川西北创建根据地，赤化川、康、陕、甘、青等省。为了打破蒋介石的合围部署，张国焘提出，下一步应首先占领北川、茂县、理县、松潘一带，背靠西康，作立脚点。张国焘还提出，那一带是少数民族杂居地区，应成立苏维埃西北联邦政府，以利开展工作。会议一致同意按照张国焘的意见行动。

西向岷江地区，建立川西北根据地，迎接中央红军北上，实现两个方面军的胜利会师，成为动员和鼓舞红四方面军各部队巨大动力。红四方面军总部决定，首先突破邓锡侯在土门、北川河谷设置的防线，占领松潘、茂县、理县、汶川。5月上旬，各部队先后撤出彰明、中坝、青川、平武等地，向西挺进。

松、茂、理、汶一带，是邓锡侯的地盘，为防止红军西进，邓锡侯在进入川西北的咽喉要地北川至茂县的土门关，设置了三道防线，陈兵3万余人，凭险据守。

5月12日，徐向前率领红九军、红三十军主力，由北川西进，直抢土门。经过激烈的战斗，5月15日，红军占领土门，并于当天占领茂县。徐向前和前线指挥部在土门住下指挥部队消灭残敌，扼守南面制高点，接应后方机关转移。由于张国焘在撤出川陕根据地采取了大搬家的方式，后方机关包括兵工厂、被服厂、造船队、医院、妇女组织、地方干部等，相当庞大。男男女女，抬着机器、粮食、担架、物资，走了几天，才转移完毕。嗣后，红四方面军总部进驻茂县。先头部队一部沿岷江南下，控制了文镇关、雁门关、威州等地；一部直逼汶川，占领理番（今理县）。后续部队红四军、红三十一军一部，北进至松潘、平武南的镇江关、片口等地。北进这一路，原计划占领松潘县城，扼控从川西北通往甘南的咽喉要地。不料敌胡宗南部抢先一步，进驻松潘。松潘城墙很厚，敌又构筑了坚固的防御工事，红军缺乏攻坚炮火，遂退至松潘以南的镇江关，与敌对峙。

红四方面军到了松、理、茂以后，由于受邓锡侯的反动宣传，当地羌族人纷纷逃进深山老林。红军严格执行群众纪律，积极帮助群众背水、劈柴、治病，提倡宗教信仰自由，尊重少数民族风俗习惯，宣布取消一切苛捐杂税，强调加强民族团结。红军的模范行动，使羌族群众认识到，他们不是“青面獠牙”的妖怪，于是，群众打消了原先的疑惧心理，把红军视为亲人，杀猪宰羊，献肉敬酒，载歌载舞，慰劳红军，不少青壮年报名参加红军。

红四方面军进军松、理、茂地区，为两军会师创造了有利条件。红四方面军总部在茂县开会，研究迎接中央红军的工作。确定由红三十军政治委员李先念率领该军第八十八师及红九军第二十五师、第二十七师各一部，西进小金地区，扫清敌人，迎接中央红军。鉴于中央红军一路转战，远道而来，红四方面军总部要求各部队大力筹集和捐献慰劳品等实际行动，迎接兄弟部队。

由于川西北高原气候变化多端，昼暖夜寒，徐向前要求部队要多筹集些羊毛、羊皮，制作毛衣、毛袜、毛背心，作慰问品。他还根据红四方面军西进以来出现的炊具容易丢，伙夫不够用，部队经常开不了饭的情况，估计中央红军也会遇到这种情况，提议从各部队抽调一批炊事员，带上粮食、盐巴、炊具，随第八十八师行动，会师后立即补充到中央红军，先解决吃饭问题。他的提议得到了大家的赞同。

红四方面军进入川西北后，即组成了中华苏维埃西北联邦政府。张国焘任西北联邦政府主席，周纯全任人民委员会委员长。提出了建立藏族苏维埃和人民政府、民族自觉、信教自由、取消一切苛捐杂税、没收汉官和发财人的土地分给穷人、武装藏民劳苦群众、藏回羌汉穷人联合起来打倒国民党军阀等项纲领、政策，发动群众，建党建政。

这是红四方面军第一次在少数民族地区开展工作，难度很大。但红四方面军抓住汉、藏统治阶级同广大劳动群众之间的尖锐对立这一主要矛盾，打倒汉官、反动土司，分田分粮，不断进行艰苦细致的工作，取得了比较明显的成效。许多藏民分得土地后，把“分配土地证”当神物供奉起来，烧香念佛，祈求神灵保佑土地，保佑红军。各县、区、村的人民政权也相继建立，吸收了一批藏民积极分子参加政权组织。有些地方还建立了党、团支部。在红军的帮助下，还建立了藏民地方武装。这样，中国共产党和红军的影响在藏民中逐渐扩大。

筹集慰问中央红军的物资，是和发动群众的工作结合进行的。红军一面走家串户，发动群众，一面筹集粮食、羊毛、羊皮、牛羊、盐巴、茶叶等。在红四方面军总医院工作的孟瑜在回忆中说：

部队到达茂县，上级指示，要做好与中央红军会师的准备工作，听领导讲：中央红军快转战一年了，部队很苦。上级要求我们多筹些粮、盐，准备会合时送给中央红军老大哥，解决他们的困难。

我们一到宿营地，立即分组去筹粮筹盐。这里是藏、汉人民杂居的地方，由于长期受军阀、土司头人的反动宣传，在红军未来之前，群众都跑到山上去了。我们转了大半个村子，连个人影都没见到。看得出，这里的老百姓的日子也是苦的不能再苦了。我们帮助群众整理家园，一家一户地挑水扫地，直忙到天黑。当我们来到村尾，发现一间破屋里射出一丝昏黄的灯光。“有群众”，我们高兴地跑进屋去，只见一位藏族老人正慌慌张张地收拾桌上的一个小瓦罐。

“盐！”走在最前头的“小地牛”惊喜地叫道。

大伙凑上去，只见瓦罐里果然盛着雪白的盐。

李队长用商量的口气对老人说："老大爷，我们是红军，路过这里，已经好久没吃盐了，请卖给我们一些吧。"

藏族老人紧紧抱着瓦罐，一声不吭，用慌张而带愤怒的眼光盯着我们。

李队长掏出几块银元，指着老人手中的盐，比比划划又说了一阵，老人仍不开口，忽然，他一转身，抱着瓦罐出了房门，走了。

……

第二天，有几个老乡悄悄回村来探虚实。他们发现红军不但没有拿他们一针一线，还把村子打扫得干干净净，便消除了怀疑，把山上的群众陆续叫了回来。那位藏族老大爷带着一位通司（翻译），找到宣传队，硬要把半瓦罐盐送给我们……李队长执意不肯收。老大爷还告诉队长，离这里不远的白云山有一种白石头，缺盐的年月当地百姓用它熬过盐，只是味道有点苦涩。队长一听乐了，又详细地了解有关熬盐的方法。上级听了李队长的汇报后，决定部队在茂县休整，就地开展筹粮熬盐活动。

……

接连几天，我们白云山上敲石头，夜晚生火熬盐。一钵钵的白盐，全部集中起来，准备送给中央红军。我和"小地牛"也悄悄地用荷包装了两包最细最白的盐，准备与中央红军会合时，作为送给亲人的见面礼。①

透过一斑，可以窥豹。从孟瑜的熬盐迎接中央红军回忆，可以看到红四方面军上上下下热切盼望会师，迎接亲人的情景。

再说李先念率领的部队，于5月下旬由岷江地区兼程西进。6月2日，张国焘、陈昌浩、徐向前联名致电中共中央，告知："我们已派一小队向西南进占懋功，与你们取联络。"②6月8日，红九军部队攻占懋功（今小金），歼灭守敌邓锡侯部两个营及反动地方武装近千人。接着，占领懋功东之要镇达维。这里是离中央红军最近的地方。

李先念率领部队向懋功进军后，徐向前又把川陕省苏维埃政府副主席余洪远召来，指示他："带领省政府、省委机关一部分和妇女独立团赶去

---

① 孟瑜：《熬盐迎亲人》，《回顾长征》，第647—650页。

② 《张国焘、陈昌浩、徐向前关于派一部进占懋功与中央红军取联络致中共中央电》（1935年6月2日），中国人民解放军历史资料丛书编审委员会：《红军长征·文献》第471页。

懋功一带，为迎接中央和红一方面军做物资准备，主要是筹措粮食。”①

余洪远回到驻地后，立即传达徐向前指示，很快将川陕省苏维埃政府、川陕省委机关一部分，妇女独立第一团第三营、第二团第一营、省工农医院、省革命法庭、省戒烟局等七个单位，组成了5000人的迎接中央红军筹粮工作队。考虑到刚去懋功时准备物资有困难，余洪远让川陕省苏维埃政府总务处处长庞继元专门找来几匹大骡子，驮上从中坝带出来的食盐、豆豉、海椒面、酱菜和资阳豆瓣等。还让每个同志的水壶都不装水，全装上这些东西。另外，也把干粮袋装得鼓鼓的。

经过紧张的准备，筹粮工作队由一个工兵营开路，一个战斗团和省苏维埃政府警卫营掩护，于6月初向懋功地区疾速前进。筹粮工作队经过七八天的行军，行程700余里，来到虹桥山下。由于到时天色已晚，工作队当晚在山下雪松林中休息。虹桥山海拔5000多米，山势巍峨，云雾缭绕，雪峰突兀，直插云霄。山上积雪终年不化，飞鸟绝迹，人迹罕见。这是红四方面军长征途中经过的第一座大雪山。筹粮工作队在凌晨二时开始登山，在翻山过程中，历经种种困难，其中一些同志长眠在雪山上了。直到夜幕下垂之时，工作队才到山下，在树林中就地宿营。第二天，工作队赶到懋功境内的两河口。他们忘记了疲劳，立即开展紧张的筹粮工作。

万事俱备，只欠中央红军的到来！

翻越夹金山，会师懋功

中央红军夺取泸定桥后，军委纵队于1935年5月31日通过铁索桥至泸定县。当天，中共中央负责人在泸定城附近召开会议。会议决定：中央红军向北走雪山草地一线，避开人烟稠密地区；派中央政治局委员，中央白区工作部部长陈云去上海恢复白区党组织。这两个决定，过去往往被人们忽略，而实际上深谋远虑，极其英明。

遵义会议前后，中共中央从任弼时的来电中得知上海中央局遭到破坏

---

① 余洪远：《光荣的使命》，中国人民解放军历史资料丛书编审委员会：《红军长征·回忆史料》(1)，第499页。

的消息。遵义会议决议中提出："白区党的工作必须建立与加强。对白区群众斗争领导方式必须有澈底的转变。"①为贯彻决定精神，中央红军二占遵义时，中共中央已派地下工作经验丰富的潘汉年前往上海，寻找地下党，恢复白区党的组织。这次占领泸定桥，中央决定再派长期从事地下工作的陈云前往上海。李维汉在回忆中说："部队飞夺泸定桥后，就向天全、芦山前进。休息时，洛甫要我到他的房间去。我到时陈云已经在那里了。洛甫对我俩说，白区工作很重要，中央想派你们两位去白区工作。长征途中这是第一次提出要派干部到白区开展工作。后来我因为有事，没有去白区工作。陈云从天全、芦山一带出发，到白区去了。陈云先到上海，后来到莫斯科，他带有电报的密码本。潘汉年也到上海，也带有密码本。可能从这时起，中央与上海的党组织接上了关系，重新部署了白区工作。这说明党中央贯彻遵义会议决议，开始重视并有可能进行白区和统一战线工作了。"②

其实陈云去上海，还有一项更重要的任务，就是寻找与共产国际的联系，向共产国际汇报遵义会议的决定。当时，中国共产党仍是共产国际的一个支部，遵义会议变动了中共中央的领导，还要经共产国际首肯才行。陈云经地下党员护送，经重庆到上海。然而，陈云同共产国际建立联系的任务却无法实现。原来情况是这样的，1934年10月，也就是中央红军长征出发前夕，中共上海中央局书记盛忠亮被捕叛变，共产国际远东局委员赖安和共产国际国际联络部驻上海代表格伯特由于同盛忠亮接触频多，在上海已无法存身，先后撤回了莫斯科。参与远东局工作的赤色工会国际代表贝克虽然留在上海，但无法工作，也在1935年2月下旬被共产国际召回。因此，陈云到上海之后，无法和共产国际取得联系。使命在肩，陈云决定亲赴莫斯科汇报。在宋庆龄的帮助下，陈云与陈潭秋、瞿秋白夫人杨之华等于8月5日离开上海赴苏联。当月下旬，潘汉年也乘船前往苏联。

9月初，陈云一行到达莫斯科。10月15日，共产国际执行委员会书记处会议听取了陈云《关于红军长征和遵义会议情况的报告》。在报告中，陈云

① 《中共中央关于反对敌人五次"围剿"的总结的决议》（1935年2月8日政治局会议通过），中共中央党史资料征集委员会、中央档案馆编:《遵义会议文献》，第24页。

② 李维汉：《回忆与研究》（上），第359页。

指出：遵义会议“纠正了第六次反‘围剿’①最后阶段与西征第一阶段中军事领导人的错误”。“建立了坚强的领导班子来取代过去的领导人。党对军队的领导加强了。我们撤换了‘靠铅笔指挥的战略家’，推选毛泽东同志担任领导。”“我们党真正成熟起来了，尤其是党的领导人成熟了”。“我们党能够而且善于灵活、正确地领导国内战争。像毛泽东、朱德等军事领导人已经成熟起来。我们拥有一支真正富有自我牺牲精神、英勇无畏、为实现共产国际总路线而斗争的干部队伍。”②陈云这个报告，让共产国际了解了中央红军长征的情况，了解了遵义会议后的以毛泽东为核心的党中央，对巩固遵义会议的成果，维护毛泽东的领导地位，产生了积极的作用。

陈云不辱使命，任务完成得漂亮！

泸定会议后，中央红军分路向东北方向的天全、芦山进发。6月2日，朱德发出中央红军夺取天全、芦山的行动命令。

6月7日，红九军团占领天全。8日，红一军团占领芦山。同日，中共中央、中革军委给各军团发出指示，指出：“今后我军战略任务，是以主力乘虚迅取懋功、理番，以支队掠邛崃山脉以东，迷惑敌人，然后归入主力，达到与四方面军会合，开展新局面之目的。”并根据杨森对红军守势，薛岳、邓锡侯部队到达尚需时日的有利形势，要求“我军必须以迅雷之势突破芦山、宝兴线之守敌，夺取懋功，控制小金川领域于我手中，以为前进之枢纽。”“我军基本任务，是用一切努力，不顾一切困难，取得与四方面军直接会合。但在遇特殊情况使我们暂时无法直达岷江上游时，则以大、小金川流域为临时立足之地，争取在以后与四方面军直接会合。”③

在中央指示发出的当天，中央红军一举突破国民党军的芦山、宝兴防线。随后，经宝兴盐井坪、崔店子，进抵夹金山下的大硗碛地区。同红四方面军的会合已在眼前。

临近两大主力会师，博古的心也激动起来。6月10日，博古在中共中

---

① 应为第五次反“围剿”。

② 陈云：《关于红军长征和遵义会议情况的报告》，1935年10月15日，《陈云文集》第一卷，第8—9页、21页、34页。

③ 《中共中央、中革军委为达到红一、四方面军会合的战略任务给各军团的指示》（1935年6月8日），中国人民解放军历史资料丛书编审委员会：《红军长征·文献》，第472页。

央、红军总政治部的机关刊物《前进报》上发表《前进！与红四方面军会合去！》一文。他以自己特有的语言写道："与红四方面军会合，在川西北建立大块的苏区，须要我们更大的努力。""现在的时机是我们实现自己战略任务的重要的决定的阶段。我们几个月来的长途远征，机动与作战的辛苦种植，已经逼近收获的季节"。"正因为这样，所以我们目前须有比以前一个时[期]更大的紧张，更高的吃苦耐劳，更高的机动与巧妙，更勇猛果敢的作战，以一往直前、无坚不摧的勇气与力量，克服一切人为与自然的困难，而达到我们的目的。"博古豪迈地宣称："金沙江与大渡河的天险，我们履险如夷地渡过了，邛崃山脉之高峰，四川军阀的兵力，当然更不足以阻止奔腾的铁流之合流。"他的文章结尾如诗："前进！高举着渡河胜利的镰刀斧头红旗前进！并且在这个红旗下与我们的兄弟——四方面军，紧握工农红军的铁拳。"①

相信博古在写这篇文章时是热血沸腾的。在他领导下，中央红军战略转移后接连失利，湘江战役红军受到惨重损失，曾拿手枪朝自己瞎比划；遵义会议受到大家的严厉批评，心情是沉闷的。警卫员陈彪回忆说："会后好一阵，他的心情是十分沉重的，总是绷着脸，少言寡语。"②毕竟，博古同大家的目标是一致的，都是为了革命发展，为了革命能够胜利。当中央红军在以毛泽东为核心的新党中央领导下，接连取得胜利，同红四方面军会合的战略目标即将实现，新的革命局面有可能出现时，28岁的博古从苦闷的阴云中走出来了，激情被重新点燃了。

6月11日，《红星》报发表了《同红四方面军会合去！》一文，提出："争取两大红军主力迅速会合，成为野战军当前的中心战斗任务！"号召"会合红四方面军是我们打大胜仗，赤化四川的坚实的基础。我们无论如何要争取这一伟大任务的迅速实现！"③

① 博古：《前进！与红四方面军会合去！》（1935年6月10日），中国人民解放军历史资料丛书编审委员会：《红军长征·文献》，第381、382页。

② 陈彪：《博古轶事》，成都军区党史资料征集委员会办公室编：《红军长征回忆与研究》，第82页。

③ 《同红四方面军会合去！》（1935年6月11日），中国人民解放军历史资料丛书编审委员会：《红军长征·文献》，第479、480页。

中央红军各部队响应中共中央、中革军委的号召，决心以英勇战斗的实际行动，克服困难，实现同红四方面军会师的目标。部队还开展捐献活动，筹集慰问品，准备会师后送给红四方面军的同志们。林伟曾在日记中写道：“军团政治部发起了慰劳红四方面军的募捐运动，藉以发扬阶级友爱的精神。因我军团筹款多，据战斗报统计，这一天就募集得银币一万二千元。”①

与红四方面军会合，一座大雪山横立在中央红军面前，成为“拦路虎”。这座大雪山就是夹金山，海拔4000多米，终年积雪，空气稀薄，没有道路，没有人烟，气候变幻无常，时阴时晴，时雨时雪，忽而冰雹骤降，忽而狂风大作。当地老百姓听说红军要翻越夹金山，都惊愕地摇着头说：“那怎么能行？雪山是过不得的。”他们把夹金山称作“神山”，翻山如果触怒了“山神”，不是被大雪埋住，就是被狂风卷去。有的老年人还说：“常言道，大雪山，大雪山，只见有人上山走，不见有人下山来。你们千万不能上去啊！”

红一军团第二师第四团担任翻越夹金山的先遣任务。由于是夏天，红四团身上只穿一件单衣。当地群众既少又穷，他们无法找到御寒用的烈酒、辣椒，就靠找的木棍去征服夹金山。当团政治委员杨成武把爬雪山将要遇到的困难告诉大家时，战士们豪迈地说：“乌江我们最先强渡，泸定桥是我们亲手夺过来的，敌人的层层截击都被我们突破，谅这座夹金山也只能乖乖地驯服在我们的脚下。”

6月12日清晨，随着嘹亮的集合号声，红四团从邻近的几个小村子向大硗碛村集结。上午九时许，经过简短的动员之后，部队在“征服夹金山，创造行军奇迹”的口号声中，开始了翻越夹金山的征程。

杨成武对这天翻越夹金山的过程作了这样的回忆：

九时许，队伍浩浩荡荡地沿着河旁的小路，向夹金山麓进发了。来到山下，气温骤降，脚下的路冻得梆硬，木棍着地发出“咯咯”的响声。我们一鼓作气，爬上山腰。举目环视，险峻情景，使人怵目惊心。左面是深厚松软的雪岩，右边是陡立险峻的雪壁，路中间是晶亮硬滑的积雪，一不小心就会滑下雪岩，越陷越深。先头班用刺刀在雪上挖着脚踏孔，后面的就手拉手，踏着他们走过的脚印，谨慎地前进。行进间不时地响起惊喊声，喊声起

① 林伟：《一位老红军的长征日记》，第199页。

处，立刻就有成群的人用木棍、绑腿帮助掉进雪岩的同志往上爬。被救出来的人，很快拍打干净身上的雪块，又继续前进。

山上雾霾弥天，时浓时淡，人行其中，宛如腾云驾雾。山风卷着雪花，漫天飞舞。单薄的军衣，抵挡不住风雪的吹打，脸上、身上象被无数把尖刀刮着。我们浑身哆嗦，牙齿打战，就是把所有能披的东西都披在身上，也无济于事。越往上爬，空气越稀薄，呼吸越困难。人们头晕腿酸，一步一停，一步一喘。这时候，要是有谁停步坐下，就会永远起不来。因此，每人都拼尽全身力气，互相搀扶着，同残酷无情的大自然搏斗。将到山顶，突然下起一阵冰雹，核桃大的雹子劈头劈脑地打下来，打得满脸肿疼，我们只好用手捂住脑袋向前走。

冰雹过后是万里晴空，阳光耀眼。到了山顶，举目一望，只见千里冰封，银峰环立，除开山峰上几根孤零零的电线杆和少数民族竖起来的“旗杆”外，是一片琼玉世界。俯视山下的队伍，象一条灰色长龙，蜿蜒而上，把这个一望无边的琼玉世界划成两半。此一情景真是：

天空鸟飞绝，群山兽迹灭，红色英雄汉，飞步碎冰雪！

山顶上的一段路是曲折的盘道，绕着夹金山的主峰，蜿蜒而过。经过四五个小时的紧张搏斗，我们全团人马都安全翻过山顶，无一掉队。下山时，已不象上山那么吃力，山歌声此伏彼起，荡漾山谷。战士们好象要让高傲的夹金山认识认识它的征服者的英雄气概。①

红四团是红一军团的主力团，干部战士身体比较强壮，全团安全翻越夹金山。但体质弱的和有伤病的同志过夹金山就很艰难，其中的一些就长眠在夹金山上了。中央苏区“五老”之一的董必武回忆翻越夹金山时说：“天刚蒙蒙亮，我们就出发了。……刚到半山，就下起雨来了。我们越爬越高，又撞上了让人担惊受怕的冰雹。空气越来越稀薄，呼吸越发困难。讲话是完全不可能的事，冷得人连呼吸都冻了冰，手和嘴冻得发紫。有些人和牲口一步没走稳，就掉在冰河中，从此诀别。那些坐下来休息喘气的，就在原地冻僵。”“提起这座山的最末一个山头，真令人胆寒。我们估计，从山脚到山顶共长80里地。我们的人在这里一死就是好几百。他们想坐下歇歇

① 杨成武：《翻越夹金山，意外会亲人》，《回顾长征》，第305—306页。

脚、喘喘气，就从此站不起来了。沿路，我们不停地弯下腰去，想拉他们站起来，可是发现已经咽了气。”①

朱德虽比“五老”年龄小些，但也年近50岁了，不比那些20来岁的年轻人。身为红军总司令，朱德不仅指挥全军翻越夹金山，而且关心惦记着各部队如何做好爬山的准备工作。他亲自到部队中检查准备工作，看看这个人的鞋子，掂掂那个人背包的分量，询问大伙的健康情况，指令医疗队走在最后，照顾那些身体不支而掉队的战士，鼓励大家征服雪山。虽然朱德职务是中革军委主席，比大家又年长许多，但同普通士兵一样，背着干粮袋和柴火。他有一匹马，但是给伤病员骑了。翻越了夹金山之后，部队在山谷露营。当大家都休息之后，他却四处巡查。他还把自己口袋里的一小块牛肉干送给比自己年长的董必武吃。在那时，红军食物十分短缺，翻越雪山后体能的严重消耗和透支，一块牛肉干是多么珍贵！朱德自己不吃，送给别人，这是多么浓厚的革命友情！

红军之间阶级友爱精神在翻越夹金山时发挥了重要作用。聂荣臻回忆说：“在山上我们牺牲了一些同志。就整个来说，我们靠万众一心，群策群力，互相帮助，发扬了阶级友爱，胜利地翻越了夹金山。我也和大家一起，因为想到我们盼望已久的四方面军战友就在山脚下，自己也说不清当时是从哪里来的那一股劲，硬坚持着越过了雪山。”②

开国少将，时任红五军团第十三师第三十七团政治委员谢良，因作战的需要，曾率领部队三过夹金山。他在回忆中讲了一个感人的故事。

第三次翻越夹金山时，部队经过顽强的搏斗，终于登上了山顶。突然，谢良听到不远的地方传来一阵“老班长！老班长！”的呼喊声，抬头一看，前面路旁围着一堆人。他心想，不好，急忙赶过去，只见第一连的炊事班班长老刘面色苍白，躺在雪地上，已经不省人事了。

“赶快叫医生来！”谢良对站在老刘身旁的一连指导员说。“去叫了。”指导员对谢良说：“哎！真想不到，刚才还好好的，起风暴那阵，别人要挑他的担子，他还不愿意。快到山顶时，他就气喘得不行，一到山顶就坐

① （美）艾格妮丝·史沫特莱著：《伟大的道路》，东方出版社2005年版，第382、383页。
② 《聂荣臻回忆录》，第219页。

下。坐下后就昏迷不醒，再也起不来了。”

医生赶来了，经过一番抢救之后，痛心地摇了摇头。一连指导员俯下身子，大声喊道：“老刘！老刘！”开始，老刘没有任何反应，后来才微微睁开眼睛，蠕动下嘴唇，用微弱的声音说：“指导员，我对不起党，没有能够坚持到底……”

谢良安慰他说：“老刘，不要紧的，你会好的！”

老刘强睁着眼，转向谢良，说：“政委，我……不行了，过不去了。”突然，他一只手颤抖着伸进口袋，拿出一个手绢包着的东西，塞到指导员手里，然后微微一笑，断断续续地说：“同志们，跟着毛主席前进，北上抗日！”这最后一句话，耗尽了老刘的体能，他紧闭双眼，任同志们大声呼喊，再也没有睁开眼了。

一连指导员把手绢递给谢良，谢良打开一看，里面包的是两张用旧了的中央苏区的钞票和一块银元，还有一张小纸条，上面有两行模糊的铅笔字：“如果我牺牲了，这是我最后一次党费。”

数十年过去之后，谢良仍然忘不了那感人的一幕，在回忆录中写下了他当时的心情：

我接过这个还留着老班长体温的手绢包，像是接过一团火，一阵心酸，泪水模糊了我双眼。我知道，这样的纸条，在江西革命根据地反“围剿”战斗最残酷的时候，很多党员身上都有。我也曾好几次从牺牲的战友身上发现过这样的纸条。但我没有想到，老刘竟把它保存得这样长久，而在这长征途中，在雪山的狂风暴雪中交出了它！我双手捧着这个小小的手绢包，回想长征以来，老刘始终勤勤恳恳，英勇战斗，对同志是那样关心，对群众是那样热情，对工作又是那样负责……直到他为中国革命事业献出自己宝贵生命的最后一刻，他的肩上还挑着一副重担！我凝视着这个小小的手绢包，觉得手里捧的不是普通的两张票子和一块银元，而是捧着老刘同志的一颗心，一个共产党员对党对革命事业赤诚的心啊！①

这个感人的故事，最好地诠释了红军翻越夹金山所体现的精神，值得

① 谢良：《三过夹金山》，中国人民解放军历史资料丛书编审委员会：《红军长征·回忆史料》(1)，第456页。

我们细细咀嚼、品味。人生的价值在于有个明确、正确的目标，有了这个目标，没有什么困难是不能克服、不能战胜的。

翻越夹金山，会师在眼前。王开湘和杨成武率领的红四团走到夹金山脚下时，突然听到一阵枪声，战士们一个个警惕地注视着前方，紧握手中的武器，随时准备战斗。

王开湘和杨成武跑到前卫班，用望远镜观察情况。只见山下不远处一个大村子，村子周围的树林中，影影绰绰不少人来回走动。这些人身上背着枪，头戴军帽，显然是一支军队。王开湘和杨成武商议，派三个侦察员去探明情况，并试着用军号进行联络。对方用号音回答，但分不清敌我。杨成武又派人向山下大声喊话，因距离远，对方听不见。于是，红四团以战斗姿态向前推进。

意外的惊喜来了！杨成武在回忆中描述了这个激动人心的场面：

忽然，山风送来了一阵很微弱的呼声，我们屏息细听，还是听不清楚字句。于是我们加速度前进。渐渐地，这声音越来越大，仿佛听见是“我们是红军！”红军？真的是红军？我正在半信半疑，一个侦察员飞奔过来，他边跑边喊：

“是红四方面军的同志呀！”

“红四方面军的同志来了！”

与此同时，山下也传来了“我们是红四方面军”的清晰喊声。顿时，响起了一片欢呼，震得山谷抖动。万想不到就在这个夹金山下，会见了我们日夜盼望的亲人——红四方面军的同志！

我们蜂拥而下，同四方面军同志紧紧握手，热泪夺眶而出，长时间地沉醉在欢乐中。二百多天，一万多里征战，我们遭遇到的是敌人的层层堵击和想象不到的重重困难。此刻突然和另一红军主力，最亲密的同志会合了，我们怎么能不激动！怎能不欢欣若狂！①

在雪山之下意外会师，杨成武、王开湘和红四团的同志们非常激动，前来迎接的红四方面军第二十五师师长韩东山和他的部队同样激动。韩东山回忆说：

---

① 杨成武：《翻越夹金山，意外会亲人》，《回顾长征》，第307页。

6月12日中午，部队正在休息，突然一个参谋急急忙忙跑进师部，开口就喊：“师长！电话！电话！”我一见他有失常态的样子，马上严肃地问：“什么情况？”

参谋这才站住，而仍按捺不住激动，报告说：“七十四团他们和红一方面军二师的先头部队会合了。”

我跳起来，问：“中央来啦？！”

参谋说：“来了。”

我高兴地拍了下他的肩膀说：“好哇！快把消息向部队传达，准备迎接中央和一方面军！”

消息象长了翅膀一样，立刻飞遍了达维内外全师部队。人们奔走相告，兴奋异常，许多战士高兴得晚上觉也睡不着了，第二天天不亮就悄悄爬起来，到镇外高处，向灰蒙蒙的夹金山眺望。①

红一、四方面军先头部队会师后，当晚在达维村开了一个会师晚会。熊熊的篝火映红雪山下的夜晚，两军的部队围着篝火，唱起了四川民歌、兴国山歌，一支接着一支……

中央红军、红四方面军的电台开始忙起来了，两军先头会师的消息通过电波快速传递到各自的总部机关。红四方面军第三十军政治委员李先念回忆说：“6月12日，我们和八十八师部队进驻懋功后，接到韩东山两次电话报告，说九军团二十五师的先头部队和一军团二师的先头部队，在达维以南、夹金山北麓的木城沟胜利会师了。喜讯传来，群情振奋。我当即发电报向总部作了报告。我们在懋功一方面分析敌情，察看地形，部署警戒；另一方面动员部队和发动当地群众，腾出房子，打扫街道，筹备给养，编文娱节目，写欢迎标语，集中慰问品等，准备热烈迎接党中央和一方面军。有八个兄弟民族居住的懋功空前热闹起来了。”②

在茂县的张国焘得知中央红军、红四方面军先头部队会师后，给徐向前打电话，要他代表红四方面军领导人写一份报告，火速派人去懋功，转送中央。徐向前连夜写了一份报告，介绍了敌军和红四方面军在川西北的

① 韩东山：《朝霞映照达维镇》，《回顾长征》，第311—312页。

② 李先念：《红军团结胜利的篇章——忆懋功会师》，中国人民解放军历史资料丛书编审委员会：《红军长征·回忆史料》（1），第495—496页。

部署情况，请示行动总方针，表示："红四方面军及川西北数千万工农群众，正准备十二万分的热忱欢迎我百战百胜的中央西征军。"①6月13日，张国焘致电朱德、周恩来，表示："知你我会合，异常兴奋。"②

为了实现中央红军、红四方面军的全部会师和处理好会师的两军关系，红军总指挥部于6月13日发出指示：

（一）迅速传布已经与四方面军会合的捷报，提高红色战士情绪，鼓动不掉队、不落伍、不怕粮食困难，注意卫生，严整纪律，迅速争取与四方面军的全部汇合。

（二）解释两大主力的会合，是为着以更大的战斗胜利消灭敌人，赤化川西北以至全四川。克服以为汇合可以放下枪担、安心休息的情绪。

（三）在部队中发动与四方面军联欢与慰问的盛大运动，号召每个战士准备娱乐，准备礼物，去会亲爱的弟兄。二师应即进行与四方面军先头的联欢。③

这时，各部队正在陆续翻夹金山，向达维、懋功地区前进。《红星》报为鼓舞士气，于6月15日发表了题为《伟大的会合》的社论，高度评价两大主力红军会师的伟大意义。指出："经过了八个月万余里的长途行军作战，横跨南部八省的山河关隘，克服了一切天然的和人为的困难，我中央野战军终于与四方面军会合了。这是历史上空前伟大的事件，是决定中国苏维埃运动今后发展的事件。这一伟大会合的成功，是五次战役以来最大的胜利。"社论认为，两大红军主力会合，为"集中力量，赤化全四川，为赤化全国的大事业奠定巩固的基础。"④

---

① 《张国焘、徐向前、陈昌浩关于川西北敌情及红四方面军情况向毛泽东、周恩来、朱德的报告》（1935年6月12日），中国人民解放军历史资料丛书编审委员会：《红军长征·文献》，第488页。

② 《张国焘、陈昌浩关于敌我情况及对中央红军行动的建议致周恩来、朱德、毛泽东电》（1935年6月13日），中国人民解放军历史资料丛书编审委员会：《红军长征·文献》，第489页。

③ 《总政治部关于中央红军与红四方面军汇合后加强政治工作的指示》（1935年6月13日），中国人民解放军历史资料丛书编审委员会：《红军长征·文献》，第490页。

④ 《伟大的会合》（1935年6月15日），中国人民解放军历史资料丛书编审委员会：《红军长征·文献》，第497、498页。

红一军团第二师到懋功后，6月15日，张国焘、陈昌浩、徐向前及红四方面军全体指战员向毛泽东、朱德、周恩来及中央红军全体指战员发来一个正式贺电：

懋功会合的捷电传来，全军欢跃，你们胜利的转战千余里，横扫西南，为反帝的苏维埃运动与神圣的民族革命战争，历尽艰苦卓绝的长期奋斗。造成了今日主力红军的会合，定下了赤化西北的最有利的基础的条件。我们与你们今后在中国共产党统一指挥之下，共同去争取西北革命的胜利，直至苏维埃新中国的胜利。①

礼尚往来，6月16日，朱德、毛泽东、周恩来、张闻天及中央红军全体指战员复电张国焘、徐向前、陈昌浩并转红四方面军全体指战员：

来电欣悉。中国苏维埃运动二大主力的会合，创造中国革命史上的新纪录，展开中国革命新的阶段，使我们的敌人帝国主义、国民党惊惶战栗。我们久耳闻你们的光荣战绩，每次得到你们的捷电，就非常欣喜。此次会合，使我们更加兴奋。今后，我们将与你们携着手，打大胜仗，消灭蒋介石、刘湘、胡宗南、邓锡侯等军阀，赤化川西北。我们八个月的长途行军，是为苏维埃而奋斗。我们誓与你们一起，为苏维埃奋斗到底。特此复电。②

6月17日，毛泽东、周恩来、朱德、王稼祥、刘伯承等翻越夹金山，来到达维。韩东山只听说过这几个中央首长的名字，但不认得。但他在队伍中发现了陈赓。陈赓曾在鄂豫皖根据地担任过红十二师师长，韩东山在该师当副团长。于是，他请陈赓介绍，认识这几位中央领导。

毛泽东等在韩东山的师部住下后，顾不得休息，询问起部队的情况。韩东山简要汇报了红四方面军的情况。由于是初次经历这种场面，心情极度紧张，坐立不安，说话也不利索。毛泽东、周恩来看出了他的紧张状况，和蔼亲切地要他慢慢讲。周恩来爽朗地笑着说：“讲得不错嘛，别慌，别慌。”见到中央首长这样随和，韩东山的心逐渐平静下来。汇报到最后，韩东山说：“我们部队指战员都是来自贫苦农民，打仗勇敢，消灭了大量敌人，武

① 《红四方面军的贺电》（1935年6月15日），中国人民解放军历史资料丛书编审委员会：《红军长征·文献》，第496页。

② 《中共中央及红军中央野战军为与红四方面军会合复红四方面军电》（1935年6月16日），中国人民解放军历史资料丛书编审委员会：《红军长征·文献》，第499页。

装和扩大了自己。”毛泽东高兴地笑了，从座位上站起来，乐呵呵地说：“是啊！我们从江西出发那天起，敌人飞机天天在头上飞，大量的敌人在地下又堵又追，但是，我们红军不仅没有被消灭，反而锻炼得更坚强了！”

晚上，在达维的晒场上，中央红军和红四方面军驻军开了一个联欢晚会。周恩来主持，风趣地说：“今晚上，我们欢迎四方面军的同志。”他这么一说，台上台下都笑起来。

韩东山首先代表红四方面军部队讲话，表示今后要在党中央的领导下，坚决完成党交给的一切任务。

在热烈的掌声中毛泽东和朱德先后讲话。接着，红一方面军剧团表演了精彩的文艺节目。尤其是演唱的《两大主力会合歌》：“两大主力军邛崃山脉胜利会合了，欢迎红四方面军百战百胜英勇弟兄！团结中国革命运动中心的力量，唉，团结中国革命运动中心的力量，坚决争取胜利！……”将晚会推向高潮，使大家心潮澎湃。

6月18日，毛泽东等一行到达懋功，住在一座法式的天主教堂里。李先念等住在小金川河边。当天晚上，毛泽东、周恩来、朱德、张闻天等在天主教堂的东厢房里亲切会见了李先念。毛泽东询问了岷江、嘉陵江地区的有关情况，新的战略计划开始在他心中酝酿。大家兴致勃勃，一直谈到深夜。这次会见，使李先念终生难忘。他在回忆中说：“懋功会师，标志着我们党和军队团结胜利的一个新开端，在我党、我军历史上写下了光辉的篇章。”①

不久，中央红军各部队也陆续经过懋功，两军联欢，互赠礼物，热闹非凡。据《红星》报报道：干部团“看见了红四方面军，立即发起慰劳运动，在一声号令之下，马上募了七百九十余元，没有一个不参加的，表现异常热烈。”②军委纵队开展的募捐慰劳运动中，以三科和野战医院最多，其中红军通讯学校校长刘光甫一人就捐了20元。红四方面军则向中央红军赠送了军装、棉大衣、皮衣、草鞋、布鞋、袜子、毯子、手巾、牙粉、香皂，等等。

---

① 李先念：《红军团结胜利的篇章——忆懋功会师》（1987年5月于北京），中国人民解放军历史资料丛书编审委员会：《红军长征·回忆史料》（1），第498页。

② 《一片阶级友爱的热忱——赠给四方面军的弟兄们》（1935年6月20日），中国人民解放军历史资料丛书编审委员会：《红军长征·回忆史料》（1），第500页。

军委纵队于6月21日还在懋功开了一次干部同乐会，红四方面军驻懋功的干部全部参加。会上，博古和朱德先后演讲。“猛进”剧社和“火线”剧社进行了精彩的表演。边章武的京调和李伯钊的舞蹈，博得了大家的阵阵掌声。23日，军委纵队的篮球队还和红四方面军驻懋功部队的篮球队进行了友谊赛。开始是分开打，后来混合打。《红星》报评论这场友谊赛时说：“球艺虽由于双方的长期行军与作战而表现着生疏，但活跃的精神，英勇的表演，处处都显示出百战百胜的红色健儿的大好身手！”①

懋功会师，中央红军和红四方面军，无论是最高层的领导者们还是最基层的指战员们，都处在无比的喜悦和欢乐中。他们都对此后红军的前途充满了期待……

三、中共中央的战略新构想

确定北上建立川陕甘根据地战略方针

两支过去相隔数千里的主力红军，经过艰苦卓绝的奋斗，在川西北懋功会师，实现了中共中央、中革军委制定的战略目标。这样，聚集川西北的红军达到了10万余人，而且无论是在领导力量上，还是在数量上质量上，都达到了红军历史上空前的水平。如何统一指挥这两大主力红军，在何处建立根据地，成为两军会师后亟待解决的问题。

如前所述，中央红军在渡金沙江时，红军总政治部《关于渡金沙江转入川西的政治工作训令》中，提出在川西及西北建立根据地，并列举了政治、军事、群众方面的有利条件。会理会议后，中革军委在《关于野战军目前战略方针和任务致各军团、军委纵队电》中，再次重申了这个决定。在中央红军和红四方面军会师前博古的《前进！与红四方面军会合去！》的文章和会师后《红星》报《伟大的会合》社论，也都是以“在川西北建立大块

① 《接二连三的晚会——两个联欢会》，中国人民解放军历史资料丛书编审委员会:《红军长征·回忆史料》(1)，第502页。

的苏区”和“赤化全四川”相号召的。甚至在6月16日，中共中央及中央红军为与红四方面军会合复红四方面军电中，仍提的是“赤化川西北”的口号。但是，在当天，中共中央、中革军委的战略构想开始有了变化。朱德、毛泽东、周恩来、张闻天关于红一、四方面军会合后的战略方针致张国焘、徐向前、陈昌浩的电报中提出：

甲、为着把苏维埃运动之发展放在更巩固更有力的基础之上，今后我一、四方面军总的方针应是占领川、陕、甘三省，建立三省苏维埃政权，并于适当时期以一部组织远征军占领新疆。

乙、目前计划则兄方全部及我野战军主力，均宜在岷江以东，对于即将到来的敌人新的大举进攻，给以坚决的打破，向着岷、嘉两江之间发展。至发展受限制时，则以陕、甘各一部为战略机动区。因此，坚决地巩固茂县、北川、威州在我手中，并击破胡宗南之南进，是这一计划的枢纽。

丙、以懋功为中心之地区，纵横千里，均深山穷谷，人口稀少，给养困难。大渡河两岸，直至峨眉山附近，情形略同。至于西康，情形更差。敌如封锁岷江上游（敌正进行此计划），则北出机动极感困难。因此，邛崃山脉区域，只能使用小部队活动，主力出此似非长策。

丁、我野战军于十二号已全部通过天全、芦山之线，十八号主力及中央机关可集中懋功、两河口之线，因粮食极少不能休息，约月底全军可集中理番地区，并准备渡岷江。

戊、弟等意见如此，兄意如何，乞复为盼！①

中共中央、中革军委这个电报改变了原先在川西北建立根据地的战略方针，提出了在川、陕、甘建立根据地的初步设想。考虑问题的基本要素是敌情、给养和川西北的地形。从最近的行动看，是在岷江、嘉陵江之间发展，从长远发展看，是川、陕、甘三省区域。当然，中共中央这个战略方针这时只是个设想，需要和红四方面军领导人进行协商后才能最后确定。

为什么在同一天，中共中央的战略方针就发生了变化？中共中央、中革军委改变战略方针并非是心血来潮，而是经过认真调查和周密的思考。

① 《中共中央、中革军委领导人关于红一、四方面军会合后的战略方针致张国焘、徐向前、陈昌浩电》（1935年6月16日），中国人民解放军历史资料丛书编审委员会：《红军长征·文献》，第511—512页。

还在6月2日，张国焘、陈昌浩、徐向前在致中共中央电报中，曾认为“川西一带情况，都有利于我们消灭敌人作战，巩固之后方根据地”；并“请飞示以后行动总方针”①。这时，由于同红四方面军联络的中革军委三局机要人员杨刚在过金沙江时不幸溺水身亡，中央红军同红四方面军的电讯联系中断，因此，中央红军无法就战略方针问题进行沟通。但在实现同红四方面军会合这个战略目标时，中革军委就非常重视调查沿途和懋功地区的各种情况。6月8日，朱德在关于中央红军6月9日行动部署中，命红一军团第二师师长陈光率部“迅速取道宝兴，限十一日赶到和攻占懋功，并查报沿途道路、粮食情形。”②这说明，中革军委已经要求开始调查懋功一带的情况了。得到的情况表明，懋功地区的情况确实不尽人意，“从天全至懋功约四百三十里，宝兴至懋功只产包谷，懋功至理番五百四十里，人烟少，产包谷不丰。”③由于沿途及懋功粮食不丰，朱德多次在命令中要求各部队筹集够六七天的粮食。6月12日，朱德指示陈光：“侦查由懋功通灌县、理番或由西迂回到松番[潘]的三条道路、里程、人家、民族及给养条件，电告军委。”④中革军委收集这些情况，主要是为制定战略方针作准备的。

红一方面军先头部队6月12日同红四方面军部队在达维会师后，张国焘致电朱德、周恩来、毛泽东，在告知红四方面军部队接应中央红军的情况和敌情后，提出：“望立即恢复电报交通，经我懋功电台拍发。请立发整个战略，便致作战，今后两军行动大计，请即告知，如有必要，请指定地点会面。”⑤当天，按照张国焘的指示，徐向前连夜写了一份关于川西北敌情及

① 《张国焘、陈昌浩、徐向前关于派一部进占懋功与中央红军取联络致中共中央电》（1935年6月2日），中国人民解放军历史资料丛书编审委员会:《红军长征·文献》，第471页。

② 《朱德关于中央红军六月九日的行动部署》（1935年6月8日），中国人民解放军历史资料丛书编审委员会:《红军长征·文献》，第474页。

③ 《朱德关于加紧筹集补充粮食致各军团、军委纵队电》（1935年6月10日），中国人民解放军历史资料丛书编审委员会:《红军长征·文献》，第476页。

④ 《朱德关于占领懋功注意事项致陈光电》（1935年6月12日），中国人民解放军历史资料丛书编审委员会:《红军长征·文献》，第483页。

⑤ 《张国焘关于红一、四方面军会合的战略行动问题致朱德、周恩来、毛泽东电》（1935年6月12日），中国人民解放军历史资料丛书编审委员会:《红军长征·文献》，第485页。

红四方面军的情况报告，并连数份地图，于第二天一大早送到懋功。徐向前这个报告，对中共中央、中革军委制定新的战略方针有重要的参考作用。徐向前在回忆中说：

对于战略发展方向问题，方面军总部那时没有讨论过。当然领导层里并不是毫无考虑。我军刚进入川西北地区，张国焘就宣布成立苏维埃西北联邦政府，出布告，写条例，发指示，建立地方各级人民政府，忙得不亦乐乎。表面看来，似乎要铺开摊子，在这带立脚生根。其实不然，大家都在考虑下一步向哪个方向发展。因为谁都清楚，川西北山大地广，人稀粮少，不适合大部队久驻。又是少数民族地区，历史上形成的民族隔阂不易消除，红军要建立革命根据地，谈何容易呀！我和李先念同志交换过意见，认为还是原来的川陕甘计划比较好。如果中央红军上来，两军的力量加在一起，北上消灭胡宗南一部分主力，争取在川陕甘边创建根据地，与通南巴的游击区打通联系，再图发展，似为上策。而张国焘、陈昌浩呢？据我观察，是个举棋不定的态度。有时说北取陕、甘，有时说南下川西南边，拿不出个成熟的方案来。当时，迎接中央红军是当务之急，战略发展方向问题亦需两军会合后才能决定，大家都有期待的思想，想等党中央上来后再说。

蒋介石不断向我东部和北部增兵筑垒，我们整天和敌人对峙，打消耗战。所以，我是很着急的。六月十二日，我起草的致中央的报告里说："目前我军之主要敌人为胡宗南及刘湘残敌，我军之当前任务必先消灭其一个，战局才能展开，因之或先打胡或先打刘须急待决定者。""西征军万里长征，屡克名城，迭催强敌，然长途跋涉，不无疲劳，休息补充亦属必要，最好请西征红军固阵休息补充，把四方面军放在前面消灭敌人，究以先打胡先打刘何者为好，请兄方按各方实况商决示知为盼。"这些话，说明我对战略行动方针问题，是焦急与等待的心情，交织在一起的。①

徐向前的报告对中共中央、中革军委制定新的战略方针影响主要表现在：一是敌情，即松潘、平武方面的敌军为蒋介石的嫡系胡宗南部；江油到安县的香水坝方面为刘湘部；汶川、马安山一带为李家钰部；范绍增师一个旅在彭县、灌县之间的金马城，一个旅在灌县东北的宝兴场；邓锡侯大

① 《徐向前元帅回忆录》，第311—312页。

部兵力已向雅州、芦山调动；杨森大部兵力由雅安、荥经向芦山推进；刘文辉在丹巴有一个团。薛岳部在大渡河。二是川西北的社会、经济情况，告知“此方对番、回、夷、羌少数民族工作正加紧进行中，理、茂一带大的地脊[瘠]人稀，粮食不丰。大金川之丹巴、崇化、绥靖一带或较北为好，马塘以上即为小草地，居民游牧生活者多，然人烟亦密。”①三是川西北的地图。四是徐向前要中央“先打胡或先刘须急待决定”建议，透出了他对战略方向的看法。五是红四方面军的兵力情况。这五个方面，使中共中央、中革军委对红一、四方面军会合后的各方情况，有了一个基本判断。

6月13日，张国焘、陈昌浩在给周恩来、朱德、毛泽东电中，也提到：“懋功一带粮食困难，不能养大兵，须用一切力量解决经济问题。”②

中央红军各部在向懋功前进的路上，发现这里道路狭窄，部队运动困难。6月14日，朱德在关于15日的行动部署中曾指出：“锅巴隘附近有四道独木桥及一悬岩，部队运动困难，军委纵队在三军团两个团后未得过。懋功只能驻兵一个师。”③

上述说明，中共中央、中革军委综合中央红军向懋功前进途中所了解的情况和红四方面军领导人的报告、电报提供的有关情况，从两军会师后的长远发展前途着眼，提出了建立川陕甘根据地的建议。

由于改变了原先的在川西北建立根据地的计划，中革军委总司令部、总政治部在6月16日要求各部队在三天的休整期间，“开干部会，报告与四方面军会合赤化川、陕、甘的战略意义及今后战斗任务，并开各连队军人会进行解释”④。

---

① 《张国焘、徐向前、陈昌浩关于川西北敌情及红四方面军情况向毛泽东、周恩来、朱德的报告》(1935年6月12日)，中国人民解放军历史资料丛书编审委员会:《红军长征·文献》，第488页。

② 《张国焘、陈昌浩关于敌我情况及对中央红军行动的建议致周恩来、朱德、毛泽东电》(1935年6月13日)，中国人民解放军历史资料丛书编审委员会:《红军长征·文献》，第489页。

③ 《朱德关于中央红军十五日行动的部署》(1935年6月14日)，中国人民解放军历史资料丛书编审委员会:《红军长征·文献》，第494页。

④ 《中革军委总司令部、总政治部关于红一、四方面军会合后部队休整的部署》，1935年6月16日，中国人民解放军历史资料丛书编审委员会:《红军长征·文献》，第515—516页。

6月17日，张国焘、陈昌浩致电张闻天、朱德、毛泽东、周恩来，主张红一方面军沿金川地区北进占领阿坝，红四方面军从茂县、理番北上占领松潘西，两军去青海、甘肃，以一部组成远征军占领新疆，主力伺机东向陕西发展。为解决困难，隐蔽作战企图，暂时可南下先取岷江以西的天全、芦山、名山、雅安地区。

张国焘、陈昌浩这个意见事先没有和徐向前进行过商议。果如徐向前所说，张、陈二人在战略发展方向问题上是个举棋不定的态度。他们一方面模模糊糊同意向川陕甘发展，另一方面又对向岷江以东打和北打松潘没有自信，同意北上却有又主张南下。总体上讲，张、陈二人对红一、红四方面军会合后的有利形势、红军的士气高涨估计不足，消极避战，企图走偏僻的、人烟稀少的少数民族地区，到青海、甘肃，然后再凭侥幸的心理，主力向陕西发展，一部向新疆发展。如按照他们这种设想，红军将面临的不可预料的困难会增加很多，并且地处偏远的西部地区，无法在全国日益增长的抗日救亡运动新形势下，取得迅速发展的机会。张、陈二人缺乏战略远见!

张国焘、陈昌浩关于战略方针的态度使中共中央非常不安，6月18日，张闻天、朱德、毛泽东、周恩来致电张国焘、陈昌浩、徐向前，指出，“兄我如此大部队经阿坝与草原游牧区域入甘、青，将感绝大困难，甚至不可能。向雅、名、邛、大南出，即一时得手，亦少继进前途。因此，力攻平武、松潘是此时主要一着。望即下决心为要。”①

中共中央明显不同意张国焘、陈昌浩南出的建议，强调北攻松潘的重要性。

这天，军委纵队到达懋功，鉴于张国焘、陈昌浩在前一天的电报中说李先念能够详告有关情况，毛泽东特意向李先念征询红一、四方面军会合后的战略方向问题的意见。李先念回忆说：

毛主席说，过去两支红军独立作战，现在会合了。这样，我们的力量更大了。他打开地图，边看边问，岷(江)嘉(陵江)地区的气候怎样?地形怎

---

① 《张闻天等关于红四方面军的战略任务致张国焘、陈昌浩、徐向前电》(1935年6月18日)，中国人民解放军历史资料丛书编审委员会:《红军长征·文献》，第519页。

样？人民群众的生活条件怎样？还能不能再打回去？我说，岷、嘉两江之间地区，大平坝子很多，物产丰富，人烟稠密，是汉族居住地区，部队的给养和兵源都不成问题。从战略地位看，东连川陕老根据地，北靠陕甘，南接成都平原，可攻可守，可进可退，回旋余地大。如红军进入这一地区，有了立足之地，可以很快休整补充，恢复体力，再图发展。而且这时茂县、北川还在我军控制之下，可以打回去，否则再打岷江就难了。我还说，来懋功的一路上，只看到很少的藏族牧民，筹粮很难，大部队久驻无法解决供给。大小金川和邛崃山脉一带高山连绵，谷深流急，大部队很难运动，不容易在这里站住脚。向西和向北条件更差。总的思想是说明无论从地理条件、群众基础，还是从红军急需休整补充的实际情况和发展前途看，会师后向东北方向，首先是向岷、嘉地区发展比较有利。早在反川陕六路围攻胜利后，向前同志同我们就议论过沿嘉陵江两岸作战和向甘南发展的问题。所以，当时心里是真想打回去。广大指战员也是这种心情。毛主席听我汇报情况时连连点头。①

6月19日，在川敌猛攻下，红四方面军被迫放弃北川县城，于笔架山至神仙场一线继续凭险阻敌。南面的红一方面军撤离被川敌杨森部压迫，撤离宝兴。这时，张国焘一面关心懋功的李先念同中共中央领导人会见的情况，去电询问中革军委的“总方针如何，请速指示”；一面致电张闻天、朱德、毛泽东、周恩来，表示：“平武地形不利于我方进攻”，“同意打松潘”。但又说：“丹巴、绥、崇为战略要点，须速占并坚决巩固之。”提出“两河口通松岗、卓克基到阿坝路，请详查明”。认为“据现实看，　方面军南打大包山，北取阿坝，以一部向西康发展；四方面军北打松潘，东扣岷江，南略天、芦、灌、邛、大、名。”声称“目前给养困难，除此似别无良策”②。张国焘在电报中还要徐向前次日到懋功当面向中共中央陈述其意见。

① 李先念：《红军团结胜利的篇章》，中国人民解放军历史资料丛书编审委员会：《红军长征·回忆史料》(1)，第496—497页。

② 《张国焘、徐向前关于红一、四方面军行动方向致中央领导人电》(1935年6月20日)，中国人民解放军历史资料丛书编审委员会：《红军长征·文献》，第527页。这个电文原件注明日期为“二十九日”，该书编者根据电文考证，将日期定为20日。《徐向前元帅回忆录》中说，这个电报为19日，笔者认为这个日期是正确的。

6月20日，张闻天、朱德、毛泽东、周恩来致电张国焘："从整个战略形势着想，如从胡宗南或田颂尧防线突破任何一点，均较西移作战为有利。请你再过细考虑：打田敌方面是否尚有若干可能？如尚有可能，则须力争此着；如认为绝无办法，则须暂时抛弃川陕甘方针，改变为向川西南发展。"鉴于张国焘在红一、四方面军会合后战略方向问题同中央有分歧，双方靠电报往来难以统一意见，中共中央领导人这个电报要求张国焘"宜立即赶来懋功，以便商决一切"①。同一天，朱德致电徐向前、陈昌浩，告知："我党中央政治局决於二十二号在两河口开会，决定战略。"要求"现四方面军在北川、镇江关、板桥三方的一切部队，仍应加紧扼守原阵地不动，其在岷江西岸、虹桥以北部队也不要南调"②。

在中共中央的催促下，张国焘从茂县赶到懋功地区去。这时，陈昌浩也来到红四方面军总部理县。徐向前和陈昌浩商量，觉得还是应按中央北出的指示，做进攻胡宗南的准备。鉴于北川已失，出平武困难，唯一的出路是想法拿下松潘。徐、陈二人一面派兵加强东面的千佛山、观音梁子一线，阻击川敌，扼控茂县；一面调两团兵力向松潘方向运动，并派人侦察黑水，拟西取黑水作后方，援应攻打松潘的部队。

中共中央于6月22日进驻懋功地区的两河口。为了统一思想，开好政治局会议，张闻天根据政治局常委会的决定，于24日在一座关帝庙里写了《夺取松潘—赤化川陕甘！》一文，发表在中共中央、红军总部主办的《前进报》上。张闻天认为，松、理、茂地区"不良的地形，使我们不能以大踏步地进迫（退）去求得在运动中大量的消灭敌人。这种地形虽便于我们箝制追击与进攻我们的敌人，而同时也便利于敌人封锁我们；给养的困难，在这一地区内是不易解决的；并且在我们的西北与西南则是广漠无际的青海草原与西康，很难成为我们后退的依托。"因此，"我们必须继续前进，来实现我们在川、陕、甘建立新的苏区根据地的战略方针"。指出"为了实现我们在川、陕、甘建立苏区根据地的战略方针，我们现在必须集中我们

① 《中共中央、中革军委领导人为力争实行川陕甘方针再致张国焘电》（1935年6月20日），中国人民解放军历史资料丛书编审委员会:《红军长征·文献》，第523页。

② 《朱德关于红四方面军在北川等地部队坚持原地致徐向前、陈昌浩电》（1935年6月20日），中国人民解放军历史资料丛书编审委员会:《红军长征·文献》，第526页。

的全部力量。首先突破敌人北面的防线，将红军主力转入川、陕、甘的广大地区，寻求在运动战中大量的消灭敌人。因此，夺取松潘，控制松潘以北的地区，消灭胡宗南的部队，目前成为整个野战军与四方面军创立川陕甘新苏区的最重要的关键，也是我们工农红军目前的紧急任务。”要求“用最大的努力与自我牺牲的精神，克服一切粮食、道路、山地、河流的困难，坚决消灭当前的敌人，夺取松潘，控制松潘以北地区”①，取得红一方面军与红四方面军会合后第一次共同作战的完全胜利。

为了欢迎张国焘的到来，中共中央准备了一场隆重的欢迎仪式。署名为“莫休”的《大雨滂沱中——两河口的欢迎会》一文，记述了当时欢迎张国焘的准备工作和欢迎会的具体情况：

消息的传来，已够两天了——副主席要来。这和宝兴出发后，露营的雨夜里，午夜得到先头团已在大维（即达维——引者）与四方面军会合的消息，同样令人振奋。

第一工作是欢迎会，会场的选定和布置，这是多么困难的一件事！四围蛮山老林，紧紧合抱着，绝不肯让出数十米的平坦地来。西北从梦笔山（雪山）、东北从虹桥山（雪山）送来两条卷石走沙怒吼的溪流，雨季雪融，刺骨的寒流，泛滥如同黄河决口，盘踞着所有低的平地面。会场布置在何处呢？经过邓罗两局长亲自率领的查勘，只得勉强地选定在东溪南岸一片稍大的山脚斜坡。

这不过是不到百米方的斜度较小的山坡呀，不知名的灌木和荆棘丛生着，乱石又是猪嘴样拱出着，设计和修整，又须大费工程了。调来工兵连，伐木斩荆，抛石掘土……数十个红色英雄，快乐地又疲倦地工作了三小时。漂亮的会场出现了，上首就自然的土石削成了小小的方台，那是主席台，下面紧包着松松的沙土铺成的欢迎者列队的地段，右首凸出的一块平地，那是司号员集中地的乐亭了。标语呢？张贴就困难了，聪明的宣传队长把它们勉强地安置在路旁小树和棘条上；会场数米处，依着土坡，借两根木条横路耸起欢迎牌，一些绿叶野花攒簇着，艳红的绸布上闪耀着，“欢迎红四

① 张闻天：《夺取松潘赤化川陕甘！》（1935 年 6 月 24 日），中国人民解放军历史资料丛书编审委员会：《红军长征·文献》，第 530 页。

方面军同志”几个八分体字。

这是我们从来没有过的简陋，而又从来没有过的严肃伟大的欢迎会场。①

这段文字清楚地说明，为了红一、红四方面军的团结，为了能够形成一致的战略方针，中共中央、中革军委真是煞费苦心，在这个贫瘠、条件简陋的地区，布置了既别致又隆重的欢迎会场。

为了能够及时掌握张国焘到什么地方了，什么时候到来的信息，以便欢迎的人们能够及时迎接上去，中共中央动用了当时最现代化的通讯工具——电话。从两河口到虹桥山方向五里处，架设了临时的电话线，派出了专门人员守候在那里，随时向两河口方向传递信息。

一大早，欢迎的人们已经列队站在会场，翘首以待被欢迎者的到来。然而，日已过午，迟迟未见张国焘的身影。未吃中饭，饥饿的人们，眼巴巴地望着东方，充满期待的心情。电话不断从两河口打往虹桥山方向，虹桥山方向又打回两河口。

这天早上，天上布满阴云。到了午后，又飘起了细雨。

忽然，一声“向右看”的命令，所有人头转向西侧，毛泽东、朱德、周恩来、张闻天、博古等从两河口街上出来，走过欢迎者的队列，互相交谈着向虹桥山方向走去，但走了不远停了下来。于是，大家推测：“快到了吧。”

突然，天下起大雨来，地上积水汇成一条条小溪，卷着泥沙、枯枝、败叶，流到低处，再流到河里。暴雨持续了约20分钟，转成小雨。但云层很厚很黑，看样子还要下大雨。欢迎的队伍中，响起了《两大主力会合歌》。虽然欢迎的人们身上被雨水早已湿透，但歌声使人们心里热烘烘的。

中央领导们开始又朝前走了，欢迎的人们收起了雨具，站得整整齐齐，数千只眼睛睁得大大的，凝望着东方。

莫休的文章记下了张国焘到来和受到热烈欢迎的场面：

东方山脚林隙中，隐约的露出几个马头，渐渐走近了。首先冲出去的是朱总司令，紧紧的握住了来的人群中一个人的手，随后便是大家围上去。混作一团了，说什么听不到，只是许多的手挥动着，似乎大家要狂吻起来。

① 莫休：《大雨滂沱中——两河口的欢迎会》，《红军长征记》，第332—333页。

口号声像暴雷般轰出来了，快乐冲击着每个人的心弦，过度的兴奋，血管暴涨起来了。拳头握得紧紧地，如同几千个铁锤样，随着每句口号一致挺直地举起来，要戳破低空的云层。

暴雨又袭来了。雨声，口号声，军乐声，暴涨的溪流声，织成震破耳膜的交响曲。这繁响声把一群人欢迎上了主席台。①

大概张国焘此前也未经过如此隆重的欢迎场面，以至于许多年后在回忆中，仍然透出几分得意。张国焘在回忆中说："六月的一天下午五时左右，在离抚边约三里路的地方，毛泽东率领中共中央政治局委员们和一些高级军政干部四五十人，立在路旁迎接我们。我一看见，立即下马，跑过去，和他们拥抱握手。久经患难，至此重逢，情绪之欢欣是难以形容的。"②

在这些欢迎的人群中，张国焘最熟悉的恐怕是毛泽东、周恩来和朱德。

张国焘1916年考入北京大学读书，1919年五四运动中被推为北京学生联合会讲演部部长，是当时的风云人物。毛泽东1918年8月到北京。同年10月，由老师杨昌济介绍，认识了当时北京大学图书馆主任李大钊。李大钊安排毛泽东在图书馆当了一名助理员。五四运动中，毛泽东在湖南办《湘江评论》，发表影响很广的《民众的大联合》一文，也是风云人物。建党时期，张国焘在北京共产党早期组织，毛泽东在湖南共产党早期组织，两人都参加了1921年7月23日召开的中国共产党第一次全国代表大会。此后，张国焘和毛泽东都参加了中共三大、五大。可以说，张国焘和毛泽东，彼此都互相了解，知根知底。

张国焘和周恩来共事较晚。五四运动时期，周恩来在天津也是风云人物，曾创办觉悟社和《觉悟》杂志。但在五四运动后，于1920年11月赴法国勤工俭学，并在次年加入旅法中国共产党早期组织。1924年回国后，先后出任中共广东区委委员长、黄埔军校政治部主任。此后，周恩来一直从事军事工作，并领导了1927年3月的上海工人第三次武装起义。周恩来同张国焘共事应是从中共五大开始。张国焘是中共五大选出的中央政治局常务委员会委员。周恩来在中共五大被选为政治局委员（曾代理政治局常委），并

① 莫休：《大雨滂沱中——两河口的欢迎会》，《红军长征记》，第335页。
② 张国焘：《我的回忆》第三册，现代史料编刊社1981年印刷，第219页。

任中央军事部部长。在大革命失败的前夕，中共中央改组，陈独秀离开中共中央最高领导岗位，成立临时常务委员会，张国焘和周恩来都是成员。周恩来对张国焘印象最深的一件事当属南昌起义时，张国焘到南昌传达共产国际的指示。他对张发奎抱有幻想，主张起义一定要得到张发奎同意后方能起义。这个意见被以周恩来为书记的中共中央前敌委员会否决。中共六大在莫斯科召开时，张国焘和周恩来都参加了，张国焘当选为政治局委员，周恩来当选为常务委员会委员。张国焘在党的六大后，留在莫斯科做中共驻共产国际代表。周恩来在六大后回国。由于党的六大选出的政治局主席兼常委会主席向忠发是工人出身，没有什么工作能力，周恩来是实际上的党中央负责人。1930年3月，周恩来到莫斯科向共产国际汇报有关工作，再次和张国焘共过一段事。同年8月，周恩来回国。张国焘1931年初回国后被派往鄂豫皖根据地工作，两人没再共过事。在中共党内，周恩来与张国焘在中央共事比较长，对张国焘的为人、特点比较了解。

张国焘同朱德共事是南昌起义。朱德那时只是第九军副军长，手下也没有什么兵。南昌起义后，起义军南下广东，在三河坝分兵，朱德奉命率第十一军第二十五师和第九军军官教育团4000来人在此留守。当南昌起义部队主力在潮汕地区失利后，朱德率领的这一部分保留下来。后来他又发动湘南起义，率领部队上井冈山，同毛泽东会师。再后来，朱德还与毛泽东一起，开辟了赣南、闽西根据地。朱德与毛泽东、周恩来，还先后领导粉碎了中央苏区四次反“围剿”斗争胜利。尽管朱德穿着像一个普通士兵，甚至像一个“伙夫”，其貌不扬，然而却能做出惊天动地的事来，这不能不使张国焘对朱德刮目相看。

毛泽东、周恩来、朱德这三个张国焘熟悉的人，也是他心中最畏惧的人。这三个人冒雨大老远来迎接他，他自然有些飘浮起来的感觉。

朱德在欢迎大会上致辞，指出：“两大主力红军的会合，欢迎快乐的不只是我们自己，全中国的人民，全世界上被压迫者，都在那里庆祝欢呼！这是全中国人民抗日土地革命的胜利。是党的列宁战略的胜利。……”

接着，张国焘致答词。张国焘一方面说“多年来我们虽是分隔在几个地方斗争奋斗，但都是存在着一个目标——为着中国的人民解放，为着党的策略路线的胜利”；另一方面又说“这里有着广大的弱小民族（藏回），有着优越的地势，我们具有创造川康新局面的更好条件。”[①]这最后一句话，明显是在和中央唱反调，为决定会师后的战略方针投下一道阴影。

当晚，中共中央领导人和张国焘一起吃晚餐。大概是话不投机，张国焘回忆说：“在当晚的晚餐中，要人们不谈长征和遵义会议的经过，甚至也没有兴趣听取我关于红四方面军情况的叙述。毛泽东这个吃辣椒的湖南人，将吃辣椒的问题，当作谈笑的资料，大发其吃辣椒者即是革命的妙论。秦邦宪这个不吃辣椒的江苏人则予以反驳。这样的谈笑，固然显得轻松，也有人讥为诡辩，我在悠闲的谈笑中则颇感沉闷。”[②]

朱德看出了张国焘的沉闷情绪，饭后特意陪张国焘回到住处，进行了畅谈。朱德委婉地告诉张国焘，不必过于重视遵义会议，现在最紧张的是军事策略问题，即红一、四方面军会合后，应采取何种军事行动。至于中央工作的检讨，中华苏维埃共和国的前途究竟如何，这类政治问题，此时都无暇讨论。

为了使张国焘能够赞同北进战略方针，朱德称赞红四方面军是一支极具战斗力的劲旅，说他和其他中央领导同志见到红四方面军后，都异常高兴，喜出望外，认为四方面军确是一支中国共产党领导的基干红军。朱德还说，张国焘对西北情况知道得最多，今后作战要靠四方面军，而张国焘又是四方面军爱戴的领导人，应当根据红一、四两方面军的情况及国内外情势，向会议提出意见，并且相信张国焘的意见会受到与会人员的尊重。

朱德告诉张国焘这样一个情况，在政治局内，张闻天、博古虽然在红军呆了一些日子了，但对军事究竟懂得不多，只要毛泽东、周恩来和张国焘同意某项军事计划，别人是不会持有异议的。而政治局的同志们都希望从速北进，不愿意在这个少数民族地区久留。朱德表示，他本人也觉得北进的意见是对的。他提醒张国焘，蒋介石虽然派10万人来攻打我们，可是我们也有大约10万兵力。四方面军经过长期休整，兵强马壮，可以先机占领松潘，夺取战略要点，借以打开北进的道路。但张国焘却认为敌人防御工事过于强大，一口拒绝。

---

① 莫休：《大雨滂沱中——两河口的欢迎会》，《红军长征记》，第335页。

② 张国焘：《我的回忆》第三册，第221页。

朱德和张国焘谈到东方已经发白时，才起身告辞。

朱德不仅打仗充满军事智慧，而且在处理党内矛盾时，也充满智慧。他讲团结，说话婉转、策略，有理有据，而又不失原则，真乃是刚柔并济。难怪后来张国焘惧怕他，拿他没有什么办法。

6月26日，中共中央政治局在两河口召开会议。由于周恩来是遵义会议确定的党内委托对于指挥军事下最后决心的负责者，所以，他首先在会上作关于目前战略方针的报告。

周恩来在报告中先回顾了红一方面军从中央苏区撤出后进行长征以来战略方针的几度变化。接着，指出：目前两个方面军都离开了原有根据地，要在新的地区创造根据地。在此种情况下，制定战略方针就是要解决“在什么地区创造新苏区”的问题。

那么，什么地区适合建立根据地呢？周恩来列出了三个条件：“一、地域宽大，好机动。”松潘、理番、懋功地区虽大，但多是狭路，敌人容易封锁，想在这个地方逼死我们，我们也不容易反攻。“二、群众条件，人口较多。”过去两个方面军的根据地，人口都比较多，因此能大批扩大红军，松潘、理番、懋功、温[汶]川、抚边这一带，人口只有20万人，而且多数是少数民族，由于民族隔阂还没有完全消除，在少数民族中扩大红军是比较困难的。“三、经济条件。”这一带人烟稀少，粮食缺乏，有些地方甚至还不能自给。草原上的牛羊有限。生活习惯也不容易适应。其他需要的物资，如布、皮等，都不容易解决。因此，周恩来的结论是：懋、松、理这块地区的地域虽大，却不利于建立根据地，“我们如陷在懋、松、理，就没有前途。”鉴于这种情况，周恩来明确指出：红军前进的方向应该是“川陕甘”。为了说明为什么要去川陕甘，周恩来对周围的形势作了进一步的分析，说：回头向南是不可能的；东过岷江，敌人在东岸有130多个团，对我不利；向西北，是一片广漠的草原；可走的只有一条路，就是北向甘肃。在那里，“道路多，人口多，山少。在此必定会遇到敌人，我可用运动[战]消灭敌人。”①如果敌人前进得慢，我们可以在这个广阔的地区前进，并向陕西迎击敌人。四川

① 中共中央文献研究室编：《周恩来传》（1898—1949）（修订本）上，中央文献出版社1998年版，第355页。

方面现有地区，可以作为游击区，至于到那里后是否还要扩大地区，要在到达那里后再决定。周恩来强调，为了实现这个战略方针，目前要迅速向松潘同胡宗南作战，这样才能向西北突破。一定要高度机动，使敌人对我们的估计发生动摇，使他们的部署赶不上我们的行动；而我们自己不要被敌人所牵制，不要因而妨碍我们的机动。要坚决统一意志。两个方面军部队大，要特别坚决地实行统一指挥，遇到困难也要靠统一意志来克服。

周恩来关于战略方针的报告分析细致，说服力强，使人不仅想到一年多前的中央红军准备战略转移时，他派程子华到鄂豫皖根据地前，向程子华交代如何选择新根据地的条件。两者之间体现的思想是完全一致的，是土地革命战争时期党领导创建根据地实践的重要经验。

周恩来讲完，张国焘发言。他先讲了红四方面军离开鄂豫皖根据地以后的作战情况。在谈到战略方针问题时，他一方面表示同意政治局关于在川陕甘建立根据地的方针，另一方面却鼓吹其南下的主张。他说，目前接近我们的敌人主要是胡宗南和刘湘，其他都是配角。如果我们的战略方针是向南，向成都打，这些敌人是不成问题的。实际上，张国焘在拐弯抹角反对北进。担任会议记录工作的刘英在回忆中说："在讨论时，张国焘明里不好反对打松潘，实际上又不愿当先锋。他怕四方面军同胡宗南碰，要保持实力。张国焘这个人长得挺富态，讲起话来半天一句，绕圈子，脸上看不出春夏秋冬。"①

毛泽东接着发言。他完全同意周恩来的报告，并提出了五点意见：（一）中国红军要用全力到新的地区发展根据地。在川陕甘建立根据地，可以把创造苏区运动放在更巩固的基础上，这是向前的方针。要对四方面军同志作解释，他们是要打成都的。一、四方面军会合后有实现向北发展的可能。（二）战争性质不是决战防御，不是跑，而是进攻。根据地是依靠进攻发展起来的。我们过山战胜胡宗南，占取甘南，迅速向北发展，以建立新的根据地。（三）应看到哪些地方是蒋介石制我命的，应先打破它。我须高度机动，这就有走路的问题，要选好向北发展的路线，先机夺人。（四）集中兵力于主攻方面，如攻松潘。胡宗南如与我打野战，我有20个团以上，

① 刘英：《难忘的三百六十九天》，《刘英纪念集》，第38页。

是够的；如不与我打野战，守堡垒，就一定要打破驻点，牵制敌人。现在就是迅速打破胡敌向前夺取松潘。今天决定，明天即须行动。这里人口稀少，天冷衣食困难，应力争在6月突破，经松潘到决定地区去。（五）责成常委、军委解决统一指挥问题。①

朱德在发言中强调：要“迅速打出松潘，进占甘南”，主张“两个方面军要统一指挥，一致行动去打击敌人，并要从政治上保障战争的胜利”②。

作为中央总负责人，张闻天在会上作总结发言，指出：大家意见一致，就应一致来实现。他肯定周恩来报告提出的方针是前进的、唯一正确的方针，而采取另外的方针是就要准备过草原，是退却的、不适用的。他认为，要实现这战略方针，首先就要控制松潘地区。这方面可能是有的，我们应该想办法来克服，放弃这个方针则是错误的。

周恩来最后作结论，说：各位同志都是同意的意见。我们的战争方针当然是进攻的。过去在路上也讨论过，但那时是无后方的运动战。现在不同了，要转入反攻，建立根据地，进入更广大的地区同敌人战斗。从两个主力会合至到达预定地区，口号是赤化川陕甘。各部队要行动，行动应迅速。会议一致通过周恩来提出的战略方针。

6月28日，中央政治局两河口会议作出《关于红一、四方面军会合后的战略方针》的决定：

一、在一、四方面军会合后，我们的战略方针是集中主力向北进攻，在运动战中大量消灭敌人，首先取得甘肃南部，以创造川陕甘苏区根据地，使中国苏维埃运动放在更巩固更广大的基础上，以争取中国西北各省以至全国的胜利。

二、为了实现这一战略方针，在战役上必须集中主力消灭与打击胡宗南军，夺取松潘与控制松潘以北的地区，使主力能够胜利的向甘南前进。

三、必须派出一个支队向洮河夏河活动，控制这一地带，使我们能够背靠于甘青新宁四省的广大地区有利的向东发展。

---

① 中共中央文献研究室编：《毛泽东年谱》（1893—1949）（修订本）（上卷），中央文献出版社2013年版，第459页。

② 中共中央文献研究室编：《朱德传》（修订本），中央文献出版社2006年版，第414页。

四、大小金川流域在军事政治经济条件上均不利于大红军的活动与发展，但必须留下小部分力量，发展游击战争，使这一地区变为川陕甘苏区之一部。

五、为了实现这一战略方针，必须坚决反对避免战争退却逃跑，以及保守偷安停止不动的倾向，这些右倾机会主义的动摇是目前创造新苏区的斗争中的主要危险。①

两河口会议确定的建立川陕甘根据地的战略构想，尽管还是一个模糊的轮廓，需要进一步摸索。但是中共中央第一次把中国革命的战略重心确定在西北地区，大的进军方向是正确的，为红军长征落脚点的选定迈出了可贵的一步。

两河口决定的正确性可以从敌方的资料中得到证明。6月30日，蒋介石曾在日记中这样写道："匪果向雅安地区回窜乎？"于是电令国民党军各部在碉堡之外，加筑壕沟，以堵击红军。7月4日，蒋介石又判断："匪有向懋功之可能。"7月5日，蒋介石又在日记中写道："匪已向懋功移动乎？其将迂回雅安，再窜甘陕乎？"试想，按照张国焘的南下主张，将会是什么结果？不又是陷入了蒋介石的碉堡线中吗？

蒋介石的侍从室主任晏道刚在回忆中说："蒋在成都行辕和我们一班幕僚研究过四川地形，认为红军分据千里山岳番民地区，东扼岷江，西迄大小金川至通河（即大渡河上游）边，北至松潘附近之叠溪，南至懋功，处处布防，几万红军兵力不够分配，且川康边陲民众游牧为主，宗教迷信浓厚，粮食只有青稞、玉米等杂粮，加以天气奇寒，夹金山以北有终年不化之雪山，松潘草地乃北面天然地障，飞渡不易，因此北堵南追，集中主力封锁，红军插翅难逃。""据贺国光、杨永泰等人说，徐向前部有赤化西北打通苏俄国际路线的企图，与中央红军会合之后，其策略如何虽不明确，但只要封锁得紧，在此地盘踞不会持久。杨永泰并强调采取江西的经济封锁是十分重要的。于是蒋接着召集川军各路总指挥刘湘、李其相、邓锡侯、孙震、唐式遵、王瓒绪、潘文华等人在成都开会（杨森未来）。蒋在会上先说明对红军在川西意图的判断，拿出他要各路川军集中力量迅速压迫红军于

① 《中共中央政治局决定——关于红一、四方面军会合后的战略方针》，（1935年6月28日），中国人民解放军历史资料丛书编审委员会：《红军长征·文献》，第537页。

岷江以西加以包围封锁的计划，指示各军在四川‘剿总’指挥下同心协力，寻求最后的胜利。后来川军第三路李其相部攻占松潘、茂县间之叠溪时，贺国光与刘湘曾召开一次叠溪会议，川军各路均派员参加。会议内容除了交换岷江沿线封锁情报和交流作战经验外，主要是认为红军粮荒严重，决定采取‘困死政策’。”①

这些情况说明，国民党方面虽然对红军的战略意图一下子还难以判明，但其防止红军南下，企图将红军困死在川西北的计划是明显的。红军迅速脱离川西北险地，北进川陕甘是上上策。

历史的机遇是留给那些善于审时度势、作出正确选择的人的，毛泽东、周恩来、朱德、张闻天就是这样的人。而那些无视主客观情况，傲慢、固执、偏执、轻率的人，必将在无情的历史面前碰得头破血流。

张国焘向中央要权

6月29日，周恩来根据两河口会议精神，制定了《松潘战役计划》，规定红一、红四方面军分别组成左、中、右三路纵队和岷江支队，准备趁国民党军堵截部队刚到松潘、立足未稳的机会，迅速、坚决地攻占松潘，并控制松潘以北及东北各道路。这个计划在同一天召开的中央政治局常委会议上通过。

为了解决两军统一指挥问题，这天的政治局常委会还决定张国焘为中革军委副主席，徐向前、陈昌浩为中革军委委员。

除了上述两项议程外，这天的政治局常委会还有一项重要议程，即听取博古关于华北事变的报告。毛泽东在发言中指出：日本帝国主义想把蒋介石完全控制在自己手下，“党对时局应有表示，发表文件，在部队中宣传，反对日本”，这是“最能动员群众”②。会议决定，以中共中央名义发表宣言或通电。这说明，尽管中共中央这时处于偏远的中国西部地区，仍然密切注视着日本侵略中国的行动，关注着国际国内的形势发展变化。这对

① 晏道刚：《追堵长征红军的部署及其失败》，《围追堵截红军长征亲历记——原国民党将领的回忆》（上册），第25—26页。

② 中共中央文献研究室编：《毛泽东传》（1893—1949）（上），第357页。

此后制定战略、策略是有重要影响的。

6月30日，中共中央、中革军委率领红一方面军主力离开两河口北进，翻越梦笔大雪山后，到达卓克基（今属马尔康县）。

张国焘虽然在两河口会议上同意中共中央的北进战略方针，但内心并没有想着执行，仍然想避开敌人主力，南下四川、西康。两河口会议后，张国焘在返回茂县途中，在理县下东门见到了徐向前。徐向前回忆说：

他对会见中央领导及两河口会议的情况，不愿多谈。只是说：中央红军一路很辛苦，减员很大，和我们刚到通南巴时的情形差不多。我最关心的是下一步向哪个方向打？他说：中央的意见，要北出平武、松潘，扣住甘南，徐图发展。我看还是先取川西南比较好，否则，粮食、给养都不好办。我说：北打有北打的困难，南打也有南打的困难。平武那边，地形不利，硬攻不是办法；松潘地区不利大部队展开。我和昌浩商量，准备扣住黑水，分路迂回袭击，或许能够取胜。南下固然能够解决目前供应上的困难，但一则兵力有限，二要翻越雪山，且不是长久立脚之地，万一拿不下来，北出将会遇到更大的困难。张国焘沉思良久，最后表示同意先打松潘，但仍未放弃南取邛崃山脉地区的意见。[①]

张国焘不仅暗地里反对北进战略方针，而且还动起了歪脑筋。在两河口，张国焘向周恩来询问红一方面军的实力。周恩来坦率地告诉他：遵义会议时有3万多人，现在可能不到了。张国焘一听，脸色就变了。在没有会师前，陈昌浩曾说中央红军有30万，提出了“欢迎30万中央红军”的口号。现在一听红一方面军竟然比原先想象的少那么多，而且与红四方面军的8万余人相比也不成比例，张国焘的心开始放不正了。虽然中央政治局常委会任命张国焘为中革军委副主席，但他没有满足，想得到更大的权力。

为了实现自己膨胀的权力欲，张国焘做了一些小动作。红一、红三军团是红一方面军的主力，无论何时，都是左右先锋，啃硬骨头、打硬仗，只要两个军团联手，所向披靡。因此，张国焘打起了这两个军团的主意。据聂荣臻回忆：“在两河口会议的第二天，有这么一件事引起我的警惕。张国焘忽然请我和彭德怀同志两人去吃饭。席上，开始他东拉西扯，说我们‘很疲

① 《徐向前元帅回忆录》，第315页。

劳’，称赞我们‘干劲很大’。最后说，他决定拨两个团给我们补充部队，而实际上不过是相当于两个营的兵力，一千人左右。我们从张国焘住处出来，我问彭德怀同志，他为什么请我们两人吃饭？彭老总笑笑说，拨兵给你，你还不要？我说，我也要。往下我再没有说下去，因为我那时脑子里正在打转转。”①

张国焘听说了会理会议彭德怀受到毛泽东批评之事，企图挑拨彭德怀与毛泽东的关系。彭德怀回忆说：“张国焘派秘书黄超来亦念，住在我处。说此地给养艰难，特来慰劳。送来几斤牛肉干和几升大米，还送来二三百元银洋。我想这是干吗？黄往下就问会理会议情形。我说，仗没打好，有点右倾情绪，这也没有什么。他们为什么知道会理会议？是不是中央同他们谈的呢？如果是中央谈的，又问我干什么？他又说，张主席（张国焘）很知道你。我说，没见过面。他又说到当前的战略方针，什么‘欲北伐必先南征’。我说，那时孔明巩固蜀国后方。他又说，西北马家骑兵如何利害。把上面这些综合起来，知来意非善，黄是来当说客的。不同意中央北上的战略方针，挑拨一方面军内部关系，阴谋破坏党内团结。把全国形势看成黑漆一团，这是明显的。把王明路线造成的恶果，同客观形势新的发展混为一谈，否认遵义会议纠正王明路线的伟大胜利。送了一点点吃的这倒不稀罕，送二三百元银元引起我很高警惕：完全是旧军阀卑鄙的手法。”②

常言说，聪明反被聪明误，张国焘做这些拉拢人的小动作，自以为得计，其实是很愚蠢的。彭德怀、聂荣臻跟着毛泽东、周恩来、朱德多年，虽然在个别工作问题上稍有分歧，但是他们衷心拥护这几位既有丰富实践经验，又有理论水平的红军领袖的领导。张国焘不仅目的未能达到，反而暴露了自己的野心，引起了他们的警惕。

为了红一、红四方面军的团结，中共中央派出由李富春、林伯渠、李维汉、刘伯承等组成的慰问团，到杂谷脑（今理县县城）慰问红四方面军。张国焘特意从茂县赶来迎接慰问团。张国焘以“统一组织”为名，要求“充实总司令部，徐、陈参加总司令部工作，以徐为副总司令，陈为总政委；军

① 《聂荣臻回忆录》，第221—222页。

② 《彭德怀自传》，第207—208页。

委设常委，决定战略问题。”①李富春觉得事关重大，立即报告中共中央、中革军委。7月9日，在张国焘的策动下，中共川陕省委致电中共中央，提出：“依据目前情况，省委有下列建议：在统一指挥、迅速行动进攻敌人起见，必须加强总司令部，向前同志任副总司令，昌浩同志任总政委，恩来同志任参谋长。军委设主席一人，仍由朱德同志兼任，下设常委，决定军事策略问题。请中央政治局速决速行，并希立复。”②张国焘这种作法纯系“醉翁之意不在酒”。他是红四方面军的一号人物，把徐向前和陈昌浩分别抬到副总司令、总政治委员的位置，那么他怎么办？自然是瞄准中革军委主席的位置。虽然表面说仍由朱德兼任中革军委主席，只不过是把话说得含蓄一点，明眼人一下子就看得出来。同时，张国焘以中共川陕省委的名义建议中革军委的人事变动，并且要求政治局“速决速行”、“希立复”，实在有依仗红四方面军兵多，逼着中央给他中革军委主席职务的味道。

中央慰问团在杂谷脑的日子也不好过。李维汉奉命参加慰问团去杂谷脑之前，张闻天给他的任务是慰问后留在那里担任苏区中共四川省委书记，如果做不成的话，就到白区当中共四川省委书记。李维汉后来回忆说：

我们在杂谷脑住了几天，林伯渠告诉我，苏区省委书记当不成了，这里不欢迎。又过了几天，慰问团成员都走了，只我一人留了下来，准备到白区当四川省委书记。我住在省苏维埃的一栋大房子里，住房靠着大厅，出入他们都看得见。表面上，他们对我很好，很客气……但就是不让我接近四方面军的同志。……他们这种安排，实际上是把我软禁起来了。……由于我被严密封锁，无法出入与人接触，连红一方面军开走了我也不知道。

不久，中央打电报给我，要我在四方面军担任纵队政治部主任。我已了解张国焘反对中央的一些底细，这个纵队政治部主任是没有办法当的，也不能当。于是我婉转地给中央发了一封电报，让中央知道我不能在红四方面军呆下去的处境，陈述我不懂军事，无法胜任纵队政治部主任职务等等，以此为理由，要求返回中央机关。……中央接到我的电报后，明白我的

① 《李富春关于张国焘等建议充实总司令部、军委设常委事致朱德等电》（1935年7月6日），中国人民解放军历史资料丛书编审委员会：《红军长征·文献》，第559页。

② 《中共川陕省委关于加强总司令部与军委增设常委的建议致中央电》（1935年7月9日），中国人民解放军历史资料丛书编审委员会：《红军长征·文献》，第564页。

处境不妙，立即回电叫我返回中央机关工作。……到了毛儿盖，中央机关、政府机关都在那里。我见到洛甫等中央领导同志，向他们汇报了张国焘反对中央的情况。他们也把同张国焘的分歧和斗争的情况告诉了我。①

松潘是川西北的重要城镇，控制着四川北出甘南的交通要道。红军占领这个地区，可以不经过川西北的茫茫草地，直接出甘南。这对于红军主力迅速北上，创建新的根据地十分有利。中革军委制定《松潘战役计划》后，红一军团和红三十军第八十九师一部于7月2日翻越长板山雪山，进至芦花、黑水地区。接着，翻越打鼓山、拖罗冈（又名仓德山）雪山，于7月10日进到松潘以西的毛儿盖地区，11日攻占哈龙，16日攻占毛儿盖，歼灭胡宗南部第一师补充旅约一个营。与此同时，红三、红五、红九军团进至黑水、党坝地区。这时，胡宗南部尚未完全集结，出现了夺取松潘的有利态势。但是，张国焘却拖延红四方面军的北上行动，借此向中央要权。

7月10日，朱德、毛泽东、周恩来致电张国焘，指出："分路迅速北上原则早经确定，后忽延迟，致无后续部队跟进。切盼如来电所指，各部真能速调速进，勿再延迟，坐令敌占先机。"并告知"弟等今抵芦花，急盼兄及徐、陈速来集中指挥。"②借着这样的机会，张国焘亲自出马，向中央要权，在同一天，张国焘在给中共中央领导人的电报中，要求："我军宜速决统一指挥的组织问题"③。

张国焘不好意思明着要中革军委主席的职务，那就由陈昌浩来说破吧。7月18日，陈昌浩致电张国焘、徐向前并转朱德，称："职坚决主张集中军事领导，不然无法顺利灭敌。职意仍请焘任军委主席，朱总总前敌指挥，周副主席兼参谋长。中政局示决大方针后，给军委独断决行。"④

自7月上旬以来，张国焘一直嚷嚷并变着法要求解决"统一指挥"问

---

① 李维汉：《回忆与研究》（上），第361—362页。

② 《朱德、毛泽东、周恩来关于后续部队速调速进和集中指挥问题致张国焘电》（1935年7月10日），中国人民解放军历史资料丛书编审委员会：《红军长征·文献》，第566页。

③ 《张国焘关于速决统一指挥的组织问题及作战部署意见致朱德等电》（1935年7月10日），中国人民解放军历史资料丛书编审委员会：《红军长征·文献》，第565页。

④ 《陈昌浩关于以张国焘任军委主席集中军事领导的主张致朱德电》（1935年7月18日），中国人民解放军历史资料丛书编审委员会：《红军长征·文献》，第583页。

题，中共中央、中革军委领导人为了能使红一、红四方面军团结一致，统一行动，反复商议此事如何解决。刘英在回忆中说：

我听到毛主席和闻天反复商量，谈得很具体。毛主席说："张国焘是个实力派，他有野心，我看不给他一个相当的职位，一、四方面军很难合成一股绳。"毛主席分析，张国焘想当军委主席，这个职务现在由朱总司令担任，他无法取代。但只当副主席，与周恩来、王稼祥平起平坐，他不甘心。闻天跟毛主席说："我这个总书记的位子让给他好了。"毛主席说："不行，他要抓军权，你给他做总书记，他说不定还不满意，但真让他坐上这个宝座，可又麻烦了。"考虑来考虑去，毛主席说："让他当总政委吧。"毛主席的意思是尽量考虑他的要求，但军权不能让他全抓去，同担任总政委的恩来商量，恩来一点也不计个人地位，觉得这么安排好，表示赞同。①

经过酝酿，7月18日，中共中央政治局常委扩大会议在芦花召开，会议的议题为讨论"组织问题"。会议开始由张闻天提出关于人事安排的初步方案："军委设总司令，国焘同志任总政治委员，军委的总负责者。军委下设小军委（军委常委），过去是四人，现增加为五人，陈昌浩同志参加进来，主要负责还是国焘同志。恩来同志调到中央常委工作，但国焘同志尚未熟悉前，恩来暂帮助之。这是军委的分工。关于总政治部本是稼祥主任，因病实际是博古，现决定博古主任。"②

在讨论张闻天方案时，张国焘提出，要提拔新干部，有的"可到军委"。毛泽东将此议给顶了回去，说，提拔干部是需要的，但不需要这么多人集中到军委，下面需要人。会议经过讨论，通过了张闻天所提出的方案。张闻天最后作结论，说，大家意见一致，很好。现在主要任务是集中力量打好这次松潘战役。并宣布会议决定：张国焘为红军总政治委员，徐向前、陈昌浩为前敌总指挥部总指挥和政委，博古为总政治部主任。

7月21日，中革军委主席朱德及副主席张国焘、周恩来、王稼祥致电各军首长："军委现决定：组织前敌总指挥部，即以四方面军首长徐向前兼任

---

① 刘英：《难忘的三百六十九天》，《刘英纪念集》，第40页。

② 中共中央党史研究室张闻天选集传记组编：《张闻天年谱》（1900—1941）（修订本）（上卷），第181页。

总指挥，陈昌浩兼政委，叶剑英任参谋长。”①并将原红一方面军的第一、三、五、九军团分别改为第一、三、五、三十二军。红四方面军的第四、九、三十、三十一、三十三军的番号不变。

至此，“统一指挥”问题告一段落。张国焘对此仍不满意。因他虽是中革军委的总负责者，但只是副主席，有实际权力，却无名分，不能达到“独断决行”，发布一个命令，朱德的名字还要放在前面，并且副主席除他外还有周恩来和王稼祥。然而，张国焘暂时也无话可说了。

四、不得不过的草地

放弃攻打松潘，剑指夏洮地域

芦花会议解决“统一指挥”问题之后，攻打松潘就成为当务之急。7月19日，中革军委制定了《松潘战役第二步计划》，指出：“依据目前敌情的变化，证明军委六月二十九日松潘战役计划中关于敌情的判断，是完全正确和适用的。”然而“由于我军调动未能高度迅速，及地理、气候、番民关系，致先遣部队与后续部队相隔过远，各方面的配合亦尚未完全协调”。因此，计划要求各钳制支队作好配合，牵制和吸引、阻止敌人，红一、红四方面军主力混编为五个纵队和一个支队，继续北进，夺取松潘。

张国焘的争权活动，一再制造分歧，破坏了两军会师后的友好团结局面。而博古、凯丰等人，公开写文章指责红四方面军撤离鄂豫皖和退出通南巴是“逃跑主义”等等，激起了红四方面军干部的反感，给张国焘以挑拨的借口。为了弄清是非，统一认识，促进两个方面军的团结，7月21日至22日，中央政治局在芦花召开扩大会议，讨论对红四方面军放弃鄂豫皖、通南巴根据地问题的看法。出席会议的有：张闻天、毛泽东、周恩来、朱德、张国焘、博古、王稼祥、李富春、邓发、凯丰、刘伯承、陈昌浩、徐向前等。

① 《朱德等关于红一、四方面军组织番号及干部任命致各军首长电》（1935年7月21日），中国人民解放军历史资料丛书编审委员会：《红军长征·文献》，第586页。

会议的第一天，张国焘首先报告了红四方面军撤出鄂豫皖和川陕根据地的经过。徐向前汇报了红四方面军的情况，并指出：这支队伍的优点是工农干部多，对党忠诚；服从命令听指挥，纪律较好；作战勇敢，打起仗来各级干部层层下放，指挥靠前，兵力运动迅速敏捷，长于夜战，以第二七四团、第二六五团夜战最好；平时注意军事训练，射击、手榴弹操练很勤，战后注意总结经验。缺点是文化程度低，军事理论水平及战略战术的素养不够，参谋业务薄弱。陈昌浩在发言中扼要介绍了红四方面军政治工作的情况。①由于徐向前、陈昌浩要率领前敌指挥部先去毛儿盖，没有出席第二天的会议。

会议第二天，毛泽东在发言中说：红四方面军从鄂豫皖起，关于红军的扩大巩固，两个苏区的发展和巩固，无数次击破敌人，总的看路线是没有问题的，但有缺点和错误。军事指挥上的缺点，军委将另行讨论。在鄂豫皖粉碎敌人第四次"围剿"时，没有充分准备，没有准备打，又打得不好。在通南巴打退了刘湘的部队，胜利后又放弃是个严重错误。发言还指出：红四方面军领导对建立政权有不足和错误的地方，没有严格了解建立政权与建立红军的密切关系，提出西北联邦政府在组织上、理论上都是错误的。

周恩来在发言中肯定了红四方面军的长处：有胜利信心，执行命令坚决，遵守纪律，对群众能动员，这些长处是四方面军取得胜利的条件。他也批评了张国焘的错误，指出轻敌、分散兵力是鄂豫皖根据地第四次反"围剿"失利的主要原因，撤出鄂豫皖是不对的；撤出通南巴是为了与中央红军配合，是对的，但退出后缺乏明确的发展方向；在少数民族未发动的情况下成立西北联邦政府是不妥的。他批评张国焘认为什么地方都可以建立根据地是不对的，根据地的建立需要考虑到地域、群众、敌情等条件。

朱德在发言中认为，对红四方面军应以正确的估量，肯定红四方面军在创建革命根据地、扩大红军力量、多次打败敌人"围剿"中的成绩，也分析了在部队政治工作、地方工作及战略战术配合等方面存在的缺点和不足，希望总结教训加以改正。朱德主张"目前正处在行军作战时期，一切服

① 《徐向前元帅回忆录》，第321页。

从战争的胜利，暂缓讨论军事以外的问题”①。

张闻天最后作总结发言。张闻天首先肯定红四方面军“一般领导是正确的”，部队“很有战斗能力”。同时指出其缺点和错误在于：在第四次反“围剿”开始时领导对形势估计有“左”的倾向，后当敌人分兵合击时，未能抓住敌人弱点，集中打他一路；通南巴打了胜仗还是放弃了，反映对根据地的重要是了解不够的；退出通南巴时把所有干部、游击队通通带走也是不好的；出通南巴后缺乏明确的战略方针，没有一定的发展方向，造成了现在一些困难。张闻天在发言中还认为红四方面军在对待少数民族方面也有些问题，如在两河口把藏族的土地拿来分，以致引起了群众的反对；再如关于西北联邦问题，实际也未弄清怎样才算“联邦”，少数民族还没有发动就首先成立“联邦”，结果必将是徒然的。张闻天最后指出：揭示过去工作的弱点是为了总结经验。在新的环境下创造新苏区是当前的中心任务。

这次会议，肯定了红四方面军的成绩，指出了存在的缺点和不足，对于两军的团结还是起了作用的。徐向前在回忆中说：“后来听说，会议开得比较圆满。中央领导同志一致肯定了四方面军的英勇奋斗，肯定了是坚决执行中央路线的，但存在某些缺点。会上没有出现新的争执。”②

7月下旬，中共中央到达毛儿盖，同红一军等部会合，准备继续北上。

然而，红军攻打松潘的良机已失。蒋介石的行营参谋团根据“朱、徐两匪各派一部窜至毛儿盖、哈龙冈、羊角塘、保佑一带，企图袭取松潘。原据北川、墩上各处股匪，已向茂县撤退”等情况，判断：“该两匪，先各以一部分向毛儿盖、阿坝探进，其余必跟续分途北进，并以大部经毛儿盖进窜岷县，一部经阿坝进窜夏河，期达越过洮、黄两河，接通‘国际路线’，或由陇中窜向陕北、宁夏，与陕匪合股。如其不逞，仍窜回川北。”据此，制定了“在临潭、临夏、夏河、同仁间”③聚歼红军的方针。

7月26日，蒋介石又给胡宗南手令，要求：“松潘部队如向南肃清散匪，须令其逐段筑碉前进，不可长驱直入，并严防徐匪主力向松潘移动。”“无

① 中共中央文献研究室编：《朱德年谱》（1886—1976）（新编本）（上），第524页。

② 《徐向前元帅回忆录》，第321页。

③ 《行营参谋团关于川甘边区“歼匪”的计划大纲》（1935年7月18日），中国人民解放军历史资料丛书编审委员会：《红军长征·参考资料》，第615页。

论正面与纵深，每隔三里必须构筑碉堡群一个。但第一群完成，则掩护后续部队向前筑第二群。但不可一日只进三里，筑一个碉堡群。至少每一个团每日须要构筑纵与横各十里之碉堡群。”“凡现到北川之各部队，应照上述办法，剿匪手本原则，逐次筑碉向南前进，缩小防区，俾得联成一片也。”①

由于蒋介石又祭起“堡垒主义”法宝，红军前敌指挥部总指挥徐向前、政治委员陈昌浩和参谋长叶剑英以多路突击办法，攻打松潘，均因松潘地形险要，胡宗南凭碉堡固守，未能奏效。

鉴于张国焘贻误战机，松潘久攻不下，国民党军各路兵马又从东南方向压了过来，松潘战役计划已经无法实现。8月初，中革军委在毛儿盖召开会议，大家一致认为，因松潘地区敌人兵力集中，凭碉固守，我军屡攻难克，决定放弃攻打松潘的部署，以红军主力西指阿坝，北进夏河地区，争取在洮河流域消灭阻敌，进入甘南。

8月1日，红军总部发出改为攻占阿坝、北进夏河流域指示。8月3日，红军总部制定《夏洮战役计划》，提出“以攻占阿坝，迅速北进夏河流域，突击敌包围线之右侧背，向东压迫敌人，以期于洮河流域消灭遭遇之蒋敌主力，形成在甘南广大区域发展之局势”②。

为执行夏洮战役计划，红军总部决定，将红一、红四方面军混编，分左、右两路军北上。以在卓克基及其以南地区的第五、九、三十一、三十二、三十三军为左路军，由红军总司令朱德、总政治委员张国焘率领，刘伯承任参谋长，经阿坝北进；以毛儿盖地区的第一、三、四、三十军为右路军，由前敌总指挥徐向前、政治委员陈昌浩率领，叶剑英任参谋长，经班佑北进。中共中央随右路军行动。

张国焘节外生枝

夏洮战役部署刚定，张国焘又节外生枝，要中央政治局召开会议，解决

① 《蒋介石关于逐次筑碉南进给胡宗南的手令》（1935年7月26日），中国人民解放军历史资料丛书编审委员会：《红军长征·参考资料》，第622页。

② 《夏洮战役计划》，（1935年8月3日），中国人民解放军历史资料丛书编审委员会：《红军长征·文献》，第604页。

“政治路线”问题。张国焘在回忆中说：“中央机构和军事首脑部门旋即北移到毛儿盖，但北进的路线仍未查明，还须等待一些时间。我于是主张利用毛儿盖停留的几天来澄清党内的歧见。我所建议的要点是：召集中央政治局会议，检讨党的全盘工作和当前军事问题；由政治局召集两军高级干部会议，统一意志并遴选一些新人参加中央政治局会议和中央工作。”①

前面已经提到，芦花会议虽然决定任命张国焘为红军总政治委员，解决了军事“统一指挥”问题，但张国焘仍不满意。张国焘觉得在政治局里除他以外，没有他的人，说话不响，他提一个意见，没有人响应、附和，便想往政治局和中央委员会中增加自己信得过的人。张国焘此举颇有“掺沙子”的味道。刘英回忆说：“张国焘讲话转弯抹角，不像毛主席那样痛快、风趣。那时，他想提四方面军的一些人进中委和政治局，可是他不直接讲，总是说，对工农干部，我是很重视他们的啊，他们打仗勇敢，有经验。毛主席也跟他扯，摸清他的意图，再同闻天、恩来等商量怎么妥善解决。”②

张国焘还派陈昌浩等拿了一个红四方面军一些人任政治局委员、中央委员的名单，去找张闻天。张闻天与毛泽东商量，毛泽东表示，中央委员可以增加几个，政治局不能增加那么多。

8月4日至6日，中共中央政治局在毛儿盖附近的沙窝召开扩大会议。会议议程一是讨论当时的形势和任务，二是组织问题。张闻天首先代表中央作报告。之后，大家进行讨论。

张国焘第一个发言，说：我们之间发生歧见，是丝毫不值得大惊小怪的，梁山好汉不打不相识，争争吵吵并无关系。我们都有多年奋斗的经历，寻求谅解应该不是一件很难的事。而我们的目的，本来就是要获致谅解，并不是要扩大分歧。

接下来，张国焘大倒苦水，说：我惋惜我们没有在抚边初会面时，就痛痛快快把问题谈清楚，因而酿成一些不必要的隔阂，甚至产生了一些不应有的言论。譬如有人说张国焘是军阀，是要凭借军事实力要挟中央；也有人肯定张国焘是老机会主义，非打击不可；或者说张国焘自视资格老，瞧不

① 张国焘：《我的回忆》第三册，第255页。
② 刘英：《难忘的三百六十九天》，《刘英纪念集》，第40—41页。

起所有政治局委员，要在纠正中央错误的名义之下，摧毁整个中央；也有人引经据典的说西北联邦政府反叛苏维埃；总政治委员的职务完全抹煞军委会主席和整个中央的职权等。凡此流言，似乎把我描绘得不成样子。

诉完苦，张国焘又提中央政治路线错误问题。他说：政治路线可能是错了。但是，我们要求检讨中央的政治路线，决不等于推翻整个中央。我们都经历过惊人的艰苦奋斗，都为共产主义卖过一番气力，党不能舍弃我们，我们也不能舍弃党。第六次大会的时候，就有人说犯过错误的同志，仍是党内最好的同志。而且这样的同志，现在更加少了。因此，我们讨论政治问题的时候，不要把责任问题牵连在一起。这次会议也许不宜肯定中央的政治路线是正确的或是错误的，但苏维埃运动不是胜利了，而是失败了，却是显而易见的事实。现在所有苏区都丧失了，红军遭受重大的损失，我们退到了藏族地区，这些失败的事实是无法否定的。至于苏维埃运动遭受挫折的原因，既不能说成是敌人飞机大炮的厉害，也不能当作只是我们军事上的失算，我认为，主要还是这一运动不合时宜，没有为广大群众所接受。遵义会议肯定中央政治路线正确，却说军事路线错了，这似乎有些倒果为因。

张国焘对为开好会议事先由张闻天起草《中共中央关于红一、四方面军会合的政治形势与任务的决议》表示强烈不满，讥讽这次会议如此严密，而且预先拟好了决议草案，不但是故作神秘，而且会妨碍彼此间自由交换意见的机会。他要求将决议草案暂行搁置一旁，先不受拘束地加以检讨。并希望与会者不要用有色眼镜来看他提出的意见，不妨就事论事研究一下。

张国焘打着“统一党内意志”的旗号，提议召集一次高级干部会议，并说他在鄂豫皖和北川时，曾屡次举行这样的高级干部会议，成绩都很美满。他认为特别是现在一、四两方面军的干部互有隔阂，对中央也有不满，这样扩大的会议更有必要。我们不用惧怕这种会议，认为一定会吵架散场，如果我们现在研究好一致的意见，提交高级干部会议讨论，解释一些过去的误会，嘉许两军奋斗精神，提倡互相学习，反而会收团结的实效。

张国焘绕了半天，终于绕到了他的真实目的上来了，说：中央应遴选一些新人参加中央工作，这可以巩固中央的领导作用。在座的政治委员，也不全是六次大会选出的中央委员，非中央委员列席政治局会议更是常有的事。如果我们从一、四两方面军遴选少数干部列席政治局会议，并参加军委会和其他中央机关的工作，将是有百利而无一害。譬如我自己是中央一员，但常被视为是第四方面军的代言人，我们为何不让四方面军的干部，直接向中央表达他们的意见？

张国焘为他的建议披上一层“党内民主”的外衣，说召开高级干部会议和吸收新人参加中央工作，只是实施党内民主，并不是甚么推翻中央领导的阴谋。他解释，高级干部会议的职权可以从长计议，其作用，有时可类似于中央扩大会议，有时则只向中央提意见。他指责道：现在中央事实上与全国各地组织隔离了，实际只是指导一、四两方面军，因而由一、四两方面军的干部组成高级干部会议，是合法的，也是必要的。如果有人过度敏感，以为这样的高级干部会议将由四方面军的同志占多数，不免是想入非非。并表示，自己可以声明，四方面军的同志决不会在高级干部会议中要求占多数，只是想有发表意见的机会而已。他威胁说：如果中央拒绝举行高级干部会议，不让新人参加中央工作，政治上军事上的重大问题也不让同志们有发表意见的机会，这就无异阻塞了团结之路。

这是张国焘在两军会师后在中央的会议上最长、最露骨的一次发言，用简单的词来概括的话，是“悲观”、“挑事”、“挑战”、“要权”。悲观，是看不到遵义会议后，全国革命出现了新转机，把形势看得一团漆黑。挑事，是以红四方面军代言人自居，以四方面军没有得到公正待遇、人员没有安排为由，挑拨一、四方面军的团结。挑战，是认为自己做的一切都是对的，不承认错误，向中共中央发难，否定中共中央在全党的最高领导地位，把中共中央决定要做的事情推翻。要权，是打中央吸收新人和召开高级干部会议的旗号，企图架空中央，由张国焘个人凌驾于党中央之上。

张国焘发言之后，与会人员纷纷发言，驳斥和反对他的意见。

毛泽东多次发言，阐述了他与张国焘的不同看法。关于形势和任务问题，毛泽东说：(一) 西北地区进攻的敌人主要是蒋介石。蒋介石用了全部力量对付我们，受了极大损失。从总的方面看，蒋介石的统治不是强了，而是削弱了。(二) 西北地区的特点，是统治阶级最薄弱的一环，帝国主义势力最弱的地方，少数民族最集中的地方，因靠近苏联在政治上物质上能得到帮助。西北地区的困难是人口稀少、物质条件缺乏、交通不便、气候条件不好等，这些都能克服。要用全力实现西北首先是甘肃地区建立根据地的战略方针。有了总方向，两个方面军会合后，会取得更大的胜利。（三）领导全国革命的党中央在这个区域的第一个任务，是要使一、四方面军同兄弟一样地团结。过去我与朱德在井冈山会合的经验，今天可以利用。两个方面军要互相了解，以诚相待。中央军委①应负起使两个部队融洽起来的责任。关于中央委员会和政治局补充成员问题，毛泽东在发言中说：四方面军有很多好的干部，而我们只提出这几个同志，是很慎重的。本来政治局不能决定中委，是在特别情形下这样做的。其他部队也有很多好的干部，可以吸收他们到军事政治领导机关工作。②

据张国焘回忆：毛泽东“拒绝了我的全部建议。他表示中央是全国的，不仅是一、四方面军的，因为还有二方面军（当时为红二、红六军团——引者）和全国白区秘密党的组织，因而中央的政治路线，不能由一、四方面军来检讨。他反对举行任何性质的一、四方面军高级干部会议，也拒绝任何同志参加中央工作。他认为现在是在军事行动中，不能谈甚么党内民主，一切只有以中央的命令行事。”③

周恩来在发言中指出，我们要相信自己的力量，现在的最高原则是取得作战胜利，其他问题要服从这个原则。朱德在发言中说：一、四方面军会合后，力量增强了，创建川陕甘革命根据地是有把握的。这两个方面军经过了许多艰难曲折的斗争，已经锻炼成为铁的红军了。要提高信心，克服各种困难，去战胜敌人。对一、四方面军，不能轻率地说谁好谁坏，存在的缺点是可以改进的。团结是最重要的。

张闻天在作会议结论时指出：会议讨论决议所表现的一致，是一、四方面军胜利和进步的保障。他肯定遵义会议路线是正确的，并作了说明：党的整个路线是进攻的，而在军事上则随环境的不同而有进攻、防御、退却的变化；决战防御是为了反攻。

会议通过了《中共中央关于红一、四方面军会合后的政治形势与任务的决议》，决定增补陈昌浩、周纯全为中央委员、政治局委员，徐向前为中

---

① 应为中革军委。

② 中共中央文献研究室编：《毛泽东年谱》（1893—1949），（上卷），第464页。

③ 张国焘：《我的回忆》，第260页。

央委员，何畏、李先念、傅钟为候补中央委员；恢复红一方面军总部，由周恩来任红一方面军司令员兼政治委员；中国工农红军总政治部由陈昌浩任主任，周纯全任副主任。

《中共中央关于红一、四方面军会合后的政治形势与任务的决议》重申："创造川陕甘的苏区根据地，是放在一、四方面军前面的历史任务"。指出"红军基本的严重的责任，就是在川陕甘及广大西北地区创造出这样一个根据地。"针对张国焘的右倾退却逃跑行为和对红军团结的破坏活动，指出："一、四方面军兄弟的团结，是完成创造川陕甘苏区，建立中华苏维埃共和国的历史任务的必要条件，一切有意无意的破坏一、四方面军团结一致的倾向，都是对于红军有害，对于敌人有利的。"①

决议有以下几点值得注意：

其一，开始注意到日本帝国主义对中国侵略的加深对中国社会政治生活的影响。决议指出："帝国主义[侵略]的更进一步，特别日本帝国主义的占领华北，造成'华北国'的实际行动。国民经济总崩溃的深刻化，全中国的水旱灾荒，农村经济的崩溃与毁灭。国民党反动统治无法而且不能消灭或暂时削弱造成中国革命的基本原因，相反的，他使这些原因更进一步恶化了。"其二，开始认识到川陕甘地区原有的红军及其影响对建立根据地的作用。决议指出："红廿五军廿六军及廿九军在川陕甘三省的活跃，尤其是一、四方面军两大主力在川西北的会合，造成了中国苏维埃运动在西北开展极大胜利的前途。"其三，把西北地区的特殊社会、地理环境作为创建川陕甘革命根据地的有利条件。决议指出："西北各省是中国反动统治及帝国主义力量最薄弱的地区，在地理上又接近世界无产阶级祖国苏联及蒙古人民共和国，这更造成苏维埃与红军发展的有利条件。"认为"共产党中央的正确领导与适切的战略战术方针，更使我们坚信我们一定能够澈底粉碎敌人对于我们的进攻，创造和巩固西北苏区根据地。"②

---

① 《中共中央关于红一、四方面军会合后的政治形势与任务的决议》（1935年8月5日中央政治局通过），中国人民解放军历史资料丛书编审委员会:《红军长征·文献》，第609，611页。

② 《中共中央关于红一、四方面军会合后的政治形势与任务的决议》（1935年8月5日），中国人民解放军历史资料丛书编审委员会:《红军长征·文献》，第607、608页。

从这几点看，沙窝会议发展了两河口会议关于建立川陕甘根据地的战略构想。尤其是所提到的红二十五军、红二十六军，尽管中共中央还不能确定红二十五军长征具体到了什么地方，红二十六军及陕甘边革命根据地是否还存在，但已把它们作为建立川陕甘根据地的有利因素而考虑在内。因此，这个决议对于红军长征落脚点的最终锁定，又迈出了坚实的一步。

沙窝会议的结果与张国焘的期望值差很远，他提出的意见不仅没有被大家接受，而且受到批评。他提出的增补红四方面军九人为政治局委员的意见，也只接受了两人。因此，张国焘对会议非常不满。徐向前回忆说："沙窝会议后，张国焘满肚子不高兴，脸色阴沉，不愿说话。陈昌浩向我发牢骚，说中央听不进国焘的意见，会上吵得很凶。我对张国焘、陈昌浩说：现在不是吵架的时候，这里没有吃的，得赶紧走，我们在前面打仗，找块有粮食吃的地方，你们再吵不好呀！"①

艰难过草地

沙窝会议后，红军分左右两路军行动，执行《夏洮战役计划》。8月10日，前敌总指挥部发出《关于右路军行动计划命令》，决定："分三个梯队，采取阶梯队形，交互掩护缩短长径，蝉联北进。"②

沙窝会议后不久，周恩来由于劳累过度，病倒了，连续几天发高烧。医生最初是以疟疾来治，后发现肝部肿大，皮肤黄染，经检验后确诊为肝炎，已变成阿米巴肝脓疡，急需排脓。由于长征的环境，各种条件都很差，无法消毒，根本不能开刀或穿刺。因此，医生只能用治痢疾的易米丁，并让警卫员到60里以外的高山上取冰块冷敷在他的肝区上方。靠着这种办法，周恩来肝脓终于排了出来，烧也慢慢退了下去。周围局势那样紧急，不能再等待了。8月11日，周恩来以红一方面军司令员兼政治委员的身份，给红一、三军去电，要其执行夏洮战役计划，"准备在七天到十天内经班佑前进"。并要求"详细解释与讨论最近中央政治局决议，具体开展反右倾斗争，大大提

① 《徐向前元帅回忆录》，第324页。

② 《前敌总指挥部关于右路军行动计划的命令》（1935年8月10日），中国人民解放军历史资料丛书编审委员会：《红军长征·文献》，第620页。

高部队战斗情绪”①。

8月15日，左路军先头纵队红一方面军第五军等部，从卓克基地区出发向阿坝前进。当天，中共中央针对张国焘坚持红军主力经阿坝，占领青海、甘肃边远地区的主张，致电张国焘，指出：“不论从敌情、地形、气候、粮食任何方面计算，均须即时以主力从班佑向夏河急进。右路军及一方面军全部，应即日开始出动，万不宜再事迁延，致误大计。”“一、四两方面军主力，均宜走右路，左路阿坝，只出支队，掩护后方前进。”并提醒“目前应专力北上，万不宜抽兵回击抚边、理番之敌”②。

红军北上，必须经过草地，毛泽东非常关心过草地问题，首先听取了前敌总指挥部参谋长叶剑英关于草地情况的汇报，随即召集徐向前、陈昌浩、叶剑英等开会，研究右路军北上问题，批准经草地到班佑、拉卜楞寺的行军路线，决定叶剑英率领两个团为右路军先遣队。曾经在突破乌江和翻越夹金山担任先遣团的红一军第二师第四团再次担任过草地的先遣任务。8月17日，毛泽东亲自召见红四团政治委员杨成武。杨成武回忆说：

毛主席一手叉腰，一手指着地图，说：“要知道草地是阴雾腾腾、水草丛生、方向莫辨的一片泽国，你们必须从茫茫的草地上走出一条北上的行军路线来。”

稍顿一下，毛主席又指着地图继续说道：

“北上抗日的路线是正确的路线，是中央研究了当前的形势后决定的。现在，胡宗南在松潘地区的漳腊、龙虎关、包座一带集结了几个师，东面的川军也占领了整个岷江东岸，一部已经占领了岷江西岸的杂谷脑，追击我们的刘文辉部已赶到懋功，并向抚边前进；薛岳、周浑元部则集结于雅安。如果我们掉头南下就是逃跑，就会断送革命。”

他说到这里，右手有力地向前一挥，道：

“我们只有前进。敌人判断我们会东出四川，不敢冒险走横跨草地，北出陕、甘的这一着棋。但是，敌人是永远摸不到我们的底的，我们偏要走

---

① 《周恩来关于红一方面军北上准备工作致红一、三军电》（1935年8月11日），中国人民解放军历史资料丛书编审委员会：《红军长征·文献》，第624页。

② 《中共中央关于目前应专力北上致朱德、张国焘电》（1935年8月15日），中国人民解放军历史资料丛书编审委员会：《红军长征·文献》，第626页。

敌人认为不敢走的道路。’”①

毛泽东还指示杨成武，克服困难最根本的办法，是把可能碰到的一切困难向同志们讲清楚，把中央决定要过草地北上抗日的道理向同志们讲清楚。要教育大家尊重少数民族，团结好少数民族。他要杨成武搞好红一、红四方面军的团结，交代杨成武到前敌总指挥徐向前那里接受具体指示。

8月18日，右路军先头部队从毛儿盖向班佑开进。

8月19日，中共中央政治局常委会议在沙窝召开会议，研究常委分工等问题。会议决定，张闻天负责组织部工作，博古负责宣传工作，毛泽东负责军事工作，王稼祥负责红军总政治部工作，凯丰负责少数民族委员会工作。会上，王稼祥提出要同张国焘作斗争的问题。毛泽东说：在毛儿盖时已经说过，斗争是需要的，但目前开展斗争是不适宜的。目前我们应采取教育的方式，写文章，不指名，不引证。可指定专人搜集材料，研究这个问题。毛泽东在会上还说，遵义会议时已经批评政治局常委会未发生作用，鲁班场战斗后至今仍未发生作用。他提议每周开一次常委会。会议根据毛泽东的提议，决定："常委会每周至少一次，各部有临时发生事件，由各部与书记商量，[必要时]召集临时常委[会]。"②

8月20日，中共中央政治局在毛儿盖召开会议，讨论红军行动方向和夏洮战役的作战行动问题。毛泽东首先在会上作夏洮战役后的行动问题报告。当时，中共中央所在右路军在东侧，张国焘所在的左路军在西侧。毛泽东在报告中指出：我们的行动方向，一是向东（陕西），一是向西（青海、新疆）。红军的主力应向东，向陕、甘边界发展，不应向黄河以西。目前我们的根据地应以洮河流域为基础，将来向东发展，后方移至甘肃东北与陕西交界地区。

会上，相继发言的有陈昌浩、王稼祥、凯丰、林彪、博古和徐向前。徐向前表示完全赞成毛泽东的意见，北进夏河后，坚决向东发展。他说：原则上的问题，中央早已决定，战略方针当然是向东。我军北出甘南后，应坚决沿洮河右岸东向，突破岷州王均部的防线，向东发展。万一不成，再从河左

① 杨成武：《毛主席指示我们过草地》，中国人民解放军历史资料丛书编审委员会.《红军长征·回忆史料》(1)，第539—540页。

② 中共中央党史研究室张闻天选集传记组编：《张闻天年谱》(1900—1941)(修订本)(上卷)，第184页。

岸向东突击。陈昌浩也主张快速北进，集结最大兵力，向东突击，以实现中央既定方针。大家在发言中一致赞同毛泽东的意见。

看到红四方面军兼前敌总指挥部的两位军政主管赞同自己的意见，会议开得那么顺利，毛泽东非常高兴，还特意表扬了陈昌浩的发言。

最后，毛泽东作结论，进一步指出：向东还是向西是一个关键问题，应采取积极向东发展的方针。夏洮战役应采取由包座至岷州的路线，可集中三个军，甚至全部集中走这条路线。左路军应向右路军靠拢。阿坝要迅速打一下。应坚持向东打，不应以一些困难而转向西。会议决定由毛泽东起草一个决议，以补充两河口会议关于战略方针的决议。

当天，中共中央政治局通过毛泽东起草的《关于目前战略方针之补充决定》。补充决定提出："在目前具体的敌我情况之下，为实现六月廿二八日关于目前战略方针之基本决定，要求我们主力，迅速占取以岷州为中心之洮河流域（主要是洮河东岸）地区，并依据这个地区，向东进攻，以便取得陕甘之广大地区，为中国苏维埃继进发展之有力支柱与根据地。"并认为"甘陕地区，不论目前与将来之发展上，都是有利的，而且依据我们现有的力量，是完全能够实现的。"①决定认为在陕甘地区建立根据地的有利条件是：

其一，这里原有红军和苏区，能够迅速建立川陕甘根据地。指出："在政治上，我们能够同廿五、廿六军，及通南巴游击区取得配合，协同动作及汇合，并给在这个地区中开展着的游击运动以帮助、组织、领导，联系存在于陕甘边之苏区与游击区域，成为一片的苏区，这给我们可能在短期中，迅速地造成巩固的苏区根据地，这就能够迅速的形成在中国西北部以及全中国的革命运动的领导中心。"②这更进一步说明，红二十五、二十六军和陕甘边根据地在中共中央战略方针地位的重要性。

其二，甘陕地区各派国民党军之间的有矛盾和冲突。指出："在这个地区中，是几个军阀的系统，他们虽然联合地向我们进攻，然而存在着自己之

① 《中共中央政治局关于目前战略方针之补充决定》（1935 年 8 月 20 日政治局通过），中国人民解放军历史资料丛书编审委员会：《红军长征·文献》，第 636 页。

② 《中共中央政治局关于目前战略方针之补充决定》（1935 年 8 月 20 日政治局通过），中国人民解放军历史资料丛书编审委员会：《红军长征·文献》，第 636—637 页。

间的矛盾和冲突，敌人一般战斗力之薄弱，及士气之不振，特别是东北军，正从日本帝国主义的刀锋前从河北调来，以及十九路军改编的士兵，他们中间的反帝与不满情绪，正是我们工作顺利的条件。”①在这里，中共中央不仅看到了敌方之间的矛盾，更看到了日本帝国主义的入侵与国民党军队中抗日民族情绪的增长。红军长征到陕甘根据地后，同东北军建立抗日民族统一战线，这里已有源头。

其三，甘陕地区阶级矛盾十分尖锐。决议指出：“这个地区，由于连年继续不断的深涸的农业危机，饥荒，沉重的捐税，土地的集中，迅速的生长着伟大的农民革命的先决条件，并已开展着反捐税土地斗争和游击运动，这使我们在当地基本的汉族群众中，能够给这种自发的农民斗争，以组织领导提高其觉悟程度，而走上苏维埃革命的道路，并便利于红军扩大与发展。”②这个分析，是很符合陕甘边地区的社会情况的。

决定进一步论证了在川陕甘建立根据地的有利条件，尤其是论证了陕甘地区的种种有利条件，凸显陕甘地区在中共中央战略构想中的重要战略地位。由此，创建川陕甘根据地、争取西北各省胜利、推动全国革命形势发展的战略构想进一步明晰与丰富。决定确定了红军正确的战略进军方向，找到长征的落脚点已经指日可待。

由于张国焘持红军主力西进的主张，决定指出：“政治局认为在目前将我们的主力西渡黄河，深入青、宁、新僻地，是不适当的，是极不利的（但政治局并不拒绝并认为派遣一个支队到这个地区活动）”。“如果我们目前采取这种方针，将使苏维埃与红军遭受着损失，并限制其发展。所以政治局认为目前采取这种方针是错误的，是一个危险的退却方针。这个方针之政治的来源是畏惧敌人夸大力量，失去对自己力量及胜利的信心的右倾机会主义。”③

同一天，红一方面军政治委员周恩来、政治部主任李富春发出《关于

① 《中共中央政治局关于目前战略方针之补充决定》（1935 年 8 月 20 日政治局通过），中国人民解放军历史资料编审委员会：《红军长征·文献》，第 637 页。

② 《中共中央政治局关于目前战略方针之补充决定》（1935 年 8 月 20 日政治局通过），中国人民解放军历史资料编审委员会：《红军长征·文献》，第 637 页。

③ 《中共中央政治局关于目前战略方针之补充决定》（1935 年 8 月 20 日政治局通过），中国人民解放军历史资料编审委员会：《红军长征·文献》，第 637、638 页。

北进前的政治保证工作的指示》，指出；“争取夏洮战役的胜利，是赤化川陕甘的关键”。要求“以师或全军开排以上干部会，报告党中央‘关于一、四方面军会合以后的形势与任务的决议’”；“以团为单位开班以上干部会，报告和讨论前敌总指挥、政委的训令（关于北上的指示）”；“深入解释北上过草地的意义，与过草地的战斗准备，以及必要的物质携带和防空问题。”①指示还对部队过草地前的物质准备工作作出了具体的指示。

8月24日，中共中央将《关于目前战略方针之补充决定》精神电告左路军的朱德、张国焘，指出：“目前应举右路军全力，迅速夺取哈达铺，控制西固、岷州间地段，并相机夺取岷州为第一要务。左路军则迅出洮河左岸，然后并力东进，断不宜以右路先出黑错、旧城，坐失先机之利。”②

由于张国焘总是与中央对着干，徐向前、陈昌浩也认为张国焘这样下去不好，并且从军事上看，左右两路军集中兵力出甘南是上上策。因而，徐、陈二人在8月24日联名致电张国焘，说：“目前箭已在弦，非进不可。”“弟意右路军单独行动不能澈底[灭]已备之敌，必须左路马上向右路靠进，或速走班佑，以便两路集中[向]夏、洮、岷进。主力合而后开分，兵家大忌，前途所关，盼立决立复示，迟疑则误尽中国革命大事。”③然而张国焘把徐向前、陈昌浩的劝告当作耳旁风，就是在阿坝按兵不动。

右路军经过认真的政治、思想、物质准备后，于8月21日陆续迈出了穿越草地的艰难征程。红一军先行，继后是中共中央领导机关、红军大学等，再后是红三十军、红四军，红三军断后。徐向前、陈昌浩、叶剑英随红三十军行动。

先头红四团率先进入草地，立刻感受到恶劣的自然环境的威胁。杨成武回忆说：

我骑在马上，举目远望，草地的情景真使人怵目惊心！呀，前面的草原

① 《周恩来、李富春关于北进前的政治保证工作的指示》（1935年8月20日），中共中央文献研究室、中央档案馆编:《建党以来重要文献选编》（1921—1949）第12册，中央文献出版社2011年版，第293页。

② 《中共中央关于对目前战略方针之补充决定给朱德、张国焘的电报》（1935年8月24日），中共中央文献研究室、中央档案馆编：《建党以来重要文献选编》（1921—1949）第12册，第295—296页。

③ 《徐向前、陈昌浩对左、右路军行动意见致朱德、张国焘电》（1935年8月24日），中国人民解放军历史资料丛书编审委员会：《红军长征·文献》，第643页。

茫茫无边，在草地上面笼罩着阴森迷蒙的浓雾，根本分不清东南西北。草丛里河沟交错，积水泛滥，露在外面的水呈淤黑色，散发出腐臭的气息。这里没有石头，没有树木，更没有人烟，有的只是一丛丛长得密密麻麻足有几尺高的青草。在这广阔无边的泽国里，简直找不到一条路，脚下是一片草茎和长年累月腐草结成的"泥潭"，踩到上面，软绵绵的，若是用力过猛，就会越陷越深，甚至把整个身子都埋了进去，再也休想从里面爬出来。①

由于是先头团，负有探路的责任，战士们除了背武器、背包、粮食、柴禾外，还要带上用木头做的上面写着"由此前进"的路标。在平时，多背一点东西可能算不了什么，但在忍受着饥饿并在草地艰难的行军情况下，多一分的负重，就要多好几分的行军困难。

红四团请了一位60多岁的藏族通司（翻译）带路。老通司告诉他们：过草地要拣最密的草根走。草地上的水淤黑的，都是陈年腐草泡出来的，有毒，不能喝。喝了肚子发胀，甚至中毒而死。别说喝，就是脚划破了，被这毒水一泡，也会红肿溃烂。于是，杨成武和团长王开湘经过商量，立刻规定一条纪律：不准用草地上的水。稍作停顿，红四团便按照通司的要求，一个跟着一个，小心翼翼地踏着密集的草根，一步一步往前走去。这天是阴天，又有浓雾，根本辨不清方向，他们是靠着通司和手中的指南针行军的。

进入草地的第一天，老天爷即给红四团来了一个"下马威"。早晨浓雾蒙蒙，天昏地暗。中午，风吹云散，天空忽然晴朗。到了午后，乌云密布，气温骤降，狂风四起，大雨滂沱。黄昏，又下了一阵暴雨，河水挡住去路，红四团只好在一个稍高一点的坡地露营。

通司是宝贝，没有他就无法过草地，是重点保护对象。杨成武命战士们用一块油布搭一个帐篷，让通司睡在里面。其他人则把背包当凳子，坐在上面，相互背靠背，以对方体温取暖。草地晚上很冷，需要点火烤烤。但是大家带的柴禾大都给雨水淋湿了。好在宣传队有个叫郑金煜的小红军，贴身藏的几根柴禾没有淋湿。大家就用这几根柴禾当引火柴，好不容易将火点燃了。大家烤火时，又烧了一脸盆开水，每人分着喝了一小杯。有的还

① 杨成武:《毛主席指示我们过草地》，中国人民解放军历史资料丛书编审委员会:《红军长征·回忆史料》(1)，第543页。

就着水拌着青稞面吃了一点。

当天晚上，天公不作美，又下起倾盆大雨，雨还夹有冰雹。红四团的同志们背靠着背，在雨中，半醒不睡地坐着，在草地上度过了漫长的一夜。

第二天拂晓，红四团继续前进，走向草地的中心部。越往里走，行进越困难。绿茸茸的水草，全泡在水里，红军一脚下去，水没至膝，所谓的“路”，都浸在污浊的水里，地下是多年的腐叶败草，土质松软，一伸出脚，至少陷进半尺，许多人的草鞋给泥巴沾下来，找都找不着。更可恶的是隐藏在水草下面的泥沼，人与马陷下去，越挣扎，就越陷越深，假如别人援救，连救的人也要陷下去。偏偏过草地这几天，阴雨绵绵，红军个个都如履薄冰似地，踏着前面人的足迹，慢慢地前进。而且每走一步，都要慎重地抬起脚，慎重地放下。尽管这样，还有人一不小心陷进泥沼里去。红四团一个叫谢德全的小战士大半截身子都陷去了，手抓着一把草拼命地挣扎。幸亏杨成武和几个人离得比较近，将他拉了出来。

在进入草地的第四天，由于连日来的风雨、道路泥泞、寒冷的折磨和饥饿的煎熬，红四团的许多干部、战士体力急剧下降，面色苍白、蜡黄，两只脚软绵无力，迈不开步。大家互相帮助，身体强壮一点的搀扶着身体弱一点的。带的粮食稍多一点的，就匀给没粮食的。几个团干部把所乘的马和团里所有的牲口都集中起来，成立收容队，驮送伤病员。但还是有不少同志牺牲在草地上了。其中就包括第一天过草地时把四根柴禾藏在贴身处未被淋湿，使大家能够烤火暖身子、喝上一小杯开水的小宣传队员郑金煜。

郑金煜是江西石城人，个子不高，人很机灵，面目清秀，打仗毫不含糊，是个讨人喜欢的红小鬼。因工作积极，作战勇敢，16岁就入了党，进入草地时是红四团团部党支部的青年委员。刚开始进入草地时，精神抖擞，不知疲倦，柴禾拣重的背，工作拣难的做，不但行军走在前头，还抽空宣传，唱歌鼓舞大家士气。由于草地天气变化无常，高寒缺氧，饥饿严重，习惯南方气候的、身体单薄的郑金煜在进入草地的第二天发起了高烧。杨成武得知他病了以后，特意去卫生队看他，嘱咐卫生队的同志好好照料他。但过了一天，郑金煜病情恶化，不能行走。他坚强地对同志们说：“我在政治上像块钢铁，但我的腿不管用了，我要掉队了，我多么舍不得你们啊！”杨成武听到这个消息，十分焦急，命令饲养员老谢把他的乘马给郑金煜骑，并把几个团领导的干粮匀给他吃。后来，郑金煜身体衰弱得连腰都直不起来了。杨成武就用老办法，叫人用背包放在郑金煜前后，使他的身子直立起来，再用绳子将他绑在马背上，叫一些同志轮流扶着他走。但是，到了中午，杨成武听到后面人传过话来，说："郑金煜同志要政委等他一下，他有话同政委说！"杨成武知道情况不妙，怀着沉重的心情站在路旁等着，远远看见老谢牵着马，步履沉重地走过来。

"小郑！"杨成武没等他们走近，就飞奔过去。"政委！"郑金煜听到杨成武的喊声，强打精神，微微一笑，就又无力地闭上眼睛。只见他面如白蜡，额头上沁出豆大的汗珠。"怎么样，不舒服么？"杨成武问道。"政委！"郑金煜又强睁开眼睛，用颤抖的声音断断续续地说："我不行了，感谢你对我的照顾。我知道党的事业一定会胜利！革命一定会胜利！……政委，我确实不行了，我看不到胜利那一天。"说到这里，他的眼泪夺眶而出。站在杨成武身边的警卫员和饲养员也泣不成声。杨成武极力控制住自己的感情，轻声安慰道："小郑，不要多想，我们很快就要走出草地了！"郑金煜摇了摇头，一阵急喘，然后用微弱却又十分坚定的语调说："政委，希望党的路线胜利，革命快胜利，胜利后，如果有可能，请告诉我的家里，我是为执行党的路线，为了革命的胜利牺牲的！"

这次，杨成武再也没有忍住眼泪，泪珠像断了线的珠子，快速从眼眶中滚下。他抹去眼泪，对郑金煜说："郑金煜同志，你一定能走过草地，同志们一定帮助你走过草地！"随即，杨成武叫警卫员把水壶交给老谢，交代他好好照顾郑金煜，无论如何也要把郑金煜带出草地。

当天下午，年轻的共产党员、红军战士郑金煜还是没有挺过这一道难关，为中国革命事业献出了宝贵的生命。生命虽然离他而去，但他的精神之花，却如此美丽的绽放，激励着战友们继续前进，征服这充满凶险的草地。

8月26日下午三时，红四团终于走出了草地，到达班佑，为右路军探出了穿越草地之路。

中共中央是随红一军之后进入草地的。那么，毛泽东是怎么过草地的呢？他的警卫员陈昌奉回忆说：

我们踏上了草地。

草地，不但没有树木，不但没有人烟，简直可以说没有人迹；我们爬够了的山一点影子也没有了，连一块石头也看不到了。举目四望，茫茫一片荒凉。偶尔发现一两处小丘，就和陆地上的刺猬一样。草地上的草一滩一滩的都长在水中，它们在水中长，在水中死，在水中腐烂，然后又在腐烂的草丛上顽强地长出新的草来。那腐烂了的永远浸在污水中的野草，无边无际，踏在上面，发出使人厌倦的“噗唧”“噗唧”的响声；一不留神，就会双脚深陷，甚至埋在这无底的泥潭之中，在这种时刻，要是没有同志们的帮助，要想拔出腿来是很难的。有好几次，我们陷在泥里，都是主席用他那巨大的手臂把我们拉了出来。

当时虽然时值八月，但这里的气候相当寒冷，而且变化无常——一忽儿落雨，一忽儿下雪，有时还会降下很大的冰雹。每前进一步，都要付出很大的代价。特别是我们的老余同志，他为了防止马掉进泥潭，有时竟伏在马肚子底下探路，真是历尽了千辛万苦！

主席走在我们前面，每走几步就停下来，回头关切地呼喊着我们的名字，直到每个人都答应了，才转过头去。有时，他见我们困乏了，就给我们讲故事，说笑话，往往引得大家哈哈大笑，这样一来，同志们所有的疲劳都被赶走了。

虽然困难重重，但却听不到一声叹息，一句怨言，有的只是坚强的毅力和无比的胜利信心。真的，有毛主席和我们在一起，我们永远都是乐观的！

部队也进草地了，他们穿着各式各样的衣服——有灰色的军装，有用各种兽皮做成的大衣，有身上披着毯子的，有头上戴着斗笠的，还有打着雨伞的……真是形形色色。着装虽然破旧，但大家都互相拉着手，或者集体握着一条长长的绳子，有的还唱着歌，顽强地前进着。红军战士把这片死气沉沉的原始大草原惊醒了，治“活”了！

有一天，突然发现草原的地平线上隆起了一个星点，越来越大，那是什么呢？还没有完全弄清楚，大家的心就兴奋得剧烈地跳了起来。啊！有奔头了；那是一个叫班佑的地方！没进草地的时候大家就知道，走到班佑就算走出了草地！这时候，同志们那股欢乐的情绪，简直无法形容。①

① 陈昌奉口述、赵娄整理：《跟随毛主席长征》，解放军文艺出版社 1986 年版，第 237—239 页。

在困难的时候关心别人、帮助别人，以乐观的态度感染别人、鼓舞别人，这就是毛泽东！

过草地，是以生命和恶劣的天气、地理自然环境相搏，对于久经征战的红军来说，食物就显得极其重要，哪怕是一把青稞面、一小块牛肉干，就意味着生命。刘英在回忆中讲述了在过草地前准备食物时发生的一件事：

在过草地之前，大家要做点准备，主要是搞点吃的东西。记得前方部队给中央送来了一头牦牛，警卫队把它宰了。牛皮和内脏煮出来大家吃了，牛肉每人分一点，晒牛肉干当干粮。毛主席吩咐首先要照顾休养连。警卫队长就一份一份分好送去。贺子珍当时在休养连，给她的比给徐特立、谢觉哉、董必武等几位老同志的稍微多了些。这事不知道怎么让毛主席知道了，他很生气，把我找去，问："这是怎么回事？贺子珍的怎么可以比徐老他们多呢？"我说："这事不是我管的，是邹队长分的。"他说："你替我找他，我可不能特殊，一定要给这几位老同志补上。"

我找警卫队长，他很为难，说："啊呀，现在全部都分完了，剩下的就是毛主席、洛甫等几位的了，这可怎么办呢？"我说："毛主席说了要补，可不敢不补啊！"于是从他们几位领导人的份子里割点下来，补给几位老人，毛主席这才放了心。①

以身作则，不搞特殊，一件小事，却显出伟人的风范。

周恩来是随殿后的红三军过草地的。在过草地前，由于他发高烧，五六天几乎就没有吃什么东西，身体十分虚弱。以他这样的身体状况，别说过草地，就算是平地行军，也是不行的。彭德怀决定派人抬着他过草地，命令参谋长萧劲光：你具体负责，立即组织担架队。实在不行的话，宁可丢掉一些装备，也要把恩来等领导同志抬出草地！从哪儿抽人呢？萧劲光把目光投向了迫击炮连。迫击炮，是当时武器装备十分简陋的红军的"杀手锏"，攻坚、打敌人的碉堡，全靠它啦！没办法，萧劲光咬咬牙，最后决定从迫击炮连抽人组成担架队，把带不走的迫击炮弹埋掉。担架队分成几个组，轮流抬着病重中的周恩来、王稼祥等中央领导同志。陈赓自告奋勇，担任担架队队长。兵站部部长兼政治委员杨立三坚持要参加给周恩来

① 刘英：《难忘的三百六十九天》，《刘英纪念集》，第42—43页。

抬担架。

杨立三和战士们一起，抬着周恩来，深一脚浅一脚在草地走着。他的双肩磨破了，脖子一歪就疼，走出草地就累病了。周恩来看到杨立三累成那样，心里十分难受，多次挣扎着要从担架上下来，自己走。1954年11月，杨立三不幸病逝，担任国务院总理的周恩来，没有忘记这位抬着他过草地的同志，无论如何也要亲自为他抬棺送葬。在革命斗争时期结下的深情厚谊无法用语言形容，却能在无声的行动中得到体现。

再来看看随右路军行动的女红军是怎样过草地的吧！刘英回忆说："我同蔡畅同志走一路，两人相互鼓励，相互搀扶，晚上宿营，用两条床单搭个小篷，躲避风雨。两人依偎在一起，觉得暖和点。""长征的一路上我没犯过病，但第六天开始，也泻肚子了。那时也顾不得害羞，随时蹲下来就拉，系好裤带又赶快赶队伍。一直拉了两天，我咬着牙挺过来了。"①在茫茫草地，男同志解决排泄问题，是比较方便的。而女红军遇到此事，就很尴尬了。草地一无遮拦，大家必须一个挨一个走。单独找一个没人的地方解决"方便"问题，危险很大，陷进泥潭，无人可以施救。而像刘英这样遇到腹泻，需要随时随地"解决"，只好不顾男女之别，像她回忆中说的那样做了。读了这段文字，不能不对这位巾帼英雄、革命前辈表示崇高的敬意。

危拱之是随干部团过草地的女红军，她负责司令部的总务工作。部队一到宿营地，她都忙着安排大家的吃、住，安顿病号。干部团政治委员宋任穷在回忆中说："记得过草地时，我的马丢了，驮在马上的粮食和全部生活用品也随着丢失了，拱之同志在极其困难的情况下，从其他同志那里为我匀了一份，帮助我渡过了难关。她还在百忙中为我织了一条毛线围巾。拱之同志对于干部团其他同志的照顾也是满腔热忱、无微不至的。拱之同志缠过足，但是由于马匹少，在整个长征途中，她从来没有骑过马，完全靠一双'解放脚'一步一步地走完了两万五千里。拱之同志不愧为一位革命女杰。"②

党的创始人之一、中共一大代表、中央苏区"五老"之一的董必武，过

① 刘英：《难忘的三百六十九天》，《刘英纪念集》，第43页。
② 《宋任穷回忆录》，第73页。

草地的心态则又是一个样。过草地苦，那是自不待言的，但董必武是带着探究的眼光去看这个神秘地方的。他在回忆文章中说：

过草地边的那几天，天天都遇着雨。雨不小。脚在水草丛里走，不待说是湿的。有雨具的人身上稍好一点，可是带有雨具的人不多，没有雨具的人全身都湿透了。不下雨时天气总是阴沉沉的，风刮得厉害，气候冷，需着棉衣。我没有遇到一个熟悉此地气候的人，不能一问，每年夏季，是否像我们经过的那几天一样每天都要刮风下雨呢？在草丛上走虽有点滑，比走泥泞路还好得多。

色既坝是一条河水流过的地方，河两岸稀疏的长了些树木，两边草地宽广的约一二十里，据说坝有一百里长，我们走过的约四十余里，觉得这块地方很肥沃，为什么没有一户人家？将来人口繁殖，这个坝子怕就不能听其自然了。

草地大约高出海面在五千公尺以上，所谓雪线地带，气候是很冷的。我们夏天走这上通过，尚非着棉衣不可。一入秋冬自然更要冷些。那里气候虽然很寒冷，但草却是那样的茂盛，别种于人类有用的植物，一定在这个地方有能生长出来的可能。不过我不是研究植物土壤学的人，不能详细来考究，行军中仓促一瞥，也无暇考察。革命胜利后，有专门人才来这地方考察一次，一定有许多适用于人类的东西发现出来。①

过草地是艰难的、危险的，但红军用革命的乐观主义去战胜面临的艰难困苦。他们编了许多顺口溜，如："身无御寒衣，肚内饥，晕倒爬起来，跟上去，走到宿营地。""天上无飞鸟，地上无人烟，茫茫草原，蓝蓝的天，只有红军亲眼见。""天当被，地当床，暴雨来了当蚊帐。""翻雪山，过草地，锻炼红军真本事。""同志们鼓足劲，前面就是宿营地。"通过这些顺口溜，减轻大家的疲劳、饥饿，鼓起劲来前进。行军途中休息时，部队就开展文娱活动，唱歌、做游戏，有时还演一些小节目。随右路军行动的红三十军，有不少四川籍战士。四川人爱摆龙门阵，讲笑话，逗得大家捧腹大笑，从而忘记了疲劳和病痛。革命的乐观主义精神，完全压倒了困难。

右路军过草地，付出了很大牺牲，仅红一军就牺牲了400多人。红一军

① 董必武：《从毛儿盖到班佑》，《红军长征记》，第379页。

先过草地，牺牲的战士由后卫部队负责掩埋。李维汉在回忆中说："我是在中央纵队的后面做后卫工作。行军路上战士牺牲很多，牺牲了就扒些泥盖起来，做个坟堆以资纪念。我看见一条毯子盖着几个战士，怕他们掉队，就赶快下马，揭开毯子想喊他们起来一起走，仔细一看，四个同志已停止了呼吸。我还看见前面有一位战士，身子左右摇晃倒在水里，我赶快过去扶他，可是已经死了。我们的红军战士为了革命事业就是这样斗争到最后一口气的！"①

右路军各部，有的经过六天六夜，有的经过七天七夜，分别征服了草地，于8月底到达班佑。

"过草地"与"爬雪山"一起，成为红军长征战胜恶劣的自然环境条件的代表性的符号。雪山、草地在当时来说，是属于绝地，翻越与穿越在常人看来，都是不可想象的。红军当时是疲惫之师、饥饿之师，广大干部、战士多系南方人，对严寒的气候不适应，尤其是川西北高寒天气更难适应，并且是有盛夏到寒冷极大反差的情况之下，却敢于超越体能极限，挑战这些绝地，靠的是什么？右路军先头红四团政治委员杨成武回忆录中的几句话足以说明这个问题。他说："风霜雨雪加冰雹，气候一日多变，我们没有棉衣穿单衣，没有交通工具，双脚泡在水里，从天蒙蒙亮一直到黑夜，饿肚子，连喝水都很困难，有时还得通宵淋雨等到天明，行军、作战，一路上千难万苦毫无怨言，为的是什么？信念——对事业，对革命，对北上抗日的路线的信心，对共产主义的远大理想。我们坚信一定会胜利！坚信党中央、毛主席、周副主席和张闻天总书记一定会带着我们冲破困难，走向胜利。这个信念鼓舞着我们咽苦如饴，鼓舞着我们忍受着一切难以想象的困难，鼓舞着我们忍饥受寒，以至献出自己的宝贵生命而在所不惜。"②《孙子·九地》中说："置之死地而后生"，红军敢于挑战绝地，而且征服绝地，经历了极其严峻的考验，说明她是一支打不垮、拖不烂，令敌人望而生畏、闻风丧胆的军队，是一支可以战胜一切敌人和艰难困苦的军队！

---

① 李维汉：《回忆与研究》(上)，第362页。

② 杨成武:《毛主席指示我们过草地》，中国人民解放军历史资料丛书编审委员会:《红军长征·回忆史料》(1)，第549—550页。

五、分离，柳暗花明

红一方面军主力先行北上

右路军穿过草地以后，进入了班佑、巴西地区。这里有粮、有水、有牛羊，有民房——虽然是用牛粪饼贴在墙上，战士们称“牛屎房”，但可以避风雨、温暖，不再受寒冷之苦。广大干部、战士可高兴了。张闻天、毛泽东、周恩来、博古等中共中央领导人和机关驻在阿西，徐向前、陈昌浩、叶剑英及前敌指挥部驻在巴西。

通往甘南的必经之地上下包座，由国民党军胡宗南部防守。上包座与下包座之间相距几十里路，包座河纵贯其间，山高路险，树林密布。国民党守军利用山险隘路，修筑碉堡，储备粮食，构成了长期坚守的防御阵地。胡宗南得知红军北进的消息后，急调驻漳腊的伍诚仁第四十九师星夜驰援包座，企图扼住红军北进的通道。

抢在胡敌增援部队到达之前，强占包座，迅速出师甘南，是右路军的紧急任务。若让敌抢先一步，封住红军北出甘南的道路，右路军就有被迫退回草地的危险。8月26日，徐向前率领前敌总指挥部及红三十军、红四军到达班佑、巴西地区后，立即派人侦察地形、敌情，进行攻打包座的战斗部署。鉴于红一军减员太多，而红三军殿后还未出草地，徐向前、陈昌浩向中共中央建议，攻打包座的任务由红四方面军的第三十军、第四军承担。中共中央批准了前敌总指挥部的建议。于是徐向前、陈昌浩决心在敌援兵未到之前，速战速决，攻取上下包座，然后集中打援。

8月29日，红三十军第八十九师第二六四团进攻包座南部的大戒寺，第八十八师两个团和第八十九师另两个团位于包座西北地区，相机打援；以红四军一部攻击包座以北求吉寺守敌。红一军作预备队，集结于巴西和班佑地区待机，并保护中共中央的安全。红二六四团向大戒寺守敌发起攻击后，歼灭守敌一个营中的两个连，残敌退居大戒寺山后的碉堡里顽抗。30日夜，援敌第四十九师先头部队进抵大戒寺南。为诱援敌全部进入红军伏击圈。红二六四团奉命略作抵抗，假装不支，撤至大戒寺东北。敌人果然中计，当夜进至大戒寺。31日，敌师长伍诚仁率领师部进到大戒寺以南，以为红军不堪一击，令三个团的兵力沿包座河东西两岸进击，妄图压迫红军于上下包座附近歼灭。当日下午三时，徐向前下令反击，埋伏在山林间的红八十八、八十九师突然杀出，将敌斩为三块。激战至晚，将敌四十九师大部消灭。

与此同时，红四军一部也向求吉寺之两个营守敌发起猛攻。歼敌一个多营。残敌继续凭险固守。由于求吉寺院墙又高又厚，敌人在寺后山上构筑了坚固的工事，控制着制高点，红四军部队攻的时候伤亡很大。徐向前遂令停止进攻，包围残敌，待机消灭。在攻打包座的战斗中，红十师师长王友钧打红了眼，亲自端起机枪，架在警卫员肩膀上，向敌猛烈扫射，掩护部队攻击，不幸中弹牺牲。

王友钧，湖北广济人，原系鄂东南的红十五军战士。1931年1月，红十五军到鄂豫皖根据地的商城南部长竹园与红一军会师，合编为红四军。历任班长、特务队队长、营长、团长、师长，屡建战功，是红四方面军著名的“夜摸将军”。他所带领的二七一团，擅长夜摸、夜袭。在川陕苏区反六路围攻时，他曾带领30多名手枪队员，夜间从西线偷渡小通江，攀越几丈高的悬崖，摸入敌后方牛角嵌团部阵地，砍死敌团长，摧毁敌团部，带着缴获的武器、文件、俘虏，安全返回，受到方面军总部的表扬。王友钧牺牲时，年仅24岁。红军又失一员年轻的战将。

包座之战，红军毙伤敌师长伍诚仁以下4000余人，俘敌800余人，缴获长短枪1500余支，轻机枪50余挺，电台一部，粮食、牦牛、马匹甚多。这对于刚过草地的右路军来说，是多么及时的补充！更重要的是全歼了蒋介石的嫡系部队胡宗南一个师，打开了北出甘南的重要通道，极大地鼓舞了红军的士气。这是红一、四方面军会师后取得的一个大胜利，打破了国民党军阻止红军北上的企图。

位于松潘、漳腊地区的胡宗南被打痛了，蒋介石令其绕道文县开赴西固（今舟曲）堵截红军，他要求薛岳部到达松潘、漳腊、南坪接防后才能开动。而于学忠部还远在陕甘交界的徽县、两当地区。甘南之文县、武都、西固、岷州等广大地区，敌人兵力空虚。红军从巴西地区到西固、岷州也就是五天路程，沿途多为汉族，路宽、粮多，人烟稠密，情况非常有利。

张国焘拒绝北上

右路军已过草地，张国焘率领左路军却在阿坝一带磨磨蹭蹭不向右路军靠拢。到了8月30日，张国焘才和朱德联名致电倪志亮、周纯全，作出左路军集中班佑与右路军靠拢北进的部署。但第一梯队要到9月8日集中到箭塘后，才出发向班佑前进。第二梯队的各部队，9月12日或13日从查理寺出发，预计在9月16日左右到达班佑。并且要求："川康省委以阿坝为中心"，"将来三十一军政治部亦开阿坝，大大开展工作，使阿坝成为苏区一部"①。

8月31日，徐向前和陈昌浩给红军总部发电报，建议："目前责[贵]在速集全力突破岷、西、成封锁线。康则敌力集中之路。除留两三个团向阿坝、查理寺掩护后方外，其余都应迅速集结而来。"并且认为"三十一军决不能分散，决必[不]能到该地掩护。又此方粮、房甚多，□[补]左路有余，前进更多。"②

张国焘率领的左路军像老慢牛一样的行动，这样到班佑就何时了？时不待我，若让胡宗南部赶到西固，良机不就又失去了么？毛泽东焦急起来，找徐向前、陈昌浩商议，如何做张国焘的工作，催促他带左路军过来。徐向前说：如果他们过草地困难，我们可以派出一个团，带上马匹、牦牛、粮食，去接应他们。毛泽东表示：这个办法好，一发电报催，二派部队接，就这么办。

9月1日，徐向前、陈昌浩、毛泽东联名致电张国焘。指出："目前情况极有利于向前发展"，右路军以主力向前推进，"以不突出西固、岷州线为度。""候左路到达，即以一支队向南坪方向，又一支队向文县方向佯攻胁

---

① 《朱德、张国焘关于左路军向班佑集中与右路军靠拢北进致倪志亮、周纯全电》（1935 年 8 月 30 日），中国人民解放军历史资料丛书编审委员会:《红军长征·文献》第 649、650 页。

② 《徐向前、陈昌浩关于速集全力突破岷（县）西（固）成（县）封锁线的意见》,（1935 年 8 月 31 日），中国人民解放军历史资料丛书编审委员会 :《红军长征 · 文献》，第 653 页。

敌，集中主力从武都、西固、岷州间打出，必能争取伟大胜利。”①

在毛泽东、徐向前、陈昌浩等的催促下，张国焘率领的左路军总算迈开步向右路军靠拢了。但刚走了两天，他又不想走了。张国焘回忆说：“我们总司令部率部按照计划，由刷金寺向上下包抄[座]前进，不料走了一天后就遇着大雨，我们深恐为水所阻，积极冒雨前进，夜晚支起军毡作帐篷，露宿在水地上。果然，第三天上午，玛楚河上游的一个支流，横阻在我们的前面，它原不过是一条小河沟，深不过膝，现在河水陡涨，深逾一丈，宽达三百米，我们无法通过。看形势几天之内河水没有退落的可能，附近百里地区以内，又找不出任何渡河工具，而我们的干粮又吃了大半，我们无计可施，乃决定回师刷金寺。”②张国焘以河水上涨不能过为借口，于9月2日致电徐向前、陈昌浩，称：“葛曲河水涨大，不易消退，侦察上下三十里，均无徒涉点，架桥材料困难，各部粮食只有四天。”“葛曲河水小时能徒涉，我们不能等待，现在继续侦察徒涉点，并设法架桥，明日各部均在原地不动。”要求徐向前、陈昌浩“酌派（带工兵连）一二团兵力，由二十四马鞍腰，经牙磨河草区到达渡河点，与我们会合。葛曲河右岸有树林，可架桥。”“请速查清班佑、阿依跟康、上下三安曲、查理寺道路，以便将来二纵队改由该路进。”③

葛曲河真的不能徒涉么？9月3日，朱德亲自到葛曲河边，派警卫员潘开文下河测试河水的深浅，结果得知部队可以涉水过河，因此提出要部队按原计划向东挺进，同已到班佑、巴西地区的右路军会合，共同北上。

张国焘听不进朱德的意见，决心与中共中央的北上方针相对抗，拒绝率领左路军过河向右路军靠拢。当天，他却卑鄙地以朱德和他联名的方式致电中共中央：

（甲）上游侦察七十里，亦不能徒涉和架桥。各部粮只能吃三天，

---

① 《徐向前、陈昌浩、毛泽东关于目前形势有利于我军向前发展致朱德、张国焘电》，1935 年 9 月 1 日，中国人民解放军历史资料丛书编审委员会：《红军长征·文献》，第 654、655 页。

② 张国焘：《我的回忆》，第 266、267 页。

③ 《朱德、张国焘关于葛曲河涨水左路军东进受阻致徐向前、陈昌浩电》（1935 年 9 月 2 日），中国人民解放军历史资料丛书编审委员会：《红军长征·文献》，第 657 页。

二十五师只两天，电台已绝粮。茫茫草地，前进不能，坐待自毙，无响[向]导，结果痛苦如此，决于明晨分三天全部赶回阿坝。

（乙）如此，已影响整个战局，上次毛儿盖绝粮，部队受大损；这次又强向班佑进，结果如此。再北进，不但时机已失，恐亦多阻碍。

（丙）拟乘势诱敌北进，右路军即乘胜回击松潘敌，左路备粮后亦向松潘进。时机迫切，须即决即行。①

同9月2日电报相比，一天之内，张国焘来了一个一百八十度的大转弯。这封电报是张国焘公开分裂党和红军的开始。电报对中共中央的北进方针充满了牢骚、抱怨、指责，甚至是胡搅蛮缠，说瞎话。如打松潘时，他不愿打，拖延后续部队上来，致使失去占领松潘的良机。现在，右路军好不容易过了草地，打开了北进通道，他又要右路军"回击松潘敌"；朱德亲自派警卫员经过测试，部队可以涉水过河，他却说"不能徒涉"。

张国焘这样做，徐向前也看不下去了，他在回忆中说："他（指张国焘——引者）的'理由'，并不能成立。一是所谓噶曲河涨水，无法徒涉和架桥。其实，四方面军有支一百多人的造船队，就在左路军，就地取才，营造简便渡河工具，不成问题。二是所谓粮食缺乏。其实，阿坝那带，粮米较毛儿盖地区要多，张国焘以前来电也说过。我们从毛儿盖出发，每人只带了供两三天食用的炒青稞，还不是通过了草地！他们的粮食，绝不会比我们少，过草地有什么不行？更何况我们还要派部队带粮去接应他们呢！所以，张国焘这是找借口，与中央的北进方针相抗衡。"②

这时，徐向前已令红一军第一师为先头部队，向俄界地区探路开进，张国焘这种态度，徐向前和陈昌浩只好在9月4日致电林彪、聂荣臻，在通报了敌情之后，告知："左路因河阻、缺粮折回阿坝。"表示"右路决心集中，九日在包座地区切灭敌"。要求"一军即以一个团位拉界筑坚工，对岷、西警戒并探路；三个团于明五日早即回集救济寺（即求吉寺——引者）北面

① 《张国焘关于左路军决返阿坝、右路军即回击松潘之敌部署意见致党中央电》（1935年9月3日），中国人民解放军历史资料丛书编审委员会：《红军长征·文献》，第659页。

② 《徐向前元帅回忆录》，第330—331页。

一带通拉界路上休息待命，到后于[与]四军围救济寺部队联络。”①

张国焘突然变卦，令中共中央和前敌总指挥部十分焦心。一方面，国民党军在文县、武都、西固、岷州一线兵力不多，筑碉未成，难以阻止红军突击，中共中央希望一、四方面军早日北进；另一方面张国焘是红四方面军的主要领导人，左路军北上，必须想法使张国焘转弯才行。这是关系全局、关系左路军命运的问题。为此，中共中央多次找陈昌浩商议，希望找出一个妥善解决的办法来。

9月8日9时，徐向前、陈昌浩致电朱德、张国焘：

(一)林、聂电：一师昨已到韦藏寺、浪牙寺，沿途隘路、深河，桥多，粮富，番兵稍有截击。浪牙可驻一军人。我处到救济寺二十里，到浪牙寺二百二十五里，浪牙到罗达一天，到岷州三天，到西固两天。

(二)救济寺、脚仗寺仍续围中，由上包座向南坪、黄胜关各搜索百里无敌情，通南坪路上有粮、房。

(三)胡不开岷，目前突击南、岷时间甚易。总的行动究竟如何？一军是否速占罗达，三军是否跟进，敌人是否快打？飞示，再延实令人痛心。

(四)川、陕、甘三省各十万分[之]一军用图已全有，青、宁五十万分[之]一图只有一部分。(向浩)巴中前电②。

(五)中政局正考虑是否南进，毛、张皆言，只有{要}南进便有利，可以交换意见；周意北进便有出路；我们意以不分散主力为原则，左路来北进为上策，右路南去南进为下策，万一左路若无法北进，只有实行下策。如能乘[敌]向北调时，[取]松潘、南坪仍为上策。请即明电中央局商议，我们决执行。③

徐向前、陈昌浩的电报，以委婉的形式，劝说张国焘执行北进计划。然而，张国焘却一意孤行，于当日电令徐向前、陈昌浩：“一、三军暂停留向罗

① 《徐向前、陈昌浩关于红一军三个团回集救济寺北待命致林彪、聂荣臻电》(1935年9月4日)，中国人民解放军历史资料丛书编审委员会：《红军长征·文献》，第660页。

② 档案原稿如此。

③ 《徐向前、陈昌浩关于右路军情况及目前行动方针致朱德、张国焘电》(1935年9月8日)，中国人民解放军历史资料丛书编审委员会:《红军长征·文献》，第665页。

达进，右路军即准备南下，立即设法解决南下的具体问题。”①

这封电报表明，中共中央的北进和张国焘的南下之争发展到了针锋相对的明朗化地步，成为牵动全局和红军命运、前途的斗争焦点。陈昌浩接到电令后，找徐向前商议怎么办。事情发展到这种地步，徐、陈二人感觉夹在中间，感到十分为难。徐向前对陈昌浩说：这样重大的问题，不向中央报告不行，你还是跑一趟吧！陈昌浩同意带上电报去找张闻天、博古去。当晚，陈昌浩给徐向前打电话，通知他前往周恩来的住地开会。周恩来当时病未痊愈，身体很虚弱，无法起床，所以，会议在他那里开。

徐向前到周恩来的住处时，毛泽东、张闻天、博古、王稼祥、陈昌浩等都已经在那里了。会前，毛泽东等已经拟好了一份要张国焘执行中共中央北进指示的电文，在会上念了一下，听取陈昌浩和徐向前的意见。陈昌浩表示，同意电报的内容，建议力争左右两路军一道北上；如果不成，是否可以考虑南下。徐向前表示同意中共中央的意见，由于对南下问题考虑不成熟，没有表态。

当晚22时，中共中央以周恩来、张闻天、博古、徐向前、陈昌浩、毛泽东、王稼祥七人的名义致电左路军领导人朱德、张国焘、刘伯承：

目前红军行动，是处在最严重的关头，须要我们慎重而又迅速的考虑与决定这个问题。弟等仔细考虑结果，认为：

（一）左路军如果向南行动，则前途将极端不利。因为：

（甲）地形利于敌封锁，而不利于我攻击。丹巴南千余里，懋功南七百余里，均雪山、老林、隘路。康、泸、天、芦、雅、名、邛、大，直至懋、抚一带，敌垒已成，我军绝无攻取可能。

（乙）经济条件，绝对不能供养大军。大渡河流域千余里，求如毛儿盖者，仅一磨西面而已，绥、崇人口八千余，粮本极少，懋、抚粮已尽，大军处此，有绝食之虞。

（丙）阿坝南至冕宁，均少数民族，我军处此区域，有消耗无补充，此事目前已极端严重，决难继续下去。

（丁）北面被敌封锁，无战略退路。

① 《张国焘关于红一、三军停止北进、准备南下致徐向前、陈昌浩电令》（1935年9月8日），中国人民解放军历史资料丛书编审委员会：《红军长征·文献》，第666页。

（二）因此务望兄等熟思审虑，立下决心，在阿坝、卓克基补充粮食后，改道北进。行军中即有较大之减员，然甘南富庶之区，补充有望。在地形上，经济上，居民上，战略退路上，均有胜利前途。即以往青、宁、新说，亦远胜西康地区。

（三）目前胡敌不敢动，周、王两部到达需时，北面敌仍空虚，弟等并拟于右路军中抽出一部，先行出动，与廿五、六军配合行动，吸引敌人追随他们，以利我左路军进入甘南，开展新局。

以上所陈，纯从大局前途及利害关系上着想，万望兄等当机立断，则革命之福。①

这封电报，可以说是苦心婆口，动之以理，晓之以情，痛陈利害关系，为张国焘能够转弯子做出了最大努力。中共中央之所以坚持北进方针，完全是从大局、为红军的前途命运出发。张国焘要南下那些地方，全是中共中央率领红一方面军走过的地方。那些地方情况怎么样，中共中央最清楚。好不容易从那里摆脱了敌人的围追堵截，再回去，岂不是自投罗网？然张国焘却对中共中央的劝告置若罔闻，在9月8日致电左路军驻马尔康地区的部队，要他们“飞令军委纵队政委蔡树藩将所率人员移到马尔康待命。如其听[不]听则将其扣留。”②9月9日，张国焘又致电倪志亮、周纯全，称：“现各主力团均不到千人，草地行军冻坏和肿脚者占三分之二，现天更冷，再北进，部队必被拖垮。拟改道南打，一路由阿坝经绥靖、崇化、丹巴；一路经卓克基、懋功，以向邛、大、天、芦、灌、绵、安为目的。”③要求电告南下粮食、道路情况。

为了争取张国焘北进，9月9日，中共中央再次致电张国焘，指出：“陈谈右路军南下电令，中央认为完全是不适宜的。中央现恳切的指出，目前方针只有向北才是出路，向南则敌情、地形、居民、给养都对我极端不利，将

① 《中共中央、前敌总指挥部负责人关于左路军应立下决心改道北进致朱德、张国焘、刘伯承电》，中国人民解放军历史资料丛书编审委员会：《红军长征·文献》，第667—668页。

② 《张国焘关于扣留军委纵队致詹才芳的电令》（1935年9月8日），中国人民解放军历史资料丛书编审委员会：《红军长征·文献》，第669页。

③ 《张国焘关于南下部署致倪志亮、周纯全电》（1935年9月9日），中国人民解放军历史资料丛书编审委员会：《红军长征·文献》，第670页。

要使红军受空前未有之困难环境。中央认为北上方针绝对不应改变，左路军应速即北上，在东出不利时，可以西渡黄河，占领甘、青交通新地区，再行向东发展。”①

接到中共中央电报后，朱德力主左路军应该执行中央北上命令，而张国焘却在一条道上走到黑，以个人名义致电徐向前、陈昌浩并转周恩来、张闻天、博古、毛泽东、王稼祥，为其南下主张辩解，称：“现宜以一部向东北佯动，诱敌北进，我则乘势南打。如此对二、六军团为绝好配合。我看蒋与川敌间矛盾多，南打又为真正进攻，决不会做瓮中之鳖。”“左右两路决不可分开行动，弟忠诚为党、为革命，自信不会糊[胡]说。”②同时，张国焘还电令陈昌浩：“南下，彻底开展党内斗争”③。

右路军前敌总指挥部参谋长叶剑英看到张国焘给陈昌浩这个电报后，立即秘密赶往中共中央驻地巴西向毛泽东报告。毛泽东当即同张闻天、博古等进行磋商，一致认为在这种情况下，再想说服并等待张国焘率部北上，是没有可能的了。当晚，毛泽东、张闻天、博古和病中的周恩来、王稼祥在阿西召开紧急会议，当机立断，决定率领红一、红三军立即北上，并且通知已经北上俄界的林彪、聂荣臻，行动方针有变化，要他们原地待命。

会后，张闻天指示李维汉，由他负责将党中央和苏维埃中央政府机关、红军总政治部等单位带到红三军驻地。李维汉接受指示后，立即通知凯丰、林伯渠、杨尚昆，让他们第二天凌晨就走。李维汉回忆说：“这天晚上，我到街上走了两趟，看看有没有人发现我们要北上的动静。我见四方面军的人没有发现我们北上的意图，就放心了。第二天凌晨我站在路口上等候他们，中央机关、总政治部都走了，唯有中央政府机关还没有出来，他们有银行、辎重，事情多。我见前面部队都走了，心中很焦急，就亲自跑到政府机关办公的院子里去看，他们还在打包。我说，你们不用打包了，把东西丢掉些，要带的东西驮在牲口上，马上出发。他们就按照这个办法，很快

① 《中共中央关于北上方针绝对不应改变，左路军应速北上致张国焘电》（1935年9月9日），中国人民解放军历史资料丛书编审委员会：《红军长征·文献》，第672页。

② 《张国焘为改变北上战略方针坚持南下再致前敌总部转中央领导人电》（1935年9月9日），中国人民解放军历史资料丛书编审委员会：《红军长征·文献》，第674页。

③ 转引自中共中央文献研究室编：《毛泽东年谱》（1893—1949）（上卷），第668页。

出发了，我随后也走了，安全地到达了巴西。一到巴西，部队立即出发。”①

北上红军于9月10日凌晨二时出发。彭德怀回忆说：“三军团北进，毛主席和我走在后尾之十团即杨勇团。在路上走时，我问毛主席，如果他们扣留我们怎办？毛主席说，那就只好一起跟他们南进吧！他们总会要觉悟的。”②

此前，彭德怀曾和叶剑英商议，由叶剑英想法拿到前敌总指挥部的军用地图并带出中革军委二局，于第二天凌晨赶到红三军司令部。第二天天明时，还未见到叶剑英的人影。正在焦急之际，叶剑英带着中革军委二局赶了上来，并带了军用地图。毛泽东见到叶剑英后，十分高兴地说：“哎呀！剑英同志你来了，好！好！”

9月10日早晨，徐向前刚起床，接到报告，说叶剑英不见了，前敌总指挥部的军用地图也不见了。得知这个消息，徐向前和陈昌浩都大吃一惊。接着，前面部队打来电话报告，说红一方面军已经连夜出走，还放了警戒哨。红军大学政治委员何畏跑到前敌总指挥部，问徐向前和陈昌浩：是不是有命令叫走？陈昌浩说：我们没有下命令，赶紧叫他们回来！由于毫无思想准备，徐向前感到心情很沉重。这时，前面部队有人不明真相，打电话请示前敌总指挥部：中央红军走了，还对我们警戒，打不打？陈昌浩拿起电话，问徐向前：怎么办？徐向前说：哪有红军打红军的道理！叫他们听指挥，无论如何不能打！陈昌浩听从了徐向前的意见，告诉前面部队不能打，从而避免了事态的进一步恶化。

为了使右路军中的红四、红三十军一起北上，中共中央于9月10日给前敌总指挥部发出指令：“八日朱、张电令你们南下，显系违背中央累次之决定及电文，中央已另电朱、张取消该电。”“为不失时机的实现自己的战略计划，中央已令一方面军主力向罗达、拉界前进。四、三十军归你们指挥，应于日内尾一、三军后前进，有策应一、三军之任务。以后右路军统归军委副主席周恩来同志指挥之。”③但这时陈昌浩已转了向，决心按照张国焘

① 李维汉：《回忆与研究》，第364页。

② 《彭德怀自传》，第210页。

③ 《指令》（1935年9月10日），中国人民解放军历史资料丛书编审委员会：《红军长征·文献》，第677页。

的指示南下，指责中共中央是“右倾机会主义”、“逃跑主义”。徐向前为不使红四方面军分成两半，决定和部队在一起，走着看。于是，陈昌浩一方面向张国焘报告中共中央率领红一方面军主力北上的情况；另一方面写信要求北上红军停止前进。宋任穷在回忆说：

我们摸黑走了约二十多里路，天快亮了，忽然从后面传来了命令：传令兵通过，部队原地停下。

这是陈昌浩同志派人送来的张国焘要南下，不准北上的命令。红军是很守纪律的，虽然大家对此命令异常不满，但部队还是就地停了下来。

这时候，毛泽东同志和其他中央领导同志走在红军学校前头，在半山坡上一块很小的平地上停了下来。王稼祥、洛甫、叶剑英、杨尚昆等同志也到了这里。我们都赶到毛泽东同志跟前。张国焘的追随者、红军学校教育长李特，这时持枪带着几个人从后面追到这里。李特问毛泽东同志：现在总部政治委员张国焘同志来了命令要南下，你们怎么还要北上？

跟随李特的几个警卫员，手提驳壳枪，指头按着扳机，气势汹汹，气氛十分紧张。

面对李特的无礼威胁要挟，毛泽东同志从容不迫，镇定自若地同往常一样，从维护党的团结、统一出发，对李特晓以大义，语气平稳、庄重，耐心地讲明了当时的政治形势和军事形势，指出在当时情况下我军只能北上，万万不能南下。

毛泽东同志冷静而坚定地说：这件事可以商量。大家分析一下形势，看是北上好，还是南下好。现在只有北上一条路可以走，因为南边集中了国民党的主要兵力，而陕西、甘肃的敌人比较薄弱，这是一。第二，北上抗日，我们可以树起抗日的旗帜，南下是没有出路的，是得不到全国人民拥护的。

……

最后，毛泽东同志恳切地对李特说：请你向国焘同志转达我的意见。根据对当前政治形势的分析，南下是没有出路的，南面的敌人力量很大，再过一次草地，在天全、甘孜、芦山建立革命根据地是很困难的。我相信，只有北上才是真正的出路，才是唯一正确的。我相信，不出一年你们一定会北上的。你们南下，我们欢送。我们前面走，给你们开路，欢迎你们后面来。我们前面走，欢迎你们后面来。①

伍修权在回忆中也曾提到这个情况，说："毛泽东同志和叶剑英、彭德怀、杨尚昆等同志一起商量继续北上，我也在场。正谈话时，四方面军副参谋长李特骑马赶来了。他大喊：'原四方面军的同志，回头，停止前进！''不要跟机会主义者北上，南下吃大米去！'毛主席劝阻他，他就同毛主席吵架。毛主席很冷静，让他到旁边的一座教堂里坐下来谈。李特说，你们这是退却逃跑的机会主义。毛主席还是规劝、开导他，说北上的方针是中央政治局决定的。但是李特就是不听，强拉原四方面军的同志跟他走。最后毛主席说，你们实在要南下也可以，相信以后总有重新会合的机会。毛主席又对外头的部队说：'我们都是红军，都是共产党，都是一家人，一家人不打一家人嘛！现在愿意北上的跟党中央走，愿意跟张国焘的也可以回去。以后我们还会在一起的！'当时有的同志对李特的行为很生气。毛主席还说：'捆绑不成夫妻。他们要走，让他们走吧！以后他们会回来的。'"②

在毛泽东的劝说下，李特带着红军大学中四方面军的学员悻悻而去。

9月11日，中共中央率领红三军、军委纵队等部到达甘肃南部迭部县的俄界（今高吉），与先期到达的红一军会合。

红一、四方面军分道扬镳，是张国焘野心膨胀，拒不执行中共中央北上战略方针、不断进行分裂党和红军活动的结果。在火星四溅，大家都出现不冷静，稍有不慎就会酿成革命队伍之间的悲剧的紧急关头，毛泽东、徐向前都提出了红军都是一家人，不能一家人自己打自己，及时制止了那种不冷静的行为，为红军的团结一致作出了贡献。毛泽东自信地说，红一、四方面军以后总有重新会合的机会，还会在一起的，那是他坚信，红四方面军是党领导的队伍，他们同红一方面军的革命目标是完全一致的，尽管他们暂时不明真相，但总有一天会识破张国焘的真面目，重新北上的。历史证明，毛泽东说的是正确的。

---

① 《宋任穷回忆录》，第76—77页。

② 伍修权：《我的历程》（1908—1949），第99—100页。

俄界新决策

中共中央率领红一方面军主力先行北上的当天，发布了由毛泽东写的《中共中央为执行北上方针告同志书》，指出："目前的形势是完全有利于我们，我们应该根据党中央正确战略方针，继续北进，大量消灭蒋介石、胡宗南的部队，创造川陕甘新苏区。""我们无论如何不应该再退回原路，再去翻雪山，走草地，到群众完全逃跑的少数民族地区。""南下的出路在哪里？南下是草地、雪山、老林，南下人口稀少，粮食缺乏，南下是少数民族的地区，红军只有减员，没有补充，敌人在那里的堡垒线已经完成，我们无法突破；南下不能到四川去，南下只能到西藏、西康，南下只能是挨冻挨饿，白白的牺牲生命，对革命没有一点利益，对于红军南下是没有出路的。南下是绝路。"号召红四方面军"坚决拥护中央的战略方针，迅速北上，创造川陕甘新苏区去"①。

中共中央的告同志书情真意切，对红四方面军的命运充满忧虑，为其指出了北上才是正确的方向。

为使张国焘迷途知返，9月11日，中共中央给张国焘发出指令："中央为贯澈自己的战略方针，再一次指令张总政委立即命令左路军向班佑、巴西开进，不得违误。"②然而，张国焘置中共中央指令于不理，竟然煽动红一、三军随其南下，于9月12日致电林彪、聂荣臻、彭德怀、李富春，说什么"一、三军单独东出，将成无止境的逃跑，将来真会悔之无及。""望速归来受徐、陈指挥，南下首先赤化四川。该省终是我们的根据地。""诸兄不看战士无冬衣，不拖死也会冻死。不图以战胜敌人为先决条件，只想转移较好地区，自欺欺人论真会断送一、三军的。"③云云。

---

① 《中共中央为执行北上方针告同志书》（1935年9月10日），中共中央文献研究室、中央档案馆编：《建党以来重要文献选编》（1921—1949）第十二册，第305—306页。

② 《中共中央关于命令左路军立刻北上给张国焘的指令》（1935年9月11日），中国人民解放军历史资料丛书编审委员会：《红军长征·文献》，第679页。

③ 《张国焘煽惑红一、三军随其南下致林彪等电》（1935年9月12日），中国人民解放军历史资料丛书编审委员会：《红军长征·文献》，第680页。

中共中央率领红一方面军主力先行北上是仓促出发的，为什么先行北上？张国焘的错误表现在什么地方？中央领导层、红军首长们有的比较清楚，有的则知之不清，需要统一的认识，才利于以后的行动。同时，北上红军中，红一、红三军各约6000余人，军委纵队约2000余人，共有1.4万余人，实力已经比起红一、红四方面军会师的10万余人要差得多了。因此，今后战略方针应该如何，也需要重新考虑。鉴于此，在到达俄界后的第二天，即9月12日，中共中央政治局召开了扩大会议。

会议首先由毛泽东作关于同张国焘的争论与目前行动方针的报告。毛泽东在报告中说，中央常委决定的向北发展的战略方针，请政治局批准。有同志反对这个方针，有他机会主义的方针，代表者是张国焘。中央同张国焘做过许多斗争，想了许多办法与他接近，纠正其军阀主义倾向，但是没有结果。对于张国焘，要尽可能做工作，争取他。最后作组织结论是必要的，但不应马上作。中央应继续坚持北上方针。一、四方面军会合后，是应该在川陕甘创建苏区。但现在只有一方面军主力一、三军北上，所以，当前的基本方针，是要经过游击战争，打通国际的联系，整顿休养兵力，扩大红军队伍，首先在与苏联接近的地方创造一个根据地，将来向东发展。毛泽东在报告中还讲到加强党内团结问题，与四方面军关系问题。毛泽东在结论中指出，同张国焘的斗争，是两条路线的分歧，是布尔什维主义与军阀主义倾向的斗争。张国焘是发展着的军阀主义倾向，将来可能发展到叛变革命，这是党内空前未有的。关于目前战略方针，同在川陕甘创造根据地的计划是有变更的，因一、四方面军已经分开，张国焘南下，使中国革命受到相当严重损失。但是我们并不是走向低落，而是经过游击战争，大规模地打过去。一省数省首先胜利，是不能否认的，现在如此，将来也是如此，不过不是在江西，而是在陕、甘。①

张闻天在会上作总结发言，指出："这是两条路线的斗争。一条是中央的路线，一条是右倾的军阀主义——张国焘主义。"并认为"这个问题，应使干部了解。而且要了解其前途必然是组织第二党。但有没有其他可能

① 中共中央文献研究室编：《毛泽东年谱》（1893—1949）（修订本）（上卷），中央文献出版2013年版，471—472页。

呢？我们还有总司令、五军、三十二军在那里，还有广大好的干部。经过我们的工作，还是有争取他的可能的。我们应尽量争取后一种可能。”①

在会议讨论时，有人主张开除张国焘的党籍。毛泽东不同意，说：“这不是他个人的问题，应看到四方面军广大指战员。你开除他的党籍，他还是统率几万军队，还蒙蔽着几万军队，以后就不好见面了。”②

不能不佩服毛泽东、张闻天对张国焘错误发展的预见是十分正确的，张国焘后来果然成立了第二“中央”，果然在1938年4月叛变革命。不能不佩服毛泽东、张闻天对张国焘斗争采取的策略是十分正确的。由于采取正确的斗争策略，才有了1936年10月红军三大主力的大会师。

会议通过了《中共中央关于张国焘同志的错误的决定》。决定指出：张国焘“与中央绝大多数同志的争论，其实质是由于对目前政治形势与敌我力量对比上有原则的分歧。”张国焘“从对于全国革命形势的紧张化，特别是由于日本帝国主义的积极侵略而引起的全中国人民反日的民族革命运动的高涨估计不足，更从对于中央红军在反对敌人五次‘围剿’的斗争中及突围后的二万余里的长征中所取得的胜利估计不足出发，而夸大敌人的力量，首先是蒋介石的力量，轻视自己的力量，特别是红一方面军的战斗力，以致丧失了在抗日前线的中国西北部创造新苏区的信心，主张以向中国西南部的边陲地区（川康边）退却的方针，[代替]向中国西北部前进建立模范的抗日的苏维埃根据地的布尔什维克的方针。”决定揭露了张国焘分裂党、分裂红军的严重错误，指出张国焘的机会主义和军阀主义倾向，使“他对于中央的耐心的说服，解释，劝告与诱导，不但表示完全的拒绝，而且自己组织反党的小团体同中央进行公开的斗争，否认党的民主集中制的基本组织原则，漠视党的一切纪律，在群众面前任意破坏中央的威信。”“这种倾向的发展与坚持，会使张国焘同志离开党。”因此“必须采取一切具体办法去纠正张国焘同志的严重错误，并号召红四方面军中的全体忠实于共产党的同志团结在党中央的周围，同这种倾向做坚决的斗争，

① 张闻天：《关于张国焘的错误》（1935年9月12日），中国人民解放军历史资料丛书编审委员会：《红军长征·文献》，第681页。

② 《彭德怀自传》，第210页。

以巩固党与红军。”①

为挽救张国焘，这个决议没有往下传达，只发到中央委员一级。

会议根据彭德怀的建议，决定把红一军、红三军、军委纵队合编为中国工农红军陕甘支队，彭德怀为司令员，毛泽东为政治委员，以毛泽东、周恩来、王稼祥、彭德怀、林彪成立“五人团”领导军事工作。

俄界会议揭露了张国焘分裂党和红军的活动，分析了其错误发展的根源、趋向，统一了认识。还有一个重要成果是调整了战略方针，将原先的建立川陕甘根据地，改变为建立陕甘根据地；而且明确为在接近苏联的地方建立根据地，以便打通国际的联系。以前对根据地的设想还靠南些，现在更向北了；同时更明确地指出了日本帝国主义侵略的加深引起全国抗日民主运动高涨的形势，把建立根据地与抗日民族革命战争密切地联系在一起。这样，确定红军长征的最终落脚点，只差一步之遥了。

突破天险腊子口

俄界会议后，中共中央率领北上红军于9月13日从俄界、罗达地区出发，继续北上。

为使张国焘悬崖勒马，放弃错误立场，中共中央在离开俄界后的第二天，致电张国焘、徐向前、陈昌浩：

（一）一、四方面军目前行动不一致，而且发生分离行动的危险的原因，是由于总政委拒绝执行中央的战略方针违抗中央的两次训令与电令。总政委对于自己行为所产生的一切恶果，应该负绝对的责任。只有总政委放弃自己的错误立场，坚决执行中央的路线时，才说得上内部的团结与一致。一切外交的辞句，决不能掩饰这一真理，更欺骗不了全党与共产国际。

（二）中央先率领一、三军北上，只是为了实现中央自己的战略方针，并企图以自己的艰苦斗争，为左路军及右路军之四军、卅军开辟道路，以便利于他们的北上。一、三军的首长与全体指战员不顾一切困难，坚决负担

① 《中共中央关于张国焘同志的错误的决定》（1935年9月12日），中国人民解放军历史资料丛书编审委员会：《红军长征·文献》第683、684页。

起实现中央的战略方针的先锋队的严重任务，是中国工农红军的模范。

（三）张总政委不得中央的同意，私自把部队向对于红军极端危险的方向（阿坝及大小金川）调走，是逃跑主义最实际的表现，是使红军陷于日益削弱，而没有战略出路的罪恶行动。

（四）中央为了中国苏维埃革命的利益，再一次要求张总政委立即取消南下的决心及命令，服从中央电令，具体部署左路军与四军、卅军之继续北进。

（五）此电必须转达朱、刘。立复。①

中共中央仁至义尽，然而，张国焘再次拒绝了中共中央的挽救，率领红四方面军走上了南下的绝路。

这时，甘南之西固、岷州、临潭一线，国民党军只有鲁大昌的新编第十四师以及王均的第三军第十二师，兵力比较薄弱，西固到岷州的碉堡线尚未筑成，北上红军乘虚疾进。

这次北上，先头任务又一次由红一军第二师第四团担任，奉命迅速夺取天险腊子口。

腊子口位于甘肃省迭部县境内，是四川通往甘肃的重要隘口，隘口两边是悬崖峭壁，中间是一条水深流急的腊子河，河上架一座木桥，要想通过腊子口必须从桥上通过，易守难攻。

接到命令后，杨成武与王开湘召开团主要干部会议。到会人员一致认为，腊子口可能是红军北上途中最后一道险关。突破了腊子口，国民党军企图阻挡北上抗日的阴谋就彻底破产了，党中央北上抗日的正确路线就能胜利实现。如果拿不下腊子口，红军就要被迫掉头南下，重回草地，将使革命遭受重大损失。如果采取西进绕道出青海，或东进川东北取道三国时诸葛亮六出祁山的旧地——汉中，就要踏进敌人早已布下重兵的口袋，那将对红军极为不利。因此，只有突破天险腊子口，才是唯一的出路。会议统一了认识，制定了计划。

会议一结束，团干部立即到各营进行深入的政治动员。深夜11点钟，

① 《中共中央再次要求张国焘放弃错误立场，坚决执行中央北上战略方针的指示》（1935年9月14日），中国人民解放军历史资料丛书编审委员会:《红军长征·文献》，第685—686页。

随着集合号声，全团集合在路边的草坪上。杨成武站在队前，又一次向部队作战斗动员，坚定地说：“同志们，我们马上就出发了，我们担任先头团，要在三天之内，夺取腊子口，为部队扫清前进道路的障碍，以便迅速到达抗日的最前线，执行抗日救国的光荣任务！”说到这里，杨成武稍稍停顿一下，然后以洪亮的声音问大家：“同志们，能完成任务吗？”

“能！”战士们雷鸣般地回答。接着，各连呼起响亮的口号：“坚决夺取腊子口！”“迅速打到西北去！”“不怕一切困难，坚决完成先头团的光荣任务！”在响彻云霄的口号中，部队迈着坚定的步子，向着腊子口进发。

9月16日，红四团在向腊子口前进的路上，打了两仗，打垮了敌人前来堵击的两个营。午后四时，红四团到达腊子口，先头第一营首先和守敌交上了火。由于是白天，加上周围都是石山，红军无法隐蔽，第一营的进攻被敌人的机枪火力和冰雹般的手榴弹挡回来了。杨成武和团长王开湘到了腊子口后，立即带领全团营、连干部到前面察看地形。

经过红四团反复侦察及第一营攻击时敌人暴露的火力，杨成武等发现敌人有两个弱点，一是敌人碉堡上面没有盖顶；二是口子上敌人的兵力集中在正面，凭借沟口天险进行防御，两侧因为都是高山，敌人设防薄弱，山顶上没有发现敌人。敌人之所以没在山顶设防，那是因为碉堡旁边的悬崖峭壁从山脚到山顶约有七八十米高，几乎是90度角，连猴子都难爬上去。因此，他们没有想到也不可能想到红军能爬上去，没设防的山顶，将是他们防守阵地的“死穴”。

找到了敌人的“死穴”，杨成武和王开湘商议，觉得如果能组织一支迂回部队，从悬崖峭壁上攀到山顶，就能够居高临下地用手榴弹炸掉敌人的碉堡，配合正面进攻，还可以向东出击，压向口子那边的三角地带。但问题是这绝壁让人看着就眼晕，怎么能够上去呢？

如何解开这个难题，杨成武、王开湘在离口子200多米的一个小树林里召开干部会，研究战斗方案，重点是研究能否攀登悬崖的问题。但是，讨论来讨论去，没有找到合适的办法。红军与国民党军的一个重要不同，就是有军事民主。这是红军能够战胜国民党军的一个重要法宝。杨成武、王开湘见团干部会没有解决问题，于是就召开了各连队的士兵大会，要求大家献计献策。也是该攻下腊子口，一个在贵州入伍的苗族小战士毛遂自荐，说他能爬上去。只要一个人能爬上去，把绳子一垂，就可以上去一个连、一个营。大家有惊喜，又有疑问，他能用什么办法爬上去呢？

事关能否攻克腊子口天险，为全军打开通道问题，杨成武亲自同这个苗族小战士谈话。经过询问，得知他是从贵州苗族区入伍的，从小受反动统治者压迫，苦大仇深，反抗性强。入伍后经过教育，政治觉悟进步很快，作战非常勇敢，战士们给他起了个绰号“云贵川”。杨成武问他，有什么办法可以攀登悬崖呢？他说，小时候在家采草药，打柴，经常爬大山，攀陡壁，眼下这个悬崖绝壁，只要用一根长竿子，竿头绑一个结实的钩子，用它钩住悬崖上的树根、石嘴，一段一段地往上爬，就能爬到山顶上去。

耳听为虚，眼见为实，杨成武要亲眼看到“云贵川”是怎样爬上悬崖的。攀崖的地点与敌相距200来米，但这里向外凸出的山形成死角，敌人是无法看到的。只见“云贵川”赤着脚，腰里缠着一条用战士们的绑腿接成的长绳，拿着长竿，用竿头的铁钩搭住一根胳膊粗的歪脖子树拉了拉，一看很牢固，两手使劲握住竿子，一把一把地往上爬，两脚用脚趾抠住石缝、石板。到了竿头，“云贵川”像猴子一样，伏在那里稍稍喘口气，继续往上爬。终于，“云贵川”爬上了山顶。站下面观看的杨成武等人，这时才觉得，脖子一直往上望，都有些发僵了。“云贵川”在上面呆了一会儿，又沿着原来的路线返回来了。杨成武、王开湘这下心里踏实了。

这时，天将黄昏，杨成武和王开湘研究决定，迂回部队由侦察队、信号组和第一连、第二连组成；正面强攻任务由第二营担任，第六连担任主攻。由王开湘率领迂回部队奇袭敌人，杨成武负责指挥正面进攻。这时候，红一军政治委员聂荣臻和红二师师长陈光也来到前沿阵地，询问了情况，又观察了地形和敌情。稍后，林彪也到了现场。杨成武、王开湘报告作战计划后，得到了军、师首长的批准。

当晚，部队开始行动。杨成武和王开湘预计迂回部队要在凌晨三点左右才能到达预定地点，便约定，迂回部队到达目的地后，发出一红一绿的信号弹。

迂回部队渡过腊子河，“云贵川”率先登上悬崖，把绳子放下，后面的同志一个接一个地爬了上去。担任正面突击的第六连，乘着朦胧月色，向敌人开展猛攻。凌晨三点到了，杨成武让人密切注视迂回部队的信号弹。

然而，直到四点，还未见到迂回部队的信号弹。这时，第六连又发起了第六次进攻。正当杨成武焦急地等待迂回部队的信号弹时，突然，腊子河右岸山峰上升起一颗红色信号弹，接着，又升起一颗绿色的信号弹。“王团长的信号弹！”战士们顿时沸腾起来。“发总攻信号弹！”杨成武命令通信员。“通！通！通！”接连三颗红色信号弹像三朵美丽的鲜花在空中开放。“总攻开始了！”战士们欢呼起来。山上、山下都响起了嘹亮的冲锋号。右面悬崖上的迂回部队在王开湘的指挥下，看准下面敌人没有顶盖的碉堡和阵地，砸下了一颗又一颗手榴弹；所有的轻机枪、冲锋枪，刮风似地朝敌人扫射。敌人做梦也想不到，手榴弹会从天而降。难道红军有翅膀，能“飞”到悬崖上面去？敌人一下子懵了，乱了阵脚，争相逃命。正面进攻的部队，在杨成武的指挥下，集中了全团所有的轻重机枪，一齐向隘口敌人阵地扫射。晨曦中，部队冲了过去，抢占了独木桥，控制了隘口上敌人的两个碉堡。杨成武见初战获胜，便命令总攻部队兵分两路，沿着腊子河两岸向峡谷纵深扩大战果。

经过两个小时的冲杀，红四团突破了敌人设在口子后面三角地带的防御体系，夺下了一群炮楼，占领了敌人几个预设阵地和几个堆满弹药、物资的仓库。敌人真是个“运输大队长”！全团一面作战，一面美美地就地补充弹药，随后向敌人发起了更加猛烈的攻击。敌人退至峡谷后段的第二道险要阵地后，又集结兵力，企图顽抗，等待援兵到后向红四团反扑。被迂回部队截断的一个营敌人，这时也疯狂朝红四团侧击。杨成武立即命令第五连配合迂回部队消灭这部分敌人。经过连续冲锋，红军消灭了这股敌人。与此同时，杨成武集中其余所有兵力，向敌人第二道阵地冲击。在炮火、机枪的猛烈射击下，红四团第二营经过一个小时的连续冲锋，敌人顶不住了，向岷州方向溃逃。红四团终于占领天险腊子口。当天，红四团还穷追90里，占领大草滩，缴获粮食数十万斤，盐两千斤。这些物资对于刚走出草地的红军来说，真是“无价之宝”！

聂荣臻高度评价了红四团突破天险腊子口的战斗，指出：“腊子口一战，北上的通道打开了。如果腊子口打不开，我军往南不好回，往北又出不去，无论军事上政治上，都会处于进退失据的境地。现在好了，腊子口一打开，全盘棋都走活了。”①

国民党“中央军”、川军重兵的围追堵截，雪山、草地、隘路、河流等恶劣的地理环境和天气，缺粮、缺衣的物资条件，党内、军内张国焘的分裂主义，使中共中央、红一方面军主力，经历了长征以来最困难的时期。突破天险腊子口，胜利之门已向他们打开。“山重水复疑无路，柳暗花明又一村”。走出腊子口的中共中央、红一方面军主力，将迎来长征胜利的日子，创造中国革命的明天！

① 《聂荣臻回忆录》，第229—230页。

第五章　落脚点，奠基礼，陕甘红日

一、红二十五军、红二十六军

红二十五军建立鄂豫陕根据地

中共中央在沙窝会议时，已经把红二十五军、红二十六军作为创建川陕甘根据地的有利因素。1935年的9月8日，周恩来、张闻天、博古、徐向前、陈昌浩、毛泽东、王稼祥在致朱德、张国焘、刘伯承的电报中，一方面催促左路军尽快北上；另一方面提出了拟从右路军中抽出一部先行出动，与红二十五军、红二十六军配合行动，开展新局面的问题。然而，那时中共中央并不知道红二十五军、红二十六军的具体情况。那么，这两支红军队伍的情况如何呢？

1934年11月16日红二十五军出发长征后，在当晚越过平汉路，接着又以两天急行军，经青石桥、黄龙寺、月河店、金桥等地，于19日进入桐柏山区。

桐柏山位于河南和湖北两省交界处，红二十五军到达后，中共鄂豫皖省委经过实地考察和听取鄂豫边工委书记张星江介绍情况后，认为这里靠平汉铁路和汉水较近，回旋范围狭小，敌人又大兵压境，难以立足发展。于是，省委果断决定，迅速掉头北上，跳出敌人的合围，经驻马店西北山区转向伏牛山挺进。

11月26日，红二十五军准备越过许（昌）南（阳）公路，直抵伏牛山东麓。下午一时许，红二十五军到达方城县独树镇附近，正要穿过公路时，突遭国民党军的阻击。原来，红二十五军掉头北上后，敌人判断红军有经过独树镇、保安寨西进的意图，遂调第四十军第一一五旅和骑兵团在此堵截。这天恰遇寒流降临，冷风刺骨，雨雪交加，由于红军先头部队发现敌人较迟，加之寒冷饥饿，战士们一时拉不开枪栓，被迫后撤。敌人乘势实施两翼包抄，情况十分危急。这时，红二十五军政治委员吴焕先迅速赶到先头部队，指挥就地抵抗。好一个吴焕先，从交通队员身上抽出一把大刀，大喊："同志们，现在是生死存亡的关头，决不能后退！共产党员跟我来！"带领部队冒着敌人的密集火力，奋不顾身地冲上前去，同敌人展开白刃搏斗。接着，副军长徐海东带领后卫部队跑步赶到了。经过一番恶战，终于打退了敌人的进攻，稳住了阵脚。

敌人封锁了公路，红二十五军发起攻击，以图穿越公路，但未奏效。此后，红二十五军转入防守，多次打击敌人的进攻。天黑以后，红二十五军绕道保安寨以北的沈庄附近，连夜穿越许南公路。翌日拂晓，进入伏牛山东麓。

独树镇战斗，是红二十五军开始长征后第一次恶战。在地形平坦、气候恶劣的条件下，遭遇突袭，能否击退敌人进攻，突出重围，关系到红二十五军生死存亡。关键时刻，吴焕先、徐海东带领广大指战员，不畏强敌，英勇战斗，终以顽强的战斗作风和大无畏的革命精神压倒了敌人。

伏牛山区是豫西"内乡王"别庭芳的势力范围，反动统治严密，加上这一带地域狭窄，人烟稀少，不是创建根据地的理想地区。且红二十五军一进入伏牛山，国民党军第四十军和"追剿纵队"主力便尾追而来。因此，中共鄂豫皖省委决定继续西进，直奔豫陕边界的商洛山区。

12月4日，红二十五军到达卢氏的叫河附近，发现国民党军第六十师已在卢氏县城以南的五里川、朱阳关、黄沙镇一带构筑工事，控制了入陕大道。此时，敌"追剿纵队"第一、第二、第三支队共五个旅十个团的兵力，经信阳、许昌、鲁山等地，相继跟踪追到庙子、栾川一带。红二十五军处于前堵后追的危险境地。怎么办？军首长当机立断，改变入陕路线，另走小路，进入陕南。也是凑巧，手枪团这时找到一个叫陈廷献挑担的货郎，他经常游走这一带，知道一条别人很少知道的小路，可以入陕。他还告诉红二十五军领导人，卢氏县城没有敌人的正规部队，可以从卢氏城南与洛河之间的隘路插过去。得知这个消息，红二十五军领导人喜出望外，于12月5日派手枪团到朱阳关以东14里处“号房子”那里，虚张声势，迷惑敌人，主力则由陈廷献带路，从朱阳关东北40里处转向西北，沿着一条“七十二道文峪河，二十五里脚不干”的深山峡谷，直插卢氏县城。当晚，红二十五军从卢氏城南与洛河之间的隘路迅速西进。守城的反动民团紧闭城门，点燃灯笼、火把，为自己壮胆，哪敢轻举妄动！天明之后，红二十五军绕到敌人堵击防线侧后，直奔豫陕交界的铁锁关（即箭杆岭）。这样，国民党军第六十师筹划多日堵击阵地成为无用的摆设。

12月8日，红二十五军从铁锁关进入陕西境内；当日下午，消灭洛南县三要司国民党陕军冯钦哉部一个营；9日，进至庾家河。10日上午，中共鄂豫皖省委在庾家河召开会议，研究了在鄂豫陕边境地区创建新的革命根据地问题，并决定改鄂豫皖省委为鄂豫陕省委。这时，敌第六十师突然奔袭而来，红二十五军在东山拗口的排哨与敌接火。敌人仗着兵多势众，夺取了坳口的有利地形，向红军发起猛攻。红二十五军首长迅速组织部队反击，夺回了坳口，后续部队跑步占领了南北两侧高地。这时，敌人的两个团增援上来，再次向红军发起攻击，双方全线展开激烈的争夺战。红二十五军全体官兵英勇反击，以刺刀、手榴弹与敌拼杀。经过20多次的反复冲杀，红二十五军终于将敌打垮，毙伤敌800余名，自身伤亡也达200余人，军长程子华、副军长徐海东均负重伤。

庾家河战斗是红二十五军长征途中的第二场恶战。至此，红二十五军粉碎了20余倍于己之敌的围追堵截，长驱1800余里，胜利完成了第一次战略转移。

鄂豫陕三省边界地区，北靠秦岭，南濒汉江，悬崖峻迭，地势险要。这里封建势力和反动政府对人民的压迫剥削极为残酷，兵灾匪祸连年不断，人民困难深重，反抗强烈。1928年5月渭（南）华（县）起义部队曾在蓝田、洛南地区组织过农民协会；1932年冬红四方面军、红三军先后两次过境；1933年5月红二十六军第二团的南下行动，都给当地人民群众以深刻影响。到1934年底，尽管地方党组织已经遭到破坏，但群众的自发抗捐抗税斗争仍然不断。因此，这里是创建革命根据地的好地方。1934年12月10日，中共鄂豫皖省委常委会通过《关于创造新苏区新的革命根据地的决议草案》，指出："鄂豫陕边一带地域，在敌人薄弱的条件上，群众生活苦容易发动斗争的条件上，在川陕苏维埃运动与红军配合上，在[地]势的条件上，无论如何是适应我们创造新苏区新的革命根据地的。""摆在党当前的紧急任务，是要加强红二十五军，加强争取群众的工作，首先打破敌人的追击和堵击计划，迅速创造新苏区。"①决议草案还提出了加强红二十五军政治、军事工作；猛烈扩大红军；集中力量做群众工作；彻底执行苏维埃的土地法令、劳动法令、经济政策等具体任务。

红二十五军创建根据地的工作刚刚开始，蒋介石就调集第四十军第一一五旅两个团、第四十四师第一三〇旅三个团，以及陕军第一二六旅、警二旅、警卫团等，对红二十五军发动第一次"围剿"。从1935年1月开始，至4月初止，红二十五军先后经过蔡玉窑、文公岭战斗，攻克陕县、佛坪，在华阳镇打垮警备第二旅，在九间房打垮警备第三旅两个团，灭其一个旅又一个营，粉碎了国民党军的第一次"围剿"。

红二十五军在九间房战斗中俘虏了陕军警备第三旅旅长张汉民。张汉民是中共地下党员，奉党之命在陕军做兵运工作。由于当时中共鄂豫陕省委与中共中央失去联系，不了解党在陕军中的兵运情况，误将张汉民当作"叛徒"错杀，给党造成了损失和不良影响。这是一个沉痛的教训。1945年4月，中共中央组织部将张汉民列入《死难烈士英名录》，并在延安召开的中国共产党第七次全国代表大会上追认为革命烈士。

红二十五军一边作战，一边开辟根据地。红二十五军攻克镇安县城后，即在镇安、旬阳、郧西、山阳四县边区横扫反动民团，宣传"抗捐、抗税、抗粮、抗债、抗丁"，发动群众，打土豪分田地，摧毁保甲制度，建立苏维埃政权。蔡玉窑、文公岭战斗后，红二十五军乘胜在蓝田、商县、山阳、镇安、柞水等五县边区开展群众工作，分配土地，建立区、乡、村各级基层苏维埃政权。打垮敌警备第二旅后，红二十五军又开辟了华阳地区，建立了七个乡

① 《中共鄂豫皖省委关于创造新苏区新的革命根据地的决议草案》（1934年12月10日），中国人民解放军历史资料丛书编审委员会：《红军长征·文献》，第406页。

的革命政权。4月18日，红二十五军攻克洛南县城，接着又在洛南、商县、商南、卢氏四县边区没收分配地主土地和财物，建立苏维埃政权。

在主力部队集中打仗的同时，中共鄂豫陕省委先后派郭述申、郑位三、陈先瑞等领导干部带两个连和部分干部做地方工作，组建了六个游击师和三个游击大队，成立了洛南、华阳游击队。为了加强根据地的领导和统一指挥游击武装，中共鄂豫陕省委还相继成立了鄂陕特委、豫陕特委和鄂陕游击总司令部等，有力地促进了根据地建设。

在创建鄂豫陕根据地时，也有人信心不足。他们认为经过庾家河战斗后，领导干部伤亡较大，以红二十五军的力量单独创建根据地似有困难，提出入川会合红四方面军的意见。随着敌人第一次“围剿”的开始，加之春荒的到来，更助长了这一思想。针对这一情况，为统一思想认识，2月中旬，省委在郧西开会，作出了《为完全打破敌人进攻，争取春荒斗争的彻底胜利，创造新苏区的决议案》。决议案坚持庾家河会议决定的方针，批评了那些“不相信自己的力量，忽视敌人内部的矛盾，各种各样逃跑与犹疑的右倾机会主义”，提出了加强红军，组织地方武装，开展游击战争，建设基层政权，组织灾民救济委员会等具体任务，号召“全党像一个人一样底起来执行这一决议，完全打破敌人的进攻，争取春荒斗争中的澈底胜利，实现新的苏维埃区域。”①在红二十五军向汉中行动时，原来主张入川会合红四方面军的少数同志，又提出了入川问题。省委在华阳举行会议，再次批评了这一错误观点。4月中旬，中共鄂豫陕省委在葛牌镇召开扩大会议，对少数主张入川的同志进行了批评教育，并撤销了其省委执行委员的职务，进一步坚定了红二十五军广大干部、战士创建鄂豫陕革命根据地的决心。

经过四个多月的艰苦斗争，到5月初，红二十五军发展到3700多人，游击师、抗捐军发展到2000多人，并在蓝田、柞水、镇安、山阳、旬阳、洛南、商南、商县、郧西、卢氏和华阳地区，建立了四块革命根据地，成立了鄂陕边区苏维埃政府和13个区、48个乡、314个村的苏维埃政权，苏区人口近50万，初步建成了鄂豫陕革命根据地。

① 《中共鄂豫陕省委为完全打破敌人进攻，争取春荒斗争的彻底胜利，创造新苏区的决议案》（1935年2月19日第20次常委会通过），中国人民解放军历史资料丛书编审委员会：《红军长征·文献》，第413、417页。

蒋介石这时正在全力以赴围追堵截中央红军，不料红二十五军在鄂豫陕边界又创建一块根据地，于是急忙在1935年4月调原进攻鄂豫皖苏区的东北军第六十七军和驻郑州的第九十五师开入陕南，会同第四十军、第四十四师和陕军一部，共30多个团的兵力，向鄂豫陕根据地发动第二次"围剿"，并限令在三个月内消灭红二十五军。

5月9日，中共鄂豫陕省委书记徐宝珊在龙驹寨不幸病逝，由吴焕先代理省委书记。5月19日，在吴焕先的主持下，中共鄂豫陕省委在郧西地区召开会议，作出《关于完全粉碎敌人二次进攻，为开创新苏区而斗争的决议》，指出："二次战争比一次战争是残酷些，长久些。二次战争就是决定开创新苏区根据地的任务能否完成的决斗"。"集中一切革命力量（动员党的力量、群众的力量、红军游击战争等），完全消灭敌人二次进攻，为开创新苏区新的革命根据地而斗争，是当前红二十五军最迫切的战斗任务，也是我们每个革命同志当前最负责的光荣任务。"①针对敌人十倍于己的兵力和陕南山大沟深、敌人运动和补给均有困难等情况，省委决定采取"诱敌深入，先打后拖"的作战方针，以运动战与游击战相结合，首先打乱敌人的部署，然后寻机歼敌，以打破敌人的"围剿"。

6月初，红二十五军北上商县、洛南地区，转移到外线捕捉战机。当敌人将进攻矛头由东南改为向北时，红二十五军又掉头向东南，包围商南县城，打下富水关，把向北之敌又牵向东南。接着，红二十五军又远程奔袭了敌人后方补给站荆紫关，迫使敌第六十七军、第四十四师和陕军警备第一旅等部，向荆紫关蜂拥追来。敌人被红二十五军牵着鼻了转来转去，疲劳不堪，士气低落，其"围剿"红二十五军的部署被完全打乱了。

6月25日，红二十五军转移到根据地边沿的黑山街，继续诱敌深入。29日下午，敌警备第一旅追到黑山街附近。红二十五军稍与敌接触后即向袁家沟口退走。敌人不知是计，穷追不舍。程子华等人回忆：

袁家沟口及其以西的桃园岭一带，是一条长约10多里的深沟，两侧山高林密，便于部队隐蔽。这一带又是根据地的中心区域，群众基础很好。

---

① 《中共鄂豫陕省委关于完全粉碎敌人二次进攻，为开创新苏区而斗争的决议》（1935年5月19日第一次执委会通过），中国人民解放军历史资料丛书编审委员会：《红军长征·文献》，第421页。

军领导决定在这里设伏歼敌。7月2日拂晓，敌人正在袁家沟口村西集合，军首长立即发出攻击命令。冲锋号一响，各种火器突然向密集之敌猛烈射击，敌人顿时乱成一团。这时，群山号响，满谷杀声，我军像尖刀一样插向敌群，同敌人展开白刃格斗。敌旅长唐嗣桐率残部占据一个小寨子顽抗，经我军多次猛攻，活捉唐嗣桐，余部全歼。袁家沟口战斗，是一次极为出色的歼灭战，毙、伤、俘敌1700余人。战后，我军乘胜北出终南山，威逼西安。至此，敌人妄图在三个月内消灭我军的计划宣告破产。①

就在红二十五军威逼西安时，从国民党的报纸上得悉红一方面军和红四方面军在川西北会师，并有北上的动向。

7月15日，一个不速之客来到红二十五军军部所在地子午镇。这人是原中共鄂豫皖省委的交通员石健民，他是由上海经西安，几经辗转才找到红二十五军的。石健民带来了数月前中共上海临时中央局发出的几份文件，也带来了红一方面军和红四方面军已在川西北会师并有向北行动的消息，并带来了给红二十五军和转给红四方面军的两个电报密码和呼号，以及红二十六军的电台呼号。

当晚，吴焕先在长安沣峪口主持召开中共鄂豫陕省委紧急会议。会议分析了日本加紧侵占华北，中日民族矛盾加深；蒋介石对日妥协，国内抗日救亡运动的发展；红一、红四方面军会合等情况。根据最新的政治形势变化与发展，以新形势与新任务为前提，中共鄂豫陕省委“遂下决心坚定了二十五军到陕甘苏区会合红二十六军，首先争取陕甘苏区的巩固，集中力量以新的进攻策略消灭敌人，直接有力的配合红军主力，创造新的伟大红军与准备直接与帝国主义作战的阵地。”②

会议还决定，将中共鄂陕、豫陕两特委合并为鄂豫陕特委，统一领导留下的武装力量，继续坚持鄂豫陕根据地的斗争。

7月16日，中共鄂豫陕省委率领红二十五军从沣峪口地区出发，踏上了

---

① 程子华、郭述申、韩先楚、刘震、刘华清、陈先瑞：《红二十五军的长征》，中国人民解放军历史资料丛书编审委员会：《红军长征·回忆史料》(1)，第198页。

② 《原中共鄂豫陕省委关于西征北上会合陕甘红军之决定经过向中央的报告》(1935年9月27日)，中国人民解放军历史资料丛书编审委员会：《红军长征·文献》，第444页。

西征北上的新征程。

在各路长征红军中，红二十五军是人数最少的一支队伍。但是，它有一个坚强的领导集体，在关键时刻，往往能够从实际出发、从中国革命的全局出发，审时度势，作出正确的决策。尽管他们与中共中央失去联系已经有八个多月了，石健民带来的文件又是中共上海临时中央局的。但他们却富有战略眼光，看得很远，能够根据红一、四方面军会合后的动向，作出到陕甘苏区会合红二十六军、巩固陕甘苏区、配合主力红军、创造准备直接与帝国主义作战阵地的决策。这个决策和中共中央北上方针不谋而合，以后的事实证明也是非常正确的。

红二十五军自己有根据地，且有发展潜力，并非待不下去，非撤离不可。红二十五军主动离开根据地，再踏征程，是一个顾全大局，舍小我，为大我的行动。因为离开根据地，就要失去依托，再次处于流动状态，将面临着不可预料的困难。但为了革命更大发展，为了新的任务，红二十五军坚定地西征北上了。

多么顾全大局的红二十五军！

多么敢于勇往直前的红二十五军！

红二十六军打出了新天地

大革命失败后，中共陕西党组织贯彻党的八七会议精神，积极开展武装斗争，反抗国民党的反动统治，先后在1927年10月和1928年5月组织发动了清涧起义和渭华起义，但很快都失败了。刘志丹、谢子长等人不气馁，分别到地方军阀部队中去，开展兵运工作，力图通过兵运工作，发动兵变，建立党领导下的革命武装。经过艰苦的努力，他们先后创建了中国工农红军陕甘游击队和红二十六军，并先后创建了寺村塬游击根据地和以照金为中心的陕甘边革命根据地。

1933年4月下旬，国民党陕西当局调集四个团和旬邑、淳化、耀县、三原、同官、宜君等六个县的反动民团，分路进攻照金根据地。时任红二十六军政治委员兼红二团政治委员的杜衡，不顾敌我力量悬殊的情况，提出“左”倾冒险的“死守照金”的口号，结果连吃败仗。不久，杜衡去西安向中共陕西省委汇报工作。杜衡离去后，中共陕甘边区特委决定，以游击队在内线坚持斗争，红二团转到外线作战，以粉碎敌人的“围剿”。

刘志丹率领红二团转入外线后，在旬邑地区消灭了一些反动民团，然后到宁县盘克塬一带开展游击斗争。5月上旬，红二团进入宜君地区稍事休整，随后继续西进，到达宁县金村庙，消灭了一些民团，部队发展到500余人。6月17日，刘志丹、王世泰率领红二团完成外线作战任务，返回照金。

当天，中共陕甘边区特委和红二团的领导干部在照金北梁召开联席会议，讨论边区工作和红二团的行动计划。这时，杜衡已返回照金根据地。他被敌人的疯狂“围剿”所吓倒，极力主张放弃照金根据地。时任红二团团长的王世泰回忆说：

杜衡认为敌人力量大，部队不能天天打游击，主张南下渭华创建根据地。并提出四条理由：渭华地区有渭华暴动的影响；党的工作基础好，群众觉悟高；人烟稠密，物产丰富，便于扩大红军；配合红四方面军和陕南红二十九军，可以切断陇海铁路，直接威胁到西安等等。志丹、金理科等反对南下，主张坚持陕甘边根据地，以桥山中段为依托开展活动，发展和巩固根据地。杜衡不等志丹把话说完，蛮横无理地给志丹等扣上“一贯右倾”的大帽子。对于杜衡形“左”实右的夸夸其谈，与会者感到疑惑，但他假以省委名义作了硬性决定。①

6月21日，红二团被迫从北梁出发离开照金南下。23日，杜衡以有事向中共陕西省委汇报为名，离开部队。7月，红二团在终南山失败，部队被打散。

7月28日，中共陕西省委负责人在西安东大街福盛楼饭馆开会时，省委书记袁岳栋和杜衡被捕并叛变。由于这些叛徒的出卖，致使陕西党、团省委遭到完全破坏，西安和关中、陇南地区的党组织几乎破坏殆尽，大批共产党员、共青团员惨遭杀害。

红二团离开照金并遭到失败，刘志丹等生死未明，上级机关遭到破坏，国民党又调大军前来围攻，照金根据地到了一个存亡续绝的历史关头。怎么办？以后的路怎么走？这个时候，照金苏区的一个年轻领导同志挺身

① 王世泰：《刘志丹和陕甘边根据地》，中共甘肃省委编：《纪念刘志丹》，中共党史出版社 2014 年版，第 100 页。

而出，同其他同志一起苦苦支撑照金根据地。这个领导同志便是习仲勋。

习仲勋早年从事学生运动，1930年春被党组织派到西北民军王德修部做兵运工作，1932年4月参与组织发动两当兵变。两当兵变失败后，习仲勋于1932年7月到耀县杨柳坪以北的金刚庙找到了时任红军陕甘游击队第三支队支队长的刘志丹。习仲勋在回忆这次见面时说：

一见面，刘志丹就紧紧握着我的手。当时我因两当兵变失败，心情沉重，不知说什么好。刘志丹很理解我的心情，鼓励我干革命不能怕失败。他亲切地告诉我："几年来，陕甘地区先后举行过大大小小七十多次兵变，都失败了。最根本的原因就是军事运动没有同农民运动结合起来，没有建立起革命根据地。如果我们像毛泽东同志那样，以井冈山为依托，搞武装斗争，建立根据地，逐步发展扩大游击区，即使严重局面到来，我们也有站住脚的地方和回旋余地。现在最根本的一条是要有根据地。"

刘志丹的谈话，给了我很大的启发，也给我指明了今后革命的道路。①

1933年3月，习仲勋被中共陕西省委调到照金苏区工作，开始同刘志丹并肩战斗，先后担任了中共陕甘边区特委军委书记、陕甘边游击总指挥部政治委员、革命委员会副主席。尽管这时习仲勋还不满20周岁，但已积累了丰富的革命斗争经验。他的到来，使刘志丹多了一位好助手、好战友，加强了照金根据地的正确领导力量。

面对红二团南下渭华后照金根据地的严重形势，习仲勋牢记刘志丹在第一次同他见面时讲的要有根据地的理念，同大家一起坚持斗争。他在回忆中说："当时我们困难极了，红二团南下时把我们地方游击队的4支枪也调走了。照金游击队只有四十多个人，枪不满30支，子弹很少。敌人对渭北、照金到处进攻，我们失掉红军主力的依靠，无处安身，吃饭都成了问题。尽管如此，我们还是充满信心，坚持斗争。我们的方针是保存力量，以游击战保卫苏区。在淳化、旬邑、耀县一带及薛家寨的周围，我们发动群众壮大游击队，等待有利时机。"②

---

① 《习仲勋自述：回忆陕甘边区革命根据地》，《习仲勋革命生涯》编辑组：《习仲勋革命生涯》（上册），中共党史出版社、中国文史出版社2002年版，第3—4页。

② 《习仲勋自述：回忆陕甘边区革命根据地》，《习仲勋革命生涯》编辑组：《习仲勋革命生涯》（上册），第9—10页。

果然，历史给了照金根据地一个新的机遇，这个机遇被习仲勋和根据地的多数领导者抓住了。

1933年7月21日，王泰吉率领杨虎城部骑兵团一千多人在耀县起义，成立西北民众抗日义勇军。王泰吉起义后向三原进发，想争取驻防三原的杨竹荪团起义，不料在辘轳把遭到敌孙友仁团进攻，损失惨重，队伍只剩一百多人。习仲勋得知王泰吉起义失利的消息后，立即带领特务队和耀西、淳化、旬邑三支游击队前去迎接。当王泰吉见到习仲勋后自责地说："你看看，我才带来这么一点人！"习仲勋宽慰他说："兵不在多而在精，比起起义时人数虽然少了，质量却高了。想跑的跑了，革命意志坚定的都留下来了。有了这个力量，咱们就好大发展了！"习仲勋非常重视王泰吉起义，指出："耀县起义意义很大，当时正是红二团南下失败，杜衡又在西安被捕叛变，陕西党组织遭到严重破坏，革命处于低潮的时刻，王泰吉毅然率领骑兵团起义，犹如石破天惊，使革命的烽烟又现出耀眼火光。它使照金根据地度过了难关并有新的发展。"①

王泰吉起义后，中共耀县县委成立了耀县革命委员会，组建了中国工农红军耀县第三支队。由于王泰吉起义失败，第三支队在耀县站不住脚，也转移到照金一带。

这时，由渭北游击队改编的红四团也撤到照金根据地。三支队伍再加上照金的几支游击队，人数约有四五百人，枪三百余支，增强了照金根据地的革命力量，改变了因红二团南下失败而失去主力部队的局面，给了根据地党组织和人民群众以很大的鼓舞。但这时照金根据地和各支队伍的领导人对于下一步如何行动产生分歧，一种意见对照金的形势感到悲观，主张"埋枪"，搞秘密工作，把红四团再带回渭北，分散游击，反对集中各支部队，统一领导；另一种意见是坚持扩大陕甘边苏区，应当将抗日义勇军、耀县第三支队、红四团统一起来，组成红军主力部队，统一指挥，形成有力拳头。

8月14日，中共陕甘边区特委和陕甘边游击队总指挥部在耀县陈家坡召开联席会议。特委书记秦武山和特委军委书记兼团特委书记、游击队总

① 《习仲勋自述：回忆陕甘边区革命根据地》，《习仲勋革命生涯》编辑组：《习仲勋革命生涯》（上册），第11页。

指挥部政治委员习仲勋为这次会议的执行主席。会议讨论的中心是成立不成立新的红军主力，要不要恢复红二十六军的问题。会上，红四团团长黄子祥等认为在敌我力量悬殊情况下，各支队伍不要集中行动，主张各回各地，提出红四团过一时期还应回三原打游击。习仲勋等人反对这种主张①，认为“分散行动，会削弱部队的战斗力，在敌强我弱的形势下，容易被敌人各个击破，各个消灭。只有集中行动，才能使部队形成一种力量，提高士气，有力地打击消灭敌人，积小胜为大胜。”②他与多数人主张“继续创建和扩大陕甘边苏区，把红四团、抗日义勇军、耀县游击队、旬邑游击队和淳化游击队等武装力量联合起来，一致行动。”③会议决定成立陕甘边区红军临时总指挥部，王泰吉任总指挥，高岗任政治委员，刘志丹任副总指挥兼参谋长（因南下尚未归来，会议没有宣布他的职务），统一领导抗日义勇军、红四团、耀县第三支队和其他游击队。会议以创建和扩大陕甘边苏区为中心口号，制定了不打大仗打小仗，积小胜为大胜，集中主力，广泛开展游击战争，深入开展群众工作的战略方针。

部队集中行动后立刻显示了威力。8月下旬，红军临时总指挥部指挥各支部队先在庙湾消灭民团一部，在高山槐打败耀县雷天益的民团并缴获一批武器，在让牛村消灭耀县民团一部，在柳林偷袭民团成功。9月初，总指挥部率领各部西进彬县，在龙马、高村、柏子沟一带袭击当地民团连连得手。随后，又北上正宁锦村庙一带，消灭部分地主武装，缴获长短枪数十支及一批物资。这些胜利恢复了部分根据地，扩大了革命武装，提高了指战员们的革命斗志和胜利信心。9月中旬，总指挥部决定照金各游击队坚持根据地斗争，率领红四团、抗日义勇军和耀县第三支队去合水一带寻找战机。部队在合水固城川同陕北游击队第一支队会合，巧夺旬邑县政府所在地张洪镇，消灭民团百余人，缴获大批物资。之后，红军返回照金休整。

毛泽东在《中国的红色政权为什么能够存在？》中指出：“相当力量的

① 《习仲勋传》编委会:《习仲勋传》(上卷)，中央文献出版社 2008 年版，第 155 页。
② 张邦英：《照金根据地及耀县武装斗争情况回忆》，《红二十六军与陕甘边苏区》(下)，第 687 页。
③ 《习仲勋自述：回忆陕甘边区革命根据地》，《习仲勋革命生涯》编辑组：《习仲勋革命生涯》，第 12 页。

正式红军的存在，是红色政权存在的必要条件。若只有地方性的赤卫队而没有正式的红军，则只能对付挨户团，而不能对付正式的白军。所以虽有很好的工农群众，若没有相当力量的正式武装，便决然不能造成割据局面，更不能造成长期的和日益发展的割据局面。”①由此可见，相当力量的正式红军对于建立根据地是多么重要。陈家坡会议决定对各支部队集中统一指挥，正是对毛泽东这一思想的运用和发展，对于坚持陕甘边区游击战争，以后恢复红二十六军，建立西北红军主力，创建以南梁为中心的陕甘边根据地起了重要作用。

主持召开陈家坡会议，显示了习仲勋处危不惊，善于分析，找出正确途径，作出正确决策的杰出领导才能，使陕甘边革命斗争渡过危难一关。

这时，习仲勋关心着南下的刘志丹、王世泰等人安危，整日翘首以盼他们能够安全返回照金根据地。历史也真巧，10月4日，是农历的中秋节，是一个万家团圆的节日。这天夜里，月亮又圆又亮。刘志丹、王世泰经过两个多月千难万险的辗转，终于回到了照金根据地。习仲勋与刘志丹、王世泰见面时，紧紧地抱在一起，激动地流下了热泪。习仲勋在回忆中说：“经过这场折磨，刘志丹同志更瘦了，但他的意志更坚强了，仍然是那么精神抖擞，没有一点灰心丧气的样子。”②

当夜，习仲勋向刘志丹和王世泰介绍了红二团南下后照金根据地的情况。刘志丹、王世泰向习仲勋简要地说了红二团南下失败和他们转战终南山返回照金的经过。他们俩最感兴趣的是陈家坡会议。王世泰回忆说：

志丹和我听了仲勋同志的详细介绍，非常兴奋。志丹说，这个会议开得及时，开得好，只有统一的思想，才会有统一的行动，我们坚决拥护会议的决议。仲勋同志说，你回来了我们就有了主心骨。在谈陈家坡会议经过时，仲勋虽然没有说他个人的作用，但我深知仲勋作为陕甘边特委领导人之一，其功不可没，只不过他一贯谦虚谨慎，不愿突出个人罢了。正由于他有这种谦虚谨慎的品德，平时志丹同志和我们都非常尊敬，而我也打心眼里

① 毛泽东：《中国的红色政权为什么能够存在？》，《毛泽东选集》第一卷，人民出版1991年版，第50页。

② 习仲勋：《群众领袖　民族英雄》，中共甘肃省委编：《纪念刘志丹》，第37页。

支持他、爱护他、敬佩他。①

由于照金根据地离国民党统治中心太近，红军活动的回旋余地不够广大，作为长期巩固的支撑革命的后方基地还是有困难的。10月16日，根据地的军事指挥中心和后方基地薛家寨，被叛徒陈克敏带领的国民党军特务团一百多人攻陷。

薛家寨因传说薛刚反唐时曾屯兵于此而得名。这里三面都是刀劈斧削似的悬崖绝壁，光溜溜地人莫攀登。仅西北角和兔儿梁相接，直通桥山主脉。寨东为黑田峪，寨西为绣房沟，四周灌木丛生，十分隐蔽，登上悬崖吊桥，再过两道石门，内有天然洞穴五个，小的每个可容数十人，大的每个可容二三百人住宿，是一个易攻难守的兵家要地。习仲勋任陕甘边游击队总指挥部政治委员后，曾动员群众加固前后哨门，构筑碉堡，增设火力网点。又在党家山、鸡儿架等处设置哨卡，周围布设地雷、滚石垒，挖掘战壕、暗道等防御工事。不但陕甘边的领导机关进驻薛家寨，而且这里还设立了红军医院、被服厂、修械所、仓库等。

由于薛家寨防守坚固，国民党军屡攻不下，便采取由熟悉薛家寨地形情况的陈克敏带人偷袭的方式。敌人以夜色为掩护，由薛家寨“石门工事”和后山嵝岘阵地之结合部一条陡峭石缝攀登而上，进入寨内埋伏。第二天拂晓，埋伏的敌人突向游击队阵地发起攻击。同时，一股国民党军从后山冲来。在守山的游击队腹背受敌的情况下，边区党政军领导果断作出决定，保存实力，分路突围。

薛家寨失守后，红军和游击队主力撤离根据地，照金根据地暂时丢失。这时，陕甘边领导机关和红军面临无立足之地的严重问题。在转战途中，刘志丹经过深思熟虑，提出了在桥山中段的南梁地区建立根据地的主张，并郑重建议红军临时总指挥部立即召开联席会议，研究部队的行动方向和创建根据地等重大战略问题。这一主张得到了大家的一致赞同。

11月3日至5日，中共陕甘边区特委、革命委员会、红军临时总指挥部在甘肃合水包家寨召开联席会议。会议决定以南梁为中心，广泛开展游

---

① 王世泰：《习仲勋在陕甘边根据地》，中共甘肃省委编：《习仲勋与甘肃》，甘肃人民出版社 2015 年版，第 207 页。

击战争。按照“狡兔三窟”的设想，建立三路游击区：第一路陕北，以安定（今子长县）为中心；第二路陇东，以南梁为中心；第三路关中，以照金为中心。红二十六军南北策应，逐步把陇东、关中和陕北连接起来，形成完整的革命根据地。会议同时进行红二十六军的重建工作，决定先编红四十二师，将照金、耀县、淳化、旬邑等地区游击队和西北民众抗日义勇军编为红三团，红四团改称骑兵团。

11月8日，陕甘边红军全体军人大会在莲花寺召开。会上宣布正式恢复红二十六军，成立第四十二师。刘志丹提议王泰吉任师长，自己担任参谋长。1934年1月，王泰吉提出利用他过去在旧军队中的关系，去豫陕边界动员刘桂堂部队参加革命。师党委同意了王泰吉的请求，任命刘志丹为红四十二师师长，杨森为政治委员。王泰吉在途经淳化通润镇时，被反动民团团长马云从出卖，将其扣留，后被押往西安。2月12日，王泰吉在西安被杀害，陕甘边红军失去了一位优秀的将领。

战略方针正确，根据地发展也就顺利。1934年2月间，国民党军调八个团分路向陕甘边根据地发动第一次“围剿”，刘志丹率领红二十六军到外线作战，取得了西华池战斗等重大胜利，粉碎了敌人的“围剿”。2月25日，陕甘边区第二次工农兵代表大会在南梁小河沟四台村召开，成立陕甘边区革命委员会。习仲勋任革命委员会主席，白天章任副主席（后为贾生秀）。5月，刘志丹率领红二十六军先后取得了和尚塬、瓦子川、大凤川等战斗的胜利，收复了一度被敌人占领的革命委员会所在地荔园堡。陕甘边军民取得了第一次反“围剿”的胜利。28日，红四十二师党委在南梁寨子湾召开会议，恢复中共陕甘边区特委，张秀山任书记。同时成立陕甘边区革命军事委员会，刘志丹任主席。

在主力红军的帮助下，1934年夏季以后，陕甘边的游击运动也有很大发展，先后成立了保安、定边、庆北、南区、富甘、安塞等游击队，约有2700多人。在此基础上成立了红二团，团长刘景范，政治委员胡彦英。此后，又成立红一团，团长陈国栋，政治委员张仲良。

1934年11月7日，陕甘边区苏维埃政府、革命军事委员会成立，习仲勋任苏维埃政府主席，刘志丹任军事委员会主席，以南梁为中心的陕甘边苏区蓬勃发展，红军和游击队不断壮大。

习仲勋任苏维埃政府主席时还不满21周岁，被群众亲切地称为“娃娃主席”。刘志丹比习仲勋大10岁，但他对习仲勋十分尊重，支持习仲勋的工作。当时，南梁苏区办起了军政学校，刘志丹任校长，习仲勋任政治委员。习仲勋在回忆中说：“有一次，我经过军政学校操场时，他正领导学员作演习，见我来了，他喊了一声‘立正’口令，向我敬礼报告，要我检阅学员队伍。这突如其来的场面，使我手足无措。我一向把他当作领导者，论年龄他也比我长10岁。但他却以身作则，尊重政委和政府的领导。”①

在陕甘边苏区快速发展的同时，陕北苏区在谢子长等领导下，也得到很大发展。到1934年7月，陕北已经建立了五个游击支队，并根据中共陕北特委的决定，成立了陕北红军游击队总指挥部，谢子长任总指挥，郭洪涛任政治委员，贺晋年任参谋长。陕北游击战争在府谷、神木、横山、靖边、延川、清涧、吴堡、绥德、米脂、葭县等县展开，并由小块游击根据地逐渐形成上百个村庄的大块游击根据地。这时，国民党军第八十六师向陕北根据地发动第一次“围剿”。7月25日，谢子长率领陕北红军游击队第一、第二、第五支队来到南梁，与红四十二师领导共同协调粉碎敌人“围剿”的行动。

7月28日，中共陕甘边特委、红四十二师党委与中共陕北特委、陕北红军游击队总指挥部在南梁阎洼子村召开联席会议。会议作出决定：派红二十六军主力第三团由谢子长率领去陕北，与陕北游击队配合作战，共同粉碎敌人对陕北的第一次“围剿”，调拨100支步枪和数百块银圆支援陕北游击战争；撤销高岗红四十二师政治委员职务，谢子长接任红四十二师政治委员职务。

8月15日，谢子长率领红三团和陕北第一、二、五支队回到安定，参加反“围剿”战争。红三团不愧为红二十六军主力，到陕北之后，勇猛作战，连续取得安定金武家塌、清涧张家圪台、清涧河口镇、横山东家寺等四次战斗胜利，帮助陕北游击队取得第一次反“围剿”的胜利。

不幸的是，在攻打河口镇时，谢子长身负重伤。贺晋年、吴岱峰在回忆中说：“在河口战斗中，子长身先士卒，不幸负了重伤，鲜血从胸前溢出。那

① 习仲勋：《群众领袖　民族英雄》，中共甘肃省委编：《纪念刘志丹》，第38页。

时，子长穿了一件深紫色夹袄，血涌出来一时不易被人发现，他自己却一声不吭，继续坚持指挥战斗。后来血越来越多，才被同志们看见，劝他撤下火线。同志们看到子长伤势很重，一再劝他离队养伤，但他固执地不愿离开战斗岗位，谁也说服不了他。”①

陕北根据地第一次反“围剿”胜利后，各地游击队发展到20余支，共1000余人，赤卫军达2000余人。8月28日，中共陕北特委决定建立中国工农红军陕北独立师。9月18日，以陕北游击队第一支队为基础，成立陕北红军独立师第一团，团长贺晋年，政治委员马佩勋。身负重伤的谢子长，亲自为红一团授旗。由此，陕北第一支正规红军诞生。此后，又成立红二团、红三团。1935年1月30日，陕北红军独立师改编为红二十七军第八十四师，杨琪任师长，张达志任政治委员，下辖第一、二、三团和神府独立团。

这时，陕北红色区域迅速扩大，除神府边三个县外，绥（德）米（脂）葭（县）吴（堡）边、绥（德）清（涧）延（川）边和安定边三块根据地连成一片。1935年1月25日，在安定白庙岔召开了陕北苏区第一届工农兵代表大会，选举产生了陕北省苏维埃政府，马明方任主席，霍维德、崔田民任副主席。

由于“左”倾教条主义错误，中央苏区等南方各苏区在蒋介石的“围剿”下，处于极端困难之时，陕甘边、陕北两块苏区却迅速发展，点亮了西北地区的天空。蒋介石看到陕甘苏区蓬勃发展，坐不住了，遂于1934年10月增调第八十四师进入陕北，会同陕、甘、宁、晋四省军阀部队，共20多个团4万余人，对陕甘边和陕北两苏区发动第二次“围剿”。

敌人来势汹汹，两块苏区要联合起来对敌。为了统一指挥两苏区的党和红军，1935年1月中旬，刘志丹从陕甘边来到陕北，会同中共陕北特委的马明方、郭洪涛、白坚等到灯盏湾看望正在那里养伤的谢子长。吴岱峰在回忆中叙述了这两位陕甘苏区创建者历史性会面时感人的一幕：

在灯盏湾，两位老战友热情拥抱，共商大计。他们重点商谈了统一领导陕甘和陕北两根据地的党组织和红军，粉碎敌人对陕北苏区的第二次“围剿”。他们的意见完全一致，只是在军委主席的人选问题上，子长和志丹

---

① 贺晋年、吴岱峰：《民族英雄　虽死犹生》，中共甘肃省委编：《纪念谢子长》，中共党史出版社2014年版，第60页。

互相推让。子长说："我的伤病不好，现在根本不能工作，这副担子就由你挑，不要再挂我的名字了。"志丹深情地说："你是老大哥，是中共中央驻北方代表派驻西北的军事特派员。只要你在世一天，就应该选你。"当刘、谢争论相持不下时，子长说："我以西北军事特派员的身份确定你为军委主席。"这才终止了争让。

临别时，志丹对子长说："我派出买药的人快回来了，你好好养伤。"听到这话，子长说："你不要再费心了，我可能不行了，今后的担子就要你挑了！"说着便流下了泪。志丹也不由自主地流下热泪。两位驰骋疆场的战将这时手握手哭了，在场的战士、干部、老百姓也跟着哭了。①

2月5日，中共陕甘边区特委和陕北特委在安定县周家崄召开联席会议，刘志丹传达了他与谢子长共同商定的意见。会议决定成立中共西北工作委员会、西北革命军事委员会，统一领导陕甘边、陕北两个根据地的党政军组织，统一指挥陕甘边、陕北两苏区红军和游击队的反"围剿"斗争。会议选举刘志丹（一说谢子长）为西北军委主席。

2月21日，陕甘根据地和红军主要创建者之一谢子长，因伤势恶化，不幸辞世。

谢子长，陕西安定人，1897年1月19日生。1925年加入中国共产党。1927年10月发动清涧起义，1928年5月参与领导渭华起义。此后，从事兵运工作，与刘志丹、阎红彦等一起组建了中国工农红军陕甘游击队，创建了陕甘边革命根据地。1934年1月22日以中共中央北方代表派驻西北军事特派员身份回到陕北安定，恢复了第一支队，组建了陕北游击队总指挥部及红二十七军，在陕甘苏区人民群众中有崇高的威望。为了纪念谢子长，中共西北工委决定，将谢子长的家乡安定县改名为子长县。1939年，中共陕甘宁边区党委和政府决定将谢子长的遗骸移葬于他的家乡枣树坪，并修建了谢子长烈士墓。6月23日，毛泽东亲笔题词："谢子长同志，民族英雄。"

1935年5月1日，红二十六军第四十二师与红二十七军第八十四师在安定县白庙岔会师，组成陕甘红军主力兵团。5月4日，西北军委组建前敌指挥部，刘志丹任总指挥。在刘志丹的指挥下，陕甘红军主力兵团先是取得

① 吴岱峰：《百岁沧桑忆子长》，《纪念谢子长》，第85页。

了吴家寨、马家坪、张家圪台战斗的胜利，歼灭敌高桂滋部两个营又两个连，占领安定县城；接着又攻克延长，进占延川，迫使高桥镇民团向红军投降，并拔除了敌军在陕甘边与陕北两苏区往来必经之地设置的李家塌据点，占领安塞、靖边、保安，取得了第二次反“围剿”的胜利。

陕甘红军在第二次反“围剿”斗争中，歼灭敌人正规军5000余人，缴获长枪3000余支，轻重机枪200余挺，迫击炮8门，占领了安定、延长、延川、安塞、靖边、保安六座县城，使陕甘边、陕北两苏区连成一片，形成陕甘苏区。红军主力也发展到5000余人，游击队也发展到4000余人。在反“围剿”作战中，红军战术水平有了较大提高，积累了游击战、运动战等经验，作战能力不断得到加强。

处在蒸蒸日上，形势一片大好，已经拥有20余县范围的陕甘苏区，张开有力的双臂，迎接即将远道而来的其他苏区的主力红军。

永坪会师

1935年7月16日，红二十五军4000多名指战员，从沣峪口地区出发，又踏上了继续长征的道路。部队经户县、周至境，沿秦岭北麓冒雨西进。国民党军第五十一军第一一三师尾追而来，红二十五军为隐蔽意图，于7月22日由辛口子折入秦岭山中。在经过佛坪旧城时，中共鄂豫陕省委又举行一次会议，进一步肯定了红二十五军西征北上的战略方针。

7月27日，部队到达留坝之江口镇，击溃该地民团。由于连续行军作战十余天，部队很疲劳，省委和军领导决定在此地休整两天。休整期间，省委提出了“迎接党中央”、“迎接主力红军”的口号，进一步激发的全体官兵的斗志，成为他们强大的精神动力。徐海东回忆说：

当时，我们的决心：即使我们这三千多人都牺牲了，也要把党中央和一、四方面军迎接过来。我们向全军提出了一个响亮的口号：“积极前进，迎接党中央，迎接一、四方面军。”行军路上，同志们纷纷问：

“中央到了哪里？”

“毛主席也来了吗？”

“咱们什么时候能见到兄弟部队？”

我们指挥部的一些同志，更想念中央，盼望毛主席。他们现在在哪里，到底到了什么地方，哪一天能会面，自己心里也没数。我们只好向大家说，不几天就会见到毛主席了。

部队的情绪真是空前的高涨。为了迎接中央，迎接毛主席，尽管不少的人脚底板上大泡加小炮，也没有掉队的。①

7月31日，红二十五军前卫第二二三团第一营轻装奔袭，占领川陕公路要地双石铺，歼敌一部，俘虏敌少将参议一名，缴获大批文件和报纸，其中7月16日《大公报》报道："松潘西南连日有激战"；22日报道："朱、毛部已越过六千公尺的巴朗山，向北进行，……似有窥甘青交界之洮州、岷县、西固等处。"②敌少将的口供和文件、报纸证实红军主力正在北上，红二十五军首长决定立即进入甘肃境内，直捣敌人后方，配合红军主力北上行动。

这时，蒋介石接连从成都行辕中发出五道电令，先是要求加强封锁，防止红二十五军入甘；继而指令陕军各部不分省界跟踪追击，围歼红二十五军。当时，敌胡宗南纵队、新编第十四师、第三军、新编第一军、第三十五师，均部署在川西北和甘南边境、渭河沿线和西（安）兰（州）公路上，防止红一、四方面军北上。红二十五军进入甘南，牵制了敌人，减轻了红军主力的压力。对于红二十五军这一段的军事行动，1936年6月年出版的《共产国际》第七卷第三期发表的《中国红军第二十五军底远征》一文曾赞扬：

毛彭两同志底部队，原应经过胡宗南防地。因为冬天迫近，毛彭军则被阻截于无人烟的万山之中，困难会日益增加。

儿童军（即红二十五军——引者）之出现于胡宗南后方，情形就大大轻松了。毛彭军脱离了这种困难地位，从岷山下行到了甘肃。

儿童军给毛彭部队的帮助，正是适得其时。儿童军在甘肃的行军行动很好地完成了。③

---

① 徐海东：《会师陕北》，《回顾长征》，第398页。

② 《中国工农红军第二十五军战史》编审委员会：《中国工农红军第二十五军战史》，解放军出版社2007年版，第160页。

③ 傅柏德：《中国红军第二十五军底远征》，《共产国际》（中文版）第七卷第三期，1936年6月出版，第63页。

8月3日，红二十五军攻克两当，9日攻克天水北关，11日北渡渭河占领秦安，14日逼近静宁县城，15日进入兴隆镇休整。

兴隆镇一带是回民聚居区，红二十五军在这里严格执行民族政策，尊重回民的生活习俗，深得回族群众的拥护。吴焕先等领导同志在一派欢腾的军号、锣鼓、鞭炮声中，隆重地到清真寺拜访，并赠送匾额和礼品。回族群众称赞红军是“仁义之师”。清真寺的阿訇也按照民族礼节宴请了红二十五军领导人。事后，还赶着一群染成了红色的肥羊送到红二十五军军部作回拜。红二十五军离开兴隆镇时，全镇男女老幼齐集街头，在道路两旁摆设香案，放上点心油果，依依不舍地为红军送行。马青年等十几名回族青年还参加了红军。

8月17日，红二十五军沿西兰公路东进，一举攻克隆德县城，接着翻越六盘山，直抵平凉县境。20日，红二十五军冒雨进到马莲铺以东，将追敌第三十五师一部打垮。

这时，因连日暴雨，公路北侧的泾河水暴涨，部队渡泾河已很困难；而在公路南面，又被一道数十里宽的高塬所阻，回旋余地很小。红二十五军领导决定暂时离开公路，南渡泾河支流汭河。8月21日，红二十五军由白水镇东进，在泾川县城以西的王村翻越王母宫塬，徒涉汭河。当部队刚过了一半时，山洪暴发，河水突涨，有几个红军战士不幸被激流卷走。红二十五军军部机关已到河边，同军直属队和塬上担任后卫的第二二三团都被阻于汭河北岸。就在这时，敌第三十五师第一〇四旅第二〇八团1000多人，由泾川县城沿着王母宫塬突袭而来。位于塬上四坡村东北角的红二十五军第二二三团第三营，首先与敌接火，凭借着房屋、土墙和窑洞，同敌展开激战。重机枪连连长戴德归，奋不顾身地把一挺重机枪架在窑洞顶上，向敌进行猛烈扫射，压住了敌人的进攻势头。

这时，红二十五军先头部队已渡过汭河，难以回援，后卫部队背水作战，形势极为不利。于是，军首长命令第二二三团的第一、第二营立即投入战斗，从西南方向猛烈反击敌人。战斗一打响，军政治委员吴焕先就带领军部交通队和学兵连一百余人，一鼓作气从河边冲到塬上，直插敌人侧后。战斗中，吴焕先壮烈牺牲。

吴焕先牺牲的噩耗激起了战士们对敌人的无比仇恨。他们勇猛地与敌展开肉搏，以顽强的战斗将敌压到一条烂泥沟里，全部歼灭，敌团长马开基被击毙。

吴焕先，湖北黄安四角曹门村（今属河南新县）人，1907年生。1926年加入中国共产党。1927年秋参加领导黄（安）麻（城）起义，是鄂豫皖革命根据地的创建者之一。历任红四军第十二师政治部主任、红二十五军第七十三师政治委员、红四军政治部主任、鄂东北游击总司令、红二十五军军长、政治委员和中共鄂豫皖省委常委、鄂豫陕省委副书记、代理书记等职。作战英勇，指挥有方，在部队处于生死危亡的战斗中，总是奋不顾身，冲在前面，使部队转危为安。他的牺牲，是红二十五军的重大损失，也使红军痛失一员战将。

吴焕先牺牲后，省委常委临时商定，由于程子华负伤未愈，军政治委员和省委书记均由徐海东兼任，待以后有机会再开省委扩大会议选举。

8月下旬，红二十五军从泾川西进，威逼崇信，在西兰公路与敌周旋17天。由于没有得到中共中央和红一、四方面军的消息，同时敌毛炳文部和马鸿宾部从背后赶来，红二十五军在此孤军作战不利，便按原定计划去陕甘苏区。徐海东曾回忆说，当时他们的想法是，“陕北是老根据地，我们到那里见到刘志丹同志，打听党中央的消息也是比较容易的。”①

红二十五军继续北进，9月7日，到达合水县的豹子川（今属华池县）。中共鄂豫陕省委在此召开会议，决定由程子华代理中共鄂豫陕省委书记兼军政治委员，徐海东任军长。同时，还对部队作了关于进入陕甘革命根据地同陕甘红军会师的政治动员。会后，省委率领红二十五军继续北进，于9日到达保安（后改志丹县）永宁山，同当地党组织取得了联系。

陕甘边区苏维埃政府主席习仲勋、陕甘边革命军事委员会主席刘景范得悉红二十五军到达永宁山的消息时，立即报告中共西北工委，并与边区苏维埃政府秘书长张文华一起带保卫分队和交通员去永宁山迎接红二十五军到来。张文华在回忆中说：“陕甘边党和政府向红二十五军写了欢迎信，由习仲勋主持召开欢迎大会，徐海东、戴季英到会，习仲勋致欢迎词，红二十五军两位代表讲了话。在文艺节目中演出了眉户戏，徐看后说

① 徐海东：《会师陕北》，《回顾长征》，第400页。

‘好戏、好戏’。”[①]陕甘根据地党、政府和人民群众的热烈欢迎，使徐海东感觉到“来到陕甘根据地，我们好象来到了家一样”[②]。

为了欢迎红二十五军的到来，中共西北工委组织部发出紧急通知，指出：“红二十五军、二十六军、二十七军的汇合，是争取陕甘、川陕的联系及联系全国各苏区，在苏维埃政府与中央革命军事委员会统一指挥下的一致行动。为苏维埃在整个西北及全中国的胜利而斗争的这个伟大胜利消息，使我们西北劳苦群众听见了，没有一个不手舞足蹈、鼓掌欢迎与庆祝的。”号召“我们党应该抓住这一千载一刻的机会，动员全体党员及全苏区的每个劳苦群众，欢迎红二十五军上陕甘[同]红军的汇合，庆祝红二十五军北上的伟大胜利。”[③]通知要求各地党组织立刻召集会议，讨论会师的意义，并举行各种形式欢迎活动，如欢迎会、庆祝会，散发传单、张贴标语等等。通知还要求发动自动捐献食品、鞋袜等，派遣代表慰劳红二十五军。

9月15日，红二十五军到达永坪镇。第二天，刘志丹率领陕甘红军到达永坪镇，两军胜利会师。9月17日，在中共中央驻北方代表团的主持下，中共西北工委和中共鄂豫陕省委举行联席会议，决定撤销原西北工委和鄂豫陕省委，组建中共陕甘晋省委，由朱理治任书记，郭洪涛任副书记。会议还决定红二十五军与二十六军、二十七军合编为红十五军团，徐海东任军团长，程子华任政治委员，刘志丹任副军团长兼参谋长。下辖第七十五、第七十八、第八十一师。第七十五师由原红二十五军编成，张绍东任师长，赵凌波任政治委员；第七十八师由原红二十六军编成，杨森任师长，张明先任政治委员；第八十一师由原红二十七军编成，贺晋年任师长，张达志任政治委员。全军团共7000余人。

9月18日，在永坪镇召开了两军会师大会和红十五军团成立大会。这是陕甘苏区盛况空前的一次庆祝大会，多年后徐海东回忆起来仍然记忆犹新；

---

① 张文华：《陕甘边区领导机关在洛河川》，中共陕西省委党史研究室编：《西北革命根据地》，中共党史出版社1998年版，第336页。

② 徐海东：《会师陕北》，《回顾长征》，第401页。

③ 《为欢迎红二十五军北上给各级党部的紧急通知》（1935年9月），中国人民解放军历史资料丛书编审委员会：《红军长征·文献》，第440页。

1935年9月18日——“九一八”事变四周年，我们在永平西南一个干部学校门前操场上，举行了红十五军团成立大会。两军合一，七千多人，真是人精马壮。周围几十里以外的群众，都赶来参加了大会；会场上红旗飘扬，遮天蔽日。许许多多的大字标语贴在临时搭起的席棚里，主席台的两旁贴着两张特别大的标语：

“两军亲密团结，携手作战！”

“迎接中央，迎接毛主席！”

会上，党的负责同志和我们军团几个主要负责同志都讲了话。①

红二十五军是长征到达陕甘苏区的第一支队伍。这支队伍非常年轻，却创造了可歌可泣的辉煌业绩。《共产国际》杂志第七卷第三期刊载的《中国红军第二十五军底远征》一文称：“中国红军第二十五军底荣誉，犹如一颗新出现的明星，灿烂闪耀”。“徐海东总共只领有三千战斗员。最堪注意的，就是他的队伍，差不多没有年逾十八岁以上的战斗员。从前的（但直到现在还没有完全被征服的）鄂豫皖苏区离，遭受异常残酷的白色恐怖，那些在战斗中被牺牲者的孤儿，那些在一九三三年随红四军远征到四川的红军战斗员的子弟，便在这种恐怖条件之下建立起秘密组织，成立游击队，从游击队变为现在以‘儿童军’著名的红二十五军。”“这一军大多数战斗员的年龄，只是从十三岁到十八岁。”“这一军犹如其他的红军部队一样，具有真正革命的爱国精神”②。

就是这支“儿童军”，经过十个月的艰苦转战，行程近万里，途经豫、鄂、陕、甘等四省，由出发时的2980余人到此时的3400余人胜利长征到陕甘苏区，与刘志丹等领导的陕甘红军会师。并在此后作为红十五军团的组成部分和陕甘红军并肩战斗，取得了劳山、榆林桥两战的胜利，巩固了刘志丹、谢子长、习仲勋等人创建的陕甘革命根据地，为迎接中共中央和红一方面军主力到来创造了条件。红二十五军、红二十六军以及红二十七军，没有辜负中共中央沙窝会议以来制定战略方针时对他们的期待。

---

① 徐海东：《会师陕北》，《回顾长征》，第402页。

② 傅柏德：《中国红军第二十五军底远征》，《共产国际》第七卷第三期，1936年6月出版，第49、50、65页。

二、毛泽东宣布：到陕北去

哈达铺：意外的惊喜

就在红十五军团成立的同一天，红一方面军的先头部队进占哈达铺。哈达铺是岷县（今属宕昌县）南部的一个镇子，系汉、回、藏、羌多民族聚居区。自古以来，这里就是甘川道上的一个商贸重镇和军事要地。三国时期为“阴平古道”，魏将邓艾当年即从此入川灭蜀。哈达铺盛产当归，是著名“岷归”主要产区，素有“当归之乡”的美誉。因此，这里商贸繁荣，物资充裕。

红军进了哈达铺，考虑到往北走回民越来越多，中革军委颁布了《回民地区守则》，规定红军不得擅自进入清真寺，不得任意借用回民器皿，不得在回民家里杀猪、吃猪肉，等等。

9月19日，林彪和聂荣臻随红二师部队进驻哈达铺。在哈达铺，聂荣臻有一个意外的发现，他回忆说：“在这里我们得到了一张国民党的《山西日报》，其中载有一条阎锡山的部队进攻陕北红军刘志丹部的消息。我说，赶紧派骑兵通信员把这张报纸给毛泽东同志送去，陕北还有一个根据地哩！这真是天大的喜讯！”①

这时，毛泽东也十分注意收集国民党方面的报纸，以便从中找到有价值的信息。9月18日，毛泽东随陕甘支队第一纵队翻越岷山到达鹿原里后，曾召见侦察连长梁兴初、指导员曹德连，要他们到哈达铺找些“精神食粮”，只要是近期和比较近期的报纸、杂志都要找来。因此，在到达哈达铺之前，毛泽东等中央领导同志已经收集到国民党的报纸。李维汉在回忆中说：“在到哈达铺前，在河边的一个坪场上，我看见毛泽东、周恩来、彭德怀、刘少奇等同志在一起休息。毛泽东向我打招呼：罗迈，你也来休息一下！我就下马休息，看到他们正在翻阅一张国民党的地方报纸，上面登了蒋介石派大军‘围剿’陕北‘共匪’刘志丹的消息。我们才具体得知有这样

① 《聂荣臻回忆录》，第230页。

大的红军在陕北苏区积极活动。”①

9月20日，毛泽东等进入哈达铺。在这里，除了接到聂荣臻派人送来的报纸外，还收集了不少其他报纸。

那么，毛泽东等中央领导同志从报纸上都得知哪些内容呢？张闻天在9月22日在《前进报》第三期上发表《发展着的陕甘苏维埃革命运动》一文，内引的有关报纸报道内容，应该就是中共中央领导同志获取的关于陕甘红军和红二十五军活动的有关信息。

天津《大公报》1935年7月29日社评《论陕乱》说：

徐向前朱毛之趋向，尚不尽明，今姑暂不论甘，而专就陕事一言。第一，国人应注意者，现在不独陕北有匪，陕南亦然。徐海东一股，猖獗已久，迄未扑灭，故论陕乱，不能专看北部。第二，过去所谓陕北，系[指]旧榆林、绥德、延安属，近则韩城一带亦睹匪踪，是由陕北而关中矣。第三，就陕北言，兵队确不为多，就全陕论，则目下集中之军队，殆不下十师以上，而匪方总数，通南北计之，有械者当不过万余。由第一、二[两]点，可知陕乱严重之轮廓，由第三点，可知迄今为止，军事效率之不良，证明此后应努力之点，不仅军事上的问题而已也。

关于农村赤化问题，陕北确甚于陕南。陕南匪区小，为时亦暂，陕北则有广大之区域，与较久之根据[地]故也。大体言之，陕北廿三县[中]，近唯井岳秀师担之旧榆林府属五县及米脂县情形较安，绥德以南，迄延安、鄜州一带，七八百里间，路早不通，多不可问。近月陷城之县有六，即延长、延川、安塞、保安、安定、靖边。高桂滋师驻绥德，月下可维持两三县，余不可及。近时最危者，为延安城之运命，驻有井、高两师部队，已月余不通音耗，延安以南，情况更不可知。要之纵横数百里间，殆尽成赤化，较之赣事紧急时，其区域之广大相若。

7月23日的《大公报》刊载了7月22日阎锡山在绥靖公署及省府纪念周的报告。阎锡山称：

陕北共匪甚为猖獗，全陕北二十三县几无一县不赤化，完全赤化者有八县，半赤化者十余县，现在共党力量已有不用武力即能扩大区域威

① 李维汉：《回忆与研究》（上），第368页。

势……全陕北赤化人民七十余万，编为赤卫队者二十余万，赤军者二万。

8月1日的《大公报》报道了国民党军第八十四师师长高桂滋这样的一段话：

盘踞陕北者为红军廿六军，其确实人数究有若干，现无从统计，但知其枪有万余。匪军军长刘子丹辖三师，为匪主力部队，其下尚有十四个游击支队。此外各种小组及赤卫队等则甚多。匪军现完全占领者有五县城，为延安[川]、延长、保安、安塞、安定等。靖边一度陷落，倾已收复。本自去岁开到陕北接防担任剿匪后，与匪大小战不下百余次。其后因扰乱绥远之杨小猴匪部窜至陕境，本人抽兵前往堵剿，同时冯钦哉部又调至陕南镇摄，以防范徐海东匪部，官兵之力量薄弱，匪军之防地乃愈扩大。当时曾被占有十县之地，防线延长，交通不便，如是剿匪更为不易。现在陕北状况，正与民国廿年之江西情形相仿佛。

同一天的《大公报》还报道：

徐海东于七月中旬率悍匪三千余众，由商县、雒南、镇安、柞水等县突围而出，是役追击徐匪之警备第一旅唐嗣桐旅有两团覆灭，唐旅长被俘，终以身殉职。其后匪即过兰[蓝]田，出洛南山口，窜长安县境之引驾回镇，另有一股由子午镇窜出，两地距省城均四五十里之谱。

张闻天文章中还有这样一段话及所引没有注明是什么报纸、日期的一段引文：

从反动报纸上看，甘南之东部也有红军游击队的活动，尤其在庆阳五属。“该地毗连陕西、宁夏边区，地面辽阔，人烟稀少，山脉起伏，槐林茂密，昔在升平之际，犹复跳梁出没，近年国家多故，共匪乃据险发展其意志。于是时而猖獗，时而敛迹，行动诡秘，声东击西，去冬攻曲子，陷长武，陇东震动。击此则彼窜，击彼则此逃。遇大军则化整为零，隐匿深山，遇小军则啸聚猛扑，施其淫威。”①

张闻天看到的这些报道，毛泽东、周恩来、博古等其他中央领导肯定也是看到的，可以想象，毛泽东、张闻天、周恩来等人看到这些报道时，心

① 洛甫：《发展着的陕甘苏维埃革命运动》（1935年9月22日），中国人民解放军历史资料丛书编审委员会：《红军长征·文献》，第700—702页。

里是会有多么的高兴，肯定是乐开了花。

这些报纸报道的是刘志丹等领导的陕甘红军粉碎国民党军对陕甘苏区第二次“围剿”和红二十五军粉碎国民党军对鄂豫陕苏区第二次“围剿”、威逼西安的情况，是发生在两三个月前的事，但是说明：一是红二十五军、红二十六军不但存在着，而且十分活跃，在不断发展壮大，令国民党当局十分头痛，烦闷不安。二是陕甘边界地区存在大块根据地，情况甚至可以同1931年中央苏区的情况差不多。

张闻天甚至还以所知道的“徐海东同志所领导的廿五军以前曾占领甘南之两当、徽县，逼近天水，陷秦安，渡渭水，而至陕甘之交，取得许多伟大胜利”的情况，推断红二十五军“现在想来已与陕北之廿六军取得了联系”①。这是多么准确的推断！要知道红二十五军与红二十六军在永坪会师也就是五天！

从沙窝会议以来，中共中央一直把红二十五军、红二十六军作为北上建立新根据地的有利因素，甚至在张国焘即将分裂党和红军时，中共中央还以陕甘有红二十五军、红二十六军配合，可以开展新局面去劝告他。那时，毛泽东、张闻天、周恩来等还不知道两支红军的具体情况，他们对红二十六军情况的了解，来自于随军参加长征并任红军总政治部破坏部（即白军工作部）部长的原中共陕西省委委员、秘书长贾拓夫。贾拓夫在1933年夏陕西省委机关由于叛徒杜衡的出卖而被敌人破坏后，曾与省委其他负责人一起撰写《陕西省委给中央的工作报告》②。《报告》中第四部分“红二十六与二十九军”和第五部分“抗日义勇军”是由贾拓夫撰写的。他所了解的红二十六军的情况，只是红二团南下渭华的以及渭北游击队改编为红二十六军第四团曾取得过一次袭击敌人胜利的情况，其他则不知道了。现在，原先知之不清的红二十六军不但依然存在，而且要高出预期很多。且判断红二十五军已可能与红二十六军取得联系。这说明，红一、红四方面军会师后，中共中央制定北上战略方针是完全正确的！北上才有出路、才有落脚点、才能大发展！中共中央领导人能不高兴么！

---

① 洛甫：《发展着的陕甘苏维埃革命运动》（1935 年 9 月 22 日），中国人民解放军历史资料丛书编审委员会：《红军长征·文献》，第 701 页。

② 中共上海中央局收到这个报告的日期为 1933 年 11 月 25 日。

9月22日，在哈达铺关帝庙里，毛泽东召集红一、三军和中革军委纵队团以上干部开会。毛泽东在会上作了政治报告，说："我们要北上，张国焘要南下，张国焘说我们是机会主义，究竟哪个是机会主义？目前，日本帝国主义侵略中国，我们就是要北上抗日。首先要到陕北去，那里有刘志丹的红军。我们的路线是正确的。现在我们北上先遣队人数是少一点，但是目标也就小一点，不张扬，大家用不着悲观，我们现在比1929年初红四军下井冈山时的人数还多哩！我们现在改称陕甘支队，由彭德怀同志任司令员，我兼政委。支队之下，编为三个纵队，林彪任支队副司令员兼第一纵队司令员，我任第一纵队政委，下辖一、二、四、五、十三大队，也就是五个团。二纵队司令员是彭雪枫，政委是李富春。三纵队即中革军委纵队，由叶剑英同志任司令员，邓发同志任政委。全支队由七千多人编成。"①

参加会议的杨成武在回忆当时的情况时说：

当毛泽东同志和中央其他领导同志走向会场时，顿时响起热烈的掌声。毛主席挥挥手要大家坐下，然后笑笑说：同志们，今天是9月22日，再过几天是阳历10月，自去年我们离开瑞金，至今快一年了。一年来我们走了两万多里路，打破了敌人无数次的追、堵、围、剿。尽管天上还有飞机，蒋介石连作梦也想消灭我们，但是我们过来了，过了江西、湖南、广西、贵州、云南、四川，过了金沙江、大渡河、雪山、草地，过了腊子口，现在坐在哈达铺的关帝庙里，安安逸逸地开会了，这本身就是个伟大的胜利！……

毛主席谈到这里，略略停顿了一下，然后诙谐地说，感谢国民党的报纸，给我们提供了陕北红军比较详细的消息：那里不但有刘志丹的红军，还有徐海东的红军，还有根据地！听到这里，同志们都按捺不住内心的激动，热烈地鼓起掌来。

毛主席又挥挥手，要大家安静，并且说，我们和同志们都惦念着还在四方面军的朱总司令、刘伯承参谋长。我们也都在惦念着四方面军的同志们和五、九军团的同志们，相信他们是赞成北上抗日这一正确方针的，总有一天他们会沿着我们北上的道路，穿过草地，北上陕甘，出腊子口与我们会合，站在抗日最前线的，也许是明年的这个时候。……

① 《聂荣臻回忆录》，第230页。

毛主席最后用洪亮的声音号召大家，经过两万多里的长征，久经战斗，不畏艰苦的红军指战员是一定能够以自己的英勇、顽强、灵活的战略战术、战斗经验，来战胜北上抗日途中的一切困难！你不要看着我们现在人少，我们是经过锻炼的，不论在政治上、体力上、经验上个个都是经过了考验的，是很强的，我们一个可以当十个，十个可以当百个。特别是有中央直接领导我们，这是我们胜利的保证。“同志们，胜利前进吧，到陕北只有七八百里了，那里就是我们的目的地，就是我们的抗日前阵地！”毛主席挥舞着拳头，结束了鼓舞人心的讲话。顿时，“拥护中央北上抗日的正确路线！”“到陕北根据地去！”等口号此起彼伏，响彻哈达铺上空。①

9月23日，在中共中央带领下，红军陕甘支队满怀信心，从哈达铺出发，踏上向陕甘苏区前进的道路。

为了鼓舞大家向陕北进军，第一纵队政治部宣传科长彭加伦写了一首歌《到陕北去》：

陕北的革命运动大发展，创造了十几县广大的红区。

陕北的革命运动大发展，成立了十几万的赤色军队。

迅速北进会合红军二十五二十六军，消灭敌人争取群众，巩固发展陕北红区建立根据地。

迅速北进会合红军二十五二十六军，消灭敌人争取群众，高举抗日鲜红旗帜插到全国去。②

红旗漫卷西风

陕甘支队从哈达铺出发后，采取声东击西的办法，以一部兵力东进闾井镇，佯攻天水，以调动敌人向该地集中，主力乘机以急行军突然折向西北，摆脱敌人重兵阻击，通过敌人武山、漳县间的封锁线。

自哈达铺出发后，国民党的飞机就发现了陕甘支队，每天进行侦察、

① 杨成武：《突破腊子口与哈达铺整编》，中国人民解放军历史资料丛书编审委员会：《红军长征·回忆史料》(2)，第48、49、50页。

② 彭加伦：《到陕北去》，《红军长征记》，第437页。

扫射、轰炸。陕甘支队为了不让敌军干扰行军速度，晚上也进行急行军。9月26日，陕甘支队到达渭河边的鸳鸯嘴，准备渡河。9月27日，天刚亮，陕甘支队就开始渡渭河。过了许多大江大河的红军官兵们，到了渭河一看，这是什么河呀，河面虽宽，但水很浅，最深的地方也就只过膝盖，有的地方没有水，只是一片沙砾河床，比起乌江、金沙江、大渡河，那真是小菜一碟。陕甘支队很快徒涉过了渭河。

陕甘支队刚过渭河就爬山，爬到半山，敌人就追过来了。这时大家才深切体会到这几天一直急行军的重要意义。若不抢先一步渡过渭河，就要多增加不少困难。因为渭河两岸虽然不是什么悬崖峭壁，可是一旦对岸被敌人封锁了，红军渡河必然要增加许多麻烦。赶上来的是国民党军第三十七军毛炳文部，在江西参加“围剿”中央苏区时就是红一方面军的手下败将，陕甘支队根本不把他们放在眼里。敌人咋咋呼呼从两翼过来，毛泽东站在山坡上非常镇静地观察了一下敌人，然后很泰然地说：“随便派一部分人，放几枪冷枪吓吓他们，他们就不敢来了。”果然不出毛泽东所料，过去被红军打怕了的敌人，被几枪冷枪吓得停留在河那边，不敢向前一步了。于是，陕甘支队大摇大摆地于当天到了榜罗镇。到榜罗镇的当天，中共中央政治局召开常委会议，决定率领陕甘支队迅速北上，同陕甘红军和红二十五军会合，在陕北保卫和扩大苏区。

第二天清晨五点，陕甘支队召开干部大会，传达会议精神。之所以这么早开会，是为了避免国民党飞机轰炸，因为国民党的飞机通常是在上午九点出动的。

会上，毛泽东、彭德怀、张闻天、林彪都讲了话。毛泽东在报告中说：“我们经过了藏人区域，在那里是青稞麦子，雪山，草地，我们受了自有红军以来从未有的苦。”“我们突过了天险的腊子口。我们重新进入了汉人区域，我们渡过了渭河——姜太公钓鱼的地方。”“现在，同志们，我们要到陕、甘革命根据地去。我们要到抗日的前线上去！任何反革命不能阻止红军去抗日！”“我们出了潘州城以来，已经过了两个关口——腊子口和渭河，现在还有一个关口，就是在固原、平凉的一条封锁线。这将是我们长征的最后一个关口”。“同志们！努力吧！为民族，为着使中国人不做亡国奴，奋力向前！红军无坚不摧的力量，已经表示给全中国、全世界的人们看了！让我们再表示一次吧！”①

善于做宣传鼓动工作的博古，于9月28日在《前进报》第三期上发表《陕西苏维埃运动的发展与我们支队的任务》一文，热情洋溢地赞扬：“在1926年时陕西的伟大的农民运动，还是在一种散漫的骚动的方式之中，而在1930—31年时还大部分是简单的吃大户运动，而当时的廿六军还不过汹涌着的狂涛骇浪之中的第一燕，而现在呢，发展到整个陕北二十几个县的地区，而小小的几百人的游击队生长成为成万的红军！”“证明苏维埃的种子在西北原野里已经确立了茁长怒放的根基，伟大的开端已经有了英勇的斗争与正确的领导，将能使现在的游击运动，游击区，发展团集，巩固起来，成为坚固的苏维埃根据地。陕甘苏维埃与游击运动之发展应该看做是赤化整个西北之开端与先声！”博古指出：“在全党面前提出一个紧急的任务，就是：组织领导团集与加强陕甘的游击运动，将他继续的发展与深入到巩固的苏区根据地之建立。这是推动中国苏维埃运动发展的基本的一环。”他要求“这个光荣的历史任务，我们的支队，应该完全的负担起来，应该把完成这个任务当作我们支队的战略目标”。号召“高举着苏维埃的旗帜，更团结的，更坚信的，更英勇地为着这个战略目标而奋斗”②。

随着长征即将胜利，博古激情四射，热血沸腾了！

9月29日，陕甘支队离开榜罗镇继续北进，占领通渭县城。这是进入甘肃境内后占领的第一座县城。当时国民党在通渭守军只有一个团和少数民团，稍一接触，便仓皇逃走。该城是一座古老的县城，城墙是用黄土堆成的，城内房子也是用黄土建的，没有一间瓦房。红军住在城内西北一座黄土山下的窑洞里。他们是第一次住窑洞，非常新奇。觉得窑洞既能当防空洞，又很暖和，是个一举两得的好事情。

10月2日，陕甘支队分左、中、右三路出发，计划通过西兰公路。10月3日，陕甘支队到达界石铺地区。10月4日，在通过西兰公路时，陕甘支队截获了敌人从西安给毛炳文部运送衣服、鞋袜等物资的十几辆汽车。红军正缺

---

① 陆定一：《榜罗镇》，《红军长征记》，第399、400页。

② 博古：《陕西苏维埃运动的发展与我们支队的任务》（1935年9月28日），中国人民解放军历史资料丛书编审委员会：《红军长征·文献》，第704—705，第707—708页。

这些物资，高兴坏了，戏称这是要进入陕甘苏区之前敌人送给的“见面礼”。10月5日，部队到达隆德县的单家集，击溃敌人一个营，进抵六盘山麓。

六盘山，位于宁夏南部甘肃东部，海拔2928米，由此向南，蜿蜒240多公里，为陕北和陇中高原的界山，渭河和泾河的分水岭。山路曲折盘旋六重始达山顶，因此叫六盘山。10月5日至7日，陕甘支队翻越六盘山。红军没有骑兵，从过草地以来，经常受到敌人骑兵的骚扰。特别是过了渭河以后，敌人的骑兵像苍蝇一样，总是在身后跟随，忽来忽去，刀光闪闪，声势夺人。如何打骑兵，成为红军的新课题。敌人骑兵嚣张，让红军战士心中十分恼火，总想教训他们一下，让他们老实点。机会来了！10月7日，国民党军何柱国部第七师第十三团驻青石嘴两个连，正在村中休息。聂荣臻、林彪、左权在山上拿着望远镜，清清楚楚地看到，敌人把马鞍卸在地下，懒洋洋地坐在地下休息。随后，毛泽东也赶到了这个山头，叫林彪、聂荣臻把各个大队的领导干部都召集来，决定歼灭这部分骑兵。毛泽东命令第一大队和第五大队从两侧迂回兜击，第四大队从正面突击。红军三个大队像饿虎扑食般扑下山去，把敌人骑兵消灭了，缴获一百多匹战马。从此，大家对打骑兵也有信心了。第一纵队用缴获的战马装备了侦察连，红军开始有了自己的骑兵部队了。第一任骑兵侦察连连长为梁必业，副连长为日后驰骋晋察冀抗日民主根据地的骑兵团长刘云彪。

陕甘支队过了六盘山，冲破国民党军的封锁线，陕甘苏区已经不远了。红一方面军长征胜利在即，毛泽东的心情自然是十分愉快的。登六盘山顶时，毛泽东思绪万千，写下了《清平乐·六盘山》：

天高云淡，望断南飞雁。

不到长城非好汉，屈指行程二万。

六盘山上高峰，红旗漫卷西风。

今日长缨在手，何时缚住苍龙？①

生长在南国的毛泽东，此时长征来到西北高原，目睹截然不同的风光，联想到经过艰苦卓绝的奋斗，长征马上就要胜利，新的斗争就要开始，憧憬将来中国革命的胜利，还充满豪情地写下了《念奴娇·昆仑》：

① 《毛泽东诗词选》，第59页。

横空出世，莽昆仑，阅尽人间春色。
飞起玉龙三百万，搅得周天寒彻。
夏日消溶，江河横溢，人或为鱼鳖。
千秋功罪，谁人曾与评说？
而今我谓昆仑：不要这高，不要这多雪。
安得倚天抽宝剑，把汝裁为三截？
一截遗欧，一截赠美，一截还东国。
太平世界，环球同此凉热。①

到吴起镇，到家了

陕甘支队翻越六盘山后，继续向环县与庆阳方向前进，于18日到达铁边城，19日到达陕甘根据地的吴起镇（今吴旗县城）。

吴起镇是一个几十户人家的村子，大多老百姓都住在窑洞里。陕甘支队进入村子时，群众以为是国民党军队来了，男女老幼，牵牛赶羊，慌忙逃避。红军在街上与窑洞内外，到处发现“中国共产党万岁！”“拥护刘志丹！”等标语，确定这是陕甘苏区的地方。大家都兴奋地说：“我们真的回到自己家了！”邓飞回忆他们进入吴起镇时说：

这天下午2点左右，当我大队列队走进镇子时，一个窑洞口旁边挂着的一块牌子紧紧地吸引住了我们，啊，原来挂的是一块乡苏维埃政府的牌子。“苏维埃”！多么亲切而又熟悉的名字啊！见到他，如同见到久别重逢的亲人，说心里话，自从离开中央苏区后，我们不论是渡湘江，爬雪山，还是过草地，尤其是在打完一仗，眼巴巴地瞅着伤病员无处安置时，格外想念苏维埃，想念苏区人民，从而更加体会到根据地的重要性。

不少战士情不自禁地又叫又跳起来：“我们到苏区了！”“我们到苏区了！”我们几个大队干部也高兴得不知说什么才好。②

但他们又有些纳闷，既然是陕甘苏区，为什么群众看见他们都要逃跑

① 《毛泽东诗词选》，第55—56页。
② 邓飞:《吴起镇反击战》，中共陕西省委党史研究室编:《西北革命根据地》，第387页。

呢？于是，派人四处找人打听。政治工作人员忙了半天，才找到了几个老太婆、老头子，详细询问村子里的人为什么逃跑。这些老人一致地回答“害不下”（即听不懂的意思）。由于陕甘支队大多是南方人，南北语言不通，恐怕他们听不懂红军的话，于是再三对老人们说：“我们是工农红军，你们为什么害怕？”结果得到仍是摇头回答“害不下”。没办法，部队还是先解决住宿为好。

战士们进入宿营地后，开始大扫除，再就是张贴五颜六色的标语。当地老人们看到陕甘支队很守纪律，不像国民党军那样，一进村就是抓鸡捉羊，抢老百姓值钱的东西，祸害人民群众，并且对待老百姓和蔼可亲。他们看到陕甘支队战士贴的标语都是写着“北上抗日收复失地”、“与二十五、六、七军会合一致抗日救国”等字样，和刘志丹的队伍贴的标语差不多，便判断这些军队确实是红军。到了晚上，一些老人便自动去找乡亲们回来。

第二天早晨，全村的男女老幼全都回来了。他们看见陕甘支队的指战员们，不好意思地笑着说：“咱们以为国民党的军队来了。呵！原来是咱们自己人！”

不一会儿，当地的党支部书记、乡苏维埃政府主席也来了。他们同红军商量如何筹办粮食、蔬菜、柴火等问题。红军首先向他们打听此地办粮是否困难，周围是否有敌人。经过调查，得知吴起镇周围除千佛山上有一反动堡寨，80里外才有敌军。两位地方党政基层组织的负责人说，他们三天之内能集中500担粮食、20头猪、50只羊，这些东西都是没收反动地主豪绅的。陕甘支队根据敌情、物资条件和部队需要，遂决定在吴起镇休息七天。

陕甘支队进入吴起镇不久，敌人四个团的骑兵就追上来，行军掉队的红军战士吃了他们不少亏。红军这时已经积累了一些打敌人骑兵的经验，这些敌人送上门，当然不能放过他们。莫休在回忆文章中说：“昨天未打成，这对于长征英雄们是多么不高兴。‘到家了，为什么不带点礼物送给闻名不识面的陕北弟兄们呢？……虽然这不是什么大礼物’”。“每人都跃跃欲试，生怕这一群远来的‘送客’等不到明天的‘握别’，便乘夜‘溜之大吉了’”①。

① 莫休：《吴起镇打骑兵》，《红军长征记》，第405页。

对于这些追来的敌人骑兵，毛泽东指示陕甘支队司令员彭德怀要切掉这个“尾巴”。伍修权回忆说：毛泽东看到吴起镇墙上的“打土豪，分田地”等标语时很兴奋，感到我们终于到“家”了。“当时，毛主席提出，不能把敌人带进苏区，要把‘尾巴’切掉！就由彭德怀同志直接指挥，在吴起镇外围同马鸿逵、马鸿宾的四个骑兵团作战。毛主席号召我们打好这一仗，作为与陕北红军的见面礼。”①

10月21日，彭德怀根据毛泽东指示，以第二纵队为左翼，第一纵队在正面，向正迂回吴起镇西北部之马鸿宾部骑兵团发起攻击，经过数小时激战，将其击溃。接着，又乘胜在杨城子以西，在齐桥、李新庄之间，分别阻击敌白凤翔的两个骑兵团，将敌击溃。

对于红一方面军长征的最后一战，毛泽东非常关心，亲自带警卫员和通讯班到前沿指挥所。他不断用望远镜观察情况，并用心倾听枪声的方向。当他听到枪声慢慢移向远方，并且逐渐稀疏时，判断敌人已经溃退，才比较放心地回到驻地。

敌骑兵败退，陕甘支队并未乘胜追击，予以更大打击。但此次敌人骑兵领教了红军的厉害，以后不敢再来进犯了。陕甘支队按计划完成了在吴起镇的休息整理计划。

吴起镇战斗胜利后，毛泽东很高兴，赋诗赞扬彭德怀：

山高路远坑深，大军纵横驰奔。

谁敢横马立刀？唯我彭大将军！②

毛泽东这首诗，不仅勾画了长征中彭德怀率领红三军团、陕甘支队逢山开路、遇水架桥、斩关夺隘、摧营拔寨的威风凛凛的大将军形象，而且也是彭德怀叱咤风云一生的光辉写照。后来，彭德怀看到毛泽东写的这首诗后，谦逊地将最后一句改为“惟我英勇红军”，将原诗退还毛泽东。

10月22日，中共中央在吴起镇召开政治局扩大会议。张闻天主持会议，毛泽东作关于目前行动方针的报告和结论。毛泽东在报告中说：陕甘

① 伍修权：《我的历程》（1908—1949），第101页。

② 《彭德怀自传》，第214页。

支队自俄界出发已走二千里，到达这一地区的任务已经完成。现在全国革命总指挥部到这里，成为反革命进攻的中心。敌人对于我们的追击堵截不得不告一段落，现在是敌人“围剿”。我们的任务是保卫和扩大陕北苏区，以陕北苏区领导全国革命。陕、甘、晋三省是发展的主要区域。现在以吴起镇为中心，第一期向西，以后向南，在黄河结冰后可向东。要极大地注意同西北同志的关系，应以快乐高兴的态度和他们见面。当前世界革命进到新的阶段，帝国主义到处冲突。日本帝国主义独占华北，反帝运动高涨，反帝革命在全国酝酿，陕北群众急需革命，这是粉碎敌人“围剿”的有利条件。粉碎敌人“围剿”还要有好的领导。毛泽东在结论中指出：结束一年长途行军，开始了新的有后方的运动战。提高战斗力，扩大红军，解决物质问题，是目前部队的中心工作。要加强白区，白军工作和游击工作的配合。要尊重地方群众的意见，不要自高自大地压制他们。动员群众主要依靠地方工作，不依靠他们没有办法。①

会议批准榜罗镇会议的战略决策，宣告红一方面军长征胜利结束。会后，派白区工作部部长贾拓夫作为先遣队寻找陕北红军和刘志丹，李维汉同行。

以到达吴起镇为标志，历时一年的红一方面军长征胜利结束了。在这一年中，红一方面军纵横福建、江西、广东、湖南、广西、贵州、云南、四川、西康、甘肃、陕西等11个省，长驱二万五千里，先后渡过了于都河、信丰河、大余河、潇水、湘江、清水江、巴拉河、乌江（两次）、赤水河（四次）、大渡河、大小金川、梭磨河、黑水河（两次）、白水江、渭河等大的或比较大的江河；翻越了雷岭、苗山、大小王山、大盈山、越城岭、冕山、夹金山（雪山）、梦笔山（雪山）、长板山（雪山）、打鼓山（雪山）、腊子山、分水岭、朵扎里、岷山、六盘山等著名山脉；经过或攻克了永安关、雷口关、白茅隘、紫金关、娄山关（两次）、小相岭、花林隘、大相岭、腊子口等险关要隘。红一方面军所有经过的这一切，毛泽东的《七律·长征》能够最生动、最精辟地表达：

① 中共中央文献研究室编：《毛泽东年谱》（1893—1949），（修订本）（上卷），第481页。

红军不怕远征难，万水千山只等闲。

五岭逶迤腾细浪，乌蒙磅礴走泥丸。

金沙水拍云崖暖，大渡桥横铁索寒。

更喜岷山千里雪，三军过后尽开颜。①

11月5日，毛泽东在象鼻子湾向随行部队讲话中，对长征作了总结，说：

我们从瑞金算起，总共走了三百六十七天。我们走过了赣、闽、粤、湘、桂、黔、滇、川、康、甘、陕，共十一个省，经过了五岭山脉、湘江、乌江、金沙江、大渡河以及雪山草地等万水千山，攻下许多城镇，最多的走了两万五千里。这是一次真正的前所未有的长征。敌人总想消灭我们，我们并没有被消灭，现在，长征以我们的胜利和敌人的失败而告结束。长征，是宣言书，是宣传队，是播种机。它将载入史册。我们中央红军从江西出发时，是八万人，现在只剩下一万人了，留下的是革命的精华，现在又与陕北红军胜利会师了。今后，我们红军就要与陕北人民团结一起，共同完成中国革命的伟大任务！②

红一方面军的长征，从失败和严重的挫折开始，以辉煌和胜利而结束：以中共中央的成熟和红军充满蓬勃生机开创革命新局面，迎接更加伟大的胜利！

三、在直罗镇举行奠基礼

恢复红一方面军番号

红军陕甘支队进入吴起镇时，红十五军团正进行榆林桥战斗。

1935年10月20日，国民党东北军第一〇七师第六一九团并第六二〇团一个营进驻榆林桥。红十五军团首长决定乘敌人工事尚未构成、立足未稳之际将其消灭。于是，以红八十一师第二四二团围困甘泉，军团主力逼近

① 《毛泽东诗词选》，第51页。

② 《聂荣臻回忆录》，第233—234页。

榆林桥，军团指挥机关由王家坪移至道佐铺。

榆林桥位于甘泉县南，鄜县（今富县）以北，洛河以东。该镇东西两面是山，中间是洛河，河床宽百米，易守难攻。10月25日拂晓，红七十五师、红七十八师，乘着晨雾，分别由东、西两面同时向榆林桥守敌发起攻击。红七十五师迅速突破敌人的外围防御，占领制高点，歼敌大部，残敌向镇内溃退。这时，红七十八师在消灭洛河西塏子山之敌后，其第二三二团由西向东涉水向榆林桥据点发起进攻。担任预备队的红八十一师也顺着洛河左岸开阔河道向榆林桥西门及其两侧进攻。部队迅速进入榆林桥，与敌展开巷战。激战至下午，将敌全歼。此战共毙伤敌人300余人，俘虏敌团长高福源以下1800余人，缴获八二迫击炮8门、重机枪16挺、轻机枪108挺、长短枪1300余支。

俘虏高福源很具有戏剧性，徐海东回忆说："这个团是东北军的主力团，团长高福源（外号叫高包脖子）。开始，从俘虏中就是查不出这个团长，后来有个同志看见俘虏中有一个穿得满漂亮，便故意诈他说：'你就是高福源！'这个俘虏连忙说：'我不是，我不是，我是理发工人。'说着嘴朝旁边一歪，原来'高包脖子'就在旁边。"①

后来，高福源经过教育，拥护中国共产党的抗日民族统一战线政策，被派回东北军做争取抗日的工作，对促进张学良停止内战，赞同中国共产党的抗日民族统一战线政策，同共产党、红军联合，起了一定的作用。

真是好事成双，榆林桥战斗胜利后，李维汉、贾拓夫率领的先遣队，于10月底到达中共陕甘边特委和陕甘边苏维埃政府驻地甘泉县的下寺湾，见到了红十五军团政治委员程子华和中共陕甘晋省委副书记郭洪涛。并将《中国工农红军陕甘支队全体指战员给红二十五、二十六军全体指战员的信》交给他们。这封信说：

我们经历了两万余里的长途远征，经历了十一个省的地区，粉碎了一切国民党军[对]我的堵击、追击、截击，越过了无数的天险、要隘、高山、大河，为的是要与亲爱的红二十五、二十六军弟兄会合，开展西北苏维埃运动的大局面，替中国苏维埃运动定下巩固的基础，迅速赤化中国。

① 徐海东：《会师陕北》，《回顾长征》，第404页。

现在我们已经胜利完成了党所给我们的这一光荣任务，到达了陕北苏区与亲爱的兄弟们会面了。帝国主义、国民党任何阻止我们的企图完全失败了！我们久日听到了二十六军同志们在陕甘边长期斗争的历史，二十五军同志们在鄂豫皖的英勇斗争和在河南、湖北、陕西、甘肃的远征……今天我们亲自和你们会面，和你们握手，使我们更加兴奋。亲爱的同志们！记着：我们的会合是中国苏维埃运动的一个伟大胜利，是西北革命运动大开展的导炮！

正因为陕甘革命运动的巨大发展，因为我们的会合，震撼了地主、资本家的反动统治，帝[国主义]、国民党正在准备用新的“围剿”来对付我们，但是我们有着会合了的力量和丰富的战斗经验，有着党中央的正确领导，有着广大群众的拥护，我们一定能够取得胜利。

亲爱的同志们！我们亲密的团结起来，为保卫和扩大陕北苏区，粉碎敌人新的“围剿”，开展西北苏维埃运动的大局面，开展神圣的民族革命战争，武装保卫苏联而斗争。①

这封信赞扬了红二十六军和红二十五军的斗争历史，给陕甘苏区党、政府和红军很大的鼓舞。

11月2日，毛泽东、彭德怀率领陕甘支队到达下寺湾。第二天，中共中央政治局召开会议，讨论中央对外名义和组织分工等问题。会议由张闻天主持。毛泽东发言说：对外用中共西北中央局和中央政府办事处的名义比较适当，公开使用中共中央和中央政府名义可在打破“围剿”之后再定。作战方针，应在这个月解决第三次“围剿”问题，经过一个深冬让敌人慢慢做堡垒是不好的。同红十五军团会合后，红十五军团的编制应保存，红二十六军、二十七军因历史的关系也不要合并。陕甘支队可编成红一军团，并成立红一方面军。

张闻天在发言中提议中共中央领导分为两部分行动，一部分到前方去，一部分可在后方进行动员工作。他建议成立西北军委，提议毛泽东担任军委主席。并指出：“大的战略问题，军委向中央提出讨论，至于战斗指

① 《中国工农红军陕甘支队全体指战员给红二十五、二十六军全体指战员的信》（1935年10月），中国人民解放军历史资料丛书编审委员会：《红军长征·文献》，第741—742页。

挥问题，由他们全权决定。”①

会议决定：对外使用中共西北中央局和中华苏维埃共和国中央政府西北办事处的名义。成立西北革命军事委员会，毛泽东为军委主席，周恩来、彭德怀为副主席，成员有王稼祥、林彪、程子华、徐海东、聂洪钧、郭洪涛。毛泽东、周恩来、彭德怀率领红一军团南下和红十五军团会合，准备粉碎国民党军对陕北苏区的第三次“围剿”；张闻天、博古等率领中共中央机关前往瓦窑堡（今子长县城）。

同一天，西北革命军事委员会发布通令，宣布就职工作，并宣布任命彭德怀为红一方面军司令员，毛泽东为政治委员，林彪为红一军团军团长，聂荣臻为政治委员，徐海东为第十五军团军团长，程子华为政治委员。

陕甘苏区红军和来自鄂豫皖的红二十五军自此汇入红军三大主力之一红一方面军的洪流，与原红一、红三军团——现红一军团一起，共同撑起陕甘苏区的红色天地。

举行“奠基礼”

榆林桥战斗胜利后，徐海东得到了过去日思夜想的中共中央和中央红军来到的消息，高兴地对军团指挥部的同志说：“毛主席快到了，再打它一仗，作为见面礼。”

再打一仗，打谁呢？红十五军团首长经过研究，决定打张村驿。这是个小镇，敌人不多，周围四个围子有300多条枪，但都是当地土顽。他们储存了大量粮食和物资，凭借深沟壁垒，不时出动骚扰，并经常给敌军通风报信，对红军行动妨碍极大。

11月初，徐海东率领红七十八师包围了张村驿。这时，红十五军军团部接到通知，说毛泽东、周恩来、彭德怀、贾拓夫等来到道佐铺看望大家。于是，程子华、郭述申一面准备，一面派人通知徐海东。就在徐海东指挥部队刚开始攻打张村驿时，接到了军团部的通知。徐海东立刻命令部队暂

① 转引自中共中央党史研究室张闻天选集传记组编：《张闻天年谱》（1900—1941）（修订本）（上卷），第193页。

停攻击，然后快马加鞭，往军团部赶。张村驿离军团部所在地道佐铺130里路，中间还有两座山。由于急于见到毛泽东等中央领导同志，徐海东总觉得马跑得慢。

经过三个多钟头的奔波，徐海东满头大汗地赶回了道佐铺军团司令部。徐海东刚洗了一把脸，就见四个穿着朴素灰棉衣的人走进军团部。徐海东不认识毛泽东，程子华给他介绍后，毛泽东伸出手，亲切地问："是海东同志吧，你们辛苦了。"

徐海东双手握住毛泽东的手，久久地望着毛泽东可亲的面孔，不知道说什么好。

徐海东、程子华向毛泽东汇报了陕甘根据地第三次反"围剿"斗争和红二十五军长征到达陕北与红二十六军、红二十七军合编为红十五军团，以及取得劳山、榆林桥战斗胜利的情况。毛泽东问他们下一步怎么打法，徐海东作了汇报。毛泽东说，为了粉碎敌人对陕甘根据地的第三次"围剿"，先要消灭直罗镇方面的敌人。在直罗镇战役之前，必须先打下张村驿。打下张村驿，使苏区连成一片，打开红军向西出击的道路。毛泽东让徐海东指挥拿下张村驿。

大家一起吃过晚饭后，徐海东临动身回前线时，毛泽东对他说："给你一部电台带着。"徐海东说："我不会用它。"毛泽东笑着说："不要你自己动手，需要联络，你向电台工作同志说，他们会使用它。"

当晚，徐海东返回前方时，感到浑身都是力量。有党中央领导，对粉碎敌人的"围剿"更加充满了信心。

回到前方，徐海东立刻把毛泽东等中央领导同志到来的消息传达下去，转告了毛泽东对大家的问候。部队的情绪沸腾起来了，这个问："毛主席什么时候来这里？"那个问："哪天能见到毛主席？"徐海东说："咱们把张村驿打下，大家一块去见毛主席！"

徐海东这句话比什么政治口号都有力，战士们喊着"打个大胜仗，迎接党中央"、"打下张村驿，去见毛泽东"等口号，向敌人发起了攻击。徐海东命令第二三二团团长韩先楚和政治委员黄岁斌，指挥部队爬上张村驿两丈多高的围墙，一举攻下张村驿及附近的据点，歼灭反动民团数百人，缴获了大批粮食和物资。这一仗，打掉了敌人在黄陵、洛川、鄜县、甘泉以西地区的耳目，为直罗镇战役作了战场准备。

张村驿战斗结束后，徐海东向毛泽东发去电报，报告战斗胜利的情况。这是徐海东作为红军指挥员以来发出的第一封电报。当天，毛泽东就回了电报，向徐海东和指战员们祝贺胜利。

张村驿战斗后，红十五军团和红一军团会师。在鄜县以北地区，红十五军团召开欢迎中央红军到达陕北和庆祝红一军团与红十五军团胜利会师大会。会上，红一军团萧华和红十五军团郭述申分别代表两个军团的指战员讲话。会后，红十五军团正式编入红一方面军，在毛泽东的直接指挥下战斗。

两军合编后，毛泽东找徐海东、程子华、郭述申等谈话。毛泽东说："落霞与孤鹜齐飞，秋水共长天一色"。我们的军队打到哪里，根据地就发展到哪里。现在到了陕北，根据地就建立在陕北。徐海东、程子华、郭述申听了都深受教育。徐海东多次表示：现在情况不同了，有党中央直接领导，今后一切大政方针由中央掌管，我们就照中央指示办，要执行好，贯彻好。徐海东要求部队要尊重和服从中央的领导，向红一军团老大哥学习，互助友爱，亲如兄弟。

为了加强红十五军团的各级领导，徐海东和程子华商量，要求中共中央派各级干部到红十五军团工作。西北军委先后派周士第、王首道、冯文彬、张纯清、陈奇涵、宋时轮、黄镇、唐天际、杨奇清、周碧泉、伍修权、毕士悌等一批军政干部到红十五军团工作，受到红十五军团各级领导干部的热烈欢迎。这批领导干部到职后，加强了红十五军团的建设。

这时，红一军团经费比较困难，毛泽东派人向红十五军团借2500元钱。徐海东立即找军团供给部长查国桢和财物科长傅家选商议此事。当徐海东得知红十五军团还有7000元的"家底"时，便告诉两位"财神爷"说："中央红军刚到，困难比我们多。我们要勒紧裤带，多为中央红军解决困难。"遂决定自己留下2000元，余下的5000元送给中央。红十五军团还召开干部大会，动员一切力量，帮助红一军团解决困难。经过会议讨论，红十五军团决定抽出部分武器、弹药、衣物、布匹、药品等送给红一军团。这些物资送给红一军团后，西北军委供给部部长叶季壮高兴地说："这真是雪里送炭啊！"

红十五军团与红一军团亲如兄弟般的团结，为取得直罗镇战役的胜利打下了坚实的基础。

直罗镇战役准备就绪，那么要打哪部分国民党军呢？原来，蒋介石在得知红军陕甘支队到达陕北后，即胁迫东北军组织五个师的兵力向陕甘根据地进攻，企图合围红军于葫芦河与洛河之间的地区而消灭之。敌南路王以哲第六十七军第一一七师，沿洛川、鄜县大道北上；西路由董英斌第五十七军的四个师，从庆阳、合水沿葫芦河向鄜县方向前进。其先头第一〇九师、第一〇六师于11月初占领太白镇之后，又占领了黑水寺，有向直罗镇方向前进的模样。这两个师就成为红一、十五军团会师后毛泽东决定要吃掉的"菜"，地点就预先选在直罗镇。

11月18日，毛泽东在张村驿主持召开西北革命军事委员会会议，作战略方针的报告。报告指出：大量消灭敌人、猛烈扩大苏区和扩大红军是三位一体的任务，战略方针是攻势防御。建议将红军主力集中南线，出中部（今黄陵）、洛川，切断西安至肤施（1937年2月改名延安）的交通，相机夺取中部县城，争取攻占甘泉、肤施。会议通过了毛泽东的报告。

第二天，毛泽东和彭德怀致电红一军团军团长林彪、政治委员聂荣臻，指出："董率百十一师本日如到张家湾，则明日有到黑水寺，而在黑水寺、安家川之一个师明日有到直罗镇之可能。我军应准备后日（廿一）作战。"①

在直罗镇战役发起前，毛泽东、周恩来、彭德怀率领红一、红十五军团团以上干部前往直罗镇地区察看地形，研究具体部署。

部署确定之后，当天晚上，红十五军团派出一个营，连夜拆除了直罗镇东头的小寨子。这时，战斗命令虽然还没有传达，但战士们凭着自己的经验已经猜到，将会在这里打仗。他们深深地懂得，平时多流汗，战时少流血。因此，不分昼夜，一气把寨墙拆完。有些新入伍的战士，悄悄地问老战士："敌人真的会来吗？"老战士回答："会来的，这是毛主席算好了的。"

为了打好会师后的第一仗，迎接大胜利，红十五军团除了留一个排在直罗镇警戒外，主力集结在张村驿一带，养精蓄锐，积极投入战前的准备工作。各级干部层层深入，具体进行战斗组织。红十五军团提出口号："打

① 《彭德怀、毛泽东关于准备与敌作战致林彪、聂荣臻电》（1935年11月19日），中国人民解放军历史资料丛书编审委员会：《红军长征·文献》，第757页。

胜仗迎接会师！”“以战斗的胜利欢迎毛主席！”“在战斗中向中央红军学习！”

11月20日，敌第一〇九师在六架飞机的掩护下，向直罗镇扑来。红军用小股部队进行抵抗，边打边撤。敌师长牛元峰还没有和毛泽东指挥的中央红军交过手，以为红军不堪一击，就进入了毛泽东预先给他设的“口袋”直罗镇中。先开进直罗镇的是敌第一〇九师三个团和第一一一师一个团，后面的敌第一〇六师在黑水寺附近。于是，敌第一〇九师就成为红一方面军消灭的对象。

整个战役是按照毛泽东的“要的是歼灭战”的指导思想部署的。当晚，红十五军团由南向北，红一军团由北向南，将直罗镇包围得像铁桶一般。

当时进到直罗镇的敌人部署是：在河的北面是敌第一〇九师两个团和师直属队，另两个团在河的南岸。红十五军团和红一军团的第十三团从药埠头以北地区，由南向北迎头突击敌人；红一军团第四师一个团直插黑水寺，一方面堵住敌人退路，一方面钳制黑水寺的敌人；红二师、第一团和红四师另两个团由北向南直接攻击直罗镇的敌人。

毛泽东、周恩来亲临前线指挥，指挥所设在北山坡吴家台北端高地的几孔破窑洞附近，直接观察战场情况，指挥战斗。彭德怀、徐海东指挥红十五军团和红一军团第一团，林彪、聂荣臻指挥红一军团主力。

11月21日拂晓，随着一声冲锋号响，两路红军像两只铁拳，从直罗镇南北高山上砸了下去。敌人虽有防备，但没有想到红军会如此迅速，及至发觉被包围后，直罗镇两边的山岭已被红军占领。南面枪一响，敌人立刻向北撤；北面枪一响，敌人又向南反扑。敌第一〇九师被夹在两山之间一条川里，来回像没头苍蝇一样乱撞。

激战至14时，两路红军攻进直罗镇，大部敌人被歼，敌师长牛元峰率领500多名残敌逃到镇东头的小寨子里，固守待援。

这个小寨子虽然已经被红十五军团派人事先拆毁，但敌人到后又连夜进行修筑，加上地形复杂，易守难攻。红十五军团派了一支小部队攻了一次，未能得手。正组织第二次猛攻，通信员向徐海东报告：“周副主席来了。”

徐海东往指挥所方向看去，只见周恩来同其他几个人从山上走下来。他们手里都拿着望远镜，边走边向牛元峰固守的小寨子观察。周恩来到后，向徐海东详细询问了第一次攻击的情况，然后指示：敌人已经成了瓮中之鳖，不好攻暂且围着算了。寨子里既没有粮，也没有水，他们在里边待不了多久，总是要逃跑的，争取在运动中消灭他。

敌师长牛元峰，躲在寨子里，一个电报接着一个电报，要求董英斌派援兵来给他解围。他哪里知道，在红军围攻直罗镇时，敌第一一一师第六三一团由黑水寺向直罗镇增援。当该团进到安家川以东地区时，即为红一军团第一团及第四师第十团击退，连夜逃回了黑水寺。

在牛元峰不断的求救下，21日22时，国民党西北“剿总”决定，以第五十七军率第一一一、第一〇六师速向直罗镇增援，以解第一〇九师之围；令鄜县西进的第一一七师加紧向羊泉镇、张村驿前进；令中部地区的第三十八军第十七师进至公家塬、丁家塬，策应第五十七军及第一一七师作战。

22日上午，敌第一一一师开始沿安家川北山再次向红军发动进攻；敌第一〇六师由黑水寺沿老人山向红军右翼实施迂回。敌第一一一师在安家川以东地区遭到红一军团迎头痛击，立即向西溃逃。毛泽东根据两天以来的战况，决定以包围黑水寺，整个解决董英斌为基本方针，并调整了作战部署。正当红军调整部署时，董英斌率第一〇六、第一一一师及军部向太白镇逃跑。红军立即分三路追击。24日，红军在张家湾至羊角镇途中，歼敌第一〇六师第六一七团，其余敌人退入太白镇中。

被围困在直罗镇东头小寨子的牛元峰见待援无望，于23日午夜率残部突围向西逃跑，红七十五师的战士即跟踪追击。战士们说：“一定要把这条‘牛’追回来。”红军一气追了25里，追到直罗镇西南一个山上，击毙牛元峰，消灭这一营残敌。

敌董英斌部退入太白镇后，这里工事坚固，红军一时不易攻克。毛泽东指示聂荣臻在前线释放几个俘虏的军官，让他们转告东北军的领导人，只要东北军同意反蒋反日，与红军停战，红军俘虏的人枪可以如数归还。随后，红一方面军主力撤出战斗，挥师向东寻歼敌第一一七师。

在红军东进途中，敌第一一七师于26日退回鄜县城。至此，红一方面军主力集结在羊角镇以北地区转入休整，直罗镇战役遂告结束。

直罗镇战役，红一方面军共歼敌一个师另一个团，毙敌师长牛元峰、团长石世安、郑树藩以下1000余人，俘虏5367人，缴枪3500余支（挺）。被俘人员经过教育释放回去后，对红军以后同东北军建立抗日民族统一战线起了积极作用。

在直罗镇战役中，原红八军团政治委员、时任红一军团第二师第四团代理政治委员黄甦英勇牺牲。

黄甦，曾用名王甦，1903年生，广东南海人。1925年参加省港大罢工，任罢工委员会工人纠察队队长。同年10月加入中国共产党。1927年12月参加广州起义，任敢死队队长。起义失败后在香港、广东从事地下工作。1930年冬进入闽西苏区，后任新编红十二军政治委员、红十二军第三十四师政治委员，福建省苏维埃政府执行委员，中华苏维埃共和国第一届、第二届中央执行委员，红一方面军第十二军政治委员、红一军团第一师政治委员、红八军团政治委员。中共六届五中全会被补选为中央候补委员。长征开始后仍任红八军团政治委员。红八军团撤销后，任红一军团第一师政治委员，陕甘支队第一纵队第二、第五大队政治委员。西北军委本已决定调他到一个新单位去任政治委员，或者到中央去工作。他本人也知道马上就要离任，但坚决要求等打完这一仗后再去履新。他的牺牲，使红军痛失一位优秀的政治工作者。

直罗镇战役的胜利，巩固了陕甘根据地，为中共中央把全国革命大本营放在西北，举行了奠基礼！

直罗镇战役的胜利，标志着中国革命领导中心已经从南方转移到西北地区。历史厚重的西北高原，又一次在中华民族历史上扮演重要的角色。西北地区的红星，开始照耀中国。

四、红日照耀陕甘高原

毛泽东指示：刀下留人

红军陕甘支队到达哈达铺时，毛泽东、张闻天等中央领导从报纸上得知陕北有刘志丹的红军和根据地，并作出了到陕北会合红二十五、红二十六军的决策。然而，到了吴起镇，一个消息使毛泽东、张闻天等感到很意外。

事情是这样的。陕甘边区游击队第二路指挥马福记和政治委员龚逢春当时正率部在安边堡一带活动，接到了靖边县革命委员会送来的信，说中央红军先头部队已到达吴起镇。接到信后，龚逢春和马福记很高兴，立即率部队连夜赶到靖边县。在靖边县革命委员会他们听说，中央红军在吴起镇取得了很大胜利，敌马鸿逵、马鸿宾四个骑兵团被中央红军消灭了一部分，其余被击溃；中央红军总司令部驻在吴起镇。为了欢迎中央红军，龚逢春和马福记一起来到吴起镇。

在吴起镇，龚逢春和马福记受到了红军总政治部地方工作部同志的接见。之后，毛泽东亲自接见了他们。接见时，根据毛泽东的询问，他们向毛泽东汇报了陕甘边、陕北两苏区的情况及红军的现状，红二十五军长征到陕北后成立红十五军团及作战情况，游击队活动的情况，苏区周围的敌情，等等。他们还向毛泽东汇报了陕北"肃反"情况和刘志丹被捕的问题。龚逢春回忆说："我向毛主席表示了我的意见，我认为刘志丹等同志不应被捕，我说我的看法，刘志丹等同志不是反革命。毛主席非常关怀陕北的'肃反'问题，毛主席亲切的对我说，中央红军和中央到了陕北以后，陕北的'肃反'问题，刘志丹的问题，都可以得到正确的解决。使我得到了很大的鼓舞。"①

吴起镇当地的游击队队长张明科，也给毛泽东谈了同样的情况。

刘志丹是陕甘苏区的最主要的创建者，是陕甘苏区的斗争的一面旗帜，现在被作为"反革命"抓起来，是多么不可思议的一件事。听到这些消息，毛泽东深感问题的严重性。他知道，在其他苏区，"左"倾错误思想指导下的"肃反"，曾错杀了不少党和红军优秀的干部、战士，教训非常沉痛。因此，毛泽东对大家说："我们刚到陕北，仅了解到一些情况，但我看人民群众的政治觉悟很高，懂得很多革命道理，陕北红军的战斗力很强，苏维埃政权能巩固地坚持下来，我相信创造这块根据地的同志们是党的

---

① 龚逢春：《在吴起镇向毛主席汇报》（1970 年 2 月 13 日），中共陕西省委党史研究室编：《西北革命根据地》，第 395 页。

好干部，请大家放心，中央会处理好这个问题。”①

这时，先遣到达甘泉下寺湾的李维汉、贾拓夫见到了中共陕甘晋省委副书记郭洪涛，得知陕北苏区正在对红二十六军和陕甘边党组织进行“肃反”，刘志丹等主要干部已被拘捕，证实了龚逢春、马福记、张明科等人反映的情况。李维汉等立即电告毛泽东等中央领导同志。毛泽东立即指示：“刀下留人，停止捕人。”②

11月3日，中共中央在下寺湾陕甘边特委、苏维埃政府驻地召开中央政治局常委会议，听取陕甘晋省委副书记郭洪涛和西北军委主席聂洪钧关于陕北苏区、陕北红军及其作战情况的汇报。郭、聂二人也汇报了陕北“肃反”问题。听了之后，毛泽东立即下令：“停止逮捕，停止审查，停止杀人，一切听候中央来解决。”③

由于毛泽东、周恩来等忙于直罗镇战役的准备工作，而解决陕北“肃反”问题又必须马上进行，中共中央决定派王首道和刘向三等到瓦窑堡去，接管陕甘边区保卫局的工作，先把事态控制下来，以避免进一步恶化。王首道回忆说：“毛主席在下寺湾的一次干部会上，语重心长地对我们说：杀头不能像割韭菜那样，韭菜割了还可以长起来，头落地就长不拢了。如果我们杀错了人，杀了革命的同志，那就是犯罪的行为，大家要切记这一点，要慎重处理。”④

11月7日，张闻天、博古等率领中共中央机关到达瓦窑堡。中共中央指定组成在博古指导下审查陕北错误“肃反”的五人“党务委员会”，以董必武为主任，其他人员为王首道、张云逸、李维汉、郭洪涛。

王首道等接受了解决陕北“肃反”问题的任务后，即迅速带人到瓦窑堡，找到时任后方军事委员会主席兼陕甘边区保卫局局长戴季英。戴季英拿出许多案卷，作为刘志丹等人是“右派”、“反革命”的“证据”。王首道等人按照毛泽东的“要慎重处理”的方针，不轻信这些案卷，立即进行调查访问。

① 王首道:《参与为刘志丹平反的工作》，中共甘肃省委编:《纪念刘志丹》，第66页。
② 王首道:《参与为刘志丹平反的工作》，中共甘肃省委编:《纪念刘志丹》，第66页。
③ 中共中央文献研究室编:《毛泽东年谱》(1893—1949)(修订本)(上卷),第483页。
④ 王首道:《参与为刘志丹平反的工作》，中共甘肃省委编:《纪念刘志丹》，第66页。

经过调查，王首道等人了解到，刘志丹从青年时代就投身革命，大革命后坚持武装斗争，在陕甘一带坚持游击战争，先后担任红军陕甘游击队和红二十六军的领导职务，是陕甘边革命根据地创始人。多次粉碎国民党军对陕甘边根据地的“围剿”，使根据地得到迅速发展。红二十五军和陕甘红军会师后成立红十五军团，刘志丹与徐海东等共同指挥战斗，取得了劳山战斗胜利，为中共中央和中央红军落脚陕北创造了条件。对此，王首道得出的结论是：“从他的全部历史和工作来看，志丹同志一贯是坚定不移、忠心耿耿的共产党员。”①

王首道等人还了解到，刘志丹和群众的关系非常密切，对陕北许多村子有多少人家、多少窑洞都记得一清二楚。他处处关心群众生活，不管斗争多么艰苦，总是教育干部、战士不要拿群众一针一线。他在陕甘群众中有很高的威望，人们亲切地称他“老刘”，千方百计地给刘志丹部队支持和掩护。正因为有了这种鱼水相依的关系，陕甘根据地才能在艰难困苦的条件中建立和巩固下来。

在掌握了大量事实以后，王首道等人向戴季英提出：如果刘志丹他们这批干部都是反革命，那么这块革命根据地是怎样建立和发展起来的呢？这里的对敌斗争是怎样坚持下来的？这里的苏维埃政权又怎样能建立和巩固下来呢？对这些问题，戴季英都答不上来，但仍顽固坚持有案卷、口供为据。王首道等仔细翻阅了这位局长提供的案卷，发现其中列举刘志丹的“罪状”都是不能成立的，恰恰证明刘志丹等同志从陕甘实际出发，反对“左”倾错误，坚持了正确的路线。

王首道他们还陆续提问几个所谓“犯人”。当这些人知道王首道等是中共中央派的人时，就敢讲真话了。经过再三审查，证明所谓“口供”中，除极少数是坏人故意捏造事实，蓄谋破坏外，其余都是逼、供、信的产物。这一点，后来，就连犯过“左”倾教条主义错误的陕甘晋省委负责人也承认：“肃反整个过程是逼、供、信，主观主义达到了极点。”②

刘志丹被捕时，戴季英没有让他说一句话，就将他关押起来了。王首

① 王首道：《参与为刘志丹平反的工作》，中共甘肃省委编：《纪念刘志丹》，第67页。

② 朱理治：《我到陕北后的错误》，中共陕西省委党史研究室编：《西北革命根据地》，第433页。

道亲自同刘志丹谈话。由于刘志丹被“左”倾教条主义错误的执行者定为“首犯”，这时还带着手铐、脚镣。刘志丹对王首道说：“我承认我是有错误的，组织审查是应该的。但我是光明磊落的。红二十五军来到陕北，对我们帮助很大，现在中央又派人来。我非常高兴。”王首道对刘志丹这这种丝毫不计个人得失和安危，一心想着党的事业的精神，非常钦佩。

这时，在前方正在组织直罗镇战役的毛泽东，十分惦记审查陕北“肃反”问题，于11月18日和周恩来、彭德怀致电张闻天、博古，指出：“错捕有一批人，定系事实。”要求尽快纠正“肃反”中的错误问题。

纠正陕北“肃反”错误，还刘志丹等同志一个清白的时机已经到来。

“满天乌云风吹散”

经过审查，弄清了事实以后，11月26日，中共西北中央局作出《西北中央局审查肃反工作的决定》。30日，中共中央组织部召开为刘志丹等同志平反的会议，张闻天主持会议，出席会议的除博古、刘少奇和“五人委员会”外，还有陕甘晋省委负责人，以及在“肃反”中被错误逮捕的刘志丹、高岗、杨琪、杨森等。

张闻天在开会时指出：中央召开这个会议，是为了解决陕北错误“肃反”问题，过去对刘志丹等同志的处理是一个冤案，应该纠正。接着，王首道代表“五人委员会”报告冤案调查情况和处理意见。王首道宣布：刘志丹等同志是无罪的，党中央决定立即释放，并且分配工作。刘志丹在会上发了言，说：这次“肃反”是错误的，我们相信中央会弄清问题，正确处理的。我们也相信犯错误的同志会认识错误、改正错误，团结在中央周围一道奋斗。①

这次会议，还宣布了中共西北中央局党务委员会作出的《关于戴继(季)英、聂鸿(洪)钧二同志在陕甘区域肃反工作中所犯错误处分的决议》。戴、聂二人以后也作了检讨。

由于中共中央及时纠正了陕北“肃反”严重错误，从而使陕甘根据地

① 李维汉：《回忆与研究》(上)，第372页。

转危为安。习仲勋在纪念刘志丹的文章中说：

“满天乌云风吹散，毛主席来了晴了天！”就在这千钧一发的时刻，1935年10月19日，党中央和毛泽东、周恩来同志率领中央红军到了陕甘根据地吴起镇。当了解到根据地的严重形势后，毛主席立即下令“刀下留人”、“停止捕人”，并派出王首道、刘向三、贾拓夫同志代表中央去瓦窑堡接管“左”倾机会主义分子控制的保卫局。后来，党中央和毛主席、周副主席一到瓦窑堡，立即释放了刘志丹同志和其他被捕的人，恢复了我们的工作。同时毛主席、周副主席严厉批判搞“左”倾机会主义的人害了“疯狂病”。我后来听说，周恩来副主席批评保卫局长戴季英时，戴季英还狡辩，周副主席说：“像刘志丹这样的‘反革命’越多越好，像你这样的‘真革命’倒是一个没有才好。”……

刘志丹同志出狱后，根据地军民欢欣鼓舞，奔走相告：“刘志丹释放了！”“陕北根据地得救了！”中央红军的同志说：“要是叫‘左’倾机会主义把这块根据地也搞掉，中央歇脚的地方也没得了。”①

刘志丹出狱后，毛泽东、周恩来接见了他。王首道在回忆中讲述了这个情况：

志丹出狱后，毛主席和周恩来副主席亲切地接见了他，询问了他的健康情况。毛主席意味深长地说：你受委屈了！但对一个革命者来说，坐牢也是一种考验，又是一种休息。周副主席风趣地说：“左”字号的监狱，也“左”得出奇哪！毛主席接着又说：陕北这个地方，在历史上是有革命传统的，李自成、张献忠就是从这里闹起革命的。这地方虽穷，但穷则思变，穷就要闹革命嘛！这里群众基础好，地理条件好，搞革命是个好地方呀！刘志丹同志听了，喜悦万分。他向毛主席和周副主席详细汇报了陕北的工作，并表示要跟着毛主席、党中央坚持革命到底。②

不久，刘志丹先后任西北革命军事委员会后方办事处副主任、瓦窑堡警备司令。12月30日，刘志丹任新组建的红二十八军军长。1936年3月率部参加东征。4月14日，在围攻三交镇的战斗中，刘志丹到前沿阵地指挥部队

① 习仲勋：《群众领袖民族英雄》，中共甘肃省委编：《纪念刘志丹》，第41页。

② 王首道：《参与为刘志丹平反的工作》，中共甘肃省委编：《纪念刘志丹》，第69页。

作战，在观察敌情时不幸中弹。红二十八军政治委员宋任穷在回忆中说：

裴周玉等几位同志将刘志丹同志抬到军指挥部所在的阵地上，我跪下来摸他的心脏和脉搏，察看伤口。这时志丹同志因大动脉出血已昏迷不能说话，不多时即溘然长逝。……我们非常悲痛，肃立在亲密战友的遗体旁，脱下军帽致哀。我对在场同志们说，刘军长为中国人民的解放事业献出了自己的生命，流尽了最后一滴血，我们要化悲痛为力量，继承他的遗志，完成他未完成的革命事业，更多地消灭敌人，为刘军长报仇。我们把志丹同志的遗体抬上担架，把军大衣轻轻盖在他身上，一步一步送下山坡。我把志丹同志牺牲的消息立即电告党中央。并赶紧筹划船只，制作了一具棺材装殓志丹同志的遗体，在场的数十人扶棺流泪，与志丹同志诀别。然后，派人护送志丹同志的棺材过黄河，运往党中央所在地瓦窑堡。①

刘志丹的牺牲，是党和红军的重大损失。

刘志丹，曾用名刘景桂、刘子丹，陕西保安人，1903年生。1924年加入中国社会主义青年团，1925年春转为中国共产党党员，同年考入黄埔军校第四期学习。1928年5月参与领导渭华起义，任西北工农革命军军委主席。不久任中共陕北特委军委书记。1932年起历任西北抗日反帝同盟军副总指挥，中国工农红军陕甘游击队第三支队支队长、总指挥，陕甘边红军临时总指挥部副总指挥兼参谋长，红二十六军第四十二师参谋长、师长，陕甘边革命军事委员会主席，西北革命军事委员会主席，陕甘红军前敌指挥部总指挥，红十五军团副军团长兼参谋长。是陕甘红军和陕甘革命根据地的主要创建者、群众领袖，人民军队的卓越将领和无产阶级革命家、军事家。

1936年4月24日，中共中央及地方党政军领导机关、红军代表和广大群众数千人在瓦窑堡隆重举行追悼刘志丹将军大会。会后，周恩来等党政领导人亲扶灵柩，将刘志丹安葬于瓦窑堡南门外山坡上。6月，中共中央决定将刘志丹的家乡保安县改名为志丹县。1941年陕甘宁边区在志丹县修建志丹陵。1943年4月23日，中共中央、中共西北中央局、陕甘宁边区政府在延安举行近万人参加的刘志丹公祭大会。5月2日，在志丹县举行公祭大典，毛泽东题词："群众领袖，民族英雄。"周恩来题词："上下五千年，英雄

① 《宋任穷回忆录》，第90—91页。

万万千，人民的英雄，要数刘志丹。”朱德题词：“红军模范。”

驱散乌云，红日照亮陕甘高原。因“左”倾“肃反”被错误关押的习仲勋、杨森、刘景范、张秀山、杨琪、高纯棉、高朗亭、张策、马文瑞、黄子文、孔令甫、郭宝珊、黄罗斌等同志平反后，顾全大局，不计个人得失，不计职位高低，在不同的岗位努力工作，为巩固和发展这块土地革命战争后期“硕果仅存”的根据地贡献力量，使之不仅成为各路红军的落脚点，而且成为后来八路军出师抗战的出发点。这些同志有的在革命斗争中牺牲了，有的成为党和国家的领导人，有的成为中国人民解放军的高级将领，有的成为国家部委和省级领导，为中国革命胜利和新中国的建设作出了重要贡献。

毛泽东对陕甘根据地的历史作用给予了极高评价，他在中共七大预备会上作工作方针的报告时指出：

过去有的同志很急躁，希望革命明天就胜利。但是可惜没有胜利，一拖拖了十年。有了三十万党员、几十万军队，头大了，急躁起来了，结果只剩了一个陕北。有人说，陕北这地方不好，地瘠民贫。但是我说，没有陕北那就不得下地。我说陕北有两点，一个落脚点，一个出发点。七大在陕北开会，这是陕北人的光荣。①

刘志丹、谢子长、习仲勋等同志创建的陕甘革命根据地，为中国革命胜利发展作出了永不磨灭的贡献！

① 毛泽东：《中国共产党第七次全国代表大会的工作方针》（1945年4月21日），中共中央文献研究室编：《毛泽东在七大的报告和讲话集》（1945年4月—6月），中央文献出版社1995年版，第12页。

第六章　甘孜城，会宁城，将台堡

一、张国焘南下行动碰壁

张国焘另立"中央"

中共中央率领红一方面军主力先行北上后，张国焘即在阿坝大造反对中共中央的舆论。鉴于朱德在红军中的崇高威望，他企图拉朱德同他站在一起，增加他分裂党和红军的筹码。张国焘先是派人同朱德谈话，要朱德写反对中共中央先行北上的文章。此举立遭朱德严正拒绝。接着，张国焘又导演了一幕闹剧。1935年9月13日，在阿坝的格尔登寺大殿，张国焘召开中共川康省委及红四方面军党的活动分子会议，批判中共中央北上"逃跑"。张国焘披挂上阵，打头炮，攻击中共中央率领红一、红三军北上是"逃跑主义"，鼓吹南下。接着，追随张国焘的一些人跟着起哄，要求朱德当众表态"同毛泽东向北逃跑的错误划清界限"、"反对北上，拥护南下"。朱德什么阵势没见过，看着这些人的表演，觉得实在好笑，稳稳当当坐在那里，不理不睬。倒是张国焘实在沉不住气了，问道："总司令，你可以讲讲嘛，你对这个问题的认识怎样？是南下，是北上？"

既然张国焘点了名，朱德就明确地告诉他和那些反对北上的人："中央决定北上抗日是正确的，在川陕甘建立革命根据地是经过反复研究决定的。对中央的决定，我举过手表示拥护，现在依然是这个态度。”①张国焘和他的追随者要朱德和毛泽东划清界限，朱德斩钉截铁地回答：“你可以把我劈成两半，但你割不断我和毛泽东的关系。”②为了逼走朱德，张国焘指使人冲着朱德叫嚷道：“你说北上好，你就一个人走吧！我们决不留你！”朱德严正地回答：“我是红军总司令，党中央和军委派我带领左路军北上。现在你们不执行中央、军委的命令，硬要南下，我只有跟着你们。你们到哪里，我也到哪里，我一定要执行党中央、军委交给我的任务，带领左路军北上。”③

9月15日，张国焘发布《大举南进政治保障计划》，称：“只有大举南进，消灭川敌残部，才是真正的进攻路线。”不切实际地认为：“当前的敌人是川敌残部，过去都是被主力红军打垮过，火力差，士气低落，战斗力薄弱，这使我们能顺利的消灭川敌残部。在南进地区内，人口稠密，好扩大红军，物产丰富，可充实红军物质上的供给，这就使我们能够顺利的在广大地区内建立巩固的根据地，准备我们的力量来消灭蒋介石主力。”因而提出“我们目前的战略方针是集中主力，大举向南进攻，消灭川敌残部，在广大地区内建立巩固的根据地，首先赤化全川，这是消灭蒋介石主力，赤化川陕甘的先决条件。”并认为“必须坚决执行党的进攻路线，反对右倾机会主义的逃跑路线，才能顺利完成我们南进的战略方针。”④

9月中旬，红军左路军和右路军的红四方面军部队，奉张国焘的命令，分别从阿坝和包座、班佑地区南下，向大小金川流域的马塘、松冈、党坝一带集结。这时，康藏高原寒风凛冽，弥漫着深秋的肃杀气氛。尤其是红四军、红三十军和部分红军大学学员，身着单薄的衣服再过草地，粮食更为缺乏，困难更多，许多红军指战员，又被草地恶劣的自然条件夺取了宝贵的

---

① 《康克清回忆录》，解放军出版社 1993 年版，第 171 页。

② [美] 艾格妮丝·史沫特莱著，梅念译，胡其安、李新校注：《伟大的道路》，生活·读书·新知三联书店 1979 年版，第 378 页。

③ 《康克清回忆录》，解放军出版社 1993 年版，第 172 页。

④ 《大举南进政治保障计划》（1935 年 9 月 15 日），中国工农红军第四方面军战史编辑委员会：《中国工农红军第四方面军战史资料选编》（长征时期），解放军出版社 1992 年版，第 223 页。

生命。

9月底，徐向前、陈昌浩带领的红四、红三十军等在大金川北端的党坝同红军总部率领的左路军会合。

10月5日，张国焘在卓木碉（今马尔康县脚木足）白赊喇嘛寺召开高级干部会议。出席会议的有朱德、刘伯承、徐向前、陈昌浩、王树声、周纯全、李卓然、罗炳辉、余天云等军以上干部，约四五十人。在这次会议上，张国焘令人意想不到的惊人之举，是公开宣布另立“中央”，打出了分裂主义的旗帜。徐向前在回忆录中讲述了当时的情况：

会议由张国焘主持。他的发言，蛊惑人心，欺骗性很大。大意是：中央没有粉碎敌人的第五次“围剿”，实行战略退却，是“政治路线的错误”，而不单是军事路线问题。一、四方面军的会合，终止了这种退却，但中央拒不承认自己的错误，反而无端指责四方面军。南下是终止退却的战略反攻，是进攻路线，而中央领导人被敌人的飞机、大炮“吓破了胆”，对革命前途“丧失信心”，继续其北上的“右倾逃跑主义路线”，直至发展到“私自率一、三军团秘密出走”，这是“分裂红军的最大罪恶行为”。他攻击中央领导人是什么“吹牛皮的大家”，“‘左’倾空谈主义”，还说他们有篮球打、有馆子进、有捷报看、有香烟抽、有人伺候才来参加革命；一旦革命困难，就要“悲观”、“逃跑”等等，他宣布中央已经“威信扫地”，“失去领导全党的资格”，提倡效仿列宁和第二国际决裂的办法，组成新的“临时中央”，要大家表态。

另立“中央”的事，来得这么突然，人们都傻了眼。就连南下以来，一路上尽说中央如何如何的陈昌浩，似乎也无思想准备，没有立即表态支持张国焘。会场的气氛既紧张又沉闷，谁都不想开头一“炮”。张国焘于是先指定一方面军的一位军的干部发言。这位同志长征途中，一直对中央领导有意见，列举了一些具体事例，讲得很激动。四方面军的同志闻所未闻，不禁为之哗然。大家你一言，我一语，责备和埋怨中央的气氛，达到了高潮。

张国焘得意洋洋，要朱德同志表态。

朱总的发言心平气和，语重心长。他说：大敌当前，要讲团结嘛！天下红军是一家。中国工农红军在党中央统一领导下，是个整体。大家都知道，我们这个“朱毛”，在一起好多年，全国和全世界都闻名。要我这个“朱”去反“毛”，我可做不到呀！不论发生多大的事，都是红军内部的问题，大家要冷静，要找出解决的办法来，可不能叫蒋介石看我们的热闹！

张国焘要刘伯承表态。

刘讲了一通革命形势相当困难的话，弦外之音是要讲团结，不能搞分裂。张国焘为此怀恨在心。不久，便将刘的参谋长职务免去，调他去红军大学工作。①

张国焘没想到在朱德、刘伯承这里碰了个软钉子，又不便发作，于是脸色阴沉地指示人宣布“临时中央”名单，以多数通过的名义形成了“决议”。这个“决议”宣布：“毛泽东、周恩来、博古、洛甫撤销工作，开除中央委员及党籍，并下令通缉。杨尚昆、叶剑英应免职查办。”②组织“中央委员会”、“中央政治局”、“书记处”、“军事委员会”。至此，张国焘的分裂活动，达到了登峰造极的地步。

在张国焘成立的“中央政治局”、“书记处”、“军事委员会”名单中，把朱德排在第一位，自己放在第二位，但谁都知道，这是为了欺骗其他地方的党组织和红军。在这些组织中，只有张国焘说了算，甚至在发出的战役计划中，自封为“中革军委主席”。对此，朱德严正表示：“我按党员规矩，保留意见，以个人名义做革命工作。”③

张国焘的分裂活动不得人心，被编入左路军的原红一方面军部队随红四方面军南下后，有些同志提出要单独北上，找党中央去。欧阳毅回忆说：

张国焘分裂党，分裂红军，肆意诋毁党中央、毛主席，在五军团的干部、战士中引起了普遍的强烈不满。后来，有的同志提出要“单独北上，找毛主席和党中央去”，有的同志甚至愤怒地说：“如果他张国焘拦阻我们执行党中央、毛主席北上的命令，我们就跟他干！”在这关键时刻，朱总司令从革命的全局出发，又多次给同志们做工作，耐心教育大家掌握正确的斗争方针和策略。有一天，他亲自来到五军团，给营以上干部讲了话。他说：

---

① 《徐向前元帅回忆录》，第339—340页。

② 《张国焘另立“中央”的组织决议》(1935年10月5日于卓木碉)，中国工农红军第四方面军战史编辑委员会：《中国工农红军第四方面军战史资料选编》(长征时期)，第230页。

③ 中共中央文献研究室编：《朱德传》(修订本)，第428页。

“毛主席早就指出，南下是绝路，无论从敌情、地形、居民、给养等条件来说，都是对我们极为不利的。可是有人却说北上是逃跑。只有南下才是革命的。孰是孰非，本来是清楚的，将来会越来越清楚。我们一定要坚持真理，坚持斗争，坚决拥护中央北上抗日的路线。”接着，朱总司令又强调说：“同志们要顾全大局，要讲革命，讲团结。四方面军广大干部战士都是好的，是要革命的，都是我们的阶级兄弟。他们有许多优点，英勇善战，吃苦耐劳，你们应该很好地向他们学习。你们五军团能攻善守，英勇顽强，优点也不少，但你们人少嘛，光有你们也不行。所以，同志们要注意和他们搞好团结，切不要上少数人破坏团结的当。团结就是力量，只有加强了全体红军的团结，才能克服一切困难，争取革命事业的胜利！”①

随左路军行动的红军总政治部宣传队也被迫南下，刘志坚和李伯钊不知怎么办才好，先后冒着危险去探望朱德。朱德对他们说：“搞分裂活动的只是张国焘等少数几个人，四方面军也是红军，他们也打蒋介石，打土豪分田地，主要是缺少政治工作，你们要留在这里，少说话，多做工作，特别是基层政治工作。”②

在朱德的耐心劝说下，原红一方面军的干部、战士的情绪逐渐稳定下来。

红四方面军的同志对张国焘另立“中央”也是不了解和不满的。徐向前在卓木碉会议上没有发言，也没有举手表决。他对会上发生的一切，既不理解，又很痛心。看到徐向前这种态度，张国焘事后找他谈话。徐向前表示不赞成这种做法，说：党内有分歧，谁是谁非，可以慢慢地谈，总会谈通的。把中央骂得一钱不值，开除这个，通缉那个，只能使亲者痛，仇者快，即使中央有些做法欠妥，我们也不能这样搞。现在弄成两个中央，如被敌人知道有什么好处嘛！徐向前的主导思想是希望团结，不要感情用事，免得越弄越僵，将来不堪收拾。张国焘听不进徐向前的劝告。

分裂不得人心，红四方面军的不少同志，脑子里都打了问号：“这样做对吗?”“符合党章的要求吗？”“有利于一致对敌吗？”虽然他们不敢公

---

① 欧阳毅：《朱总司令和我们在一起》，《回顾长征》，第683—684页。

② 刘志坚：《安息吧，共过患难的伯钊同志》，《人民日报》1985年5月12日。

开表示自己的意见，但私下里窃窃私语，不可遏止。在朱德的争取下，红四方面军的许多同志觉醒，认识到北上对于红军发展的意义，团结对于革命事业的重要性，遵义会议后的中央路线的正确性。这为后来红二、红四方面军共同北上打下了厚实的思想基础。

朱德不仅是伟大的军事家，而且也是政治家，是大智慧者。在张国焘另立“中央”，南下的红军出现思想混乱，稍有不慎或不理智，红军之间就会产生悲剧的复杂情况下，他既坚持原则性，又在策略上采取灵活性，维护了红军之间的团结，避免了革命力量的削弱。究其原因，在于朱德把握了这样最根本的一条，红四方面军是党领导的军队，不是张国焘私人的军队；红四方面军广大干部战士和红一方面军的广大干部战士一样，是要革命的，是打蒋介石反动派的。尽管他们受到张国焘的蒙骗，但终究是会觉悟的，会北上和中共中央、红一方面军会合的。

南下先胜后败

红四方面军南下后，国民党军立即沿大小金川布防。刘文辉第二十四军两个旅位于大金川沿岸之绥靖、崇化、丹巴一线；杨森第二十军四个旅另一个团，位于小金川沿岸之懋功、抚边、达维一线；邓锡侯第二十八军一个团驻守抚边以东之日隆关等地，妄图凭借高山峡谷，阻止红军南下。张国焘为贯彻其错误的南下方针，打开通往天全、芦山的道路，实现在川康边创建根据地的计划，于10月7日发出《绥丹崇懋战役计划》，具体部署为：以红五军、红九军第二十五师、红三十一军第九十三师组成右纵队，由王树声率领，沿大金川右岸前进，抢占绥靖、丹巴；以红四军、红三十军、红三十二军及红九军第二十七师大部组成左纵队，由徐向前、陈昌浩率领，从大金川左岸进攻，直取崇化、懋功；红三十三军及红九军第二十七师一个团，驻守马塘、梦笔山地区，屏障红军总司令部驻地卓木碉；以红三十一军第九十一师师部及第二七七团、红军大学留驻阿坝，组成阿坝警备区掩护后方。

朱德虽然不同意张国焘的分裂主义行为，但认为部队既然已经南下，就应该打开战局，找块立脚生存的地方。数万红军，是革命的重要力量，不能眼看着没有饭吃，没地盘，让张国焘生生地给葬送掉。他坚信，只要大家是革命的，最后总会走到一起的。因而，在军事作战方面，朱德积极行使总司令职权，尽量发挥作用，以求部队打胜仗，保存和发展红军。

10月8日，红四方面军左、右两纵队按照预定计划开始行动。大小金川地区地形复杂，多深山绝壁和峡谷激流，利守不利攻，不便大部队运动。战役开始后，右纵队红九军第二十五师首先向绥靖河以北绰斯甲附近的观音桥强攻，以便渡河南下，与左纵队的进攻夹岸相应。因守敌刘文辉部凭坚固守，红军没有攻克，右纵队受阻。徐向前临时调整部署，令左纵队的红四军从党坝地区出动，强渡大金川。11日，红四军渡河成功，沿右岸疾进，12日克绥靖，13日克丹巴。与此同时，大金川左岸的红三十军亦向南疾进，15日攻克崇化，以一部继续向懋功方向发展。红九军第二十七师于15日夜间，对绥靖以东之两河口守敌杨森部第七旅发起攻击，经三小时激战，将敌击溃，继而跟踪追击，于16日克抚边，19日夜袭达维，当部队摸进街里时，敌人还在睡大觉。杨森部第四旅旅长高德州惊醒后，顾不上穿衣服，仓皇逃走。20日，红三十军一部克懋功。守敌杨森部两个旅南逃，被占达维的红二十七师主动截击，俘获一部。接着，红二十七师乘胜向东南发展，连克日隆关、巴郎关、火烧坪、邓生等地。至此，绥丹崇懋战役胜利结束。经过10余天的战斗，红军连克绥靖、崇化、丹巴、抚边、达维和懋功等地，总计击溃杨森、刘文辉所部六个旅，毙俘敌3000余人，取得南下初战的胜利。

这时，蒋介石借“追剿”红军的机会，派大批嫡系部队入川，进而控制了四川的各派军阀，并对川军进行了整编。整编后的川军，充实了建制，补充了武器弹药，战斗力有所增强。为了阻止红四方面军南攻，国民党川军调整了部署，以刘文辉防守金汤及泸定至汉源、雅安一线；以杨森部防守宝兴至大硗碛一线；以邓锡侯部防守宝兴以东大川场至水磨沟一线；以刘湘之模范师九个团集中天全；另从绵竹等地抽调18个团向西增援。

红四方面军总部根据敌情估计，趁势南攻，打击川敌，夺取天全、芦山、名山、雅安、邛崃、大邑地区，胜算较大。10月20日，张国焘发布《天芦名雅邛大战役计划》，要求：“以主力乘胜向天、芦、名出动，彻底消灭杨、刘，并迎击主要的敌人刘湘、邓锡侯部，取得天全、芦山、名山、雅州、邛州、大邑广大的根据地为目的。对康定、汉源、荥经、灌县方向，采取佯攻姿势，配合主力行动。”①具体部署为：以红四军、红三十二军为右纵队，由丹巴经金汤攻取天全，并以一部向汉源、荥经活动；以红三十军全部、红三十一军第九十三师及第九十一师两个团、红九军第二十五师为中纵队，取宝兴、芦山，得手后向名山、雅安及其东北地区进攻；以红九军第二十七师为左纵队，除以巩固抚边、懋功、达维外，主力向东伸进，威胁灌县、大邑之敌。另以红五军为右支队，巩固丹巴地区；以红三十三军为左支队，留驻马塘、两河口，相机威胁理县，占领威州；以红三十一军第九十一师师部率第二七七团驻守达维、懋功。

朱德很关心打好这次战役，并就战术问题作出重要指示。徐向前回忆说：

他认为，这一战役与绥崇丹懋战役的不同点在于：部队已经打出了川西高原的山险隘口，作战形式将由山地战、隘路战变为平地战、城市战，由运动战变为阵地战、堡垒战。为打破敌人的堡垒封锁线，战术上必须充分注意集中兵力，择敌弱点攻击，尽可能在野战中溃敌，乘胜追击，袭取堡垒和城市。要熟悉攻击敌人堡垒和阵地的方法，详细侦察，周密计划，多用夜袭手段取胜，并注意对付敌人的阵地反击。针对部队在开阔地形条件作战的情况，他特别强调要加强防空教育的重要性。既要消除畏惧敌机的心理，又要采取应付敌机的具体措施，万万不可掉以轻心，等闲视之。他说：我们是工农红军，不是拜物教主义者，绝不惧怕帝国主义的清道夫——蒋介石的飞机大炮。但是，我们又要承认敌人的飞机确有杀伤威力，是要吃肉的。口头上空喊不怕，而不去研究对付它的科学方法，只会使红色战士经受无代价的牺牲。他对如何组织对空射击、对空侦察、对空隐蔽和伪装、疏散队形及战斗中应注意之点，都作了具体要求。②

10月24日，红四方面军翻越夹金山，向天全、芦山、宝兴发起进攻。经过十多天的战斗，红军连续拿下宝兴、天全、芦山等县城，共歼敌5000余人，击落敌机一架，控制了邛崃山以西、大渡河以东、青衣江以北及懋功以南的川康边广大地区，造成了东下川西平原，直略成都的战略态势。国民

① 《天芦名雅邛大战役计划》（1935年10月22日），中国工农红军第四方面军战史编辑委员会：《中国工农红军第四方面军战史资料选编》（长征时期），第247页。

② 《徐向前元帅回忆录》，第345—346页。

党成都、重庆军政当局震动。

此时，张国焘觉得自己气粗了，给红一方面军并中共中央领导人去电，称："这一胜利打开了川西门户，奠定了建立川康苏区胜利的基础，证明了向南不利的胡说，达到了配合长江一带苏区红军发展的战略任务，这是进攻路线的胜利。"①

刘湘唯恐川西平原有失，成都难保，急调其主力王瓒绪、唐式遵、范绍曾等部及李家钰部，星夜赶赴名山及其东北的夹门关、太和场、石碑岗地区，遏阻红军。连同原来守敌，总兵力达到了80余团。蒋介石也急令薛岳部两个军迅速参战。

川军是红四方面军的老对手，被打怕了，在历次作战中往往一触即溃，闻风而逃。但这次却不同了，川军经过整编，蒋介石又向川军各部派了政工人员，多数军官又经过峨眉军官训练团的训练，战斗力有较大加强。成都是刘湘的老窝，刘湘为保成都，亲自坐镇，不惜代价，与红军硬拼。红四方面军对川军死保川西平原的决心和作战能力估计不足，计划从名山和邛崃间的通道上，实施夜袭突破，完全切断两城敌军的联系，进而围攻名山，吸引邛崃方向敌人前来增援并打击之，相机发展攻势，打到岷江西岸，控制青衣江以北、岷江以西、邛崃以南的三角地带。

11月13日，红四方面军集中中纵队全部及右纵队红四军的兵力，计有15个团，向朱家场、太和场发起猛攻。当天，击溃敌人两个团，乘胜前进。16日，攻下了邛崃、名山大路上的重镇百丈。红军进入人粮极丰的川西平原已经在望。川军出动六个旅的兵力进行反扑，被红三十军及红九军一部击退。与此同时，红九军第二十七师占领了黑竹关、治安场、王店子。

19日拂晓，川军十几个旅从东、北、南三面向红军进攻。据俘虏供称，刘湘下了死命令，要川军拼死夺回百丈，援救名山守敌，临阵不前者，一律就地枪决。战斗打响后，敌人即集中强大的火力，向红军阵地猛烈轰击；成批的飞机在红军阵地上狂轰滥炸。接着，整营、整团的敌军，向红军阵地发起轮番攻击。从黑竹关到百丈，十多里的战线上，处处是战火硝烟、刀光剑

① 《朱德、张国焘关于攻占天全、芦山情况致红一方面军并中共中央领导人电》（1935年11月12日），中国人民解放军历史资料丛书编审委员会：《红军长征·文献》，第842页。

影，爆炸声、枪炮声、喊杀声，交织在一起。敌我双方展开了殊死搏斗。由于百丈一带地势开阔，无险可守，红军广大指战员浴血奋战七天七夜，虽取得了毙伤敌人1.5万人的战绩，但自身伤亡也近万人。敌我双方都打到了精疲力竭的地步。

战局没有打开，薛岳部又从南部压了上来。敌我力量悬殊，持久相持对红军不利。红四方面军只好放弃原定计划，从进攻转入防御。11月下旬，红三十军、红九军撤出百丈地带，转移到北起九顶山，南经天品山、王家口至名山西北附近的莲花山一线。红四军在荥经方向，遭薛岳部猛攻。因敌众我寡，被敌突进，部队遂撤至青衣江以北。在西面的大炮山的红三十三军，则继续巩固阵地，与敌李抱冰部对峙。红四方面军遭敌重兵压迫，堡垒封锁，南下或东出都已不可能。

百丈决战的失利，是南下红军由战略进攻转为战略防御的转折点，也是张国焘南下方针碰壁的主要标志。战后，红四方面军遂以巩固天全、芦山、宝兴、丹巴地区为中心任务。在这一带与敌对峙，发动群众，准备过冬。

这时，随红四方面军行动的原川陕地方党政机关，在懋功、丹巴、宝兴、天全、芦山等地先后建立了一些地方党的组织和工农民主政权，组织了大金独立第一师、第二师及宝兴、芦山两个独立团，并发动群众进行了一些支援战争的工作。11月中旬，在金川地区帮助藏族人民成立了格勒得沙革命政府。由于这些地区多为藏族聚居区和汉藏杂居区，情况非常复杂，加之历代反动政府长期的大汉族主义统治，民族之间的隔阂甚深，数万红军到此，又不可避免地形成“与民争粮”的矛盾。而藏族上层分子，不仅组织反动武装反对红军，而且还利用一切机会煽动和威胁群众不与红军友好合作。因此，这一带无法形成一个巩固的根据地。同时，这里生产力落后，地广人稀，红军在此转战，兵员、物资给养的补充都无法满足要求。部队广大指战员食难果腹，衣难御寒。中共中央早就指出的“南下是绝路”得到了完全证实。

历史嘲弄了张国焘。中共中央率领红一方面军主力北上时，张国焘说：“孤军北上，不拖死也会冻死”，“至多剩下几个中央委员到得陕北”。然而，中共中央和红一方面军到达陕北后，取得了直罗镇战役胜利，粉碎了敌人对陕甘根据地的第三次“围剿”，根据地和红军不断扩大，形势大好。北上与南下，谁对谁错，不言自明。当陕北胜利的消息在红四方面军发行的《红色战场》上连续刊载后，不少同志窃窃私议：“还是中央的北上方针对头”，“我们也该北上才对”。在红四方面军中，要求北上的呼声越来越高。

张国焘打出“中央”旗号

红四方面军南下期间，全国政治形势也发生了急剧变化。日本对华北侵略的进一步加深，中共驻共产国际代表团发表了《中国苏维埃政府、中国共产党中央为抗日救国告全体同胞书》（即《八一宣言》），一二九运动的爆发，抗日救亡民主运动重新高涨。中共驻共产国际代表团成员张浩由苏联回国到达陕北瓦窑堡，向中共中央传达了共产国际七大关于建立反法西斯统一战线的精神和《八一宣言》的内容。12月25日，中共中央政治局瓦窑堡会议通过了《中央关于目前政治形势与党的任务决议》，制定了抗日民族统一战线策略。中共中央将决议的内容和张浩回国的消息，向红军总司令部和红四方面军作了通报。

张国焘另立“中央”，既未按照党规党法，经民主选举产生，又未向共产国际报告，得到批准。因此，张国焘做贼心虚，迟迟不敢公布。朱德对张国焘的分裂活动一直进行斗争。徐向前回忆说：

朱德同志坚决反对另立“中央”，对张国焘也起了有力的制约作用。朱德总司令在党和红军中的巨大声望，人所共知。也只有他，才能同张国焘平起平坐，使之不敢为所欲为。自从张国焘另立“中央”起，朱德同志就和他唱对台戏。他同张国焘的斗争，绝不像“左”倾教条主义者那样，牙齿露得越长越好，而是心平气和，以理服人，一只手讲斗争，一只手讲团结。我去红军总部汇报工作时，曾不止一次地见过他同张国焘谈论另立“中央”的问题。他总是耐心规劝张国焘，说你这个“中央”不是中央，你要服从党中央的领导，不能另起炉灶，闹独立性。张国焘就劝朱德同志出面，帮他做党中央的工作，要中央承认他的“中央”是合法的，是全党的唯一领导。俩人的意见，针锋相对，谁也说不服谁，但又不妨碍商量其他问题。张国焘理不直，气不壮，矮一截子，拿朱老总没办法。朱总司令的地位和分量，张国焘是掂量过的。没有朱德的支持，他的“中央”也好，“军委”也好，都成不了气候。张国焘是个老机会主义者，没有一定的原则，没有一定的方向。办起事来，忽“左”忽右。前脚迈出一步，后脚说不定就打哆嗦。朱总司令看透了他，一直在警告他，开导他，制约他。因而张国焘心里老是打鼓，不敢走远。①

然而，张国焘不听朱德的劝告，在犹豫了两个月以后，终于公开打出了另立“中央”的旗号。12月5日，张国焘致电彭德怀、毛泽东：

彭、毛等同志：

甲、此间已用党中央、少共中央、中央政府、中革军委、总司令部等名义对外发表文件，并和你发生关系。

乙、你们应以党北方局、陕甘政府和北路军，不得再冒用党中央名义。

丙、一、四方面军名义已取消。

丁、你们应将北方局、北路军的政权组织状况报告前来，以便批准。

党团中央②

张国焘的“中央”是没有得到共产国际首肯的，这也是他心虚的原因之一。中共中央接到张国焘另立“中央”的电报后，一方面同张国焘分裂党的行径进行坚决的斗争；另一方面讲究策略，采取合适的方式去挽救他。既然张国焘怕共产国际，那就要借重共产国际的权威去同他斗争，以使他取消另立的“中央”。这时，刚从共产国际回国的张浩就起到了这个作用。

张浩，原名林育英，湖北黄冈人，1897年生。1922年2月加入中国共产党。同年7月参与领导汉阳铁厂工人罢工。长期从事工人运动，先后任过安源路矿工人俱乐部消费合作社营业部主任兼党支部书记、中共汉口市委书记、武昌市委工委书记、湖南省委职工运动委员会书记、上海沪西区委书记、中华全国海员工会特派员、满洲省委常委兼工委书记、中华全国总工

① 《徐向前元帅回忆录》，第352页。

② 《张国焘以“党团中央”名义致彭德怀、毛泽东电》（1935年12月5日），中国工农红军第四方面军战史编辑委员会：《中国工农红军第四方面军战史资料选编》（长征时期），第286页。

会常委、全国海员工会中共党团书记。1933年初赴莫斯科担任中华全国总工会驻赤色职工国际代表和中共驻共产国际代表团成员。1935年出席共产国际第七次代表大会，参与起草《八一宣言》。同年11月回国到达中共中央驻地瓦窑堡。

12月22日，张浩致电张国焘，告知："世界七次大会的决议，与中国代表团对中国问题的许多意见，自当继续的尽量的向兄等传达，特别是抗日讨蒋的中心策略与实现这一策略的方法与步骤。"表示"关于你们所提出的许多问题，当转交代表团及国际"。提出了两点意见："第一，党内争论，目前不应弄得太尖锐，因为目前的问题是一致反对敌人，党可有争论，对外则应一致，我已将这个意见同样的向这里的诸同志提出；第二，国际对中国党的组织问题本来有如下的意见：因为中国土地之广大，交通之不便，政治经济的不统一与发展之不平衡，特别是中国革命在各地的爆发等原因，中共中央势难全部顾及，因此可以组织中共中央北方局，上海局，广州局，满洲局，西北局，西南局等，根据各种关系，有的直属中央，有的可由驻莫中共代表团代管，此或为目前使全党统一的一种方法，此项意见望兄熟思见复！共产国际及绍禹（即王明，时任中共驻共产国际代表团团长——引者）诸同志对四方面军希望甚大，派人一事，不久定可做到。"①

12月30日，朱德致电毛泽东等转林育英："育英同志电悉，我处与一、三军团应取密切联系，实万分需要，尤其是对敌与互相情报即时建立。"②毛泽东已有四个多月没有听到朱德的消息，非常惦念随红四方面军南下的老战友，接到朱德电报，非常高兴，即在次日致电朱德，告知粉碎敌人对陕甘苏区第三次"围剿"，红军扩大，苏区发展等情况，并说："国际除派林育英来外，又有闫红雁（即阎红彦——引者）同志续来，据云中国党在国际有很高地位，被称为除苏联外之第一党，中国党已完成了布尔塞维克化，全苏欧、全世界都称赞我们的长征。"毛泽东还将瓦窑堡制定的抗日民族统一战线新策略的要点告诉朱德，指出"其主要口号为：民族统一战线，苏维

① 《林育英关于维护党内团结、一致反对敌人等问题致张国焘电》（1935年12月22日），中国人民解放军历史资料丛书编审委员会：《红军长征·文献》，第845—846页。

② 《朱德关于与红一、三军密切联系互通情报致毛泽东等并转林育英电》（1935年12月30日），中国人民解放军历史资料丛书编审委员会：《红军长征·文献》，第847页。

埃人民共和国，国防政府，抗日联军，土地革命与民族革命相结合，国内战争与民族战争相结合。”①毛泽东这封电报为朱德同张国焘分裂主义斗争提供了有力的武器。

为了劝说张国焘自动取消“中央”，张闻天于1936年1月13日致电张国焘，说：“我们间的政治原则上争论，可待将来作最后的解决，但别立中央妨碍统一，徒为敌人所快，决非革命之利。此间对兄错误，未作任何组织结论，诚以兄是党与中国革命领导者之一，党应以慎重态度出之。但对兄之政治上错误，不能缄默，不日有电致兄，根本用意是望兄改正，使四方面军进入正轨。兄之临时中央，望自动取消。否则长此下去，不但全党不以为然，即国际亦必不以为然，尚祈三思为幸。”②

1月16日，林育英以共产国际代表名义致电张国焘，说：“共产国际派我来解决一、四方面军的问题，我已会着毛泽东同志，询问一、四方面军通电甚（少？），国际甚望与一、三军团建立直接的关系，我已带有密码与国际通电，兄如有电交国际，弟可代转。再者我经过世界七次大会，对中国问题有详细新的意见，准备将我所知道的向兄转达。”③同一天，中共中央秘书处将中央政治局瓦窑堡会议政治决议案内容摘要通过电报发给张国焘。

张国焘由于野心膨胀而完全昏了头，不顾革命大局，无视林育英、张闻天等人苦口婆心般的劝告，竟然在1月20日致电林育英：“望告陕北同志，自动取消中央名义，党内争论请国际解决。”④

鉴于张国焘顽固不化，1月22日，中共中央政治局作出《关于张国焘同志成立第二“中央”的决定》，严正指出：

张国焘同志自同中央决裂后，最近在四方面军中，公开成立了他自己的“党中央”“中央政府”“中央革命军事委员会”与“团的中央”。张国焘同

① 《毛泽东关于目前的形势致朱德电》（1936年1月1日），中国人民解放军历史资料丛书编审委员会：《红军长征·文献》，第848、849页。

② 《张闻天关于别立“中央”妨碍统一望自动取消致张国焘电》（1936年1月13日），中国人民解放军历史资料丛书编审委员会：《红军长征·文献》，第850页。

③ 《林育英关于国际委派解决红一、四方面军关系问题致张国焘电》（1936年1月16日），中国人民解放军历史资料丛书编审委员会：《红军长征·文献》，第851页。

④ 《张国焘坚持要中共中央取消中央名义致林育英电》（1936年1月20日），中国人民解放军历史资料丛书编审委员会：《红军长征·文献》，第852页。

志这种成立第二党的倾向，无异于自绝于党，自绝于中国革命。党中央除去电命令张国焘同志立刻取消他的一切“中央”放弃一切反党的倾向外，特决定在中央委员会内公布一九三五年九月十二日中央政治局俄界决定。①

毕竟，张国焘影响下的红四方面军有数万人，为了党和红军的团结统一，中共中央严厉批评张国焘的分裂主义错误时，还是留有转圜的余地的。1月23日，朱德致张闻天电，提出：“党内急需谋统一”，“提议暂时此处以南方局，兄处以北方局名义行使职权，以共产国际代表团暂代中央职务，统一领导。”②朱德的提议不失为一种办法。双方都不以“中央”名义，以中共驻共产国际代表团代行中央职务，而陕北方面就可以和共产国际、中共驻共产国际代表团有联系，以传达共产国际指示的方式，让张国焘服从陕北的中共中央的命令。这个建议充分表现了朱德的智慧。

朱德的建议马上得到中共中央采纳，1月24日，张闻天致电朱德：

（甲）党内统一一致，才能挽救殖民地危险，才有利于中国革命。接读来电至为欢迎，兄与国焘兄均党内有数同志，此间同志均取尊重态度。弟等所争持者为政治路线及组织路线之最高原则，好在国际联络已成，尽可以从容解决。既愿放弃第二党组织，则他事更好商量。

（乙）兄处仿东北局例，成立西南局，直属国际代表团，暂时与此间发生横的关系，弟等可以同意。原有之西北局、北方局、上海局、南方局的组织关系照旧，对内外均无不妥。③

同一天，林育英致电张国焘、朱德：

甲、共产国际完全同意于中国共产党中央的政治路线，并认为中国党在共产国际队伍中，除联共外是属于第一位。中国革命已成为世界革命伟大因素，中国红军在世界上有很高的地位，中央红军的万里长征是胜利了。

乙、兄处可即成立西南局，直属代表团。兄等对中央的原则上的争论

---

① 《中共中央政治局关于张国焘同志成立第二“中央”的决定》（1936 年 1 月 22 日），中国人民解放军历史资料丛书编审委员会：《红军长征 · 文献》，第 853 页。

② 中国人民解放军历史资料丛书编审委员会：《红军长征 · 文献》，第 855 页。

③ 《张闻天关于党内统一问题复朱德电》（1936 年 1 月 24 日），中国人民解放军历史资料丛书编审委员会：《红军长征 · 文献》，第 855 页。

可提交国际解决。①

林育英这个电报无疑戳到了张国焘的心上。张国焘骂中共中央北上是“逃跑”，林育英来电说共产国际同意中共中央的政治路线，并高度评价中央红军的长征的胜利。张国焘另立“中央”，未得共产国际批准，本来心就虚，这下心更虚了。不仅如此，就连张国焘的追随者们知道这个情况后，也开始转变态度，表示服从共产国际的决定。朱德和大家乘机做张国焘的工作。为了给张国焘一个台阶下，有的同志提出，可以接受林育英电报中提出的这里组成西南局，直属中共驻共产国际代表团的领导，暂与陕北党中央发生横的关系。这个过渡性的办法，得到了红四方面军领导层的赞同。

张国焘成了孤家寡人，只得1月下旬在任家坝召开会议，讨论中共中央瓦窑堡会议决议要点。参加会议的有朱德、陈昌浩、徐向前、周纯全、傅钟等人。大家在发言中均表示，应在新的策略路线的基础上，团结起来，一致对敌。张国焘除了表示同意中共中央的新策略，但还是百般为自己的错误辩解。

1月27日，张国焘致电林育英、张闻天，提出了对瓦窑堡会议决议的修正意见，并在同一天致林育英、张闻天的另一封电报中表示：对瓦窑堡会议决议“在原则上完全同意”。但又强词夺理地指责中共中央：“兄等不将党的策略路线的改变预先电商我们，不将国际的决议讨论经过和育英所知告诉我们，不但表示负气，而且没有以革命利益为前提。”接着，又话锋一转，说：“对目前策略路线既已一致，应急谋党内统一”。扭扭捏捏地提出：“党中央此时最好能在白区，但不知条件允许否？此时或由国际代表团暂代中央，如一时不能召集七次大会，由国际和代表团商同我们双方意见，从新宣布政治局的组成和指导方法，亦可兄处和此间乘时改为西北局和西南局”②。

张国焘既然已经找台阶下了，中共中央自然同意。2月14日，林育英、张闻天致电朱德、张国焘，表示：“兄等对政治决议既原则上同意，组织上亦

① 《林育英关于共产国际完全同意中共中央的路线致张国焘、朱德电》(1936年1月24日)，中国人民解放军历史资料丛书编审委员会:《红军长征·文献》，第854页。

② 《张国焘关于原则上同意中央政治决议，主张以国际代表团暂代中央致林育英、张闻天电》(1936年1月27日)，中国人民解放军历史资料丛书编审委员会:《红军长征·文献》，第856、857页。

用西南局，则对内对外均告统一，自是党与革命的利益，弟等一致欢迎。”同时指出：“关于党的最高领导机关问题，已见弟等前电所述，此外办法国际都不能同意。”①

张国焘公开分裂党的活动遭到党中央、林育英以及朱德、徐向前等人既坚持原则又采取灵活的策略的反对后，尽管仍在继续，但已开始走向了失败。

南下方针破产，红四方面军西进甘孜

1936年2月上旬，国民党当局集中了“中央军”薛岳等部六七个师及川军主力，开始向天全、芦山地区大举进攻。红四方面军粮食、弹药缺乏，打得很艰苦，无法支撑下去。孙继争回忆说：“在这些日子里，徐总不断地向朱总司令汇报敌情及我军的情况，并且提出建议：红军不能再继续与敌人长期对峙拼消耗了，而应迅速撤离川西，到夹金山以西休整，然后北上与一方面军会师。朱总司令完全同意和支持徐总的正确意见。”②

在此种情况下，红四方面军遂于2月上旬制定了《康道炉战役计划》，提出：“决以一部位于邓生、硗碛、达维、抚边钳制南东两方之敌，主力迅速向西增进，取得道孚、炉霍、康定一带地区，以便尔后发展。”③

2月14日，林育英、张闻天致电朱德、张国焘，对红四方面军战略行动方针提出了意见：

①育英动身时，曾得斯大林同志同意，主力红军可向西北及北方发展，并不反对靠近苏联。四方面军及二、六军团，如能一过岷江，一过长江，第一步向川北，第二步向陕甘，为在北方建立广大根据地，为使国内战争与民族战争打成一片，为使红军[成为]真正的抗日先遣队，为与苏联红军联合，

① 《林育英、张闻天关于国际指示要点、战略方针等问题致朱德、张国焘电》（1936年2月14日），中国人民解放军历史资料丛书编审委员会：《红军长征·文献》，第862页。

② 孙继争：《在跟随徐总北上的日子里》，《回顾长征》，第705页。

③ 《康道炉战役计划》（1936年2月上旬），中国工农红军第四方面军战史编辑委员会：《中国工农红军第四方面军战史资料选编》（长征时期），第367页。

反对共同敌人——日本，为提高红军技术条件，这一方针自是上策。但须由兄弟等估计敌情、地形等具体条件的可能性。

②二、四方[面]军现在地巩固的向前发展，粉碎“围剿”，第一步把苏区迫近岷江，第二步进入岷、沱两江之间，这是夺取四川计划。便需估计堡垒主义对我们的限制，需不失时机以主力跃入堡垒线外，在外消灭敌人，发展苏区。二、六军则靠近川南苏区，在云、贵、川三省之交建立根据地，与四方面军互相呼应。

③四方面军南渡大渡河与金沙江，与二、六军取得近距离会合，甚至转向云贵[滇]发展，寻求机会的前进。以上三种方针，请兄等考虑选择之。①

对与上述三种方案，红四方面军领导层进行讨论，一致赞同继续北上方案。张国焘南下碰壁，又见斯大林同意红军主力靠近苏联，准备与苏联红军联合抗日，也就顺水推舟，同意北上的方案。张国焘南下建立川康边根据地的方针，至此宣告破产。

2月下旬，红四方面军兵分三路，撤离天全、芦山、宝兴地区，向道孚、炉霍、甘孜进军。部队首先要翻过夹金山。这座大雪山，对于红四方面军来说是第二次，对于朱德和原红一方面军的部队来说，已经是第三次了。部队翻过夹金山后，经达维、懋功至丹巴。从丹巴至道孚，横亘着海拔5000多米的折多山，其主峰党岭山，在附近的老百姓心目中，更是一道“鬼门关”。徐向前回忆说：

我们住在丹巴的一个村子里，又向藏民作了调查。他们说：翻越党岭山，必须赶在中午十二点钟以前。每天下午要起风暴，人到那里，就别想活命。我们令部队充分做好征服大雪山的准备工作。规定每人带足三天以上的干粮；备有两双草鞋和一副铁脚码子；尽量筹集御寒取暖的衣被、毛皮、辣椒、生姜、青稞酒、干柴；每个班、排配有刨冰攀崖用的铁锹、绳索等。各级政治机关大力进行思想动员，号召发扬不怕艰难困苦和团结友爱的精神，万众一心，向雪山进军。

---

① 《林育英、张闻天关于国际指示要点、战略方针等问题致朱德、张国焘电》（1936年2月14日），中国人民解放军历史资料丛书编审委员会：《红军长征·文献》，第862—863页。

总指挥部和七十六团一起行动。头天下午出发，在半山腰过夜，以便翌日上午通过党岭山。高原地带，爬山特别费劲。越往上走，越觉得头晕脑胀，四肢无力，气都喘不过来，只能一步一步地挪。夜间，寒风怒号，大雪弥漫，气温达零下二三十度。指战员们的衣服都冻成了冰筒，眉毛、胡子结满冰霜。有些同志被冻僵在雪堆里，长眠在折多山。牦牛是个宝，数量虽少，但出了大力气。这种动物，不仅肉可食，皮可衣，而且适应高原的恶劣自然条件，驮运物资，爬山履雪，比马匹还顶用。我们通过党岭山后，那些驮着辎重的牦牛，把四肢收起，趴在雪坡上下滑，一气就能滑下山去。同志们都风趣地把它们称作“革命牛”、“救命牛”。①

3月1日，红四方面军先头部队第三十军攻占道孚，15日占领炉霍，继而乘胜前进，占领西康省东北部重镇甘孜。红四军经炉霍向西南疾进，攻占瞻化（今新龙），俘获国民党西康宣慰使诺那喇嘛以下百余人，缴枪百余支和电台一部。红三十一师及红九军第二十五师，分别由丹巴、道孚南下钳击泰宁（今乾宁），守敌李韫珩第五十三师一部弃城南逃康定。红三十二军及红九军第二十七师，在懋功以南地区完成掩护主力转移任务后，随即进驻道孚、炉霍。至4月上旬，红军已控制了东起懋功，西至甘孜，南达瞻化、泰宁，北连草地的广大地区。

红四方面军原本不准备在康北一带立脚，只想筹足必要的粮食，即刻北上。因此，红三十军刚占道孚，方面军总部即指定李先念、何长工、李天焕、曾日三等，组成粮食委员会，负责全力筹集粮食和牛羊肉。要求达到平均每人十五天需要的粮食，以备北上。

3月15日，红军总部和红四方面军总部到达道孚。当晚，张国焘在干部会议上作《关于中国苏维埃运动发展前途的报告》。在报告中，对于红四方面军中“南下到底没有站好久”的疑问，张国焘回答说“南下是胜利的，达到了我们预定的目的”。并用“正因为当时主力红军南下，牵制与吸引敌人，使一、三军能够顺利的达到陕北。同样也使二、六军能顺利的发展运动战”，为自己南下方针的失败涂脂抹粉。关于行动方针，张国焘提出：“我们现在还是要相机消灭李抱冰，会合二、六军来顺利的遂行夺取西北，创

① 《徐向前元帅回忆录》，第356页。

造西北抗日根据地的战略方针。”①

朱德对红二、六军团北上同红四方面军会合是赞同的。3月23日，他与张国焘根据林育英、张闻天2月14日电报精神，致电红二、六军团领导人，提出红二、六军团过金沙江与红四方面军会合北进的建议。30日，他与张国焘又致电红二、六军团领导人，明确要求红二、六军团北上与红四方面军会合。

朱德和张国焘要红二、六军团北上，两人想法是不一样的。朱德后来同原红二方面军的同志谈起要红二、六军团北上的决策经过时说：张国焘“没有决定北上前，是想叫二方面军在江南配合他，他好在甘孜呆下来保存实力，他的中央就搞成了。他想北上时，才希望二方面军渡江北上”，同时，他又“怕二方面军和他作对，搞不到一起”。“我想二方面军过江对我们就气壮了，所以总想你们早点过来好。”“过江不是中央指示，是我们从中抓的，抓过来好，团结就搞起来了”，“二方面军过江，我们气壮了，北上就有把握了”②。

3月31日，朱德、陈昌浩、徐向前、张国焘电告林育英并转晋西同志：“二、六军团到盘县、亦资（孔），在长期作战中极疲劳，拟北进与我汇合。”“我现取道金川、甘（孜）、丹（巴）、绥（靖）地区准备取康定，策应二、六军团。康定地区粮食充足、物质较好。”③然在4月1日，林育英回电表示：“二、六军团在云贵之间创立根据地，是完全正确的”，“将二、六军团引入西康的计划，坚决不能同意”。又说：“四方面军既已失去北出陕甘机会，应争取先机南出，”“切勿失去南下机会”。④

林育英此举意在不让红二、六军团受张国焘影响和被其控制。朱德希望红二、六军团北上是加强同张国焘分裂主义斗争的力量。因此，在红四方面军领导人感到迷惑不解时，朱德决心不变，坚持红四方面军仍在现地

① 《张国焘在干部会议上作关于中国苏维埃运动发展前途的报告》（1936年3月15日晚于道孚），中国工农红军第四方面军战史编辑委员会：《中国工农红军第四方面军战史资料选编》（长征时期），第397、398页。

② 中共中央文献研究室编：《朱德传》（修订本），第442—443页。

③ 转引自中共中央文献研究室编：《朱德年谱》（新编本）上，第560页。

④ 转引自中共中央文献研究室编：《朱德年谱》（新编本）上，第560页。

休整训练，待与红二、六军团会合后，共同北上。4月12日，朱德与张国焘致电陈昌浩，指示："这一带粮及牛羊尽可能筹定，可供给那时北上之需。望努力筹集资粮，完成四、五两月战斗准备工作，必能争取会合二、六军和实现北上的胜利。"①此后，红四方面军各部队积极开展整训和筹集粮食、物资等准备工作，迎接红二、六军团的到来。

朱德坚持要红二、六军团北上与红四方面军会合，显示了极富有远见的目光，而且后来的事实也证明，是完全正确的。这是朱德为实现三军大会师，胜利结束长征作出的重大贡献。

二、顾全大局的红二、红六军团

由湘西到黔西

1935年8月红二、红六军团取得反"围剿"胜利后，湘鄂川黔革命根据地的扩大，使蒋介石极为震动。这时中央红军已经北上，在长江以南，湘鄂川黔苏区成为唯一最大的革命根据地。因此，蒋介石将湘鄂川黔根据地视为心腹之患，积极部署新的"围剿"。

蒋介石总结过去湘鄂两省"围剿"红二、红六军团失败的教训，认为主要原因是兵力不足和指挥上的不统一。因此，他在部署新的"围剿"时，除了湘军何键、鄂军徐源泉两部外，又从江西、湖北增调了孙连仲第二十六路军、樊崧甫纵队和汤恩伯纵队，使总兵力达到130多个团，约20万余人。为了改变各部互不相属、各自为战而造成的指挥不统一的状况，蒋介石下令于1935年10月10日成立宜昌行辕，以陈诚为参谋长，代行蒋介石的职权，统一指挥湘鄂川黔边区的军事行动。陈诚还将所属部队分为"进剿军"和"堵剿军"。"进剿军"基本上是"中央军"，装备精良；"堵剿军"为湘鄂

① 《朱德、张国焘关于完成四、五两月准备工作会合二、六军北上致陈昌浩电》（1936年4月12日），中国工农红军第四方面军战史编辑委员会：《中国工农红军第四方面军战史资料选编》（长征时期），第427页。

两省军阀部队，在原地构筑堡垒，配合"进剿军"堵截红军。10月18日，陈诚发布第一期"进剿"计划，要旨是利用堡垒封锁线，将红军"竭力向西压迫"，逐步压缩至龙山、永顺和桑植狭小地区聚歼之，限11月5日前占领红二、红六军团总指挥部所在地磨岗隘。

为了做好反对敌人新的"围剿"的准备，9月29日，红二、红六军团在磨岗隘召开党的积极分子大会，任弼时在会上作《冲破敌人"围剿"的经验教训与粉碎敌人新的大举"围剿"》的报告。报告指出：中央红军、陕北的红二十六军、红四方面军以及游击队广泛的活动证明，苏维埃红军是不可摧毁的力量。号召大家，在敌人大举进攻面前，克服不相信红军力量，动摇、悲观或者是轻视敌人，放松战斗动员等思想，全力投入战备。这次会议为红二、红六军团打破敌人新的"围剿"，胜利进行战略转移，做了思想上、政治上的准备。

就在会议召开的这一天，红二军团电台突然收到中革军委电台的联络信号。红二、红六军团同中共中央中断电讯联系已经有三个月了，当时任弼时等真如久旱逢雨，立刻用密码致电周恩来，电报中说，"请于来电内对此间省委委员姓名说明，以证明我们的关系。"①

当天，任弼时收到署名为"朱、张"的电报，来电准确列出了中共湘鄂川黔省委委员和书记的姓名后，说："一、四方面军六月中旬在懋功会合行动，中央任国焘为总政委，……望你们以冲破敌人之'围剿'部署的英勇和经验来冲破新的'围剿'。我们今后应互相密切联络。"②

任弼时等人当然不知道红一、红四方面军会合后张国焘的分裂活动，更不知道中共中央已率领红一方面军主力先行北上，接到"朱张"来电后，鉴于朱德是中革军委主席，张国焘已是红军总政治委员，便认为是同中革军委的电讯联系已经恢复。此后，红二、红六军团给中共中央的电报，便由"朱、张"转报，所以在很长一段时间里给中共中央的电报，都是发给朱德、张国焘的。

10月2日，任弼时、贺龙、关向应联名致电朱德、张国焘，报告了湘鄂川

① 中共中央文献研究室编：《任弼时传》（修订本），中央文献出版社2004年版，第398页。

② 中共中央文献研究室编：《任弼时传》（修订本），第399页。

黔根据地的敌情，同时询问：“一四方面军是否已入陕境，今后行动大的方向盼告我们，以便依据来决定我们行动。”①

10月9日，贺龙、任弼时、关向应再次致电朱德、张国焘，询问“一、四方面军在何处建立新根据地及其发展方向”，并要求对“我们行动方案，望速决电复”②。

10月15日，朱德、张国焘回电：

[（甲）]一切请按实际情况由你们自己决定，必须秘密、坚决、迅速、机动，出敌不意。

（乙）在狭小地区内固守为失策，决战防御亦不可轻于尝试，远征，减员太大。可否在敌包围线外原有苏区附近诱敌出堡垒，用进攻路线集中兵力各个击破之。上述意见供兄参考。

（丙）我方主力仍在川西北活动，当尽量与你方配合。③

可能是红二、红六军团没有给朱德、张国焘报告收到电报后的决定，10月19日，朱德、张国焘就红二、六军团行动方针问题再次给贺龙、任弼时、关向应来电，除了重复15日的方针外，通报“我军向川敌回击，刘文辉、杨森均被打垮，现已占领绥靖、崇化、丹巴、抚边、懋功。俘获甚多正追击中。”④

接到朱德、张国焘的电报后，红二、红六军团于10月17日和10月23日先后在石门的渡水坪和热水溪召开中央革命军事委员会湘鄂川黔分会会议，对行动方针进行讨论，但未能作出最后决定。

军情紧急，需要立即作出决断。红二、红六军团领导人根据敌我态势，

---

① 中共中央文献研究室编：《任弼时传》（修订本），第399页。

② 《贺龙、任弼时、关向应关于目前敌情与行动方针致朱德、张国焘并转中央电》（1935年10月9日），中国人民解放军历史资料丛书编审委员会：《红军长征·文献》，第981页。

③ 《朱德、张国焘关于红二、六军团的行动方针复贺龙、任弼时、关向英电》（1935年10月15日），中国人民解放军历史资料丛书编审委员会：《红军长征·文献》，第982页。

④ 《朱德、张国焘关于红二、六军团行动方针再致贺龙、任弼时、关向应电》（1935年10月19日），中国人民解放军历史资料丛书编审委员会：《红军长征·文献》，第983页。

认为敌人以绝对优势的兵力向根据地逼近，红军在根据地固守是不利的，朱德、张国焘来电指示的在苏区和附近地区诱敌、各个击破的方针也是行不通的。因为当时苏区北面除敌人封锁外，地形极坏，且有清江、长江天险；西有乌江，敌人有重兵防守，并构筑了坚固的堡垒；东边是狭小的湖区，河湖港汊，部队机动受到限制；南部地区是敌人防守兵力较弱的地方，但有澧水、沅水之隔。红军主力若到外线作战，敌必趁虚而入苏区，并在苏区内构筑堡垒，使红军不易恢复原有苏区。在这种情况下，红军虽有可能在苏区附近取得一些战斗的胜利，但由于无根据地作战，很难持久，甚至有遭受失败的可能。11月4日，中共湘鄂川黔边省委和军委分会在桑植县刘家坪召开联席会议，决定按照中共中央和中革军委2月11日电报中关于“当必要时，主力红军可以突破敌人的围攻线，向川黔广大地区活动，甚至可以过乌江”的指示精神，转移到湘黔边广大地区，争取在敌人防守薄弱的贵州石阡、镇远、黄平一带相机建立新的根据地。

11月18日，贺龙下达南下突围的命令。

突围的方向选择哪里，这是关系到红二、红六军团前途和命运的问题。这步棋若走不对，就有满盘皆输的危险。为此，军委分会成员反复进行了研究和讨论。“原拟由西南突出封锁线外调动敌人，因敌严密防范，由这面突出已不可能。拟即向东南行动”①。对此，朱德、张国焘指示：“先[向]东南进，相机再转西亦可，不宜入粤桂地区。”②因此，贺龙建议，先到湘中，调动敌人，然后再转入贵州，他说：“敌人追来，我们再拖他一阵。我们分兵两路向东南兜个大圈子，索性把这帮敌人全部吸引过来。让他们跟在我们屁股后头追，弄得他们人困马乏，我们再调头去贵州。”③大家都同意这个拖着敌人兜圈子的办法。经过分析，军委分会决定把突围方向选择在南面。这个方向虽路途较远，江河纵横，会给红军行动造成一定困难，但敌

---

① 《贺龙、任弼时、关向应关于红二、六军团拟向东南方向突围致朱德、张国焘电》（1935 年 11 月 1 日），中国人民解放军历史资料丛书编审委员会:《红军长征·文献》，第 984 页。

② 《朱德、张国焘关于红二、六军团当面敌情及行动方向致贺龙等电》（1935 年 11 月），中国人民解放军历史资料丛书编审委员会 :《红军长征 · 文献》，第 986 页。

③ 《贺龙传》编写组 :《贺龙传》，当代中国出版社 1993 年版，第 186 页。

人在澧水、沅水的防守较薄弱。军委分会计划，红二、红六军团首先突破澧水、沅水，迅速占领湘中交通重镇，争取将敌人的主力调到湘中，然后寻机打击蒋介石的嫡系部队樊嵩甫纵队。若能歼灭樊嵩甫纵队大部或将其他敌军调到湘中，红军就立即回师原根据地坚持斗争；若达不到上述目的，就继续向石阡、镇远、黄平地区活动。

为了配合红二、红六军团主力转移，军委分会决定红十八师留在根据地坚持斗争，向西佯攻，吸引迷惑敌人。

11月19日，红二、红六军团分别在桑植刘家坪的干田坝和瑞塔铺的枫树塔举行突围誓师大会。当日晚，在贺龙、任弼时、关向应等人率领下，红二、红六军团告别他们经过艰苦斗争创建的根据地，依依不舍地告别患难与共的父老乡亲，开始长征。这是最后一支进行长征的主力红军。

11月20日、21日，红二、红六军团先后抢渡澧、沅两水，冲破了敌李觉吹嘘的“可保无虑”的封锁线，使陈诚精心筹划的第一期“进剿”计划化为乌有。蒋介石曾有令，红军在哪个防线突破，就杀哪个师长。李觉本该受死，经樊嵩甫为之求情，方才保住项上人头，被记一大过，戴罪立功。

红二、红六军团渡过沅江后，即兵分两路：红二军团相继夺取辰溪、溆浦、浦市等城镇；红六军团东渡资水，先后占领了锡矿山、新化、蓝田、冷水江等。控制了湘中广大地区。在红军的广泛宣传、发动下，大批青年纷纷参加红军。红二、六军团在湘中短短时间，就扩大红军3000余人。此外两军团还筹款数万元。

红二、红六军团南下湘中后，敌樊嵩甫、李觉、陶广、郭汝栋、汤恩伯等部纷纷向湘中扑来，企图阻止红二、红六军团重返湘鄂川黔苏区，将红军主力限制在溆浦一带狭小地区，然后集中绝对优势兵力，将红军消灭在沅水、资水之间。针对敌人意图，军委分会认为挺进湘中的战略任务已经完成，决定退出湘中，向贵州石阡、镇远、黄平地区转移。

为了调动敌人，红二、红六军团采取声东击西战术，12月11日，红军从溆浦附近柳溪出发，向东南方急进，作出再渡资水姿态，21日又进至湘南高沙市、洞口地区。此时桂军已开始北调，红二、红六军团虚晃一枪，突然掉头西进，挺进黔东。22日，红二、红六军团在瓦屋塘侧击敌陶广纵队第六十二师未果，遂改道南走武阳。24日经遂宁、洪江间的竹舟口渡过巫水，然后迅速北上于27日在黔阳的江西街、托口一带渡过清水江。月底，红二、红六军团到达芷江以西的冷水铺地区，终于把尾追的敌人全部甩掉。

这一段时间，红二、红六军团忽东忽西，把敌人拖得团团转，累得吐血，真乃是长征初期军事指挥上的“神来之笔”。

在冷水铺，红二、红六军团迎来了1936年的元旦。利用短暂休息时间，军委分会召开了两军团政治工作干部会议，进行了新的一年的战斗动员，提出在湘黔边创建新苏区的任务。

这时，湘军李觉和陶广两个纵队又追了过来。特别是李觉差一点被蒋介石砍了头，虽免一死，但必须戴罪立功。因此，他追得最卖力气。1月4日，军委分会在晃县龙溪口开会，决定抓住李觉部章亮基师孤军突前的有利时机，组织便水战斗。但是，1月5日、6日举行的便水战斗，由于红二、红六军团动作不齐，配合不协调，战斗进展缓慢，原计划打敌人一个师，结果发展成打三个师，成为一场消耗战，没有达到预期目的。

便水战斗，红二、红六军团虽未能大量消灭敌人，但也狠狠地教训了李觉一下，使其不敢再紧追红军。贺龙风趣地说：“人怕老虎，不知道老虎也怕人。”①

便水战斗后，红二、红六军团即于1月9日至12日先后从容转移，进占江口、石阡城。至此，红二、红六军团顺利完成了向石阡、镇远、黄平地区转移的战略任务。1月9日，原先奉命留守湘鄂川黔根据地的红十八师，也突破重围，在江口同红六军团会合。此时，红十八师只剩下六七百人，后缩编为红六军团第五十三团。

红二、红六军团在江口、石阡地区进行了为期一周的休整，并扩大了800多名新战士。在此期间，任弼时在石阡天主教堂主持召开了两军团党的积极分子大会。任弼时传达了不久前收到的朱德、张国焘转来的1935年12月27日中共中央政治局发给红二、红六军团的《关于目前形势和党的策略路线决议案》内容摘要。这次会议定于提高部队战斗情绪和统一思想起了重要作用。自此以后，部队都很注意做统一战线工作，也取得了不少成效。

---

①　贺龙：《回忆红二方面军》，《近代史研究》1981年第1期。

因便水战斗未达预期目的，敌人又以15个师的兵力日益逼近，且石阡、江口一带人烟稀少，粮秣匮乏，红军处于狭小地区，不利于开展运动战，军委分会在1月19日石阡会议上决定，放弃原定在湘黔边建立根据地的计划，继续西进，到乌江以西、长江以南的广大地区活动，争取在贵州西部的黔西、大定、毕节地区建立新的根据地。

1月20日，红二、红六军团从石阡地区出发西进。为了迷惑敌人，部队先向南行，进入余庆县境。21日在龙溪口附近突破敌李必蕃第二十三师的封锁线，然后连克瓮安、平越县城。23日，朱德致电贺龙、任弼时、关向应："应以佯攻贵阳姿势，速转黔西、大达[定]、毕节地区，群众、地形均可作暂时根据地。"①遵照朱德的指示，红二、红六军团以多路纵队，向贵阳东北开进。这时，敌人估计红二、红六军团可能要步中央红军后尘，北渡乌江，于是在乌江两岸赶筑工事。可是，红二、红六军团却转而南下，威逼贵阳，直插黔西北。左齐在回忆这段经历时说：

敌人估计我军要步中央红军后尘，北渡乌江。他们赶到贵州以后，不和我们纠缠，拼命抢到我们的前面，把绝大部分兵力密密麻麻地摆满了乌江两岸，日日夜夜赶做工事，企图将我军歼灭于乌江南岸。这时，敌人的报纸也一齐叫唤开了，什么"贺龙孤军势必就歼"啦，"贺龙走投无路"啦，"江南赤患削平有日"啦，真是猖狂极了。

我们倘若冒冒失失地往前闯，那后果确实不堪设想；可我们的头脑不象敌人想的那么天真，明摆在眼前的火坑，为什么要去跳呢？此处无路可走，他处自有路。处处无路走，开向贵阳府。他想我们北渡，我们偏不北渡，他不防我们南下，我们偏要南下。部队折向西南，日夜兼程，取甕安，下牛场，直捣龙里，威逼贵阳。这一来，形势可大变了：敌人由乐观一变而为慌乱，我们由被动变一变而为主动。要知道，这时的贵阳乃是一座空城，我军倘有兴趣，闯进去逛逛，不是不可能的。对于敌人说来，贵阳是贵州的政治、经济中心，又是大官僚们养身立命之所，此城万万不可有失；可是，从湘北到湘中，从湘中到贵州，追来追去，就是为了凭借乌江天险来消灭我

① 《朱德关于红二、六军团应佯攻贵阳速转黔西、大定、毕节地区致贺龙、任弼时、关向应电》（1936年1月23日），中国人民解放军历史资料丛书编审委员会：《红军长征·文献》，第995页。

们，一旦放过，十分可惜。江防不可不守，贵阳也要守卫。一身岂能二任焉？一时间，调兵遣将，手忙脚乱，紧张万分。但是我们没有去打贵阳，却从从容容地经扎佐，过修文，进抵乌江上游的鸭池河边，毫不费劲地渡到了乌江的北岸。①

贺龙、任弼时指挥红二、红六军团威逼贵阳，挺进黔西，与毛泽东等在去年4月上旬兵临贵阳逼昆明的军事行动，有异曲同工之妙。乌江、贵阳，贵阳、乌江，国民党军失败的伤心地，中国共产党军事指挥杰作的产生地。

2月2日下午，红二、红六军团全部渡过鸭池河，蒋介石消灭红军于乌江东岸的计划遂又化为泡影。

2月3日凌晨，红六师发起攻击黔西县城。守城的只有六七百人的保安队，一触即溃，红军顺利占领县城。自此，红二、红六军团打开了进入黔西、大定、毕节地区的大门，开始创建新根据地的斗争。

还在红二、红六军团向黔、大、毕地区进军途中，1月28日，朱德、张国焘致电贺龙、任弼时、关向应，对红二、红六军团行动提出建议：“（1）在黔、滇、川境广大区域与敌人在运动战中消灭敌之一部，争取根据地，与我们配合作战。（2）入川，一经滇渡金沙江入上川南；一经毕节入下川南，在泸洲[州]上、下游渡大江深入川中，与敌作较大的运动战，均与我们直接会合作战，一、三军亦可出陕南配合。”并认为“目前战略当以第一项为宜”。②2月5日上午，军委分会在黔西县城开会，研究以后战略方针问题。根据敌情分析和朱德、张国焘的电报指示精神，决定红二、六军团继续留在长江以南活动，立即在黔、大、毕地区实施战略展开，创建新根据地。鉴于红二、红六军团已经远离湘鄂川黔根据地，会议决定结束湘鄂川黔革命委员会的历史任务，成立新的政权机关。为了尽快创建新的根据地，会议决定：任弼时、关向应、王震、夏曦、甘泗淇等率领红六军团机关及第十六、第五两师向大定、毕节进军；贺龙、萧克、李达率领第四、第六、第十七师打击向黔西急进的敌第十三师；红十八师在黔西方向担任牵制任务。

---

① 左齐：《八千里路云和月》，《回顾长征》，第480—481页。

② 《朱德、张国焘关于红二、六军团的行动方针致贺龙、任弼时、关向应电》（1936年1月28日），中国人民解放军历史资料丛书编审委员会：《红军长征·文献》，第997页。

2月6日，红十六师占领大定。次日，根据黔西会议决定，中华苏维埃人民共和国川滇黔省革命委员会在大定县城孔庙宣布成立，贺龙任主席，朱长清任副主席。由于贺龙要指挥部队作战，由陈希云代理主席一职。省革命委员会机关办公地点设在大定县城西门福音堂。

红军占领大定后，于2月9日在中共贵州省工委委员邓止戈掌握的彝族反蒋武装席大明的配合下占领毕节。至此，红二、红六军团胜利地实现了向黔、大、毕战略转移的目的。

红二、红六军团占领整个黔、大、毕地区后，立即抓紧开展建设根据地的各项工作，相继建立了各级革命政权，先后建立了大定、毕节两个县级革命政权，8个区苏维埃临时政权，95个乡、村苏维埃政权，95个地方游击团队。

各级政权建立后，领导人民群众广泛开展打土豪、分浮财运动。据不完全统计，在黔西县打土豪140余家；在大定打土豪500余家；在毕节打土豪近百家。没收的财产、粮食、盐等，多数分给当地群众，少部留作红军自用。

苏维埃政权保护民族工商业，欢迎外地商人到苏区做生意。由于红军纪律严明，苏区各个商号纷纷开门营业，市场很快繁荣、活跃起来。

红军还派出许多宣传队，开展抗日救国、扩大红军宣传工作。经过红军宣传，人民群众奔走相告，都知道红军是穷人的队伍，是专打蒋介石国民党和抗日的。原先受到国民党反动派欺骗宣传躲入深山老林的群众，都纷纷返回家园，并且有大批青年加入红军。在短短20多天时间里，红二、红六军团在黔、大、毕地区就扩大红军5000余人。

黔西北是少数民族聚居区，红军十分注意对少数民族的工作。红六军团政治委员王震亲自和14名苗族群众谈话，并请他们吃饭、合影。临离开时，王震还让人送他们30支步枪和两支手枪，叮嘱他们武装起来，同国民党反动派作斗争。

红二、红六军团还积极开展统一战线工作，成就非凡。

大定开明绅士彭新民，曾参加过五四运动，大革命时期拥护孙中山的三大政策。在外游学期间，他亲眼目睹国民党政府的反动、腐败，逐渐产生了同情中国共产党的思想。红军到大定后，他出任“拥红会”主任，在省革命委员会代理主席陈希云的支持下，积极动员青壮年参加红军，协助红军筹粮筹款。贺龙路过大定时，亲自到他家中看望，鼓励他为劳苦大众的利益继续奋斗。红二、红六军团撤离大定后，彭新民因妻子刚生完小孩，为照顾妻子没有及时转移，不幸被国民党军万耀煌部抓住。面对敌人的严刑拷打，彭新民坚贞不屈，从容就义，时年仅34岁。

毕节社会名流周素园，曾是清末秀才，《黔报》的创办者，贵州辛亥革命的元老，任过贵州军政府行政总理，不但在黔西北有很高的声望，而且在贵州的威望也很高。1925年，他因不满新军阀的统治，拒绝国民党委以要职，回到故乡毕节，搜集了不少马克思、列宁的书籍，认真地研究、探索。红军快到毕节时，国民党毕节专员莫雄劝他到外面躲一躲，他断然予以拒绝，说："我没有财产，不必走。"并劝莫雄不要与红军对抗。红军攻下毕节后，工作队打土豪到周素园家，发现有许多马列著作，上面还有不少圈圈点点和批注，立即回去把这一情况向王震、夏曦等领导人作了汇报。王震、夏曦找来邓止戈了解情况后，亲自到周家拜访。在交谈中，王震、夏曦问他为什么没有走，为什么看马克思主义的书籍时，周素园回答说："我研究马克思主义十年了，我觉得马克思主义讲得对，我相信马克思主义。你们共产党、红军是讲马克思主义的，所以，我用不着走……"当问到他赞不赞成共产党的抗日反蒋政策时，他说："赞成，完全赞成。"双方谈得很投机，大有相见恨晚之意。王震和夏曦当即邀请周素园出山与共产党合作，携手共建抗日反蒋根据地。周素园高兴地说："我已年近花甲，息政多年，承蒙贵党邀请，使我在有生之年能为国家民族尽力，这是我的光荣。"此后，周素园多方奔走，宣传共产党的抗日主张。2月12日，以周素园为首的"毕节抗日救国会"成立。这是毕节地区各阶级、各阶层的抗日反蒋统一战线组织。

在红军进入毕节前，中共地下组织掌握和联系的地方武装有三支：一支是阮俊臣领导的川滇黔游击纵队毕节支队；一支是席大明领导的彝族人民反蒋武装；再一支就是周质夫领导的川黔边团队武装。王震把这三支队伍编成统一的贵州抗日救国军，请周素园担任司令员，周素园欣然答应。2月14日，在毕节城小教场，举行了贵州抗日救国军成立大会。毕节抗日救国会和贵州救国军的办公地点，都设在周素园的家里。

为了使红军能在黔、大、毕站住脚，周素园利用他与龙云、孙渡等滇军将领的关系，给他们写信，用“假道灭虢”的典故说服龙云、孙渡在云南按兵不动，减轻红军的压力，以集中力量对付东面进攻之敌。

红军后来撤出毕节时，周素园毅然抛家舍业，跟随红二、红六军团一起参加长征。到达延安后，受到毛泽东、周恩来的亲切会见。毛泽东称赞这位意志坚强的老人是“我们的一个十分亲切而又可敬的朋友与革命的同志”①。

红二、红六军团进入黔、大、毕后，敌人又对“追剿”红军作了新的部署，以万耀煌、郝梦龄两个纵队为主力，配合樊崧甫、郭汝栋纵队由遵义向黔西逼近。红二、红六军团以主力三个师英勇阻击，不料万耀煌得知红军主力不在黔西城，不与红军正面交锋，径直南下，于3月14日袭占黔西，立即将被红军阻隔于鸭池河东的郭思演纵队两个师接应过河。红军主力虽在黄家坝、将军山两次击敌，但这时万、郝两部齐头并进，于18日又占领了大定，毕节告急。敌人采取稳扎稳打、步步为营的战术，红军歼敌不易。由于敌我力量悬殊，照此下去，红军将陷于被动。

2月25日，军委分会在毕节召开会议，分析形势，认为因未能给敌人以致命打击，东面之敌已占黔西、大定，两路敌人靠拢，逼近毕节城；周围敌人约有120个团，毕节地区活动范围狭小，给养困难，因此决定主动退出毕节城，再一次作战略转移。还在2月12日，朱德、张国焘曾致电贺龙、任弼时、关向应，指示：“甲、目前时局将有大变动，日在华北月内将武力夺取华北五省。乙、你们即应单独行动，暂不宜渡江，即在黔、滇、川、湘、鄂广大区域作运动战，争取你们的新根据地。”②根据这个精神，军委分会决定向安顺地区转移，进行运动战，创立暂时根据地，准备在时局大变动时再向湘黔边转移。

2月26日晚，毕节城小教场里灯火通明，军委分会在这里主持召开军民大会。贺龙登台讲话，分析了全国的形势，号召黔、大、毕各族人民加强团

① 张铚秀、颜金生：《长征途中创建的苏维埃政权》，《红六军团征战记》(下)，解放军出版社1994年版，第266页。

② 《朱德、张国焘关于红二、六军团暂不宜渡江致贺龙、任弼时、关向应电》(1936年2月12日)，中国人民解放军历史资料丛书编审委员会：《红军长征·文献》，第1006页。

结，挽救民族危亡，坚持抗日反蒋斗争。这次大会，既是红二、红六军团向黔、大、毕人民群众的告别会，又是向乌蒙山进军的誓师大会。会后，贺龙、任弼时、关向应等领导人同群众一起，举着熊熊火炬，进行了游行。

红二、红六军团在黔、大、毕期间，成绩显著。由于在这里扩大了红军5000多人，红二、红六军团已达两万多人。抗日救国军第二支队编入了红六军团第十八师第五十二团；红二军团组建了一个新的团即第五师第十四团。红二、红六军团从桑植出发到黔、大、毕，行军已达6146里，部队人数和出发时相比，不但没有减少，反而增加了百分之二十。这是红军长征中的一个奇迹！许多红二、红六军团的老同志后来回忆时常说："中华苏维埃川黔滇委员会是红二、六军团长征途中创建的唯一根据地，这段时间是我们长征途中的黄金时代。"①

纵横滇黔边

1936年2月27日，红二、红六军团在贺龙、任弼时、关向应等率领下，从毕节出发，沿毕（节）威（宁）大道西进，向贵阳西南的安顺地区转移。当日下午，敌万耀煌纵队占领毕节城。

红二、红六军团西进后，贺龙估计万耀煌纵队可能从杨家湾尾追，郝梦龄纵队可能向大兔场一带追来，便命令红六军团在梅花菁一带设伏，红二军团在高山铺地区待敌，以便给敌人重重一击，打开通往安顺的道路，顺利转移到滇黔边。敌人多次吃过红军苦头，等待后续，不敢冒进。因此，红军伏击计划未得实现。伏击不成，继续西进，红二军团在前，红六军团在后，经杨家湾、七星关，进入野马川一带。

在过七星关时，随红六军团行动的夏曦不幸溺水牺牲。当时，夏曦正同周素园等人在一条河边休息，抗日救国军第一支队政治委员李国斌向夏曦报告，席大明的彝族队伍不愿意随红军转移，请夏曦去做说服工作。周素园了解席大明，对夏曦说：席大明的武器是当地几千户彝族百姓出资购

① 张铚秀、颜金生：《长征途中创建的苏维埃政权》，《红六军团征战记》（下），第268页。

买的，用来同国民党、土匪作斗争。席大明如果将武器全部带走，他们的身家性命就没有保障了。他们不愿同红军一起转移是意料中的事。但李国斌坚持要夏曦去做做工作。夏曦便带了几个人涉水过河，寻找席大明。过河之后，得知席大明已经带领队伍远去，夏曦让人去追，自己一个人涉水回来时，由于水流急，加上他连日劳累，身体虚弱，被卷入漩涡中而牺牲。

夏曦，湖南益阳桃江镇（今属桃江县）人，1901年生。1917年进入湖南省立第一师范学习。1919年积极投身五四运动和驱逐湖南军阀张敬尧的斗争，并参加新民学会。1920年9月加入湖南俄罗斯研究会。1921年加入中国共产党。1927年在中共五大上当选为中央委员，会后任中共湖南省委书记，不久参加南昌起义。1931年1月在中共六届四中全会上被增补为候补中央委员，同年3月任中共湘鄂西分局书记，随后在湘鄂西革命根据地积极推行“左”倾教条主义，大搞“肃反”扩大化，错杀了一大批根据地的党和红军骨干，给湘鄂西革命根据地和红军造成严重损失。1934年6月开始认识到自己的错误。红二、红六军团会师后到红六军团任政治部主任，不久任湘鄂川黔革命委员会副主席等职，做了不少工作，特别是政治工作和统战工作做得比较有成绩。后来，萧克在回忆中说：“革命者犯错误是难免的。对于一个同志的功过，应当根据历史事实，作出实事求是地、公正地评价。对夏曦也是一样，应当从他一生的革命活动中来评价。我认为他的一生是两头好，中间错。”①

撤离黔、大、毕后，是红二、红六军团长征中处境最困难的时期。按照原计划，红二、红六军团准备去“黔之腹，滇之喉”的安顺地区，受蒋介石之命暂时指挥对红二、红六军团“追剿”的重庆行营主任顾祝同，急令樊崧甫、郝梦龄两纵队沿毕节大道平行向西逼近，李觉纵队抢占威宁和水城一带，堵截红军南进安顺的道路。滇军龙云既怕红军入滇，又怕蒋介石重演“假道灭虢”的故伎，使自己步王家烈后尘，所以力图自保云南，将孙渡纵队部署于昭通、威宁地区，与蒋介石嫡系追击部队形成两路夹击之势，逼迫红军北走入川。川军刘湘深恐红军入川，与红四方面军会合，共图川西，所以将杨森、李家钰等部约十余个团分别在川西南重镇和金沙江北岸

① 萧克：《红二、六军团会师前后》，《近代史研究》1980年第1期。

布防，防堵红军入川。各路敌人都有自己的小算盘，但在消灭红军上则是一致的，企图通过前堵后追，左右夹攻，将红二、红六军团围歼在金沙江以东，毕节、威宁以北的川黔滇狭小地区。

根据敌情，军委分会在3月2日在野马川召开会议，决定改变原来行军路线，放弃去安顺的计划，改向乌蒙山北麓的镇雄、彝良、盐津方向前进，在乌蒙山区与敌展开回旋战。

乌蒙山气势磅礴，海拔2300多米，层峦叠嶂，逶迤千里，连绵于云南东北和贵州西部，形成一个高原地带。这里是金沙江和南北盘江的分水岭，红军在此有比较大的回旋余地，但人烟稀少，给养获取困难。红军到这里时，高山顶上还覆盖着皑皑白雪，寒气未消。

3月3日，红军主力进至麻姑地区，随后经回水塘，向北面的奎香大踏步前进。7日，红二、红六军团进抵奎香一带。次日，敌樊崧甫纵队追来。红二、红六军团总指挥部令红四师、红十七师从奎香、寸田坝折返50里，在以则河杀了“回马枪”，歼灭樊部两个连，二进奎香。接着向滇东北的镇雄前进，伺机南下到安顺地区。3月11日，红军袭占广德关，即掉头向东，直奔沙沟。不料敌人已先占沙沟，堵住红军前进道路。红军遂又绕过沙沟，进入梅东、青山地区。红军一会儿向西，一会儿向南，一会儿又向东，搞得敌人晕头转向。顾祝同一会儿命令部队向这里开，一会儿又命令向那里开，使其部下不知所措，怨言颇多。李觉在回忆这段经历时说：

我们完全知道顾祝同的指挥作风，他本人毫无办法，一切听从参谋摆布。国民党军队的参谋，大部分是陆军大学毕业的，他们是纸上谈兵出身，没有带兵和战场的实际经验。当时国民党部队里有这样一句话：“参谋划一笔，部队跑一七。”图上作业是非常容易的，实际行动起来问题就大了。①

红二、红六军团牵着敌人鼻子走，狂傲的顾祝同却认为红军已陷入绝境，国民党的报纸也大肆吹嘘红二、红六军团被他们打得溃不成军，四处流窜。顾祝同乐观地估计，消灭红军于镇雄以南山区指日可待了，于是急令

① 李觉：《第四纵队“追剿”红二、六军团由湘入黔滇经过》，全国政协文史和学习委员会编：《国民党将士话长征》，中国文史出版社 2006 年版，第 453 页。

樊崧甫纵队紧跟在红军后边追，又令郝梦龄、万耀煌两纵队火速赶到镇雄及其以南堵截红军北进；其余各路敌军则走大路，取捷径向红军左右两翼靠拢。3月12日，万耀煌纵队的三个师已先期到达镇雄，万耀煌亲自率后梯队第十三师正向镇雄集中。红二、红六军团总指挥部抓住战机，在则章坝伏击万耀煌部第十三师。该部急忙收缩，在镇雄的万耀煌其他部队和郝梦龄纵队赶来援救。红军虽歼敌两个连，但没有打开南进道路。在此次战斗中，红十八团政治委员余秋里左臂负伤，因缺医少药，伤口感染，不得不截去左臂，成为长征中有名的独臂将军。

红二、红六军团撤出战斗的当晚，在折向西进途中又与从威宁北上的郭汝栋纵队的前卫遭遇。这一来，部队被包围在方圆30里的安尔洞狭窄地区，风餐露宿，连吃水都困难，大有山穷水尽之势。但是，贺龙和任弼时冷静分析，认为敌主力东调后，南面的兵力必然减弱，立即紧急动员，减轻辎重，丢弃驮担和重装备，从郭汝栋、万耀煌两纵队的隙间突出，三进奎香，而后乘虚南进。

3月23日，红二、红六军团在云南宣威城北的来宾铺击退滇军两个旅，击溃和歼敌一部。这次战斗，双方投入的兵力都在万人以上，是红二、红六军团入滇后第一次大规模战斗。此战使红二、红六军团声威大震，滇军气焰受到沉重打击。

红二、红六军团在来宾铺战斗后，兵分两路，于3月28日、29日先后进占黔西南的盘县、亦资孔地区。至此，红二、红六军团转战千里的乌蒙山回旋战宣告结束。历时一个月的乌蒙山回旋战，是贺龙在长征中军事指挥艺术的又一次“神来之笔”。后来到达陕北保安后，毛泽东在与红二、红四方面军部分领导人会见时称赞说：“二、六军团在乌蒙山打转转，不要说敌人，连我们也被你们转昏了头。硬是转出来了嘛！出贵州、过乌江，我们一方面军付出了大代价。二、六军团讨了巧，就没有吃亏。你们一万人，走过来还是一万人，没有蚀本，是个了不起的奇迹，是一个大经验，要总结，要大家学。”①

① 中国工农红军第二方面军战史编辑委员会：《中国工农红军第二方面军战史》，解放军出版社 1992 年版，第 508 页。

黔西南的盘县、亦资孔地区的政治、经济以及自然条件有利于红军开展活动。军委分会进驻盘县后，决定在盘江地区建立根据地。这是红二、红六军团离开桑植后第三次建立新根据地的战略意图。会后，红二、红六军团立即在盘县周围派出工作队，深入农村打土豪，分浮财，筹粮、筹款。

3月23日，也就是红二、红六军团进行来宾铺战斗的同时，朱德、张国焘致电贺龙、任弼时、关向应。

……

丁、因你们善用机动战，已将你处敌军陷入严困状态中。李觉部早图调回湖南，已伤亡过半。万师受打击，请[求]整[理]。裴、郝师均叫苦，樊纵亦疲劳，似滇军肯积极。敌大部似落在你们五六天后，如趁此时过金沙江尚有可能。李家钰九团分散甚宽，战斗力亦不强。

戊、我们建议：在你们渡河技术有把握条件下及旧历三月水涨前，设法渡金沙江。

1. 在蒙、昭一带渡河，该处船多、渡口多，但须先抢到。早经会理，经盐边、盐源到雅江与我们会合，大举北进。

2. 第二渡河区在绞平渡、鲁车渡渡河亦可，但船少。

3. 源[元]谋、龙街亦可渡。

4. 如上述三处不能渡河时，直经禄劝、武定、元谋，进姚安、大姚、盐丰一带设法渡河，到华平、永北一带便为稳妥。

5. 若西上，即到邓川、鹤庆、丽江，过维西、中甸、阿墩子，经德荣、定乡可到巴安与我们会合。

乙、此道即署[暑]天亦应多备冬衣。

庚、过金沙江后即可休息、整理、缓进。

辛、如果你们决定后，我们即布置接应你们。

壬、如你军并不十分疲劳，有把握进行运动战时，则在滇黔边行动亦好。①

对于红二、红六军团是否应渡江北上，电报说得并不十分明确、肯定，

① 《朱德、张国焘关于建议红二、六军团北渡金沙江致贺龙、任弼时、关向应电》（1936年3月23日），中国人民解放军历史资料丛书编审委员会：《红军长征·文献》，第1013—1014页。

于是贺龙、任弼时、关向应于3月29日致电朱德、张国焘，请示行动方针问题。电报说："在目前敌我力量下（即包括敌之樊、万、郝、郭、李、孙等纵队）于滇黔川广大地区内，求得运动战中战胜敌人创立根据地的可能，我们认为还是有的。"表示"我们渡河技术是很幼稚，但如在第三渡河点或最后路线通过，在春水未涨之前或不致感受大的困难。"提出："最近国际国内事变新发展情况，我们不能甚明了。及在整个战略上，我军是否应即北进，及一、四方面军大举北进后，我军在长江南岸活动是否孤立和困难，均难明确估计。因此，我军究应以此时北进与主力汇合，或应留在滇黔川边活动之问题，请军委决定。望上在一、二天内电告。"①

朱德、张国焘即于次日回电：

1. 依据国际国内情况，民族革命高潮在生长，苏维埃运动有些发展，但不能过份估计。蒋敌虽削弱，亦不能计算他在何时崩溃。

2. 最好你军在第三渡河点或最后处北进，与我们汇合，一同北进。亦可先以到达滇西为目的，我们应当尽力策应。

3. 在困难条件下，可在滇黔川广大地区活动，但必须准备较长期的运动战。

4. 究应如何，请按实况决定，不可受拘束。②

接到朱德、张国焘电报当日，军委分会立即在盘县召开会议，讨论下一步如何行动。在讨论时，有的同志不愿意渡江。经过分析研究，军委分会取得了比较一致的意见：朱德、张国焘电报中明显希望红二、红六军团北上，而且认为最好从第三渡河点北上，这是中革军委的意图。在全国民众抗日救国的呼声日益高涨的情况下，红二、红六军团北上，与主力会合，开创西北革命新局面，将更有利于全国的抗日反蒋斗争，也便于红军直接开赴抗日前线，同日本侵略军作战，担负起挽救中华民族危亡的重任。这

① 《贺龙、任弼时、关向应关于红二、六军团情况及行动方针请示致朱德、张国焘电》（1936年3月29日），中国人民解放军历史资料丛书编审委员会:《红军长征·文献》，第1016页。

② 《朱德、张国焘关于红二、六军团最好北进与我们汇合复贺龙、任弼时、关向应电》（1936年3月30日），中国人民解放军历史资料丛书编审委员会:《红军长征·文献》，第1017页。

是当前最重要的政治任务，红二、红六军团的战略方向应服从于这个政治任务。尽管军委分会确定了在滇黔边创建根据地的战略方针，但作为红军主力之一的红二、红六军团，应服从中革军委的部署。会议最后决定，放弃在滇黔边创建根据地的方针，北上与红四方面军会合。萧克后来说："这是盘县会议最重要的决定。"①

会后，贺龙、任弼时、关向应即致电朱德、张国焘："我们决经华坪之路线北进，四月一日前后开[始]向滇西方向移动，望在适当时派队接应。"②

呆下来，可以打出自己的小天地；迈开腿继续朝前走，将是艰苦卓绝的新征程，迎接的将是金沙江，一座又一座的雪山和令人恐怖的草地，但能给党和人民打出更大的天地。两者选何？历史的关键时刻，红二、红六军团顾全大局，毅然放弃了前者，选择了后者，第三次进行战略转移！

壮哉！伟哉！向着胜利前进的红二、红六军团！

渡金沙江北上

1936年3月31日，红二、红六军团兵分两路，从盘县、亦资孔地区撤出，在平彝附近冲破滇军孙渡的防线，向滇中前进。4月6日，红二军团占领旬甸，8日，先头红四师抢占普渡河的铁索桥；红六军团则经马龙、羊街，向普渡河前进。然而，在红四师刚到普渡河铁索桥时，孙渡纵队的一个旅就赶到了对岸，封锁了渡口。由于滇军的阻击，红六军团大部队未能渡河。

龙云看到红军渡河受阻，企图拖住红军于普渡河东岸，待李觉、郭汝栋、樊崧甫三个纵队上来之后，将红军围歼在普渡河以东、功山以南地区。

龙云那点小伎俩，哪能瞒过贺龙、任弼时等人的眼睛，果断命令停止渡河，争取转移到普渡河上游过河，然后挺进滇西。这时滇军孙渡纵队第

① 《萧克同志在云南丽江谈红二、六军团长征》（1984年1月16日），中共云南省委党史资料征集委员会:《红军长征过云南》，云南民族出版社1986年版，第158页。

② 《贺龙、任弼时、关向应关于红二、六军团决北进即向滇西方向移动致朱德、张国焘电》（1936年3月30日），中国人民解放军历史资料丛书编审委员会：《红军长征·文献》，第1018页。

七旅从羊街方向逼近红军，贺龙命令红六师返回50里，到六甲一带阻击敌人。4月9日，红六师在六甲阻敌，激战一天，歼敌700余名，给滇军重重一击，使其不敢继续追逼。

六甲战斗后，军委分会根据敌人各路纵队尾追的形势和敌人在元谋、龙街一带的兵力部署，决定放弃原定在那里渡江的计划，改由丽江石鼓一带渡口渡江。

从普渡河到丽江石鼓渡口，行程要比到元谋、龙街一带要远得多，且要穿越云南腹地，困难确实很大。贺龙认为：龙云把精锐拿出来到普渡河，昆明必定空虚。红军佯攻昆明，龙云肯定会调兵守卫昆明。我们在昆明虚晃一枪，然后突然掉头，甩下敌人，到石鼓渡江。这样，虽然路多走一些，但甩开了强敌尾追，红军渡江更顺利些。贺龙的意见得到军委分会其他领导人的赞同。

4月10日凌晨，红二、红六军团急速南下，直奔龙云老窝昆明。11日夜，红六师先头第十八团一举攻占距昆明仅40里路的富民县城。

红军直奔昆明而来，龙云大惊失色。他没有想到红军竟然来攻昆明。昆明空虚，龙云把军官学校的学生全部拉来守城，同时急调滇军第九旅回防昆明。听说红军要攻昆明，城内不少达官贵人乱成一团，急忙收拾细软，准备出逃。红军乘敌回援昆明之机，突然挥师西进，于当日涉水渡过普渡河。渡河之后，红二、六军团兵分两路，日夜兼程西进。这时，龙云一颗悬着的心，才算稍安一些。

红二、红六军团开动“铁脚板”，把尾追的孙渡纵队远远地甩在后面。4月20日，两军团在宾川会合。23日，占领鹤庆县城，至此稍作休整。4月25日，红二、红六军团分别由鹤庆进至丽江县城和石鼓渡口，准备渡江。

石鼓距丽江约100来里，是位于丽江县中部的一个小镇，坐落在玉龙雪山西麓的山坡上。来自青藏高原的万里长江奔腾南下，在石鼓突然急转成“V”字形向东北流去。这就是著名的“长江第一湾”。左右两侧，是绵延数百公里的玉龙雪山与云岭山脉，山高涧深。因此，石鼓自古以来就是北进藏区、南出滇西的唯一通道。

从4月25日起至28日止，红二、红六军团用七只木船，在石鼓以上120里的地段，先后从木瓜寨、木取渡、士可、格子、巨甸余化达五个渡口，渡过金沙江。

红二、红六军团用短短四天时间，全军1.8万余人，及数百匹骡马，全部渡过金沙江天堑，创造了一大奇迹。滇军刘正富旅追到石鼓时，已看不到一个红军的影子，迎接他的只是红军留下的带有嘲弄口吻的巨幅标语：“接宣威，送石鼓，多谢，多谢！”“来时接到宣威城，走时送到石鼓渡，费心，费心，请回，请回！”敌人看到这些标语苦笑不得，只好隔江胡乱放一阵枪了事。

历史真是惊人的相似！红二、红六军团从佯攻昆明，再到石鼓渡金沙江，竟和一年前中央红军威逼昆明，巧渡金沙江，除了月份、渡口和地点有差别外，其他在战术、船只、季节、结果是完全一致的。可以说，红二、六军团渡金沙江，是中央红军巧渡金沙江的重演、翻版。这真是红军长征的佳话！

红二、红六军团顺利渡过金沙江，朱德、张国焘发来贺电：“金沙既渡，会合有期；捷报传来，全军欢跃。谨向横扫黔滇，万里转战的我二、六军团致以热烈的祝贺和革命的敬礼！”①

渡金沙江胜利结束后，红六军团军团长萧克欣然赋诗《北过金沙江》一首，形象地概括了红二、红六军团长征过云南的历程：

盘江三月燧烽飏，铁马西驰调敌忙。

炮火横飞普渡水，红旗直指金沙江。

后闻金鼓诚为虑，前得轻舟喜欲狂。

遥望玉龙舒鳞甲，会师康藏向北方。②

为策应红二、红六军团北上，张国焘、朱德致电徐向前、王树声，指示派兵南下。徐向前、王树声即派红四方面军第三十二军和第四军一部，由道孚南下，进占雅江、理化，有力地配合红二、红六军团渡江北上。

红二、红六军团渡过金沙江后，便沿着金沙江东岸往北走，至格鲁湾开始翻越玉龙雪山。

玉龙雪山是横断山中段的一个支脉，海拔5300多米，山上空气稀薄，

① 中共中央文献研究室编：《任弼时传》（修订本），第423页。

② 丽江：《石鼓渡江》，《红六军团征战记》（下），第336页。

积雪终年不化，并且山高谷深，素有“关山险阻，羊肠百转”之称。红军到滇西北的中甸地区，必须翻越这座雪山，别无他路可走。

红二、红六军团指战员多是江南人，习惯于南方温暖的气候，翻越雪山对于他们来说，是长征途中遇到的第一次恶劣自然环境的考验。刚爬山时，人人汗流浃背，衣服湿透，但中午过后，爬到半山腰，已进入积雪线，只见白茫茫一片，好似严冬一样寒冷。谭善和回忆长征爬玉龙雪山时说：

大家仍然穿着平时行军的草鞋和短裤，浑身发冷，牙齿得得地颤抖着。前进的道路，全被积雪覆盖了，连一条羊肠小道都没有。我们在向导的带领下，一个紧跟一个，深一脚浅一脚地艰难行进着。有的地方，雪深过膝，不易通过，前面的同志就踏出一条“雪胡同”，后边的跟着走。走的地方，坡陡路滑，摔倒容易爬起来难，稍不留神，就会连人带物一齐滚下山去，掉进万丈深谷。

越往上走，山势越陡，积雪越深，行进更加艰难。特别是空气稀薄，使全体指战员出现了高山反应：呼吸困难、头晕、脑胀、恶心呕吐、腰酸腿软、无力走路……胸口好像压上了千斤巨石，透不过气来，每挪动一步，都要使出全身的力气。走累了，也不敢坐下来休息，一坐下来就再也站不起来了。同时，气候瞬息万变，一会狂风卷着大雪呼啸而来，一会大雨夹着冰雹倾泻而下，战士们浑身粘着一层冰花。但是，大家志坚如钢，纷纷表示，红军战士是英雄汉，打不垮，拖不烂，只要有一口气，就要战胜困难，翻越大雪山。于是，大家忍着痛楚，互相拉手拽衣，顽强地向前移动。

……

登上山顶后，天气更冷，它决不允许你在这里停留一步。这时，饥饿、疲惫和寒冷，确实难耐。大家互相鼓励着，搀扶着，依偎着向山下走去。①

在这样严重的困难面前，广大红军指战员不但表示出英勇顽强的意志，而且还表现出了团结互助的高尚风格。李立在回忆中说：当时“有的争着抬担架，护送伤病员；有的搀扶着体弱的同志一道前进，自己宁愿扛双枪，背双背包；干部十分关心爱护战士，主动让出自己的乘马给伤病员和体弱走不动的同志。全军上下，团结一致，互相关心，互相照顾，互相帮助，互

① 谭善和：《长征纪事》，《红六军团征战记》（下），第357、358页。

相鼓励，大家都感到生活在这样一个战斗集体里的温暖。”①正是靠着这种英勇顽强的精神和同志之间的团结互助，红二、红六军团指战员们征服了这座人迹罕至的大雪山。

翻越玉龙雪山之后，5月1日，红二军团进抵中甸县城及附近地区。稍后几日，红六军团也陆续到达。

中甸是康藏高原南部的一个小城，已有数百年的历史。名义上它属于云南省，实际上由于藏族居民多而归西藏噶厦政府治理。这里平均海拔都在3000米以上，人烟稀少。虽说是个县城，却只有几百户人家。藏族居民信奉喇嘛教，城外二三里处的归化寺，是云南最大的喇嘛寺。

红二、红六军团在中甸期间，严格执行党的民族政策，尊重藏族同胞的生活习惯和宗教信仰，保护寺庙，并以贺龙的名义发出告示，阐明红军的性质、纪律、政策，使藏族同胞消除疑虑。

中甸真正的统治者是归化寺，红军经过谈判，和归化寺建立良好的关系。贺龙亲自写信给寺里的八大老僧，阐述共产党和红军的宗教政策，请求他们帮助筹办粮秣。归化寺帮助红军筹集到10万斤青稞，还支援了红军一些珍贵的红糖。为了欢迎红军，归化寺专门为红军举行了一次“跳神”，为红军祈福。贺龙、任弼时、关向应等40余名红军代表参加。贺龙代表红军讲话了话，并向八大老僧赠送了写有“兴盛番族”的锦幛。

尽管红二、红六军团在中甸和藏族居民相处很好，得到他们的大力支持，并筹到一些粮秣，但中甸毕竟是个小城，人烟稀少，土地荒凉，红军1万多人马不宜在此久留。因此，红二、红六军团在中甸休整了几天，使在5月5日，出发继续北上。

考虑到今后行军所经过的地方大多比较贫穷，部队筹粮困难，红二、红六军团出发时分为两路：红二军团为左纵队，经德荣、巴塘、白玉向甘孜前进，军委分会随红二军团行动；红六军团为右纵队，由萧克、王震率领，经定乡、稻城、理化、瞻化向甘孜前进。不久，红二、红六军团分别进入西康省，踏上了与红四方面军会师的路程。

---

①　李立：《翻越玉龙雪山》，《红六军团征战记》（下），第462页。

三、甘孜会师，反对分裂力量得到加强

两大红军主力会师甘孜城

红二、红六军团进入康南后，红军两大主力会师在望，朱德立即召集会议，布置迎接红二、红六军团的准备工作，要求各部队在两军会师后，互相学习，不说不利于团结的话，不做不利于团结的事，切实保证两军之间的团结。

为了具体做好迎接红二、红六军团的工作，红四方面军领导人在炉霍开会，专门就会师问题进行了研究，并决定成立慰问团，由红四方面军政治部主任傅钟任团长，邵式平、曾传六、张琴秋、余洪远任副团长。

徐向前在欢迎红二、红六军团动员会上说："红军是一家人，我们和中央红军与二方面军的关系，好比老四和老大、老二之间的兄弟关系。上次我们和老大的关系没搞好，要接受教训。'兄弟阋于墙，外御其侮'。吵架归吵架，团结归团结，不能分家。现在老二就要上来了，再搞不好关系，是说不过去的。每个部队都有自己的长处、短处，方针是互相学习，取长补短，加强团结，一致对敌。"①

红四方面军各部队坚决执行方面军总部的指示，一方面，对广大指战员进行团结友爱、遵守纪律的教育，要求全体人员在会师后主动搞好团结，向红二、红六军团学习；另一方面，各部队以实际行动迎接红二、红六军团的到来。尽管红四方面军自己的物资也很紧缺，但他们宁愿自己忍饥挨饿，也要尽量为红二、红六军团筹集到一批粮食、食盐、牛羊等。他们考虑到红二、红六军团从南方远道而来，对康藏高原的气候不适应，便人人动手，织了一些毛衣、毛裤、毛袜、毛手套，有的还将牛羊皮做成皮衣、皮鞋，准备在会师后作为礼物送给红二、红六军团。红四方面军的各卫生机关一面动员轻伤病员提前出院归队，以便为红二、红六军团伤病员治疗；一面克服各种困难，为红二、红六军团准备一批药品。红四方面军各部队还把最好的

① 《徐向前元帅回忆录》，第360页。

房子腾出来，打扫得干干净净，并铺上又松又软的麦秸，等待红二、红六军团来到之后住宿。此外，红四方面军的文艺工作者还专门编了欢迎红二、红六军团的歌曲，在部队中教唱。

5月20日，林育英、张闻天、毛泽东、周恩来等11人致电朱德、张国焘和红四方面军、红二、红六军团领导人，在介绍了国内、国际局势后，指出："弟等与国焘同志之间，现在已经没有政治上和战略上的分歧，过去的分歧不必谈，唯一任务是全党、全军团结一致反对日帝与蒋介石。弟等对于兄等及二、四方面军全体同志之艰苦奋斗表示无限敬意，对于采取北上方针一致欢迎，中央与四方面军的关系可如焘兄之意暂时采取协商方式。总之为求革命胜利，应改变过去一切不适合的观点与关系，抛弃任何成见，而以和协团结、努力奋斗为目标"。①

随着与红二、红六军团即将会师，张国焘另立的"中央"成为一个问题。由于张国焘控制了红二、红六军团同中共中央直接联系的密码，贺龙、任弼时、关向应对张国焘另立"中央"的分裂活动并不知情。红二、红六军团来到之后，必然能够知道这些情况。再者，红二、红六军团到后，在组织上如何处理相互之间的关系将成为一个非常现实的问题。是以"中央"来领导红二、红六军团，还是用其他方式？张国焘非常挠头。在红四方面军内部，比较一致的共识，是组成西南局，直属中共驻共产国际代表团的领导，暂与陕北党中央发生横的关系。因此，以"中央"来领导红二、红六军团显然是行不通的，然而，成立西南局，直属中共驻共产国际代表团领导，同陕北的党中央发生横的关系，还未得到陕北明确的消息。张国焘着急了，5月30日致电林育英：

（甲）兄是否确与国际经常通电，国际代表团现如何代表中央职权，有何指示？对白区党如何领导，发展情况如何，陕北是否改称北方局，此间北进时党和政府应用何种名义，军委总司令部、总政由何人负责，如何行使职权，对二方面军如何领导？

（乙）我们赞成此间对一方面军取协商关系，对北方局取横的关系，原

① 《林育英等关于当前策略与国内外情况致朱德等电》（1936年5月20日），中国人民解放军历史资料丛书编审委员会：《红军长征·文献》，第866页。

则上争论由国际或七次大会解决。

（丙）弼时等快到了，不能不确定，请速明白答复。①

还没有得到中共中央答复，张国焘即于6月3日与朱德、陈昌浩、徐向前联名致电各军首长，宣布恢复红一、红四方面军会合时的旧制，仍以朱德为中革军委主席，张国焘、周恩来、王稼祥为副主席，朱德兼红军总司令，张国焘兼总政治委员，陈昌浩为总政治部主任兼红四方面军政治委员，刘伯承为总参谋长兼红军大学校长。以陕北红军为第一方面军，红二、红六军团为第二方面军，南下红军为第四方面军。6月6日，张国焘宣布取消另立的“中央”，“成立西北局”。②这样、张国焘另立“中央”的分裂活动以失败而告终。

6月3日，红六军团先头部队第十六师进抵理化以南的甲洼，与前来迎接的红四方面军第三十二军胜利会师。

6月22日，红六军团到达甘孜附近的普玉隆，朱德、张国焘、刘伯承等立即会见了萧克、王震等。6月30日，红二军团直属机关和红四师进到绒坝岔，于红四方面军部队会合。为迎接红二军团，红四方面军第三十军第八十八师政治委员郑维山早在5月中旬就率领第二六五团到达这里，做了充分的欢迎准备工作。郑维山回忆这天会师的情景时说：

盼呀，望呀，终于迎来了老大哥部队。……6月30日，贺龙、任弼时、关向应等同志率领的红二军团，经过长途跋涉，来到了绒坝岔。两支从未见过面的兄弟部队，在艰苦的长征中相逢，谁能抑制住内心的激情，那股亲热劲儿，比懋功会师更为动人。记得那天，风和日丽，草原上充满了欢乐的节日气氛。指战员们远远望见红二军团的队伍，像条巨龙朝着绒坝岔飞腾而来时，便飞也似地奔向前去，抢过战友们的行装背在自己的身上，再紧紧地握手，打量着，问候着，叙长道短，显得格外亲切。许多藏族同胞也簇拥路旁，捧着酥油糌粑夹道欢迎。口里还不住赞叹：“耶莫！耶莫！”（顶呱呱的意思）。到了宿营地，炊事班同志立即打来热气腾腾的开水，让战友洗脚

① 《张国焘坚持以国际代表团代表中央和将中央改称北方局致林育英电》（1936年5月30日），中国人民解放军历史资料丛书编审委员会：《红军长征·文献》，第869页。

② 《张国焘宣布取消第二“中央”》（1936年6月6日），中国人民解放军历史资料丛书编审委员会：《红军长征·文献》，第872页。

解乏，有的看到二军团战友衣服已经破烂不堪，不等我们统一安排，就先拿出亲手打好的毛衣、毛袜，让战友们赶快换上，……往日寂静的绒坝岔，顿时沸腾了，处处洋溢着欢笑声，回响着嘹亮的歌声。①

7月1日，红二、红六军团集结于甘孜附近的甘海子。朱德、张国焘、陈昌浩等从炉霍赶到甘孜，会见贺龙、任弼时、关向应、萧克、王震等人，在陕北的林育英、张闻天、毛泽东、周恩来、博古、彭德怀、王稼祥、林彪、凯丰等68名党政军领导人，发来贺电，庆祝两大主力红军的会师。电报表示：“我们以无限的热忱庆祝你们的胜利的会合，欢迎你们继续英勇的进军，北出陕甘与一方面军配合以至会合。”“我们相信你们将更加激励你们无尚的热忱，勇敢与自我牺牲的精神，为全民族的解放而斗争，为苏维埃红军的光荣旗帜而斗争，为共产国际与中国共产党的正确领导而斗争。我们是准备着庆祝你们北上抗日的伟大胜利。”②

这天，两军进行了会师大会。红二、红六军团排着整齐的队伍，分四路纵队进入会场。在喇嘛寺红色的墙上，悬挂着“向英勇善战的二、六军团致敬”的大幅标语。广场上还集合着许多红四方面军的部队。他们挥臂高呼“欢迎转战湘鄂川黔滇的二、六军团！”“中国工农红军万岁！”等口号，欢迎红二、红六军团。看到这热烈的场面，红二、红六军团的指战员们三个月的行军疲劳一扫而光。

朱德在会师大会上作了讲话，红六军团的老红军谭尚维在回忆中说：

总司令迎着一阵阵春雷般的掌声和无数兴奋激动的笑脸在主席台上出现了。他个子不高，不象我想象中的那样高大、严肃，稍稍有些黄瘦的脸上，挂着慈祥的微笑。衣着很朴素，上身穿着一件土制褐色毛布上衣，脚上是一双草鞋，十分平易近人，一切都和士兵一样。他向全场巡视了一下，用响亮而有力的四川口音开始讲话了：

“同志们，我祝贺你们战胜了雪山，也欢迎你们来与四方面军会合，但是这里不是目的地，我们要继续北上。要北上就必须团结一致，不搞好团结

① 郑维山：《尝过分离苦　更觉会师甜》，《红军长征·回忆史料》（2），第203页。

② 《庆祝二、四方面军胜利会师》（1936年7月1日），中国工农红军第四方面军战史编辑委员会：《中国工农红军第四方面军战史资料选编》（长征时期），第569、570页。

是不行的。此外，我们前进的道路上，还有荒无人烟的草地，我们要有准备，克服一切困难。”接着他简单地介绍了一下甘孜地区的情况，并告诉我们一个好消息：毛主席去年带着一方面军胜利地通过草地，到达了抗日前哨阵地——陕甘地区。现在，陕甘边根据地巩固、扩大了，红军也壮大了。

总司令的每一句话，都深深地铭记在全体指战员的心里。”①

当晚，红四方面军政治部剧团还为红二、红六军团进行了慰问演出。红二、红六军团的官兵们数月来第一次安安稳稳地坐下来观看《迎亲人》《红军舞》等精彩的文艺节目，心情十分激动。

西部康藏高原的小城甘孜，充满了会师的欢乐气氛。

朱德的腰杆硬了

张国焘对于红二、红六军团的到来，是怀着矛盾的心理的。一方面，他想影响红二、红六军团，把他们拉过来，壮大自己的力量，作为向中共中央抗衡的资本；另一方面，也担心红二、红六军团不听他的一套。因此，当红二、红六军团一到甘孜，张国焘就开始积极活动，企图用他的错误的政治、军事主张影响红二、红六军团领导人，进而控制红二、红六军团。他向红二、红六军团派出工作组，并送来一批红四方面军编的《干部必读》等文件材料。在这些材料中，煽动对中共中央的不满，诬蔑中共中央和红一方面军主力北上陕甘是“逃跑主义”，是“‘左’倾空谈下掩盖下的退却路线”，并指名道姓地攻击毛泽东、周恩来、张闻天、博古等中央领导人。这些材料还竭力鼓吹，张国焘“和二、六军没有什么政治上的分歧”，两军会师后“将要更大地增强我们的力量”，并且“有吸引陕北红军采取配合行动的可能”，等等。

张国焘还想吞并红二、红六军团。就在红二、红六军团到达甘孜的第一天晚上，张国焘同任弼时谈话时提出，要任弼时离开红二、红六军团，另派政治委员，提出要调换红二、红六军团领导人。张国焘还使出了红一、红四方面军会师拉拢聂荣臻、彭德怀那一招，拉拢王震，分化红二、红六军

---

① 谭尚维：《甘孜会师》，《回顾长征》，第 553—554 页。

团。据王震在1960年11月22日的一次谈话中说：“和四方面军会合后，张有阴谋瓦解二、六军团。贺、任、关是老旗帜。贺龙是南昌起义的总指挥之一，是革命旗帜；任、关是中委。张认为我们是娃娃，想把我和萧克及六军团买过去，反对毛、周、张、博”。“在甘孜休息时，张一个一个把我们召去谈话，送给我四匹马，给我们戴高帽子，说我们勇敢、能打。他那个军阀主义呀，简直不像话。”①

与此同时，张国焘还企图召开党的会议，利用组织手段，迫使红二、红六军团领导人支持他的主张，受到任弼时等人的抵制。贺龙回忆说：“在甘孜，我们和张（国焘）、朱（德）、刘（伯承）见面时，张国焘要开党的会议，任弼时就向他提出：报告哪个作！有了争论，结论怎么作？把张顶了回去，党的会议没有开成。”②

朱德盼望红二、红六军团前来会合，一方面是认为红二、红六军团北上，对建立西北根据地、对于革命大局有利；另一方面是加强同张国焘斗争的力量。因此，在两军会师后，朱德和刘伯承积极地做红二、红六军团领导人的工作，向他们介绍张国焘在红一、红四方面军会合后搞分裂活动的真相。

红六军团先与红四方面军会师，朱德同王震谈了一个晚上，王震明确表示要同张国焘作斗争。红六军团军团长萧克回忆说，他在甲洼与红四方面军前来接应的部队会合后，曾盲目相信了张国焘追随者的话，“但当我见到朱总司令，他诚恳地向我说明了事件发生的经过后，就改变了态度”③。

朱德和任弼时，在中央苏区时候就是老战友、老同事。朱德对任弼时非常了解，这也是他为什么盼望红二、红六军团尽快到甘孜的原因。因为朱德相信任弼时会站到自己一边同张国焘作斗争。红二军团到达甘孜后，朱德见到任弼时的时候，激动地说：“好哇！你们这一来，我的腰杆也硬啦！”任弼时笑着说：“总司令我们来听你的指挥！”④

① 中共中央文献研究室编：《任弼时传》（修订本），第435页。

② 贺龙：《回忆红二方面军》，《近代史研究》1981年第1期。

③ 萧克：《红二、六军团会师前后》，《中共党史革命史论集》，中共中央党校出版社1982年版，第359页。

④ 中共中央文献研究室编：《朱德传》（修订本），第449页。

贺龙是朱德南昌起义时的老战友。贺龙握着朱德的手说："总司令，我们二、六军团天天想、夜夜盼，就盼和中央会合呢！"朱德坚定地说："你们来了，我们一起北上，党中央在毛主席那里。"①

朱德、刘伯承同任弼时、贺龙、关向应等人秉烛长谈，把红一、红四方面军会师的情况、分歧，以及张国焘另立"中央"，分裂党、红军的活动，原原本本告诉了他们。朱德说：张国焘目前同意取消他另立的"中央"和北上是迫不得已，他还是反对毛泽东、周恩来、张闻天、博古的。但是，红四方面军广大指战员是好的，他们是拥护中央、拥护北上的。所以，此时，我们的工作是做团结工作，团结包括张国焘在内的广大红四方面军指战员，也就是如何想办法带他们去会合党中央。我早就盼望着你们来，和我一起做这个工作。

刘伯承说：张国焘南下打了败仗，在西康也站不住脚。总司令说得对，我们现在要多做团结工作，说服他们北上。对张国焘可不能冒火，冒火要分裂。中央在前面，不在这里。

听了朱德、刘伯承讲张国焘搞分裂的活动的来龙去脉后，贺龙、任弼时、关向应等人心中有数了。与此同时，他们也多方了解情况。当贺龙、关向应到红四方面军成立的藏族波巴政府顾问刘少文那里去时，刘少文告诉他们："我有全部记录"，说着就从喇嘛寺菩萨肚子里拿了出来，并向贺龙、关向应介绍了有关情况。②这样，贺龙、任弼时、关向应等进一步了解了张国焘反对党中央、进行分裂活动的前后经过，心中更加清楚了。

为了维护党和红军的团结，贺龙、任弼时、关向应等人自觉地同朱德、刘伯承站在一起。在同张国焘的斗争中，他们既坚持原则，敢于斗争，又注意讲究方法策略，顾全大局，维护团结，推动张国焘北上。

针对张国焘的分裂活动，任弼时指示红二军团政治部主任甘泗淇：红四方面军来的干部，只准讲团结，介绍过草地的经验，不准进行反对党中央的宣传，送来的材料一律不准下发。当张国焘提出要开两军干部联席会议时，任弼时也设法顶了回去。后来，任弼时在批判张国焘的会上说："我

① 王震:《忠诚的战士、光辉的一生——纪念贺龙同志》,《解放军报》1977年7月28日。

② 贺龙 :《回忆红二方面军》,《近代史研究》1981年第1期。

敢说，那时如果召集这样的会，那么争取四方面军的进步干部是没有问题的，但是我反对这会议的召集，因为造成上层的对立将要使工作更困难。但国焘就非开这会议不可，我就说，如果二、四方面军态度尖锐，我不负责任，国焘才吓倒，再不召集这会议了。”①另一方面，任弼时还多次找红四方面军的领导人进行交谈，交流思想，以消除隔阂，促进团结。为了同中共中央直接联系，任弼时还从张国焘那里要来了和中共中央联系的电报密码本，从此，红二、红六军团同中共中央的联系又恢复了。

经过几番交道，张国焘也不得不对任弼时政治上的成熟刮目相看了。张国焘回忆这时的任弼时说：“他原富有青年气味，经过许多磨练，已显得相当老成。当时他已蓄起几根胡子，我往常叫他做小弟弟，现在也要笑着叫他做‘任胡子’。”②

贺龙对张国焘也是既坚持斗争，又强调团结。他多次指出：要与红四方面军的同志友好相处，多讲人家的优点，缺点要人家自己讲。当他看到张国焘派人送来的《干部必读》后，说：“张国焘分裂中央是错误的，这个材料不能发。”并立即打电话通知红二、红六军团各部队，把接到的《干部必读》统统收缴起来。各部队坚决执行了贺龙的指示，将张国焘送来的那些文件、材料只保留一份，其余全部烧掉。

当时，朱德还同任弼时、贺龙商议，如何将部队分开行动，防止被张国焘控制；并给贺龙出主意，向张国焘要求支援。张国焘答应把红三十二军（原红一方面军的第九军团）和红二、红六军团编到一起行动。20多年后朱德回忆这件事时说：“任、贺来了，我和他们背后说如何想办法去会合中央，如何将部队分开，不让他（指张国焘——引者）指挥。贺老总很聪明，向他要人要东西，把三十二军带过来了，虽然人数少，但搞了他一部分。”③

贺龙同张国焘是南昌起义时的老相识，比较了解张国焘的为人、做事。1961年，贺龙在谈到甘孜会师后同张国焘斗争时说：

朱老总、伯承向我们讲了张国焘搞分裂的事，我们以前并不知道。不过，张国焘这个人，我还是有所了解的。……到了甘孜，他人多，我们人少，

---

① 中共中央文献研究室编：《任弼时传》（修订本），第436页。

② 张国焘：《我的回忆》第三册，第301页。

③ 中共中央文献研究室编：《朱德传》（修订本），第449页。

我们又不听他的，得防备他脸色一变下狠手。我有我的办法，我让弼时、向应和朱老总、伯承、张国焘，都住在一幢两层的藏民楼里。那时，在甘孜组织了一个汉藏政府，叫“波巴依得瓦”。我们大家就住在主席府，整个住处的警卫员是我亲自安排的，警卫员每人两支驳壳枪，子弹充足得很呢！你张国焘人多有个大圈，我贺龙人少，搞个小圈圈，他就是真有歹心也不敢下手！张国焘搞分裂，我们搞团结，可是对搞分裂的人不得不防嘛！还有开庆祝会师大会，张国焘是红军总政治委员，自然要讲话。在主席台上，我坐在他身旁。他刚刚站起身要讲话，我半开玩笑半认真地给了他一句悄悄话，我说：“国焘啊，只讲团结，莫讲分裂，不然，小心老子打你的黑枪！”张国焘就没有敢讲不利团结的话。其实，我哪里会打他黑枪，他自己心里有鬼么！①

在甘孜期间，任弼时还巧妙地营救了被张国焘当作国民党改组派分子关押的廖承志等人。对此，廖承志终生难忘。

红二、红六军团和红四方面军会师后，经过短暂的休整后，便与红四方面军共同北上，踏上了长征的最后一段征程。

红二、红四方面军共同北上

红二、红六军团在甘孜时，被编为红二方面军。前面提到的5月20日林育英、张闻天、毛泽东、周恩来等11人在致朱德、张国焘和红四方面军、红二、红六军团领导人的电报中，便使用了“二、四方面军”的称谓。7月5日，红二方面军正式成立，贺龙任红二方面军总指挥兼第二军军长，任弼时任红二方面军政治委员兼第二军政治委员，萧克任副总指挥，关向应任副政治委员；陈伯钧任第六军军长，王震任政治委员；原红四方面军第三十二军划归红二方面军，罗炳辉任军长，袁任远任政治委员。

7月上旬，红二、红四方面军按照既定北上部署，分三路纵队陆续出发。集结在炉霍地区的红四方面军第九军、第四军第十二师和独立师、第三十一军第九十三师及方面军总部为中央纵队，由徐向前率领，于7月2日出

---

① 《贺龙传》编写组：《贺龙传》，当代中国出版社1993年版，第202—203页。

发，经壤塘、查理寺、毛儿盖向包座前进；集结在甘孜地区的红四方面军第四军第十师和第十一师、第三十军第八十八师及红二方面军为左纵队，由朱德、张国焘率领，于7月3日陆续出发，经东谷、西倾寺、阿坝向包座、班佑前进；集结在绥靖、崇化地区的红四方面军第五军及第三十一军第九十一师为右纵队，由董振堂率领，经卓克基、马塘向毛儿盖、包座前进。

这次北上，目的明确，团结一致，广大红军指战员兴高采烈，精神焕发，信心百倍。

北上首先是要过草地，对于红四方面军的许多指战员来说，已经是第三次过草地了。由于有了前两次过草地的经验，各部队都做了充分的准备工作，筹集到一些粮食，这是过草地的“救命粮”。为了能使两个方面军的部队能够顺利过草地，许世友率领红四方面军骑兵师已于6月27日出发打前站到阿坝，筹集到大批牛羊和粮食，为后续部队过草地创造了有利条件。

红二方面军是第一次过草地。贺龙在甘孜主持召开了各师、团领导干部会议，传达了中共中央的军事战略方针，要求各部队召开党的积极分子会议，搞好政治动员工作，加紧进行北上准备工作。在短短的几天中，红二方面军每人准备了十天的干粮，并大部分解决了帐篷、骡马、草鞋等。7月6日，陈伯钧、王震率领红六军从甘孜东谷出发，途中与红三十二军会合，向阿坝地区进发。贺龙率领红二军于7月14日出发向阿坝前进，于26日到达阿坝，同红六军和红三十二军会合。在阿坝地区经过短期筹粮后，红二方面军便于7月30日至8月初相继进入草地。

过草地，除了气候恶劣和泥沼的威胁外，最严重的威胁是饥饿，在进入草地之初，每人每天还有三两青稞，再拌上点野菜充饥，但不久就断了粮，很多指战员因饿、冻、病而死。尽管面临着严重的困难，红军战士们还是保持着革命必胜的信心和高度的乐观主义精神。他们在茫茫的草地上，围着篝火，唱起了新编的《牛皮腰带歌》：

牛皮腰带三尺长，草地荒原好干粮。

开水煮来别有味，野火烧熟分外香。

一段用来煮野菜，一段用来熬鲜汤。

有菜有汤花样多，留下一段战友尝。①

为了战胜困难，贺龙组织大家想尽一切办法寻找吃的东西。他亲自到小河边钓鱼，把钓到的鱼分给伤病员吃。随贺龙转战多年的枣红马，不光救过他的命，而且还救过许多伤病员。看着战士们因饥饿而浮肿的脸庞，贺龙狠了狠心，让人把枣红马拉去杀了，把马肉分给大家吃。当战士们发现贺龙的枣红马不见了，才知道他为了大家，把枣红马杀了，于是心里一阵难过。贺龙鼓励大家，不要难过，要挺起胸膛，一起前进，闯过草地就是胜利。他的这些话，给大家很大鼓励。

从甘孜出发，任弼时按照朱德、刘伯承的要求，暂时离开红二方面军，随红军总部行动。在这期间，他为党和红军的团结，作了不懈的努力。在过草地时，他和一直在前线的徐向前会面。见面后，徐向前说：中央和毛泽东同志的北上方针是正确的。自己当时没有跟中央走，是不想把红四方面军分成两半。大敌当前，团结为重，张国焘另立“中央”很不应该，党内有分歧可以慢慢谈嘛！但是我说话他不听，朱老总的话他也不听。现在取消了“中央”对团结有利。在北进期间，最好不谈往事，免得引起新的争端。②

任弼时为党和红军做的团结工作，就连张国焘也不得不承认。张国焘在回忆中说：

任弼时本人对毛儿盖的争执特别感兴趣。不惜花很多时间，分别和朱德、徐向前、陈昌浩、刘伯承和我详谈，搜集有关资料，研究这个争执的症结所在，我曾笑问他是不是想做“包拯”，他也不完全否认这一点，表示他是一个没有参与这一争端的人，现在研究一下，也许将来可以为大家和好尽些力量。

……

任弼时认为这是一次严重的教训，值得大家警惕。此后，我们不要算旧账，他并决定以调人自居，不偏袒任何一方，愿为大家的和好而努力。③

后来，任弼时在给贺龙、关向应、萧克、甘泗淇及陈伯钧、王震、张子意等人的信中，谈了他这段时间所作的团结工作：

---

① 贺彪：《红二方面军从湘鄂边到陕北长征纪实》，华夏出版社 1990 年版，第 281 页。

② 《徐向前元帅回忆录》，第 363 页。

③ 张国焘：《我的回忆》第三册，第 302 页。

……我这次随朱、张等行动，力求了解过去一、四方面军会合时的党内争论问题，并努力促成我党的完全团结一致。我与朱、张、刘、昌浩、向前、傅钟、卓然等同志的谈话，大家对党在组织上的统一，建立最高集体集权领导，是认为迫切重要的问题。陕北同志亦同样是认为迫切需要的。在这一基础上，我党团结一致想可能得到顺利成功。我对陕北同志建议召集中央全体会议（在一、二、四方面军靠近和会合时），已得到他们的同意。现国际正讨论这一问题，大概是可能批准这一会议的召集，我现正在这边同志中要求他们将来在六中全会上有很客观、冷静、正确的自我批评……①

任弼时为了革命大局做的这些促进团结的工作，得到了许多人的高度评价。陈伯钧看了这封长信后，在1936年8月10日的日记中这样写道："回来不久即接到弼时同志来信，谈目前战略及与一方面军会合等问题。阅此，心中为之一爽。慨自去年北上以来，党内分歧久延未决，幸自二、四方面军会合后，得弼时同志之力，从中挽转，始有今日之新机，使有心人闻之，其能无快于心乎！"②徐向前说："他给我的印象，冷静、诚恳，对促进党和红军的团结，充满信心。……弼时同志做的这些工作，对促进党和红军的团结，有重要作用。"③

中共中央对于红二、红四方面军迅速北上，实现三大主力红军会师，迎接抗日斗争新高潮，寄予了厚望。因此，红二、红四方面军北上后，始终得到了中共中央的极大关心。中共中央不断地向在北上途中的红二、红四方面军通报敌情，介绍全国革命形势的发展，鼓励两个方面军战胜一切困难，团结前进；同时还动员红一方面军和苏区全体人民，粉碎敌人的进攻，配合、迎接红二、红四方面军北上。

7月27日，经中共中央正式批准，成立中共中央西北局，张国焘任书记，任弼时任副书记，朱德、贺龙、关向应、徐向前、王震、陈昌浩等为委员，吴溉之为秘书长，统一领导红二、红四方面军的北上行动。

7月底，红四方面军先头部队进占包座。8月1日，毛泽东、周恩来、彭德

① 中共中央文献研究室编：《任弼时传》（修订本）第444页。
② 《陈伯钧日记》（1933—1937），第566页。
③ 《徐向前元帅回忆录》，第363、364页。

怀致电朱德、张国焘、任弼时："四方面军到包座略作休息，宜迅速北进。二方面军随后跟进到哈达铺后再大休息，以免敌人封锁岷西线，北出发生困难。"①同日，朱德、张国焘、任弼时致电林育英、张闻天、毛泽东、周恩来、博古："二、四方面军此次向巴西、阿西、包座前进颇称便利。两方面军团结巩固，士气高涨。""俟兵力稍集结后即向洮、岷、西固，约八月中旬主力可向天水、兰州大道出击，以消灭毛炳文、于学忠部为目的来配合你军。"并表示："我二、四两方面军全体指战员对三个方面军的大会合和配合行动，一致兴奋，并准备牺牲一切，谋西北首先胜利奋斗到底！"②

中共中央接到朱德等人电报后，于8月3日复电："接八月一号电，为之欣慰。团结一致，牺牲一切，实现西北抗日新局面的伟大任务，我们的心和你们的心是完全一致的。""我们已将你们的来电通知全苏区红军，并号召他们以热烈的同志精神，准备一切条件欢迎你们，达到三个方面军的大会合。"③

8月初，红四方面军陆续走出草地。稍后，8月8日，红二方面军通过草地到达包座。根据红二、红四方面军走出草地后的敌我态势和中共中央关于速出甘南、抢占腊子口、攻占岷县的指示，中共中央西北局于8月初在求吉寺召开会议，决定红二、红四方面军共同组织岷（州）、洮（州）、西（固）战役。

8月5日，朱德总司令签发《岷洮西固战役计划》。根据这个计划，红二、红四方面军分三路纵队行动，从8月5日开始，至9月7日结束，历时34天，先后占领漳县、临潭、渭源、通渭四座县城及岷州、陇西、临洮、武山等广大地区，歼敌7000余人，有力地打击了敌人阻止红二、红四方面军北进的

---

① 《对四方面军北上行动的指示》（1936年8月1日），甘肃省军区党史资料征集办公室：《三军大会师》下册，甘肃人民出版社1987年版，第595页。

② 《朱德、张国焘、任弼时关于二、四方面军向洮岷西固行动致中央电》（1936年8月1日），中国工农红军第四方面军战史编辑委员会：《中国工农红军第四方面军战史资料选编》（长征时期），第611页。

③ 《关于欢迎三个方面军团结一致》（1936年8月3日），甘肃省军区党史资料征集办公室：《三军大会师》下册，第596页。

计划，为红军立足甘南和三大主力红军会师创造了有利条件。

三大主力红军会师的日子已经近在眼前了！

四、一场风波又起

打通苏联的计划

中共中央政治局瓦窑堡会议制定了抗日民族统一战线策略后，积极对张学良的东北军和杨虎城的第十七路军开展统一战线工作。经过努力，张学良、杨虎城接受了中国共产党关于停止内战、共同抗日的政治主张，建立了统战关系。从1936年上半年开始，红军同东北军、第十七路军之间，实际上停止了敌对状态。这是党的抗日民族统一战线策略在西北地区首先取得的一个胜利。

就在红二、红四方面军开始执行岷洮西固战役计划时，中共中央政治局在8月10日举行扩大会议。会上，根据毛泽东的提议，确定把开展统一战线工作放在党和红军的三大战略任务的首位，制定了“逼蒋抗日”的方针，决定以蒋介石政府为统战谈判的主要对手。还在6月份的时候，发生了李宗仁、白崇禧桂系和陈济棠粤系利用抗日之名发动的反蒋事变，即两广事变。为了贯彻这个方针，中共中央决定乘蒋介石正忙于解决两广事变，胡宗南主力南调之机，联合东北军，打开西北抗日局面，打通苏联，出兵绥远，以推动全国抗日局面的实现。

在与张学良等秘密协商后，中共中央于8月12日提出了夺取宁夏的战略计划。具体部署是分两步走：第一步，配合东北军进据甘西。红二、红四方面军尽可能夺取岷州，以甘南为临时根据地，休整补充。继而以有力一部出陇西，攻击毛炳文部，威胁兰州，以便东北军于学忠部三个师向兰州这一战略枢纽地带集中；另以有力一部出夏河，攻击河州，威胁青海，吸引河西走廊马步芳东援，以便东北军乘虚接防甘、凉、肃三州，接通苏联。这一步骤要在一个半月内实现。第二步，三个方面军合力夺取宁夏。第一步实现后，红一、红二、红四方面军在甘北会合。12月起，以一个方面军留守陕甘宁苏区，两个方面军趁结冰期渡过黄河，消灭马鸿逵部，占领宁夏，完成从北面接通苏联的任务。与此同时，东北军与红军各出一部合组抗日联军先锋军，向绥远出动，抵御伪蒙军之进攻，以此行动号召全国抗日运动，使之进到更高的阶段。①

然而，情况发生了变化，蒋介石急于调兵北上“剿共”，派人同桂系接触，试图和平解决事变，桂系也有此意，双方开始讨价还价谈判。8月30日，中共中央考虑到蒋介石解决两广事变后，可能会分化东北军，撤换张学良，同时，调胡宗南部入甘。为了紧密配合东北军，阻止胡宗南入甘，发展甘南作为战略根据地之一，同时巩固与发展陕南苏区，使之与陕北、甘北相呼应，使党在同蒋介石政府的谈判中处于有利地位，中共中央调整了作战部署：红一方面军主力占领海原、靖远、固原以南地区，一部保卫定边、盐池、豫旺、环县苏区，一部保卫陕北苏区，一部保卫关中苏区；红四方面军占领临潭、岷州、漳县、渭源、武山、通渭地区，尽可能取得岷、武、通三城；红二方面军速向陕甘边界出动，首先插入王均防线之后占领凤县、宝鸡、两当、徽县、成县、康县地区，再与王均作战。②中共中央认为，在三个方面军的行动中，红二方面军向东行动最为重要，不但可以吸引胡宗南部钟松旅于陕甘边界，而且可以相机打击王均部，将陕南苏区与甘南苏区连接起来。

按照中共中央的新部署，红一方面军立即行动起来，于8月31日由豫旺堡、同心城、黑城镇地区出发南下，迅速控制了中宁至固原大道以西、海原以东地区。随后，红一军团以第一师附骑兵第二团一部组成特别支队，在军团政治委员聂荣臻的率领下，于9月14日占领了将台堡。红十五军团以步兵、骑兵各一个团组成特别支队，向靖远挺进，于9月14日占领达拉池。红四方面军则加紧进行岷洮西战役，占领甘南地区。

由于红二方面军在这次军事行动中担负任务很重，任弼时离开中共中央西北局随红二方面军行动，刘伯承也到红二方面军行动。9月7日，任弼

---

① 参见中国工农红军第四方面军战史编辑委员会：《中国工农红军第四方面军战史资料选编》(长征时期)，第635—636页。

② 参见甘肃省军区党史资料征集办公室：《三军大会师》下册，第608页。

时、贺龙、关向应等在哈达铺召开会议，制定战役计划。次日，红二方面军总指挥部发布命令："我方面军决乘甘陕敌人分兵据城的弱点，透过其封锁线打击成县、徽县、两当、凤县、略阳、康县之敌而袭取之。建立临时根据地"。

按照总指挥部的命令，红二方面军各纵队于9月11日陆续出发，向预定地点开进。9月16日，中纵队攻下成县。9月18日，左纵队攻下两当县城，19日进占徽县县城，20日包围凤县县城。右纵队19日攻占康县县城。这样，红二方面军就与红一、红四方面军形成夹陕甘大道南北呼应，并可随时会师的有利局面。

为了配合红二方面军向陕甘边行动，朱德和张国焘令红四方面军抽出两个军，东出西和、礼县，消灭王均部，陈昌浩认为，派两个军出西和、礼县作用不大，不如集中主力于现地区，伺机出通渭、静宁、会宁，与红一方面军合力夹击西进的胡宗南部，更为有利。将来红四方面军主力向陇东北发展，与陇东南的红二方面军呼应作战。为此，陈昌浩从岷州前线赶回三十里铺，与朱德、张国焘进行磋商，于9月13日共同向中共中央提出了新的作战方案。电报称："我军为先要打破敌人之既成计划，争取抗日友军，造成西北新局面，一、四方面军乘胡敌在西北公路上运动之时机，协同消灭其一部。二、四方面军尽力阻止和迟滞胡敌西进。"具体部署是：

（一）我一方面军主力由海原、固原地区向静宁、会宁以北地区活动，南同四方面军在静、会段以袭击方式侧击运动之胡敌，并阻止其停滞静宁以东。（二）我二方面军以主力在徽、两、凤以北地区，并以一部进到宝鸡活动，虚张声势，扬言：二、四方面军即直出汉中，一方面军（向南）会合，以牵制王均于天水地区和吸引胡敌不敢长驱西进为目的。二、四方面军除以九十三师主力即向静、会段以南地区活动外，以一部机动兵力集结陇西、武山，并适时以八团以上兵力打击静、会间之胡敌，相机打通一方面军。①

这个作战方案的核心思想，是主张红　方面军南下，与红四方面军协

① 《朱德、张国焘、陈昌浩对于三个方面军协同作战之建议致中革军委电》（1936年9月13日20时），中国工农红军第四方面军战史编辑委员会：《中国工农红军第四方面军战史资料选编》（长征时期），第694页。

同消灭胡宗南部。当时在漳县的徐向前接到作战方案后，觉得在西兰通道与敌作战不利，主张主力西渡黄河，控制兰州地区。他在回忆中说：

我仔细考虑了这个方案，认为主要问题是在西兰通道地区与敌决战，我们占不到便宜。据情报说，胡宗南的第一师、第十八师①十八日即可抵咸阳，第四十三、四十七②两师随后跟进，再加上王均第三军和毛炳文师及马家军的兵力，敌优我劣的态势相当明显。而战场选在西兰公路附近，敌人运输方便，调兵迅速，我军南北夹击不成，反会遭到敌人的左右夹击。同时，三个方面军都向陕甘北集中，那里人口稀少，就粮困难，不便大部队久驻，也是严重问题。因此，我向朱、张建议，以一部兵力速围马步芳的家乡河州，吸引马敌，主力乘虚从永靖以南的莲花渡过黄河，进据古浪、永登、红城子一带，与兰州的东北军配合，控制这一战略枢纽地区，休整补充，为策应一方面军西渡黄河，共取宁夏，打通苏联，创造有利条件。但是，我的建议没有被接受。③

接到朱德、张国焘、陈昌浩电报后，毛泽东、周恩来、彭德怀复电，认为“彼此意见大体一致”，但红一方面军主力不能南下，对胡宗南部作战应以红二、红四方面军为主力，电报说：

“我们意见四方面军宜迅以主力占领以界石铺为中心之隆、静、会、定段公路及其附近地区，不让胡敌占领该线，此是最重要着；一部附电台东出华亭、陇县区域游击，成一远出支队。二方面军之支队附电台直出宝鸡、眉县以东。我们已派一个师向静宁线出动。如此当可滞阻胡宗南之西进，而便于四方面军之出陇定大道，并准备作战。一方面军主力如南下作战，则定、盐、豫三城必被马敌夺去，于尔后向宁夏进攻不利，故在未给马敌以相当严重打击以前，不宜离甘宁边境。对东敌作战宜以二、四方面军为主力，一方面军在必要时可增至一个军协助之。”④

---

① 应为第七十八师。

② 应为第四十九师。

③ 《徐向前元帅回忆录》，第368—369页。

④ 《中革军委关于二、四方面军行动部署复朱德、张国焘、陈昌浩等电》（1936年9月13日），中国工农红军第四方面军战史编辑委员会：《中国工农红军第四方面军战史资料选编》（长征时期），第695页。

9月14日18时，林育英、张闻天、周恩来、博古、毛泽东致电朱德、张国焘、任弼时，就打破敌人的围堵、占领宁夏作出部署，进一步阐述了13日电报的主张。电文说："国际来电同意攻占宁夏及甘肃西部，我军占领了宁夏地域后，即可给我们以帮助"，"为坚决执行国际指示，准备在两个月后占领宁夏，拟作如下部署"：

（1）一方面军主力九、十两个月仍在海原、固原地区，十月底或十一月初开始从同心城预旺之线攻取灵武、金积地区，以便十二月渡河占领宁夏北部，一方面军之其余部队保卫陕甘北苏区。

（2）四方面军以主力立即占领隆德、静会、会宁、通渭地区，控制西兰大道，与一方面军在固原硝河地区之部相当靠近，阻止胡宗南西进，并相机打击之，十月底或十一月初进取靖远、中卫南部及宁安堡之线，以便十二月渡河夺取宁夏南部。

（3）二方面军在陕甘边积极活动，吸引胡宗南于咸阳、平凉之线以南地区，与四方面军互相策应，并联络陕南游击区。

（4）由陕北派出游击支队，经关中苏区出至泾水以南活动，牵制胡宗南侧后。

电报特别强调："以上部署主要是四方面军控制西兰大道，不使胡宗南切断并不使妨碍尔后一、四两方面军夺取宁夏之行动，当一、四两方面军夺取宁夏时，二方面军仍在西兰大道以南，包括陕甘边与甘南，担负箝制敌军之任务，至于占领甘肃西部，候宁夏占领取得国际帮助后，再分兵略取之。"①

为了贯彻这一方针，毛泽东、周恩来等于9月15日、16日、17日又连续致电朱德、张国焘等，要求红四方面军迅速占领西兰大道以界石铺为中心的静宁、会宁、定西段，否则，红一、红四方面军的联络将被切断。与此同时，红一方面军主力9月16日在固原以北的七营地区歼灭来犯的敌骑兵第六师两个团大部。9月18日，红一军团特别支队占领静宁县的界石铺。红二方面军在进占成县、两当、徽县、康县后，准备以红六军向宝鸡前进。

① 《中央关于占领宁夏的部署致朱德、张国焘、任弼时电》（1936年9月14日18时），中国工农红军第四方面军战史编辑委员会：《中国工农红军第四方面军战史资料选编》（长征时期），第696页。

在不断接到中共中央来电后，朱德多次找张国焘、陈昌浩等商议红四方面军的行动问题。在9月上旬时，张国焘就总想往西去，说“打日本不是简单的”。朱德则主张红四方面军不要在甘停留而径直跨过西兰公路去会合去。他笑张国焘胆子太小，说：“四川军阀打仗是溜边的，碰上敌人绕弯弯，见到便宜往前抢。国焘同志你莫要溜边边呀！我们长征是要到抗日的前进阵地，红军要成为抗日先锋军、模范军。敌情在北面吆，你老想西去，当然打它不赢，只是跑得赢了！”①这时，张国焘畏胡宗南部如虎，又看到红一方面军主力不能南下，就打算改变主意，主张西渡黄河进入甘肃西北地区。陈昌浩则被朱德说服，同意迅速北进，实现同红一方面军会合。

9月16日至18日，中共中央西北局在岷州三十里铺开会。会议主要是讨论中共中央抗日民族统一战线策略和西北地区的地方工作等问题。

会议在讨论红四方面军行动方向问题时，陈昌浩同朱德站在一起，同张国焘发生了激烈的争吵。这是陈昌浩同张国焘共事以来发生的第一次尖锐的争论。张国焘惊愕了，这是他所没有想到的。而在过去，陈昌浩历来都是他坚定的支持者。由于陈昌浩在红四方面军中的地位仅次于张国焘，这次和朱德站到了一起，自然增加了赞成与红一方面军会合主张一方的力量，形成了多数。

9月18日，张国焘使起了性子，宣布辞职，带着他的警卫员骑马住到了岷江对岸的供给部去。他以为红四方面军离了他，谁都不行。其实，他错了！朱德气愤地说：他不干，我干！找来作战参谋，挂起地图，着手制定部队行动计划。

然而，甩手不干的张国焘就像小孩子过家家一样，当天黄昏又腆着脸，派人通知继续开会。朱德、陈昌浩和中共中央西北局的其他成员赶到张国焘住处开会。参加会议的多数人都支持朱德、陈昌浩的主张。张国焘装模作样地说：“党的组织原则是民主集中制，是少数服从多数，既然你们大家都赞成北上，那我就放弃我的意见。”②

9月18日晚八时，朱德、张国焘、陈昌浩发布静宁会宁战役纲领，决定：

---

① 中共中央文献研究室编：《朱德年谱》（新编本）（上），第581页。

② 潘开文：《临大节而不辱》，《工人日报》1979年7月6日。

“四方面军在胡敌未集中静宁、会宁以前相机占领静、会及通定西大道，配合一方面军在运动战夹击该大道上之胡敌，与静宁之骑七师，相机占领静宁，争取与一方面军会合为目的。”①并作出各部队立即北进的部署，要求各部带四天干粮，极力轻便伪装，尽量采取夜行军。19日，朱德、张国焘、陈昌浩向中共中央报告了红四方面军向静会线开动的计划。

岷州会议结束后，张国焘带着他的警卫部队赶到漳县红四方面军前敌指挥部。朱德回到红军总部部署各部队北上行动。

中共中央见五六天过去了，红四方面军这里还没有动静，即于9月19日致电朱德、张国焘，就夺取宁夏和红一、四方面军的行动问题，再次强调：“向宁夏及甘西发展，重点在宁夏，不在甘西”。并指出：“一方面军独攻宁夏有顾此失彼之虑，如使胡宗南确占静、会地区会合毛炳文，彼既可加强马鸿逵，使我们攻宁夏计划失败，又可加强马步青，使你们攻甘西计划失败。如此有各个击破之虞。只有集中先占领宁夏方免此失。”“夺取宁夏打通苏联，不论在红军发展上，在全国统一战线，在西北新局面上，在作战上，都是决定的一环。在当前一瞬间，则拒止胡军把一、四两方面军隔开，又是决定一环。时机迫促，稍纵即逝，千祈留意，至祷至盼。”②朱德接电后，于20日回电：“张于本日已北进，我明日率总部行动。”“亲译密电悉，已释疑虑，现迅速取得会合在会宁道上以便消灭胡敌。”③

张国焘真的能够北进么？

张国焘突然变卦

张国焘堪称川剧变脸演员，说变脸就变脸。

9月20日，张国焘骑马连夜赶到漳县，仍然坚持部队要西渡黄河。这

① 《朱德、张国焘、陈昌浩关于静宁会宁战役纲领致徐向前电》（1936年9月18日），中国人民解放军历史资料丛书编审委员会：《红军长征·文献》，第1132页。

② 《毛泽东、周恩来、彭德怀关于集中先占领问题复朱德等电》（1936年9月19日），中国人民解放军历史资料丛书编审委员会：《红军长征·文献》，第1134、1135页。

③ 《朱德关于北进会合致中革军委电》（1936年9月20日21时），中国工农红军第四方面军战史编辑委员会：《中国工农红军第四方面军战史资料选编》（长征时期），第710页。

时，徐向前等人正忙着调动队伍北进，张国焘一进前敌指挥部的门，就说：我这个主席不干啦，让昌浩干吧！

众人一听，莫名其妙，忙问怎么回事。张国焘把岷州会议的情况一五一十地告诉大家。张国焘当时情绪十分激动，流着眼泪说：“我是不行了，到陕北准备坐监狱，开除党籍，四方面军的事情，中央会交给陈昌浩搞的。”①接着，又提出一套西渡黄河，抢占永登、红城子地区作立足点的方案，并且不经朱德同意，发出部队停止北进，掉头向西的命令。他还向红军总部第一局发去密电：“所有未经过我签字的电报一定不准发出，请兄等绝对负责。”②

9月21日凌晨一时，张国焘致电朱德，告知漳县这边“坚决反对静会战役计划，自主即速采取第二方案”。要朱德“负责本夜令军委纵队电告停止待命”，“即来漳县面商。”③在没有得到朱德、陈昌浩同意的情况下，张国焘等即将西渡黄河向甘西进军的计划作为建议以朱德、张国焘、徐向前、陈昌浩联名的方式于9月22日电告毛泽东、周恩来、彭德怀并贺龙、任弼时，以“时机急迫”为名，要求“千祈采纳，并告国际”④。

朱德原以为张国焘去漳县是组织部队执行静会战役计划的，接到张国焘电报后大吃一惊，没想到张国焘变卦会这么快。经过一天的反复思考，朱德于9月22日凌晨三时复电张国焘：

（甲）国焘同志电悉，不胜诧异。为打通国际路线与全国红军大会合，似宜经静、会北进，忽闻兄等不加同意，深为可虑。昌浩今早可到漳，带有陕北来新译长电，表示国际态度，望详加研究。

（乙）接到指示，已告各方停止一切行动。

（丙）弟等即日赶至漳县，并电告传六、何畏、长工也兼程赴漳，续商

① 《徐向前元帅回忆录》，第369页。

② 中共中央文献研究室编：《朱德传》（修订本），第457页。

③ 《张国焘坚决反对静会战役计划致朱德电》（1936年9月21日1时），中国工农红军第四方面军战史编辑委员会：《中国工农红军第四方面军战史资料选编》（长征时期），第710页。

④ 《张国焘等关于红四方面军拟从循化、永靖一带渡黄河向甘西进致毛泽东等电》（1936年9月22日），中国人民解放军历史资料丛书编审委员会：《红军长征·文献》，第1145页。

大计。

（丁）静、会战役各方面均表赞同，陕北与二方面军也在用全力策应，希勿失良机。党国幸甚。①

在给张国焘发了电报后，朱德又把静、会战役计划变故情况电告中共中央领导人和红二方面军领导人：

（甲）西北局决议通过之静会战役计划正在执行，现又发生少数同志不同意意见，拟根本推翻这一原案。

（乙）现在将西北局集漳县续行讨论，结果再告。

（丙）我是坚决遵守这一原案，如将此原案推翻，我不能负此责任。②

9月23日，中共中央西北局会议在漳县附近的红四方面军前敌指挥部驻地三岔召开。朱德在会上数次发言，坚决维护岷州会议作出的北上决定。朱德以往说话是很平和的，这次却实在忍不住了，同张国焘展开了激烈的争论。他说："第一个战役计划和第二个是有很大区别的。第一个计划是有利的。""所以我坚执第一个计划。现在即决定第二个方案，对整个形势不能抓住，会合要迟，联合战线受影响。"他对张国焘发出了一连串的质问：现在迅速北上，可以不经过与敌决战而实现会合，为什么不会合？岷州会议的决定是由西北局成员集体讨论作出的，国焘同志当时既然表示服从并签了字，为什么到漳县就完全改变了，不经西北局重新讨论就改变了计划？国焘同志即使是西北局的书记也要根据决议来工作，这是关系到党的组织原则的严重问题，应当弄清楚。

理屈词穷的张国焘无法回答朱德的质问，蛮横不讲理地说，他是书记兼总政委，调动军队他完全负责，经他决定了可以不经朱德，当他不能执行职权而别人要调动军队时，他要提出抗议。由于张国焘声称他所以主张西进，是因为这时黄河容易渡过，又可以避免同强敌胡宗南在西兰大道上决战，将来仍可以达到会合目的，等等。会议最后通过了张国焘西进

① 《朱德为执行静会战役计划致张国焘电》（1936年9月22日3时），甘肃省军区党史资料征集办公室：《三军大会师》，第620页。

② 《朱德关于少数同志拟推翻西北局决定之静会战役计划原案致林育英等电》（1936年9月22日），中国人民解放军历史资料丛书编审委员会：《红军长征·文献》，第1143页。

的方案。对此，朱德仍表示坚持岷州会议的决议，要张国焘对这个改变负责任，并把这个决定报告中共中央。在大是大非面前，朱德毫不含糊，说："若强我们赞同是不可能的"①。

漳县会议后，张国焘立刻命令红四方面军先头部队西向洮州进发，准备在兰州以西的永靖、循化一带北渡黄河，进入甘肃西北部。

中共中央在接到朱德9月20日电报后得知红四方面军已即刻北上，很是高兴。9月23日，林育英、周恩来、博古、王稼祥、毛泽东致电朱德、张国焘并贺龙、任弼时，告知："已照来电向部队大动员拥护与庆祝会合胜利并通知全党全军注重目前之政治任务，对于过去争论一概不谈"。"育英准备来前方一行，俟二兄达到界石铺后即动身"②。

毛泽东得知张国焘又要西进甘西北后，一方面争取他改变主意，一方面在军事上作出努力，为不使胡宗南部占去先机，控制西兰大道，致电彭德怀："加派有力部队南下，交一军团指挥，增加界石铺并分兵至隆静道游击"。③

张国焘的渡河西进计划遭到红二方面军领导人的反对。9月25日，贺龙、任弼时等致电朱德、张国焘、徐向前、陈昌浩，指出，"关于一、二、四方面军目前行动，比过去任何时期迫切要求能协同一致。否则，只有利于敌之各个击破，于革命与红军发展前途有损。我们已向陕北建议，根据目前情况和三个方面军实际情况作出三个方面军行动的最后决定。"④

9月26日，中共中央领导人致电朱德、张国焘："确息：胡宗南部在咸阳未动，其后续尚为到齐。四方面军有充分把握控制隆、静、会、定大道，不

---

① 中共中央文献研究室编：《朱德传》（修订本），第459页。

② 《中央关于向部队动员与拥护庆祝会合胜利致朱德、张国焘、贺龙、任弼时电》（1936年9月23日20时），中国工农红军第四方面军战史编辑委员会：《中国工农红军第四方面军战史资料选编》（长征时期），第717页。

③ 《毛泽东关于张国焘动摇北上方针致彭德怀、聂荣臻电》（1936年9月24日16时），中国工农红军第四方面军战史编辑委员会：《中国工农红军第四方面军战史资料选编》（长征时期），第717页。

④ 《贺龙、任弼时等请求红四方面军暂停止在现地区执行党中央的决定致朱德等电》（1936年9月25日），中国人民解放军历史资料丛书编审委员会：《红军长征·文献》，第1146页。

会有严重战斗。一方面军主力可以南下策应，二方面军亦可向北移动箝制之。北上后粮食不成问题。若西进到甘西将被限制于青海一角，尔后行动困难。”①

红二方面军领导人和中共中央领导人这两封电报使张国焘的心开始松动了。贺龙、任弼时反对他西进，使他感到，一意孤行下去，他将处于孤立的地位。红一、红四方面军会师时，他有8万人，红一方面军不足3万人，因此，他可以向中共中央直接叫板，施加压力。中共中央为了团结他，满足了他提出的一些要求。现在不同了。红四方面军南下失败，8万红军减员了一半，甘孜时剩下了4万余人；过草地到甘南后，更减至3.3万来人。而红一方面军主力到达陕甘苏区时有7000余人，红十五军团时有7000人，两军会合时达1.4万余人。经过东征、西征，根据地扩大到陕甘宁边区区域，红一方面军也扩大至3万余人。红二方面军这时有1.33万余人。红一、红二两方面军相加，已达4.33万余人，超出红四方面军1万余人。此消彼长，张国焘已经失去在中共中央面前趾高气扬的资本。

再者，由于张国焘分裂党和红军的错误，南下失败，在红四方面军内部，包括陈昌浩在内的原先支持他的人，也开始反对他的主张。陈昌浩曾说：岷州会议作出北上决定后，“他深夜三点多钟找我来了，谈了三点：①我无权改变他的计划；②命令是错误的，今天革命形势应该保存四方面军；③会合后一切都完了，要让我们交出兵权，开除我们党籍，军法从事。说到这里就痛哭起来。我当时表示：①谁有权决定，要看是否符合中央要求，而你的决定是错误的；②必须会合，会合后就有办法了，分裂对中国革命是不利的。我们是党员，错误要向中央承认，听候中央处理，哭是没有用的。谈到这里张国焘就走了。我以为他回去睡觉了，准备明天再去漳县对向前说明。但哪知当天晚上他就连夜到漳县去了。”②张国焘在红四方面军内部越来越孤立。

① 《中共中央领导人关于红四方面军若西进将尔后行动困难致朱德、张国焘电》（1936年9月26日），中国人民解放军历史资料丛书编审委员会：《红军长征·文献》，第1149页。

② 陈昌浩：《北上和西进的争论》，中国工农红军第四方面军战史编辑委员会：《中国工农红军第四方面军战史资料选编》（长征时期），第763页。

张国焘反对北上，主张渡河西进，很重要的原因是畏惧胡宗南的部队和红一方面军主力不能南下。心病还需心药治。中共中央领导人9月26的电报就是治张国焘“心病”的“心药”。电报说，胡宗南的部队在咸阳未动，红四方面军北上不会有严重的战斗，而且红一方面军主力可以南下，这两点正去了张国焘的心病。

鉴于以上原因，张国焘的语气软了下来，开始给自己留退路了。9月26日12时，张国焘等致电中共中央领导人及红二方面军领导人，表示：“我们首先申明对国际指示和统一战线进展情况，不甚明了。”担心“胡宗南入甘必然会向我们积极进攻，且有后续部队增加可能”。认为“如果一、二、四方面军都集中西兰公路以北，万一敌将宁夏兵力加强，甘北凉州、古浪、永登形成封锁线，敌主力由西兰公路向北压迫，整个红军将陷于狭小地区。”“不如在宽广地区互相配合行动，以致互相接通，更为有利。”“因此，先机占领甘北是目前最重要的一环，既可以接通外蒙、新疆，得到国际援助，又可接引一、二方面军占领宁夏地区。”值得注意的是，电报表示：“统一领导，万分重要”。建议“请洛甫等同志即以中央名义指导我们。西北局应如何组织和工作，军事应如何领导，军委主席团应如何组织和工作，均请决定指示，我们当遵照执行。”①这是张国焘取消另立的“中央”后，第一次表示接受中共中央的领导。

由于红二方面军领导人反对张国焘西渡黄河，9月26日20时，张国焘等致贺龙、任弼时电中解释：“此次西渡计划决定，决非从延长党和军事上统一集中领导观点出发，而是在一、二、四方面军整个利益上着想，先机占领中卫，既可更有利实现一、二、四方面军西渡打通远方，又能在宽广地区达到任务，此心此志，千祈监察”。并说“如兄等仍以北进万分必要，请求中央明令停止，并告今后行动方针，弟等当即服从。”②两个小时后，张国焘等又致电中共中央领导人，询问：“胡宗南部入甘，不知兄等有何根据来估计在隆、静、会、定道上不致有严重战斗？”同时表示：“如兄等认为西渡计

① 《张国焘等关于形势估计、先机占领甘北及接受中央领导等问题致党中央及红二方面军领导人电》（1936年9月26日12时），中国人民解放军历史资料丛书编审委员会：《红军长征·文献》，第1150、1151页。

② 中共中央文献研究室编：《朱德传》（修订本），第460页。

划万分不妥时，希明令停止西渡并告今后方针。”①同一时间，张国焘等又致电毛泽东、周恩来、彭德怀：“四方面军已照西渡计划行动，通渭已无我军。如无党中央明令停止，决照原计划实施，免西渡、北进两失时机。”②

张国焘一日四电，虽电电都说要照西渡计划行动，但已把是否西渡的最后决定权交给了中共中央，表明他对西渡的结果心中并不踏实。如果中共中央不明确表态，他就说西渡计划是经中共中央默许了，没他什么责任。

9月27日，贺龙、任弼时等红二方面军领导人致电中共中央领导人：“你们与朱、张来电俱读悉。国焘等同志已提洛甫等同志用中央名义统一党的领导，并请中央最后决定四方面军行动。我们建议中央即按各方情况与需要，迅速作出三个方面军目前行动计划的决定。我们已电朱、张、徐、陈，请求暂令四方面军停止现地，以待中央最后决定。时机紧迫，请迅速决定，即告。”③

张国焘9月26日四电的含义，红二方面军领导人的建议，毛泽东、周恩来、张闻天、林育英等人当然能够读得懂。9月27日14时，毛泽东、周恩来、彭德怀致电朱德、张国焘、陈昌浩、徐向前并贺龙、任弼时、刘伯承：

甲、迭接二十六日两电，敬悉一切，并有如无党中央明令停止，决照西渡计划行动等语，中央书记处及政治局详细慎重的讨论了这个行动问题，特将结果奉告如下。

乙、中央认为：我一、四两方面军合则力厚，分则力薄；合则宁夏、甘西均可占领，完成国际所示任务，分则两处均难占领，有事实上不能达到任务之危险。一、四两方面军合力北进，则二方面军可在外翼制敌；一、四方面军分开，二方面军北上，则外翼无力，将使三个方面军均处于偏狭地区，

---

① 《张国焘等关于红四方面军已照西渡计划行动如认为不妥希明令停止致党中央并告红二方面军领导人电》（1936年9月26日22时），中国人民解放军历史资料丛书编审委员会：《红军长征·文献》，第1152页。

② 《朱德、张国焘等关于四方面军已照西渡计划行动致中革军委电》，（1936年9月26日22时），中国工农红军第四方面军战史资料编辑委员会：《中国工农红军第四方面军战史资料选编》（长征时期），第726页。

③ 《贺龙等关于建议中央迅速作出三个方面军目前行动计划的决定致中央领导人电》（1936年9月27日），中国人民解放军历史资料丛书编审委员会：《红军长征·文献》，第1153页。

敌凭黄河封锁，将来发展困难。且胡敌因西兰公路断，怕我夹击，又怕东北军不可靠，不敢向隆德、静宁，拟向天水靠近王均，如四方面军西渡，彼将以毛军先行，胡军随后，先堵击青兰线，次堵击凉兰线，尔后敌处中心，我处僻地，会合将不可能，有一着不慎全局皆非之虑。

丙、因此，中央认为：四方面军仍宜依照朱、张、陈九月十八日之部署，迅速从通渭、陇西线上，不过半月左右即可到达靖远、海原地域，从靖远渡河；一方面军即跟进渡河，或合力先取宁夏，或分途并取宁夏、甘西；二方面军仍在外翼制敌，则万无一失。一方面军目前一面确占界石铺，一面立即出四个团以上通过隆静线，直迫秦安、天水，使胡敌不敢动作，以便四方面军安全的北上。务请朱、张、陈、徐四兄顾及整个局势，采纳此方针，亦即九月十八日朱、张、陈三同志之方针。

丁、请诸兄速决速复。①

这份电报，是以毛泽东、周恩来、彭德怀联名传达中共中央决定形式发出的，是中共中央对红四方面军恢复使用“中共中央”名义发出指示的第一份电报，表明中共中央作为中共中央西北局、红四方面军的上级机关开始使用直接领导权，而不是过去采取“横的协商”方式了。

同一天，中共中央致电朱德、张国焘并告红一、红二、红四方面军首长，指示：“四方面应即北上与一方面军会合，从宁夏、兰州间渡河夺取宁夏、甘西。二方面军应暂在外翼箝制敌人，以利我主力之行动。一、二、四方面[军]首长应领导全体指战员发扬民族与阶级的英勇精神，一致团结于国际与中央路线之下，[为]完成伟大的政治任务而斗争。”②这封电报署名为“党中央”，是中共中央长征到陕北，在下寺湾召开会议后，第一次对外恢复用“党中央”的名义，标志着对全党和对红一、红二、红四方面军集中统一领导的实现，对于胜利实现三大主力红军会师、开创革命新局面，有

① 《毛泽东、周恩来、彭德怀关于党中央对红四方面军行动讨论结果致朱德等电》（1936 年 9 月 27 日），中国人民解放军历史资料丛书编审委员会:《红军长征·文献》，第 1154—1155 页。

② 《中共中央关于红四方面军应即北上与红一方面军会合至朱总司令、张总政委电令》（1936 年 9 月 27 日），中国人民解放军历史资料丛书编审委员会:《红军长征·文献》，第 1156 页。

着极其重要的意义。

根据中共中央的指示电，毛泽东、周恩来、彭德怀于9月27日18时再次致电朱德、张国焘、徐向前、陈昌浩："中央明令已下请电令通渭部队仍回占通渭，其余跟进即北上。"①

就在这时，先头调查行军路线的徐向前在洮州以北当地群众那里得知，黄河对岸已进入大雪封山的季节，气候寒冷，道路难行。根据这样的地形、气候条件，徐向前认为渡河计划难以实现。他即返回洮州，向朱德、张国焘汇报了情况。张国焘还想西进，说前面不通，可以绕道西进。朱德劝他说：是回头的时候了，不能一错再错。于是，在洮州城一座天主教堂里召开会议，讨论中共中央的指示。傅钟回忆当时会议召开的情况说：

张国焘说，打到迪化（今乌鲁木齐），打通国际路线，得到装备再打回来，与一方面军会合也不迟。大雪封山，可不可以从南边绕道。

陈昌浩立刻说：从地图上看那又要走一片草地，部队走怕了，再走草地开小差的增多，部队怎么带？

徐向前同志也语重心长地劝说：鄂豫皖出来的同志不想再折腾了。

萧克、李卓然、余洪远、王维舟几位同志会前和我交换过意见。感到中央已有明确命令，不能再犹豫含糊，于是在会上都以各自的方式表示了执行静会战役计划的意愿。

张国焘在会上空前孤立，才被迫放弃西进主张同意北上静会地区。②

洮州会议一致决定，放弃西渡计划。9月27日当天，朱德、张国焘、徐向前、陈昌浩致电中共中央领导人和红二方面军领导人，表示："决仍照原计划东进，以出会、静，会合一方面军为目的，部队即出动，先头约六号到界石铺，决不再改变。"③

9月28日，朱德、张国焘、徐向前、陈昌浩又致电毛泽东、周恩来、彭德

---

① 《中革军委令四方面军迅速北上致朱德、张国焘等电》（1936年9月27日18时），中国工农红军第四方面军战史编辑委员会：《中国工农红军第四方面军战史资料选编》（长征时期），第728页。

② 傅钟：《西北局的光荣使命》，中国工农红军第四方面军战史编辑委员会：《中国工农红军第四方面军战史资料选编》（长征时期），第786页。

③ 中共中央文献研究室编：《朱德传》（修订本），第461页。

怀和红二方面军领导人，告知："已遵照党中央指示停止西渡转向北进，先头一师十月四日可到通渭，八号可到介石堡。"①同日，朱德、张国焘发布《通庄静会战役计划》。9月29日，红四方面军总指挥部向各部队下达北进静、会地区的命令。

至此，由张国焘掀起的红四方面军西渡黄河进军甘西的风波宣告平息，三大主力红军会师的日子已在眼前。

五、三大主力红军会师

红一、红四方面军会师会宁城

1936年9月30日，红四方面军3.3万余人，按照《通庄静会战役计划》规定的"以迅速进出于通渭、庄浪、会宁、静宁、界石铺地区，争取迅速与一方面军会合，相机消灭胡宗南西进先头部队，巩固扩大甘陕宁抗日根据地，争取抗日友军，接通外蒙、苏联为目的"，②分为五路纵队，向通渭、庄浪、会宁、静宁急进。第一纵队为红四军，经官堡、渭源、华家岭攻占青江驿、翟家所；第二纵队为红三十军，经鸳鸯铺、榆林镇袭占通渭；第三纵队为红九军，经野狐桥、中堡里至新市镇；第四纵队为红三十一军，进至通渭、马营一带；第五纵队为红五军，随红九军之后向庄浪、威戎镇发展。徐向前和陈昌浩跟随第一纵队行动，红军总部及红四方面军直属队在红五军后跟进。

中共中央得知红四方面军回师北进的消息后，立即部署兵力策应红四方面军北上。西方野战军司令员兼政治委员彭德怀命令红一军团第二师附骑兵第二团为左纵队，经硝河城、常家集、隆静间出庄浪，相机袭占、威胁

① 《朱德等关于红四方面军已遵照党中央指示停止西渡转向北进致毛泽东等电》（1936年9月28日16时），中国人民解放军历史资料丛书编审委员会：《红军长征·文献》，第1158页。

② 《通庄静会战役计划》（1936年9月28日），中国人民解放军历史资料丛书编审委员会：《红军长征·文献》，第1161页。

秦安；红十五军团第七十三师为右纵队，于9月29日出郭城驿，击溃该地敌新十旅。10月1日，红七十三师一部向静宁前进，主力在郭城驿附近为红四方面军筹集粮食，骑兵第三团则向兰州方向游击。10月2日，红十五军团独立支队袭占会宁县城。次日，敌人纠集了两个团的兵力反扑，企图把会宁夺回去。红一军团的第一师、第二师赶到会宁，和红七十三师一起，在会宁城外将反扑之敌击溃，使会宁牢牢地控制在红军手里。这就为红一、红四方面军在会宁会师创造了条件。

10月5日，红四方面军第三十一军占领通渭城。红四军先头部队于10月7日在会宁的青江驿与红七十三师会合。10月9日，朱德、张国焘、徐向前、陈昌浩率领红军总部和红四方面军直属队进入会宁城。红一军团代理军团长左权、政治委员聂荣臻有其他任务，没有与红四方面军领导人会面，他们把红一师师长陈赓留了下来，做欢迎红四方面军的工作。陈赓组织部队和群众，腾房子，打扫院子和街道，张贴标语，把古城会宁打扮得面貌一新，像过盛大的节日一样。徐向前见到自己的老战友、老部下陈赓，格外高兴和亲切。陈赓曾在鄂豫皖根据地担任过红十二师师长，1932年在反“围剿”作战中负伤后，先是到上海治疗，后又辗转到中央苏区。阔别四年多后，在大西北重逢，彼此都有许多话要讲。

红一、红四两方面军，这是第二次会师了。在一年前的9月10日，毛泽东在劝说张国焘北上无效的情况下，率领红一方面军主力先行北上时，红四方面军的参谋长李特带人来追时，毛泽东对他说：我相信，不出一年你们一定会北上的。以后我们还会在一起的。毛泽东当时说的话，得到了历史的验证。

会师的时刻是激动人心的，尤其是两个方面军在经历了艰难困苦的会师、分离、再会师，内心世界的感受是无法用语言来形容的。时任红四方面军直属队司令员兼第四局局长的杜义德，后来在回忆中说：

10月9日上午，碧空万里，阳光和煦，会宁城门楼前扎起了彩门，红旗招展，锣鼓喧天。夹道欢迎的人群，有部队，有群众，气氛非常热烈。我们自南门进入会宁城。……与一方面军的部队会合了。多么激动人心的会师啊！同志们悲喜交集地拥抱起来，手挽手地走来走去，兴高采烈地互赠礼品，互相倾吐盼望之情，互相讨论一路来的艰辛，互相询问其他同志的下落……都为能够再次重逢而庆幸。这时，陈赓同志快步走向前来，抱住我热情地说："辛苦了，欢迎你们！"我连声说："谢谢！谢谢！"顿时，尝尽别离苦，倍觉会合甜的心情油然而起。……我当时只觉得，好像长期飘零在外的孩子又回到了父母的身边，有党中央领导了，有靠头了，有自由了，感到非常温暖。①

10月10日，红一、红四方面军在会宁文庙前的广场上举行庆祝会师大会。大会由红四方面军政治部主任李卓然主持，徐向前首先讲话，陈昌浩、陈赓也先后在会上作了热情洋溢的讲话。最后由朱德讲话。他阐述了长征胜利的伟大历史意义，强调了团结的重要性，号召部队会师以后要团结一心，互相尊重，并肩作战，战胜我们共同的敌人。

庆祝大会上，还宣读了中共中央、中革军委、中华苏维埃中央政府为红军三大主力会合给全军的贺电。贺电对全体指战员表示"热烈的敬意与欢跃的贺忱"。并说："我们即刻就要进入新阶段了，这就是抗日民族革命战争的新阶段"。"我们要在这个新阶段中，树立全国人民的模范，树立抗日战线的模范，争取一切国民党军队加入抗日民族统一战线，开辟抗日前进道路，扩大抗日根据地，巩固抗日根据地，为保卫西北而战，保卫华北而战，保卫全国而战，为收复失地而战，为联合工农商学兵，联合各党各派各界各军，驱逐日本帝国主义出中国而战。"②

庆祝大会后不久，红军总司令部机关、红军大学、红四方面军一部分部队北移到打拉池一带，并在这里与红十五军团召开了会师联欢大会。在会上，徐海东致欢迎词，朱德、彭德怀先后讲了话。编入红十五军团的原红二十五军，本来就是红四方面军的一部分，在鄂豫皖革命根据地共同度过了艰苦难忘的战斗岁月。这次会师，分别的战友、老乡重聚一起，倍感亲切。

红四方面军的长征，从1935年3月强渡嘉陵江开始，到1936年10月会宁

---

① 杜义德：《欢庆会师》，中国人民解放军历史资料丛书编审委员会：《红军长征·回忆史料》（2），第330—331页。

② 《中共中央、中革军委、中华苏维埃中央政府为一、二、四方面军在甘肃境内会合给全军的贺电》（1936年10月10日），中国工农红军第四方面军战史编辑委员会：《中国工农红军第四方面军战史资料选编》（长征时期），第755、756页。

会师结束，历时一年零七个月，途经川、康、青、甘四省，行程近万里。由于张国焘的分裂主义错误，使红四方面军的长征经过了一个艰难曲折的过程。在朱德、徐向前、刘伯承等以及广大红军指战员的斗争下，红四方面军排除了张国焘的干扰，经历了无数次战斗，粉碎了数十万敌人的围追堵截，终于胜利完成北上战略转移的任务。

红一、红二方面军会师将台堡

红四方面军北上静宁、会宁后，敌胡宗南、毛炳文、王均部一齐向红二方面军猛扑过来。各路敌军进一步靠拢，控制了西兰大道，企图将红二方面军堵截在渭河以南聚歼之。在这种形势下，如果红二方面军单独留在陕甘边界，就有被敌人分割包围、各个击破的危险。由于敌情骤然发生变化，贺龙、任弼时、关向应、刘伯承向中革军委提议，红二方面军放弃甘南各县，经天水、宝鸡间北渡渭河，转移到清水、张家川、莲花镇地域，一面策应红一、红四方面军会合，同时背靠红一、红四方面军，争取部队休整、补充。10月2日，毛泽东、周恩来复电，同意红二方面军向通渭转移。次日，贺龙、任弼时、关向应发布命令，以红六军为右纵队，红二军、红三十二军为左纵队，从4日起，陆续出发，经天水、甘谷与麻沿河、永兴镇、武山的中间地带向通渭地域开进。

红二方面军一开始转移，武都守敌趁机扑来，直逼康县。由于红二方面军这次行动比较仓促，部队收拢不及，红六师第十七团在康县白马关地区遭到敌王均部的截击，全部损失。10月6日，右纵队红六军进至平南川，左纵队红二军、红三十二军进至远门镇。

10月7日，右纵队经过罗家堡一带时，突然遭到两路敌人的疯狂阻击和敌机的轰炸，部队受到很大损失。军首长命令直属队坚决顶住，模范师冒着敌人的枪林弹雨拼死冲杀，突出重围，而红十六师师长张辉在与敌激战中不幸牺牲。政治委员晏福生指挥部队向敌人冲锋，杀开一条血路，掩护军部和红十七、红十八师转移。大部队通过后，晏福生身受重伤，同部队失去联系，后来经过千辛万苦，回到部队，被截去左臂，成为长征路上又一位著名的独臂将军。

10月9日、10日，红二方面军两路纵队分别抵达甘谷、武山一带，准备抢渡渭河。偏偏这几日天公不作美，连降大雨，渭河骤涨。而天水一带的敌人紧紧追来，敌人的飞机也一直紧跟着猛烈轰炸，疯狂扫射，所以，是否能渡过渭河，又成为红二方面军一大难关。但贺龙、任弼时、关向应、刘伯承等领导人处变不惊，亲自指挥渡河。许多战士冒着敌机的扫射，往返数次，将伤病员也全部送到渭河北岸。但是，由于上游突发山洪，河水骤涨，有些体质弱的战士，不幸被水冲走。这些优秀战士，在大会师前夕不幸牺牲，使广大指战员非常悲痛。

红二方面军渡过渭河后，向会宁方向急进。这时，天上有敌人的飞机侦察、轰炸、扫射，地上有敌人的重兵追击。为了掩护主力顺利北进，贺龙亲自找红四师师长卢冬生谈话，要他带领红四师断后。10月16日，红二方面军进至六盘山南脚下，敌人突然发起攻击，阻住红军去路。红四师奉命在六盘山南脚下阻击敌人，掩护全军从北山脚绕道转移。卢冬生对红四师指战员们说：“这是严重的任务！咱们是一个师，只不过一千多人，敌人是两个军，上有飞机，下有骑兵，只要咱们阻住敌人，主力就能顺利地从北山脚转移。这是关系到全军的重要一仗，必须打好。”英勇的红四师，以“人在阵地在”的坚强决心，顶住了敌人的飞机狂轰滥炸和步兵、骑兵的轮番进攻，硬使敌人不得越过雷池一步。血战了两天两夜之后，红四师胜利地完成了阻击任务，在主力部队完全通过六盘山之后，他们趁着夜色，撤出阵地，兼程北上和主力会合。

这次多路北进，是红二方面军长征中经历的最凶险和损失最严重的一次。随红二方面军行动的刘伯承和夫人汪荣华，都被敌人的飞机炸伤。贺龙后来回忆说：“四方面军一撤走，敌人就围拢来了。急行军，掉了几千人”；“部队搞得稀烂，后勤都搞完了”①。

但是，不管多么危险，英勇的红二方面军，终于冲破了优势敌人的围追堵截。当他们历尽艰险即将同红一方面军会师时，充满了激动和兴奋。

还在9月份时，红一军团第一师第三团就奉命到达静宁一带，准备迎接红二、红四方面军。当红六军的模范师将于10月21日到达兴隆镇的消

① 贺龙：《回忆红二方面军》，《近代史研究》1980年第1期。

息传来后，红三团和兴隆镇立刻沸腾起来了。战士们和群众一起忙着打扫卫生，杀猪宰羊，家家户户张灯结彩，镇边的围墙上贴满了欢迎的大标语，在镇口扎起了高大的牌楼，在镇西的河滩上搭起了舞台，准备迎接红二方面军。

10月21日，红六军模范师到达甘肃、宁夏交界的兴隆镇；22日，红二方面军总指挥部到达离此不远的将台堡（与兴隆镇县均属宁夏回族自治区西吉县），同红一方面军的第一、第二师胜利会师。

两军会师以后，红一方面军送给红二方面军大批的物资和银圆，以表示慰问。红一军团第一师第三团与红六军模范师，还于21日晚举行了会师联欢大会。当时任红三团政治委员的萧锋回忆说：

晚七时，一、二方面军指战员在镇西北河滩开阔地集会，召开庆祝会师联欢大会。兴隆镇及附近村庄的群众也赶来参加，会场上挤满了四五千人。黄寿发团长首先致词热烈欢迎红二方面军胜利北上，并简要地汇报了一方面军东征、西征取得的胜利。彭绍辉参谋长讲话介绍了二方面军在长征中的艰苦战斗历程。……

接着，三团合唱队演出了大合唱《长征歌》，还演出了几个小歌舞，模范师演出了两出独幕剧《粉碎围剿》和《北上抗日》。……

按照聂荣臻政委的指示，10月22日，我率一连将3万块现洋，1000双布鞋，300套棉衣，50件皮大衣，500匹土布及200只羊，50头猪送到将台堡交给二方面军首长。……贺总连声说：“好！好！多年来盼望见到中央红军，今天终于实现了。一方面军生活也很艰苦，还给我们送来这么多东西，太感谢你们了！”①

10月24日，中共中央派邓小平等来慰问红二方面军，并传达了瓦窑堡会议精神和毛泽东《论反对日本帝国主义的策略》的报告。接着，11月19日，中共中央又派周恩来带着人民剧社，到红二、四方面军进行慰问，在洪德城为红二方面军举行文艺演出。周恩来、贺龙这两位南昌起义的领导人，在阔别了八年之后又在抗日的前沿阵地重逢了。

---

① 萧锋：《迎接二方面军》，中国人民解放军历史资料丛书编审委员会：《红军长征·回忆史料》（2），第341—342页。

红二方面军的长征，从1935年11月19日南下湘中开始，至1936年10月22日在将台堡与红一方面军会师止，历时11个月，行程2万余里，转战湘、黔、滇、康、川、青、甘、陕八省，进行大小110多次战斗，攻克城市39座。沿途组织发动了群众，宣传了党的各项政策，播下了革命的种子。红二方面军长征比红一、红四方面军晚，这时敌人已有一些围追堵截的经验，因而，红二方面军的长征更困难些。但是，广大红军指战员怀着坚定的革命信念，战胜了数十万敌人的围追堵截，终于取得了长征的胜利。

以红军三大主力会宁、将台堡会师为标志，历时两年的中国工农红军的长征胜利结束。

最后一仗

红军三大主力在西北会师，对国民党在西北地区的统治造成严重威胁。因此，两年来一直千方百计围追堵截红军长征的蒋介石十分恐慌。蒋介石不甘心于自己的失败，立即调集几十万大军，妄图将红军在西北地区一举歼灭。

蒋介石的“剿共”部署分为两步走：第一步，组织“通渭会战”。令胡宗南第一军进至秦安、清水地区，王均第三军及关麟征第二十五师向天水、甘谷集结，毛炳文第三十七军向陇西、武山、榆盘集结；东北军于学忠部从兰州抽两个师进至定西，王以哲部控制平凉、隆德、静宁，董英斌部抽两个师至固原策应。目的是要在西兰大道地区，给红军主力以致命打击，防止红军西渡黄河，进据河西地带。第二步，组织最后“围剿”。集中几十万大军，配属100架新式战斗轰炸机，采取稳扎稳打、步步为营战术，将红军主力压迫至黄河以东、西兰大道以北地区，一举消灭。同时，乘机观察张学良、杨虎城的动向，若张、杨拒绝“剿共”，则将其撤职查办，并将东北军、西北军调离西北地区，肢解消灭。

蒋介石费尽心机制定了“通渭会战”计划，但令他想不到的是，张学良不愿打内战，已与共产党和红军建立了抗日民族统一战线关系，将这个计划完完整整通报中共中央，并提议红军尽早进行宁夏战役，打通苏联。中共中央和中革军委在征求了各方面军领导人的意见后，决定提前执行宁夏战役计划，于10月11日致电朱德、张国焘并告彭德怀、贺龙、任弼时、徐向前、陈昌浩等，提出《十月份作战纲领》，其主要内容如下：

甲、根据目前敌我情况，为着集中一切力量克服困难条件，完成基本战（略）任务起见，十月份作战纲领拟定如次。

乙、四方面军以一个军率造船技术部迅速进至靖远、中卫地段，选择利于攻击中卫与定远营之渡河点，以加速的努力造船，十一月十号前完成一切渡河准备。四方面军主力在通马静会地区就粮休整，派多数支队组成扇形运动防御，直逼定西、陇西、武山、甘谷、秦安、庄浪、静宁各地敌军附近，与敌保持接触，敌不进我不退，敌进节节抵抗，迟滞其前进时间，以期可能在十月份保持西兰大道于我手中。

丙、二方面军进至通渭、马营以北界石铺以南地区休息数日，转进至静宁、隆德线以北地区休整，派支队伸出静隆线以南，威胁胡敌侧翼，滞其西进，准备尔后以主力或一部接替一方面军在固原北部之防御任务。

丁、一方面军之西方野战军主力保持同心城间之枢纽地段及预旺城于手中，其第二师相机袭占庄浪，待二方面军到达静隆线后北上归还建制；第一师及陈支队暂在黄河海原间威胁与抑留于学忠部使不敢东进，尔后逐渐西移归还主力；二十八、二十九两军集中定盐地域，一部逼近灵武，准备居民条件，完成侦察任务，独四师确保环曲苏区，其余东方部队任务不变。

戊、攻宁部队准备以一方面军西方野战军全部及定盐一部、四方面军之三个军组成之，其余两个军及二方面军全部，一方面军之独四师组成向南防御部队，可能与必要时，抽一部参加攻宁。

己、攻宁开始时机依造船情况决定，但至迟十一月十号前须完成一切攻宁准备。

庚、十一月十号前各部注重休息、补充、扩大，尤特别注意训练，以便有力的执行新任务。①

红军三大主力会师后，为了顺利执行宁夏战役计划，中共中央决定朱德、张国焘分别以总司令、总政治委员的名义，依照中共中央和中革军委的

① 《中央及军委关于十月份作战纲领致朱德、张国焘并二、四方面军电》（1936年10月11日），中国工农红军第四方面军战史编辑委员会：《中国工农红军第四方面军战史资料选编》（长征时期），第813页。

决定指挥各方面军作战。《十月份作战纲领》的各项任务，亦由“朱张两总及各方面军首长以个别命令行之。”《十月份作战纲领》发布后，各个方面军立即开始行动。

10月16日，蒋介石下达“进剿”命令。18日，国民党西北“剿总”第一路军总司令朱绍良发布《剿匪计划纲要》，企图以胡宗南第一军及毛炳文第三十七军由东西方面夹击，以王均第三军由南往北推进，在会宁、静宁、通渭地区消灭红四方面军主力。

10月21日，国民党军发起攻击。22日，毛炳文部攻占华家岭，23日进占会宁后，继续向靖远方向进攻；王均部和关麟征师攻占通渭，经会宁向郭城驿、靖远方向进攻；胡宗南部进占静宁、界石铺，向达拉池、海原方向推进。宁夏战役计划还未实施，西北战场的形势就对红军越来越不利。红五军副军长罗南辉也在战斗中不幸牺牲。

罗南辉，又名罗曼、罗敏，四川成都人，1908年生。1927年在川军中参加中国共产党，1929年6月参加旷继勋领导的起义，1930年10月领导汉州（今广汉）武装起义，1932年11月参与领导南部县升钟寺农民起义，1933年春参加红军，同年10月任红三十三军副军长，参加反“六路围攻”等战役。红一、红四方面军会师后任红三十三军军长，1936年1月该军与红五军合编，任红五军副军长。10月23日在会宁县中川乡大墩梁遭敌机轰炸不幸牺牲。

面对敌人的猛烈攻势，中革军委决定红军各部队采取逐次转移，诱敌深入，伺机打击胡宗南部的方针；并指示朱德、张国焘率领红军总部和彭德怀率领的西方野战军总部在打拉池会合。朱德、张国焘对彭德怀提出的宁夏战役计划要旨表示完全同意，电令徐向前、陈昌浩：红三十军首先渡河，红九军跟进；如渡河不成，南敌突进，则以红九军配合南线部队击敌。10月25日凌晨，红三十军第二六三团渡河成功，很快，红三十军全部渡河。接着，红九军渡河。徐向前、陈昌浩率红四方面军总部渡河，指挥作战。

这时，胡宗南第一军先头已进至硝河城地区，正向海原、打拉池出动；王均第三军和毛炳文第三十七军，先头进至马家堡、蒋家大路一线，正向靖远前进。蒋介石按捺不住惊喜，认为红军已经溃不成军，正向西北撤退，于是命令各部急进追击。在国民党军中，胡宗南部最凶悍。阻止南线敌人的进攻，必须给胡宗南部以打击。中革军委为阻击南线敌人的猛追，加强三个方面军的协同作战，于10月28日任命彭德怀为前敌总指挥兼政治委员，刘伯承任参谋长，准备组织海（原）打（拉池）战役，重点打击蒋介石的嫡系胡宗南部。10月30日，彭德怀下达《海打战役计划》。

海打战役计划，是红军为击破胡宗南部而部署的一场关键性战役，如果能够实现，可以遏止它进攻的势头，为宁夏战役创造有利条件。张国焘虽表示同意，但他心里还有“小九九”，实际上并没有按照海打战役计划行事。10月30日，他命令红四军撤至贺家集、兴仁堡，红三十一军撤至同心城、王家团庄，红五军西渡黄河。由于担任重要作战任务的红四方面军三个军未到达指定位置，致使红一方面军主力的右翼完全暴露在敌人面前。10月31日，敌人各部占据了有利位置，红军不得不放弃海打战役计划，主力由打拉池向东转移。

海打战役计划未能实现，前敌总指挥部为贯彻中革军委继续争取实现夺取宁夏的计划，又在11月1日作了新的部署：为坚决打击胡宗南部消灭其二三个师，停止其向红军的追击，集中红一方面军、红四方面军的第三十一、第四军和红二方面军，由前敌总指挥统一调遣，在海打大道以北寻求战役机动，打击胡敌；同时，由红军总部电令河西方向徐向前、陈昌浩指挥的红五、红九、红三十军即在一条山、五佛寺、眼井堡、红水一带，乘胜向中卫方向相机进取，在不攻坚的条件下，消灭马家军。河东红军主力在麻春堡、关桥堡地区设伏诱歼胡宗南部，未达目的。而这时敌人已进至靖远、打拉池、中卫等地，打通了增援宁夏的通路，河东红军主力与河西徐向前、陈昌浩指挥的三个军联络被隔断了。这样，宁夏战役计划便无法实现了。

11月8日，中共中央根据情况的变化，放弃了宁夏战役计划，提出了一个新的战略计划设想，其主要内容为：三个方面军主力11月份继续在现地区作战，并以一部兵力佯示红军欲渡黄河，引敌北进宁夏。12月上旬后，红一方面军主力、红二方面军组成南路军，以红四方面军第四、第三十一军组成北路军，分别经陇东进陕西，于适当时机再渡河入晋，寻求直接对日作战，或在晋、冀、鲁、豫、皖、鄂、陕、甘等省机动作战，扩大党的政治影响，扩大红军，争取同南京政府订立共同的抗日协定。徐向前、陈昌浩指挥的已过黄河的红三十、红九、红五军组成西路军，在河西创立根据地，以直接打通苏联为任务，准备以一年完成之。

按照新的战略计划，红军主力于11月12日从同心城、王家团庄、李旺堡之线开始东移。这时已是初冬季节，天空飘起了雪花，红军各部队冒雪行军，奔赴各自的指定位置。至15日，红四方面军的第三十一、第四军分别移至萌城、甜水堡和石堂岭附近地区待机；红一方面军的第一军团、第十五军团、第八十一师移至环县以西地区。

这时，敌毛炳文第三十七军正准备西渡黄河，参加“追剿”红四方面军河西部队；驻甘肃平凉一带的东北军王以哲部与红军有统战关系，前进缓慢；王均部第三军进占同心城之后，也停止前进；惟有骄纵的胡宗南第一军，仗着其是蒋介石的嫡系，武器装备精良，根本没有把红军放在眼里，孤军深入，分三路向豫旺县进攻。

胡宗南部孤军深入，使原先海打战役计划消灭其部一至两个师的战机再度出现。军委主席团根据敌情及红军前敌总指挥部的建议，于11月15日向朱德、张国焘、彭德怀、贺龙、任弼时发出关于红军在豫旺县、洪德城间消灭敌军及作战部署的指示。军委认为：敌占豫旺县后有继续追击可能，红军主力应在豫旺、洪德城间各个击破该敌。不击破敌人红军就不能南进，因敌将继续穷追。“目前中心是打破敌之进攻，然后才能开展局面，才有统一战线，否则敌以我为可欺，不但局面不能开展，（而且）与南京之统一战线也是不可能的”。而以洪德城为中心，豫旺、盐池、环县三角地区最有利于红军作战，为此，军委作出如下部署：“一、四、十五、三十一共四个军，应即在豫旺县城以东，向山城堡靠近，集结全力准备打一仗，消灭敌之北路纵队。二方面军在环县附近休息，准备作打第二仗主力。”①军委的指示还规定，各兵团作战由彭德怀统一指挥。11月16日，红军各参战部队开始向山城堡南北地区集结。

为了消灭胡宗南部，全苏区军民都动员起来了。苏区人民群众在地方党组织的带领下，坚壁粮食，封闭水井，封锁消息。经过动员，全苏区军民士

① 《中央军委主席团关于我军在豫旺堡、洪德城消灭敌军及作战部署的指示》（1936年11月15日），甘肃省军区党史资料征集办公室：《三军大会师》下册，第648、649页。

气高涨，随时准备投入打击胡宗南部的战斗。

胡宗南部突前后，遇到群众坚壁清野，找不到粮食，开始闹起粮荒，屡电蒋介石告急。蒋介石令其急占定边、盐池，解决给养，控制战略要点，并继续向东打通榆林。11月17日，胡宗南部分三路向定边、盐池前进。当日，敌人中路第二旅在萌城以西地区被红四、红三十一军击溃，伤亡团长以下600余人。

决战时刻到来了！11月18日，毛泽东、朱德、张国焘、周恩来、彭德怀、贺龙、任弼时联名下达《关于粉碎蒋介石进攻的决战动员令》，指出：

从明日起粉碎蒋介石进攻的决战，各首长务须以最坚决的决心，最负责的忠实与最吃苦耐劳的意志去执行。而且要谆谆告诉下级首长转告全体战斗员，每人都照着你们的决心、忠忱与意志，服从命令，英勇作战，克服任何的困难，并准备连续的战斗，因为当前的这一个战争，关系于苏维埃，关系于中国，都是非常之大的，而敌人的弱点我们的优点又都是很多的。我们一定要不怕疲劳，要勇敢冲锋，多捉俘虏，多缴枪炮，粉碎这一进攻，开展新的局面，以作三个方面军会合于西北苏区的第一个赠献给胜利的全苏区的人民的礼物。

红军胜利万岁！

苏维埃胜利万岁！

抗日民族战争万岁！①

山城堡位于环县以北，洪德城和甜水堡中间，附近沟壑纵横，地形复杂，对红军设伏很有利。11月19日，红军前敌总指挥部根据中单军委的指示，决定歼灭胡宗南部右路向山城堡前进的第七十八师。

红军各部队隐蔽待机，敌机白天侦察时，没有发现。胡宗南狂妄地认为“红军不堪一击，已向盐池方向撤退”，即令所部向盐池方向开进。11月20日，敌左路第一旅进占红井子，第九十七师跟进到大水坑；中路第二旅撤回豫旺县整理，第四十三师接任中路，向保牛堡前进；右路第七十八师进占山城堡、小台子、风台堡等地，并派出两个连沿山城堡至洪德城大道向南侦

① 《关于粉碎蒋介石进攻的决战动员令》（1936年11月18日），甘肃省军区党史资料征集办公室：《三军大会师》下册，第651页。

察，在八里铺以南遭红一军团一部的伏击，大部被歼，残余逃回山城堡。

敌第七十八师已钻入红军预先布置好的“口袋”，红军前敌总指挥部决定迅发起歼敌战斗，尔后再向北横扫敌中路第四十三师等部，具体作战部署为：以红一军团第二师协同红十五军团向山城堡西北的哨马营方向进攻，截断敌之退路；红一军团第一师和第四师由山城堡以南向北进攻；红三十一军一部由山城堡以北向南进攻；红四军由山城堡东南向西北进攻。

战斗从11月21日黄昏开始，一直打到第二天上午结束。红军先截断敌人西逃的退路，然后从东、南、北三个方向向敌人展开猛烈攻击。据聂荣臻回忆，战斗开始，红一军团第二师第五团政治委员陈雄亲自率领一排人，一下子就冲入敌人阵地。他们用手榴弹将敌人的临时堡垒一个一个地炸毁，一连占领了十个堡垒，随后又把敌人几处主要阵地都拿下来，敌人就溃败下去了。夜晚打乱了敌人的部署，白天的仗就比较好打了。就在这次战斗中，陈雄英勇牺牲。①

当时的战斗是非常激烈的，正如当时《红色中华》报道那样：“在此次战斗中，确实的表示了红色指战员英勇杀敌的果敢精神。”②经过激烈的战斗，红军将敌第七十八师第二三二旅及第二三四旅的两个团全部歼灭。与此同时，胡宗南派向盐池方向进攻的另外几个师被红二十八军击溃，迫使胡宗南部全线退至大水坑、萌城、甜水堡及其以西地区，从而停止了其对红军的进攻。

山城堡大捷传来，中共中央、中华苏维埃中央政府、中革军委立即于当日发出通令，将红军在山城堡打的第一个大胜仗、消灭胡宗南部一个多旅的消息通告全体红军将士、全苏区人民，指出：“这个胜利是粉碎蒋介石全部进攻的开始”。号召：“我全体红军战士要更加团结起来，吃苦耐劳，执行命令，勇敢作战。我全苏区人民要帮助红军输送粮食，转运伤兵，搬运胜利品。白军来时，用坚壁清野对付之。为保卫抗日根据地而战，为扩大抗日根据地而战，为消灭全部进攻之敌而战。”③

---

① 《聂荣臻回忆录》，第262—263页。

② 《山城堡的夜间战斗》，《红色中华》1936年12月13日。

③ 《为各方面军歼胡敌一旅通电》（1936年11月22日），甘肃省军区党史资料征集办公室：《三军大会师》下册，第652页。

山城堡战役是红军三大主力会师后，相互配合作战，取得的第一次重大的军事胜利，也是长征胜利结束的最后一仗。山城堡战役的胜利，是中共中央、中革军委英明决策，红军各部队团结一致、英勇作战的结果。这一仗，挫败了蒋介石的军事进攻，稳定了陕甘宁根据地的局面。

由于山城堡战役的胜利，使张学良、杨虎城从此更坚定了与红军携手抗日的信心，不久，他们即发动了西安事变。西安事变发生后，中国共产党不计前嫌，制定了和平解决西安事变的基本方针。经过中国共产党的努力，西安事变得以和平解决。西安事变的和平解决成为时局转换的枢纽，促进了中共中央逼蒋抗日方针的实现。从此，十年内战的局面基本结束，国内和平初步实现。在抗日的前提下，国共两党实行第二次合作已成为不可抗拒的大势。

聂荣臻在回忆录中说："山城堡一战，标志着第二次国内革命战争的基本结束，在我们党的推动下，国内各派政治力量进入谈判协商团结抗日的新阶段。""从此以后，中国革命由第二次国内革命战争时期，向抗日战争时期转变。"①

① 《聂荣臻回忆录》，第265—266页。

结束语：巍巍丰碑

中国工农红军长征，从1934年10月开始，至1936年10月结束，整整两年的时间。先后出发的中央红军（红一方面军）、红二十五军、红四方面军、红二军团和红六军团（红二方面军），像四条滚滚的红色铁流，途经江西、福建、广东、湖南、广西、贵州、云南、四川、西康、青海、河南、湖北、甘肃、陕西等14个省，①汇聚在中国西北部的陕甘宁苏区，总的里程达6.5万里。在此期间，红军翻越了夹金山、梦笔山、长板山（又称亚克夏山、马塘梁子）、仓德山（又称昌德山、昌德梁子）、打鼓山（又称拖罗岗、施罗山、塔鲁岗）、虹桥山、鹧鸪山、格达梁子、党岭山、折多山、罗锅梁子、剪子湾山、卡子拉山（又称喜委拉卡山）、玉龙雪山②、大雪山、小雪山、茨布腊山、扎拉牙卡山、藏巴拉雪山、东隆山、米拉山等20多座雪山，穿越数百里的茫茫水草地，渡过数十条大江、大河；共进行重要战役、战斗近600次，其中，师以上规模的为120次；攻克数十个险关要隘，攻占100余座县城；牺牲营以上干部430余人，冲破了国民党军上百万军队的围追堵截。这

① 这是按照长征时的行政区划和习惯称谓，其中西康原为四川的一部分，1928年9月国民党中央全会决议西康特别区正式建为行省。1935年7月成立西康建省委员会。1939年1月正式成立西康省。按照现在行政区划，西康省已经不存在，重庆成为直辖市，原甘肃部分地区划归宁夏，所以，红军长征经过的省、市、自治区为15个：江西、福建、广东、湖南、广西、贵州、重庆、云南、四川、青海、甘肃、河南、湖北、宁夏、陕西。

② 一说为雅哈雪山。

些数据足以说明，中国工农红军长征是中华民族历史、人类历史上罕见、无与伦比的军事行动。

中国工农红军长征是在革命遭到严重挫折时开始的。在初期由于"左"倾教条主义错误军事指挥，使党和红军面临着绝境；后期又出现了张国焘的右倾分裂主义，并面临着恶劣的自然环境；在整个全程无时无刻不面临着国民党大军的围追堵截。可以说，各路长征红军，每走一步，都是险象环生。在长征的关节点上，若一步走不好，就有满盘皆输、全军覆灭的危险。然而，所有的危险、所有的艰难险阻，都被红军战胜了、克服了。四路红军队伍，尽管出发地点不同，尽管付出了巨大代价，付出了巨大牺牲，但都胜利完成了战略转移的任务，全部落脚于同一块苏区，即党在土地革命战争时期的后期仅存的陕甘宁苏区。

中国工农红军长征，是对中国共产党及其领导的红军是否具有先进性的一次大检验，是有着五千文明历史的中华民族面临的生死存亡的一道险关。

近代中国，自1840年鸦片战争始，由于外国列强的入侵和国内封建主义的腐朽统治，逐渐沦为半殖民地半封建社会的国家。帝国主义和中华民族的矛盾，封建主义和人民大众的矛盾，构成中国社会的主要矛盾。推翻帝国主义和封建主义的统治，实现民族独立和人民解放；彻底改变国家贫穷落后的面貌，实现国家富强和人民富裕，是中国人民面临的两大历史任务。中国共产党一成立就带领中国人民为完成两大历史任务、实现中华民族伟大复兴而奋斗，并在党的二大明确提出了过去任何阶级、政党都没有提出过的彻底的民主革命纲领。1924年1月，中国共产党与中国国民党合作，建立了革命统一战线，掀起了轰轰烈烈的大革命，进行了北伐战争。由于蒋介石、汪精卫两个集团相继叛变革命，党内由于陈独秀右倾机会主义错误，放弃革命领导权，尤其是放弃对于武装力量的领导权，轰轰烈烈的大革命失败，无数共产党人、共青团员、工农革命群众、进步人士被国民党反动派屠杀，倒在了血泊之中。

中国共产党的先进性经受住了大革命失败和国民党白色恐怖的检验，显示了强大的生命力。正如毛泽东所说："中国共产党和中国人民并没有被吓倒，被征服，被杀绝。他们从地下爬起来，揩干净身上的血迹，掩埋好同伴的尸首，他们又继续战斗了。”①中国共产党总结了大革命失败的教训，带领人民拿起武器，开展武装斗争，实行土地革命。经过艰苦努力探索，中国共产党建立了十几块根据地，红军发展到30余万人，革命形势一度呈现蓬勃发展的气象。由于中共六届四中全会后“左”倾教条主义错误在中央占了统治地位，并逐步在各根据地推行，第五次反“围剿”失利，南方各根据地相继丢失，主力红军不得不进行战略转移，中国革命再一次陷入低谷，中国共产党领导人民为完成两大历史任务、实现中华民族复兴的大业，又一次面临着夭折的危险。这一次，中国共产党又走过来了，取得长征的胜利，开创了革命新局面，其先进性又一次得到了验证。

那么，在长征中，中国共产党的先进性表现在哪里呢？

一是坚定的革命理想信念。长征中，红军面临着各种无法想象的困难。但是，红军是共产党领导的队伍，它同中国的任何旧军队不同，有远大的革命目标。推翻帝国主义、封建主义统治，推翻旧政权、旧制度，建立人民当家作主的新政权、新制度始终是广大红军指战员的革命理想信念。因此，无论遇到什么困难和危险，革命理想信念始终是他们的精神支柱，召唤着他们、凝聚着他们，去排除万难，争取胜利。

二是实事求是，坚持真理，纠正错误。中国是半殖民地半封建社会国家，由于其特殊性，当时在国际共产主义运动中，没有革命成功的先例。因此，中国革命是长期的、曲折的、复杂的。中国共产党领导的中国革命，需要不断探索，才能找到规律，找到正确的道路。在此期间，犯各种各样的错误是难免的。中国共产党是无产阶级政党，除了中国人民的根本利益之外，没有任何私利。这是她与其他政党的根本区别。因此，即使党犯了错误，也敢于正视错误，自己纠正错误。由于“左”倾军事指挥错误，才导致了第五次反“围剿”的失败和长征初期的严重挫折。以毛泽东为代表的中国共产党人，无私无畏，敢于坚持真理，冲破教条主义的束缚，善于总结教训，纠正军事指挥错误，从而实现伟大的历史性转折，领导红军长征取得胜利。

三是顾全大局，团结一致。参加中国共产党的人，是为了共同的革命

① 毛泽东：《论联合政府》，《毛泽东选集》第三卷，人民出版社1991年版，第1036页。

目标走到一起来的。以民主集中制为组织原则建立起来的中国共产党，党内的团结一致是区别于其他政党的主要标志。在中国工农红军长征中，中国共产党特别强调全党、全体红军的团结。顾全大局、团结一致贯穿长征的始终。对于犯过“左”倾教条主义错误的同志，团结他们一起工作。他们一时想不通，让其在工作中、在事实对比中认识过去犯的错误、改正错误。张国焘搞分裂，中共中央从大局出发，一方面尽量团结他，争取他率领红四方面军北上；另一方面也十分重视团结红四方面军的其他同志，使他们认识到北上是唯一正确的出路。由于各路红军顾全大局，团结一致，互相配合，互相策应，互相帮助，才使国民党军的围追堵截计划一次次化为泡影。中国共产党及其领导的红军顾全大局，团结一致，与国民党和各派军阀各怀鬼胎、各有私利、相互争斗情况，形成鲜明的对比。

四是善于做群众工作，与人民群众形成了鱼水关系。中国工农红军长征，是无根据地做依托的流动作战，取得当地人民群众的支持尤其重要。由于红军长征经过地多是没有受过革命影响的地区或是受到反动统治者大汉族主义压迫的少数民族聚居区域。这里的人民群众对党和红军不了解，又受到国民党反动派的欺骗，往往红军一到，人民群众就逃到深山里去了。红军严格遵守群众纪律、民族政策，以自己的模范行动爱护群众，向人民群众证明，自己是中国共产党领导的人民军队，是为他们的翻身解放而奋斗的队伍，因而得到了沿途人民群众的大力支持。人民群众拿出了自己也不多的粮食给红军，并帮助红军带路、提供情报、掩护伤病员，还把自己的优秀子弟送到红军中去。虽然国民党军队兵力是长征红军的好多倍，但红军有人民群众支持的优势，力量自然倍增。长征红军与人民群众形成鱼水关系，得到人民群众的大力支援，是中国共产党先进性的根本体现。

五是提出北上抗日口号，代表中华民族反抗日本侵略的迫切要求。红军长征之时，正是日本帝国主义侵略中国步步加深，民族危机日益严重之时。国民党蒋介石政权对日妥协退让，采取“攘外必先安内”的反动政策，置中国大好河山沦为敌手而不顾，派大军围追堵截长征红军。中国共产党领导的红军在长征中提出北上抗日的口号，把战略转移行动的目标，确定为抗日的前沿阵地，代表中华民族根本利益，顺应中国人民的迫切要求，是党的先进性的本质体现。在北上抗日口号的指引下，各路红军汇聚陕甘宁苏区，为此后红军改编为八路军，迅速出师赴华北抗日前线，创造了有利条件。

经历过长征万水千山的严峻考验，中国共产党及其领导的红军变得更加强大了，主要表现在：

第一，初步形成以毛泽东为核心的第一代党中央领导集体，中国共产党在政治上开始走向成熟。这个党中央领导集体能够以马克思主义为指导，根据中国实际情况，独立地解决中国革命重大问题，制定正确的路线、方针、政策，一步一步地引导中国革命走向胜利。此时尚不是中央领导集体成员的一些同志，在长征中受到了磨练，增长了领导才能，积累了处理各种复杂问题的经验，在抗日战争时期成为各个战略区的主要领导干部，为党的第二代中央领导集体准备了核心和主要成员。

第二，保存了党和人民军队的骨干。毛泽东曾指出："红军原来有三十万人，经过万里长征，剩下不到三万人，不足十分之一。""但是，这时我们不是更弱而是更强了"①。红军虽然在长征中受到严重损失，保留下来的人数不多，但经过长征的千锤百炼，都是党极为宝贵的精华。随着此后全民族抗日战争时期到来，党和人民抗日武装的大发展，各抗日根据地的建立，这些保留下来的红军指战员们，很快就成为各方面的骨干力量，尤其是人民抗日武装的骨干力量。不仅如此，而且也是解放战争时期和新中国成立后社会主义革命和建设时期乃至改革开放时期的各级领导和骨干力量。

第三，红军战略战术更加丰富。为了对付长征中的红军，国民党军采取的是围追堵截战略战术，调动重兵，利用地理条件，企图将红军压迫于某个狭小区域聚歼。红军为了对付这种战略战术，必须采取高度机动的战略战术，用声东击西、避实就虚、飘忽不定、突袭、奔袭、夜袭等运动战战法。可以说，在长征中，红军的运动战发展到了新的高度。这对于以后解放战争中人民军队在劣势兵力下，采取运动战大规模歼灭成师整军以上建制的国民党军积累了宝贵的经验。

---

① 《毛泽东 1963 年 3 月 6 日同外宾的谈话》，吴德坤主编：《遵义会议资料汇编》，第 54 页。

第四，扩大了党和红军的影响。红军长征经过了14个省，其中经过的少数民族区域就达苗、瑶、壮、侗、布依、土家、纳西、白、彝、藏、羌、回、裕固等十多个。这些地区和民族，过去很少或者没有受到过党和红军的影响。红军长征经过这些地区后，宣传了党和红军的政策、主张，其中有的地方还建立了革命政权和武装，甚至还建立了少数民族革命政权和武装。这样，就使党和红军的影响远远超过了长征前，几乎扩大到全国。红军长征沿途播下的革命种子，对于以后党和人民军队在这里开展工作，起了非常重要的作用。

第五，形成宝贵的长征精神。红军在长征中英勇奋斗，形成了伟大的长征精神。这是中华民族百折不挠、自强不息的民族精神的最高体现，是红军长征最重要的遗产，是中国共产党、人民军队、中国人民永远的传家宝，是战胜各种艰难险阻、克服各种困难，完成各个历史阶段的任务，实现中华民族伟大复兴的宏伟目标的精神力量。

中国工农红军长征的胜利，使中国共产党和红军渡过了中国革命最艰难困苦的时期。近代以来，饱受苦难的中华民族，由于寄托着伟大复兴希望的核心力量中国共产党和依赖的武装力量得以保存并且更加强大，从而为继续完成两大历史任务打下了很好的基础。

中国红军长征的胜利，揭开了中华民族历史新的一页。

中国工农红军长征，是中华民族历史上一座巍巍丰碑！

参考书目及报刊资料

1.《毛泽东选集》第一卷，人民出版社1991年版。

2.《毛泽东选集》第三卷，人民出版社1991年版。

3.《毛泽东选集》第四卷，人民出版社1991年版。

4.《毛泽东军事文集》第一卷，军事科学出版社、中央文献出版社1993年版。

5.《毛泽东农村调查文集》，人民出版社1982年版。

6.《毛泽东在七大的报告和讲话集》，中央文献出版社1995年版。

7.《毛泽东诗词选》，人民文学出版社1986年版。

8.《周恩来军事文选》第一卷，人民出版社1997年版。

9.《朱德选集》，人民出版社1983年版。

10.《陈云文选》第一卷，人民出版社1995年版。

11.《陈云文集》第一卷，中央文献出版社2005年版。

12.《张闻天文集》（二），中共党史出版社1993年版。

13. 中共中央文献研究室编：《毛泽东传》（1893—1949）上，中央文献出版社1996年版。

14. 中共中央文献研究室编：《周恩来传》（1898—1949）（修订本）上，中央文献出版社1998年版。

15. 中共中央文献研究室编:《朱德传》(修订本),中央文献出版社2006年版。

16. 中共中央文献研究室编:《任弼时传》(修订本),中央文献出版社2004年版。

17.《贺龙传》编写组:《贺龙传》,当代中国出版社1993年版。

18. 中共中央文献研究室编:《毛泽东年谱》(1893—1949)(修订本)上卷,中央文献出版社2013年版。

19. 中共中央文献研究室编:《朱德年谱》(新编本)上,中央文献出版社2006年版。

20. 胡国强主编:《朱德诗词赏析》,中央文献出版社2006年版。

21. 中共中央党史研究室张闻天选集传记组编:《张闻天年谱》(1900—1941)(修订本)上卷,中共党史出版社2010年版。

22. 中共中央党史资料征集委员会、中央档案馆编:《遵义会议文献》,人民出版社1985年版。

23.《中共党史资料》第22辑,中共党史资料出版社1987年版。

24. 中央档案馆编:《中共中央文集选集》第3册,中共中央党校出版社1989年版。

25. 中央档案馆编:《中共中央文件选集》第4册,中共中央党校出版社1989年版。

26. 中央档案馆编:《中共中央文件选集》第5册,中共中央党校出版社1990年版。

27. 中央档案馆编:《中共中央文件选集》第6册,中共中央党校出版社1989年版。

28. 中央档案馆编:《中共中央文件选集》第7册,中共中央党校出版社1991年版。

29. 中央档案馆编:《中共中央文件选集》第8册,中共中央党校出版社1991年版。

30. 中共中央文献研究室、中央档案馆编:《建党以来重要文献选编》(1921—1949)第12册,中央文献出版社2011年版。

31. 中国人民解放军历史资料丛书编审委员会:《红军长征·文献》,

解放军出版社1995年版。

32. 中国人民解放军历史资料丛书编审委员会编:《红军长征·回忆史料》(1),解放军出版社1990年版。

33. 中国人民解放军历史资料丛书编审委员会:《红军长征·回忆史料》(2),解放军出版社1992年版。

34. 中国人民解放军历史资料丛书编审委员会:《红军长征·参考资料》,解放军出版社1992年版。

35. 中国工农红军第四方面军战史编辑委员会:《中国工农红军第四方面军战史资料选编》(川陕时期)下,解放军出版社1993年版。

36. 中国工农红军第四方面军战史编辑委员会:《中国工农红军第四方面军战史资料选编》(长征时期),解放军出版社1992年版。

37. 成都军区党史资料征集委员会办公室编:《红军长征回忆与研究》,云南人民出版社1986年版。

38. 甘肃省军区党史资料征集办公室:《三军大会师》(上下册),甘肃人民出版社1987年版。

39.《红六军团征战记》(下),解放军出版社1994年版。

40.《共产国际》(中文版)第七卷第三期,1936年6月出版。

41. 中共中央党史研究室第一研究部译:《共产国际、联共(布)与中国革命档案资料丛书·联共(布)、共产国际与中国苏维埃运动》(1927—1931),第7、8、9、10卷,中央文献出版社2002年版。

42. 中共中央党史研究室第一研究部译:《共产国际、联共(布)与中国革命档案资料丛书·联共(布)、共产国际与中国苏维埃运动》(1931—1937),第13、14、15、16卷,中共党史出版社2007年版。

43. 中共江西省委党史研究室等编:《中央革命根据地历史资料文库·党的系统》第3册,中央文献出版社、江西人民出版社2011年版。

44. 中共江西省委党史研究室等编:《中央革命根据地历史资料文库·党的系统》第5册,中央文献出版社、江西人民出版社2011年版。

45. 中共陕西省委党史研究室编:《西北革命根据地》,中共党史出版社1998年版。

46. 中共云南省委党史资料征集委员会:《红军长征过云南》,云南民族出版社1986年版。

47. 南昌八一纪念馆编：《南昌起义》，中共党史资料出版社1987年版。

48. 吴德坤主编：《遵义会议资料汇编》，中央文献出版社2009年版。

49. 罗荣桓、谭震林等著：《亲历井冈山革命根据地创建》，江西出版集团、江西人民出版社2007年版。

50. 《红军长征记》，解放军文艺出版社2006年版。

51. 《彭德怀自传》，解放军文艺出版社2002年版。

52. 陈毅、萧华等著：《回忆中央苏区》，江西人民出版社1981年版。

53. 《徐向前元帅回忆录》，解放军出版社2005年版。

54. 《聂荣臻回忆录》，解放军出版社2007年版。

55. 《萧劲光回忆录》，解放军出版社1987年版。

56. 《张震回忆录》，解放军出版社2003年版。

57. 《宋任穷回忆录》，解放军出版社2007年版。

58. 《康克清回忆录》，解放军出版社1993年版。

59. 李维汉：《回忆与思考》（上），中共党史资料出版社1986年版。

60. 《陈伯钧日记》（1933—1937），上海人民出版社1987年版。

61. 伍修权：《我的历程》（1908—1949），解放军出版社1984年版。

62. 张闻天选集传记组编：《200位老人回忆张闻天》，人民出版社2013年版。

63. 《郭化若回忆录》，军事科学出版社1995年版。

64. 《回顾长征》，人民出版社1985年版。

65. 戴镜元：《长征回忆》，北京出版社1961年版。

66. 林伟：《一位老红军的长征日记》，中共党史出版社2006年版。

67. 黎辛、朱鸿召主编：《博古，39岁的辉煌与悲壮》，学林出版社2005年版。

68. 《刘英纪念集》，中共党史出版社2005年版。

69. 吴吉清：《在毛主席身边的日子里》，江西人民出版社1983年版。

70. 陈昌奉口述、赵娄整理：《跟随毛主席长征》，解放军文艺出版社1986年版，

71.《遵义会议放光芒》，解放军出版社1984年版。

72. 赵泉钧等编著：《罗坊会议》，浙江大学出版社1993年版。

73. 中共遵义市党史资料征集研究办公室编：《长征火种——一九三五年遵义县革命委员会》，1987年内部发行。

74. 中共桂林地委《红军长征过广西》编写组编著：《红军长征过广西》，广西人民出版社1986年版。

75.《贵州社会科学》编辑部、贵州省博物馆：《红军长征在贵州史料选辑》，1983年内部发行。

76. 江泽民：《在纪念红军长征胜利60周年大会上的讲话》，1996年10月22日，《人民日报》1996年10月23日。

77. 胡锦涛：《在纪念红军长征胜利70周年大会上的讲话》，2006年10月22日，《人民日报》2006年10月22日。

78. 杨尚昆：《总结历史经验，继承和发扬长征精神，在改革开放和现代化建设中建功立业》，《人民日报》1986年10月23日。

79.《红星》第10期，1935年2月19日出版。

80.《红星》第11期，1935年3月4日出版。

81.《山城堡的夜间战斗》，《红色中华》1936年12月13日。

82. 刘志坚：《安息吧，共过患难的伯钊同志》，《人民日报》1985年5月12日。

83. 萧克：《红二、六军团会师前后》，《近代史研究》1980年第1期。

84. 贺龙：《回忆红二方面军》，《近代史研究》1981年第1期。

85. 杨尚昆：《坚持真理，竭忠尽智——缅怀张闻天同志》，《人民日报》1985年8月9日。

86. 潘开文：《临大节而不辱》，《工人日报》1979年7月6日。

87. 中共中央党史研究室著：《中国共产党历史》（第一卷）上册，中共党史出版社2011年版。

88. 中共中央党史研究室著：《中国共产党的七十年》，中共党史出版社1991年版。

89. 中共中央党史研究室第一研究部编著：《红军长征史》，中共党史出版社2006年版。

90. 中国工农红军第一方面军史编审委员会:《中国工农红军第一方面军史》,解放军出版社1993年版。

91. 中国工农红军第二方面军战史编审委员会:《中国工农红军第二方面军战史》,解放军出版社1992年版。

92. 中国工农红军第三军团史编委会:《中国工农红军第三军团史》,国防大学出版社1992年版。

93.《中国工农红军第二十五军战史》编审委员会:《中国工农红军第二十五军战史》,解放军出版社2007年版。

94. 军事科学院军事历史研究所编著:《中国工农红军长征全史——中央红军征战记》(一),军事科学出版社2006年版。

95. 贺彪:《红二方面军从湘鄂边到陕北长征纪实》,华夏出版社1990年版。

96. 尚丁:《黄炎培》,人民出版社1986年版。

97. 中共甘肃省委编:《纪念刘志丹》,中共党史出版社2014年版。

98. 中共甘肃省委编:《纪念谢子长》,中共党史出版社2014年版。

99.《习仲勋革命生涯》编辑组:《习仲勋革命生涯》(上册),中共党史出版社、中国文史出版社2002年版。

100.《习仲勋传》编委会:《习仲勋传》上卷,中央文献出版社2008年版。

101. 中共甘肃省委编:《习仲勋与甘肃》,甘肃人民出版社2015年版。

102. 中共三明市委党史研究室、中共泰宁县委党史研究室编:《东方军研究》。

103.(美)埃德加·斯诺著,董乐山译:《西行漫记》,生活·读书·新知三联书店1979年版。

104.(美)艾格妮丝·史沫特莱著,梅念译:《伟大的道路》,东方出版社2005年版。

105.(美)哈里森·索尔兹伯里著,过家鼎、程镇球、张援远等译:《长征——前所未闻的故事》,解放军出版社1986年版。

106.(德)奥托·布劳恩:《中国纪事》,东方出版社2004年版。

107. 张国焘:《我的回忆》第三册,现代史料编刊社1981年印刷。

108.《围追堵截红军长征亲历记——原国民党将领的回忆》(上册),

中国文史出版社1990年版。

109. 全国政协文史和学习委员会编：《国民党将士话长征》，中国文史出版社2006年版。

110. 胡羽高：《共匪西窜记》，贵阳羽高书店1946年版。

后 记

从事中共党史工作和研究已经30余年了，红军长征史的研究一直是我的主项之一。1996年，在纪念红军长征胜利60周年时，我在《中共党史研究》杂志做编辑工作，有幸参加了第一研究部编著的《红军长征史》写作，执笔撰写第九章、第十章。该书获得了国家图书奖和中宣部“五个一工程奖”。2006年，在纪念红军长征胜利70周年时，我作为执行主编，负责编辑了《红色铁流》《今日长征路》《长征图鉴》等图书。这些年来，除参与上述有关书籍的编写外，我还撰写了《关于红一方面军长征里程的几个问题》《共产国际与中央红军战略转移的决策》《朱德与三大主力红军会师》《任弼时对红军长征的重大贡献》等十余篇论文。

2016年，是红军长征胜利80周年。在面临又一个逢十的隆重纪念红军长征胜利活动之际，作为一个长征史的研究者，应该拿出什么样的成果，以展示党和红军的辉煌历史，传承、弘扬长征精神，一直是我苦苦思考的问题。80年过去了，世界发生了巨大变化，国家发生了巨大变化，人们的思想观念、生活方式发生了巨大变化，20世纪90年代和21世纪初出生的青少年朋友，正确理解和认识长征有很大的难度。而要把红军光荣革命传统和长征精神一代又一代传下去，就必须为这个广大群体提供适合他们阅读和学习的读物，以帮助他们正确理解和认识红军长征，从而树立为国家民族发展、繁荣、强大贡献自己力量的远大志向。作为一个中共党史工作者和研究者，应该承担起这个责任。经过反复思考，我决定写一本既有思想性，又含有学术性，在形式和内容上有新的突破，适合不同读者群体，尤其是适合广大青少年朋友阅读的红军长征读物，为纪念红军长征胜利80周年尽微薄之力。

我的工作单位是一个很好的平台，有丰富的中共党史、人民军队史研究资料。近些年来，我所在的第一研究部又组织翻译、编辑了《共产国际、联共（布）与中国革命档案资料丛书》20余卷。这些都为我写作本书提供了便利条件。

数月以来，我全身心地扑在写作本书上。在写作本书的过程中，我仿佛走进了80多年前的岁月，同红军一道，跨越万水千山，闯过无数险关要隘。在我的耳旁，不时地响起中央红军突破敌人封锁线，尤其是第四道封锁线湘江时那猛烈的枪炮声、人喊马嘶声；不时响起通道会议、黎平会议、猴场会议上毛泽东、周恩来、朱德、张闻天等同博古、李德争论红军战略进军方向的声音；眼前不断浮现出遵义会议上毛泽东等中央领导人严肃批评中央苏区第五次反“围剿”失败和长征开始以来“左”倾军事指挥错误的场面，不断浮现红军广大干部、战士迈着坚定的步子，爬雪山、过草地，勇往直前的情景。红军长征的伟大业绩、革命先辈的英勇奋斗精神，时刻感染着我、激励着我。可以说，写作本书的过程，也是我的灵魂又一次得到净化的过程。

第一研究部主任蒋建农同志、副主任孙丽萍同志，对我写作本书提供了很大方便。在此，表示深深的谢意！

在本书即将付梓之际，对于在学术道路上帮助过我的领导、同事，表示衷心的感谢！

本书能够问世，我要特别感谢我的家人。夫人关红为我写作本书给予很大鼓励，并提出了许多建设性的意见。为了使我能够安心写书，她承担了几乎所有的家务。儿子王紫东也在多方面给我很大帮助。

由于时间仓促，本书还存在一些不足的地方，敬请读者批评、指正。

王新生

2016 年 6 月 2 日